中国社会科学院创新工程成果
国家社科基金重大委托项目

朝克　主编

鄂温克族濒危语言文化抢救性研究（四卷本）

阿荣鄂温克语

朝克　卡丽娜　著

社会科学文献出版社
SOCIAL SCIENCES ACADEMIC PRESS (CHINA)

目　录

前　言

阿荣旗地理位置为东经 122°2′~124°5′，北纬 47°56′~49°19′，位于内蒙古自治区呼伦贝尔市东南部，南面有松嫩平原及黑龙江省甘南县，北面是毕拉河与大兴安岭及鄂伦春自治旗，东侧靠扎格敦山及莫力达瓦达斡尔族自治旗，西侧有音河与扎兰屯市，西北与牙克石市接壤。阿荣旗的"阿荣"一词是因该地区有阿荣（阿伦，arun）河而得名。在满通古斯语族语乃至阿尔泰语系里，"清澈""干净""透明"等概念均用 arugun< aru'un< aru un < arun< aruŋ 来表述。从这个意义上讲，可以把"阿荣河"（也作"阿伦河"）解释为"清澈的河"。那么，阿荣旗的意思应该是"有清澈的河的旗"，或简化为"清澈河旗"等。由于阿荣旗特殊的地理环境和条件，人们称它为呼伦贝尔市连接东北三省的南大门。阿荣旗总面积为 1.36 万平方公里，温寒带湿润性气候，年均气温基本上保持在 1.7℃。但冬夏冷热温差十分显著，夏季热时可达到 39℃的高温，冬季寒冷季节可达到 -40℃的低温。日照夏长冬短，全年日照时数 2850 小时左右。冬天雪大，夏天雨多，春天多风雪，秋风多风雨。9 月中下旬就出现霜冻和飘雪现象，无霜期一般在 3 个半月到 4 个月之间。地貌结构呈丘陵山岗地形，地势由西北向东南呈阶梯式下降，高处达海拨 1149 米。

阿荣旗矿产资源丰富，有铜、铁、铅、锌、油页岩、大理石矿、莹石、石英石、石灰石、玛瑙石、珍珠岩、高岭土、沸石、硅石等多种。林业资源丰富，林地面积有 877 万亩，林木覆盖率为 53% 以上，林木主要有落叶松、樟子松、蒙古栎、白桦、黑桦、杨柳、榆树、鱼鳞云杉、红皮云杉、臭冷杉、椴、槭、柞等。还有蕨菜、黄瓜香、黄花菜、四叶菜、苦嫩芽、柳蒿芽、榛蘑、黄花蘑、塔蘑、黑木耳、猴头菌等 30 余种美味山珍。

另外，还有林蛙油、人参、刺五加、五味子、三颗针、党参、黄芪、兴安杜鹃等名贵野生药材，以及松籽、平榛、山核桃、山梨、山葡萄、猕猴桃、都柿、蓝靛果、草莓、稠李子、山丁子、灯笼果等山野果。黑熊、马鹿、驼鹿、梅花鹿、黄羊、狍子、狼、狐狸、野猪、猞猁、野兔、松鼠、黄鼬、蛇等野生动物50余种，有榛鸡、雷鸟、中华秋沙鸭、金雕、啄木鸟、猫头鹰、杜鹃、喜鹊、鸿雁、野鸭、榛鸡、鹌鹑、鸳鸯等220多种鸟类。在那遍布山林的大小湖泊及河流里还有大马哈鱼、鲟鱼、狗鱼、白鱼、鳇鱼、鲤鱼、鲫花、鳌花、鳊花、哲罗、鲶鱼、法罗等70多种鱼类。这里的土壤以暗棕色为主，适合于开垦种田。现有农作物主要有大豆、玉米、小麦、水稻、马铃薯、南瓜及各种蔬菜。全旗耕地面积470万亩，主要农作物有大豆、玉米、马铃薯、向日葵、水稻、白瓜、甜菜、小杂粮等，全旗平均年粮食产量在30亿斤左右。林间草地也是牧养牛马羊的理想牧场，肉牛、奶牛、羊、猪、鸡的饲养已成为该地区农村经济的重要组成部分。所有这些，极大地丰富了阿荣地区鄂温克语口语词汇。从词汇学的角度，应该说有什么样的自然环境、自然条件以及生产生活方式和内容，就应该有什么样的语言交流词汇内容。富饶美丽的兴安岭的山山水水及其数不胜数的野生树草花果、野生动物及昆虫，还有那伴随四季而不断变化的自然景观、自然现象、自然物种都给当地人民的语言交流增添了无尽的内涵和营养，同时无可怀疑地给他们的语言词汇的丰富与发展不断注入强盛的活力和生命力。用他们的话说，如果没有他们的语言及词汇，就很难和兴安岭进行深度且完整地交流。也就是说，如果没有语言与词汇，我们就很难将他们生活区域的动植物名称或对自然现象说得精确到位。比如说，在他们的语言里有关雪花、霜冻、驯鹿、蝴蝶、野生药材、野菜、野果的分类及叫法十分精细，甚至对于某一自然现象或物种的说法都有好几十种。

阿荣旗辖7个建制镇（那吉镇、亚东镇、霍尔奇镇、六合镇、向阳峪镇、复兴镇、三岔河镇）、4个少数民族乡（新发朝鲜族乡、查巴奇鄂温克族乡、音河达斡尔鄂温克民族乡、得力其尔鄂温克族乡），还有7个地方林场和2个国营农场，共有148个行政村，居住着鄂温克以及汉、满、蒙古、朝鲜、鄂伦春、达斡尔等27个民族，总人口为32万人。阿荣旗的鄂温克人主要生活在查巴奇鄂温克族乡、音河达斡尔鄂温克民族乡、得力其尔鄂温克族乡等地。其中，居住在查巴奇鄂温克族乡的鄂温克人相对多一些。而且，保持本民族语言文化的现象也相对好一些。根据第五次人口普查，查巴奇鄂温克民族乡人口为 13196 人，其中鄂温克族有 864 人。

本书所收集的阿荣鄂温克语口语资料，主要来自查巴奇鄂温克族乡的鄂温克语口语。查巴奇鄂温克族乡位于大兴安岭南麓，阿荣旗最北部，阿伦河上游，距旗政府所在地那吉屯 60 公里。全乡总面积 726.3 平方公里，辖区有 4 个国营林场和一些农区草场。这里的鄂温克族早年主要从事温寒带山林地区的农牧业生产，主要农作物有大豆、玉米、向日葵、马铃薯、甜菜、大萝卜、红萝卜、豆角、茄子、白菜、圆白菜、青椒、辣椒、大葱、蒜、黄瓜、西瓜、香瓜、甜瓜等。同时，也牧养驯鹿、牛、马及猪、鸡、鸭等家禽。一直以来狩猎、采集、打鱼是他们的副业。事实上，他们的先民在清朝初期，就进入了个体化的小农生产生活阶段，一家一户地经营门前的小农田。与此同时，他们也从事山林自然牧养驯鹿和牛马的畜牧业生产活动。不过，后来由于连年战乱和自然灾害，使他们的生产生活在清朝末期及民国时期一直到中华人民共和国成立初期处于极度贫困状态。甚至，倒退到只能靠狩猎及采集来维持生活的地步。中华人民共和国成立以后，开始一步步缓慢恢复他们传统意义上的农牧业生产，使他们的生活一年比一年好起来。特别是，改革开放之后，该地区鄂温克族的各项事业有了突飞猛进的发展，他们同本民族传统文化习俗融为一体的山林旅游、传统民俗文化旅游、兴安岭休闲度假旅游、民族手工艺品展示及其旅游购物、山林土特产品美食文化旅游等名目繁多的民族文化特色产业及旅游业迅速发展壮大起来。从而查巴奇鄂温克族乡的经济生活走过了从无到有、从有到富的理想发展历程。然而，我们感到遗憾的是，随着经济生活的不断改善和生活质量的不断提高，包括查巴奇鄂温克族乡在内的阿荣地区的鄂温克语口语面临了从未有关的挑战和冲击。由此，很快从濒危进入严重濒危状态。分析其原因，可以从以下五个方面进行阐述。

一是，该地区外来移民不断增多。其中，汉族和达斡尔族移民占绝对多数。尤其是，20 世纪 80 年代以后，汉族移民数量以惊人速度增长，这使该地区的社会用语很快从鄂温克语变为达斡尔语，又从达斡尔语变成汉语。因为，绝大多数汉族移民，在从事农业生产的同时，还分别经营餐饮业、食品加工、小卖部、小商店、小作坊、理发店、服装加工、农作物服务、农机设备修理、酒吧、电脑房等第三产业。毫无疑问，在这些与人们日常生活密切相关的经商、买卖、服务、消费活动中，无论是汉族还是鄂温克族主要都用汉语进行交流，汉语自然而然成为当地鄂温克人社会交际的主要语言工具。

二是，当地鄂温克族男女青年与汉族建立婚姻关系之现象不断增多。特别是，那些刚刚迁徙到本地，或者由于建立婚姻关系而从外地迁移到鄂温克族乡村的现象不断增多。这些汉族基本上只会汉语，一点鄂温克语知识或会话能力都没有，所以和他们或她们建立婚姻关系的鄂温克族只能用汉语进行交流。结果，没有多长时间，这些鄂温克族家庭用语从母语转为鄂温克语、汉语双语，或逐渐演化为以汉语为主的家庭用语及其语言交流。

三是，由于鄂温克族有本民族语言，没有本民族文字。所以，他们的孩子从幼儿时期就开始通过汉语接受文化知识教育。其结果，伴随他们学习负担的不断加重，以及学习掌握的汉语言知识的不断增多和丰富，他们从小在家庭环境里跟父母或老人学习的母语很快被淡化或被遗忘。就是那些母语很好的鄂温克族学生，不到中学之前就几乎都忘掉本民族语而使用汉语了。进而，还直接影响与父母或老人间的母语交流。由此会常常出现，父母及老人说母语，孩子们说汉语等混合用语或把鄂温克语及汉语混同起来使用的现象。不过，到头来孩子们会完全忘记母语记忆，进入完全使用汉语的语言交流状态。

四是，参加工作的鄂温克人均使用汉语。他们当中，不论是早期参加工作的老同志，还是刚刚参加工作的年轻人，不论做什么工作都使用汉语。所有上传下达的文件，也都无一例外地用汉语来撰写，用汉语来传达。参加工作的鄂温克人由于工作压力和需要，不断自觉强化汉语。与此相反，他们的母语交流功能和作用不断被削弱，甚至出现逐渐淡忘母语及其母语词汇的情况。

五是，伴随他们生活区域，包括偏僻乡村的通电、通电视广播、通电话，以及使用手机、微信、电脑的人不断增多。特别是那些琳琅满目而丰富多彩的汉语电视节目，使那些偏僻山村的鄂温克人家极大地丰富了日常生活、文化生活、精神生活的同时，潜移默化而自然而然地接受着汉语教育，使他们的汉语听、说、用能力不断得到强化和提高。反过来，母语交流机会越来越少，母语会话能力也越来越减低。用他们的话说，过去茶余饭后或劳动之余大家围坐在一起用母语长时间聊天，或大家跑到某一会讲故事的老人家里听用母语讲的长篇故事等现象都一去不复返了。与此产生鲜明对照的是，生产和社会活动结束后，各自急急忙忙回家看电视或玩手机电脑，不用说像过去一样大家坐在一起其乐融融地交流、唠家常、讲故事，甚至一家人的交流都变得十分少。

我们认为，以上提到的五个方面使作为人口较少民族，尤其是在汉族占绝对多数的农区生活的鄂温克族语言，很快从濒危进入严重濒危状态。依据我们实地调研的第一手资料，阿荣旗地区的鄂温克人中较好地掌握母语的人不到5%，约有20%的人可以借助汉语借词或达斡尔语借词能够用母语简单交流。从这个角度讲，他们的母语记忆已变得不完整或碎片化。相比之下，生活在查巴奇鄂温克族乡的个别老人对母语及词汇有一定记忆，但调研时有关传统词汇还需要用其他地区的鄂温克语进行提醒或诱导，才使他们记忆中曾经储存的语言符号发挥作用，进而使他们的母语交流达到较理想程度。说实话，在具体调研时，常常是为获得较好的调研资料和结果，与他们做长时间的诱导性的语言交流，让他们尽量在自然状态的交流中发挥出最好的母语功能。尽管如此，我们想争取得到的一些弥足珍贵的词语还是没有搜集到。这也是该项课题留下的一个极大遗憾。

如前所述，本书涉及的阿荣鄂温克语会话资料及词汇资料以查巴奇鄂温克族乡的鄂温克语为主，兼顾了得力其尔鄂温克族乡、音河达斡尔鄂温克民族乡及那吉镇的鄂温克语相关资料。由于阿荣旗辖区内不同乡村间鄂温克语没有什么区别性特征，无论在语音系统还是在词汇结构方面均保持了高度的一致性，所以过去在不同乡村调研的口语资料都可以充分利用。与此同时，本书还充分利用了课题组负责人朝克于1983至2005年先后几次到查巴奇鄂温克族乡进行调研的语言资料，以及阿荣旗鄂温克族老人杜福成及杜宏宝等搜集整理的词汇资料等。我们认为，辛亏有了过去调研的会话、民间故事、基础词汇方面的一些珍贵资料，才使项目启动后调研工作能够按计划具体实施。如果没有前期的准备或积累，那么该项成果不可能在这么短的时间里顺利完成。

　　我们在搜集整理阿荣鄂温克语口语会话资料及基本词汇时，主要使用了国际音标宽式记音法，其中单元音音素有 a、ə、e、i、o、u，辅音音素有 b、p、m、f、w、d、t、n、l、r、s、g、k、h、j、tʃ、ʤ、ʃ、ŋ。 其中，辅音音素 f 几乎只使用于汉语借词或外来语，辅音音素 ŋ、r 基本上用于词中和词尾，在词首只有在借词中出现。另外，阿荣鄂温克语还有 aa、əə、ee、ii、oo、uu 等长元音，以及 au、əu、əi、ui、ia、iə、ua 等复合元音。复合元音更多的时候用于借词，但由于受外来语言强势影响和本地区语言发展需要，伴随元音音素间辅音的脱落或省略，本民族语一些基本词汇里也有了复合元音现象。

　　本书由两个部分构成，第一部分是会话资料，其中搜集整理了 950 多句阿荣鄂温克语日常生活口语会话。而且，按照口语资料内容分为：（1）问候；（2）天气；（3）你叫什么名字；（4）请你吃饭吧；（5）我去买衣服；（6）这是我的房子；（7）我乘坐这辆车；（8）读书；（9）干活儿；（10）家（家庭）十个会话章节。毫无疑问，这些口语资料都是和他们的生产生活密切相关的日常用语，具有很强的代表性、普遍性、文化性和特殊性。通过这些口语会话资料，我们可以了解他们的生活环境、生产方式、生活内容、风俗习惯、审美价值、思想意识等诸多方面。书的第二部分是阿荣鄂温克语基本词汇，其中搜集整理了 1600 多条与他们的生产生活紧密相关的词汇内容。当然，也包括一些派生词和合成词，也有像 tudu "土豆"、suanna "蒜"、tʃees "茄子"、gauliaŋ "高粱"、tʃi "尺"、ʤaŋ "章"、dees "碟子"、lantu "榔头"、pəŋtʃi "盆子"等早期汉语借词，以及像 ʤəŋfu "政府"、guanli "管理"、ʤiŋʤi "经济"、pio "票"、ganbu "干部"、daʃeʃən "大学生"、jenʤuʃən "研究生"等现代汉语借词。因为，这些汉语借词已成为阿荣鄂温克语不可缺少的词汇组成部分，同时有很高的使用率和很广泛的使用面。

　　总而言之，该项课题的完成，对于已进入严重濒危状态的阿荣鄂温克语现存口语会话资料，以及基本词汇的抢救性搜集整理、永久保存将会起到极其重要的作用，具有较高的学术价值。

第一部分　阿荣鄂温克语口语会话资料

在阿荣鄂温克语口语会话资料部分中，共收入 950 余条日常生活用语，并将会话资料依据不同内容分为"问候""天气""你叫什么名字""请你吃饭吧""我去买衣服""这是我的房子""我乘坐这辆车""读书""干活儿""家（家庭）"十个会话章节。

1. aji aŋun
好　问

问候

ʃi　aji　je？
你　好　吗
你好吗？

bi　mani　aji.
我　很　好
我很好。

ʃiji　bəjʃi　aji　je？
你　身体　好　吗
你身体好吗？

miji　bəjwi　nanda.
我　身体　可以

我身体不错。

tari naan aji je？
他 也 好 吗

他也好吗？

tari tanaʃin aji əntu.
他 那么 好 不是

他好像没那么好。

biji iʃirdu, taji bəjin əbər.
我 看 他 身体 一般

我看，他身体一般。

taji bəjin ittoso？
他的 身体 怎么了

他的身体怎么了？

bi əʃim saara.
我 不 知道

我不知道。

bu naan ohonkot əʃimun saara.
我们 也 什么 不 知道

我们也什么都不知道。

tari ənuhu bahasa je？
他 病 患 吗

他得病了吗？

biji iʃirdu tari ənuhu aaʃin.
我 看 他 病 没

我看他没什么病。

taji doolajin ənuhu biʃin.
他 内心 病 有

他内心有问题。

tari　oni　baitəʃi　je？
他　什么　事　吗

他有什么事吗？

oni　baitə　naan　aaʃin.
什么　事　也　没有

没什么事。

ʃi　baitə　aaʃin　ʃə？
你　事　没　吧

你没事吧？（你好吧？）

bi　oni　baitə　aaʃin.
我　什么　事　没有

我没什么事。（我很好）

abaji　bəjin　aji　je？
父亲　也　好　吗

父亲的身体好吗？

abaji　bəjin　baitə　aaʃin,　mani　abgarə.
父亲　身体　事　无，　很　健康

父亲没问题，他很健康。

məməji　bəjin　ittoso？
母亲的　身体　怎么了

母亲的身体怎么了？

məmə　ədin　gabtʃi　tʃankattʃa.
母亲　风　受　感冒

母亲受风，感冒了。

tari　əhuddiləjirən　je？
她　发烧　吗

她发烧吗？

məmə　əmu　honno　əhuddiləjirən.
母亲　　一　　少　　　发烧
母亲只是有点发烧。

tari　əhuddiləjirwə　tirir　əəm　imisa　je？
她　　　发烧　　　压的　药　吃了　吗
她吃了退烧的药吗？

əmugəri　əhuddiləjirwə　tirir　əəm　imisa.
已经　　　　发烧　　　压的　药　吃了
她已经吃过退烧药了。

ʃi　ujiʃə　muu　ajiʤi　imiha.
你　开　　水　好好　喝
请你好好喝开水。

oodan,　　bi　ʃinnu　mani　banihalajime.
好吧，　　我　你　非常　　感谢
好吧，我非常谢谢你。

baitə　aaʃin.
事　　没
没事的，不用谢。

əʃi　boo　nəərin　oosa.
现在　天　亮　　成了
现在天亮了。

əri　ini　unu　aji　ini.
这　天　真　好　天
今天真是个好天。

tanaʃen,　əri　ini　aji　ini.
是的，　　这　天　好　天

是呀，今天是个好天。

əhə　ərdə　aji　je？
姐　早晨　好　吗

姐姐，早晨好？

bi　naan　baitə　aaʃin.
我　也　事　没

我也没事（我也很好）。

mməji　bəjin　aji　oosa　je？
妈妈　身体　好　成了　吗

妈妈的身体好了吗？

abgar　oosa.
健康　成

已经恢复健康了。

bi　ʃijidu　banihalajime.
我　你　谢谢

我向你表示感谢。

əʃi　boo　attiddi　oosa.
现在　天　黑　成了

现在天黑了。

ʤohiran，əʃi　dolbo　oosa.
对，　现在　晚上　成了

对，现在已经是晚上。

taiti　su　əʃi　amranni　je？
奶奶　您　现在　休息　吗

奶奶您现在休息吗？

oodan，　əʃi　bi　amrami.
好吧，　现在　我　休息

好吧，我现在休息吧。

tajti　su　əri　ʤuudu　amraha.
奶奶　您　这　房间　休息

奶奶请您在这间屋子里休息吧。

əri　ʤuu　anir　aaʃin.
这　屋　声音　没有

这间屋子安静。

tajti　nannahanʤi　amraha.
奶奶　好好地　休息

奶奶请您好好休息吧。

2. booji arbun
天的　样子
天气

əri　ini　booji　arbunjin　ittu？
这　天　天的　情况　怎样

今天天气怎样？

booji　arbunjin　aji.
天　情况　好

天气情况很好。

əri　ini　aji　ini.
这　天　好　天

今天是好天气。

əʃi boo nannahan nəərin oosa.
现在 天 美丽 亮堂 成了

现在的天气变得十分美好晴朗。

əri ərdə booji arbunjin mani aji.
这 早 天 情况 特别 好

今天早晨天气特别好。

əri ərin ʃiwənji ilaanjin mani nəərin.
这 时 太阳 阳光 十分 明媚

这时的阳光十分明媚。

ʃiwənji ilaanjin oni nannahan.
太阳 阳光 多么 美丽

多么美丽的阳光啊!

boo ujilə əmu tutʃi naan aaʃin.
天 上 一 云 也 没有

天上连一点云彩也没有。

əri ini unu namanda oosa.
这 天 真 暖和 成了

今天真暖和。

əri ini dolin amugu hondo ədin biʃin.
这 天 中 后 少 风 有

今天下午稍微刮点风。

əri ore ədin ədinən ənən.
这 晚 风 刮 说

据说今晚刮风。

iʃihun ədin ədinən je? əddu ədin ədinən je?
小 风 刮 吗? 大 风 刮 吗

是刮小风?还是刮大风呀?

bi ajiʤi əʃim saara.
我 好好 不 知道
我不是很清楚。

dooldirdu əri ore iʃihun ədin ədinən.
听说 这 晚 小 风 刮
听说今晚要刮小风。

ore oosa, tullə ədin ədinəm əwərkəsə.
晚上 成了, 外头 风 刮 开始了
天黑了,外面开始刮风了。

toosohot, ələji orejin mani nannahan.
但是, 这里的 夜晚 很 美
但是,这里的夜晚很美。

tullə əmu naan anir aaʃin.
外面 一 也 声音 没有
在外面一点声音也没有,很安静。

naan mani səruun.
还 很 凉快
还很凉快。

boo ujilə ʤalon wəʃiktə giltagnaran.
天 上 满 星 闪烁
天山满是闪烁的星星。

tari iʃiwujir bihin nadan wəʃiktə.
那 看见的 是 七 星
那看见的是北斗星。

taari gorolon iʃiwur bihin ilan wəʃiktə.
那 遥远 看见的 是 三 星
在那遥远的夜空看到的是三星。

əri gilbaldʒijir bihin sonpon wəʃiktə.
这 闪闪发光的 是 启明 星

这闪闪发光的是启明星。

dahi naan mom morlin bia biʃin.
还 也 圆 圆的 月亮 有

还有那圆圆的月亮。

əri booji biaji ilaanjin mani nannahan.
这 地方 月 光 很 美

这地方的月亮很美。

əri bihin oni nannahan dolbo.
这 是 多么 美 夜晚

这是一个多么美丽的夜晚呀。

timaʃin ini naan aji ini je？
明天 天 也 好 天 吗

明天也是一个好天吗？

timaʃin ini ədin ədinən.
明天 天 风 刮

明天要刮风。

timaʃin ini tutʃtʃiʃi ini ooran.
明天 天 云 天 成

明天要变阴天。

saawudʒin ini əru ini oodʒo.
后天 天坏 天 变

后天要变天。

əddu ədin ədinəm， əddu odon odonan.
大 风 刮， 大 雨 下

要刮大风下大雨。

boo ujilə tutʃtʃisəl uratjiran.
天   上   云彩   集聚

天上云彩在集聚。

honnirin tutʃtʃi boo ʥalon oosa.
黑   云   天   满   成了

满天都成了黑云。

dahi naan talen taleran.
还   也   闪电   闪

还有不断发出的闪电。

tullə agdi agdiram əwərkəsə.
外面 雷   鸣   开始了

外面开始打雷了。

əʃi əddu odon odonjiran.
现在 大   雨   下

现在正在下大雨。

naan əddu əddu boona əwəjirən.
还   大   大   冰雹   下

还下着大粒儿大粒儿的冰雹。

boo ʥalon odonji muu oosa.
地   满   雨   水   成

遍地都是雨水。

ur boola naan jamana jamantʃa ənən.
山 区   还   雪   下   说

听说在山区还下了雪。

ur ujilə mani iniŋiddi je？
山 上   很   冷   吗

山上很冷吗？

tanaŋan，　ur　boola　mani　iniŋiddi.
对　，　山　地　很　冷

是的，山区很冷。

ur　ujilə　nəigən　taamaran.
山　上　经常　下雾

山上经常下雾。

ʤona　ərin　ur　ujilə　naan　jamana　jamanan　je？
夏　季　山上　还　雪　下　吗

夏季在山上还下雪吗?

ʤona　ərin　ur　ujilə　əmu　adali　jamana　jamanan.
夏　季　山　上　一　样　雪　下

夏季在山上同样可以下雪。

jamana　ədduʤi　jamanan　je？
雪　大　下　吗

雪下得大吗?

ʤona　ərin　tanaan　ədduʤi　əʃin　jamana.
夏　季　那么　大　不　雪下

夏季不会下那么大的雪。

iʃihun　jamana　jamanan.
小　雪　下

下的是小雪。

əʃi　təʧʧi　ariltʃa，　ədin　ilisa，　odon　aaʃin　oosa.
现在　云　消失了，　风　停了，　雨　没有　成了

现在黑云已经消失了，风也停了，雨也不下了。

boola　ʃiran　taantʃa.
天　彩虹　拉开了

天上挂上了彩虹。

boo mani nannahanʤi gaalasa.
天　很　美丽　晴了

天晴得很美。

əri booji ʤona ərin unu aji.
这　地方　夏　季　真　好

这地方的夏季真好。

ədu adi bethi ʤona ərin əwərkərən？
这里　几　月　夏　季　开始

这里的夏季从哪月开始？

niwən be dolinthi əwərkərən.
六　月　中旬　开始

要从六月中旬开始。

ʤona ərin oohin ini iniduhi əhuddi ooran.
夏　季　成　天　天　热　成

到了夏季，天一天比一天热起来。

ədu mani əhuddijin ohi ooran？
这里　最　热　多少　达到

这里最热时达到零上多少度？

əhuddijin gutin ʤahu eʃeran.
热度　三十　八　到达

高温达到三十八度。

dahi odonji muu naan ini iniduhi baraan ooran.
还　雨　水　也　天　天　多　成

另外，雨水也一天比一天多起来。

muni ədu ʤona ərin mani digari dulərən.
我们　这里　夏　季　很　快　过去

我们这儿的夏季很快就会过去。

adi　bedu　ʤona　ərin　dulərən？
几　　月　　夏季　　过

到几月份夏季结束？

ʤahun　be　dolindu　ʤona　ərin　dulərən.
八　　　月　　中旬　　夏　　季　　过

八月中旬夏季就结束。

tooki，　ʤona　ərin　təlin　ʤoo　be　je？
那么，　夏季　　才　　两个　月　呀

那么，　夏季才两个月呀？

tanaʃin，　təlin　ʤoo　be　ooran.
对，　　　才　　两个　月　成

对，这儿的夏季才两个月。

bolə　ərin　adi　betki　əwərkərən？
秋　季　　几　月　　开始

秋季从几月份开始？

bolə　ərin　ʤahun　be　dolintki　əwərkərən.
秋　季　　八　　月　　中旬　　　开始

秋季从八月中旬开始。

bolə　ərin　oohin　ini　iniduhi　səruun　ooran.
秋　季　成　　天　　天　　凉快　　成

到了秋季天变得一天比一天凉快。

odonji　muu　əwərkəbtʃi　əddu　ʤarin，　uʤidu　ini　iniduhi　iʃihun　ooran.
雨　　水　　开始　　　大　也，　后来　天　天　比　小　成

雨水开始虽然大，但后来会变的一天比一天小。

bolə　ərin　sooho　orokto　ʃaŋrilaran.
秋　天　　青　草　　发黄

到了秋天青草都发黄。

mooji nabtʃi naan bime bolgo tihirən.
树 叶 也 渐渐 都 掉落
树叶也会渐渐都要掉落干净。

bolə ərin sooho orokto ʃaŋirilaran.
秋 天 青 草 发黄
到了秋天青草都发黄。

adi bedu bolə ərin manawuran ?
几 月 秋 季 结束
到几月份秋季结束?

dʒuan be madandu manawuran.
十 月 底 结束
到十月底就会结束。

tooki， tuna ərin dʒuan be madantki əwərkərən je ?
那么， 冬 季 十 月 底 开始 吗
那么，冬季从十月底开始吗?

tanaʃin， ibanduwi dʒuan be madantki əwərkərən.
是那样， 一般 十 月 底 开始
是呀，一般都从十月底开始。

ujun be dolintki əwərkəm jamana jamanan.
九 月 中旬 开始 雪 下
九月中旬就开始下雪。

tari ərintki əwərkəm ini iniduhi iniŋiddi ooran.
那 时 开始 天 天 冷 成
从那时候起天就会变得一天比一天冷。

jamana naan ini iniduhi əddu ooran.
雪 也 天 天比 大 成
雪也变得一天比一天大。

hudə boo sut jamanadu tiriwurən.
原野 地 都 雪 覆盖

原野都会被雪覆盖。

hudə boo gib giltirin ooran.
原野 地 白 白 成

原野会变得白雪皑皑。

əri booji tuna ərin naan mani nannahan.
这 地方 冬 季 也 很 美

这地方的冬季也很美丽。

toosohot, tuna ərin mani iniŋiddi.
但是 冬 季 很 冷

但是，这里的冬季太冷。

iniŋiddi hənʤəjin dəhi ujilə biʃin.
冷 度 四十 以上 有

温度达到零下四十度以上。

amuru gol bolgo gəktiren.
江 河 都 封冻

江河水都要封冻。

tuna ərin ohidu dulərən？
夏 季 何时 过去

冬季什么时候过去？

ilan be dolinli təlin dulərən.
三 月 中旬 才 过去

三月中旬左右才会过去。

tooki, əri booji tuna ərin sunʤa be həmə ooran je？
那么， 这 地 冬 季 五个 月 程度 成 呀

那么，这里的冬季要达到五个月左右吗？

tanaʃin, sundʑa be həmə nonom biʃin.
是的, 五 月 程度 长 有
是的，有五个来月的长。

aa! tuna ərin ittu tanaʃin nonom jəm !
啊! 冬 季 怎么 那么 长 呀
啊! 冬季怎么会那么长呀!

nəlki ərin iri betki iri be ooran.
春 季 哪 月 哪 月 成
春季是从哪月到哪月。

ilan be dolinli təlin dulərən.
三 月 中旬 才 过去
三月中旬左右才会过去。

dʑoo be dolintki əwərkem jamana uunən.
二 月 中旬 开始 雪 融化
二月中旬开始雪就慢慢融化。

ilan betki gəkti boo、 gəkti aali gol uunən.
三 月 冻 地、 冻 阿荣河 融化
冻土地和封冻的阿荣河三月开始渐渐融化。

ilan betki udʑidu ini bime namanda ooran.
三 月 之后 天 自然 暖和 成
三月份以后天就自然变暖。

nəlki ərin ooki moo ootʃi sooho orokto nogororan.
春 季 到时 树木 和 青 草 发绿
春季到时树木和青草都要发绿。

naan nannahan nannahan igga waltagran.
还 美丽 美丽 花 开
还要开许多美丽的花朵。

muni ədu nəlki ərin mani nannahan.
我们 这里 春 季 很 美

我们这里的春天很美。

nəlki ərinji booji arbunjin naan mani aji.
春 季 天 情况 也 很 好

春天的天气也特别好。

3. ʃi oni gəbbiʃe
你 什么 名字

你叫什么名字

ʃi aji biʃin je？
你 好 在

你好吗？

bi aji biʃime.
我 好 在

我还好。

ʃi oni gəbbiʃe？
你 什么 名字

你叫什么名字？

miji gəbbiwi dukə.
我的 名字 杜克

我名字叫杜克。

ʃi əwənki bəj biʃinni je？
你 鄂温克 人 是 吗

你是鄂温克人吗？

ʤohiran, bi əwənki bəj biʃime.
对　　　我　鄂温克　人　　是

对，我是鄂温克人。

ʃi ilə booji əwənki bəj?
你　哪里　地方　鄂温克　人

你是哪个地方的鄂温克人？

bi arun booji əwənki bəj.
我　阿荣　地方的　鄂温克　人

我是阿荣地区的鄂温克人。

ʃi oni hala?
你　什么　姓

你贵姓？

bi dulaar halaji bəj oome.
我　杜拉尔　姓　　人　成

我是杜拉尔家族的人。

dulaar halaji bəj baraan biʃin je?
杜拉尔　姓的　人　多　　是　吗

杜拉尔姓的人多吗？

ani baraan biʃin.
挺　多　　有

有不少。

bi ʃijiwə johon ənəme?
我　你　怎么　称呼

我怎么称呼你？

ʃi　mijiwə　iʃihun　aba　ənəhə.
你　我把　小　爸爸　称呼

见你就叫我叔叔。

iʃihun　aba　ʃi　oni　gəbbiʃe？
小　爸爸　你　什么　名字

叔叔你叫什么名字呀？

bi　duguo　ənər　gəbbiʃe.
我　杜国　叫　名字

我名字叫杜国。

ʃi　mujidulə　ənənni　je？
你　我们家　去　吗

你去我们家吗？

miti　əmunnu　ənəgəre.
咱们　一起　去吧

咱们一起去吧。

oodanje？
可以吗

可以吗？

bi　naan　taraʃin　bodojime.
我　也　那样　想

我也那样想的。

ʃi　tariwa　taagdanni　je？
你　他　认识　吗

你认识他吗？

bi　tariwa　əʃim　taagda.
我　他　不　认识

我不认识他。

tari   oni   halaʃe？
他   什么   姓

他姓什么？

tari   bej   tugədun   halaʃe.
那   人   涂格顿   姓

那个人姓涂格顿。

tari   bej   oni   gəbbiʃe？
那   人   什么   名字

那个人叫什么名字？

bi   tariji   gəbbiwə   əʃim   saara.
我   他的   名字   不   知道

我不知道他的名字。

ʃi   ittu   əʃinni   saara？
你   怎么   不   知道

你怎么不知道呀？

awu   tariji   gəbbiwə   saaran？
谁   他的   名字   知道

谁知道他的名字呀？

bi   naan   əʃim   saara.
我   也   不   知道

我也不知道谁知道他的名字。

bu   talurdula   nənəgəre.
我们 他们家   去吧

我们去他们家吧。

bi   talurdula   nənərwə   əʃim   dorolara.
我   他们家   去   不   愿意

我不愿意去他们家。

ʃi naan əʃin nənər boo biʃin je？
你 也 不 去的 地方 有 吗

难道你也有不想去的地方吗？

bi tari bəjwə əʃim dorlara.
我 那 人 不 喜欢

我不喜欢那个人。

əri bəj dutu ənər gəbbiʃe je？
这 人 杜图 叫 名字 吗

这个人的名字叫杜图吗？

tanaʃen，əri bəjji gəbbijin dutu ənən.
是的， 这 人 名字 杜图 叫

是的，这个人的名字叫杜图。

əri bəj mani ʃidalʃi ənən.
这 人 很 能力 说

据说这人很有能力。

bu awuhat əri bəjwə əʃimun halduglara.
我们 谁也 这 人 不 依靠

我们中谁也不会去依靠他。

ʃi ida əttu ənənni je？
你 为何 这么 说 吗

你为什么这么说？

tari bəj mani jambaʃe.
那 人 很 麻烦

因为那个人是一个很麻烦的人。

ʃi awudu ʥiʃihan oojinne？
你 谁 信 写

你给谁写信呢？

bi məəji əhəduwi ʤiʃihan oojime.
我 自己 姐姐 信 写

我在给我姐姐写信呢。

ʃiji əhəʃi oni gəbbiʃe？
你 姐姐 什么 名字

你姐姐叫什么名字？

miji əhəji gəbbijin tuyilaan ənən.
我 姐姐 名字 涂依兰 叫

我姐姐的名字叫涂依兰。

əhəwi ajiman ʤaandaran.
姐姐 好好 唱歌

我姐姐特别能唱歌。

tariji ʤaandajin unu nandahan dooldiwuran.
她 唱的歌 真的 美丽 听见

她唱的歌听起来真的很美。

bi ʃiji əhəji ʤaandarwa dorlame.
我 你 姐姐 唱的歌 喜欢

我喜欢你姐姐唱的歌。

ʃi minu aaŋitʃtʃi əməhə.
你 我 跟着 来吧

你跟着我来吧。

ʃi ilə nənənne？
你 哪儿 去

你去哪儿？

bi əhələ nənəme.
我 姐姐家 去

我去姐姐家。

ʃi　miji　əhəji　ʤuudu　eʃenasaʃi　je？
你　我的　姐姐　家　到过　吗

你到过我姐姐家吗？

bi　əsu　ənərə.
我　没　去过

我没有去过。

bu　bolgoʤi　ʃiji　əhəwəʃi　dorlamun.
我们　大家　你　姐姐　喜欢

我们大家都喜欢你姐姐。

miji　əhəwi　məəji　uwuʤi　nandahan　ʤaandaran.
我　姐姐　自己　语　美　唱

我姐姐用本民族语唱得很美。

bi　dattan　tariwa　məəji　uwuʤi　ʤaandaha　ənəhən　tabulame.
我　经常　她　自己　语言　唱　是　劝

我经常劝她用自己的语言唱歌。

bu　məəji　uwuʤi　ʤaandasa　ʤaandawanma　uldəjitmun.
我们　自己　语言　唱的　歌　保存

我们应该尽量保存用本民族语唱的歌。

ʃi　əhəwə　ʤaandahanka.
你　姐姐　　唱使

你请姐姐唱歌。

bu　əʃi　ulimun.
我们　现在　走

我们现在要走了。

bi　əʃim　juuwurə.
我　不　送了

我不送你们了。

bi əsu juuwurə, ʃi ədʒi pantʃira.
我 没 送， 你 别 生气

因为我没有送出去而你别生气。

bu əhələ nənətʃʃi dʒalimun subgəsə.
我们 姐姐 去完 心 开啦

我们去姐姐家后很开心。

əhədu mani banihalajime.
姐姐 很 感谢

我很感谢姐姐。

ədʒi ərələrə, uwuwə əttu ərələm əʃin ənərə.
别 客气， 话 这样 客气 不能 说

请不要客气，话不能这么客气地讲。

ʃi mijidu mani ərlədʒinne.
你 我 很 客气

你对我太客气。

ʃijiwu mani dʒogosu.
你 太 麻烦了

太麻烦你了。

ʃiji ənəsəʃi mani ugguddi ooso.
你 说的 太 重 成了

你说得太重了。

tariji dʒalijin iʃihun je？
她的 心 小 吗

她是小心眼吗？

əntu, tariji dʒalijin iʃihun əntu.
不是， 她 心 小 不是

不是，她没有小心眼。

tari aji bəj.
她　好　人
她是个好人。

tari naan ʤaandarwa doroʃiran.
她　也　喜欢　　唱歌
她也喜欢唱歌。

ʃi tadu əmu ajiʤi ʤaandar bəj gələəmuhə.
你　她　一　好好　唱歌的　人　找给
请你给她找一个好好唱歌的人。

tari maniʤi əʃim nəələrə.
她　艰苦　不　怕
她不怕艰苦。

bi naan məəji ʤaandawanmə uldəjite ənəm bodojime.
我　也　自己　　歌　　　保存　是　想
我也想保存好本民族名歌。

miji ʤaandajir gəbbiji ʤaarin əntu.
我　唱歌　名声　为了　不是
我不是为了自己的名声在唱歌。

bi məəji ajman ʤaarin ʤaandajime.
我　自己　民族　为了　　唱歌
我是为了自己的民族在唱歌。

4. ʃi ʤəəttə ʤikə
你 饭 吃

请你吃饭吧

ʃi ʤəəttə ʤitʃtʃəʃi je？
你 饭 吃了 吗

你吃饭了吗？

bi ʤitʃtʃu.
我 吃了

我吃过了。

bu həʤəni ʤim ətəsəmun.
我们 已经 吃 完了

我们已经吃完饭了。

su oni ʤəəttə ʤitʃtʃəsun？
你们 什么 饭 吃了

你们吃什么饭了？

gural ʤəəttə ʤitʃtʃəmun.
面 饭 吃了

我们吃了面。

oni gural ʤəəttə ʤitʃtʃəsun？
什么 面 饭 吃了

你们吃了什么面？

əhun tohol ʤəəttə ʤitʃtʃəmun.
牛奶 面片 饭 吃了

我们吃了牛奶面片。

əhun　tohol　ʤəəttə　ittu　ooran？
牛奶　面片　饭　　怎么　做

牛奶面片怎么做呀？

iihə　doola　əhun　nəətən　ujihənən, dahi　ujisə　əhunduwi　gural　taanan.
锅　里面　牛奶　放入　弄开，　再　开的　牛奶里　　面　　揪

先在锅里放入牛奶烧开，然后在烧开的牛奶里揪面片。

iihəji　guraljin　irisələ，　əhunʤi　əmunnu　ʤittən.
锅里的　面　　熟后，　牛奶　　一起　　吃

锅里的面熟了之后，要和锅里的牛奶一起吃。

əhun　doola　taantʃa　guralwa　tohol　ənən　je？
牛奶　里　揪　　面　　牛奶面　说　吗

牛奶里揪的面就叫牛奶面片吗？

ʤohiran，əhun　doola　ələsə　gural　ʤəəttəwə　tohol　ənən.
对呀，　牛奶　里　煮的　面　　饭　牛奶面片　说

对呀，在牛奶里煮的面就叫牛奶面片。

tohol　　doola　dosun　nəərən　je？
牛奶面片　里　盐　　放　　吗

牛奶面片里放盐吗？

dosun　əʃin　nəərə.
盐　　不　放

不放盐。

toosohot，　aada　bəj　dosun　nəərən.
但是，　　一些　人　盐　　放

但是，个别人在牛奶面片里放盐。

uldə　oon　imutʃtʃi　nəərən　je？
肉　和　油　　放　　吗

放肉和油吗？

uldə oon imutʃtʃi naan bolgo əʃin nəərə.
肉 和 油 也 都 不 放

肉和油也都不放。

tooki, əhunduki əntu ohonkot əʃin nəərə je?
那么 牛奶 别的 什么也 不 放 吗

那么，除了牛奶什么也不放吗？

əhunduki əntu ʃaŋirin imutʃtʃi nəərən.
牛奶 别的 黄 油 放

除了牛奶还放黄奶油。

tohol ʤəəttə aji waaʃi je?
牛奶 饭 好 味 吗

牛奶面片香吗？

mani aji waaʃe.
很 好 味

很香。

tari ʤəəttəji ʤitʃtʃə je?
他 饭 吃了 吗

他吃饭了吗？

naan əsə ʤittə bijirən.
还 没 吃 呢

还没有吃饭呢。

ʤəəttə butəsə je?
饭 成了 吗

饭好了吗？

əsə butərə bijirən?
没 成 在

还没好呢？

əri iihəji ʤuu ooran.
这   锅   房   成

这是厨房。

iihəji ʤuudu gulʤer biʃin, naan ʤooho tohoron hollo biʃin.
锅   房   炉子门   有   也   灶坑   火炕   烟筒   有

厨房内有烧火用的炉子，也有灶坑、火炕、烟筒。

tari ʃi hulhu.
那   是   锅台

那是锅台。

hulhu ujilə iihə bitʃin.
锅台 上面   锅   有

锅台上面放着锅。

iiheji hakkarjin ilə biʃin ?
锅   盖   哪里   在

锅盖在哪里?

hulhuji oldondu biʃin ənən.
锅台   旁边   在   说

说是在锅台旁边。

iihə doola johon ələəʤirən ?
锅   里   什么   煮呢

锅里煮什么呢?

sashan ələəjirən.
菜   煮呢

煮菜呢。

oni sashan ələəjirən ?
什么 菜   煮呢

煮什么菜呢?

ʤisun suggatta sashan ələəjirən.
酸　　白菜　　菜　　煮呢

煮的是酸菜菜。

ʃi ʤisun suggatta sashan ʤittərwə dorlanne je?
你　酸　　白菜　　菜　　吃　　喜欢　吗

你喜欢吃酸菜菜吗?

bi tanaʃin əʃim dorlara.
我　那么　　不　喜欢

我不是那么喜欢。

ʃi johon ʤittərwə dorlanne?
你　什么　　吃　　喜欢

你喜欢吃什么?

bi ʃimusu ʤəəttər oon mantu əwən ʤittər dorʃe.
我　稀　饭　　和　馒头　饽饽　吃　喜欢

我喜欢吃稀饭和馒头。

aha naan mantu əwən ʤittər dorʃe je?
哥哥　也　馒头　饽饽　吃　喜欢　吗

哥哥也喜欢吃馒头吗?

ahawi ʤauldasa ogohon ʤəəttədu dorʃe.
哥哥　笊篱捞　　干　　饭　　喜欢

我哥哥喜欢吃用笊篱捞出来的干米饭。

dahi naan hukkusə sashan ʤittər dorʃe.
还　也　炒　　菜　　吃　喜欢

还喜欢吃炒菜。

tari əlu ʤəəttə ʤittən je?
他　稷子米饭　　吃　　吗

他吃稷子米饭吗?

dəmbəl baraan əʃin dʑittə.
太   多   不   吃

吃得不太多。

miji əhəwi humilə sashandu mani dorʃe.
我   姐姐 柳蒿芽菜   很   喜欢

我姐姐很喜欢柳蒿芽菜。

nəhunbi bala əwən oon hairasa əwən dʑittər dorʃe.
弟弟   苏子饼 和   烙   饼   吃   喜欢

弟弟喜欢吃苏子饼和烙饼。

bi hairasa əwən dʑittər dorʃe.
我 烙   饼   吃   喜欢

我喜欢吃烙饼。

əhə   oni sashan hukkujirən？
姐姐 什么 菜   炒

姐姐炒什么菜呢？

dujudʑi uggasa botʃtʃo sashan hukkujirən.
豆油   长牙   豆   菜   炒呢

用豆油炒豆芽菜呢。

bu dattan ʃeenawə dʑittəmun.
我们 经常   饺子   吃

我经常吃饺子。

talur dattan ʃarbin dʑittən.
他们 经常   馅饼   吃

他们经常吃馅饼。

bi nigə əwən oon susu dʑəəttəwə əʃim dorlara.
我 荞面饼 和   玉米 饭   不   喜欢

我不喜欢吃荞面饼和玉米饭。

unaaʥi nəhunbi hulenbə ʥəəttə、pisəh ʥəəttə jəəhe əʃin ʥittə.
女　　　弟　　燕麦　　饭　、糜子　　饭　　等　不　吃

妹妹不吃燕麦饭和糜子饭什么的。

unaaʥi nəhunbi ini ini əhun imiran.
女　　　弟　　天　天　牛奶　喝

妹妹明天喝牛奶。

jəjə ərdə ərdə əhunʃe imiran.
爷爷　早　早　　奶茶　　喝

爷爷明天早晨喝奶茶。

uldə naan ajiʥi ʥittən.
肉　也　厉害　吃

肉也吃的很厉害。

ʃiji jəjəʃi oni uldə ʥittər dorʃe？
你　爷爷　什么　肉　吃　喜欢

你爷爷喜欢吃什么肉？

honin uhurji uldə ʥittər dorʃe.
羊　　牛　肉　吃　喜欢

喜欢吃牛羊肉。

haĥara ulgenji uldə ʥittər dor aaʃin.
鸡　　　猪　　肉　吃　喜欢　无

不喜欢吃鸡肉和猪肉。

taiti dattan ʃiləʃi ʃeenəwə、sashan ʃilə、mais botʃtʃo əwən jəələ ʥəəttən.
奶奶经常　汤　馄饨　　菜汤　　麦子　豆　饽饽　等　吃

奶奶经常吃馄饨、菜汤、面豆包。

əʃi awu ʥəəttə ələəjirən？
现在 谁 饭 做

现在谁在做饭？

məmə　oon　əhə　ʥəəttə　ələəjirən.
妈妈　　和　姐姐　饭　　做

妈妈和姐姐俩在做饭。

mini　məmə　ʥəəttəni　ʥuudu　gural　nuhujiran.
我　妈妈　饭　　屋　面　　揉

我妈妈在厨房和面呢。

tari　ammas　oroonno　gural　nuhujiran.
她　面板　上面　　面　揉呢

她在面板上面和面呢。

əhəwi　ʃens　ʥijijirən.
姐姐　馅子　切

姐姐在剁馅呢。

oni　ʃens　ʥijijirən？
什么　馅子　切

剁什么馅呢？

uldəʃi　ʃens　je？　sugettə　ʃens　je？
肉　　馅　吗？　菜　　馅　吗

是肉馅？还是菜馅？

uldəʃi　ʃens　ʥijiʥirən.
肉　　馅　切

剁的是肉馅。

su　əri　ore　oni　ʥəəttə　ʥittətʃtʃun？
你们　今　晚　什么　饭　　吃

你们今晚吃什么饭？

bu　uldə　ʃensʃi　ʃeenawə　ʥittəmun.
我们　肉　馅　　饺子　　吃

我们吃肉馅饺子。

ʤɔəttə maasan irirən.
饭　　　马上　　熟

饭马上就好。

ʃirəwi nəəhə, saaku oon sappaja nəəhə.
饭桌　　放好，　碗　　和　　筷子　　放好

请你把饭桌放好，把碗筷子放好。

saaku oon sappa ilə biʃin？
碗　　　和　　筷子　哪里　在

碗和筷子在哪里？

tattar oroondu biʃin.
碗架　　上面　　在

在碗架子上面呢。

ʃi əri bandandu təəhə.
你　这　凳子　　　坐

请你坐这个板凳。

bi sappa əʃim bajtalara，bi unahan bajtalame.
我　筷子　不　　用，　　我　　小勺　　用

我不用筷子，我要用小勺。

ʃi əri baruuʃiʤi ʃilə sohomuha.
你　这　饭勺子　　汤　　盛吧

你用这饭勺盛汤吧。

bi ajiʤi ʤitʃtʃu.
我　好好　吃了

我吃得特别好。

ʃi ələsəʃi je？
你　饱了　　吗

你吃饱了吗？

bi ʤimmə ələsu.
我　吃　　饱了

我吃饱了。

əri uldə ʃensʃi ʃeenawə mani aji waaʃi.
这　肉　馅　　饺子　　很　好　味

这个肉馅饺子很香。

ʃi ʃe muu imiha.
你 茶 水 喝吧

请你喝茶水。

oodan.
可以

可以。

bu sunidu mani banihalajimun.
我们 你们 很 感谢

我们非常感谢你们。

suni oosa ʤəəttə unu aji waaʃi.
你们 做的 饭 真 好 香

你们做的饭真的好香。

baita aaʃin, əʤi ərələrə.
事 没, 别 客气

没什么，不用客气。

5. bi təggətʃtʃi ganame
我　　衣服　　买

我去买衣服

ʃi　ilə　nənənne？
你　哪里　去

你去哪里？

bi　ʃantʃandu　nənəme.
我　商场　　去

我去商场。

ʃi　awu　bejʤi　nənənne？
你　谁　人　　去

你和谁去呀？

bi　əhəʤi　ʤuuri　nənəme.
我　姐姐　俩　　去

我和姐姐俩去。

ʃi　johon　ʤaha　gam　nənənne？
你　什么　商品　买　去

你去买什么商品？

bi　təggətʃtʃi　ganame.
我　衣服　　买去

我去买衣服。

ʃijidu　tətir　təggətʃtʃi　baraan　biʃin　əntu　je？
你　穿的　衣服　　多　有　不　吗

你不是有的是穿的衣服吗？

tanaʃin ʤarin, bi ikkəhin təggətʃtʃi gamme.
那样 也罢，我 新 衣服 买

尽管如此，我要买新衣服。

ʃiji əri tətisə təggətʃtʃiʃi ikkəhin əntu je？
你 这 穿的 衣服 新 不 吗

你身上穿的衣服不就是新的吗？

əri ikkəhin təggətʃtʃiwə bi əʃim dorlara.
这 新 衣服 我 不 喜欢

我不喜欢这件新衣服。

tooki，tari ikkəhin təggətʃtʃiwə tətihə.
那么，那 新 衣服 穿吧

那么，你就穿那件新衣服吧。

bi tariwə naan əʃim dorlara.
我 那件 也 不 喜欢

那件衣服我也不喜欢。

tari təggətʃtʃi oodan je？
那 衣服 行 吗

那件衣服行吗？

tari təggətʃtʃi oodan， bi dorlame.
那件 衣服 行， 我 喜欢

那件衣服还可以，我喜欢。

bi əri əkkiwə iʃikte.
我 这 裤子 看看

我看看那条裤子。

əri əkkiwə tətim iʃinne jə？
这 裤子 穿 试 吗

你想穿着试试这条裤子吗？

əri əkki mijidu ʤohiran ənəm bodojime.
这 裤子 我 合适 是 想

我认为这条裤子我穿挺合适。

ʃi əri əkkiwə ganne je？
你 这 裤子 买 吗

你买这条裤子吗？

bi gamme， ohi ʤiga？
我 买， 多少 钱

我想买，多少钱？

ʤuur namaaʤi ʤahuŋe jen.
二 百 八十 元

二百八十元。

hodajin naan oodan.
价钱 还 可以

价钱还可以。

tari hantas oodan je？
那件 上衣 可以 吗

那件上衣可以吗？

tana'an nandahan əntu.
那么 漂亮 不是

不是那么漂亮。

tooso ʤarin bi dorlame.
那样 也 我 喜欢

尽管如此我也喜欢。

əri hantasni ʤusjin oni？
这 上衣的 颜色 怎样

这件上衣的颜色怎样？

miji iʃirdu əmu hondo əbur.
我　看　一　稍微　一般

我看有些一般。

bi tari ʃilan əkkiwə gam ənəm bodojime.
我　那　蓝　裤子　买　是　想

我想买那条蓝裤子。

ʃi uutanni je？
你　着急　吗

你着急吗？

naan oodan.
还　可以

还可以。

ʃi johon gadanni？
你　什么　买

你买什么？

bi johon naan əʃim gada.
我　什么　也　不　买

我什么也不买。

ʃi ʤaka gar baitəʃi je？
你　商品　买　事　吗

你有买的东西吗？

oni ʤaka ganne？
什么　东西　买

你买什么东西？

miji unaaʤi nəhun doola təggətʃtʃi gadan ənən.
我　女的　弟弟　内　衣　买　说

我妹妹想买内衣。

oni　ʥusʃi　doola　təggətʃtʃi　ganne？
什么　颜色　内　衣　买

你想买什么颜色的内衣？

ulirin　ʥusʃiwəni　gamme.
红　颜色的　买

我想买红颜色的。

idu　saji　oon　waas　uniijirən？
哪里　鞋子　和　袜子　买

在哪里买鞋子和袜子？

ʥuligu　tari　boodu　uniijirən.
前面的　那　地方　买

在前面的那个地方买呢。

ədu　saji　oon　waas　uniijirən　je？
这里　鞋　和　袜子　卖　吗

在这里买鞋和袜子吗？

tanaʃin，ʃi　saji　ganne　je？
对，　你　鞋　买　吗

对，你买鞋吗？

bi　nanna　saji　gamme.
我　皮　鞋　买

我想买一双皮鞋。

bi　əmu　uhurji　nanna　saji　gamme.
我　一　牛　皮　鞋　买

我要买一双牛皮鞋。

bəəsə　saji　əʃinne　gada　je？
布　鞋　不　买　吗

你不买布鞋吗？

əri ʃi igga akkasa bəəsə saji ooran.
这 是 花 绣的 布 鞋 成

这是绣花的一双布鞋。

bəəsə sajiwa əʃim taalara？
布 鞋 不 喜欢

我不喜欢布鞋。

miji unaadʑi nəhunbi walda gadan ənən.
我 女 弟弟 被子 买 说

我妹妹说要买被子。

dahi naan dədʑdʑə oon dəbbu gadan.
再 还 褥子 与 枕头 买

还想买褥子和枕头。

əhəwi əmu baraan dʑaka gasa.
姐姐 一 多 东西 买了

我姐姐买了一大堆东西。

tari unuhatun、 barag、 gagga、 ərhə、 iddun gasa.
她 戒指、 手镯子、 耳环、 项链、 木梳 买了

她买了戒指、手镯子、耳环、项链和木梳。

dahi naan haiʃi uuŋku gasa.
再 还 剪子 围巾 买了

还买了剪刀和围巾。

ahawi hannaka、 iittə ʃikkiku gasa.
哥哥 剃头刀、 牙 刷 买了

哥哥买了剃头刀和牙刷。

talar baraan dʑaka gatʃtʃi mani ʃangalsu.
他们 多 东西 买 很 累了

他们买了这么多东西觉得很累。

ʃi   bulda   nəəʃintʃəʃi   je？
你   透透地   出汗   吗

你被汗水湿透了吧？

aawanbi   gaha.
帽子   拿下来

请把你的帽子摘下来。

əri   uuŋkuʤi   nəəʃinbi   awaha.
这   手巾   汗水   擦一擦

请用这个毛巾擦擦你的汗水。

ʃi   əri   muuʤi   dərləwi   ʃikkaha.
你   这   水用   脸洗   洗

请用这水洗一下脸。

miji   əhəwi   təggətʃtʃi   uldim   ətərən.
我的   姐姐   衣服   缝   会

我姐姐能缝补衣服。

əri   ʃi   əhəji   unuttun   oom   attarjin.
这   是   姐姐   针线盒   和   顶针

这是姐姐的针线盒和顶针。

tari   dattan   məəji   təggətʃtʃi   məəji   uldim，tootʃtʃi   tulərən.
他   经常   自己   衣服   自己   缝   扣子   钉

他经常自己缝制衣服和钉扣子。

məməwi   həwən、   hantas、   həwən   əkki   sut   uldirən.
妈妈   棉花   棉衣   棉   裤   都   能

我妈妈完全可以缝制棉衣棉裤。

tuna   ərin   su   həwən   təggətʃtʃi   tətitʃtʃun   je？
冬   季   你们   棉   衣   穿   吗

冬天你们还穿棉衣吗？

bu　bolgo　həwən　təggətʃtʃi　tətimun.
我们　都　棉　衣　穿

我们都穿棉衣。

muji　ədu　tuna　ərin　mani　iniŋiddi.
我们　这里　冬　季　很　冷

我们这里冬天很冷。

su　tuna　ərinji　təggətʃtʃiwi　bəlhəsəsun　je？
你们　冬　季　衣服　准备了　吗

你们准备了冬天的衣服吗？

tari　həʤəni　bəlhəsə　ətəsə.
她　早已　准备　完了

她早已准备好了。

ʃi　həwən　təggətʃtʃiwi　bəlhəsəʃi　je？
你　棉　衣服　准备了　吗

你准备了冬天的衣服吗？

bi　əri　ini　tunaji　təggətʃtʃi　ganame.
我　这　天　冬天　衣服　买去

我今天去买冬天的衣服。

6. əri　miji　ʤuu
这　我的　房子
这是我的房子

bu　nutʃtʃisə　ərindu　tuhul　ʤuudu　təgəm　bisəmun.
我们　过去　时间　土　房　居住　在

我们过去住的是土房。

tuhul ʤuuwu bolgo tuhulʤi ʤawaran je？
土　　房　　都　　土用　　搭建　　吗

土房都用土搭建吗？

tana'an， bolgo tuhulʤi ʤawaran.
是的，　　都　　土用　　搭建

是的，都用土来搭建。

oni tuhulʤi ʤawaran？
什么　土　　搭建

用什么土搭建？

neluwun tuhulʤi ʤawaran.
黏性　　　土　　搭建

要用黏性土来搭建。

neluwun tuhulʤi ʤawasa ʤuu bəhi je？
黏性　　　土　　搭建的　房子　结实　吗

用黏性土搭建的房子结实吗？

mani bəhi.
很　　结实

很结实。

tuhul ʤuudu tooggo biʃin je？
土　　房　　柱子　有　　吗

土房有柱子吗？

ʤulidə amida dolinduwi bolgo tooggo biʃin.
前面　　后面　　中间　　都　　柱子　　有

房子的前后中部都有立柱。

aada tooggojin tuhul dusə doola biʃin.
一些　立柱　　土　　墙　里面　有

有些立柱放在了土墙里面。

tuhul dusə doola biʃir tooggowa tulləjiʤi doojiʤi sut iʃim əʃin bahara.
土　墙　里的　在　立柱　外　里　都　看　不　得到

土墙里的立柱从外面还是从里面都看不见。

tuhul　ʤuudu　soŋko　biʃin je？
土　　房　窗户　有　吗

土房有窗户吗？

tuhul　ʤuudu　baraan　soŋko　biʃin.
土　　房　多的　窗户　有

土方有许多窗户。

soŋkojin　ʤuuji　irigidədu　biʃin？
窗户　　房子　哪方　　有

窗户在房子的哪个位置？

ʤulidə　amidaduni　bolgo　biʃin.
前　　后　　都　有

房子的前后都有。

aada　tuhul　ʤuudu　ʤəəngidə　banagidaduwi　bolgo　soŋkoʃe.
有的　土　房　东　西面　　都　窗户有

有的土房在东面和西面都有窗户。

tooki，tuhul　ʤuu　doola　mani　nəərin je？
那么，土　房　里　很　亮堂　吗

这么说，土方里面很亮堂，是吗？

ʃiwənji　ilaanjin　ajiʤi　tokkaran.
阳　光　好好　照

光线十分充足。

tuhul　ʤuuji　ukkujin　irigidədu　biʃin？
土　房　门　哪边　　有

土房的门在哪一边？

baraanjin ʤulidədujin biʃin.
多数　　　前面　　　有

多数在房子的南边。

aada bəjji tuhul ʤuuji ukkujin amidadujin biʃin.
某些　人的　土　房　门　　后面　　　有

某些人的土房门放在后面。

tuhul ʤuudu ʤəəngidə banagidaduwi ukku aaʃin.
土　房　东边　　西边　　　门　无

土房的东墙和西墙都没有门。

tuhul ʤuuji ugidəwə johonʤi tirirən？
土　房　上方　什么　覆盖

土房的上方用什么东西覆盖？

noogu ʃiggəl nəətən, ugideduni ləmmə nəətʃtʃi tilparan.
先　椽子　放好，　上面　苦房草　房后　抹泥

先放上椽子，然后再放苦房草，最后要抹泥。

johonʤi tilparan？
什么　抹泥

抹什么泥？

neluwun tuhulʤi nuhusa ʃoworʤi tilparan.
黏　　土　和好的　泥土　抹

要用黏土和好的泥土抹房顶。

aada bej naan ʃiggəlji ugidədu nənukkun boggon nəərən.
某些　人　还　椽子　上面　细　柳条　放

某些人还在椽子上面放细柳条。

aada bəj holtʃun nəətən tilparan.
某些　人　芦苇　放上后　抹泥

有些人还放好芦苇才抹泥。

tuhul ʤuu doola hulun biʃin je？
土 房 内 炕 有 吗

土房内有炕吗？

hulun biʃin.
炕 有

有炕。

ʤuu doola ʤulidə amidaduwi bolgo hulun biʃin.
房子 内 前 后 都 炕 有

房内前后都有炕。

tunə ərin hulunduwi too ilaran.
冬 季 炕里 火 烧

到了冬天炕里烧火。

too ilar hulunbə toohoron ənən.
火 烧的 炕 火炕 叫

烧火的炕就叫火炕。

tunə ərin toohoron əhuddi je？
冬 季 火炕 热 吗

冬天火炕热吗？

mani əhuddi.
很 热

很热。

tuhul ʤuuji doola dusədu johon tilparan？
土 房 内 墙 什么 抹

土房内墙抹什么？

geltirin ʃohe məələrən.
白色的 石灰 抹

要抹白石灰。

toohoron oroondu oni ʤaka səttərən？
火炕　　上面　什么　东西　铺
火炕上面铺什么东西？

bolgo dərəsun səttərən.
都　　炕席　　铺
都要铺炕席子。

toohoron itəwə johonʤi ooran？
炕　　　沿　　什么　　做
炕沿用什么制作？

sut mooʤi ooran.
都　木头　制作
都用木头制作。

tuhul ʤuuji iildədu ʤaka səttərən je？
土　　房　地上　东西　铺　吗
土房屋内地上铺东西吗？

baraanjin ʤaka əʃin səttərə.
多数　　　东西　不　铺
多数人不铺什么东西。

tooki， ʤuu doola sut tuhul iildə je？
那么，　屋　内　都是　土　地　吗
那么，屋子里的地都是土地吗？

tanaʃin， tuhul iildəʃi ʤuu baraan biʃin.
是的，　土　地　屋子　多　有
是的，屋子里的地面是土地的多。

aadi ajil iildəduwi ʤuan səttərən.
有的 人家　地上　砖　铺
有的人家在屋里的地上面铺砖。

aadi ajil naan ʤol səttərən.
有的 人家 还 石头 铺

有的人家还铺石头。

tuhul ʤuu doola adi ʤuu gialaran？
土 房 内 几 屋 间隔

土房内有几个隔间？

baraanjin ilan ʤuu gialaran.
多数 三 屋 间隔

多数人家有三个隔间。

doligu ʤuu、 ʤəəngu ʤuu、 barangu ʤuu ilan ʤuu gialaran.
中间 屋 东 屋 西 屋 三 屋 间隔

有中间屋以及东屋和西屋三间屋。

doligu ʤuuwə naan iihə ʤuu ənən.
中间 屋 也 锅 房 叫

中间屋也叫厨房。

iihe ʤuudu tuhul gulʤar oon hulhu biʃin.
锅 屋 土 灶 和 锅台 有

厨房有土灶和锅台。

iihe ʤuudu ʤəəttə ələərən.
厨 房 饭 做

厨房里做饭。

iihə ʤuudu naan ʤittər ʤaka、too ilar moo biʃin.
锅 屋 还 吃的 东西、火 烧 柴火 有

厨房还有吃的东西和烧火用的柴火。

dahi naan tattar oon muuji dismal jəələ biʃin.
另 还 碗架 和 水 缸 等 有

另外，还有碗橱和水缸等。

ʤəəngu   ʤuu   naan   gəlu   hula   ənən.
东   屋   还   戈鲁   胡拉   叫

东屋还叫"戈鲁胡拉"。

barangu   ʤuu   malu   hula   ənən.
西   屋   玛鲁   胡拉   叫

西屋叫"玛鲁胡拉"。

ʤəəngu   ʤuu   barangu   ʤuudu   bolgo   toohoron   biʃin.
东   屋   西   屋   都   火炕   有

东屋和西屋都有火炕。

tuhul   ʤuu   namaddi   je？
土   房   缓和   吗

土房暖和吗?

tuhul   ʤuu   ʤona   ərin   səruun.
土   房   夏   季   凉快

土房夏季凉快。

tunə   ərin   namaddi.
冬   天   热

冬天热。

əʃi   su   naan   tuhul   ʤuudu   təgəjitʃʃun   je？
现在   你们   还   土   房   住   吗

现在你们还住土房吗?

əʃi   bu   ʤuan   ʤuudu   təgəjimun.
现在   我们   砖   房   居住

现在我们居住在砖房里。

tuhul   ʤuudu   təgəʤir   bəj   biʃin   je？
土   房   居住   人   有   吗

现在有住土房的人吗?

aaʃin ənəkən bodojime.
没有 是 想

我认为已经没有了。

ələji bəj sut ʤuan ʤuudu təgəjirən.
这里 人 都 砖 房 居住

这里的人都住砖房。

əʃi bəjsəl ʤuan ʤuuduwi too ilaran je？
现在 人们 砖 房 火 烧 吗

现在人们在砖房里还烧火吗？

baraanjin too ilaran.
多数 火 烧

多数人家还是烧火。

too əʃin ilar bikin, tuna ərin ʤuu doola iniŋiddi.
火 不 烧 是, 冬 季 屋子 里 冷

如果不烧火，到了冬天屋子里就会很冷。

ʤuan ʤuu doola toohoron biʃin je？
砖 房 里 火炕 有 吗

砖房里有火炕吗？

aada ajil biʃin, baraanjin aaʃin.
有些 人家 有, 多数 没有

有些人家有火炕，但多数人家没有火炕。

baraan ajil moo or bajtalaran.
多数 人家 木 床 使用

多数人家使用木床。

əʃibti ʤuan ʤuudu təgəʤir bəj sut nannahanʤi ini baldiʤiran.
现在 砖 房 居住 人 都 美好 日子 过

现在居住砖房的人都过着美好的生活。

əri ʤuan ʤuu awuji ʤuu？
这栋 砖 房 谁的 房子

这栋砖房是谁的房子？

miji ahaji ʤuan ʤuu.
我 哥哥的 砖 房

是我哥哥的砖房。

tari ʤuan ʤuu miji ʤuu ooran.
那栋 砖 房 我的 房子 成

那栋砖房是我的房子。

ʃiji ʤuan ʤuuʃi unu nannahan.
你的 砖 房 真 漂亮

你的砖房真漂亮。

ʤuuduʃi dendən、denhua、məitʃilu、ʤilaisui、nuantʃi sut biʃin kə.
屋里 电灯、 电话、 煤气炉、自来水、 暖气 都 有 呀

屋子里电灯、电话、煤气炉、自来水、暖气都有呀！

naan binʃan、ʃijiʤi、denʃi、ʤuhəyinʃan bolgo biʃin kə.
还 电冰箱、洗衣机、电视、组合音响 都 有 呀

还有电冰箱、洗衣机、电视、组合音响呀！

dahi naan ʤuandʒi oosa haaʤuu oon səjin biʃin.
另 还 砖 做的 仓库 和 粮仓 有

另外，还有用砖搭建的仓库和粮仓。

naan ʤuandʒi oosa həʤin hurŋan biʃin.
还 砖 做的 墙 院子 有

还有用砖围起来的砖墙院子。

naan ʤuandʒi oosa tʃəkuʃe.
还 砖 做的 车库

还有用砖搭建的车库。

ukku ʥulidədu baraan moo oon igga tarisa.
门 前 多 树 和 花 种植

门前还种植了许多树和花。

suni təgəjir ʥuan ʥuu unu nannahan.
你们 居住 砖 房 真 漂亮

你们居住的砖房真漂亮。

tari iʃiwujir bolgo muji tarilan ooran.
那 看见的 都 我们的 农田 成

那看见的都是我们家的农田。

oojo，suji tarijir tarilan tanaŋan əddu je.
啊呀， 你们 种的 农田 那么 大 呀

啊呀，你们种的农田那么大呀！

ʥohiran，əri sut muji tarilan.
对呀， 这 都 我们 农田

对呀！这些都是我家农田。

suji ini baldiga unu aji.
你们 日子 过的 真 好

你们的日子过得真美好！

7. bi əri təggənnə təgəme
我 这 车 乘坐
我乘坐这辆车

ədu təggənnə təgər boo biʃin je？
这里 车 乘 地方 有 吗

这里有乘车站吗？

təggənnə təgər boo tadu biʃin.
车　　　　乘　　地方　那里　有
乘车站在那里。

ədu təggənnə təgərən je？
这里　车　　　　乘　　　吗
在这里乘车吗？

ʤohiran，ədu təggənnə təgərən.
对，　　　这里　车　　　　乘
对，就在这里乘车。

ʃi ilə nənənne？
你　哪里　去
你去哪里？

bi tʃabatʃidu nənəme.
我　查巴奇　　　去
我去查巴奇。

ʃi awuʤi nənənne？
你　谁与　　去
你和谁去？

bi əmuhəjə nənəme.
我　一人　　　去
我一个人去。

noogu tʃabatʃidu nənəsəʃi je？
过去　　查巴奇　　　去过　　　吗
过去你去过查巴奇吗？

əmu naan əsu nənərə.
一　　也　　没　　去
一次也没有去过。

ʃi　johon　oonanne？
你　什么　　干去

你干什么去呀？

bi　əwənki　uwu　tetename.
我　鄂温克　语　　学习去

我去学习鄂温克语。

ʃi　tadu　nənər　təggənji　pio　gaha.
你　那里　去的　　车　　　票　买吧

你去买到那里的车票吧。

bi　tʃabatʃidu　nənər　pio　gamme.
我　查巴奇　　去的　票　　买

我要买到查巴奇的车票。

oni　təggənji　pio　ganne？
什么　车　　　票　买

买什么车的票？

paas　təggəjni　pio　gamme.
公交　车　　　票　买

我买公交车的车票。

ʃi　adi　bəjni　piaw　ganne？
你　几　人　　票　　买

你买几个人的车票？

bi　əmu　bəjni　pio　gamme.
我　一　人　　票　买

我买一个人的票。

tʃabatʃidu　nənərdu　ohi　ʤiga　iirən？
查巴奇　　　去　　　多少　钱　　用

去查巴奇多少钱？

ʥaa ʥahun jen iirən.
十　　八　　元　需要
需要十八元。

ma! əri miji təggənnə təgər ʥiga.
给！ 这　我　　车　　　乘　　钱
给您！这是我乘车的钱。

əri ʃiji təggənnə təgər pio ooran.
这　你　　车　　　乘　票　成
这是你乘车的票。

tʃabatʃidu nənəki idu təggənnə təgərən？
查巴奇　　 去的话 哪儿　车　　　　乘
到查巴奇到哪儿乘车？

tala bəjsəl miirləjir boodu təgərən.
那儿　人们　　排队　　 地方　 乘车
到那边人们排队处乘车。

ʃi tʃabatʃidu nənəki miji amidadu miirləhə.
你　查巴奇　　去的话 我的　 后面　　 排队
你去查巴奇的话在我后面排队。

oodan，bi ədu miirləjite.
行，　我　这里　排队吧
行，我就在这里排队吧。

tʃabatʃidu nənəki oni təggəndu təgərən？
查巴奇　　 去的话 什么　车　　　　乘
去查巴奇乘坐什么车？

paas təggəndu təgərən.
公交　车　　　　乘
要乘坐公交车。

əddu　paasdu　təgərən　je？
大　　公交车　乘坐　　吗

乘坐大公交车吗？

əddu　paasdu　təgəsəhət　oodan.
大　　公交车　乘坐也　　可以

乘坐大公交车也可以。

iʃihun　paas　naan　biʃin　je？
小的　公交车　也　　有　　吗

也有小公交车吗？

iʃihun　paas　oon　doligu　paas　bolgo　biʃin.
小　公交车　和　中型　公交车　都　　有

小公交车和中型公交车都有。

ʃi　adi　ʤigaji　pio　gasaʃe？
你　多少　钱的　　票　买了

你买了多少钱的公交车票？

bi　ʤaa　ʤahun　ʤigaji　pio　gasu.
我　十　八　　钱的　票　买了

我买了十八元的公交车票。

tooki，　ʃiji　pio　ʃi　əddu　paasji　pio　ooran.
那么，　你的　票　是　大　公交车　票　成

那么，你买的是大公交车的票。

bi　iʃihun　paasdu　təgəm　əʃin　ooda　je？
我　小　公交车　乘坐　不　行　吗

我不能乘坐小公交车吗？

ʃiji　pioʃi　iʃihun　paasdu　təgəm　əʃin　ooda.
你的　票　小　公交车　乘坐　不　行

你的车票不能乘坐小公交车。

jodon　əʃin　ooda？
为何　不　行

为什么不行啊？

əddu　paasji　pio oon iʃihun　paasji　pioji　hudajin　əmu　adali　əntu.
大　公交车票 和　小　公交车　票　价　一　相同　不是

大公交车和小公交车的票价不一样。

iʃihun　paasdu　təgər　piojin　urin　toŋo　ʤiga.
小　公交车　乘坐　票　二十　五　钱

乘坐小公交车的票是二十五元钱。

doligu　paasji　ʤigajin　ohi？
中型　公交车　价格　多少

中巴票价是多少呀？

urin　ʤuur　jen　oodan.
二十　二　元　成

二十二元。

tʃabatʃidu　nənər　əddu　paas　əməsə.
查巴奇　去的　大　公交车　来了

去查巴奇的大公交车（大巴）来了。

miirləsə　bəjsəl　əmu　əmuʤi　paasdu　juurən.
排队的　人们　一　一　公交车　上

排队的人们一个一个上公交车。

bi　naan　əri　əddu　paasdu　təgəsu.
我　也　这　大　公交车　乘坐

我也乘坐了这辆大公交车。

paas　təggən　naʤithi　tʃabatʃi　ʤakka　adi　ərin　ulirən？
公交　车　那吉　查巴奇　为止　几　时　走

公交车从那吉到查巴奇走几个小时？

ʤuur ərin uliren.
两个 小时 走

走两个小时。

paas təggəni ulir təggujin aji je？
公交 车 走的 路 好 吗

公交车走的公路还好吗？

təggujin mani aji.
公路 很 好

公路很好。

daatʃiduwi tʃabatʃidu nənərduwi naan paasdu təgəjisə je？
过去 查巴奇 去时 也 公交车 乘坐 吗

过去上查巴奇去时也乘坐公交车吗？

tari ərindu paas aaʃin bisə.
那 时 公交车 没有 是

那时没有公交车。

morin təggən bajtalajisa.
马 车 使用来着

那时用的是马车。

aada bəj əddu hudduʃi uhur təggənʤi uliʤisə.
有些 人 大 轮 牛 车 赶路

有些人还用大轮牛车来回走。

ʃi morin təggəndu təgəsə je？
你 马 车 坐过 吗

你坐过马车吗？

bi morin təggənne əmu ərin təgəsu.
我 马 车 一 次 坐过

我坐过一次马车。

uhur təggənnə təgəsəʃi je？
牛   车   坐过   吗

你坐过牛车吗？

uhur təggənnə əsu təgərə.
牛   车   没   坐过

我没坐过牛车。

tooso ʤaarin, əddu hudduʃi uhur təggənbə baraan iʃisu bisu.
那样   也罢,   大   轮   牛   车   多   见过   是

尽管如此，我见过多次大轮牛车。

suji tala bukku təggən biʃin je？
你们 那里 篷   车   有   吗

你们那里还有篷车吗？

noogu baraan bisə.
过去   多   有

过去有很多。

əʃi naan biʃin je？
现在 还   有   吗

现在还有吗？

əʃi iʃiwurbi udisa.
现在 见   不着了

现在见不着了。

muji ədu noogu moo hudduʃi təggən bisə.
我们 这里 过去   木头 轱辘   车   有来着

我们这里过去有过木轱辘车。

moo hudduʃi təggəndu johon həəldən？
木头 轱辘   车   什么   套用

木轱辘车上套用什么？

baraanni uhur hɔɔldən.
多数　　牛　　套用

多数是套用犍牛。

toso dʒaarin morin hɔɔldər bəj naan biʃin.
那样　也罢　　马　套用的　人　也　　有

尽管如此，有的人还套用马。

bi iʃihunduwi hatʃimal təggəndu təgəsu bisu.
我　小时候　　围篷　　　车　　坐过　是

小时候我还坐过围篷车。

tari ərindu awu təggən gələjisə ?
那　时　　谁　　车　　赶车

那时候谁赶车来着？

mini abawi təggən gələjisə.
我　爸　　车　　赶来着

我爸爸赶车。

abawi oni təggənbə sut gələm ətərən.
爸爸　什么　车　　都　赶　　会

我爸爸什么车都会赶。

ahaʃi morin təggən gələm ətərən je ?
哥哥　马　　车　　赶　　会　　吗

你哥哥会赶马车吗？

miji ahawi oon əhəwi bolgo morin təggən gələm ətərən.
我　哥哥　和　姐姐　都　　马　　车　　赶　　会

我哥哥和姐姐都会赶马车。

talar əddu hudduʃi moo təggən oom ətərən je ?
他们　大　轮　　木头　车　　制作　会　　吗

他们会做大轮木车吗？

ahawi oom əʃin ətərə.
哥哥 做 不 会

我哥哥不会做。

abawi naan ajiʤi oom əʃin ətərə.
爸爸 也 好好 做 不 会

我爸爸也不太会做。

tooki， awu oom ətərən？
那么， 谁 做 会

那么，谁会做？

jejewi oom ətərən.
爷爷 做 会

我爷爷会做。

mini jejewi gəbbiʃi mooni dakkan ooran.
我 爷爷 名有的 木 匠 成

我爷爷是有名的木匠。

jejewi mooʤi təggənni aral、 təŋgəl、 ol、 ilu、 məərə、 həigəsunbə
爷爷 木料 车 辕子 车轴 车头 车撑子 车楣子 车辐

sut məəji oojisa.
都 自己 做来着

那时我爷爷用木料自己做车辕子、车轴、车头、车撑子、车楣子、车辐。

jejewi naan əmultən ilamtan oojisa.
爷爷 还 独轮车 三轮车 做来着

我爷爷还做过独轮车和三轮车。

jejeʃi əʃi naan moo təggən oojiran je？
爷爷 现在 还 木 车 制作 吗

你爷爷现在还制作木车吗？

əʃi nasunjin əddu oosa， moo təggən oorbi udisa.
现在 年龄　大　成了，　木　车　制作 停止了

现在爷爷年纪大了，不做木车了。

miji abawi naan morin datʃə gələdʒisə.
我　爸　也　马　大车　赶来着

我爸也赶马拉大车。

suji tadu morin datʃə biʃin je？
你们 那儿　马　大车　有　吗

你们那儿有马拉大车吗？

morin datʃə iʃiwurjin honno oosa.
马　车　看　少了　成了

马拉大车很少看见了。

morin təggən oon uhur təggən bajtajir bəj naan biʃin.
马　车 和 牛　车　使用的　人　还　有

不过，现在还有使用马车和牛车的人。

əʃi baraan bəj tʃitʃə bajtalaran.
现在 多　人 汽车　使用

现在多数人使用汽车。

ajil bolgo tʃitʃə biʃin je？
住户 都　汽车　有　吗

家家户户都有汽车吗？

baraanjin tʃitʃə biʃin.
多的　汽车　有

绝大多数人家有汽车。

tuladʒiʃi ajil biʃin je？
拖拉机 住户 有　吗

有拖拉机的人家吗？

tarilan tarijir bejsəl sut tuladʒi gasa.
田　　种　　人们　都　拖拉机　买了

种田的人们都买了拖拉机。

tarilan tarirdu bolgo tuladʒi jəəhe baitələrən.
田　　种　　都　　拖拉机　什么的　需要

种田的都需要拖拉机什么的。

əʃi tarilandu sut maʃintʃilasa.
现在　农田　都　机械化了

现在的农业都机械化了。

əri ʃiji tʃitʃə je ?
这　你的　汽车　吗

这是你的汽车吗?

əri mini tʃitʃə əntu.
这　我的　汽车　不是

这不是我的汽车。

awuni tʃitʃəjin ?
谁　　汽车

谁的汽车呀?

bi əʃim saara.
我　不　知道

我不知道。

tari iʃihun tʃitʃə təlin miji tʃitʃə ooran.
那　小　汽车　才　我的　汽车　成

那辆小车才是我的汽车。

ʃi timaʃin ini iʃihun tʃitʃəwi əlgənne je ?
你　明天　天　小　　汽车　开　吗

明天开你的小车吗?

bi timaʃin ini iʃihun tʃitʃəwi əlgətʃtʃi nadʒidu nənəme.
我　明天　天　小　汽车　开　那吉　去

我明天开小车去那吉。

tooki, bi ʃiəi iʃihun tʃitʃədu təgəm oodan je？
那么，我　你的　小　汽车　乘坐　行　吗

那么，我乘你的小车行吗？

ʃi ilə nənənne？
你　哪　去

你想去哪里？

bi naan nadʒidu nənəme.
我　也　那吉　去

我也要去那吉。

ʃi ida ənəʃin digar nənunne？
你　为何　这样　快　回去呀

你为什么这么快就回去呀？

bi tʃabatʃidu əmətʃtʃi əmugəri əmu libe oosu.
我　查巴奇　来　已经　一　星期　成了

我来查巴奇已经一个星期了。

tooki, ʃi timaʃin əddə dʒahun ərindu ədu miniwu alaʃiha.
那么，你　明天　早晨　八　时　这里　我　等候

那么，你明天早晨八点钟在这里等我。

oodan, bi timaʃin ʃiji iʃihun tʃitʃədu təgəjite.
好吧，我　明天　你的　小　汽车　乘坐吧

好吧，我明天乘坐你的小车吧。

timaʃin bahaldidawal.
明天　见面吧

明天见吧。

oodan，ʃi ajiʤi amraha.
可以， 你 好好 休息吧

可以，那你就好好休息吧。

ʃi naan ajiʤi amraha.
你 也 好好 休息吧

你也好好休息吧。

bi ʃijidu banihalajime.
我 你 谢谢

我谢谢你。

baita aaʃin， timaʃin əmunnu naʤidu nənəgəre.
事 没， 明天 一起 那吉 去吧

没什么，明天我们一起去那吉。

8. bitih əərirən
书 读

读书

əri johon？
这 什么

这是什么？

əri ʃi bitihi.
这 是 书

这是书。

oni bitihi ooran？
什么 书 成

这是什么书？

mini　tetejir　bitihi　ooran.
我　　学的　　书　　成

我读的书。

ʃiji　tetejir　oni　bitihi？
你　　学的　　什么　书

你读的是什么书？

nehan　bitihi　ooran.
汉文　　书　　成

是汉文书。

ʃi　nehanʤi　bitihi　tetejinni　je？
你　汉文　　书　　　学习　　吗

你是用汉文读书吗？

ʃi　ilə　bitihi　tetejinne？
你　那里　书　　读

你是在哪里读书？

bi　suitandu　bitihi　tetejime.
我　学校　　书　　读

我是在学校读书。

ʃi　oni　suitandu　bitihi　tetejinne？
你　什么　学校　　书　　读

你在什么学校读书？

bi　doligu　suitandu　bitihi　tetejime.
我　中　　学　　　书　　读

我在中学读书。

ʃi　ilə　booji　doligu　suitandu　bitihi　iʃijinne？
你　哪　地　　中　　学　　　书　　读

你是在哪个中学读书？

bi muji booji doligu suitandu bitihi əərijime.
我 我们 地方 中 学 书 读

我是在我们地方中学读书。

suji tadu naan doligu suitan biʃin je?
你们 那里 也 中 学 有 吗

你们那里也有中学吗?

muji ədu doligu suitan biʃin.
我们 这里 中 学 有

我们这里有中学。

ʃiji tetejir oodan je?
你 学的 行 吗

你的学习怎样?

bi bitihi ajiʤi teteme.
我 书 好好 学

我很努力学习。

ʃiji nəhun naan suitandu bitihi əərijirən je?
你 弟弟 也 学校 书 读 吗

你弟弟也在学校读书吗?

tari iʃihun suitandu bitihi əərijirən.
他 小 学 书 读

他在小学读书。

ʃi ərdə juum bitihi iʃinni je?
你 早 起 书 看 吗

你早晨起来看书吗?

ini tajin ərdə juum bitihiiʃi me.
日 每 早 起 书 看

我每天早晨起来看书。

ərdə adi ərindu juunne？
早晨　几　点　起床

你早晨几点起床？

bi niwən ərindu juume.
我　六　点　起床

我六点起床。

ʃi ini tajin ərdəji niwən ərindu juunni je？
你 日 每 早 六 点 起 吗

你每天早晨六点钟起床吗？

tanaʃin, bi ini tajin ərdəji niwən ərindu juume.
对 我 日 每 早 六 点 起床

是的，我每天早晨六点钟起床。

ərdə juutʃtʃi oni bitihi iʃinne？
早 起 什么 书 看

早起后看什么书？

jinji bitihi iʃime.
英语 书 看

看英语。

suji tala bitihi əʃin saara bəj biʃin je？
你们 那里 文字 不 懂 人 有 吗

你们那里有不识字的人吗？

noogudu bitihi əʃin saar bəj bisə.
过去 文字 不 懂的 人 在

过去有不识字的人。

tari ərindu suitandu ulir bəj honno bisə.
那 时 学校 走的 人 少 在

那时上学的人很少。

əʃi   bitihi   əʃin   saar   bəj   aaʃin   oosa.
现在   文字   不   懂的   人   没   成

现在不识字的人没有了。

əʃi   bəjsəl   sut   bitihi   saaran.
现在   人们   都   文字   认识

现在的人都识字。

sut   oni   bitihi   saaran.
都   什么   文字   懂

都懂什么文？

nehan   bitihi   saaran？
汉   文字   懂

都懂汉文。

əntu   oni   bitihi   saaran？
其他   什么   文字   懂

还懂其他什么文？

aada   bəj   mongol   bitihi   saaran.
某些   人   蒙   文   懂

个别人懂蒙文。

saddi   bəj   doola   manʤi   bitihi   saar   bəj   biʃin.
老   人   里   满   文   懂的   人   有

老人里有懂满文的人。

talar   manʤiʤi   aram   ətərən   je？
他们   满文   写   会   吗

他们会写满文吗？

manʤi   bitihi   aram   ətərən.
满   文   写   会

会写满文。

miji jejewi dattan mandʒi bitihi araran.
我 爷爷 经常 满 文 写

我爷爷经常写满文。

naan mandʒi bitihi iʃirən.
也 满文 书 看

也看满文书。

suji talaji saddi bəj doola mandʒi bitihi saar bəj baraan biʃin je？
你们 那里 老 人 里 满 文 懂 人 多 在 吗

你们那里的老人中懂满文的人多吗？

noogu baraan bisə.
过去 多 在

过去有不少。

əʃi tanaan baraan aaʃin.
现在 那么 多 没有

现在没有那么多。

noogu talar bolgo mandʒidʒi bitihi iʃim bisə.
过去 他们 都 满文 书 看 在

过去他们都用满文看书。

tooki, saddi bəjsəl mandʒi bitihi tetesa je？
那么， 老 人们 满 文 学过 吗

那么，老人们学过满文吗？

tanaʃin, talar tari ərindu sut mandʒi bitihi tetesa.
是的， 他们 那 时 都 满 文 学过

是的，那时他们都学过满文。

talar mandʒi hərgən aram ətərən je？
他们 满文 文字 写 会 吗

他们会写满文吗？

manʤi hərgən tetesa saddi bəj aram ətərən.
满文　文字　学过的　老　人　写　会

学过满文的人都会写。

əʃi manʤi bitihi tetejir bəj biʃin je？
现在　满　文　学习的　人　有　吗

现在有学满文的人吗？

muji ədu əʃi manʤi bitihi tetejir bəj aaʃin.
我们　这里　现在　满　文　学　人　没有

我们这里现在没有学满文的人。

ələji bəjsəl sut oni bitihi tetejiran？
这里　人们　都　什么　文　学习

这里的人都学什么文？

bolgo nehan bitihi tetejiran.
都　汉　文　学

都学汉文。

mongol bitihi tetejir bəj naan aaʃin je？
蒙　文　学的　人　也　没有　吗

学蒙文的人也没有吗？

əmu naan aaʃin.
一　也　没有

连一个也没有。

noogu bisə je？
过去　有过　吗

过去有吗？

muji əri boodu mongol bitihi tetejir bej noogu bisə.
我们　这　地　蒙　文　学的　人　过去　有过

我们这儿过去有学蒙文的人。

suji bitihi ʃilbajir səbsun oni bəj？
你们 书 教 老师 什么 人

给你们教书的老师是什么人？

əwənki bəj、dawuur bəj、nehan bəj sut biʃin.
鄂温克人、 达斡尔人、 汉人 都 有

鄂温克人、达斡尔人、汉人都有。

əwənki səb baraan je？
鄂温克 老师 多 吗

鄂温克族老师多吗？

dolinjin əwənki səb ooran.
半 鄂温克 老师 成

一半是鄂温克族老师。

dahi dolinjin dawuur səb oon nehan səb ooran.
另 半 达斡尔 老师 和 汉族 老师 成

另一半是达斡尔族老师和汉族老师。

miji məməwi naan səb ooran.
我的 妈妈 也 老师 成

我妈妈也是一名老师。

ʃiji əninʃi iri suitanji səb ooran？
你的 母亲 哪个 学校 老师 成

你母亲是哪个学校的老师？

məməwi doligu sujtanji səb ooran.
妈妈 中 学 老师 成

我妈妈是中学老师。

tari johon ʃilbajiran？
她 什么 教

她教什么？

miji　məməwi　too　ʃilbajiran.
我　　妈妈　　数学　　教

我妈妈在教数学。

suji　suitandu　əwənki　bitihi　ʃilbajiran　je？
你们　学校　　鄂温克　文　　教　　　吗

在你们的学校有教鄂温克文的人吗？

əwənki　bitihi　əʤirən　ʃilbara.
鄂温克　文　　没　　教

没教鄂温克文的人。

ʃiji　əninʃi　məəji　uwuwi　saaran　je？
你的　母亲　自己　语言　懂　　吗

你母亲会本民族语言吗？

məməwi　məəji　uwuwi　saaran.
妈妈　　自己　语言　　懂

我妈妈会说本民族语言。

ajiʤi　saaran　je？
好好　知道　吗

精通吗？

tanaʃin　ajihon　əʃin　saara.
那么　　好好　　不　懂

不是那么精通。

suji　doola　məəji　əwənki　uwuwi　tetejir　bəj　biʃin　je？
你们　里　自己　鄂温克　语　　学习　人　有　吗

你们中间有学鄂温克语的人吗？

aada　bəj　məəji　ʤuuduwi　saddi　bəjduki　məəji　teteran.
有的　人　自己　家里　　老　人　　自己　学习

有人在家从老人那里自学鄂温克语。

saddi　bəjsəl　ʤuu　doolawal　məəji　uwuʤi　ʤinʤimaʃiran　je？
老　人们　家　里　自己　语言　交流　吗
老人们在家里用母语交流吗？

talar　doolawal　baraanjin　məəji　uwuʤi　ʤiʤinʤimaʃiran.
他们　中间　多时　自己　语言　交流
他们之间多数时间用母语交流。

toosohot,　əʃibtiji　urul　məəji　uwuwi　teterwa　əʃin　dorolara.
但是，　现在的　孩子　自己　语言　学习　没　兴趣
尽管如此，现在的孩子对于学母语没有兴趣。

talar　doola　baraanjin　məəji　uwuwi　əʃin　tetera.
他们　里　多　自己　语言　不　学
他们中绝大多数人不学自己母语。

ənəʃin　ənəkən　əsu　bodoro.
这样　说　没　想到
真没想到会这样。

əri　awuji　nehan　bitihijin？
这　谁　汉文　书
这是谁的汉文书？

miji　nehan　bitihiwi.
我的　汉文　书
我的汉文书。

miji　bitihiwi　minnu　buuggihə.
我的　书　我　还给
赶快把我的书还给我。

ʃi　məəji　bitihiwi　əlbuhə.
你　自己　书　拿去吧
你把书拿走吧。

suji suitan nannahan je？
你们 学校   漂亮   吗

你们学校漂亮吗？

muji suitan mani nannahan.
我们 学校   很   漂亮

我们学校很漂亮。

bitihi teteʃen oni ʤuudu təgejirən？
书   学生   什么 宿舍   住

学生们住什么样的宿舍？

bolgo ikkəhin ʤuan ʤuudu təgəjiren.
都   新的   砖   宿舍   住

都住在新盖的红砖宿舍里。

suitandu ʤəəttə ʤittər ʤuu biʃin je？
学校   饭   吃的   屋   有   吗

学校里有食堂吗？

teteʃenjin ʤəəttə ʤittər ʤuu biʃin.
学生   饭   吃的   屋子 有

有学生食堂。

teteʃen sut suitandu ʤəəttə ʤittən.
学生   都   学校   饭   吃

学生们都在学校吃饭。

ʤəəttəjin oodan je？
饭菜   可以   吗

饭菜可以吗？

ʤəəttəjin mani aji waaʃe.
饭菜   很   好   味道

饭菜很香。

bi　suitanji　ʤɜəttəwə　ʤittər　dorlame.
我　学校　饭菜　吃　喜欢

我喜欢吃学校的饭菜。

suji　suitandu　tuʃuguan　biʃin　je？
你们　学校　图书馆　有　吗

你们学校有图书馆吗？

mani　aji　tuʃuguan　biʃin.
很　好的　图书馆　有

有很好的图书馆。

tuʃuguan　doola　baraan　bitihi　biʃin.
图书馆　里　许多　书　有

图书馆内有好多的书。

suji　suitandu　jundunʧan　biʃin　je？
你们　学校　运动场　有　吗

你们学校有体育场吗？

mani　əddu　jundunʧan　biʃin.
很　大的　运动场　有

有个很大的体育场。

əddu　jundunʧandu　ane　tajin　niwən　be　əmudu　jundunhui　ooran.
大的　运动场里　年　每　六　月　一　运动会　举办

在这大体育场上每年六月一日都举行运动会。

bu　sut　məəji　suitanbi　dorlamun.
我们　都　自己　学校　喜欢

我们都喜欢自己的学校。

9. gəbbə ooran
工作　做
干活儿

ʃi　oni　gəbbə　oojinne?
你　什么　工作　做

你做什么工作呢?

bi　tarilan　tarijime.
我　田　种

我在种田。

ʃi　tarilan　tarim　ətəni　je?
你　田　种　会　吗

你会种田吗?

bi　tarilan　tarim　ətəme.
我　田　种　会

我会种田。

johon　tarilan　tarijinne?
什么　田　种

你种的是什么田?

su　ʤəəttə　oon　ʃaŋirin　botʃtʃo　tarijime.
玉　米　和　黄　豆　种

我种的是玉米和黄豆。

ʃi　ane　tajin　tarilan　tarinne　je?
你　年　每　田　种　吗

你每年都种田吗?

bi　ane　tajin　tarime.
我　年　每　种

我每年都种。

ane　tajin　iri　ərindu　tarilan　tarinne？
年　每　哪　时　田　种

每年什么时候种田？

muji　ədu　nəlki　ərin　ooki　tarilan　tariran.
我们　这里　春　季　到　田　种

我们这里到了春天才种田。

suji　ələji　əwənki　bəjsəl　bolgo　tarilan　tariran　je？
你们　这里　鄂温克　人们　都　田　种　吗

你们这里的鄂温克人们都种田吗？

bolgo　tarilan　tariran.
都　田　种

都种田。

tarilan　əʃin　tarir　bəj　aaʃin　je？
田　不　种的　人　没有　吗

没有不种田的人吗？

muji　əri　boodu　tarilan　əʃin　tarir　bəj　aaʃin.
我　们　这　地　田　不　种的　人

我们这儿的人都种田。

talar　sut　tariʃen　je？
他们　都　农民　吗

他们都是农民吗？

tanaŋan,　sut　tariʃen　ooran.
对，　都　农民　成

是的，都是农民。

tariʃensal sut su ʤəəttə oon ʃaɳirin botʃtʃo tarijiran je?
农民们　都　玉　米　和　黄　豆　种植　吗

农民们都种植玉米和黄豆吗?

baraanjin su ʤəəttə oon ʃaɳirin botʃtʃo tarijiran.
多的　　玉　米　和　黄　豆　种植

多数是种玉米和黄豆。

aada bəj naan əntu ʤakə tarijiran.
某些　人　还　其他　东西　种植

有些人还种植其他粮食。

əntu oni ʤakə tariran?
别的　什么　东西　种植

其他还种植什么呀?

aada bəj hulenpə oon muhal tariran.
有的　人　燕麦　和　大麦　种植

有的人还种燕麦和大麦。

niggə tarir bej biʃin je?
荞麦　种的　人　有　吗

有种荞麦的人吗?

niggə tarir bej naan biʃin.
荞麦　种的　人　也　有

也有种荞麦的人。

pishə tarir bəj biʃin je?
穈子　种的　人　有　吗

有种穈子的人吗?

miji ahawi uthe pishə tarijiran.
我的　哥哥　就是　穈子　种植

我哥哥就种穈子。

ahaʃi　əntu　johon　tarijiran？
哥哥　别的　什么　　种植

你哥哥其他还种什么？

dahi　naan　mais　tarijiran.
另　　还　小麦　种植

另外还种小麦。

narem　oon　gaoliaŋ　tarir　bəj　naan　biʃin　je？
小米　和　高粱　种的　人　还　有　吗

还有种小米和高粱的人吗？

narem　oon　gaoliaŋ　tarir　bəj　antah　baraan　biʃin.
小米　和　高粱　种的　人　挺　多　有

种小米和高粱的人也不少。

muji　əri　boodu　narem　ajiʤi　baldiran.
我们　这　地　小米　好好　长

我们这个地方小米长得特别好。

su　narem　ʤəəttə　ʤittətʃtʃun　je？
你们　小米　米　吃　吗

你们吃小米吗？

bu　sut　narem　ʤəəttə　ʤittər　dorʃe.
我们　都　小　米　吃　喜欢

我们都喜欢吃小米。

narem　ʤəəttə　bəjdu　aji　ənən.
小米　米　身体　好　说

说是小米对身体好。

bi　naan　əri　geenma　saame.
我　也　这　道理　知道

我也知道这个道理。

ədu　nuwa　tariran　je？
这　蔬菜　种植　吗

这儿种蔬菜吗？

ajil　ajil　bolgo　nuwa　tariran.
家　家　都　蔬菜　种

家家都种蔬菜。

bolgo　nuwaji　hərʤə　biʃin.
都　蔬菜　菜园　有

都有种蔬菜的菜园子。

oni　nuwa　tariran？
什么　蔬菜　种

种什么蔬菜？

ajil　bolgo　botʃtʃo、tudu、suhatta　tariran.
家　都　豆角、土豆、白菜　种

每家都种豆角、土豆、白菜。

naan　suanna、əlu、　həŋkə、tʃees　tariran.
还　蒜、葱、　黄瓜、茄子　种

还种蒜、葱、黄瓜、茄子。

miji　əhəwi　naan　daloobo、huloobo、giltirin　loobo　tariran.
我　姐姐　还　大萝卜、红萝卜、白　萝卜　种

我姐姐还种大萝卜、红萝卜、白萝卜。

suji　əri　boodu　nəlki　ərintki　əntu　ərin　tarilan　tariran　je？
你们　这　地　春天　季节　别　季节　田　种　吗

你们这儿除了春天之外的季节还种田吗？

nəlki　ərintki　əntu　ərin　tarilan　əʃin　tarira.
春天　季节　别　季节　田　不　种

春天之外的季节不种田。

nəlki　tarisa　tarilanmi　bolə　ərin　təlin　hadim　gadan.
春天　中的　　田　　秋天　季节　才　　割　　拿
春天种的田到了秋天才收割。

muji　ədu　bolə　ərinji　iggitki　boo　əwərkətʃtʃi　gəktirən.
我们　这　秋天　季节　末尾　地　开始　冻
我们这里的土地到了秋末就开始冰冻。

tari　ərintki　dʒakə　tarim　əʃin　ətərə　ooran.
那　时　东西　种　不　能　成
从那时起就不能种粮田了。

su　johondʒi　tarilan　tarijitʃtʃun？
你们　什么用　种　田
你们用什么种田？

bu　əʃi　bolgo　maʃindʒi　tarijimun.
我们　现在　都　机器　种植
我们现在都用机械来种田。

noogu　johondʒi　tarijisasun？
过去　什么用　种植
过去用什么种田来着？

noogu　andʒasundʒi　boo　uhum　bisəmun.
过去　犁铧用　地　翻　在
过去使用犁铧来翻地。

andʒasunma　johondʒi　iruhanjisa？
犁铧　什么　拉
用什么拉犁铧来着呀？

əggəəl　uhurdʒi　iruhanjisa.
犍牛　牛　拉
用犍牛拉犁铧。

johoʤi　uru　tarim　bisə？
什么　　种子　种　　在
用什么来播种来着？

naalaʤi　uru　tarim,　bolton　təəwuhəm　bisəmun.
手用　　种子　种,　　苗芽　　栽培　　　在
我们都是用手播种和栽培苗芽。

satʃʃikuʤi　tarilan　satʃʃim　bisəmun.
锄头用　　　地　　　铲　　　在
用锄头铲地。

hadunʤi　tarilanma　hadim　bisʤmun.
镰刀　　　田　　　　割　　在
用镰刀收割粮食。

ʃəjilʤi　amu　ʃəjiləm,　innəʤi　amu　innəm　bisəmun.
筛子用　粮食　筛,　　碾子用　粮食　碾　　在
那时用筛子筛粮食,用碾子碾粮食。

toon,　ikərən　oon　loluʃa　ooki　johon　naan　əʃin　bahara　bisə.
所以,　天旱　　和　水涝　成　　什么　也　　不　　得　　在
所以,那时遇到天旱水涝就颗粒不收。

əʃi　sut　aji　oosa.
现在　都　好　成
现在都好了。

bolgo　ʃendaihualasa.
都　　　现代化了
都实现现代化了。

baraan　ajil　nuanpən　ʤawasa.
多　　　家　　暖棚　　弄了
许多人家弄了暖棚。

toon, tunə ərin naan nuwa tarim ətər oosa.
所以, 冬天 季节 也 蔬菜 种植 能 成了

所以，冬季也能种蔬菜了。

tari oni gəbbə oojiran？
他 什么 工作 做

他做什么工作？

tari ʃi əmu aduʃen bej ooran.
他 是 一 牧养者 人 成

他是一位牧养者。

johon adulajiran？
什么 牧养

他在牧养什么？

uhur dulajiran.
牛 牧养

他是牧养牛群的。

ohi uhur iggəjinne？
多少 牛 牧养

牧养多少头牛呀？

əmu namaaʤi uluhu uhur iggəjime.
一 百 多 牛 牧养

牧养一百多头牛。

bolgo ununun uhur je？
都 乳牛 牛 吗

都是乳牛吗？

əntu əggəələ uhur oon buha biʃin.
别的 犍牛 牛 和 种牛 有

其他还有犍牛和种牛。

toosohot, unuŋun uhurjin baraan.
但是，　乳牛　　牛　　多
但是，乳牛占绝大多数。

tari doola naan tuhuʃan、 itən、 guna biʃin.
那　里　也　一岁牛　二岁牛　三岁牛 有
其中也有一岁小牛和二岁牛、三岁牛。

suji uhurji huraŋan biʃin je？
你们　牛　　圈　　有　吗
你们有牛圈吗？

mujidu ʤuanʤi oosa əddu uhurji huraŋan biʃin.
我们　　砖　　做　大　牛　圈　　有
我们有用砖垒起来的大牛圈。

dolbo ooki uhur sut huraŋandu iirən.
晚　　成　牛　都　牛圈　　进
到了晚上牛群都进牛圈。

suji ʤuudu awu unuŋun saajiran？
你们　家里　谁　乳牛　　挤
你们家里谁挤奶？

miji məməwi oon əhəwi unuŋun saajiran.
我的　妈妈　和　姐姐　乳牛　　挤
我妈妈和姐姐挤奶。

talar əddəji adi ərindu juum unuŋun saaran？
她们 早晨　几　点　起来　乳牛　　挤
她们早晨几点起床挤奶？

əddəji dijin ərindu juum unuŋun saaran.
早晨　四　点　起来　乳牛　　挤
她们早晨四点起床挤奶。

jodon　tanaŋan　əddə　juum　unuŋun　saaran？
为何　那么　　早晨　起来　乳牛　　挤

为何起那么早挤奶呀？

əddə　saasa　unuŋunji　uhunjin　aji.
早　挤　乳牛　　奶子　好

说是起早挤的奶好喝。

talar　uhunmi　ilə　buujirən？
她们　奶子　哪里　给

她们将挤好的奶子送给谁？

rupintʃandu　buujirən.
乳品厂　　　送给

送给乳品厂。

uhunji　hudajin　oodan　je？
奶　价　行　吗

奶价还可以吗？

naan　oodan　ənəhən　bodojime.
还　行　是　想

我认为还可以。

talar　naan　uhunʤi　aartʃi、ʃaŋirin imitʃtʃ、iltula　ooran.
她们　还　奶子　奶酪、　黄油、　奶皮子　做

她们还用牛奶做奶酪、黄油、奶皮子。

əntu　naan　əŋgəər　oon　saga　arhi　ooran.
另外　还　酸奶　和　酸奶　酒　做

另外，还用牛奶做酸奶和奶酒。

talarji　uhunʤi　oosa　ʤakəjin　aji　waaʃi　je.
她们　牛奶　做的　食物　好　味　吗

她们做的奶食品香吗？

mani　aji　waaʃe.
很　　好　　味

很香。

tariji　ahajin　oni　gəbbə　oojiran？
他　　哥哥　什么　工作　　做

他哥哥做什么工作?

morin　adulajiran.
马　　　牧养

牧养马的工作。

ilə　boodu　morin　adulajiran？
哪里　地　　马　　牧养

他在哪里牧养马群?

hudə　boodu　morin　adulajiran.
原野　地　　马　　　牧养

在原野牧养马群呢。

tadu　ohi　morin　biʃin？
他　多少　马　　有

他有多少匹马?

namadʑi　eʃer　morin　biʃin.
百　　　到　　马　　有

有一百来匹马。

tariji　morin　doola　adiggə　morin　biʃin　je？
他的　马群　里　种马　　马　有　吗

他的马群里有种马吗?

adiggə morin、　gə morin、　atta morin bolgo biʃin.
种马　马　　母马　马　　骟马　马　都　有

他的马群里种马、母马、骟马都有。

əntu　naan　noohon　morin、　itə　morin、　guna　morin　biʃin.
另外，　还　　马崽　马　　二岁　马　　三岁　马　　有

另外，还有小马崽、二岁马、三岁马。

tariji　ahaji　morin　doola　nannahan　nannahan　ʤusʃi　morin　biʃin.
他　哥哥的　马群　里　美丽　　美丽　　毛色的　马　　有

他哥哥的马群里有许多毛色美丽的马。

oni　oni　ʤusʃi　morin　biʃin？
什么　什么　毛色的　马　　有

都有什么毛色的马？

ulirin　ʤusʃi　morin、geltirin　ʤusʃi　morin、honnorin　ʤusʃi　morin　biʃin.
红　毛色　马、　白　毛色的　马、　黑　毛色的　马　　有

有红毛色的马、白毛色的马、黑毛色的马等。

naan　sappi　morin　oon　alaar　ʤusʃi　morin　biʃin.
还　白鼻梁　马　和　花　毛色的　马　　有

还有白鼻梁的马和花毛色的马。

tariji　ahajin　morin　ajiʤi　tatigaran.
他的　哥哥　马　好好　驯化

他的哥哥是驯马好手。

suji　ədu　honin　biʃin　je？
你们　这　羊　有　吗

你们这儿有羊吗？

muji　ədu　honin　baraan　biʃin.
我们　这儿　羊　多　有

我们这儿羊很多。

honinji　aduʃen　naan　biʃin.
羊　牧养　也　有

也有牧羊人。

əri boodu təmə biʃin je？
这   地   骆驼   有   吗

这个地方有骆驼吗？

muji əri boodu təmə aaʃin.
我们 这儿 地   骆驼   没有

我们这个地方没有骆驼。

əntu naan ulgen、 hahara iggijir bej biʃin.
另外，还   猪、   鸡   养的   人   有

另外，还有养猪和鸡的人。

ʃini abaʃi johon oojiran？
你的 父亲   什么   做

你父亲做什么活儿呢？

miji abawi nannaji dakkan ooran.
我的 爸爸   皮   匠   是

我爸爸是皮匠。

oni ʤakə dakkalajiran？
什么 东西   制作

制作什么东西？

morinji hadal、 lonto、 urəpiŋ、 olun、 ʃisun、 həʃihu bolgo oojiran.
马的   嚼子   笼头   登皮   肚袋   皮鞭   鞍皮   都   制作

制作马嚼子、笼头、登皮、肚袋、皮鞭、 马鞍皮件等。

morinji əməəl ooran je？
马   鞍子   制作   吗

制作马鞍子吗？

əməəl oon suna、 tutə、 tiʤir naan ooran.
马鞍子 和   皮条   马绊子 三腿绊子 也   制作

也制作马鞍子和皮条、马绊子、三腿绊子等。

ʃi　morin　boldohilam　ətənni　je？
你　马　没鞍骑　会　吗

你会骑没有鞍子的马吗？

bi　morin　boldohilam　əʃim　ətərə.
我　马　没鞍骑　不　会

我不会骑没有马鞍子的马。

bi　əməəlʃi　morin　uwume.
我　马鞍子的　马　骑

我骑的是备有马鞍子的马。

ʃi　morin　waggalam　ətənni　je？
你　马　套　会　吗

你会套马吗？

bi　morin　ajiʤi　waggalame.
我　马　好好　套

我很会套马。

ʃijidu　morinji　wagga　biʃin　je？
你　马　套马杆　有　吗

你有套马杆吗？

mijidu　mani　aji　wagga　biʃin.
我　很　好　套马杆　有

我有很好的套马杆。

əri　owolasaʃi　johon？
这　堆起来的　什么

这堆积的是什么？

tuna　ərin　adusun　ʤittər　heena　ooran.
冬　季　牲畜　吃的　草料　成

是冬季牲畜吃的草料。

əril sut suji heena ooran je？
这些 都 你们 草垛 成 吗

这些都是你们的备用牧草草垛吗？

tananan, sut muji heen ooran.
是的， 都 我们 草垛 成

是的，都是我们的草垛。

tooki, əri tuna ərin suji adusun baita aaʃin je？
那么， 这 冬季 你们 牲畜 事 没 吧

这么一来，今年冬天你们的牲畜就会平安度过了吧！

baita aaʃin ənəhən bodojime.
事 没 是 想

恐怕没什么问题吧！

dutʃan johon oojiran？
杜强 什么 做

杜强在做什么活儿？

tari amanasa.
他 出猎了

他去打猎了。

tari bəju oom ətərən je？
他 狩猎 做 能 吗

他会狩猎吗？

dutʃan ʃi əmu gəbbiʃi məggən ooran.
杜强 是 一 有名 猎人 成

杜强是一位有名的猎人。

tari əʃi naan bəjuʃijirən je？
他 现在 还 狩猎 吗

他现在还在狩猎吗？

əʃi　naan　urdu　juum　bəjuʃijirən.
现在　还　山　上　狩猎

现在还山上狩猎呢。

tadu　bəju　oor　ilan　boobi　biʃin.
他　狩猎　做　三　宝　有

他有狩猎三宝。

əmuhi　boobijin　məggən　morin　ooran.
一　是　猎　马　成

一宝是猎马。

ʤuuhi　boobijin　məggən　nanihin　ooran.
二　宝贝　猎　犬　成

二宝是猎犬。

ilahi　boobijin　məggən　miisan　ooran.
三　宝是　猎　枪　成

三宝是猎枪。

tari　bikin　əmu　mani　aji　məggən.
他　是　一　很　好的　猎人

他是一位很有名的猎人。

noogu　əri　boodu　məggən　baraan　bisə　ənən.
过去　这　地　猎人　多　有　说

据说过去我们这儿猎人很多。

tari　ərindu　tadan　bisə.
那　时　狩猎组　在

那时还有狩猎组。

tadanji　doola　tadanda　oon　hutulʃi　bisə.
狩猎组　里　狩猎组长　和　伙夫　有

狩猎组里还有狩猎组长和伙夫。

bəjuʃen   əmutəl   miisan、   molin、ushəkə、suhənkəʃi   bisə.
猎人   每个   枪、   子弹、猎刀、猎斧   有

每位猎人都有自己的枪、子弹、猎刀、猎斧。

aadajin   naan   letʃmiisan   bajtalajisa.
有的   还   火枪   使用

有的猎人还使用火枪。

aji   məggəndu   digar   miisan   oon   digar   morinʃi   bise.
好   猎人   快   枪   和   快   马   有

优秀的猎人有快枪和快马。

tari   ərindu   ʃitʃtʃi   mərjisəsun   je？
那   时   晚间   出猎   吗

那时你们晚间狩猎吗？

ʃitʃtʃi   mərjin   tanaʃin   baraan   əntu.
晚间   狩猎   那么   多   不是

晚间狩猎的情况并不多。

tooki,   əddə   mərjin   baraan   bisə   je？
那么，   早   狩猎   多   有   吗

那么，一早狩猎的现象多吗？

tari   ərindu   baraan   bəjuʃen   əddə   mərjinjisə.
那   时   多   猎人   早   狩猎

那时多数人参加早晨的狩猎。

baraanjin   tadandʒi   əmunnu   ulijisə.
多   狩猎组   一起   走

多数猎人跟狩猎组一起狩猎。

əmukən   urdu   juum   bəjuʃijir   bəjuʃiʃen   naan   bisə.
独自   山   上   狩猎现   猎人   还   有

也有独自在山上狩猎的人。

tadandʒi əmunnu uliki awa oordu amal ənən.
狩猎组 一起 走 围猎 进行 容易 说

据说跟狩猎组一起进行狩猎比较容易。

bəjuʃijirdu gurəsji wadʒijin mani ojoŋgo bisə.
狩猎时 野兽 足印 十分 重要 是

狩猎时野兽的足印十分重要。

talar bəjuʃir ərindu uleen、 pisaŋka、 wakka bajtalajisa.
他们 狩猎 时 鹿哨、 狍哨、 套子 使用

那时他们的狩猎还是用鹿哨、狍哨、套子。

naan hatʃtʃihu nəəjisə.
还 夹子 下来着

还下夹子。

talar iʃihuntki miisannarwa tetejisa.
他们 小从 开枪射击 学习

他们从小开始学习开枪射击。

tuna ərin bəjuʃirduwəl nannatʃtʃi、 nannakkə、 nannanta tətijisə.
冬 季 狩猎 皮衣、 皮裤、 （狍）皮鞋 穿

他们冬季狩猎时要穿皮衣、皮裤、（狍）皮鞋。

aada bəjuʃen naan nannasus oon nannasujirtə tətijisə.
有的 猎人 还 毛皮大衣 和 毛皮套裤 穿

有的猎人还穿毛皮大衣和毛皮套裤。

sut nanna aawan、 nanna bəələ、 nanna dottunʃi bisə.
都 皮 帽子、 皮 手套、 皮 袜子 在

他们还有皮帽子、皮手套、皮袜子。

dahi naan bəjuʃen bukuldu geswattaʃi bisə.
另 还 猎人 都 毛皮圆筒被子 有

另外，猎人还都有毛皮圆筒被子。

tari ərindu ur boodu gurəs baraan bisə ənən.
那 时 山 区 野生动物 多 有 说

那时山区有许多野生动物。

urdu tashə、 ətəhəm、 mitta、 tidʒihi、 gushə、 solihi bisə.
山 虎、 熊、 豹、 猞猁、 狼、 狐狸 有

山上有虎、熊、豹、猞猁、狼、狐狸。

naan torohi、 giisən、 dʒəgrən、 bogu、 toohi baraan bisə.
也 野猪、 狍子、 黄羊、 鹿、 驼鹿 多 有

也有很多野猪、狍子、黄羊、鹿、驼鹿。

tooso dʒarin, iʃihun gurəsunmə bəjuʃim əʃin ooda.
那样 也罢， 幼小的 野生动物 狩猎 不 行

尽管如此，还是严禁狩猎幼小野生动物。

talar naan ʃigeji hoggol oon təgələnmə bəjuʃijisə.
他们 也 森林 野鸡 和 乌鸡 狩猎

他们在森林里也狩猎野鸡和乌鸡。

naan ʃigeji amadʒiji nunnihi oon niihiwə bəjuʃijisə.
还 森林 湖 大雁 和 野鸭子 狩猎

还有在林间湖边狩猎大雁和野鸭子。

tari ərindu aʃelan oni gəbbə oojisa？
那 时 妇女 什么 工作 做来着

那时的妇女做什么工作？

aʃelan urdu məəgə tuŋkəjisə.
妇女们 山 蘑菇 捡

妇女们在山上捡蘑菇。

oni məəgə tuŋkəjisə？
什么 蘑菇 捡

捡什么蘑菇？

urdu　baraan　janʤiji　məəgə　biʃin.
山　　多　　种类　　蘑菇　　有

山上有多种多样的蘑菇。

oni　　oni　məəgə　biʃin？
什么　什么　蘑菇　　有

都有什么蘑菇？

bohutto、　ʃitəhutto、　daruhutto、　irəttuhutto　biʃin.
山蘑菇、　榛蘑、　　千层蘑、　　松树蘑　　有

有山蘑菇、榛蘑、千层蘑、松树蘑等。

əntu　naan　ajihutto、　honnohutto、　ʃaɲihutto　biʃin.
另外　还　　猴头、　　黑木耳、　　黄蘑　　　有

另外，还有猴头、黑木耳、黄蘑。

aʃelansal　əntu　haleer、　suŋkul、　humilə　tuŋkəm　bisə.
妇女们　　其他　野韭菜、　小韭菜、　柳蒿芽　　捡　　在

妇女们还从山上采集野韭菜、小韭菜、柳蒿芽等野菜。

tari　ərindu　urdu　　gurəs　　oon　kəwəri　nuwa　bolgo　baraan　bisə.
那　　时　　山上　野生动物　和　　野　　菜　　都　　　多　　有

那时山上野生动物和野菜都很多。

amarankaʤi　ʤalun　ʤalun　amarawun　bahajisa.
猎车　　　　满　　　满　　猎获物　　获得

收获一车车满载的猎物。

əʃi　urdu　gurəs　biʃin　je？
现在　山上　野生动物　有　　吗

现在山上还有野生动物吗？

əʃi　ane　aneduhi　honno　oojiran.
现在　年　年　　　少　　成

现在一年比一年少了。

10. ʤuu
家

家（家庭）

əri ʃi awuji ʤuu？
这　是　谁的　家

这是谁家？

əri ʃi muji ʤuu.
这　是　我们　家

这是我们的家。

ʃi duʃanʃi je？
你　杜山　吗

你是杜山吗？

əntu，bi duʃan əntu.
不，　我　杜山　不是

不是，我不是杜山。

tooki, ʃi awu bej ʃe？
那么，你　谁　人　呀

那么，你是谁呀？

bi bihin duhuŋ oome.
我　是　杜宏　成

我是杜宏。

oo，ʃi uthai duhuŋ je？
啊呀，你　就是　杜宏　呀

啊呀，你就是杜宏呀？

bi　uthai　duhuŋ.
我　就是　杜宏

我就是杜宏。

bi　ʃiji　gəbbiwu　turtan　dooldisu　bisu.
我　你的　名字　过去　听说过　是

我过去听说过你的名字。

ʃijidu　banihalajime.
你　　　谢谢

谢谢你。

ʃi　əwənki　bəj　ba！
你　鄂温克　人　吧

你是鄂温克人吧！

bi　bihin　əwənki　bəj.
我　是　鄂温克　人

我是鄂温克人。

ʃi　oohi　nasunʃi　oosaʃe？
你　多大　岁数　成了

你多大岁数了？

bi　hii　nasunʤi　urin　jejinʃi　oosu.
我　虚　岁　二十　九　成了

我虚岁已经二十九岁了。

ʤiŋkini　nasunʤi　oohiʃi　oosaʃe？
实　　　岁　多大　成了

实岁多大了？

urin　ʤahunʃi　oosu.
二十　八　成了

二十八岁了。

tooki， ʃi bihin əmu meŋə jejin namaaʤi irəən anedu baldisa bəj je？
那么， 你 是 一 千 九 百 九十 年 出生 人 吗
那么，你是一九九零年出生的人吗？

tanaŋan， bi əmu meŋə jejin namaaʤi irəən anedu baldisu.
对， 我 一 千 九 百 九十 年 出生的
是的，我出生于一九九零年。

ʃiji ʤuudu adi bəj biʃin？
你的 家里 几 人 有
你家里有几口人？

muji ʤuudu ʤahun bəj biʃin.
我们 家里 八 人 有
我家有八口人。

oni oni bəj biʃin？
什么 什么 人 有
都有什么人？

miji jeje taitiwi biʃin.
我的 爷爷 奶奶 有
有我的爷爷和奶奶。

jejeʃi oohi nasunʃi oosa？
爷爷 多大 岁数 成了
你爷爷多大岁数了？

nooni ʤahuŋe ʤuurʃi oosa.
他 八十 二 成了
他八十二岁了。

nooni nonom nasulajine!
他 长 岁
祝他长寿吧！

jejeʃi johon oojiran？
爷爷 什么 做

你爷爷在干什么呢？

nooni johon gəbbə oojiran？
他 什么 工作 做

他做什么工作？

jejewi gəbbə əjirən oora.
爷爷 工作 没 做

我爷爷没做什么活儿。

nooni gəbbəduhi əwəsə.
他 工作 下来

他已经退休了。

nooni oni gəbbə oojisa？
他 什么 工作 做来着

他是做什么工作来着？

tarilan tarijisa.
田 种来着

他种田。

jejeʃi tariʃen bisə je？
爷爷 农民 是过 吗

你爷爷过去是农民吗？

ʤohiran, miji jejewi tariʃen bisə.
对， 我 爷爷 农民 是

对呀，我爷爷是个农民。

muji ʤuu tariʃeni oʤoroʃe.
我们 家 农民 根源

我们家是农民出生。

suji ʤuu tarilani gəbbə ooman ohi ʤalan oosa？
你们 家 农田 活儿 做 多少 代 成了
你们家里种田多少代了？

ohi ʤalan oosawa bi əʃim saara.
多少 代 成了 我 不 知道
多少代了我不太清楚。

goroduhi muji əwənki bəj tarilan tarijisa.
很早以前 我们 鄂温克 人 田 种
很早以前我们鄂温克人就开始种田了。

oo， tanaʃin je？
嗯， 那样 呀
嗯，原来如此。

jejeʃi əʃi ʤuuduwi bailə bijirən je？
爷爷 现在 家 白 在 吗
你爷爷现在在家白待着呢吗？

bailə bijirən.
白 在着呢
白待着呢。

tooki, jejeʃi inijirku johon naan əʃim oor je？
那么， 爷爷 整天 什么 也 不 做 吗
那么，你爷爷整天什么也不做吗？

əntu, mini ənəjir tanaʃin baitə əntu.
不是， 我 说的 那么 回事 不
不是，我说的不是那么回事。

miji ənəjir bihin jejewi tarilani gəbbə oorwi udisa ənər baitə.
我 说的 是 爷爷 农田 工作 做 停 说的事情
我说的是爷爷从农田活儿下来了。

johon　naan　əʃin　oor　ənər　baitə　əntu.
什么　也　不　做　说的　事情　不是

我的意思是说，他不是什么事都不做。

jejeʃi　ʤuuduwi　johon　baitə　oojiran？
爷爷　家里　什么　事　做

你爷爷在家干什么呢？

hurŋan　ərgilər　jəəhe　gəbbə　ooran.
院子　收拾　等　活儿　做

做收拾院子之类的活儿。

ʃiji　taitiʃi　johon　oojiran？
你的　奶奶　什么　做

你奶奶在做什么呢？

taitiwi　naan　ʤuuduwi　bijirən.
奶奶　也　家　在

我奶奶也在家呢。

ʤuuduwi　johon　oojiran.
家　什么　做

在家干什么呢？

əmu　ashukun　uldir　akkir　baitə　oojiran.
一　点　缝　扎　活儿　做

做些缝缝补补的活儿。

naan　adi　hahara　iggəjirən.
还　几　鸡　养

还在养几只鸡。

taitiʃi　naan　tariʃen　bisə　ye？
奶奶　也　农民　是　吗

你奶奶也是农民吗？

taitiwi naan tariʃin bisə.
奶奶 也 农民 是

我奶奶也是农民。

suji ʤuudu əntu awu bəj biʃin ?
你们的 家里 其他 谁 人 有

你家里其他还有谁?

əntu dijin bəj biʃin.
其他 四 人 有

其他还有四人。

əntu oni bəj biʃin ?
其他 什么 人 有

其他还有什么人?

miji aba məməwi biʃin.
我的 爸 妈 有

有我的爸爸妈妈。

ʃiji abaʃi ʤuuduwi biʃin je ?
你的 爸 家 在 吗

你爸爸在家吗?

əʃi ʤuuduwi aaʃin.
现在 家 没

现在没在家。

abaʃi idu ənəsə ?
爸爸 哪里 去了

你爸爸去哪里了?

abawi tarilandu ənəsə.
爸爸 农场 去了

爸爸去了农场。

tarilandu　johon　oonasa？
农场　　　什么　干去了

到农场干什么去了？

tarilandu　tarisa　jəəməwi　iʃinəsə.
农场　　　种的　　庄稼　　看去了

到农场看庄稼去了。

sujidu　oki　mu　tarilan　biʃin？
你们　　多　亩　农地　　有

你们有几亩农田地？

mujidu　dəhi　mu　tarilan　biʃin.
我们　　四十　亩　农田　　有

我们家有四十亩农田。

nooni　johondʒi　ənəsə？
他　　　什么　　去了

他是怎么去的？

məəji　iʃihun　tʃitʃədʒi　ənəsə.
自己　　小　　汽车　　　去的

他是开自己小汽车去的。

ni　bəjdʒi　ənəsə？
谁　人　　去的

和谁去的？

miji　iʃihun　abadʒi　əmunnu　ənəsə.
我的　小　　爸爸　　一起　　去的

和我小叔叔一起去的。

ʃiji　abaʃi　johon　gəbbə　oojiran？
你的　爸爸　什么　工作　　做

你爸爸是做什么工作的？

nooni albaʃen je？
他　　公务员　　吗

他是公务员吗？

albaʃen əntu.
公务员　　不是

不是公务员。

nooni naan tariʃen je？
他　　也　　农民　　吗

他也是农民吗？

nooni bihin əmu tariʃen oodan.
他　　是　　一　　农民　　成

他是一名农民。

ʃini iʃihun abaʃi tariʃen je？
你的　小　　叔　　农民　　吗

你小叔是农民吗？

əntu.
不是

不是。

nooni albaʃen bəj.
他　　公务员　人

他是公务员。

oni alban baitə oojiran？
什么　公务　事　　做

他在做什么公务？

tarilani ʤiʃuji gəbbə oojiran.
农业　　技术　　工作　　做

他做农业技术工作。

noon　abaji　tarilani　baldisa　arbunba　iʃim　əməmə.
他　　爸爸　　农田　　生长　　情况　　观察　来了

他是到爸爸的农田看庄稼的长势来了。

əri　ane　ʃini　abaji　tarilani　arbun　oodan　je？
这　　年　你的　爸爸　　庄稼　　情况　　可以　吗

今年你爸庄稼长势如何？

mani　aji.
非常　好

非常理想。

ʃiji　abaʃi　əri　ane　ohi　nasunʃi　oosa？
你的　爸　这　年　多少　　岁　　成了

你爸今年多大岁数了？

toŋoŋe　ilanʃi　oosa.
五十　　三　　成了

已经五十三岁了。

ʃiji　əninʃi　johon　oojiran？
你　妈妈　什么　　做

你妈妈是干什么的？

miji　məməwi　ʃaŋden　kailajiran.
我的　妈妈　　商店　　开

我妈妈开商店呢。

əninʃi　oni　ʃaŋden　kailajiran？
妈妈　什么　商店　　开

你妈妈开什么商店呢？

iʃihun　ʃaŋden　kailajiran.
小　　商店　　开

开的是小商店。

ʃiji   ənini   kailajir   iʃihun   ʃaŋden   idu   biʃin？
你的   妈   开的   小的   商店   哪里   在

你妈妈开的小商店在哪里？

muji   ʤuuji   oldondu   biʃin.
我们   家的   旁边   在

在我们家的旁边。

əninʃi   oni   ʤaha   uniijirən.
妈妈   什么   东西   卖

你妈妈卖什么东西呢？

ini   tajin   baitələr   ʤaha   uniijirən？
日   每   用的   东西   卖

卖日常用品。

naan   ʤittər   imir   ʤaha   uniijirən.
还   吃   喝   东西   卖

还卖食品。

tətir   təggətʃtʃi   uniijirən   je？
穿的   衣服   卖   吗

卖衣物吗？

əmu   honno   uniijirən.
一   少   卖

也卖些衣服。

təggətʃtʃi   jəəhe   baraan   aaʃin.
衣服   等   多   没

没有（卖）那么多衣服。

ʃaŋden   kailaman   ani   ʤiga   baharan   je？
商店   开完   一些   钱   得到   吗

开商店能赚钱嘛？

ani　ʤiga　baharan.
一些　钱　得到

能赚点钱。

suji　ʤuudu　ʃiji　jeje　taiti　oon　aba　əninduhi　əntu　awu　biʃin？
你们　家里　你的　爷爷　奶奶　和　爸爸　妈妈　其他　谁　有

你家里除了你的爷爷奶奶和爸爸妈妈之外其他还有谁？

miji　aʃewi　biʃin.
我的　妻子　在

有我的妻子。

ʃiji　aʃeʃi　oni　gəbbiʃe？
你　妻子　什么　名字

你妻子叫什么名字？

tariji　gəbbijin　duna　ənən.
她的　名字　杜娜　叫

她的名字叫杜娜。

duna　johon　oojiran？
杜娜　什么　做

杜娜做什么呢？

tari　ijendu　gəbbə　oojiran.
她　医院　工作　做

她在医院工作。

iləji　ijendu　gəbbə　oojiran？
哪里　医院　工作　做

在哪里的医院工作？

muji　ələji　ʃanʤən　ijendu　gəbbə　oojiran.
我们　这里　乡镇　医院　工作　做

在我们这里的乡镇医院上班。

ijendu oni gəbbə oojiran?
医院　什么　工作　　做

在医院做什么工作?

waikə daifuji gəbbə oojiran.
外科　　大夫　　工作　　　做

当外科医生。

sujidu urulʃi je?
你们　孩子有　吗

你们有孩子吗?

mujidu urul biʃin.
我们　　孩子　有

我们有孩子。

sujidu wəkkəhənʃi je?
你们　　儿子有　　吗

你们有儿子吗?

wəkkəhənʃe.
儿子有

有儿子。

ʃi adi wəkkəhənʃe?
你　几个　儿子有

你有几个儿子?

mujidu əmu wəkkəhən biʃin.
我们　　一　　儿子　　有

我们有一个儿子。

ʃi unaadʒi biʃinne je?
你　姑娘　　有　　吗

你有姑娘吗?

mujidu　unaaʤi　aaʃin.
我们　　姑娘　　没有

我们没有姑娘。

ʃijin　wəkkəhənʃi　ohi　əddu　oosa？
你　　儿子　　　多　　大　　成了

你儿子多大了？

əri　ane　nadanʃi　oosa.
这　　年　　七岁有　　成

今年七岁了。

suitandu　iisə　je？
学校　　　进了　吗

上学了吗？

tiŋan　ane　suitandu　iisə.
去年　　年　　学校　　进了

去年上了学。

tooki，wəkkəhənʃi　niwən　baatʃtʃiduwi　suitandu　iisə　je？
那么　　儿子　　　六　　　岁　　　　　学校　　　进了　吗

那么，你儿子是六岁上的学吗？

tanaʃin，　tari　niwən　baatʃtʃiduwi　suitandu　iisə.
对，　　　他　　六　　　岁　　　　　学校　　　进了

对，他是六岁上的学。

əʃi　adihi　ane　oosa？
现在　几　　年　　成了

现在（上学）几年了？

ʤuuhi　ane　oosa.
二　　　年　　成了

已经是第二年了。

əʃi iʃihun suitani əlnenʤi oosa.
现在　小　学　二年级　成了

现在是小学二年级了。

suji ʤuudu naan awu biʃin？
你们　家　还　谁　有

你们家里还有谁？

dahi miji unaaʤi nəhun biʃin.
另　我的　女　弟　有

另外还有我妹妹。

unaaʤi nəhun oni gəbbiʃe？
女　弟　什么　名字有

妹妹叫什么名字？

tariji gəbbijin duməi ənən.
她　名字　杜美　叫

她的名字叫杜美。

ohi nasunʃi oosa？
多大　岁　成了

多大岁数了？

əri ane urin niuŋunʃi oosa.
这　年　二十　六　成了

今年二十六岁了。

tari johon oojiran？
她　什么　做

她是做什么活儿的？

miji unaaʤi nəhunbi tiŋan ane təlin əddu suitanduhi bijelsə.
我的　女　弟　去年　年　刚　大　学　毕业

我妹妹去年刚大学毕业。

iləji əddu suitanduhi bijelsə？
那里 大 学 毕业的
从哪个大学毕业的？

ʤunjaŋ mintʃu daʃeduhi bijelsə.
中央 民族 大学 毕业的
她是从中央民族大学毕业的。

əddu suitandu johon tetesa？
大 学 什么 学了
她在大学学的什么？

ʤinʤi guanli tetesa.
经济 管理 学了
她学了经济管理学专业。

tari daʃeʃən je？
她 大学生 吗
她是大学生吗？

əntu，tari jenʤuʃən bijelsə.
不是， 她 研究生 毕业的
不是，她研究生毕业。

əʃi gəbbə bahasa je？
现在 工作 找到了 吗
现在找到工作了吗？

əmu aji gəbbə bahasa.
一 好 工作 找到了
找到了一个好工作。

oni gəbbə bahasa？
什么 工作 得到了
找到了什么工作呀？

hotoni　nuŋjekədʒijendu　gəbbə　bahasa.
市的　　农业科技院　　工作　得了

就职于市农业科技院。

unaadʒi　nəhunʃi　dʒiŋkini　aji　gəbbə　bahasa　ha.
女　　　弟　　确实　　好的　工作　找到了　呀

你妹妹确实找到了好工作呀。

tanaŋan，　unu　aji　gəbbə　bahasa.
是的，　　真的　好　工作　找到了

是的，真的找到了好工作。

məəji　tetesawi　baitələm　ətər　aji　gəbbə　bahasa.
自己　　学的　　　用　　能　好　工作　找到了

找到了能够发挥专业特长的工作。

tari　ittu　ənəʃin　aji　gəbbə　bahasa？
她　怎么　这么　好的　工作　找到了

她是怎么找到了这么好的工作？

hotoni　guŋwujenbə　kaulətʃʃi　bahasa.
市里的　　公务员　　考试　　找到的

参加了市公务员考试找到的。

suji　ədu　əmu　ane　adi　tan　guŋwujen　kaulərən？
你们　这里　一　年　几　次　公务员　　考试

你们这里一年有几次公务员考试？

əmu　ane　dʒuur　tan　guŋwujen　kaulərən.
一　年　两　次　公务员　　考试

一年有两次公务员考试。

ilə　kaulərən？
哪里　考试

在哪儿考试？

hotondu ənəm kaulərən.
市里 去 考试

去市里考。

hotonŋiiduhi awu kaulərən ?
市里的 谁 考

市里的谁来考?

hotoni albanduhi kaulərən.
市里的 政府部门 考试

市政府部门设考场进行考试。

kaulərdu baraan bəj iirən je ?
考试 多 人 参加 吗

参加考试的人多吗?

mani baraan bəj iirən.
很 多 人 参加

参加的人有很多。

sut oni bəj iirən ?
都 何 人 参加

都是些什么人参加?

əddu suitan bijelsə daʃeʃən jenʤuʃən iirən.
大 学 毕业的 大学生 研究生 参加

参加的都是大学生和研究生。

suji əri boodu daʃeʃən jenʤuʃən baraan biʃin je ?
你们 这 地方 大学生 研究生 多 有 吗

你们这里大学生和研究生多吗?

mani baraan biʃin.
非常 多 有

有非常多。

suji əri booji teteŋani həməjin mani gogdo ha.
你们 这 地方 教育 程度 非常 高 呀

你们这地方教育程度非常高呀！

tanaʃin, baraanjin əddu suitan bijelsə.
是的， 多数 大 学 毕业的

是的，绝大多数是大学毕业生。

guŋwuyen kaulər tajin adi namaadʑi bəj iirən.
公务员 考试 每次 几 百 人 参加

每次公务员考试都有几百人参加。

tari dooladuhi ohijin gəbbə baharan？
那 里 多少 工作 找到

其中有多少人能找到工作？

guŋwuyen kauləsə bəji namaadʑiji toŋojin gəbbə baharan.
公务员 考的 人的 百 五 工作 找到

公务员考试的人当中有百分之五能够找到工作。

mani doola manijin gəbbə baharan.
优秀 中的 优秀 工作 找到

优秀中的优秀才找到工作。

ʃiji unaadʑi nəhunʃi unu mani unaadʑi.
你的 女 弟 真 了不起 女孩

你妹妹真是个了不起的女孩。

tariji delajin maŋga.
她的 脑子 聪明

她脑子聪明。

unaadʑi nəhunʃi bəjdu ujiwusə je？
女 弟 人 嫁了 吗

你妹妹嫁人了吗？

tiŋan　ane　bəjdu　ujiwusə.
去年　年　人　嫁了

去年嫁人了。

oni　bəjdu　ujiwusə?
什么　人　嫁了

嫁给什么人了?

məəji　jenʤuʃən　tnŋʃeduwi　ujiwusə.
自己　研究生　同学　嫁给了

嫁给了自己的研究生同学。

tariji　jenʤuʃən　tuŋʃejin　əwənki　bəj　je?
她的　研究生　同学　鄂温克　人　吗

她的研究生同学是鄂温克人吗?

əwənki　bəj　əntu.
鄂温克　人　不是

不是鄂温克人。

tari　bihin　nehan　bəj.
他　是　汉　人

他是汉人。

ilə　booji　nehan　bəj?
哪个　地方的　汉　人

哪个地方的汉人?

ʤulilə　booji　nehan　bəj.
南　方的　汉　人

南方的汉人。

tarijin　ilə　gəbbə　oojiran?
他　哪里　工作　做

他在哪里工作?

naan muji əri boodu gəbbə oojiran.
也 我们 这 地方 工作 做

也在我们这儿工作。

tarijin naan tiŋan ane guŋwujen kauləman gəbbə bahasa.
他 也 去年 年 公务员 考试 工作 得到了

他也是去年经公务员考试找到了工作。

ʃiji nəhun hurəhən oni gəbbə bahasa？
你的 妹 夫 什么 工作 得到了

你妹夫找到了什么工作？

tari hotoni albandu gəbbə bahasa.
他 市里 政府 工作 得到了

他是在市政府就职了。

nəhun hurəhənʃi naan aji gəbbə bahasa ha.
妹 夫 也 好 工作 得到了 呀

你妹夫也找到了好工作呀。

tanaʃin，talar bolgo aji gəbbə bahasa.
对呀 她们 都 好 工作 找到了

对呀，她们都找到了好工作。

talur urulʃi oosa je？
她们 孩子有 成了 吗

她们有孩子了吗？

naan urul aaʃin bijirən.
还 孩子 没 成

还没有孩子。

talar gəbbəwəl ajiʤi ooman təlin urul gadan ənən.
她们 工作 好好 做完 才 孩子 要 是

她们想好好干一阵工作才想要孩子。

əri ʤalə mani ʤohiran.
这 想法 非常 对

这种想法非常有道理。

bi naan taraʃin bodojime.
我 也 那么 想

我也那么想。

suji ʤuuji bəj bolgo ajiʤi baldijiran.
你们 家 人 都 好好地 生活呢

你们家的人生活都很美好呀。

əri sut muji albani ajijin, muji guruni ajijin hu!
这 都 我们 政府的 好 我们 国家的 好 呀

这都是我们政府好，以及我们国家好呀！

bu məəji ʤəŋfuduwəl banihalajimun!
我们 自己 政府 感谢

我们向政府表示感谢。

bu məəji gurunduwəl banihalajimun!
我们 自己 国家 感谢

我们也感谢自己的祖国。

第二部分　阿荣鄂温克语基本词汇

一　名词

1. 自然现象与自然物名词

序号	词义	阿荣鄂温克语	阿荣鄂温克语其他说法
1	宇宙	sansatʃtʃi	bogadakan
2	太空	maani	
3	银河	məŋgər	
4	太阳	ʃiwən	
5	光线	ilagan	ilaan
6	烈日	dalagan	
7	炎热	paagin	
8	月亮	be	bia
9	圆月	mohilen be	
10	半月	holtohə be	
11	残月	sarmin be	
12	星星	wəʃiktə	
13	北斗星	nadaiktə	nadan wəʃiktə
14	三星	ilaiktə	ilan wəʃiktə
15	启明星	solpoktə	solpon wəʃiktə
16	雨	odun	kuara
17	雪	jamanna	
18	春雪	nəlki jamanna	
19	风	ədin	

续表

序号	词义	阿荣鄂温克语	阿荣鄂温克语其他说法
20	风口	ədimun	
21	正在刮的风	ədiwən	
22	热风	əhun	
23	春风	nəlkiwun	
24	避风处	daligan	nəməri
25	云	tuktʃi	
26	冰雹	boona	monnor
27	闪电	talen	talegan
28	雷	agdi	agdigan
29	旋风	hurgel	
30	雾	taama	
31	露水	ʃiluktʃi	
32	严冻	gəkti	
33	冰	umuktʃi	
34	彩虹	ʃiran	ʃiragan
35	晴天	ajni	
36	阴天	tuktʃini	
37	地震	jəgərgə	bog gulgugun
38	天旱	ikərə	
39	涝	loonka	
40	冰川	muna	
41	山	ur	oroon
42	小山	urhen	
43	岩山	had	hadtu
44	天山	bogda ur	
45	佛山	bogkan ur	
46	高山	hairhan	
47	矮山	nəlurər	
48	大山	ʃimagan	

序号	词义	阿荣鄂温克语	阿荣鄂温克语其他说法
49	高大山	alin	
50	孤山	bohutu	
51	严格尔山	jaŋgər	
52	马鞍山	əməəltu	
53	秃山	lontogur	
54	大架山	ʤoltugur	
55	库伦沟尖山	aŋkur	
56	依里巴沟尖山	ilbaktu	
57	哈达嘎图山	hadgaktu	
58	柳毛沟河西高山	horoktu	
59	库伦沟瞭望台山	həŋgəktu	
60	大松树沟大高山	ʃiʧihaktu	
61	八宝山	babgaktu	
62	大时尼奇西南高山	wəbugoktu	
63	大嘎达奇里高山	ʃiŋaktu	
64	大岭	dawan	
65	河西大岭	gagguktu	gaggu dawan
66	老爷岭	urgiwan	
67	大东沟南大岭	uttul dawan	
68	马给大岭	mage dawan	
69	博客图大岭	bogtu dawan	
70	哈窑地岭	hadisur dawan	
71	大嘎达奇东大岭	huddi dawan	
72	霍尔奇东大岭	hurʃi dawan	
73	维古奇西北大岭	miʃan dawan	
74	康王沟新力屯大岭	tagun dawan	
75	尖山	saaŋgutur	
76	阿里河	aali	
77	大时尼奇	ədduni aali	

续表

序号	词义	阿荣鄂温克语	阿荣鄂温克语其他说法
78	小时尼奇	iʃihuni aali	jeʤer aali、jegə aali
79	库伦沟	hərən aali	
80	三岔路沟	dəhəhi aali	
81	小库伦沟	dəhər aali	
82	大嘎达旗沟	duʃi aali	
83	查巴奇东北沟	ʤigasa aali	
84	大文西奇沟	umuʃi aali	
85	窑地沟	ʤaŋga aali	
86	依奇罕沟	itʃihan aali	
87	霍尔奇沟	hərtʃi aali	
88	唐王沟	tagun aali	
89	那吉屯农场沟	naʤi aali	
90	章塔尔沟	ʤintar aali	
91	复兴镇大沟	solohu aali	
92	知木伦沟	ʤimurun aali	
93	那克塔沟	nahatta aali	
94	龙头沟	lontohu aali	
95	嘎达奈沟	gaddagar aali	
96	查巴奇西沟	gaggu aali	
97	那明久沟	ʃirittə aali	
98	河西一队后沟	saawanʃi aali	
99	依里巴沟	untuʃi aali	
100	小松树沟	suʤiniʃi aali	
101	大松树沟	ʃitʃihə aali	
102	大时尼奇沟	sooko aali	hoŋgor aali、dəbur aali
103	山沟	johon	
104	山外子	awən	
105	沟顶	dərə	
106	沟口	dutur	

序号	词义	阿荣鄂温克语	阿荣鄂温克语其他说法
107	丘陵带	humu	
108	沟顶子	dərəldʒin	
109	大甸子	aliŋga	
110	塔头墩子	botol	
111	分岔	bətʃir	
112	山坡	urlən	
113	山包	owogor	owohe
114	山头	sugurlən	orilan
115	阳坡	antah	
116	阴坡	bosu	
117	大甸子	aliŋga	
118	海	dale	
119	河	gol	
120	河套	doo	
121	阿荣河	arun gol	naran gol
122	小河流	iʃihun gol	
123	小河沟子	iʃihun dʒaga	
124	河流	əjən	
125	河的倒叙子	ajan	
126	河道口	ədəgən	
127	河沿	həʃir	nəəhə
128	湖	amadʒi	naura
129	泡子	əlgən	
130	泉眼	bular	
131	矿泉水	bular muu	
132	水	muu	
133	水沫	həəsun	
134	水泡	bolgir	
135	深水	sooŋku	sooŋol

序号	词义	阿荣鄂温克语	阿荣鄂温克语其他说法
136	浅水	albiŋku	
137	浅水滩花哨子	hage	
138	脏水	lagir	ʃilkatta
139	水坑	huggur	muuŋkulun
140	冰湖	bəəs	
141	涨水	əjələn	
142	清水	nəərin muu	
143	浑水	buʤir muu	
144	洪水	ujir	
145	漩涡	uggir	
146	河长	naaha	
147	沙滩	iŋa	
148	沙丘	hoŋkor	
149	地	bog	
150	空地	oŋgohe	
151	石头	ʤol	
152	石碴子	hadaar	
153	石堆	ʤolətu	
154	原野	hudə	
155	平原	haja	
156	草原	hum	
157	草甸子	aali	
158	火	too	
159	防火线	daligan	
160	热气	oor	
161	土	tuhul	
162	土堆	tuhultu	
163	灰尘	tuarol	
164	泥	ʃowor	

续表

序号	词义	阿荣鄂温克语	阿荣鄂温克语其他说法
165	泥潭	ʃaltʃar	ʃowor bog
166	窟窿	saŋaal	
167	空隙	ʤakka	
168	野火	ʤiddə	
169	火把	tol	
170	山的那一边	geegdan	
171	野地	hudə	
172	田野	tarilan	
173	碎块	pisagga	
174	尖草	hina	
175	山根	butən	
176	烟雾	saŋan	
177	天边	ʤakkara	
178	野火	ʤəddə	

2. 动物名词

序号	词义	阿荣鄂温克语	阿荣鄂温克语其他说法
179	野生动物	gurəs	
180	动物	gurəsun	
181	动物园	gurəsun bo	
182	龙	mudur	
183	虎	tashə	
184	狮子	arslən	
185	豹	mitta	
186	熊	ətəhəm	
187	猿	sarman	
188	猞狸	tiʤihi	
189	狼	gushə	
190	貉子	əbihi	

序号	词义	阿荣鄂温克语	阿荣鄂温克语其他说法
191	狐狸	solihi	
192	山狸子	maluh	
193	猴	monio	
194	水獭	muuləŋkə	
195	獾子	əwər	
196	公鹿	bogu	
197	母鹿	humuha	
198	四不像	orun	
199	驼鹿	toohi	
200	狍子	giisən	
201	狍崽	innihan	
202	野猪	torohi	
203	野狐猪	aidan	aidar
204	野母猪	məhədʑi	
205	小猪仔	dʑildʑiha	
206	野猪群	wuni	
207	猪	ulgen	
208	种猪	huuge	
209	母猪	məgədʑi	
210	克郎猪	tam	
211	小猪崽	dʑildʑig	
212	肥猪	taman	
213	年猪（专门过年时杀的猪）	anitti ulgen	
214	狗	nanihin	
215	公狗	bohakta	
216	母狗	jaatu	
217	刚生的狗崽	hashan	
218	一岁崽	gulgu	

序号	词义	阿荣鄂温克语	阿荣鄂温克语其他说法
219	二岁狗	inuha	
220	三岁狗	ilagu	
221	四岁狗	duigu	
222	老年狗	toigu	
223	疯狗	galʤunihi	
224	癞皮狗	ʃirbalʤi	
225	胆小狗	dalgi	
226	哈巴狗	baal	
227	流浪狗	ʤolbir	
228	看家狗	səhugu	
229	牧羊犬	sarugu	
230	灵敏的狗 / 智慧的狗	saakta	
231	花狗	alga	
232	四眼狗	durbə	
233	咬人的狗	nanugu	
234	发情的狗	ʃirulan	
235	笨狗	doigu	
236	猎狗	ʃinu	mərgən nanihin
237	细条猎狗	galtu	
238	断尾狗	poltugu	
239	长耳狗	ʃiŋgar	
240	狮子狗	banbu	
241	豹子狗	tolgi	
242	青狗	hulenihi	
243	黄狗	ʃirga	
244	黑毛狗	harga	
245	牛	uhur	
246	乳牛	ununŋun	
247	种牛	buha	

序号	词义	阿荣鄂温克语	阿荣鄂温克语其他说法
248	犍牛	əggəəl	
249	一岁牛	tuhuʃan	
250	二岁牛	itən	
251	三岁牛	guna	
252	生性牛	ʃəngəs	
253	马	morin	
254	种马	adiggə	
255	走马	dʒirolan	
256	骒马	gə	
257	骟马	akta	
258	白鼻梁子马	sappikta	
259	马崽	noohon	
260	一岁马	daaga	
261	二岁马	itəgə	
262	三岁马	gunaga	
263	羊	hunin	
264	羊羔	hurbu	
265	山羊	imgan	
266	山羊羔	iʃihi	
267	骆驼	təmə	
268	小骆驼	toogo	
269	驴	əljigə	
270	小驴	ʃilgə	
271	没驯化的牲畜	ʃəngəs	
272	蟒蛇	maŋgir	dʒadda holen
273	蛇	holen	
274	白兔	giltirin tooli	gilokto
275	鸡	hahara	
276	公鸡	aminan	

序号	词义	阿荣鄂温克语	阿荣鄂温克语其他说法
277	母鸡	əninən	
278	灰鼠子	ulihi	
279	香鼠子	iʃihun	
280	花鼠子	uguhi	
281	艾虎子	hurən	
282	刺猬	ʃəktʃu	ʤira
283	老雕	muru	
284	老鹰	giihi	
285	小鹰	hiigu	
286	家鹰（驯化过的鹰）	məwə	
287	猫头鹰	maluti	
288	天鹅	uutʃtʃi	
289	大雁	nunnihi	
290	鸽	tuutihi	
291	凤凰	garudi	
292	野鸡	hoggol	
293	乌鸡	təgələn	
294	燕子	gaarasa	
295	小鸟	dəji	
296	麻雀	daʤin	dargunda
297	鹦鹉	todi	
298	丹顶鹤	bulhi	
299	鸿雁	lamgalu	
300	野鸭子	niihi	
301	山斑鸠	ito	
302	喜鹊	saaʤig	
303	蝙蝠	lattuhi	
304	啄木鸟	tontohi	
305	百灵鸟	bidun	

序号	词义	阿荣鄂温克语	阿荣鄂温克语其他说法
306	乌鸦	hǝre	
307	黑乌鸦	tawu	
308	白脖子乌鸦	toogi	
309	老乌鸦	taamu	
310	蟑螂	altan hulihan	
311	蜘蛛	atahi	
312	蛐蛐	tʃutʃur	
313	蝈蝈	ǝtuhi	
314	蚂蚱	ʃitʃtʃuhi	
315	蚂蚁	irǝttǝ	
316	蚯蚓	urun	mǝǝrtǝ
317	虫子	holihan	
318	虱子	huŋkǝ	
319	跳蚤	sor	
320	臭虫	ular holihan	
321	苍蝇	dilihǝ	
322	小苍蝇	dilihǝktu	
323	绿头苍蝇	surǝn dilihǝ	
324	蝴蝶	bǝlbǝhǝ	bǝlbǝti
325	小蝴蝶	bǝlbǝhun	
326	毛毛虫	ʤugnihi	
327	草爬子	hapittǝ	
328	蜂子	ʤuuktǝ	
329	瞎蒙	jagǝttǝ	
330	鱼	oshon	
331	折鳞鱼	hudu	
332	细鳞鱼	suʤin	
333	鲫鱼	hǝltǝhǝ	
334	小鲫鱼	kǝǝlbǝn	

序号	词义	阿荣鄂温克语	阿荣鄂温克语其他说法
335	鲶鱼	daahi	
336	山鲶鱼	huuʃimal	
337	狗鱼	surəlde	
338	鲤鱼	moggo	
339	小柳根鱼	nisa	
340	老头鱼	mokoti	
341	泥鳅鱼	muʤuhi	
342	龟	habel	
343	青蛙	ərihi	
344	蝌蚪	iggələn	
345	野兽窝	humin	həurə
346	狗窝	wəər	
347	牛圈	huraŋan	kərʤə
348	鸟窝	uugɛ	
349	熊胆	ʃiildi	ʃildiktər
350	熊掌	awəni	
351	鸟爪子	sarba	
352	野猪火獠牙	tʃoroni	
353	猪鬃	ʃədən	
354	鹿角	pəntu	
355	鹿心血	meesun	
356	鹿茸	pəntug	
357	鹿胎	humahakkur	
358	鹿鞭	gusun	
359	狼皮	gushətʃtʃi	
360	鸡冠	dəggər	
361	鸡尾毛	səgsər	
362	角	iigə	
363	马鬃	dələn	

续表

序号	词义	阿荣鄂温克语	阿荣鄂温克语其他说法
364	蹄子	tah	
365	尾巴	iggə	
366	牛粪（干牛粪）	ooktə	

3. 植物名词

序号	词义	阿荣鄂温克语	阿荣鄂温克语其他说法
367	森林	ʃiʤer	
368	树林	moolan	
369	密林	ʃige	
370	樟树	ʤahu	
371	松树	irəktə	
372	松树籽	hurittə	huri
373	树	moo	
374	桦树	hos	
375	白桦树	saalban	
376	黑桦树	tigur	
377	柞树	sawaŋkur	
378	柳树 / 柳条树	borgasun	boggan
379	小柳条子	ʤiʃiktə	
380	白柳树	othon	
381	红柳树	ʃirəktə	
382	黑柳树	gaton	
383	柳条	adaku	
384	杨树	ol	
385	梧桐树	hailasun	
386	柞树棵子	abahakta	
387	山楂	ombor	
388	山丁子树	uliktə moo	
389	山樱桃树	hakkakta moo	

序号	词义	阿荣鄂温克语	阿荣鄂温克语其他说法
390	山杏子树	guiləsun moo	
391	山里红树	obur moo	
392	稠李子树	iŋəktə moo	
393	都柿树（蓝莓树）	ʤiʃiktə moo	
394	榛子树	ʃiʃiktə moo	
395	冬青	pəntun	
396	竹子	susu	
397	树根	niintə	
398	树杈	gar	məərtə
399	树尖	suwur	
400	树皮	haran	
401	木刺	əwə	
402	木头渣子	boʃil	
403	芦苇	holʧun	
404	草原	hudə	
405	草	orokto	
406	青草	sooho orokto	
407	苫房草	ləmbə	
408	靰鞡草	ajittu	
409	花	ilga	
410	满山红	anegga	
411	棉花	həwən	
412	野韭菜	haleer	
413	小韭菜	suŋkul	
414	韭菜花	sorʧi	soros、sor
415	圆细韭菜	maŋgakta	
416	柳蒿芽	humilə	
417	四叶菜	giʃəʃen	
418	蘑菇	bohukto	

续表

序号	词义	阿荣鄂温克语	阿荣鄂温克语其他说法
419	猴头	ajihukto	
420	黑木耳	honnohukto	
421	花脸蘑	hurəhukto	
422	榛蘑	ʃitəhukto	
423	黄蘑	ʃiŋahukto	
424	千层蘑	daruhukto	
425	松树蘑	irəktuhukto	
426	毒蘑	horhukto	
427	野灰菜	hərəəl	
428	苋菜	bala	
429	野蒿	ʃewu	
430	黄芹	hoŋʧi	
431	玉米	su ʥəəktə	
432	稷子	ulər	
433	燕麦	hulenpə	
434	大麦	muhal	
435	荞麦	niggə	
436	糜子	pishə	
437	小麦	mais	
438	谷子	narem	
439	黄豆	ʃaŋrin borʧo	
440	小米子	narem ʥəəktə	
441	芸豆	ularin borʧo	
442	土豆	tudu	
443	糠	humur	
444	白菜	suhakta	
445	蒜	suanna	
446	苏子	bala	
447	葱	əlu	

续表

序号	词义	阿荣鄂温克语	阿荣鄂温克语其他说法
448	豆角	bortʃo	
449	青椒	tʃiŋʤo	
450	萝卜	looba	
451	黄瓜	hɔŋkə	
452	茄子	tʃees	

4. 人体名词

序号	词义	阿荣鄂温克语	阿荣鄂温克语其他说法
453	人	bəj	
454	人口	aŋgal	bəjsəl
455	血缘	ʃətʃitʃi uhan	
456	生命体	ərgələn	
457	命	ərgə	
458	头	dela	
459	脑门	maŋgil	
460	后脑勺	doh	
461	大脑	irgi	
462	头发	nuuktə	
463	太阳穴	soho	
464	皱纹	hunesun	
465	眼睛	iisal	
466	眼眶	wərin	
467	眼角	hɔjir	
468	眼皮	humuktə	
469	双眼皮	dakkur humuktə	
470	眼珠	anahan	
471	眼眉	samiktə	
472	眼毛	namiktə	
473	眼泪	namatta	

序号	词义	阿荣鄂温克语	阿荣鄂温克语其他说法
474	脸	dərəl	
475	脸蛋	antʃun	
476	鼻子	niintʃi	
477	嘴	amma	
478	嘴唇	əmmə	
479	牙	iiktə	
480	舌头	iiŋə	
481	腭	taŋŋa	
482	腮帮子	ʤeji	
483	胡子	goggakta	
484	嗓门	digan	
485	喉咙	huwəm	həəmə
486	脖颈	neham	
487	气管	beggar	
488	耳朵	ʃeen	
489	胸	həŋgər	
490	乳房	uhun	məmə
491	奶头	tomin	
492	心脏	meewan	
493	肝	aahin	
494	肺	wəəttə	
495	肾	bosotto	
496	胆	ʃiildə	
497	胰	dəkui	
498	肠	ʃiluttu	
499	血	səəktʃi	
500	血管	sudal	
501	心血管	ərgə sudal	nənnumkun sudal
502	动脉管	bargun sudal	

序号	词义	阿荣鄂温克语	阿荣鄂温克语其他说法
503	肚子	gudu	
504	肚脐	suŋgur	
505	腰	daram	
506	脊梁	daramni golon	
507	肩膀	miir	
508	胳膊肘	iʃe	
509	胳肢窝	awon	
510	手	naala	
511	拳头	babugə	
512	手掌	aaŋa	
513	手心	domnə	
514	手掌心纹	awen ʃidəmu	
515	手指	unahan	
516	指纹	unahan ugerəni	
517	大拇指	uruhun	
518	二手指	ojohun	udimu
519	中指	duluhun	
520	无名指	tʃarahun	gəbi aaʃin unuhan
521	小手指	suiduhun	
522	开指纹	suigəktə	ugerənin suppuhu
523	圆指纹	urungəktə	ugerənin butu
524	手指甲	uʃiktə	uʃihə
525	胯	saalag	
526	屁股	bursu	burtur
527	腿	bogon	
528	大腿	oo	
529	大腿根	agu	
530	小腿	boltʃiktə	
531	小腿肚子	busuktə	

续表

序号	词义	阿荣鄂温克语	阿荣鄂温克语其他说法
532	膝盖	tolʧihə	
533	脚	bəldiir	
534	脚脖子	bagbur	ʃilbir
535	脚跟	niintə	
536	脚掌	alga	
537	脚印	waʤi	
538	骨头	giranda	
539	骨髓	omon	omoni
540	骨节	uji	ʤalan
541	琵琶骨	iʃihi	
542	肋条	əətula	əwtələ
543	皮肤	nanna	
544	痣	bəggə	
545	月经	beega	
546	汗脚	ʃiurə	
547	脓	naakʧi	
548	痰	tomin	
549	尿	ʃihən	hihən
550	屎	amuu	aman
551	痢疾	ʃili	
552	痕迹	bəgən	
553	疤痕	jar	
554	岁数	nasun	
555	周岁	baar	
556	实岁	balʧa nasun	
557	虚岁	hii nasun	
558	力气	husun	təŋkə
559	声音 / 响声	delgan	digan
560	大声	əŋin	

续表

序号	词义	阿荣鄂温克语	阿荣鄂温克语其他说法
561	小声	naŋin	
562	粗声	bagŋin	
563	细声	ʃiŋin	
564	男声	neroŋin	
565	女声	asaŋin	
566	高声	gogdoŋin	
567	低声	nəttəŋin	

5. 亲属称谓及社会关系

序号	词义	阿荣鄂温克语	阿荣鄂温克语其他说法
568	起源 / 来源	səwrin	ogeren、oʤoor
569	家族血统	ulagan	səəktʃi naaktʃi
570	血统	odamal	səəktʃiktə
571	祖先	otaatʃi	
572	先辈	ugidəs	dəədəs、ətəji
573	长辈	əddu ʤalən	
574	辈分	əggidə ʤalə	
575	同代	ʤalaŋgar、ujiŋgər	əmu ʤala、əmu uji
576	人世（人类）	bəjtən	nanar
577	老人	saddi	saddi bəj
578	大人	əddunə	əddu bəj
579	男人	nirog	niro bəj
580	女人	aʃe	aʃe bəj
581	祖爷	mohonda	oʤoro
582	太爷	mohon	utaaʃi
583	爷爷	jeje	
584	奶奶	taiti	
585	姥爷	naaʤil jəjə	
586	姥姥	naaʤil tete	

序号	词义	阿荣鄂温克语	阿荣鄂温克语其他说法
587	父亲	aba	amin
588	母亲	məmə	ənin
589	娘家	naaʤil	
590	岳父	hadam aba	
591	岳母	hadam məmə	
592	大爷	əddu aba	
593	大娘	əddu məmə	
594	大伯	amihan	
595	大伯母	ənihən	
596	叔叔	iʃihun aba	
597	婶婶	uumə	iʃihun məmə
598	继父	amugu aba	
599	继母	amugu məmə	
600	干爹	taatʃtʃa aba	
601	干妈	taatʃtʃa məmə	
602	公爹	ədihi	
603	公婆	adihi	
604	亲家公	huda	
605	亲家母	hudagu	
606	姑姑	nene	gugu
607	姑父	guje	gufu
608	舅舅	naasu	
609	舅母	aʃe naasu	
610	夫妻	ədi aʃe	
611	丈夫／老头	ədi	ətəhən、sagde
612	妻子／老婆／媳妇	ataghan	aʃe
613	嫁妆	hamma	
614	后代	amuggu ʤalən	
615	小辈	iʃihun ʤalən	

序号	词义	阿荣鄂温克语	阿荣鄂温克语其他说法
616	年轻人	ʥalu bəj	
617	小孩	iʃihun bəj	
618	孩子	urul	
619	儿子	ut	
620	儿媳	huhin	
621	男孩	wəkkəhən	
622	女儿 / 姑娘	unaaʥi	
623	女婿	hurəhən	
624	姐弟的孩子	taranle	
625	哥俩的孩子	ujəle	
626	宝贝	boobi	miŋga
627	丫头	hoto	jaatu
628	哥哥	aha	ahin
629	嫂子	bərgən	
630	姐姐	əhə	əhin
631	姐夫	awʃe	
632	弟弟	wəkkəhən nəhun	
633	弟媳	nəhun huhin	
634	妹妹	unaaʥi nəhun	
635	妹夫	nəhun hurəhən	
636	大舅哥	hadam aha	
637	大舅嫂	hadam bəggən	
638	小舅子	bənər	
639	小姨子	unaaʥi bənər	
640	哥儿们	ahunur	
641	姐儿们	əhunur	
642	妯娌	ujali	
643	连襟	baʥali	
644	直系兄弟	balʧa ahunur	

续表

序号	词义	阿荣鄂温克语	阿荣鄂温克语其他说法
645	叔伯兄弟	ujəle ahunur	
646	姑舅兄弟	taarale ahunur	
647	两姨兄弟	tuwəle ahunur	
648	好兄弟	aji hunur	
649	结拜兄弟	gntsuhu	
650	侄儿	ʤy ut	
651	侄女	ʤy unaaʤi	
652	孙子	omole	wəkkəhən omole
653	孙女	unaaʤi omole	
654	重孙子	domole	
655	重孙女	unaaʤi domole	
656	外甥	ʤəə ut	
657	外甥女	ʤəə unaaʤi	
658	外孙子	ʤəə omole	
659	外孙女	ʤəə unaaʤi omole	
660	重外孙子	ʤəə domole	
661	重外孙女	ʤəə unaaʤi domole	
662	妇女	asale	
663	家庭妇女	aʃelan	
664	胎盘	halasur	
665	私生子	nagana	
666	小伙子	ukkəhən	
667	光膀子	ʤobahi	
668	光脚	ʤolahi	
669	裸体	goŋohi	
670	寡妇	nawəkta	
671	光棍	godolon	
672	孤儿	aŋaʤin	
673	近亲	daga baldi	

序号	词义	阿荣鄂温克语	阿荣鄂温克语其他说法
674	伴侣	gusu	anda
675	朋友	gutʃu	
676	伴儿	hani	
677	红人	gəbbiʃen	
678	知心人	saahun	
679	媒人	ʤooʃi	
680	后来人	amigguʃen	
681	民族	ajman	
682	国家	gurun	
683	国界	hili	həʃi
684	国务	gurun bajtə	
685	公务	alban	
686	机关	jaaman	
687	政府	amban	ʤasar
688	公共	albaŋgi	
689	阶层	dəggə	dəttər、dəsrəg
690	城市	hoton	gee
691	首都	əŋgətʃʃi	əʤin hoton
692	北京	bəəʤin	
693	盟（州）	aimar	
694	镇	balgasun	
695	乡	som	
696	村	gatʃin	
697	屯子	ajil	
698	小屯（几户人家的小屯）	bag	
699	故乡	daagda	təgəən
700	原籍	dagan	baldiwun
701	故土	baltʃa bo	
702	底细	ogin	

序号	词义	阿荣鄂温克语	阿荣鄂温克语其他说法
703	地名	bogin gərbi	
704	户主	golomta	ədʒin
705	家庭人口	aŋgal	
706	姓	hala	
707	人名	gərbi	
708	个人财产	bojisun	
709	财产	bojin	əd、əduŋgə
710	遗产	bojingu	
711	证明人	gərʃiʃen	
712	价格	huda	
713	钱	dʒiga	
714	硬币	lomo	
715	钱褡子	matagan	
716	经费	tahurgan	
717	工资	salin	
718	押金	hoŋdʒa	jaadʒin
719	值钱	bəŋtʃin	
720	利润	matan	
721	利息钱	mandaʃi dʒiga	
722	交易	andagan	
723	物质 / 东西	dʒaha	
724	基础	dagar	diis
725	群众	gərənel	
726	人民	irgən	
727	会场	isanbo	
728	主人	ədʒin	
729	人事	bəji bajtə	
730	领导	nojo	nojon
731	首领	nojoda	

序号	词义	阿荣鄂温克语	阿荣鄂温克语其他说法
732	随同	aaɲiʃen	
733	命令	həsu	
734	职务	toʃan	
735	官员	nojon	darag
736	干部	ganbu	
737	秘书	wairən	
738	老师	səbə	səbu
739	学校	tatʃihu	suitan
740	学生	sewe	bitigʃen
741	放大镜	too guu	
742	视力	iʃiggi	
743	文具	hərgəŋtʃi	
744	纸	saasun	
745	浆糊	haggutʃtʃi	
746	书	bitih	
747	文字	hərgən	bitih
748	书信	ʥasihan	
749	小说	unŋul	
750	画	niurŋan	
751	国画	guruni niurŋan	
752	年画	aneji niurŋan	
753	对联	duis	
754	语	uwu	
755	语言	ənəwən	ʥiŋʥiwən
756	话	uwu	
757	忠心	unən ʥalə	tonno ʥalə
758	成绩	butun	
759	功劳	aldar	
760	喜事	urgun bajta	

序号	词义	阿荣鄂温克语	阿荣鄂温克语其他说法
761	宴会	saranta soliŋan	
762	消息	alduur	ʃikkiʃin、sor
763	新闻	aldur	
764	报告	arawun	boogo
765	屯长	ajilda	
766	村长	gaʃinda	
767	乡长	somda	
768	镇长	balgasunda	
769	市长	hotonda	
770	盟长	aimarda	
771	国家领导	gurənda	
772	天王	bogada	
773	猎人	mərgən	
774	好猎手	aji mərgən	
775	神枪手	mərgən naala	
776	猎枪	mərgən miisan	
777	狩猎组	tadan	
778	狩猎组长	tadanda	
779	宿营地	əwərbo	
780	伙夫	hutul	
781	轻快者	ənikkuʃen	
782	活儿	uilə	
783	劳动	gərbə	
784	工作	gərbəwun	
785	马路	morin oktə	
786	农活	tarigawun	
787	牧活	aduŋawun	
788	土活	tukul uilə	
789	木活	moo uilə	

序号	词义	阿荣鄂温克语	阿荣鄂温克语其他说法
790	零活	amtuwun	
791	闲暇	soli	sələ
792	经验	duləwun	
793	农时	haŋʃi	
794	粮堆	ʤəəktə	
795	猎马	mərgən morin	
796	农业	tarigalan	
797	百姓	irgən	
798	庄稼人	tarigaʃen	
799	农民	tariʃen	irgən
800	牧民	aduʃen	
801	能手	əggən	
802	买卖人	maimaʃen	
803	外人	əntu bəj	
804	秃子	huʤigar	
805	矮个子	nəktəhu	
806	跛子	dohulon	
807	百姓	irgən	
808	庄稼人	tarigaʃen	
809	瞎子	sohor	
810	傻子	tənər	
811	歪脖子	talʤir	
812	驼背	buktir	
813	罗圈腿	moro	gohəbtir
814	叉开腿	salgar	salganda
815	尖嗓子	gekkara	barkira
816	麻子脸	largir	mampar
817	懒鬼	pidan	
818	懒汉	ʃilkan	ʃimpa

序号	词义	阿荣鄂温克语	阿荣鄂温克语其他说法
819	叫花子	gələəʃen	giwuktə
820	败家子	əliŋgər	ʃimkətʃi
821	二流子	əllis	toŋtʃen
822	急性者	dalgin	
823	暴躁者	agʤun	dotʃtʃin
824	狂妄者	əlpur	
825	二虎	əlhu	
826	倔强者	məlʤə	
827	无知者	balar	baliŋgar
828	黏糊者	lattuŋkə	
829	狡猾者	ʤəhi	huŋʤa
830	废物	dagir	daʤir
831	废话	baltʃin	
832	黑话	bulir	
833	傀儡	maŋgal	
834	淫妇	jaŋkan	
835	流氓	jaŋkantu	
836	拐骗者	məhən	
837	小偷	holohi	
838	惯盗	tiinəŋkə	tiirun、turin
839	诬赖	gurin	laimos
840	坏心者	ʤanul	
841	坏蛋	əru bəj	ʃikkul
842	镇压者	tirimki	
843	恶霸	tamu	əəba
844	土匪	huŋhus	
845	仇	him	hinun
846	无序	pasuhun	ʤambara aaʃin
847	报应	harun	bahan

序号	词义	阿荣鄂温克语	阿荣鄂温克语其他说法
848	问题	aŋun	baita
849	关系	dalʤi	
850	距离	ʤe	ʤakka
851	心里	doola	
852	信用	ithəl	
853	原因	ogin	
854	理由	geen	
855	规矩	taʃin	geen
856	道理	uʤan	jos
857	理解	guurun	
858	态度	banigan	durun
859	严格	hatən	
860	能耐	ʃidal	həsu
861	权力	salgi	toʃan
862	通缉令	ʤaran	
863	名单	gərbi	
864	口供	ammawa	
865	证据	gərʃi	
866	公平	tow	golʃi
867	警察	tʃaaha	
868	监狱	baali	loo、looʤuu
869	罪人	ujilʃen	jaltan
870	同伙	gutʃur	
871	罪	ujil	
872	灾难 / 苦难	ʤogol	
873	军人	tʃuha	
874	名义	gəbbilən	
875	正义	ʤurgun	
876	纪律	taʃin	pawun

续表

序号	词义	阿荣鄂温克语	阿荣鄂温克语其他说法
877	秩序	ʤambara	
878	好汉	ajino	
879	敌人	bati	
880	财主/富人	bajin	
881	劳力	husulən	
882	奴隶	boolo	
883	毒	hor	
884	病	ənuhu	
885	相思病	ʤoomulgan	
886	后遗症	hormosun	
887	冻疮	gəttiwun	
888	外伤	ʃirha	jar
889	瘟疫	hiriɡ	
890	药	əən	
891	垃圾	norɡi	uləsun、hogo
892	脾气	awurə	
893	性格	banin	ʤan
894	感情	horoʃi	
895	个性	banin	
896	兴趣	ajiwun	
897	素质	əgdən	ʃinar
898	行为	uliwun	aaʃi、banin
899	模样	bokko	
900	轮廓	jəhəl	durun
901	容貌	ʤisu	baldibun、durun
902	礼貌	dori	aabun
903	优点	ajiʃin	
904	错误	wahʃin	
905	事	baitə	

序号	词义	阿荣鄂温克语	阿荣鄂温克语其他说法
906	坏事	ʃulo	əru baitə
907	过去的事	duləwun	
908	以后的事	amiwun	
909	公事	alban baita	
910	印章	doron	tamar
911	公章	alban doron	
912	策略	bodogon	agga
913	办法	agga	ojon
914	脑筋	dela uhan	
915	思想	doola ʤali	
916	理想	goro ʤoonowun	
917	梦	tokkə	
918	睡意	aami	
919	习惯	tatiwuⁿ	
920	自由	behaʃin	
921	独立	əmukər	
922	程度	həmə	
923	力量	husun	
924	能力	ʃidal	
925	优势	ajiwun	ətəwun
926	作用	ajiʃi	
927	命运	ʤija	amina
928	道 / 公路	oktə	
929	路岔子	salaktə	
930	羊肠小道	iʃihoktə	
931	必经之路	toŋokto	
932	末尾	madan	
933	秘密	dalin	
934	记号	əʤibun	

序号	词义	阿荣鄂温克语	阿荣鄂温克语其他说法
935	种类	haʃin	həlbər
936	天气预报	arbun	

6. 穿戴与首饰

序号	词义	阿荣鄂温克语	阿荣鄂温克语其他说法
937	衣服	təggətʃtʃi	təti
938	新衣服	ilagatʃtʃi	ikkəhin təggətʃtʃi
939	旧衣服	suhətʃtʃi	irəttə təggətʃtʃi
940	破碎衣服	ladatʃtʃi	ladarsa təggətʃtʃi
941	夹衣服	isutʃtʃi	isutʃtʃi təggətʃtʃi
942	单衣服	saŋgitʃtʃi	dan təggətʃtʃi
943	大棉袍	suunətʃtʃi	huktu
944	大布衫	saŋtʃi	
945	皮大衣	nannatʃtʃi	nanna suun
946	羊皮大衣	honitʃtʃi	
947	山羊皮衣	imagatʃtʃi	
948	狐狸皮大衣	solihitʃtʃi	
949	狼皮衣	gushətʃtʃi	
950	棉衣	həwətʃtʃi	həwən hantasu
951	上衣	hantas	
952	皮衣（去毛皮制成）	nannasa	
953	内衣	doola təggətʃtʃi	
954	衣领	ʤikkəttu	
955	猞猁皮衣领	tiʤihikkitun	
956	水獭皮衣领	muləkkitun	
957	灰鼠皮大衣领	ulihikkitun	
958	衣袖	uuktʃil、hantʃi	
959	衣襟	əŋgər	
960	衣扣	tortʃi	

序号	词义	阿荣鄂温克语	阿荣鄂温克语其他说法
961	衣服兜	huadusu	
962	腰带	omula	
963	裤	əkkə	
964	棉裤	həwən əkki	
965	皮裤	sujir	nannakkə
966	皮套裤	nanna sujir	
967	裤腰带	təli	təlige
968	裙子	huʃagan	tʃuns
969	围裙	huʃa	
970	帽子	aawan	
971	皮帽子	nannawan	
972	狐狸皮帽	solihiwan	
973	围巾	uuŋku	
974	手扪子	toro	
975	手套	bəələ	
976	烟口袋	hattug	
977	皮袜子	dottun	
978	毡袜	dottugon	
979	包脚布	hulibtun	
980	鞋	saj	
981	靴子	untə	
982	狍鞋	nahuntə	
983	犴皮鞋	tohontə	
984	鹿皮鞋	bowontə	
985	鞋底	aggantə	
986	枕头	dərbu	
987	被子	walda	
988	棉被	toho	
989	皮被	gewatta	

序号	词义	阿荣鄂温克语	阿荣鄂温克语其他说法
990	褥子	dərʤə	
991	皮褥	ʃəktəhu	
992	座垫	təərə ʃəttəhu	
993	窗帘	soŋko bəəsu	lens
994	布	bəəsu	
995	棉衣	həwəbtʃi	
996	针	immə	
997	手顶针	unuktun	
998	针眼	anur	
999	线	ʃirəktə	
1000	丝线	iddəsun	
1001	狍筋线	sumultu	
1002	麻线	tomsun	
1003	针线盒	mattar	
1004	缝	ʤakkara	
1005	绒毛	həwən jaŋəttə	
1006	皮子	nanna	
1007	夏季狍皮	gunatʃʧi	
1008	冬季狍皮	bəjutʃʧi	
1009	狍脖子皮	huhju	
1010	行李	oru	

7. 房屋 / 家具 / 饮食

序号	词义	阿荣鄂温克语	阿荣鄂温克语其他说法
1011	家	urilən	ʤuu
1012	房	ʤuu	
1013	屋子	geeku	
1014	仓库	haaʤuu	
1015	土房	wəpən	tuhul ʤuu

序号	词义	阿荣鄂温克语	阿荣鄂温克语其他说法
1016	撮罗子房	ʃiralan	ʃiran ʤuu
1017	木房	moholan	
1018	桦皮房	tal ʤuu	molagan
1019	草房	obohi	orokto ʤuu
1020	一间房	əmugeeʤuu	
1021	二间房	ʤuurgeeʤuu	
1022	房屋间隔	geelan	
1023	西屋	malu hula	
1024	东屋	gəlu hula	
1025	窑	ʤoor	
1026	厕所	tʃəsə	bəj ʤuhar bog
1027	木材	moolan	
1028	土皮	hurusu	
1029	坯子	hətuŋku	əjiʤi、tupi
1030	砖	əjiʤi	ʤuan
1031	红砖	ularin əjiʤi	
1032	白矾	hutʃu	
1033	墙壁	hərən	
1034	外墙	dusə	
1035	内墙	həʤin	
1036	砖墙	ʤuan həʤin	
1037	墙根	gəntʃən	
1038	木板	hattusun	
1039	铁板	teepal	
1040	椽子	ʃirgəl	
1041	柱子	toogo	
1042	房檐	humme	
1043	房坡	bəgən	
1044	门	urku	

序号	词义	阿荣鄂温克语	阿荣鄂温克语其他说法
1045	门缝	dʑakkara	
1046	门栓	təbun	
1047	门把	dʑawa	
1048	窗	soŋko	
1049	炕	hulun	
1050	炕席	dərsun	
1051	柳条炕席	adaksun	
1052	炕沿	itə	
1053	炕头	hatul	
1054	屋地	iildə	
1055	锅	iihə	
1056	吊锅	iihəʃən	
1057	吊锅架	luhuŋku	
1058	吊锅座	turuŋku	
1059	锅台	hulhu	
1060	锅盖	hakkal	
1061	锅铲子	hisuur	
1062	炉子	guldʑer	
1063	铁炉子	biraʃig	
1064	火墙	biradan	
1065	灶坑（灶）	dʑoohu	
1066	土灶	tuhul guldʑar	
1067	火柴	suidən	
1068	火柴棍	musu	
1069	柴火垛	juwək	
1070	烧火柴	ilagan	
1071	冬用柴火	dʑasa	
1072	牛粪	ookto	
1073	外锅灶	dʑooho	

序号	词义	阿荣鄂温克语	阿荣鄂温克语其他说法
1074	火炕	tohoron	
1075	木炭	jaaga	
1076	火炭	ilʧi	ilaʧi
1077	火灰	uluttən	
1078	烟筒	hollo	
1079	烟	saŋan	huta
1080	院子	hurgan	
1081	花园	ilga huragan	
1082	菜园子	iwahe	
1083	梯子	huli	
1084	井	hudug、hudir	
1085	筷子	sarpa	
1086	羹匙	unahan	
1087	杯	somo	
1088	碗	saaku	
1089	碗架	tattar	
1090	盘子	pila	
1091	碟子	dees	
1092	瓶子	loŋko	
1093	水舀子	huttu	
1094	饭勺子	baruʃi	
1095	盆	pəŋʧi	
1096	小盆	həru	
1097	洗脸盆	tabu	
1098	花盆	igga təwur bəŋʧi	
1099	坛子	aŋgala	
1100	水勺子	baruʃi	
1101	大水勺	masu	
1102	水桶	muuləŋkə	

序号	词义	阿荣鄂温克语	阿荣鄂温克语其他说法
1103	有盖的桶	hoŋgesan	
1104	装饭的桶	midʒahu	
1105	水桶	hoŋge	
1106	小水桶	uidərə	
1107	大水桶	tulma	
1108	挤奶桶	saluhu	
1109	米桶	huhul	
1110	皮桶	hulug	
1111	桦树皮桶	suulge	
1112	木桶	mooləŋkə	
1113	缸	dismal	dʒismal
1114	大缸	əddu dismal	
1115	小缸	iʃihun dismal	
1116	蒜缸	nuhuku	
1117	盐缸	waar	
1118	刷帚	haʃiŋku	
1119	笤帚	əsuur	
1120	菜刀	boodo	
1121	刀	ushə	
1122	大刀	səlug	
1123	长刀	səlimu	
1124	短刀	hotog	
1125	牧刀	toŋgor	
1126	腰刀	ʃeddig	
1127	猎刀	ushəktʃi	
1128	刀刃	dʒəji	
1129	刀鞘	ushəktə	
1130	把儿	əʃin	
1131	铡刀	dʒəgin	dʒadu

序号	词义	阿荣鄂温克语	阿荣鄂温克语其他说法
1132	犁刀	tuʤin	
1133	犁杖	wəli	
1134	碾子	innə	
1135	碾盘	intə	
1136	碾磙子	ingur	
1137	簸箩	pəlu	
1138	簸箕	dakkur	
1139	铁锹	ərun	
1140	锄头	saktʃiku	
1141	木耙子	matahu	
1142	木叉子	as	
1143	筛子	ʃəjil	
1144	木铣	ərun	
1145	线麻	onotto	
1146	熟皮木锯	həttur	
1147	熟皮刮子	halaikka	
1148	熟皮时去油长刀	hadi	
1149	链子	ginʤi	
1150	铁链	səl ginʤi	
1151	铁锤	tubbor	lantu
1152	木锤	moontu	
1153	锉	irgə	
1154	铁锉	səl irgə	
1155	锥子	ʃiigun	ʃiwəg
1156	锯	uŋun	
1157	凿子	suuʃi	
1158	锛子	wali	
1159	镰刀	hadun	
1160	钐刀	ʃannur	

序号	词义	阿荣鄂温克语	阿荣鄂温克语其他说法
1161	斧子	suh	
1162	小斧子	suhəktʃi	
1163	榔头	bagur	
1164	锤子	duktur	
1165	钉	tikkəsun	
1166	铃铛	hotto	hoŋko、hoŋkor
1167	钥匙	anahu	
1168	锁头	guldʒiku	
1169	烙铁	wəitu	
1170	铁丝	urə	
1171	金	altan	
1172	银	məwən	
1173	铜	gooli	
1174	铁	səl	
1175	铝	tudʒi	
1176	水胶	unaha	
1177	篓子	husa	
1178	水袋	muutten	
1179	箱子	addar	
1180	皮箱子	pidʒaŋka	
1181	桦皮箱子	taldʒaŋka	
1182	成对皮箱	pidʒaktur	
1183	水箱	pisa	
1184	匣子	sujithə	
1185	柜子	dərdəhi	guisi
1186	立柜	hurgu	
1187	桌子	ʃirə	
1188	抽屉	tatuhu	
1189	凳子	baddan	

序号	词义	阿荣鄂温克语	阿荣鄂温克语其他说法
1190	剪子	haiʃi	
1191	剃头刀	hannaka	
1192	木梳	iddun	
1193	篦子	suŋku	
1194	手镯子	barag	
1195	戒指	unuhatun	
1196	耳环	garga	
1197	项链	ərhə	
1198	手绢	naala uuŋku	
1199	手纸	naala saasun	
1200	玻璃	guu	
1201	眼镜	iisal guu	
1202	灯	ila	dəŋ
1203	灯盏	ʤəŋʤən	
1204	香皂	iis	dərəl ʃikkər iis
1205	肥皂	iis	ʤahə ʃikkər iis
1206	烟嘴	dee	
1207	烟袋嘴	ʃimin	
1208	烟袋杆	deeji musun	
1209	烟袋锅	aiga	
1210	烟袋秤	musu	
1211	烟袋油	lon	
1212	烟口袋饰品	hattuggur	
1213	街道	gee	sulgin
1214	桥	tahən	həərgə
1215	独木桥	tahənta	
1216	大桥	əddu tahən	
1217	马槽子	məŋgo	
1218	马圈	morin uraŋan	

序号	词义	阿荣鄂温克语	阿荣鄂温克语其他说法
1219	棚栏	ləŋpən	
1220	鞭子	ʃisun	
1221	麻绳子	onokto	
1222	粗绳	hukku	
1223	草料	heena	
1224	车	tərgən	
1225	大轮车	əddu hurduʃi tərgən	
1226	篷车	bukku tərgən	
1227	围篷车	hatʃimal tərgən	
1228	木车	moo tərgən	
1229	车轮子	hurdu	
1230	车辕子	aral	
1231	车轴	təŋgəl	
1232	车头	bol	
1233	车撑子	ilu	
1234	车榍子	məərə	
1235	车辐条	həigəsun	
1236	牛史子	bogʤin	
1237	独轮车	əmultən	
1238	三轮车	ilamtan	
1239	自行车	gulgiktən	ʤiʃiŋtʃə
1240	大雪撬	ʤisug	paar
1241	小雪撬	ʃirgool	
1242	滑雪板	səli	
1243	木排	sal	
1244	船	ʤaji	
1245	独木船 / 圆木船 / 槽子船	moŋgor	
1246	渡口	ədəlgə	
1247	雨伞	saran	

序号	词义	阿荣鄂温克语	阿荣鄂温克语其他说法
1248	拐杖	baldaar	tajir、təjər moo
1249	枪	miisan	
1250	火枪	tola	
1251	炸药	wətgən	
1252	子弹	molin	
1253	枪栓	ʤisən	
1254	膛线	ʃiriktələ	
1255	枪把	əʃilən	
1256	枪托子	dabag	
1257	枪架子	suʤak	
1258	枪探子	ʃigguŋkə	
1259	枪袋子	aldun	
1260	箭	nur	
1261	箭头	nurdu	
1262	箭环	urugtun	
1263	弓	bər	
1264	引火物	nahal	
1265	暗哨	ətəŋən	
1266	鹿哨	uleen	
1267	狍哨	pisaŋka	
1268	打猎	bəju	
1269	围猎场	awa	
1270	猎套	warga	
1271	出猎车	amarkə	
1272	打猎收获	amarwun	
1273	牛鼻栓	dulur	
1274	渔网	aaga	
1275	鱼叉	huruŋku	
1276	鱼线	ʃiʤin	

续表

序号	词义	阿荣鄂温克语	阿荣鄂温克语其他说法
1277	鱼亮子	haadi	
1278	马笼头	lonto	
1279	马嚼子	hadal	
1280	嚼绳	ʥolo	
1281	系绳	uihə	
1282	杆绳	ʃibulə	
1283	马鞍子	əməəl	
1284	脚登子	urə	
1285	登皮	urəpin	
1286	鞍肚袋	olun	
1287	前肚袋	ʥuligu olun	
1288	后肚袋	amugu olun	
1289	鞍皮	həʃihu	
1290	小鞍皮	iʃihiktʃi	
1291	鞍垫	ʃəktuhu	
1292	捎皮	gaŋʥihu	
1293	马达子	utahan	
1294	托皮条	atikka	
1295	皮条	suna	uʃi
1296	马绊子	tutə	argamʥi
1297	三腿绊子	tiʥir	ʃidər
1298	土地	tarigan	
1299	种子	uru	
1300	苗	bolton	
1301	地垄	talan	
1302	磨石	ləhə	
1303	粮斗	həjsa	
1304	装粮编的屯子	ʃətʃtʃə	
1305	粮仓子	səjin	

序号	词义	阿荣鄂温克语	阿荣鄂温克语其他说法
1306	野外住处	buʃigan	əwər bo
1307	厨房	iihə ʤuu	ʤəəktəji ʤuu
1308	面板	ambas	
1309	擀面杖	biruŋku	
1310	肉	uldə	
1311	鲜肉	iʃildu	
1312	里脊肉	ʃidin	
1313	酒壶	hu	
1314	油拉罐子	sotihi	suituhi
1315	油	imutʃʧi	
1316	盐	doosun	
1317	干粮	əwə	olgotʃʧi
1318	稷子米饭	əlu ʤəəktə	
1319	稀饭	ʃimusu ʤəəktə	
1320	干饭	olgohon ʤəəktə	
1321	牛奶煮面片	tohol	
1322	苏子饼	bala əwən	
1323	柳蒿芽菜	humilə sashan	
1324	豆芽	uggasa bortʃo	
1325	酸菜	ʤisun sashan	
1326	油饼	hairmal	hairasa əwən
1327	馒头	mantu əwən	
1328	饺子	ʃeenawə	
1329	玉米饭	susu ʤəəktə	
1330	荞面饼	nigə əwən	
1331	燕麦饭	hulenbə ʤəəktə	
1332	糜子饭	pisəh ʤəəktə	
1333	奶茶	uhunʃe	
1334	面豆包	mais bortʃo əwən	

续表

序号	词义	阿荣鄂温克语	阿荣鄂温克语其他说法
1335	汤	ʃimusun	
1336	米汤	dʒəəktə ʃimusun	
1337	菜	sashan	
1338	渍酸菜	dʒisun suget	
1339	咸菜	dooson nuwa	
1340	菜汤	sashan ʃilə	
1341	馄饨	ʃiləʃi ʃeenəwə	
1342	肉馅	uldəʃi ʃens	
1343	菜馅	sugettə ʃens	
1344	豆馅	bortʃo ʃens	
1345	荞麦皮	hannal	
1346	牛奶	uhun	
1347	奶皮子	iltula	
1348	奶酪	aartʃi	
1349	酸奶子	əŋgəər	
1350	熟酸奶	saga	
1351	奶干	aartʃi	
1352	奶酒	saga arhi	
1353	酒	arhi	
1354	烟	daŋə	daŋgə
1355	糖	satan	
1356	糖水	satanʃi muu	
1357	鸡蛋	omuk tə	

8. 方位名词

序号	词义	阿荣鄂温克语	阿荣鄂温克语其他说法
1358	前	əmi	dʒulidə
1359	后	ami	amida
1360	左	dʒəgi	dʒəgidə

序号	词义	阿荣鄂温克语	阿荣鄂温克语其他说法
1361	右	agi	
1362	东	ʤəən	
1363	西	barun	bana
1364	南	ʤuli	
1365	北	aru	
1366	上	uji	
1367	下	ərgi	
1368	中	dolin	
1369	外	tullə	
1370	前方	əmidə	
1371	后方	amida	
1372	左方	ʤəgidə	
1373	右方	agida	
1374	东方	ʤəəndə	
1375	西方	barunda	banada
1376	南方	ʤulidə	
1377	北方	aruda	
1378	上方	ujidə	
1379	下方	ərgidə	
1380	中间	dolindo	
1381	内方	doolido	
1382	外方	tullədə	
1383	前边	əmilə	
1384	后边	amila	
1385	左边	ʤəgilə	
1386	右边	agila	
1387	东边	ʤəənlə	
1388	西边	barunla	banala
1389	南边	ʤulilə	

序号	词义	阿荣鄂温克语	阿荣鄂温克语其他说法
1390	北边	arulə	
1391	上边	ujilə	niilə
1392	下边	ərgilə	
1393	内边	doolo	
1394	外边	tullələ	
1395	前头	əmigidə	
1396	后头	amigida	
1397	左头	ʤəgigidə	
1398	右头	agigida	
1399	东头	ʤəəngidə	
1400	西头	barungida	banagida
1401	南头	ʤuligidə	
1402	北头	arugida	
1403	上头	ujigidə	
1404	下头	ərgigidə	
1405	里头	dooligido	
1406	外头	tulləgidə	
1407	前面	əmigu	
1408	后面	amigu	
1409	东面	ʤəəngu	
1410	西面	barungu	banagu
1411	南面	ʤuligu	
1412	北面	arugu	
1413	上面	ujigu	
1414	下面	ərgigu	
1415	里面	doogu	
1416	外面	tuligu	
1417	左侧	ʤəgigulə	
1418	右侧	agigula	

序号	词义	阿荣鄂温克语	阿荣鄂温克语其他说法
1419	东侧	ʤəəngulə	
1420	西侧	barungula	
1421	南侧	ʤuligulə	
1422	北侧	arugula	
1423	上侧	ujigulə	
1424	下侧	ərgigulə	
1425	外侧	tuligulə	
1426	旁	oldon	
1427	旁边	oldondu	
1428	附近	dagala	
1429	跟前	dakki	
1430	近处	dagadu	dagku
1431	远处	gordu	gorla
1432	半边	haltaha	
1433	西北	barun amila	
1434	西南	barun ʤulə	
1435	东南	ʤəən ʤulə	
1436	东北	ʤəən amila	
1437	中心	doliman	
1438	周围	toorin	hormor

9. 时间名词

序号	词义	阿荣鄂温克语	阿荣鄂温克语其他说法
1439	时间	ərin	
1440	时期	ərilən	
1441	旧时期	nooti	
1442	新时期	irkəbti	irkəhin ərin
1443	当前时期	əribti	əri ərin、ərikti ərin
1444	青年时期	ʤalobti	ʤalo ərin

序号	词义	阿荣鄂温克语	阿荣鄂温克语其他说法
1445	少年时期	iʃihubti	iʃihun ərin
1446	老年时期	saddebti	sadde ərin
1447	春	nəlki	
1448	夏	ʥona	
1449	秋	bolə	
1450	冬	tuna	tugə
1451	春季	nəlki ərin	
1452	夏季	ʥona ərin	
1453	秋季	bolə ərin	
1454	冬季	tuna ərin	
1455	年	ane	
1456	今年	ərə ane	
1457	去年	tiŋan	tiŋan ane
1458	前年	tiŋan saawuʥin ane	
1459	明年	guʃin	guʃin ane
1460	后年	guʃin saawuʥin ane	
1461	来年	əmər ane	
1462	过去的年	nutʃtʃisə ane	
1463	子鼠	aʃiʃʃadela	
1464	丑牛	uhurdela	
1465	寅虎	tasuhədela	
1466	卯兔	toolidela	
1467	辰龙	mudurdela	
1468	巳蛇	hulendela	
1469	午马	morindela	
1470	未羊	hunindela	
1471	申猴	moniodela	
1472	酉鸡	haharadela	
1473	戌狗	nanihindela	

序号	词义	阿荣鄂温克语	阿荣鄂温克语其他说法
1474	亥猪	ulgendela	
1475	每年	aneŋku	ane tajin
1476	正月	ane be	
1477	二月	ʤoo be	
1478	三月	ilan be	
1479	四月	dujin be	
1480	五月	sunʤa be	
1481	六月	niwən be	
1482	七月	nadən be	
1483	八月	ʤahun be	
1484	九月	ujun be	
1485	十月	ʤuən be	
1486	十一月	uʃun be	
1487	十二月	laaba be	
1488	闰月	anagun be	
1489	清明节	haŋtʃi be	
1490	正月初一	haharaini	
1491	正月初二	nanihin ini	
1492	正月初三	ulgen ini	
1493	正月初四	hunin ini	
1494	正月初五	uhur ini	
1495	正月初六	morin ini	
1496	正月初七	bəji ini	
1497	正月初八	taran ini	
1498	正月初九	tubuge ini	
1499	正月初十	sugetə ini	
1500	正月十五	iʃihun ane ini	
1501	正月十六	honnorin ini	
1502	正月十七	iʃihun bəji ini	

序号	词义	阿荣鄂温克语	阿荣鄂温克语其他说法
1503	正月二十七	sadde bəji ini	
1504	天/日	ini	
1505	今天	ərə ini	
1506	明天	timaʃin	timaʃin ini
1507	后天	saawuʤin	saawuʤin ini
1508	昨天	tiinu	tiinu ini
1509	前天	tiinu saawuʤin	tiinu saawuʤin ini
1510	白天	inigi	
1511	夜间	dolbu	
1512	早晨	ərdə	
1513	晚间	ʃigsə	ore
1514	中午	ini dolin	
1515	午前	ini ʤulidə	
1516	午后	ini amuda	
1517	整天	iniŋkuu	
1518	通宵	dolbontab	
1519	通夜	dolboninku	
1520	每天	ininink	ini tajin
1521	次日	dahi ini	timaʃin
1522	吉日	aji ini	
1523	一辈子（的日子）	ʤalanduwi	

10. 宗教与祭丧

序号	词义	阿荣鄂温克语	阿荣鄂温克语其他说法
1524	宗族血统	naatʃtʃi	ʃaʃin naatʃtʃi
1525	天神	bogada	ənnur borkan
1526	地神	imuhan	
1527	财神	bajingan	
1528	山神	bainatʃa	

序号	词义	阿荣鄂温克语	阿荣鄂温克语其他说法
1529	火神	tooda	galada、too borkan
1530	门神	urkuji borkan	
1531	护畜神	ʤolo borkan	
1532	祖宗神	oʤoor borkan	
1533	女神	namelen borkan	
1534	玉帝	dajen borkan	
1535	神灵	borkan	
1536	灵魂	sunsu	ume
1537	祭曲	ʤahalan	
1538	棺材	baktʃi	
1539	土葬	bolaʃin	
1540	箔币	saasun muwən	
1541	寿衣	muŋkətʃʃi	
1542	孝衣	dobtor	
1543	带孝	ʃinekti	
1544	悼词	imahan	
1545	烧香	huʤi	
1546	萨满	samaan	
1547	求雨	obowon	
1548	咒语	irən	
1549	丧事	iʃihin	
1550	尸体	ugur	busə、bəj
1551	哭丧	soŋowon	
1552	阴曹地府	imuhan	
1553	烧纸	dalgawun	
1554	魂飞	sunsuləwən	
1555	魄散	aʤasa	
1556	妖	ibawən	
1557	鬼	ʃirkul	

续表

序号	词义	阿荣鄂温克语	阿荣鄂温克语其他说法
1558	怪	maŋgis	
1559	祸	jor	
1560	风气	arabun	
1561	好处	tosalan	
1562	灵感	saaŋka	
1563	猜中	taakka	
1564	平安	abgar	

二　代词

序号	词义	阿荣鄂温克语	阿荣鄂温克语其他说法
1565	我	bi	mi-
1566	自己	məəji、məəŋʤi	əmuŋkəʤi、əmuhəji
1567	亲自	bəjʤi	
1568	自我	məəji	
1569	自个儿	əmukən	
1570	你	ʃi	
1571	您	ta	
1572	他	tari	noo
1573	我们	bu	mu-
1574	你们	su	
1575	咱们	miti	
1576	他们	talur	
1577	大伙	gərən	
1578	大家	gurnil	
1579	全部 / 全体	bolgo	
1580	全都（我们 / 你们 / 他们）	bolgor	bolgoʤi
1581	都	gur	gub
1582	总共	gurʤi	

序号	词义	阿荣鄂温克语	阿荣鄂温克语其他说法
1583	这儿	ələ	
1584	这里	ədu	
1585	在这里	əwadu	
1586	这边	əəjilə	
1587	这个	əri	
1588	这么	ənnə	
1589	这么点	ənnəhən	
1590	这一点	əmtəl	
1591	这么些	əjitihəl	
1592	这么点儿	ərihəl	
1593	这些	əjithən	
1594	这些个	ərit	
1595	这以后	əduhi	
1596	这样	əttul	
1597	这么样	ənnan	
1598	这样的	ənəgən	
1599	这么的	ənəʃinə	
1600	这样的话	əttokki	
1601	往这	əthəhi	
1602	向这边	əthəhi	
1603	从这里	əduhi	
1604	在这边	ərgilə	
1605	仅这些	əthil、əkkəhən	əjitihəl、əril
1606	那 / 那个	tari	
1607	那儿	tala	
1608	那里	tadu	
1609	在那里	saajiladu	
1610	在那儿	saawudu	
1611	那边	saawu	

续表

序号	词义	阿荣鄂温克语	阿荣鄂温克语其他说法
1612	那边的	tarigani	
1613	那样	tanan	
1614	那样的	tanaʃin	
1615	那样的话	tattokki	
1616	那以后	taduhi	
1617	那一个	unnəni	
1618	往那	tathahi	
1619	谁	awu	
1620	谁都	awuhət	
1621	什么	johon	
1622	什么时候	oohidu	
1623	何时	oonidu	
1624	什么都	johoŋkot	
1625	为什么	ima	idaji
1626	为何	joomi	
1627	何处	ilə	
1628	往何处	ithəhi	
1629	往哪方	ithəhi	
1630	怎么	ittu	
1631	怎么也	ittuhət	
1632	怎么地	ittoonne	
1633	如何	iim	ittu
1634	多少	ohi	
1635	多少个	ohil	
1636	多么	ondidurun	
1637	多点	baranʃira	
1638	多一些	uləhəʃilə	
1639	哪个	ir	
1640	哪方	irhil	

序号	词义	阿荣鄂温克语	阿荣鄂温克语其他说法
1641	哪里的	iləji	
1642	从哪儿	iləhi	
1643	几个	adi	
1644	几次	adithan	
1645	别的	əntu	
1646	我方	məənidu	
1647	四面八方 / 谁都	irgiʤi	
1648	每一个	əmutil	

三　数量词

序号	词义	阿荣鄂温克语	阿荣鄂温克语其他说法
1649	数目	toon	too
1650	无数	toon aaʃin	
1651	一	əmu	
1652	二	ʤuur	
1653	三	ilan	
1654	四	dijin	
1655	五	toŋo	
1656	六	niwən	
1657	七	nadən	
1658	八	ʤahun	
1659	九	jəjin	ujun
1660	十	ʤaa	
1661	十一	ʤaa əmu	
1662	十二	ʤaa ʤuur	
1663	十三	ʤaa ilan	
1664	十四	ʤaa dijin	
1665	十五	ʤaa toŋo	

序号	词义	阿荣鄂温克语	阿荣鄂温克语其他说法
1666	十六	ʤaa niwən	
1667	十七	ʤaa nadən	
1668	十八	ʤaa ʤahun	
1669	十九	ʤaa jəjin	
1670	二十	urin	
1671	二十一	urin əmu	
1672	二十二	urin toŋo	
1673	二十八	urin ʤahun	
1674	三十	ɡutin	
1675	四十	dəhi	
1676	五十	toŋoŋe	
1677	六十	niwəŋe	
1678	七十	nadəŋe	
1679	八十	ʤahuŋe	
1680	二十	urin	
1681	二十一	urin əmu	
1682	二十二	urin toŋo	
1683	二十八	urin ʤahun	
1684	三十	ɡutin	
1685	四十	dəhi	
1686	五十	toŋoŋe	
1687	六十	niwəŋe	
1688	七十	nadəŋe	
1689	八十	ʤahuŋe	
1690	九十	irə、irən	
1691	百	namaaʤi	
1692	千	meŋə	
1693	万	tumun	
1694	十万	ʤaa tumun	

序号	词义	阿荣鄂温克语	阿荣鄂温克语其他说法
1695	百万	namaaʤi tumun	
1696	千万	meŋə tumun	
1697	万万	tumun tumun	
1698	第一	əmuhe	
1699	第二	ʤuuhe	
1700	第三	ilahe	
1701	第四	dijihe	
1702	第五	toŋohe	
1703	口	amŋa	
1704	里（一里地）	bog	
1705	公里	kilumiitar	
1706	垧	timʃin	
1707	丈	ʤaŋ	
1708	米	miitar	mi
1709	尺	tʃi	
1710	两	lan	
1711	斤	gin	
1712	次	madan	
1713	趟	taŋ	
1714	把	ashu	
1715	多次	baraanta	
1716	好几次	adimta	
1717	俩	ʤuuri	
1718	仨	ilari	
1719	初次	tuttan	
1720	一次	əmuntan	əmtan
1721	二次	ʤuurtan	
1722	三次	ilantan	
1723	四次	dijintan	

序号	词义	阿荣鄂温克语	阿荣鄂温克语其他说法
1724	五次	toŋotan	
1725	只是二	ʤuurlə	
1726	只是三	ilanlə	
1727	双	təəre	

四　形容词

序号	词义	阿荣鄂温克语	阿荣鄂温克语其他说法
1728	好的	aji	
1729	坏的	əru	
1730	丑的	əruku	əru bokkəʃi
1731	新的	irkəhin	
1732	旧的	irəəktə	
1733	长的	nunam	
1734	短的	urumkun	
1735	圆的	morlin	
1736	圆型的	murhun	
1737	四方的	dubbulʤin	
1738	三菱的	gobbolʤin	
1739	宽的	əŋmə	əŋəl
1740	窄的	daktʃi	
1741	快的	digari	
1742	慢的	udan	aali
1743	冷的	iniddə	
1744	热的	əhuddi	
1745	漂亮的 / 美丽的	nannahan	gojo
1746	有钱的	ʤigaʃi	
1747	贫穷的	haagin	aaʃin
1748	穷的	haldig	jadar

序号	词义	阿荣鄂温克语	阿荣鄂温克语其他说法
1749	富的	bajin	
1750	真的	unu	unun、ununti
1751	假的	ələəhu	
1752	暖的	namagdi	
1753	凉的	bottaddi	
1754	凉爽的	səruun	
1755	温馨的	namiwun	
1756	暖和的	namaddi	
1757	温热的	əhuhe	
1758	微热的	əhuddikən	
1759	冷意的	bəjihe	
1760	冷淡的	əthun	
1761	热乎的	əhu	
1762	多的	baraan	
1763	少的	honno	
1764	软的	dəji	
1765	硬的	hatə	hatən
1766	重的	urgə	urgəgdi
1767	轻的	ənin	ənibkun
1768	远的	gor	
1769	近的	dag	
1770	高的	gogdo	
1771	矮的	nəktə	
1772	低的	ərgilə	
1773	胖的	buggu	targun
1774	瘦的	jandan	
1775	瘦小的	əsən	
1776	空的 / 空白的	oktuhu	
1777	满的	dʒalon	

序号	词义	阿荣鄂温克语	阿荣鄂温克语其他说法
1778	咸的	doosomo	
1779	淡的	muumo	
1780	酸的	dasun	ʤisun
1781	辣的	goʃikta	
1782	苦的	gaʃun	
1783	甜的	satənmo	dasun
1784	香的	ʃaŋgal	ʃimna
1785	臭的	unurʃi	uumun
1786	深的	sonto	
1787	浅的	abbin	
1788	紧的	ʃiŋga	
1789	松的	sula	
1790	粗的	bargun	
1791	细的	nənnumkun	
1792	歪的	motʃʃihi	
1793	直的	tondo	
1794	绕弯的	məhəg	
1795	垂直的	ʃigdən	
1796	有尖的	ʃirunʃi	sugurʃi
1797	秃头的	mohor	
1798	红的	ulirin	
1799	黄的	ʃaŋrin	
1800	白的	geltirin	
1801	蓝的	ʃilan	
1802	黑的	honnorin	
1803	绿的	suurin ʤusun	
1804	紫的	ələər ʤusun	
1805	花的	iggaʃi ʤusun	
1806	银白的 / 闪光的	giltahun	

序号	词义	阿荣鄂温克语	阿荣鄂温克语其他说法
1807	高兴的	agdamu	
1808	易怒的	paŋtʃihe	
1809	可笑的	nəktər	
1810	可气的	alemu	
1811	细心的	hinan	
1812	粗心的	moŋki	əbur
1813	有才的	ərdəmʃi	
1814	鲁钝的	namba	
1815	能干的	ətəŋgə	
1816	无能的	paaʃin	
1817	聪明的	maŋga	
1818	愚蠢的	mokkon	huudu、monor
1819	敏捷的	sərtə	
1820	愚钝的	lumpa	huudu
1821	模糊的	buɲan	bulaŋgi
1822	混沌的	bugan	
1823	清楚的	gətəhun	
1824	糊涂的	ʃogol	
1825	缺心眼的	dolirku	abilku
1826	缺少的	abilir	
1827	智慧的	səggəl	delaŋgə
1828	勤劳的	gəbbəʃin	
1829	懒惰的	ʃalkan	
1830	窝囊的	bugir	
1831	破烂不堪的	lallar	luktar
1832	褴褛的	giw	ludra
1833	笨重的	mampa	
1834	明亮的 / 舒畅的	nəərin	
1835	黑暗的	attiddi	

续表

序号	词义	阿荣鄂温克语	阿荣鄂温克语其他说法
1836	光亮的	nəərihun	
1837	漆黑的	pattaddi	
1838	老实的	numuhi	
1839	淘气的	ʃeenagan	
1840	任性的	dorongir	
1841	随和的	ajiman	
1842	寂静的	aneraaʃin	
1843	静悄的	səkkən	
1844	爱动的	gugguhi	
1845	安宁的	taibun	
1846	热闹的	apugan	uimən、jəənuʃi
1847	平静的	nomon	
1848	吵闹的	paggihi	
1849	魁梧的	həgdi	
1850	大胆的	miŋanʃi	
1851	慎重的	labdun	
1852	稳重的	tokton	
1853	冒失的	pəhəs	
1854	正常的	jərin	
1855	快速的	manigar	
1856	缓慢的	naŋa	
1857	奇怪的	sonikku	
1858	新奇的	gehamu	
1859	平安的	namgir	
1860	热闹的	uiməʃi	jəənuʃi
1861	安全的	abgar	
1862	危险的	nəŋərigdi	
1863	恐惧的	nəələmu	
1864	可怕的	nəŋəriddi	

续表

序号	词义	阿荣鄂温克语	阿荣鄂温克语其他说法
1865	温柔的	nomoŋgir	
1866	温暖的	nəsuhən	nama
1867	野蛮的	dʒərin	bugdu
1868	残酷的	hətʃtʃir	
1869	二虎的	əlhu	gaani
1870	威严的	surtʃi	
1871	温和的	dəhun	
1872	野性的	bulhi	
1873	恶贯满盈的	ʃilon	həkki
1874	无耻的	ʃilmoŋga	
1875	不正经的	bədʒir	
1876	年轻的	dʒalu	
1877	老年的	sadde	
1878	忠诚的	tontor	
1879	热心的	əhuddiʃi	
1880	坚贞的	nerogman	
1881	卑鄙的	hənaʃin	pilur
1882	真挚的	tədʒihun	
1883	狡猾的	dʒəlkin	
1884	直率的	tondohon	unəŋgi
1885	狡奸的	holhi	
1886	诡计多端的	dʒəhi	
1887	邪的	modʒor	
1888	有心计的	dʒaliŋgar	
1889	坚硬的	kataŋgir	
1890	柔软的	dəjəhun	
1891	坚定的	batun	
1892	牢固的	bəhu	
1893	严肃的	ʃiŋga	

续表

序号	词义	阿荣鄂温克语	阿荣鄂温克语其他说法
1894	脆弱的	əbər	
1895	结实的	buhu	
1896	耿直的	tunu	tunuhun
1897	无能的	mogdoŋgə	
1898	倔强的	məlʤə	
1899	受难的	mogor	
1900	顺利的	ʤalim	
1901	曲折的	bəkkə	
1902	困难的	hadi	bərkə
1903	容易的	hinnuhu	amal
1904	赏脸的	naŋu	
1905	丢脸的	atte	
1906	丢丑的	əruhəjə	
1907	不要脸的	dərəldəmu	
1908	害羞的	alʤimuddi	
1909	不好意思的	ilintəmu	
1910	饱的	ələwən	
1911	饿的	ʤəmuwən	
1912	肮脏的	buʤir	
1913	纯洁的	arun	nanna
1914	脏的	leebər	
1915	干净的	arubkun	
1916	浑浊的	bulaŋgar	
1917	干燥的	olgohon	
1918	潮湿的	olobkun	
1919	清澈的	nəərihun	
1920	心宽的	əŋgəl	
1921	别扭的	məkə	əgdun
1922	狭窄的	datʃʃikkun	

续表

序号	词义	阿荣鄂温克语	阿荣鄂温克语其他说法
1923	闲空的	ʤuga	
1924	清闲的	sələ	
1925	忙碌的	uutara	
1926	和气的	həwəʃi	əwəʃe
1927	没规矩的	balin	
1928	多嘴的	dalawun	
1929	爱吵架的	soogiʃin	
1930	多言多语的	jage	
1931	嘴快的	amməʃi	
1932	多余的	uluhu	
1933	啰唆的	large	loʧʧo
1934	麻烦的	lantan	
1935	双方的	ʤuurgi	
1936	单方的	əmurgi	
1937	单独的	əmukən	
1938	同岁的	muju	
1939	靠近的	daglan	
1940	遥远的	gorlon	
1941	过去的	nuʧʧihi	
1942	现在的	əʃihi	
1943	新鲜的	səwən	irkilbin
1944	崭新的	irkəhiŋki	
1945	稀少的	manihur	
1946	奇特的	gehamu	
1947	有趣的	jəənuʃi	
1948	稀奇的	səwən	sonin
1949	重要的	ojoŋgo	
1950	有本事的	ətəŋə	bəŋʧi
1951	没本事的	bəlgər	

续表

序号	词义	阿荣鄂温克语	阿荣鄂温克语其他说法
1952	大手大脚的	omor	
1953	斤斤计较的	himkir	
1954	老练的	haʃir	
1955	精干的	ʃiŋga	
1956	麻利的	ʃaatu	gikko、giktʃo
1957	厉害的	manni	
1958	有用的	tusaʃi	hətʃtʃi
1959	勇敢的	baatur	meewanʃi
1960	窝气的	ʥətər	
1961	可信的	itəhəltʃi	
1962	好感的	ajiwunʃi	
1963	有面子的	talaʃi	
1964	迎面的	atʃtʃathi	
1965	辽阔的	əŋgəliŋgər	
1966	茂密的	tehi	ʃiktʃi
1967	狭窄的	datʃtʃikkun	
1968	大块的	mokolti	
1969	多数的	əgdin	baranni
1970	口是心非的	ammahe	
1971	颠倒是非的	urkumu	
1972	截然不同的	əntun	
1973	摇头晃脑的	dolikku	
1974	诬赖的	əlgir	əətus
1975	恶习的	lampar	
1976	自私的	məənikkər	
1977	混乱的	lampa	
1978	毒辣的	hordu	horʃi
1979	疯癫的	gərən	galʥo、soleʃi
1980	心浮气躁的	əleʃi	

序号	词义	阿荣鄂温克语	阿荣鄂温克语其他说法
1981	轻浮的	balduhi	
1982	轻飘的	diwun	
1983	轻佻的	əliwun	
1984	兴奋的	dargin	
1985	牵连的	dalʤiʃi	bajtaʃi
1986	无辜的	hohin	tugul
1987	孤单的	əmuhəʤə	
1988	光棍的	godoli	
1989	孤寡的	goŋgogor	
1990	失声的	əŋuhən	
1991	爱哭的	soŋohe	
1992	瞎眼的	sohor	
1993	牙齿不齐的	əldəhi	
1994	结巴的	hələg	
1995	嘴软的	bilugun	
1996	嘴甜的	ammama	
1997	陌生的	əshun	
1998	人造的	oomol	
1999	深仇大恨的	himuʧʃi	
2000	不可饶恕的	gikkun	
2001	狠心的	hataŋgar	
2002	可怜的	guʤəje	
2003	可惜的	hairən	
2004	滑溜的	balduhi	
2005	担心的	ʤogomoddi	
2006	照顾的	səhulur	
2007	舒服的	amrar	
2008	好运的	ʤijaʧi	
2009	自由的	doromku	

续表

序号	词义	阿荣鄂温克语	阿荣鄂温克语其他说法
2010	多样的	əldəbkəl	
2011	现成的	bələn	bələhi 一
2012	生的 / 不熟的	əʃihin	
2013	活的	iinihin	
2014	养的	iggiməl	

五　动词

序号	词义	阿荣鄂温克语	阿荣鄂温克语其他说法
2015	看	iʃi-	
2016	见	bahaldi-	
2017	看见	iʃu-	iʃim baha-
2018	去见	bahaldina-	
2019	出现	juuk-	juum əm-
2020	观察	iʃikki-	
2021	窥视	tudu-	ʃege-
2022	瞪眼	bulte-	
2023	使眼色	iisalbuu-	
2024	迷眼睛	ʤotoro-	
2025	困 / 欲睡	aamiha-	
2026	奄拉眼皮	baluhi-	
2027	打盹	tolkoʃi-	
2028	睡	aaʃi-	
2029	睡一会儿	buroo-	
2030	闭眼	nənni-	
2031	失眠	alga-	
2032	醒	səri-	
2033	清醒	ətə-	səggə-
2034	提醒	ʤalibu-	

序号	词义	阿荣鄂温克语	阿荣鄂温克语其他说法
2035	唤醒	ʃəru-	
2036	醒悟	guuru-	guurum gada-
2037	发呆	mənəg-	
2038	查明	gətuhulə-	
2039	注意／小心	hisə-	
2040	寻找	gələə-	
2041	去找	gələənə-	
2042	找着	bahu-	
2043	搜查	səhu-	
2044	辨认	iggihila-	
2045	认识	taag-	
2046	瞧不起	əbərʃi-	
2047	小看	basa-	
2048	斜视	hilɛ-	hibbe-
2049	轻视	ənikkulə-	əni-
2050	歧视	əruʃi-	
2051	皱眉	atri-	
2052	愁眉苦脸	ʤogoni-	
2053	失望	goni-	
2054	哭穷	soŋonib-	
2055	盼望	ərə-	
2056	监督	iʃihi-	
2057	看护（病人）	sowila-	
2058	看守	mana-	hadala-、iʃimhi-
2059	打更	mana-	
2060	瞄准	ʃee-	ʃiglə-
2061	对准	toobbu-	ʃiglə-
2062	恍惚	borolʤo-	
2063	迷路	təərə-	

续表

序号	词义	阿荣鄂温克语	阿荣鄂温克语其他说法
2064	真相大白	gəthuləwu-	
2065	听	dooldi-	
2066	听话	doo-	
2067	听到	doomu-	
2068	打听	aŋukti-	aŋut-
2069	收听	dooldikta-	
2070	偷听	ʃiligʃi-	hulahaʤi dooldi-
2071	去听	dooldikko-	
2072	探听	soggolana-	
2073	听到消息	aldukla-	
2074	听到动静	annari-	
2075	闻	uunuʃi-	
2076	鼻子不通气	butuwu-	
2077	流鼻涕	hombora-	
2078	擤鼻涕	ʃii-	
2079	发香	ʃinula-	
2080	发臭	uu-	munu-
2081	出味	uunu-	
2082	言语 / 吱声 / 说	tuurə-	
2083	说	gunə-	
2084	提出 / 说道	ʤiŋʤi-	
2085	说俏皮话	moniok-	
2086	讲故事	ungəltʃilə-	
2087	猜谜语	tolhaʃi-	
2088	开玩笑	ujihəʃi-	
2089	甜言蜜语	pilurdə-	
2090	低声说	səməərku-	
2091	低声嘟囔	duduri-	
2092	嘟囔	dumburi-	

序号	词义	阿荣鄂温克语	阿荣鄂温克语其他说法
2093	私语	səmhəʃi-	
2094	撒谎	ələhuʃi-	
2095	说大话	həərə-	
2096	吹牛	pulee-	
2097	吹嘘	həərə-	maŋgala-
2098	随便说	tii-	
2099	乱说	balʧi-	
2100	胡言	solʧi-	
2101	嘲笑	basu-	
2102	讽刺	akkimu-	
2103	挖苦人	hoŋko-	godiri-
2104	含沙射影	antaha-	
2105	挑理	geengi-	
2106	闭嘴	tiha-	ahu-
2107	闭口不言	tagmu-	
2108	装腔作势	suhdə-	owoli-
2109	瞎说八道	balʧima-	
2110	嘴快	paggi-	
2111	通消息	aldurka-	
2112	多嘴	dalagula-	
2113	爱传闲话	iŋiiltən	umu ʤuwu-
2114	抿嘴	mimi-	
2115	噘嘴	sune-	ubbe-
2116	亲嘴	nuhu-	
2117	张嘴	aŋge-	naŋgahla-
2118	出声	delgala-	
2119	呼唤	əəri-	
2120	喊	merə-	
2121	叫唤	hohʃi-	

续表

序号	词义	阿荣鄂温克语	阿荣鄂温克语其他说法
2122	招呼	aldurbu-	
2123	喊叫	mekki-	wakkira-
2124	大声呼叫	hoonoʃi-	
2125	咆哮	mekkira-	
2126	骂	niji-	
2127	吵闹	paagildi-	
2128	争吵	məkdi-	saagimu-
2129	争论	ijəldi-	
2130	吵嘴	soogimu-	
2131	吵嚷	pargi-	paggi-
2132	吵架	həruldi-	waaldi-
2133	劝说	tabula-	
2134	劝告	ikka-	
2135	诬告	əələ-	laila-
2136	发脾气	paŋtʃi-	
2137	抵赖	gəddə-	
2138	欺骗	peela-	
2139	不讲理	ədirə-	
2140	挨训	tuurəwu-	
2141	批评	turə-	
2142	教训	tatiu-	
2143	念咒	utʃi-	
2144	催促	uutaha-	saha-
2145	拜托	naida-	
2146	报答	harula-	
2147	应付	duipulə-	
2148	保证	batula-	
2149	承认	aali-	
2150	告知	saaha-	

序号	词义	阿荣鄂温克语	阿荣鄂温克语其他说法
2151	起诉	hatʃtʃi-	
2152	被告	hatʃtʃiwu-	
2153	相互咬 / 互相告状	nanihildi-	
2154	贬低	əburʃi-	
2155	捎口信	ʥiha-	
2156	说汉话	nehanda-	
2157	说实话	unuŋgilə-	
2158	说本民族语	məəŋgidə-	
2159	通话	tuŋgi-	
2160	放声大笑	athaʃi-	
2161	讲理	geenla-	
2162	吃	ʥib-	
2163	胡吃海塞	ʃiwa-	
2164	吃草	oŋko-	
2165	吃苦头	ʥogono-	
2166	啃骨头	həŋkəri-	
2167	品尝	anta-	amsa-
2168	尝一尝	amtala-	
2169	嚼	nanu-	
2170	反复嚼	nannuʃi-	
2171	噎住了	haha-	nijə-
2172	吃剩	uləwu-	
2173	喂	iggi-	
2174	喂奶	uhuhə-	uhuŋkə-
2175	断奶	əʥi-	
2176	喝	imi-	
2177	喝（大口）	moho-	
2178	喝酒	arhida-	
2179	喝醉	sotto-	

序号	词义	阿荣鄂温克语	阿荣鄂温克语其他说法
2180	喝迷糊	dʒəhil-	
2181	酒醒了	gətə-	
2182	干杯	huntug-	goʃimha-
2183	吸	ʃimi-	
2184	吸烟	daŋada-	
2185	吐痰	tomi-	
2186	咬	ammala-	hihi-
2187	咬坏	hihimla-	
2188	渴	aŋka-	
2189	遭遇干旱	ganda-	
2190	漱口	bulku-	
2191	打喷嚏	ŋitʃini-	
2192	咳嗽	ʃiŋkə-	
2193	喷射	pusu-	
2194	呕吐	iʃili-	
2195	干呕	oggoldʒi-	ogʃi-
2196	喘息	ərgəʃi-	
2197	哭	soŋo-	
2198	哭泣	soŋoni-	
2199	嗓子哑	ʃiin-	
2200	哽塞	əgtʃi-	gəŋginə-
2201	笑	nəttə-	inijə-
2202	唱	dʒaanda-	
2203	出牙	iittələ-	
2204	换牙	sulgi-	suldʒa-、iittəji haala-
2205	掉牙	əmtə-	
2206	用牙咬	iittədə-	
2207	打嘴巴	sasagla-	
2208	读书	əəri-	

序号	词义	阿荣鄂温克语	阿荣鄂温克语其他说法
2209	学	tete-	
2210	教育	tatiga-	
2211	教给	ʃalbambuu-	
2212	被教育	titu-	
2213	问	aŋu-	
2214	给问	aŋumu-	
2215	回答	harula-	
2216	答复	harubuu-	
2217	商量	həwʃe-	
2218	讨论	ʥiŋʥimaʃi-	hɵɵrə-
2219	告诉／教／指给	ʃilba-	
2220	嘱咐	toʃa-	
2221	吹口哨	hihə-	ʃiikkə-
2222	邀请	soli-	
2223	问好	ajiwu-	
2224	请安	ajimuʃi-	
2225	推辞	ʥugsu-	anabu-
2226	求	gələə-	
2227	讨债	gaʥiggi-	
2228	吓唬	nəələhə-	
2229	查究	gəthub-	
2230	核实	gətuhulə-	
2231	哀叹	səəʥilə-	
2232	喘气	oogina-	
2233	摸索	təmilə-	
2234	想	ʥoonohi-	
2235	算／打算	bod-	
2236	思想	mərgə-	bodo-
2237	想念	ʥoo-	

序号	词义	阿荣鄂温克语	阿荣鄂温克语其他说法
2238	思念	ʤoonu-	ʤoomu-
2239	惦念	juwə-	ʤowo-
2240	牵挂	əŋʤi-	
2241	牵肠挂肚	əmiri-	
2242	留恋	ter-	təəni-
2243	愿意	dorʃi-	taala-
2244	想通	subgə-	
2245	想开	naŋiuk-	
2246	放心	tiimu-	
2247	娇生惯养	urut əkkələhə-	
2248	疼爱	dəduhiʃi-	guʤə-
2249	过于兴奋	huhi-	dabʤa-
2250	兴奋	dəəsələ-	
2251	高兴	adda-	
2252	心情开朗	sənil-	
2253	言过其实	dawuha-	
2254	翘尾巴	godolʤo-	
2255	爽快	səjuwu-	
2256	舒畅	əŋgəlt-	
2257	称心如意	amrawu-	
2258	心满意足	dorobu-	
2259	如意	ʤohiwu-	
2260	感动	ʤalimu-	
2261	鬼迷心窍	uʃihidəwu-	baliwu-
2262	做梦	tokkəʃi-	
2263	馋	əjəʃi-	
2264	羡慕	ələʃi-	
2265	喜欢	dorla-	
2266	嫌弃	galu-	

序号	词义	阿荣鄂温克语	阿荣鄂温克语其他说法
2267	嫉妒	himugga-	dʒaliti-
2268	委屈	murbu-	
2269	抱屈	morowu-	
2270	害羞	aldʒi-	
2271	耽心	ʃiwə-	
2272	操心	dʒowo-	dʒali dʒowo-
2273	心酸	goʃiho-	
2274	疲劳	saŋgəl-	
2275	疲倦	usu-	
2276	瞎闯	ʃibəhət-	
2277	泛滥	jəwəwu-	ujəmu-
2278	考察	gaihə-	
2279	弄清	gəthulə-	
2280	误解	taʃera-	
2281	误会	aldama-	taʃekka-
2282	趁势	dʒaddaha-	
2283	有线索	arbula-	
2284	对 / 正确	dʒohi-	
2285	决定	totto-	
2286	欢迎	atʃtʃamu-	
2287	允许	ooʃi-	
2288	记	ədʒi-	
2289	记住	ədʒit-	
2290	知道	saa-	
2291	懂事	guuru-	
2292	精通	tuuli-	nəttərə-
2293	打扰	saataga-	
2294	妨碍	saataga-	
2295	耽误	saata-	

续表

序号	词义	阿荣鄂温克语	阿荣鄂温克语其他说法
2296	抱歉	wahaili-	
2297	推让	anahila-	
2298	谦让	anabu-	
2299	克制	baga-	ʤawa-
2300	谨慎	hisə-	
2301	束缚／拘束	ʤawu-	
2302	忍耐	təsu-	
2303	疏远	goroʃi-	
2304	憋气	butuwu-	
2305	着急	uuta-	
2306	忙乱	sandar-	
2307	心烦	bagi-	olkuu-
2308	讨厌	galu-	
2309	腻味	baa-	
2310	无精打采	gotru-	
2311	烦躁	anakka-	mijagga-
2312	操劳	ʤogomki-	
2313	恶心	aukuhi-	
2314	心疼	miiŋahi-	
2315	客气	ərəələ-	
2316	宽恕	əŋgəli-	
2317	宽待	sulhi-	ajiʃibu-
2318	变轻	ənihulə-	
2319	新奇	gaihə-	
2320	奇怪	sonikko-	
2321	丧气	mijat-、lombe-	
2322	泄气	tiimuʃi-、gutru-	
2323	变色	ʃinla-	
2324	害怕	nəələ-	

续表

序号	词义	阿荣鄂温克语	阿荣鄂温克语其他说法
2325	发蒙	mənərə-	
2326	发愣	həgə-、mənrə-	
2327	忧悒	taamukka-	
2328	麻烦	lantala-	dʒogoo-
2329	磨不开	maniʃi-	
2330	反驳	atʃtʃathila-	
2331	发泄	aaʃila-	
2332	生气 / 愤怒	paŋtʃi-	
2333	恨	ʃiʃri-	
2334	威胁	əglə-	
2335	撒娇	səərə-	
2336	耍狗性	nanihida-	
2337	贪心	homholo-	
2338	捡便宜	hoŋdʒi-	oldʒi-
2339	贪图便宜	oldʒig-	
2340	逼迫	talmu-	
2341	威逼	tulga-	
2342	强迫	albala-	
2343	煽动	suhuʃi-	
2344	捣乱	ujimuhə-	samaldi-、doolanda-
2345	闹事	daiʃe-	
2346	破坏	əddə-	
2347	惹事 / 惹人	haalda-	
2348	拉扯	iruldi-	
2349	纠缠	ladu-	laduhi-
2350	纠缠不休	haldibu-	
2351	嫁祸于人	hootʃtʃolo-	
2352	互相扯皮	anamuʃi-	dʒoggomuʃi-
2353	纠缠不休	lathaʃi-	ladamu-

序号	词义	阿荣鄂温克语	阿荣鄂温克语其他说法
2354	不关心	əlhi-	
2355	刁难	mogo-	mowo-
2356	为难	maniniʃi-	
2357	冤枉	murbu-	
2358	作证	gərəʃilə-	
2359	疏忽	oiho-	
2360	遗憾	horola-	
2361	损失	gawu-	
2362	坑害	məitə-	
2363	祸害	məitəʃi-	
2364	折腾	tamla-	
2365	蔑视	əburʃi-	
2366	凌虐	gurbuha-	
2367	欺负	ərutə-	
2368	侮辱	əruʃi-	buʤirtha-
2369	虐待	gidaʃi-	əruʃi-、tamla-
2370	折磨	ʤogo-	suilə-
2371	恐吓	əggələ-	nəəluhə-
2372	压迫	tiruʃi-	
2373	剥削	ʃilo-	gitra-
2374	侵占	əʤilə-	
2375	疏远	gorki-	
2376	霸权	ərəkʃi-	
2377	发狂	galʤora-	
2378	干涉	dalʤila-	
2379	打仗	apuldi-	
2380	挣扎	təmuhi-	
2381	受难	muwu-	
2382	受苦	amiŋgi-	

序号	词义	阿荣鄂温克语	阿荣鄂温克语其他说法
2383	记仇	himihi-	
2384	报仇	himulə-	
2385	过分	dawa-	
2386	过头	dawuha-	
2387	冒失	pəhəʃi-	
2388	泄露	dʒadaggaha-	juuguhə-
2389	失掉	aldu-	
2390	失策	taʃikka-	
2391	惋惜	hairala-	mulahi-
2392	误事	saata-	
2393	迷糊	səhəri-	
2394	昏迷	manara-	
2395	发愁	mogo-	
2396	厌烦	iila-	lantanla-
2397	忧愁	əhəni-	
2398	犹豫	taamuldi-	
2399	忧心	taamuhimu-	
2400	急躁	uutahila-	
2401	恐慌	nəələmu-	
2402	受惊	olot-	
2403	心惊肉跳	tukʃibu-	
2404	错	taʃera-	
2405	腐败	munuwu-	
2406	变质	uunuggi-	
2407	歪斜	hadʒekka-	
2408	没落	doroit-	əggiʃihilə-
2409	落后	dutuwu-	amila-
2410	暴露	saawu-	
2411	暴乱	ubaʃi-	

续表

序号	词义	阿荣鄂温克语	阿荣鄂温克语其他说法
2412	暴跳	əhilə-	
2413	逃命	ərgələ-	
2414	豁出去	həələ-	
2415	以命抵命	ʤuŋʧi-	
2416	拼命	ərgəhlə-	
2417	挣扎	məkʧə-	
2418	耗竭用尽	manu-	
2419	完蛋	madla-	
2420	败北	ətuwu-	
2421	失败 / 丢掉	alda-	
2422	落魄	ʤuta-	
2423	倒闭	əbrə-	anda-
2424	丢人	taʃi-	
2425	丢脸	əmməmu-	
2426	不好意思	ilinti-	
2427	陷入绝境	təmii-	
2428	没希望	honnog-	
2429	垂头丧气	lombe-	loŋke-
2430	心灰意冷	gotru-	
2431	失去信心	ʤalibu-	
2432	僵局	haadimu-	
2433	走投无路	mogdo-	
2434	丢东西	əmmən-	
2435	遭殃	məitəs-	suidəwu-
2436	摇头	goholʤo-	
2437	摊开	səbtuhə-、tampa-	
2438	摊派	onohu-	ətuhə-、gərələ-、
2439	赔偿	tama-	
2440	弥补	nuji-	saŋbu-

序号	词义	阿荣鄂温克语	阿荣鄂温克语其他说法
2441	试一试	torʃi-	
2442	受阻	haaliwu-	
2443	半途而废	tiikki-	
2444	消除	aaʃiu-	
2445	掩盖	ahu-	tiri-
2446	包装／伪装	jaŋʤila-	
2447	封锁	butulə-	hori-
2448	挑衅	haalda-	akkiʃi-
2449	离间	əddəbu-	
2450	坏掉	əddu-	
2451	引诱	gahula-	
2452	逗乐	ʤogala-	nooli-
2453	挖苦	hoŋkit-	
2454	抬杠	moʤikka-	usu-
2455	甩开	laʃi-	
2456	侥幸	ʤijaʤi-	
2457	挺住	təsu-	
2458	逞能	ʃidalki-	
2459	自作聪明	həərə-	
2460	争口气	harʃe-	
2461	安慰	taihula-	
2462	哄孩子	onno-	
2463	冤枉	murbu-	hilta-
2464	恨	ʃiʃiri-	
2465	埋怨	murbu-	gumdu-
2466	后悔	gumdu-	
2467	伤感	gomduha-	
2468	劝架	tabla-	udi-
2469	减轻	ənikkulə-	

序号	词义	阿荣鄂温克语	阿荣鄂温克语其他说法
2470	休息	amra-	
2471	冷静	təəni-	
2472	沉默	məmə-	mərgə-
2473	表现	arabula-	
2474	概括	totʃtʃila-	
2475	总结	uruhila-	hommo-
2476	开会	isala-	
2477	祝贺	bələllə-	
2478	献计	uhala-	
2479	服务	səhulə-	uiləʃi-
2480	分配	uusa-	
2481	保存	hadalla-	
2482	奠定	ərəlbu-	
2483	团结	əmuʃi-	ʤuhdi-
2484	选拔	igga-	ʃili-
2485	成功	butu-	
2486	征服	ətəhi-	
2487	出名	gəbbit-	
2488	满意	ənni-	oomʃi-
2489	显耀	ətəngi-	
2490	昂首	taŋga-	huləə-
2491	侧身	oldoʃi-	
2492	留下	dota-	
2493	小息片刻	amhi-	ərgi-
2494	勤快	ənibkən-	
2495	卖力	husuŋku-	
2496	使劲	husulə-	
2497	讨好	ajihaʃi-	
2498	对付	hasga-	duipulə-

序号	词义	阿荣鄂温克语	阿荣鄂温克语其他说法
2499	用尽	mana-	
2500	依靠	hadugla-	iintə-
2501	变富	baidʒig-	
2502	命名	gəbbilə-	
2503	摆阔气	jansla-	hɵɵrɵ-
2504	习惯	baniŋʃi-	
2505	担心	dʒali dʒowo-	
2506	忐忑不安	bojini-	
2507	怀疑	sədʒi-	
2508	揣摩	səwuhi-	
2509	防备	hisə-	
2510	假装	ələhuʃi-	
2511	逗弄	dʒogala-	
2512	耍花招	huimalla-	baʃila-
2513	弄错	taʃera-	
2514	挑拨	ukku-	
2515	挑拨离间	ukkuhimu-	
2516	挑逗	bolhi-	
2517	捉弄	noolik-	naalik-、gooʃilo-
2518	弄虚作假	hummi-	anamu-
2519	使计	dʒelida-	
2520	狡赖	bohi-	
2521	耍赖	əələ-	gəddə-
2522	不理睬	əntuhi-	
2523	耍威风	bardak-	
2524	拒绝	anahi-	
2525	抗击	tolo-	
2526	反击	ətu-	
2527	翻脸	ubbo-	

续表

序号	词义	阿荣鄂温克语	阿荣鄂温克语其他说法
2528	上当	gawu-	gəndəwu-
2529	插手干涉	daldʒikka-	
2530	随心所欲	dʒaliʃi-	
2531	占为己有	məəniʃi-	
2532	耍态度	aaʃila-	
2533	捅娄子	lantanla-	
2534	挥霍	suidu-	
2535	浪费	məit-	suigə-
2536	弄空	ottoglo-	
2537	搅扰	haldi-	
2538	动	gubbu-	
2539	动心	ajitha-	
2540	做主	saami-	
2541	带头	aaŋiha-	
2542	要求	gələə-	
2543	合作	hotʃʧo-	
2544	提拔	ugriwu-	
2545	改进	əntuhu-	haalat-
2546	作废	əli-	
2547	更换	haala-	
2548	用功	husulə-	
2549	认真	unuŋgi-	
2550	检查	baisa-	
2551	牵涉	daldʒiwu-	
2552	考验	ʃiligi-	ʃinna-
2553	回避	dʒeelə-	
2554	友好	ajikka-	
2555	服从	dorohi-	tondi-
2556	整顿	das-	dʒuha-

序号	词义	阿荣鄂温克语	阿荣鄂温克语其他说法
2557	送到	eʃewuha-	
2558	感谢	banihala-	
2559	熟练	ətəmu-	
2560	熟	titamu-	
2561	管理	golli-	ʤawa-
2562	节约	abbila-	himhi-
2563	处理	dokka-	eʃege-
2564	用恶意	ʤalidamaʃi-	
2565	揭短	əruk-	hali-
2566	打赌 / 顶嘴	məlʤi-	
2567	暗示	samikka-	
2568	琢磨	bodohi-	
2569	抑郁	bohoni-	
2570	无关	baani-	
2571	坐立不安	bohint-	
2572	哆嗦	ʃigʃi-	
2573	颤动	ʃiligʃi-	
2574	将就	aggala-	
2575	不够	dot-	abal-
2576	缺少	abilda-	
2577	遗留	dotu-	
2578	等待	alaʃi-	
2579	缓和	namikka-	
2580	迟到	amini-	
2581	晚点	dildit-	
2582	磨蹭	iikkə-	largila-
2583	指导	ʃilba-	
2584	集合	urut-	
2585	分散	salgara-	

序号	词义	阿荣鄂温克语	阿荣鄂温克语其他说法
2586	训练	urbu-	
2587	努力	husulə-	ʃemme-
2588	进步	ʤuliʃilə-	
2589	理解	guuru-	
2590	自知之明	bəji saa-	
2591	难舍难分	jadahi-	
2592	多关照	haggalʤa-	
2593	敬礼	dorobu-	
2594	磕头	muggu-	
2595	尊重	ajihuŋʃi-	
2596	祥和	ʤuhildi-	
2597	服	doo-	puulə-
2598	信	itgə-	
2599	相信	unugi-	
2600	点头	toŋki-	
2601	赞成	ooʃi-	urʃə-
2602	答应	ali-	
2603	加深	sontoha-	
2604	包庇	umgələ-	
2605	拍马屁	nilgu-	
2606	帮助	ajiʃila-	
2607	接受	alim ga-	
2608	能	ətə-	
2609	继承	ʃerə-	
2610	需要	hərəklə-	
2611	要回	gadaggi-	
2612	隐蔽	daligi-	
2613	绕圈	əggimu-	səhəri-
2614	留情	dərəl buu-	

序号	词义	阿荣鄂温克语	阿荣鄂温克语其他说法
2615	准假	solibu-	sələhə-
2616	远行	gorlo-	
2617	借宿	hontʃi-	
2618	谢谢	banihala-	
2619	过年	anela-	
2620	相识	taagdamaʃi-	
2621	结亲	badila-	
2622	门当户对	ʤohiwu-	duis-
2623	得到	baha-	
2624	爱 / 喜欢	ajiwu-	
2625	爱情	dorlamaʃi-	
2626	喜爱	dorlamu-	
2627	订婚	tottobu-	
2628	送订婚物	ʤasala-	
2629	送姑娘	ujiwu-	
2630	办成	butgə-	
2631	成婚	sara-	
2632	结婚	ujiwu-	əju
2633	成家	ʤuu iliwu-	
2634	送行	əwərkə-	
2635	嫁	ujiʃi-	
2636	娶	gada-	
2637	回娘家	naaʤima-	
2638	怀孕	bəjʃilə-	
2639	接生	bareʃila-	
2640	生孩子	iʃihə-	
2641	坐月子	beegə təə-	
2642	起名	gəbbilə-	
2643	过穷日子	goliga-	

续表

序号	词义	阿荣鄂温克语	阿荣鄂温克语其他说法
2644	生活困难	hadig-	
2645	没指望	halgi-	
2646	变心	hobili-	
2647	违背	ʥuʧʧi-	
2648	办事	iʃige-	
2649	结束	ətə-	mana-
2650	离婚	əjilə-	
2651	复婚	əmigə-	
2652	改嫁	əntulə-	
2653	调戏	gosla-	haala-
2654	糟蹋	maiti-	ərutə-
2655	霸占	əʥək-	
2656	要流氓	jaŋkat-	
2657	强奸	əgəl-	ərulə-、maril-
2658	通奸	bəldiimu-	
2659	卖淫	gilguʃi-	ʃibbaʥa-
2660	倒霉	gawu-	buuwu-
2661	不幸	gaitu-	
2662	身败名裂	pathi-	
2663	不行	udiwu-	
2664	禁忌	iliwun	
2665	抓	ʥawa	
2666	抓捕	huli-	hamʥa-、ʥawa-
2667	抓住	ʥawak-	
2668	放（下）	nəə-	
2669	放（走）/撒开	tii-	
2670	放烟	saŋanha-	
2671	开	naji-	naɲi-
2672	敞开胸	əŋgəni-	əŋgətni-

序号	词义	阿荣鄂温克语	阿荣鄂温克语其他说法
2673	关上	tiri-	ahu-
2674	熄（灯）	ʃiiwu-	
2675	敲门	tonto-	
2676	碰见	aulʤi-	
2677	相处	ulimu-	
2678	招手	əlkərən	naalla buu-
2679	握手	naalla ʤawa-	
2680	搂脖	həəmuli-	
2681	抱住	umulki-	
2682	抱	umli-	
2683	搂	hamma-	
2684	拥抱	humli-	
2685	咯吱人	hasihi-	
2686	捡（一个一个捡）	tuŋkə-	
2687	捡	tewe-	
2688	采（采集）	mara-	
2689	挖	wəhə-	
2690	埋	bola-	
2691	叠起	dakkurla-	
2692	卷起来	hulib-	
2693	挽袖子	ʃimli-、ʃima-	
2694	梳头发	iddi-	
2695	梳辫子	iltsa-	
2696	抢	tii-	
2697	弹酒	sasula-	
2698	要／买	ga-	
2699	夺取	tiimi-	
2700	去取	gaʤu-	
2701	撕破	uru-	əddə-

续表

序号	词义	阿荣鄂温克语	阿荣鄂温克语其他说法
2702	挥霍	suigə-	ərkə-
2703	换 / 换掉	haala-	
2704	替换	ʤumʃi-	
2705	互换	ʤumʃildi-	
2706	配对	təəriʃi-	
2707	探听	aldurʃi-	lenʃil-
2708	召集	uuru-	
2709	拴	uji-	
2710	捆	atla-	əkkə-、uhu-
2711	解开	bəri-	
2712	松开	tii-	
2713	放松	solla-	
2714	拉绳	hukkulə-	
2715	拔河	taamaʃi-	
2716	丈量	həŋʤələ-	
2717	比较	adilŋi-	biilə-、duilə-
2718	称	genna-	
2719	折叠	hoto-	
2720	乱翻	suhu-	
2721	翻	hubbu-	
2722	搅	ukku-	
2723	拧	mokki-	
2724	泼 / 洒	sasu-	
2725	倾泻	juukkumu-	
2726	甩	laʃi-	
2727	弄脏	buʤitha-	
2728	擦	awa-	
2729	洗刷	ʃikka-	ʃilki-
2730	打捞	ʤoda-	hama-

序号	词义	阿荣鄂温克语	阿荣鄂温克语其他说法
2731	上色	ʥusudə-	
2732	修理	ʥuha-	dasu-
2733	用	tahur-	
2734	切（用菜刀）	ʥii-	
2735	切（用刀）	mii-	
2736	砍	satʃtʃi-	
2737	截	uji-	
2738	劈	dəkkə-	
2739	割（草）	had-	
2740	扎	akki-	
2741	扎刺	əwə-	
2742	捅	akki-	
2743	剪	haiʃila-	
2744	烫	ʥiddə-	
2745	脱衣服	lohu-	
2746	戴帽子	aawala-	
2747	戴手套	bəəlilə-	
2748	穿针	ʃəmi-	
2749	串线	səmi-	
2750	缝衣服	uldi-	
2751	补衣服	saani-	
2752	系腰带	umula-	
2753	扎刺	akkimu-	gidala-
2754	分开（将骨头从骨节分开）	ujilə-	ujiʃi-
2755	扒/剥（皮）	hooli-	
2756	分配	uusa-	
2757	抠/挖	hoŋko-	
2758	埋没	boloaki-	
2759	抬	ugri-	

序号	词义	阿荣鄂温克语	阿荣鄂温克语其他说法
2760	搓线	toŋko-	
2761	拽	taakka-	
2762	点火	təŋkibtə-	
2763	烧火	ila-	
2764	刷锅	haʃe-	
2765	揉面	nuhu-	
2766	用油	imitʃʃilə-	
2767	炒菜	hukku-	
2768	炖	nuŋala-	dullə
2769	烤火	hagri-	
2770	煮	ələə-	irigi
2771	做饭	ələə-	
2772	捞饭	ʤawalda-	
2773	盛饭	soho-	
2774	倒酒	jəəkku-	
2775	取暖	əhulgə-	
2776	饱	ələ-	
2777	饿	ʤəmu-	
2778	给	buu-	
2779	给机会	ʤəlgibu-	
2780	准备	bəlhə-	
2781	交给	toʃa-	
2782	交待	aabu-	
2783	要	ga-	
2784	借（借钱）	atʃʃi-	
2785	还给	buuggi-	
2786	赔偿 / 还债	tama-	
2787	欠收	atʃʃiwu-	
2788	惩罚	hadiha-	

序号	词义	阿荣鄂温克语	阿荣鄂温克语其他说法
2789	同意	ooʃi-	
2790	做	oo-	
2791	写	ara-	
2792	数数	taŋi-	
2793	换	haala-	
2794	送	iraa-	
2795	寄送	iraak-	
2796	硬拽	suʤi-	
2797	推	ana-	
2798	撞	muggu-	tʃuaŋlə-
2799	中枪	ono-	pənnə-
2800	挤	ʃeha-	
2801	拥挤	ʃetʃtʃildi-	ʃehaldi-
2802	压	tiri-	daru-
2803	压制	tirub-	
2804	遮盖	dali-	ahu-
2805	披上	humu-	
2806	挂上	loho-	
2807	贴上	lattaga-	
2808	吊起来	aʃimib-	
2809	吊挂	lohu-	əlgu-
2810	吊起来	loho-	
2811	鼓劲	husunbu-	
2812	榨油	ʃəwu-	
2813	着火	təŋki-	
2814	灭火	ʃiiwu-	
2815	烤	hagri-	
2816	弄直	tondoholo-	
2817	磨刀	ləhdə-	

序号	词义	阿荣鄂温克语	阿荣鄂温克语其他说法
2818	钉钉子	tikki-	
2819	刷（锅）	haʃe-	
2820	刷（墙）	tilpa-	ʃoolo-
2821	整理	ʤaha-	təʧʧilə-
2822	带（身上）	tulə-	
2823	擦	awa-	
2824	收拾	ərgilə-	
2825	用抹布	maabuda-	
2826	手茧子	hasta-	
2827	拉	iru-	
2828	坐	təgə-	
2829	扒	huli-	
2830	抬举	ugrib-	
2831	卖	unii-	
2832	买	uniim ga-	
2833	做买卖	hudama-	ʤumʃildi-、maimala-
2834	交换	ʤumʃima-	haalaldima-
2835	输钱	gawu-	gəbbu-、hoŋʤiwu-
2836	合作／合并	əmuntlə-	
2837	撤销	udibu-	əwuthə-
2838	取消	aritga-	aaʃiŋka-
2839	归拢	urubka-	hamki-
2840	扫地	əsu-	
2841	起床	juu-	
2842	洗澡	əlbəʃi-	
2843	剃头	hanna-	
2844	带	aaŋihana-	
2845	骑	ugu-	
2846	坐车	təggəndə-	

序号	词义	阿荣鄂温克语	阿荣鄂温克语其他说法
2847	搬运	ʤuwu-	
2848	搬家	nuuggi-	
2849	糊纸	saasunla-	
2850	被抢	tiiwu-	
2851	被压	tiru-	
2852	折断	tʃahla-	
2853	劈开	dəlkə-	
2854	斩断	pulnəə-	
2855	损坏	əddə-	
2856	打碎	suiggə-	
2857	砸碎	pisla-	
2858	揉碎	mamkə-	
2859	撕碎	pesga-	
2860	卷	huli-	
2861	塞	ʃetʃtʃi-	
2862	装	təwə-	
2863	装满	ʤaluha-	
2864	弄满	ʤalu-	
2865	增加	nuŋi-	
2866	绑	huli-	
2867	捆绑	bohi-	
2868	捆包	atla-	
2869	堆（堆起来）	obolo-	
2870	堆积	uru-	
2871	趴	huŋʤu-	
2872	趴下	huuli-	
2873	挖	əhu-	
2874	深挖	soŋoli-	
2875	塌陷	jəwər-	

序号	词义	阿荣鄂温克语	阿荣鄂温克语其他说法
2876	塞满	ʃitʃtʃimu-	
2877	偷窃	hulah-	
2878	丢	əmmə-	
2879	丢失	əmməmu-	
2880	扔掉	nuuda-	
2881	乱扔	salda-	mudakka-
2882	受损	əddəbu-	
2883	伸手	naalla-	
2884	用手指	ormu-	ʃilba-
2885	揪头发	nuuttudə-	
2886	揪耳朵	ʃeemət-	
2887	掐脖子	hahuri-	
2888	揉搓	məji-	
2889	打	manna-	
2890	假打	mannak-	
2891	搂	nəŋʃi-	niʃi-
2892	打拳	ʤoggolo-	
2893	乱斗	pasuldi-	
2894	打架	mannaldi-	
2895	收拾	ʃiikkə-	
2896	混战	ubaldi-	
2897	冲突	dilmaʃi-	
2898	挣扎	təmilə-	
2899	夹住	hatʃtʃi-	
2900	勒脖子	hahuri-	nehamda-
2901	杀	waa-	
2902	遗弃	əməwu-	
2903	阻挡	daʤʤu-	dali-
2904	拦住	iliwu-	haadi-

序号	词义	阿荣鄂温克语	阿荣鄂温克语其他说法
2905	劝阻	udi-	tabla-
2906	散架	salaŋgi-	
2907	隔开	ujiʃihə-	
2908	投降	əwəmbu-	
2909	更新	ikkəhilə-	
2910	立 / 起立	ili-	
2911	请坐	təgəwu-	
2912	坐上桌	diiləʃi-	
2913	走	uli-	
2914	走	huru-	
2915	出去	juu-	
2916	进去	ii-	
2917	进入	iinə-	
2918	钻进去	ʃiŋgi-	
2919	来	əmə-	
2920	串门	ajiltʃila-	
2921	让来	əmuhə-	
2922	去	nəni-、ənə-	nənə-、nini-
2923	出去	juu-	
2924	上街	geela-	geedu juu-
2925	回去	nənu-	
2926	回来	əməggi-	
2927	返回	musu-	
2928	亲自去拿	naaŋgi-	
2929	往来	uliʃi-	
2930	派遣	uliuk-	
2931	上去	taahala-	
2932	下去	əwə-	
2933	拿来	əmu-	

序号	词义	阿荣鄂温克语	阿荣鄂温克语其他说法
2934	拿去	əlbu-	
2935	赶趟	ʤaddu-	amtʃi-
2936	赶上（赶得上）	amtʃi-	
2937	走远	gordo-	
2938	爬行	mikkə-	
2939	趟水	oloo-	
2940	迷途	təərəb-	
2941	拐弯	məhu-	
2942	遮住	dali-	
2943	找	gələə-	
2944	捎信	aldubu-	
2945	到达	eʃena-	
2946	到	eʃe-	
2947	迟缓	aminig-	
2948	拖拉	amiʃihilaha-	
2949	拉下	dotu-	
2950	够（够得着）	eʃem-	
2951	后退	mita-	
2952	让步	anaʃi-	
2953	拉后	taamugi-	
2954	率领	aaŋiha-	
2955	跟着	aaŋi-	
2956	跟上	aŋtʃi-	
2957	靠近	dagaki-	
2958	靠拢	odnu-	
2959	挨上	oldolo-	
2960	来得及	ʤadda-	alga-
2961	把握	ʤawamhi-	bawə-
2962	巡逻	baisahi-	uliʃim iʃim-

序号	词义	阿荣鄂温克语	阿荣鄂温克语其他说法
2963	跑	uttuli-	
2964	跑掉	tuttuli-	
2965	逃／逃跑	susa-	
2966	跟踪	waʤi-	dəg-
2967	追	asa-	
2968	追赶	nəhəəldi-	
2969	追逐	asamaʃi-	
2970	被追上	bohonu-	
2971	接近	dakkimu-	
2972	直奔	dutələ-	
2973	步行	joholo-	
2974	散步	ulihəʃi-	
2975	溜达	uligiʃi-	
2976	转悠	səhəri-	
2977	慢行	əlgəli-	
2978	迈步	aggaʃi-	
2979	迈小步	sokʃila-	
2980	迈大步	tawukʃi-	tuggulə-
2981	靠边走	halgu-	
2982	走山梁	mululə-	
2983	趟深水	oloomu-	
2984	走过	nutʃtʃi-	
2985	路过	dulə-	
2986	往上爬	tuttugə-	
2987	爬／攀登	taahala-	
2988	越过	dawa-	
2989	停／停止	udi-	ili-
2990	踩	əhi-	
2991	踩脚	əhiʃi-	

序号	词义	阿荣鄂温克语	阿荣鄂温克语其他说法
2992	跺脚	əhilə-	
2993	撒野	əlbidə-	
2994	盘腿	ʤabala-	
2995	跳	totʃʃa-	
2996	落	əwu-	doona-
2997	丢掉	əmməb-	
2998	掉 / 倒下	tihi-	
2999	摔倒	tihu-	
3000	翻滚	həbbə-	
3001	翻过来	hubbuhə-	ubbuhə-
3002	渡河	ədəl-	
3003	躺	huləə-	huləəʃi-
3004	背	iini-	iiŋi
3005	哈腰	muhe-	
3006	叉腰	ʤotti-	
3007	承担	aali-	
3008	制服	ətə-	
3009	推脱	anahi-	
3010	挪开	ʤeeluha-	gugguhə-
3011	离开	ujiʃi-	əjilə-
3012	躲开	gorokko-	ʤeela-
3013	脱离	goroldo-	
3014	躲	dihi-	ʤeelə-
3015	甩掉	laʃiwu-	
3016	转进去	huduri-	
3017	阻拦	dali-	iluha-
3018	阻止	ilu-	
3019	堵 / 挡	ahu-	
3020	堵塞 / 盖住	likkə-	

序号	词义	阿荣鄂温克语	阿荣鄂温克语其他说法
3021	堵（心）	butu-	
3022	堵截/阻挡	haadi-	
3023	隔开	ujiʃihə-	
3024	分家	ujiʃi-	uusa-
3025	断开	bəʃit-	
3026	避风	dalibu-	
3027	中断	pəʃig-	
3028	暗藏	bolta-	noo-、dihi-
3029	揣（怀里）	əwərlə-	
3030	藏	dʒaji-	
3031	蹲点	ajilt-	
3032	模仿	alma-	
3033	重复	dahi-	
3034	伸直腰	haani-	
3035	弯腰	mogo-	
3036	扭	huru-	moribu-
3037	背孩子的背	dʒidʒa-	
3038	下蹲	soŋtʃi-	
3039	纵身	əguurhi-	
3040	假骑	uguʃi-	
3041	摇头	laʃila-	laʃihi-
3042	摇晃	həlbəldʒə-	
3043	碰上	naabbu-	
3044	碰	naab-	
3045	卡住	təwki-	
3046	翻跟头	toŋkoli-	
3047	落空	ottog-	
3048	撒泼	əəlet-	

序号	词义	阿荣鄂温克语	阿荣鄂温克语其他说法
3049	踢	pəsəglə-	
3050	挨踢	pəsəgləwu-	
3051	扫脚（摔跤动作）	taʃi-	
3052	没往心里去	ənug-	
3053	推辞	anabu-	
3054	忘	ommo-	
3055	会／能	ətə-	
3056	赊销	dar-	
3057	剩下	uldə-	ulu-
3058	分财产	ʤohoʃi-	
3059	抢夺	tiiwum-	
3060	统治	hutʃiŋgi-	
3061	占有	əʤəkʃi-	
3062	侵占	əʤələ-	
3063	排斥	anabu-	daʤi
3064	增添	nuŋi-	
3065	劳动	gəbbə-	
3066	建设	iliwu-	
3067	搂／拢	hama-	
3068	挣钱	ʤənnə-	
3069	花钱	tahur-	
3070	寻得	baha-	
3071	招待	səhulə-	
3072	住宿	əwə-	təgə-
3073	住下	aaŋa-	
3074	铺床	səttə-	
3075	定居	ailala-	
3076	肃静	namur-	
3077	少了	honnod-	

序号	词义	阿荣鄂温克语	阿荣鄂温克语其他说法
3078	减少	aʧʧu-	
3079	缩小	iʃihulə-	
3080	缩短	urukkuʃi-	
3081	变空	ottokbu-	
3082	拣	taji-	
3083	斗闹	tukkuldi-	
3084	摔跤	ʤawaldi-	ʤoldi-
3085	拼凑	duŋgəmi-	
3086	比量	məlʤi-	
3087	比赛	məlʤildi-	
3088	玩耍	uji-	
3089	去玩	ujinə-	
3090	玩嘎啦哈	ajihari-	
3091	跳舞	nulɣe-	
3092	活动 / 动	guggul-	
3093	生活	baldi-	
3094	维持生活	amila-	
3095	生长	baldibu-	iiniggi-
3096	养活	iggi-	
3097	托养	igguhə-	
3098	救活	iinihə-	
3099	复活	iiniggi-	
3100	颠覆	hubbut-	obbokho-
3101	午休	udlə-	
3102	延长	anahila-	
3103	长寿	nsula-	
3104	消化	ʃiŋgə-	
3105	服水土	ʤohiwu-	
3106	赢	ətə-	

续表

序号	词义	阿荣鄂温克语	阿荣鄂温克语其他说法
3107	发福	baiʤi-	
3108	输给	alda-	
3109	联络（联系）	aldubu-	ʃenʃibu-
3110	放屁	muhəri-	
3111	撒尿	ʃihə-	
3112	拉屎	amu-	
3113	拉肚子	ʃiʃira-	
3114	拉痢疾	ʃile-	
3115	腹胀	həwu-	
3116	瘟疫流行	ʤiga-	hiriglə-
3117	出汗	nəəʃi-	
3118	发臭味	waaʃila-	
3119	瘙痒	utu-	
3120	饥饿	omina-	
3121	削瘦	əsə-	
3122	头晕	ʃəhəri-	
3123	感冒	ʃiiŋka-	
3124	头痛	dela ənu-	
3125	痛	ənu-	
3126	患病	ənuhulə-	
3127	爆炸	wətgənə-	
3128	火燎	hoiholo-	
3129	烫伤	ʤidʃə-	
3130	起泡沫	həəsərə-	
3131	内出血	əgdiwu-	
3132	肿	həwə-	
3133	裂口	ʤaddag-	dəpəg-
3134	化脓	naatʃʃi-	
3135	生蛆	uŋulət-	

序号	词义	阿荣鄂温克语	阿荣鄂温克语其他说法
3136	麻木	tama-	mənərə-
3137	病变重	ugguddilə-	
3138	旧病复发	ʤadhak-	
3139	扩散	bərə-	bəsə-、bədər-
3140	传染	itʃəbu-	dawuhu-、meeŋanbu-
3141	请人	soli-	
3142	号脉	sodol ʤawa-	məmə-
3143	测脉	miirt-	
3144	拔火罐	bombot-	
3145	服药	əkkəʤi-	
3146	换药	haltʃi-	
3147	护理	səhulə-	
3148	痊愈	ura-	aji oo-
3149	好转	ajima-	
3150	促销	tahurka-	
3151	包装	huli-	
3152	救援	aiʃila-	
3153	照顾	anikka-	
3154	关照	haggalʤa-	
3155	孝敬	suwəhə-	hundələ-
3156	孝顺	asara-	sʃibu-、ajima-
3157	变老	saddera-	
3158	腰酸腿痛	tanna-	
3159	变弯	mogoro-	
3160	晃头	loŋkolʤo-	
3161	卡跟头	bədrə-	
3162	仰倒	saldag-	
3163	受伤	jart-	
3164	歪曲	həltuhə-	moreha-、gərdə-

序号	词义	阿荣鄂温克语	阿荣鄂温克语其他说法
3165	抽筋	sumultaa-	
3166	瘫痪	tampag-	
3167	受折磨	suiləwu-	tamlawu-
3168	上吊	aʃimi-	
3169	死	bu-	
3170	断气	ərgəb-	
3171	出殡	əkkə-	iiwu-
3172	安葬	bola-	
3173	入殓	batʃʧila-	
3174	祭祀	taɦi-	
3175	填土	bolaʃi-	
3176	火葬	dagga-	
3177	悲痛伤心	nasatʃu-	
3178	抹泥	tilpa-	
3179	赶车	gələ-	ibə-
3180	追赶上	boho-	
3181	套车	həəldə-	
3182	卸车	əwu-	
3183	颠簸	tuhali-	həlbəlʤə-
3184	陷车	ʃigdu-	
3185	翻车	nuudawu-	
3186	围栅子	mata-	
3187	拉锯	uŋunda-	
3188	凿眼	suuʃilə-	
3189	拉磨	iru-	
3190	推碾子	innə-	
3191	装袋	təwə-	
3192	装下	batta-	
3193	下地	tarilanda-	

序号	词义	阿荣鄂温克语	阿荣鄂温克语其他说法
3194	翻地	uhu-	
3195	掀开	ətu-	
3196	开地	dəlkənə-	
3197	施肥	bordo-	
3198	铲地	satʃtʃi-	jansala-
3199	种地	tari-	
3200	填上	nuŋi-	
3201	春耕	tansala-	
3202	倒水	juukku-	
3203	浇水	muulə-	
3204	发芽	sojoggo-	
3205	栽（苗）	təwuhə-	
3206	开花	waltag-	
3207	栽	ujit-	
3208	拔草	ʃimki-	soggi-
3209	繁殖	busu-	
3210	成熟	irə-	
3211	割地	hadi-	
3212	打场	gəbə-	
3213	拉地	irok-	
3214	扬场	hihə-	
3215	蔓延	ʥilala-	
3216	丰收	əlbəg-	
3217	过称	ginnə-	
3218	储备	uru-	bəlhə
3219	入窖	ʥooggo-	
3220	撂荒	əmur-	
3221	受灾	ʥəddəwu-	
3222	遭殃	gawu-	suitwu-

序号	词义	阿荣鄂温克语	阿荣鄂温克语其他说法
3223	淹	buluwu-	
3224	淋水	daʤila-	
3225	倾注	jəəkku-	
3226	出漏洞	səwət-	
3227	塌方	umgu-	jəwəg-
3228	塌下	umpug-	jəjurə-
3229	旋转	səhəri-	
3230	晃荡	həbbəlʤə-	
3231	松动	solakka-	
3232	日出	ʃiwənt-	ʃiwəjuu-
3233	日落	ʃiwən əwə-	
3234	升起	dəju-	dəgidə-
3235	晾晒	əjəwu-	olgi-
3236	晒太阳	əjəwu-	hagri-
3237	冰雪融化	uu-	
3238	下霜	gəktimu-	
3239	冻	gəki-	
3240	冻结	təhu-	
3241	微冻	gəttihi-	
3242	起云	tuʧʧilə-	
3243	挡亮	attila-	
3244	天阴	buukkulə-	tuʧʧimə-
3245	入九	jəgint-	
3246	入伏	əhuli-	
3247	下雾	tamma-	
3248	下雪	imana-	
3249	下雨	odona-	
3250	摩擦	iiŋki-	hikku-
3251	缺	abili-	

序号	词义	阿荣鄂温克语	阿荣鄂温克语其他说法
3252	变多	baraanda-	
3253	变少	nondot-	
3254	剩下 / 留下	uldə-	
3255	受旱	ganda-	
3256	发干	olgo-	
3257	凝固	horo-	
3258	裂缝	dəppəg-	
3259	脱落	bultug-	
3260	散落	salag-	aŋʤag-
3261	融化	ʟumu-	
3262	滴水	sawda-	
3263	流淌	sur-	surgi-
3264	流水	əjə-	
3265	水清	nəərint-	
3266	被水淹	gawu-	
3267	泡在水里	dəbbi-	
3268	受水灾	bulu-	
3269	缠	hulimi-	
3270	变红了	ulirint-	
3271	变黑了	honnot-	
3272	变蓝了	ʃilant-	
3273	变白了	giltirənt-	
3274	滚	suŋguri-	
3275	弄细	nənukkulə-	
3276	变细	nənukkud-	
3277	变长	nanumud-	
3278	变小	iʃihud-	
3279	裁短	uruŋkulə-	
3280	发亮	ilant-	

续表

序号	词义	阿荣鄂温克语	阿荣鄂温克语其他说法
3281	变黑暗	honnog-	
3282	照亮	nəərint-	
3283	过剩	baranda-	
3284	满	ʤalukti-	
3285	生锈	ʤəwət-	
3286	烂掉	hugu-	
3287	腐烂	munu-	
3288	煮烂	ilʤira-	lanluha-
3289	水开	uju-	
3290	烧开	ujuhə-	
3291	被烧	dalgu-	
3292	烧荒	ʤəddədə-	
3293	烘干	ogge-	
3294	冒烟	saŋa-	saa-
3295	掏灰	uluttəndə-	
3296	热	əwuli-	
3297	冷	bəji-	
3298	漏	sugri-	
3299	断水	haggi	
3300	淋湿	dəttu-	
3301	雨淋	odomu-	
3302	穿透	nəttərə-	
3303	渗透	ʃimik-	
3304	往下流 / 往下滴	suggiri-	
3305	裂痕	jargi-	
3306	愈合	əwəwu-	
3307	飞	dəgli-	dələ-
3308	戴笼头	lontolo-	
3309	摇撸	hali-	

序号	词义	阿荣鄂温克语	阿荣鄂温克语其他说法
3310	钓鱼	əmhəndə-	
3311	照明叉鱼	gəgdə-	
3312	上游（鱼）	solo-	ʤiri-
3313	下游（鱼）	itərə-	
3314	过长／久远	uda-	
3315	打猎	bəjʃi-	
3316	出猎	ama-	
3317	晚间出猎	ʃitʃtʃimə-	
3318	早间出猎	əddəmə-	
3319	追踪	waʤib-	
3320	进圈套	aggalawu-	
3321	射箭	gappa-	
3322	射击	miisanna-	
3323	打偏	həlte-	
3324	划记号	əʤibu-	
3325	打靶	balu-	pala-
3326	子弹打光了	mogo-	
3327	剥皮	hooli-	
3328	抓尾巴	iggidə-	
3329	拴牛犄角	iigəni-	
3330	抓犄角	iigədə-	
3331	挤牛奶	saa-	
3332	背马鞍子	əməələ-	toho-
3333	骑马	uwu-	moprila-
3334	套马	waggala-	
3335	下套子	tuguru-	
3336	下夹子	habhila-	ʤaasda-
3337	堆草	ʤarootla-	
3338	牲畜下崽	imənə-	

续表

序号	词义	阿荣鄂温克语	阿荣鄂温克语其他说法
3339	抓膘	bugguhi-	
3340	牲畜膘情	iildi-	buggu-
3341	母牛发情	uti-	
3342	牲畜退毛	itaha-	
3343	鸡采蛋	əhit-	
3344	鸡抱窝	hulət-	
3345	猪打圈	uti-	mudu-
3346	猪起羊子	ʃiruldʑi-	
3347	长毛狗	jaŋat-	
3348	好点马	hatra-	
3349	小走马	taiwu-	
3350	牛往右赶	dada-	
3351	牛往左赶	gələ-	
3352	骑没鞍子的马	boldohila-	
3353	牛叫	məərə-	
3354	牛崽叫	gaaŋgahila-	
3355	马叫	eŋgəla-	
3356	驴叫	wəkkə-	
3357	猪叫	ʃina-	gorki-
3358	狗叫	gaaŋa-	
3359	狗咬	ətʃtʃu-	
3360	狼叫	buuni-	
3361	母鸡叫	gugula-	
3362	公鸡叫	googolo-	
3363	有	biʃin	
3364	没有 / 无	aaʃin	
3365	是 / 对	mətər	
3366	对	dʑohiran	
3367	行 / 可以	oodan	

续表

序号	词义	阿荣鄂温克语	阿荣鄂温克语其他说法
3368	够了	eʃeran	
3369	算了	baamu	oosa
3370	没关系	dalʤi aaʃin	
3371	活该	hətu	
3372	挺（不错）	dawu	
3373	羞愧	alʤimo	

六 副词与连词等

序号	词义	阿荣鄂温克语	阿荣鄂温克语其他说法
3374	经常	jəriduwi	
3375	常常	nəigən	dattan
3376	时常	nəigən	
3377	平时	əddi	əlhədu
3378	整日	iniginku	
3379	有时	aada	
3380	暂时	hiir	hiwur
3381	偶然	gaithan	
3382	突然	gaithən	
3383	猛然	gait	
3384	出乎意料	gəntun	
3385	立即	maʃen	
3386	尽快	digarkan	
3387	赶紧	amakkan	
3388	马上	əʃittə	maʃan
3389	即刻	əʃilkil	
3390	片刻	hiur	
3391	瞬间	əkkəndu	kiurdu
3392	瞬息	hiur	hird

续表

序号	词义	阿荣鄂温克语	阿荣鄂温克语其他说法
3393	赶早	əddəhə	
3394	起早	burittə	əddəlin
3395	早早地	əddəli	noowuduhi
3396	先	noorim	ʃen
3397	老早	goroduhi	əddəhəjə
3398	早先	tuttani	
3399	早就	həʤəni	goddojo
3400	早已	goddojo	
3401	原先	təəli	daaʃi
3402	从前	daatʃi	
3403	以前	nootti	noogu
3404	已经	həʤəni	
3405	就在那时	tarimdu	
3406	刚才	təlim	
3407	刚刚	əsuhumut	
3408	方才	əsuhumtu	
3409	刚好	uluhumuddi	
3410	这就要	əʃikkəl	
3411	一会儿	hiur	
3412	那时	tooʤiddu	
3413	当时	tərkədu	
3414	现在	əʃi	
3415	如今	əʃidu	
3416	目前	əʃidiwi	
3417	跟前	dagala	dagadu
3418	从此	əduhi	
3419	以后	amida	amilahi
3420	往后	amiʃihi	amithi
3421	将来	uʤidu	

序号	词义	阿荣鄂温克语	阿荣鄂温克语其他说法
3422	永远	ohiduhat	
3423	抽空	suləʤi	
3424	奈何	ampa	
3425	有些	annaha	
3426	那就	tooki	
3427	那么就	tattu	tanna
3428	多些	uləhə	
3429	多余	uluhu	
3430	多一点	uləhəʃilə	
3431	已都	gugʤi	
3432	一起	əmunur	əmunnu
3433	共同	əmtun	əmgur
3434	普遍	nəigən	
3435	然而	tootʃtʃi	
3436	但是	toosohot	tookkikit
3437	于是	toomo	tooduwi
3438	由此	tannanduhi	
3439	因而	ənnanduhi	
3440	因由	genin	
3441	从而	toon	tooman
3442	这就	əʃidi	əttom
3443	只是	hoosun	
3444	只	hoosul	
3445	一点也	amsukut	
3446	无论如何	ittosohot	ittuhət
3447	不论怎样	ittoʤohot	iisahat、ittun
3448	如此	ənnədutʃtʃi	
3449	一般	ʤəhi	
3450	全都	gugʤi	

序号	词义	阿荣鄂温克语	阿荣鄂温克语其他说法
3451	全	sut	
3452	还是	haʃil	haiʃi
3453	再次	dahim	
3454	再	dahi	
3455	又	naani	
3456	也	naan	
3457	也许	tannahat	
3458	万一	gaithan	
3459	一同	əmunnu	
3460	即使	ookki	
3461	勉强	araŋkan	
3462	好容易	aran	ooniman
3463	特别	mani	
3464	很	əshul	
3465	非常	mani	
3466	的确	bəhəər	
3467	相当	anibti	
3468	厉害	surʧi	
3469	彻底	aiʤihanʤi	
3470	充分	aiʤi	
3471	狠狠	aihunʤi	
3472	好好	aihon	
3473	慢慢	əŋŋəlʤi	
3474	稍微	ashukun	
3475	一下子	əmulkən	əmul
3476	故意	ʤoren	suhuti、guji
3477	特意	ʤorenti	
3478	白白地	səkkəən	baiti、baibai
3479	尽量	ətərʤi	

序号	词义	阿荣鄂温克语	阿荣鄂温克语其他说法
3480	正确	ʤohiran	
3481	一样	adali	
3482	一定	ʤaawal	ittosohot
3483	必须	utu	
3484	当然	əmiʃe	
3485	可能	magad	
3486	顶着	atʃtʃathi	
3487	紧紧	ʃiŋga	
3488	面对面地	dərəlduni	
3489	将心比心	meewanʤi	
3490	真实	ununti	
3491	完全	bəhəər	
3492	无一例外	əmundurun	
3493	各式	əldəwʤi	
3494	等同	əmdal	
3495	准确	tondo	təʤi
3496	差一点	gəl	gəlgəl、tʃaadel
3497	省心	amkur	
3498	老实	səkkə	
3499	悄悄	səməər	
3500	静悄悄	namuhun	
3501	渐渐	əəʤihən	
3502	偷偷	hulhaʤi	
3503	空荡荡	hoosun	
3504	随便	doroni	
3505	犹豫不决	əgun	
3506	含糊不清	butuhin	
3507	饥寒交迫	muhun	
3508	不客气	əjiʤi	

序号	词义	阿荣鄂温克语	阿荣鄂温克语其他说法
3509	随心所欲	doronʤi	əlkər
3510	简单	ənukkuŋʤi	amal
3511	不在乎	taagan	
3512	固执	əmulhit	
3513	任性	doronʤi	məəniʤi
3514	满满登登	biltin	
3515	沉甸甸	uggugɡən	
3516	舍不得	nir	

阿荣鄂温克语词汇索引

汉语词汇索引

参考文献

杜福成、杜宏宝:《阿荣鄂温克语词汇》,内蒙古阿荣旗鄂温克族研究会,2007。

涂吉昌、涂芊玫:《鄂温克语汉语对照词汇》,黑龙江省鄂温克研究会及黑龙江省民族研究所,1999。

贺兴格、其达拉图:《鄂温克语词汇》(蒙),民族出版社,1983。

杜·道尔吉:《鄂汉词典》,内蒙古文化出版社,1998。

《鄂蒙词典》(蒙),民族出版社,2014。

朝克:《查拉巴奇鄂温克语调查资料》,中国社会科学院民族学与人类学研究所北方语言研究室,1988/1991/2003。

《鄂温克语三大方言基本词汇对照集》(日),日本小樽商科大学,1995。

《鄂温克语形态语音论及名词形态论》(日),东京外国语大学亚非所,2003。

《鄂温克语研究》,民族出版社,1995。

《鄂温克语基础语汇集》(日),日本东京外国语大学,1991。

《满通古斯诸语比较研究》,民族出版社,1997。

《中国满通古斯诸语基础语汇集》(日),日本小樽商科大学,1997。

《通古斯诸民族及其语言》(日),日本东北大学,2001。

《满通古斯语族语言词汇比较》,中国社会科学出版社,2014。

《满通古斯语族语言词源研究》,中国社会科学出版社,2014。

《鄂温克语参考语法》,中国社会科学出版社,2009。

《鄂温克语 366 句会话句》，社会科学文献出版社，2014。

朝克、李云兵等:《中国民族语言文字研究史论》(第一卷、北方卷)，中国社会科学出版社，2014。

朝克、〔日〕中岛干起:《鄂温克语会话练习册》(日)，大学书林出版社，2004。

朝克、耐登、敖嫩:《鄂温克语民间故事》(蒙)，内蒙古文化出版社，1988。

朝克、〔日〕津曲敏郎、〔日〕风间伸次郎:《索伦语基础列文集》(日)，北海道大学，1991。

胡增益、朝克:《鄂温克语简志》，民族出版社，1986。

朝克:《索伦鄂温克语调查资料》(6 册)，中国社会科学院民族所北方室收藏，1982~2006。

《讷河鄂温克语调查资料》，中国社会科学院民族所北方室收藏，1990。

《萨玛街鄂温克语调查资料》，中国社会科学院民族所北方室收藏，1996。

《杜拉尔鄂温克语调查资料》，中国社会科学院民族所北方室收藏，1995~2007。

《鄂温克语使用情况调查资料》，中国社会科学院民族所北方室收藏，1998~2007。

《辉河鄂温克语调查资料》，中国社会科学院民族所北方室收藏，1982~2007。

《伊敏鄂温克语调查资料》，中国社会科学院民族所北方室收藏，1983~2007。

《辉河、伊敏、巴音查干鄂温克语调查资料》，中国社会科学院民族所北方室收藏，1996~2006。

〔俄〕波普(H.H.POPPE):《索伦语调查资料》(俄)，列宁格勒，1931。

〔俄〕伊瓦诺夫斯基(A.O.IVANOVSKIY):《索伦语与达斡尔语》

（俄），圣彼得堡，1894。

　〔日〕福田昆之:『日本語とツングース語』（改版），丸井図書出版株式
会社，1991。

后　语

　　该书是国家社科基金重大委托项目"鄂温克族濒危语言文化抢救性研究"的子课题"阿荣鄂温克语"的成果。阿荣鄂温克语是鄂温克语三大方言之一的索伦鄂温克语的组成部分，也是鄂温克语辉河方言的一种地方性土语。使用该语言的鄂温克人生活在内蒙古自治区呼伦贝尔市阿荣旗，是较早从事农业生产的鄂温克族之一，所以在他们的口语里，与农业生产生活密切相关的词语比较多。不过，伴随他们的母语进入严重濒危状态，使用母语者所剩无几，取而代之的交流语言是汉语。说实话，本书收入的鄂温克语会话内容及其基本词汇，不都是该项课题在田野调研时得到的资料，其中一些是在此之前的调研中搜集到的口语资料或基本词汇。

　　不论怎么说，该项课题能够按照原定计划顺利进行，多亏了各方面的支持和帮助。首先应该感谢的是国家社科基金规划办的领导和专家委员会的专家，是他们在时任中国社会科学院院长陈奎元的提议下将该项重大课题委托交办给我来完成，为此特别感谢陈奎元院长。而且，国家社科基金规划办及时将项目经费下拨到所里，使该项课题的许多子课题按原定计划不失时机地启动和具体实施。在这里，要感谢中国社会科学院科研局项目处的领导及工作人员，还要感谢民族文学所的科研管理、经费管理人员，也就是在他们（她们）的积极配合与不辞辛苦又扎实有效地工作之下，该项目自从启动之后没有遇到任何麻烦或问题地展开各项工作，并能够按照原来设定的计划圆满完成。另外，在此还应该感谢地方政府，特别是乡村干部及其发音合作人给予的积极支持、帮助、配合与合作。说实话，如果没有他们的大力帮助和合作，很难获得如此好的口语资料和基本词汇资料。在这里，还应该感谢阿荣鄂温克族杜福成老人和杜宏宝同志，因为无论进行田野调研还是在编写该项书稿时，他们搜集整理并由阿荣鄂温克族研究会内部印刷的《鄂温克语汉语对照词汇》发挥了十分重要的作用。其中的一些鄂温克语词汇，经过重复调研并进行修改补充，在国际音标记音化的基础上，被纳入本书的基本词汇部分。这一《鄂温克语汉语对照词汇》的鄂温克语词汇虽然使用汉字转写，或者说用汉字的读音拼写了鄂温克语词汇，但对于严重濒危的阿荣鄂温克语词汇的实地调研还是起到了十分重要的参考作用。再说，也应该感谢我的博士研究生娜佳，她在百忙的学习中也帮助我输入了一部分词汇资料，为该项目的按时完成发挥了自己应有的作用。毫无疑问，该项子课题就是在大家的鼎力支持下才得以圆满结束。反过来讲，如果没有大家的支持和帮助，这本书很难写成。在此，向以上提到的领导、工作人员、发音合作人和我的学生表示最诚挚的谢意和最崇高的敬意。

就像每一项工作都追求完美结局一样，我们也是本着这么一个想法一直在努力尽心尽职地去做，但回过头来看还是有不少不尽人意之处，在此坦诚地希望同行专家学者和民族同胞提出宝贵的批评意见。

朝克

2015 年 8 月

图书在版编目（CIP）数据

阿荣鄂温克语 / 朝克，卡丽娜著. -- 北京：社会
科学文献出版社，2017.11
（鄂温克族濒危语言文化抢救性研究）
ISBN 978 - 7 - 5201 - 1596 - 4

Ⅰ.①阿… Ⅱ.①朝… ②卡… Ⅲ.①鄂温克语（中国
少数民族语）- 研究 Ⅳ.①H223

中国版本图书馆 CIP 数据核字（2017）第 250290 号

中国社会科学院创新工程成果
国家社科基金重大委托项目

鄂温克族濒危语言文化抢救性研究（四卷本）
阿荣鄂温克语

著　　者 / 朝　克　卡丽娜

出 版 人 / 谢寿光
项目统筹 / 宋月华　袁卫华
责任编辑 / 卫　羚

出　　版 / 社会科学文献出版社·人文分社（010）59367215
　　　　　　地址：北京市北三环中路甲 29 号院华龙大厦　邮编：100029
　　　　　　网址：www.ssap.com.cn
发　　行 / 市场营销中心（010）59367081　59367018
印　　装 / 三河市东方印刷有限公司

规　　格 / 开　本：787mm × 1092mm　1/16
　　　　　　印　张：22.75　字　数：359 千字
版　　次 / 2017 年 11 月第 1 版　2017 年 11 月第 1 次印刷
书　　号 / ISBN 978 - 7 - 5201 - 1596 - 4
定　　价 / 780.00 元（全四册）

中国社会科学院创新工程成果
国家社科基金重大委托项目

朝克　主编

杜拉尔鄂温克语研究

鄂温克族濒危语言文化抢救性研究（四卷本）

娜佳 著

社会科学文献出版社

SOCIAL SCIENCES ACADEMIC PRESS (CHINA)

目　录

前　言

　　鄂温克族是我国 56 个民族中人口极少的民族之一。我国的鄂温克族主要居住在内蒙古自治区呼伦贝尔市鄂温克自治旗、陈巴尔虎旗、莫力达瓦达翰尔自治旗、阿荣旗、鄂伦春自治旗、额尔古纳市以及黑龙江省讷河县、嫩江县，也有一部分人居住在新疆维吾尔自治区伊犁等地。[①] 我国的鄂温克民族乡有内蒙古自治区的杜拉尔鄂温克民族乡、查巴奇鄂温克民族乡、萨马街鄂温克民族乡、得力其尔鄂温克民族乡、敖鲁古雅鄂温克民族乡、音河达翰尔鄂温克民族乡、巴彦鄂温克民族乡、鄂温克民族苏木以及黑龙江讷河县的兴旺鄂温克民族乡。鄂温克族也是跨境民族，境外主要居住在俄罗斯西伯利亚等地，也有一小部分生活在蒙古国。我国境内的鄂温克族没有本民族文字，工作和学习中主要使用的是汉字或者蒙文。俄罗斯的鄂温克族使用的是斯拉夫文创制的文字。

　　本书系国家社科基金重大委托项目"鄂温克族濒危语言文化抢救性研究"子课题的结项成果，充分利用名词形态论和动词形态论的研究方法，对杜拉尔鄂温克语的语音结构、词汇分类、语法形态变化现象及其结构系统、句子的结构体系进行了全面分析。

一　杜拉尔鄂温克人生存环境概况

　　杜拉尔鄂温克民族乡位于内蒙古自治区呼伦贝尔市莫力达瓦自治旗西北部，南连宝山镇，西临阿荣旗得力其尔乡，北接鄂伦春自治旗诺敏镇，

---

① 　朝克：《中国民族语言文字研究史论》（第一卷北方卷），中国社会科学出版社，2013，第 1 版，539 页。

东隔诺敏河与莫力达瓦旗的库如奇乡、阿尔拉镇相望，面积约 530 平方公里。杜拉尔鄂温克民族乡三面环山一面环水，土地肥沃，物产丰富，是适宜农、牧、林、渔和旅游业全面发展的民族乡。

杜拉尔鄂温克民族乡是莫力达瓦自治旗两个以鄂温克族为主体的民族乡之一。杜拉尔鄂温克民族乡现辖区从 17 世纪中期开始有鄂温克人居住，至今已有 300 多年的历史。清朝时期曾是阿尔拉呵巴属地，民国时期为第四努图克属地，土地改革时期属阿尔拉努图克。1956 年 11 月 18 日，杜拉尔鄂温克族民族乡嘎查成立。1958 年改称杜拉尔鄂温克族人民公社。1984 年又恢复了杜拉尔鄂温克民族乡。全乡 12 个行政村中共有 5 个少数民族村，30 个自然屯。① 根据 2010 年第六次人口普查的数据，莫力达瓦达斡尔族自治旗鄂温克人口总数为 5314 人，其中杜拉尔鄂温克民族乡鄂温克人口总数为 448 人，其中男性 232 人，女性 216 人，主要居住在杜克塔尔村、后沃尔奇村和达哈浅村。

由于当地的鄂温克族生活在杜拉尔河边，因此就称他们为杜拉尔鄂温克人，后来依据该称呼成立杜拉尔鄂温克民族乡。杜拉尔鄂温克民族乡森林覆盖面积大，生态环境良好，栖息繁衍着种类繁多、数量可观的野生动物。也许正是因为得天独厚的地理环境，清初杜拉尔鄂温克人迁居至此在漫长的历史岁月里，他们世世代代以牧业、狩猎业和渔业为生。新中国成立后，杜拉尔鄂温克人响应政府保护生态和动物资源的号召，结束了动荡不安的狩猎生活。如今的杜拉尔鄂温克人主要从事种植业、牧业、林业、渔业等，与早期以单一的传统经济产业结构为生相比，生活水平有了大幅度提高。

二 杜拉尔鄂温克语使用情况

生活在杜拉尔河边的鄂温克人使用的母语叫杜拉尔鄂温克语或鄂温克语杜拉尔方言，也是阿尔泰语系满通古斯语族语言通古斯语支鄂温克语的特殊方言。田野调查的情况表明，由于莫力达瓦达斡尔自治旗达斡尔族和汉族人口占大多数，杜拉尔鄂温克人受达斡尔族和汉族的影响，大多数人

---

① 该数据由杜拉尔鄂温克乡政府提供，截止到 2016 年。

也兼通达斡尔语和汉语，工作和学习中常使用汉语和达斡尔语。杜拉尔鄂温克民族乡人大都会讲汉语，老年人之间交流时主要使用母语，尤其是60岁以上的老人基本会讲流利的杜拉尔鄂温克语；中年人大部分能听懂本民族语，但相互之间也仅能用母语进行简单的对话，绝大多数情况下还是使用汉语或达斡尔语；年轻人除了杜克塔尔村的个别年轻人会说母语，其他村的年轻人基本不会讲母语。显而易见，杜拉尔鄂温克民族乡除了老年人还保持说母语外，其他年龄段的人群已经很少用本民族语或基本不会讲本民族语。适龄儿童在汉语授课的学校通过汉语和汉字学习文化知识，回到家中仍然用汉语和家中长辈交流，几乎丧失了使用母语交流的能力。杜拉尔鄂温克语已经进入严重濒危状态，加上受达斡尔语和汉语的影响，杜拉尔鄂温克语中也出现了许多达斡尔语和汉语借词。另外，由于没有本民族文字，杜拉尔鄂温克人主要使用的文字是汉字。

三　杜拉尔鄂温克语研究的选题意义

杜拉尔鄂温克人在数百年的历史进程中，保存了数量众多且弥足珍贵的非物质文化遗产。其中，不仅包括杜拉尔鄂温克人用自己的聪明才智创造的狩猎文化和森林文化，还包括他们的萨满信仰、传统的民风民俗、口头文学以及作为媒介的杜拉尔鄂温克语。这些体现了杜拉尔鄂温克人传统文化精髓的非物质文化遗产，伴随着现代化进程的加快以及当地产业结构的调整，处于严重濒危的状态。杜拉尔鄂温克语至今仍保留着大量反映早期杜拉尔鄂温克人狩猎文化、森林文化、畜牧业文化、萨满信仰等的词汇。这些脆弱且不可再生的古老词汇，对杜拉尔鄂温克语非物质文化遗产的保护与发展及学术研究等方面都有着重大意义。因此深入杜拉尔鄂温克语使用区域，以田野调查的方式了解该语言目前的使用情况，并用现代化高科技手段对杜拉尔鄂温克语进行记录、整理、分析和研究工作尤为重要。

根据田野调查的情况来看，目前会讲杜拉尔鄂温克语的人数已不足20人，杜拉尔鄂温克人中除了60岁以上的老年人还能流利地使用本民族语外，中年人和年轻人的母语掌握情况不甚理想，少年儿童已经不再学习使用母语。由此可见，该语已经是严重濒危语言。而且由于受当地其他少数民族语言和汉语的影响，杜拉尔鄂温克人讲母语时常出现与其他民族语混淆或使用达斡尔语、汉语借词的情况。杜拉尔鄂温克语的语音、词汇、语法等方面的完整度都受到了来自其他强势语言的较大冲击。虽然杜拉尔鄂温克语使用人数已经屈指可数，但其具有极高的学术价值。对严重濒危杜拉尔鄂温克语的抢救性记录和保存工作，不仅是为了保存阿尔泰语系语言的古老面貌，而且对研究少数民族古文献及历史比较语言学、描写语言学等都有重大的推动作用。

四 杜拉尔鄂温克语研究现状

由于关于杜拉尔鄂温克语的研究在国内外还处于空白状态，所以到目前为止还未有国内外学者出版过关于杜拉尔鄂温克语的学术成果。朝克研究员曾于1984年、1993年、2006年及2014年先后四次前往杜拉尔鄂温克民族乡，对杜拉尔鄂温克语进行实地调研并编写了宝贵的早期杜拉尔鄂温克语调查资料。这些早期资料主要研究和调查了早期杜拉尔鄂温克语语音和词汇使用情况，记录了早期杜拉尔鄂温克语中与畜牧文化、狩猎文化、萨满信仰、民风民俗等相关的有关词汇。相对现存的严重濒危杜拉尔鄂温克语来说，这些资料更原始、更完整，为国内外学者研究杜拉尔鄂温克语起到了意义非凡的作用。

五 研究方法与手段

由于该项研究是对杜拉尔鄂温克语方言的专门性研究，因此需要通过田野调查的方式前往杜拉尔鄂温克民族乡实地调查、搜集整理语音、词汇和语法等第一手语言材料，并运用语言学、词汇学的研究方法对其进行全面系统的分析研究。在田野调查的过程中，还运用了严重濒危语言的调查方法和理论，选择母语情况掌握良好的老人做主要发音合作对象，以及不同程度掌握母语的其他杜拉尔鄂温克人，结合两者共同的语音材料做出音位归纳，以获取发音准确、语法体系完整的杜拉尔鄂温克语材料。

笔者还从语法学、名词形态论和动词形态论的角度，分析、论证了杜拉尔鄂温克语错综复杂、层级分明、纵横交错的名词类词和动词类词的形态变化语法现象及其表现形式，对杜拉尔鄂温克语名词类词的数形态变化语法现象、格形态变化语法现象、领属形态变化语法现象、级形态变化语法现象及动词类词的态形态变化语法现象、体形态变化语法现象、式形态变化语法现象、副动词形态变化语法现象、形动词形态变化语法现象、助动词变化语法现象做了完整的研究和归纳总结。

六　特色与创新

本书基于对杜拉尔鄂温克族居住地的多次田野调查并对调查资料的搜集整理，结合国内外学者对鄂温克语其他方言相关文献资料的整理，以杜拉尔鄂温克语的名词形态论和动词形态论为主线，独创性地归纳总结了杜拉尔鄂温克语的元音结构体系、词汇分类及其结构体系、语法形态变化及其结构体系，以及句子的结构体系。

第一，利用宽式记音法及音位学分析方法对杜拉尔鄂温克语的语音系统进行了音位归纳。在对杜拉尔鄂温克语的元音和辅音系统进行分析归纳时，系统地归纳和分析了单元音系统、长元音系统、复合元音系统以及杜拉尔鄂温克语元音和谐现象，还分别分析了杜拉尔鄂温克语中的单音节词、多音节词的构成及结构类型和重音特征。

第二，在分析杜拉尔鄂温克语词汇的章节中，将杜拉尔鄂温克语的名词、动词、代词、数词、形容词、副词、连词、拟声拟态词、语气词、感叹词、助词、同源词和借词等进行了分析和分类。尤其是在名词分类的部分中，将使用率很高的杜拉尔鄂温克语名词从表示自然现象、自然物、动物、植物、人体结构、亲属关系、人的性质、特征、身份关系、生活和生产方面、时间、方位等方面进行了详细的归类及分析。

第三，在对杜拉尔鄂温克语语法结构的研究中，通过分析名词类词形态变化语法体系，总结出了杜拉尔鄂温克语的数形态变化现象、格形态变化现象、人称领属形态变化系统以及级形态变化现象。首先，在数形态变化现象中分析了杜拉尔鄂温克语的单复数形态变化现象；其次，对杜拉尔鄂温克语格形态变化系统进行了归类和分析，得出主格、领格、确定宾格、造格、位格、从格、方向格、与格、比较格、有格、所有格、不定位格以及不定宾格 13 种分类，并对杜拉尔鄂温克语格语法范畴的语法词缀进行了阐述和分析；再次，在领属形态分类中总结了单数和复数的第一人称、第二人称及第三人称形态变化现象；最后，对级形态变化现象的研究中，得出一般级、次低级、低级、最低级、次高级、高级和最高级 7 种分类。

第四，在分析动词类词形态变化时，从动词形态论这一全新独特的研究视角出发，对杜拉尔鄂温克语中的动词、形动词、副动词、助动词等动词类词的语法形态变化现象进行了分析和研究。一是在对杜拉尔鄂温克语的态形态变化系统的研究中，总结出主动态、被动态、使动态和互动态 4 种形态变化现象。二是在对体形态变化系统的研究中，总结出执行体、完成体、进行体、一次体、多次体、持续体、立刻体、中断体、愿望体和假定体 10 种体形态变化现象。三是在对陈述式形态变化系统的研究中，总结出陈述式现在时、陈述式现在将来时、陈述式将来时和陈述式过去时 4 种陈述式形态变化现象。四是在对祈求式形态变化系统的研究中，总结出祈求式单数和复数第一人称、第二人称和第三人称的分类，并对该语法范畴进行了阐述和分析。五是在对命令式形态变化现象的分析中，阐述和分析了命令式的单数和复数的第一人称、第二人称及第三人称。六是在对假定式形态变化现象的研究中，总结了假定式的单数和复数的第一人称、第二人称及第三人称。七是在对形动词形态变化语法现象的研究中，归纳总结了现在时形动词、现在将来时形动词及过去时形动词的语法形态变化现象。八是在对副动词形态变化现象的研究中，得出了联合副动词、完成副动词、延续副动词、让步副动词、紧随副动词、条件副动词、界限副动词、立刻副动词、趁机副动词、目的副动词、渐进副动词和因果副动词 12 种副动词形态变化系统。九是在对助动词语法形态变化现象的研究中，得出了否定助动词、肯定助动词、判断助动词、允许助动词、能愿助动词、疑问助动词和禁止助动词 7 种助动词语法形态变化系统。

第五，目前国内外关于鄂温克语语音、语法、词汇研究方面的专门性成果不多，尤其是关于严重濒危语言杜拉尔鄂温克语方面系统的研究还处于空白状态，本课题专门围绕杜拉尔鄂温克语语音、语法、词汇展开研究，有利于开拓研究视野，对保护严重濒危鄂温克语及少数民族文化遗产也能起到积极作用。

第一章 语音结构体系

杜拉尔鄂温克语的语音系统是一套复杂而又有其独特之处的结构体系。其复杂性在于，从语音结构的构成形式来看，元音系统分为短元音和长元音两种，辅音系统又根据发音方法的差异有送气和不送气的明显区别特征；其独特之处在于，杜拉尔鄂温克语的语音系统中存在着约定俗成且需严格遵守的元音和谐规律以及辅音重叠现象。

杜拉尔鄂温克语的语音结构体系包括：

a、ə、i、e、o、u 6 个短元音。

aa、əə、ii、ee、oo、uu 6 个长元音。

b、p、m、w、d、t、n、l、r、s、ʤ、tʃ、ʃ、j、g、k、ŋ、h 18 个辅音。

第一节 元音系统分析

田野调查所搜集到的资料表明，杜拉尔鄂温克语的元音系统根据元音因素的长短，分为短元音和长元音两类。其中短元音有 a、ə、i、e、o、u 6 个，对应的长元音有 aa、əə、ii、ee、oo、uu 6 个。

一 短元音系统

杜拉尔鄂温克语的 6 个短元音使用范围较广，使用频率也相当高，既可以在词首使用，也可以在词中或词尾使用。根据发音方式和发音部位的不同，可以将 6 个短元音分为以下几种分类：

a→ 舌面后展唇低元音

ə→ 舌面中展唇央元音

i→ 舌面前展唇高元音

e→ 舌面前展唇次高元音

o→ 舌面后圆唇次高元音

u→ 舌面后圆唇高元音

(一) 舌面后展唇低元音 a 的使用情况

舌面后展唇低元音 a 的使用范围很广，词首、词中及词尾都有出现。例如：

| dale 海 | ilga 花 | tala 桦树皮 | narga 红松 |
| mais 小麦 | lawa 树干 | naŋda 皮 | habil 龟 |

但通常出现在词中和词尾的频率更高。相比较而言，在词中的使用频率略高于词尾的使用频率。一般出现在词首的频率相对较低。出现在词中时，通常接缀在词首辅音后的第二音节。

(二) 舌面中展唇央元音 ə 的使用情况

杜拉尔鄂温克语中，舌面中展唇央元音 ə 也有很高的使用率，可以用于词首、词中及词尾任意位置。例如：

| pəntu 鹿茸 | iigə 角 | təməne 螳螂 | narmət 蚊子 |
| təməni 蜻蜓 | əru 坏 | iləgatʃi 花的 | ədʒige 一些 |

根据调查资料表明，从使用频率来看，ə 出现在词中的频率相对最高，其次在词首的出现率要高于在词尾的使用率。

(三) 舌面前展唇高元音 i 的使用情况

舌面前展唇高元音 i 在杜拉尔鄂温克语的词汇或会话中，同样有着十分高的使用率。词首、词中及词尾的出现率不相上下。例如：

| ir 地洞 | ʃirus 露水 | ilaaŋ 光 | ədin 风 |

jəəki 多少　　　jalənki 第三　　　irgi 尾巴　　　gurəlʤi 蛐蛐

（四）舌面前展唇次高元音 e 的使用情况

杜拉尔鄂温克语中，舌面前展唇次高元音 e 通常出现在词中或词尾的位置，几乎没有出现在词首的情况。其出现在词中或词尾的频率都较高。例如：

agde 雷　　　　　ʃewar 泥　　　　dolgeŋ 浪　　　berkan 小河
haʃenku 刷子　　　tulge 腰带　　　suuge 皮裤套　　dəkəle 坎肩

与前几个短元音相比，短元音 e 的使用率很低，而且通常出现在汉语借词中。例如，ʃampel 相片、denbo 电报、denno 电脑等。随着杜拉尔鄂温克语词汇中越来越多的汉语借词的出现，短元音 e 的使用率也许会逐渐提高。

（五）舌面后圆唇次高元音 o 的使用情况

舌面后圆唇次高元音 o 可以出现在词的任何位置，一般出现在词中的情况要多于词首或词尾。在杜拉尔鄂温克语中短元音 o 也有着较高的使用率。例如：

oʃitto 星星　　　bog 地　　　　　ʤolo 石头　　　gordo 戈壁
dolgeŋ 浪　　　　tog 火　　　　　olgen 猪　　　　tontoke 啄木鸟

（六）舌面后圆唇次高元音 u 的使用情况

舌面后圆唇高元音 u 可以出现在词的任何位置，相比较而言，其出现在词中的频率最高，其次是出现在词首，一般很少出现在词尾。例如：

uktʃən 母狗　　　ukur 牛　　　　hurb 羊羔　　　bu 我们
əlur 人们　　　　idu 哪　　　　　əmun 一　　　　awur 空气

a、ə、i、e、o、u 6 个短元音发音时容易产生混淆，一旦混淆很容易造成语义错误或产生交流上的障碍。以下是一些容易混淆短元音的例词。

ir 地洞　　　　　or 行李

əri 这　　　　iri 哪个

orin 二十　　　ərin 时间

oron 驯鹿　　　oroon 屋顶

adi 几个　　　di 丈夫

hoda 价格　　　hudə 草原

əl 葱　　　　əli 更加

ani 相当　　　ane 年

əkin 姐姐　　　akin 哥哥

tuurə- 读　　　tuuru- 迷路

taa- 捡　　　　tii- 放走

əru- 坏　　　　əri 这

从上述例词中不难发现，这几组易混淆的例词在发音上极其相似，一旦将短元音的发音方式混淆，语义也将发生改变。杜拉尔鄂温克语的短元音系统看似简单容易掌握，实际上该结构系统有其自身的严谨性和精确性，在实际应用中，必须按照每个短元音的发音方法合理且准确地区分使用。

二　长元音系统

（一）长元音系统的结构特征

杜拉尔鄂温克语的长元音系统与短元音系统相对应，有 aa、əə、ii、ee、oo、uu 6 个长元音。长元音系统与短元音系统的相似之处是发音部位和发音方法基本相同，不同之处在于长元音系统的发音时长约为短元音系统的一倍。根据发音方式和发音部位的不同，可以将 6 个长元音做以下几种分类：

aa→ 舌面后展唇低元音

əə→ 舌面中展唇央元音

ii→ 舌面前展唇高元音

ee→ 舌面前展唇次高元音

oo→ 舌面后圆唇次高元音

uu→ 舌面后圆唇高元音

（二）长元音系统的使用情况

aa→ ilaaŋ 光　saawun 霜　baagtʃa 海岛

　　daabtu 河口　jaaga 媒　baal 哈巴狗

əə→ kəər 树皮　dʒəəttə 粮食　səəgsə 血

　　nəəsən 汗　bəəle 车套　bəəsə 棉布

ii→ miitʃan 花　tiinug 昨天　iida 为何

giitʃan 刨子　iirgtə 蚂蚁　iigə 脚

ee→ ʃeerən 虹　haleer 韭菜　dilə horeel 头顶

　　deedʒi 盘子　taʃeen 错误的　geeha 奇怪

oo→ oonne 胳肢窝　oroogto 草　olloon 旁边

　　toor 桃　oroon 顶　koodo 疯子

uu→ nuuktə 沙发　dʒuu 家　tolguur 柱子

　　kəlduur 锹　muu 水　muulu 江

杜拉尔鄂温克语的长元音系统中，出现率最高的是 aa、əə、ii、oo 四个长元音，其次是 uu。与其他五个长元音相比，长元音 ee 的出现率最低。从出现位置上来看，长元音 aa、əə、ee、uu 一般都出现在词中或词尾，很少或基本不出现在词首。长元音 ii 和 oo 大多数情况下出现在词中或词尾，也有在个别词中出现在词首位置的情况。随着杜拉尔鄂温克语中汉语借词数量不断增加，长元音的使用率也逐渐在提高。例如：loobu 萝卜、intoor 樱桃、paas 公共汽车、luudʒə 炉子等。

据田野调查得到的资料来看，现代杜拉尔鄂温克语的元音系统中，短元音的使用率明显高于长元音的使用率。早期杜拉尔鄂温克语词汇中使用的长元音也逐渐被短元音取代。这或许是因为会讲流利母语的杜拉尔鄂温克老人越来越少，年轻人在讲母语时将长短元音混淆或将长元音省略为短元音有很大的关系。虽然长短元音的发音部位和发音方法基本相同，只是发音时间上有所差别，但是如果将两种元音系统混淆，不能正确发音，很容易造成语义错误。例如，akin "哥哥" 和 aakin "肝脏"，muu "水" 和 moo "木"。这在日常口语交流中会形成语言沟通上的障碍。由此可见，杜拉尔鄂温克语中，长元音和短元音是区分语义的重要手段之一，二者不能相互借用或混淆，二者都有其不可替代的重要功能和作用。

第二节　辅音系统分析

从田野调查搜集整理到的资料来看，杜拉尔鄂温克语的辅音系统中有 b、p、m、w、d、t、n、l、r、s、ʤ、ʧ、ʃ、j、g、k、ŋ、h 18 个辅音。与杜拉尔鄂温克语的元音系统相比，其辅音结构无论是从发音方法还是具体使用情况来看，都比元音系统复杂得多。杜拉尔鄂温克语的辅音系统使用范围很广，使用率也很高。根据发音方式和发音部位的不同，可以将 b、p、m、w、d、t、n、l、r、s、ʤ、ʧ、ʃ、j、g、k、ŋ、h 18 个辅音分成以下几种。

1. 双唇不送气清塞音 b。辅音 b 可以出现在词首、词中及词尾任何位置。例如：

biaga 月亮　　sabdara 雨点　　bəələg 山脚
daabtu 河口　　kabtʃ 夹子　　bərgən 嫂子

辅音 b 在杜拉尔鄂温克语里有着很高的使用率，在词首出现的频率最高，其次用于词中的情况也较多，但是几乎不用于词尾或只有个别情况用于词尾。辅音 b 常常出现在其他辅音前面或后面，在 t、ʧ 辅音前出现的情况较多。例如：ʤibʤi 床、habtasun 板子、ʧebtʃuk 锄头、irəbtə 旧、dabtʃi 窄等。

2. 双唇送气清塞音 p。辅音 p 常出现在词首及词中位置，出现在词尾的情况很少见。例如：

kopirtʃa 褙子　　pialətaŋ 面片汤　　piʤan 皮箱
paas 公交车　　paar 雪橇　　sarpa 筷子

杜拉尔鄂温克语的辅音系统中，辅音 p 使用率较低。相对而言，辅音 p 常出现在词首位置，尤其是在汉语借词中。辅音 p 用于词中时，常出现在其他辅音后。例如 tumpən 盆、ʃampel 相片、sarpa 筷子等。

3. 唇浊鼻音 m。辅音 m 可以用于词的任意位置。例如：

ʃampel 相片　　sumsu 灵魂　　əəm 药

amila 北　　　monio 猴子　　temər 早晨

杜拉尔鄂温克语中，辅音 m 有一定的使用率。从使用位置来看，辅音 m 出现在词中的频率要高于词首，出现在词尾的情况相对比较少见。

4. 双唇浊擦音 w。辅音 w 可以用于词首、词中及词尾任意位置。例如：

walirin 红　　daawukkun 边　　dəwə 草率的

walakuŋ 湿　　ʤəwləkən 温和的 waatʃi 臭

辅音 w 在杜拉尔鄂温克语中使用率较低，相对而言，出现在词首的频率要高于词中，常常出现在形容词的词首位置，几乎很少出现于词尾的位置。

5. 舌尖中不送气清塞音 d。辅音 d 在杜拉尔鄂温克语中有很高的使用率，可以出现在词首、词中和词尾任何位置。例如：

dasun 甜　　duaŋgə 黄瓜　　orguda 人参

ʤagdə 樟　　naŋda 皮　　dale 海

辅音 d 常出现在词首和词中位置，几乎很少出现在词尾。出现在词尾时，常表示与格的语法概念。

6. 舌尖送气清塞音 t。辅音 t 同样可以用于词首、词中及词尾。例如：

antaha 山阳坡　tualla 尘土　　taleŋ 闪电

bajta 事情　　bitig 书　　ʃujtan 学校

辅音 t 也是杜拉尔鄂温克语辅音系统中使用率很高的辅音之一。常出现在词首和词中位置，相比较来看出现在词尾的情况较为少见。辅音 t 出现在词中时，常使用于 n、b 和 k 等辅音前。例如：antaha 山阳坡、soləgektə 菜、habtigi 扁、irəktə 旧等。

7. 舌尖中浊鼻音 n。辅音 n 是杜拉尔鄂温克语辅音系统中很有活力的辅音之一，可以用于词首、词中及词尾。例如：

durbəlʤin 方　bargon 粗　　naalla 手

inig 舌头　　hones 皱纹　　duruni 相貌

辅音 n 出现在词首、词中、词尾的频率都十分高。可以说辅音 n 是杜拉尔鄂温克语的辅音系统中使用率最高的辅音。

8. 舌尖中浊边音 l。辅音 l 也可以用于词首、词中和词尾。例如：

almi 头皮	aŋgal 人口	laha 矮
tarali 姑舅	əl 葱	baltʃa 亲戚

虽然辅音 l 可以出现于任何位置，但从使用率情况来看，辅音 l 在词中的使用率明显高于词首和词尾的使用率。在词首位置出现时，辅音 l 常出现在汉语借词中。例如，lama 喇嘛、liis 李子、luus 楼房、laaba 喇叭等。

9. 舌尖中浊颤音 r。辅音 r 绝大多数情况下使用于词中及词尾位置。例如：

irkin 新	ətərəŋ 本事	gəərb 名字
aor 气	ʃewar 泥	tʃurtʃu 小鸡

辅音 r 也是杜拉尔鄂温克语辅音系统中使用率很高的辅音之一，常出现于词中和词尾位置。除了个别汉语借词中出现在词首位置，几乎没有出现于词首位置的情况。

10. 舌尖前清擦音 s。辅音 s 可以出现在词首、词中及词尾任何位置。例如：

sabdara 雨点	tugsə 云	bəəsə 棉布
su 你们	sun 寸	seldʒi 荒草

辅音 s 在杜拉尔鄂温克语中有着很高的使用率，在词首和词中出现的频率较高，在词尾出现的情况较少。随着杜拉尔鄂温克语中汉语借词的不断增多，辅音 s 出现在汉语借词词尾的情况也有所增多。例如，luus 楼房、liis 李子、tans 毯子等。

11. 舌叶不送气清塞擦音 dʒ。辅音 dʒ 在词首、词中及词尾位置都可以使用。例如：

dʒolo 石头	amdʒi 湖	dʒildʒika 猪崽
andʒas 犁	baraŋdʒi 大家	dʒaan 十

辅音 ʤ 在杜拉尔鄂温克语中出现在词首和词中的频率较高，只有个别词尾出现辅音 ʤ 的现象。

12.舌叶不送气清塞擦音 ʧ。辅音 ʧ 可以在词首、词中及词尾任何位置使用。例如：

hortʃo 商店	tʃilin 工资	tʃaasun 纸
tʃeŋbi 铅笔	lantʃuul 篮球	kutʃin 力气

与杜拉尔鄂温克语辅音系统中的其他辅音相比，辅音 ʧ 的使用率较低，使用面较窄。相对而言，其出现在词首及词中的频率要高于词尾，而且几乎很少有出现在词尾位置的情况。

13.舌叶清擦音 ʃ。辅音 ʃ 通常出现在词首和词中位置，一般不出现在词尾。例如：

ʃedal 能力	aʃe 妻子	ʃaŋiriŋ 黄
ʃilan 蓝	niʃukun 小	ʃiləm 皮实的

辅音 ʃ 在杜拉尔鄂温克语中使用率较低，在现代杜拉尔鄂温克语口语中常出现在汉语借词中。出现在词首时，常在短元音 a、e 和 i 前面。

14.舌尖中送气清擦音 j。辅音 j 可以在词首、词中及词尾任何位置使用。例如：

aji 好	ʤijatʃi 福气	jalən 三
bəj 人	ojoŋgo 重要的	jaaga 煤

辅音 j 在杜拉尔鄂温克语中使用范围十分有限，相对而言，出现在词首和词中的频率明显高于词尾。在现代杜拉尔鄂温克语口语中，辅音 j 在汉语借词中使用率有所提高。例如：jaŋʧuŋ 洋葱、jago 牙膏、dəuju 豆油、kafəj 咖啡等。

15.舌面后不送气清塞音 g。辅音 g 可以出现在词的任何位置。例如：

damug 烟	gialaŋ 房间	tolguur 柱子
həigəs 合叶	bitig 书	tərgən 车

辅音 g 在杜拉尔鄂温克语中有着十分高的使用率，无论是词首、词中还是词尾，使用频率都较高。

16. 舌面后送气清塞音 k。辅音 k 也使用于词首、词中及词尾。例如：

tatuku 抽屉　　tikəs 钉子　　kəlduur 锹
kəwər 野外　　soloki 狐狸　　jalənki 第三

辅音 k 在杜拉尔鄂温克语中使用率较高。出现在词中的频率要明显高于出现在词首的频率。出现在词尾的频率较低，通常在动词的词尾位置使用。辅音 k 在词中出现时，常出现在短元音 i 的前面。例如：dəki 四十、jəəki 多少、tookki 那么、nəlki 春天等。辅音 k 使用于短元音 i 前时，可以表示"第……"。例如，əmunki 第一、dʒuurki 第二、jalənki 第三、diginki 第四、toronki 第五等。

17. 舌面后浊鼻音 ŋ。辅音 ŋ 通常使用于词中及词尾。例如：

ʃiguŋ 太阳　　gəktiŋ 霜冻　　taleŋ 闪电
maŋgal 沙丘　　iŋga 河滩　　hənkə 黄瓜

辅音 ŋ 在杜拉尔鄂温克语中使用率不算很高，出现于词尾的频率高于词中，一般没有在词首出现的情况。辅音 ŋ 常出现在辅音 k 和 g 前。例如：maŋgal 沙丘、iŋga 河滩、muuluŋgə 水獭、məəŋgə 老鹰、iŋkin 狗等。

18. 小舌清擦音 h。辅音 h 可以出现在词首、词中及词尾各个位置。例如：

haskan 小狗　　honin 羊　　noohoŋ 马驹
buh 凡是　　uthe 就　　loŋho 瓶子

辅音 h 在杜拉尔鄂温克语中有一定的使用率，常出现于词首和词中，在词首出现的频率很低。

综上所述，杜拉尔鄂温克语的 18 个辅音 b、p、m、w、d、t、n、l、r、s、dʒ、tʃ、ʃ、j、g、k、ŋ、h，使用率最高的是辅音 b、d、t、n、l、r、s、g、k，其次是辅音 m、dʒ、tʃ、h，最后是辅音 p、w、ʃ、j、ŋ。常出现在词首、词中及词尾的辅音有 b、m、w、d、t、n、l、s、dʒ、tʃ、j、g、k、h；一般只出现在词首和词中的辅音有 p、ʃ；一般只出现在词中和词尾的辅音有 r、ŋ。

第三节 词的音节及其结构特征

杜拉尔鄂温克语按照词的音节可以分为单音节词和多音节词两种类型。单音节词是指以一个元音为主，构成单一音节的词。多音节词是指以多个元音为主，构成多个音节的词。单音节词和多音节词主要就是以词中元音的数量来区别。从田野调查搜集到的词汇资料来看，杜拉尔鄂温克语词汇主要是由多音节词组成，单音节词只占杜拉尔鄂温克语基本词汇中很小一部分比例。

一 单音节词及其结构特征

杜拉尔鄂温克语词汇中的单音节词是指由一个元音因素为主构成单一音节的词。例如：

bog 天气	gag 地面	ir 地洞
ur 丘陵	ʃii 冰窟窿	səl 铁
baal 哈巴狗	ur 籽	liis 李子
əl 葱	bəj 人	ʤuu 家

杜拉尔鄂温克语的单音节词还可以根据元音因素与辅音因素的组合结构类型分为：单一元音因素构成的单音节词；单一元音因素和单一辅音因素构成的单音节词；单一元音因素和两个辅音因素构成的单音节词；单一元音因素和三个辅音因素构成的单音节词。例如：

单一元音因素构成的单音节词：oo 嗯　a 啊
单一元音因素和单一辅音因素构成的单音节词：buu- 给　ʤuu 家
单一元音因素和两个辅音因素构成的单音节词：bog 地　gag 地面
单一元音因素和三个辅音因素构成的单音节词：hurb 羊羔　tugs 云

（一）单一元音因素构成的单音节词

杜拉尔鄂温克语中，单一元音因素构成的单音节词分为单一短元音因素和单一长元音因素单节音节词两种。这两种类型的单音节词数量屈指可数。数量有限的几个单一元音因素构成的单音节词大都是语气词。

（二）单一元音因素和单一辅音因素构成的单音节词

单一元音因素和单一辅音因素构成的单音节词数量也不是很多，这种类型的单音节词同样也分为两种：第一种是词首是元音因素，词尾是辅音因素的单音节词，例如：ir 地洞、ur 丘陵、or 行李等；第二种是词首是辅音因素，词尾是元音因素的单音节词，例如：muu 水、ʤuu 家、mo 木等。

（三）单一元音因素和两个辅音因素构成的单音节词

杜拉尔鄂温克语中，单一元音因素和两个辅音因素构成的单音节词绝大多数是元音因素在中间，两个辅音因素分别在词首和词尾，例如：bog 地、gag 地面等。这种结构类型的单音节词相对其他类型的单音节词来说出现率较高。几乎没有元音因素在词首，两个辅音因素分别在词中和词尾的单音节词。

（四）单一元音因素和三个辅音因素构成的单音节词

单一元音因素和三个辅音因素构成的单音节词，以辅音因素为词首，元音因素出现在辅音后的第二音节，其他两个辅音因素分别在词中和词尾位置。例如：hurb 羊羔、ʃiis 西红柿等。这种类型的单音节词在杜拉尔鄂温克语种十分少见，只有个别几个词。

二 多音节词以及结构特征

多音节词是指由多个元音因素为主，构成多个音节的词。杜拉尔鄂温克语的基本词汇中，绝大部分词是多音节词。多音节词还可以根据词中元音因素的数量分成双音节词、三音节词、四音节词等。一般四音节以上的多音节词都是词根或词干后接缀形态变化语法词缀而形成的。

（一）双音节词

顾名思义，双音节词就是由两个音节组合而成的词。例如：

sorso 韭菜花 (sor-so)　　　　　　　solget 蔬菜 (sol-get)

dawa 山岗 (da-wa)　　　　　　garpa 流星 (gar-pa)

（二）三音节词

三音节词是由三个音节组合而成的词。例如：

sabdara 雨点 (sab-da-ra)　　　　səwərə 毛毛雨 (sə-wə-rə)
agderəŋ 雷声 (ag-de-rəŋ)　　　　aŋgəla 坛子 (aŋ-gə-la)

（三）四音节词

四音节词是由四个音节组合而成的词。例如：

niʃukukuŋ 细小的 (ni-ʃu-ku-kuŋ)
morkintarkin 弯弯曲曲 (mor-kin-tar-kin)
ukulʤirəŋ- 发烧 (u-kul-ʤi-rəŋ)
giŋgulərə- 尊重 (giŋ-gu-lə-rə)

除了上述提及的双音节词、三音节词和四音节词外，杜拉尔鄂温克语中有些词在词尾接缀形态变化语法词缀后，也可以形成五音节词、六音节词等。田野调查搜集到的资料表明，杜拉尔鄂温克语的基本词汇以双音词和三音词为主。这两种多音节词占的比重最大。此外也存在一定数量的四音节词。四音节以上的多音节词也有一定数量，是由词后接缀形态变化语法词缀长期演变而来的。

第四节　元音和谐规律及其结构特征

杜拉尔鄂温克语的语音系统中存在一套相当复杂且严格的元音和谐规律。按照元音和谐规律，杜拉尔鄂温克语的元音分为阳性元音、阴性元音以及中性元音三种类型。

阳性元音包括：a、aa
阴性元音包括：ə、əə
中性元音包括：i、ii、o、oo、u、uu、e、ee

一　阳性元音的元音和谐现象

阳性元音 a、aa 只能和阳性元音以及中性元音 i、ii、o、oo、u、uu、e、ee 产生元音和谐，不能和阴性元音 ə、əə 出现在同一个词中。例如：

awur 空气　　　　biaga 月亮　　　　garpa 流星

birkaŋ 河　　　　walirin 红　　　　tasag 虎

上述例子中，阳性元音 a 与阳性元音 a 及中性元音 i、u 产生了元音和谐的关系。

二　阴性元音的元音和谐现象

阴性元音 ə、əə 只能和阴性元音及中性元音 i、ii、o、oo、u、uu、e、ee 产生元音和谐，不能和阳性元音 a、aa 出现在同一个词中。例如：

gurəs 野兽　　　　merdə 豹　　　　ətərkən 熊

dəgi 雀　　　　mərmətə 猫头鹰　　　　məərə 公狗

上述例子中，阴性元音 ə、əə 均与阴性元音及中性元音 i、u、e 产生了元音和谐的关系。

三　中性元音的元音和谐现象

中性元音 i、ii、o、oo、u、uu、e、ee 可以相互产生元音和谐的关系，也可以和阳性元音 a、aa 及阴性元音 ə、əə 产生元音和谐关系。例如：

niiki 鸭子　　　　iŋkin 狗　　　　iikə 锅

irəmə 针　　　　miitʃan 枪　　　　mina 马鞭子

四　单一元音音位的和谐现象

杜拉尔鄂温克语的元音和谐现象中，除了阳性元音、阴性元音以及中性元音之间相互产生元音和谐关系外，词中单独的一个元音音位也可以构成一个元音和谐单位。

（一）短元音 a 和 aa 的和谐现象

haala 变化　　　　saata 耽误　　　　naala 手

（二）短元音 ə 和 əə 的和谐现象

gələə 请求　　　　gəəgtə 结冰　　　　gərbəə 做工

（三）短元音 i 和 ii 的和谐现象

giikin 老鹰　　　　niiki 鸭子　　　　niinti 树根

（四）短元音 o 和 oo 的和谐现象

tʃoorron 漏　　　　ogtʃoon 鱼　　　　hoodot 鱼白

（五）短元音 u 和 uu 的和谐现象

guuru 体谅　　　　tuuru 迷路　　　　muulu 江

（六）元音 e 和 ee 的和谐现象

tepel 铁皮　　　　tete 奶奶　　　　tʃelegen 望远镜

这几种单一元音音位的和谐现象中，短元音 a 和长元音 aa、短元音 u 和长元音 uu、短元音 ə 和长元音 əə 的和谐现象出现率最高；其次是短元音 i 和长元音 ii、短元音 o 和长元音 oo；出现率最低的是短元音 e 和长元音 ee，杜拉尔鄂温克语中只有屈指可数的几个词中出现了短元音 e 和长元音 ee 的和谐现象。

综上所述，杜拉尔鄂温克语基本词汇中存在着大量的元音和谐现象，既有阳性元音 a、aa 与中性元音 i、ii、o、oo、u、uu、e、ee 的元音和谐现象，也有阴性元音 ə、əə 与中性元音 i、ii、o、oo、u、uu、e、ee 的元音和谐现象，还有中性元音 i、ii、o、oo、u、uu、e、ee 相互产生元音和谐关系的现象，以及单一元音音位的和谐现象。从使用情况来看，杜拉尔鄂温克语基本词汇中，阳性元音 a、aa 与中性元音 i、ii、o、oo、u、uu、e、ee 的元音和谐现象，阴

性元音 ə、əə 与中性元音 i、ii、o、oo、u、uu、e、ee 的元音和谐现象出现率最高。因此必须严格遵照杜拉尔鄂温克语元音和谐规律的使用规则正确使用。根据田野调查搜集整理的语音资料来看，大多数 60 岁以上的杜拉尔鄂温克老人还是能遵照元音和谐规律正确发音，而母语掌握情况不太好的年轻人有将阳性元音与阴性元音搭配使用的现象。总而言之，杜拉尔鄂温克语的元音和谐规律在现代杜拉尔鄂温克语中保存得比较完整，无论是在杜拉尔鄂温克语的基本词汇还是日常会话中，发挥着积极、重要的作用。

第二章　词汇分类及其结构体系

从广义的角度来划分，杜拉尔鄂温克语的基本词汇分为实词和虚词两大类。其中实词包括名词、动词、形容词、代词、数词、量词等；虚词包括连词、副词、语气词、助词、感叹词、拟声拟态词。按照语法形态变化特征来划分，杜拉尔鄂温克语的基本词汇可以分为名词类词和动词类词两大类。其中名词类词包括名词、代词、数词、形容词以及部分副词；动词类词包括动词、助动词、形动词和副动词。从狭义的角度来划分，杜拉尔鄂温克语的基本词汇按照词的性质可以分为名词、动词、形容词、数词、连词、副词、语气词、助词、拟声拟态词、感叹词、代词等。由于杜拉尔鄂温克民族乡是农业、牧业、林业、渔业全面发展的民族乡，所以与农业、牧业、林业、渔业相关的词汇十分丰富。

第一节　名词

杜拉尔鄂温克语的基本词汇中，名词主要包括表示与人体结构、植物、动物、自然物、自然现象、亲属关系、人的性质、时间、方位、场所、生产生活、政治经济相关的名词。杜拉尔鄂温克语的名词在人们日常生活和工作交流中有很高的使用率。

一　与人体结构相关的名词

眼睛 jasəl　　眼皮 hurmiktə　　眼珠 buldəgtə

耳朵 ʃen　　头 dilu　　头皮 almi

额头 maŋgil　　皱纹 hones　　后脑勺 hones

脑 irgə	鬓角 tʃokto	鼻子 niaŋs
嘴 aməgə	嘴唇 kontur	嘴唇 dʒibdʒi
人中 doŋgo	牙齿 iikətə	牙床 dʒibdʒi
舌头 inig	上腭 tanag	腮 dʒəgi
脸 dəllə	脖子 kuəm	喉咙 boloko
肩膀 miir	肘 intʃən	手 naala
手掌 sasəgə	拳头 babug	指甲 uʃitta
胸 tigin	胳肢窝 oonne	肚子 gudug
后背 dalə	肚脐 tʃuŋgur	腰 daram

二 与植物相关的名词

花 ilga	百合化 gilotʃi	蒿草 saawa
荒草 seldʒi	艾草 saawa	草 oroogto
靰鞡草 ajikta	麻 onokto	人参 orguda
秧子 niintə	穗 orni	稻谷 narem
麦子 mais	水稻 handa	玉米 suldʒettə
瓜 həŋ	西瓜 duaŋgə	酸枣 sorto
山丁子 uligtə	稠李子 uluktə	榛子 ʃiʃiktə
蔬菜 solget	圆白菜 datutʃe	韭菜 haleer
山芹 aŋguula	茼蒿 kumbul	柳蒿芽 kumbil
蒜 suanda	葱 əl	辣椒 tʃinm
黄花菜 gilotʃi	黄瓜 həŋkə	豆角 bortʃo
豌豆 bokro	蘑菇 mogo	木耳 bohorto

三 与动物有关的名词

野兽 gurəs	象 sawuŋ	虎 tasag
狮子 arsalaŋ	豹 merdə	狼 guskə
狐狸 soloki	熊 ətərkən	鹿 homhaŋ
猞猁 tibdʒik	猴 monio	猪 olgen
母鹿 homha	驯鹿 oron	鹿羔 iŋtʃihaŋ

驼鹿 handahan　　狍子 giitʃən　　黄羊 ʤəgrən

獐子 ʃirga　　　　獾子 həwər　　　艾虎 kurəŋ

兔子 tuksəki　　　刺猬 səŋge　　　老鼠 atʃigtʃaŋ

田鼠 urbuki　　　黄鼠狼 soolge　　野猪 torki

水獭 muuluŋgə　　鸟 dəgi　　　　雁 nooniki

乌鸦 gawu　　　　麻雀 dargunda　百灵鸟 beldur

燕子 ʤelʤema　　喜鹊 saaʤig　　老鹰 giikin

四　与自然现象相关的名词

风 ədin　　　　　龙卷风 orgel　　雨 odon

雨点 sabdara　　毛毛雨 səwərə　暴雨 jəwkəŋ

虹 ʃeerən　　　　云 tugsə　　　　雾 talma

瘴气 sajin　　　霭气 manan　　　露水 ʃirus

寒露 saawutʃi　　霜 saawun　　　霜冻 gəktiŋ

雪 jamanda　　　闪电 taleŋ　　　雷 agde

雷声 agderəŋ　　气 aor　　　　　烟气 manan

五　与经济和政治相关的名词

政府 alban　　　城市 hoton　　　国家 gurun

村 ajal　　　　　屯子 elə　　　　教育 tatigar

文化 bitig　　　工资 tʃilin　　　货币 ʤiga

领导 nojin　　　职务 gərbə　　　民族 ajmən

学校 ʃujtan　　　工作 gərbə　　　价格 hoda

六　与自然物相关的名词

太阳 ʃiguŋ　　　黎明 iinərən　　月亮 biaga

星星 oʃitto　　　启明星 tʃolpon　圆月 tukureŋ

流星 garpa　　　地 bog　　　　　地面 gag

地势 arbun　　　地洞 ir　　　　　土 tuhul

尘土 tuaral　　　泥 ʃewar　　　　石头 ʤolo

青石 hadar　　河流石 ara　　沙子 ʃolottaŋ

沙丘 maŋgal　　戈壁 gordo　　山 ur

山坡 kumə　　山梁 aləhan　　穴 irə

海 dale　　水 muu　　浪 dolgeŋ

湖 amʤi　　河 birkaŋ　　坝 dalaŋ

溪 birakuŋ　　泊 əlgəŋ　　泉 bulag

火 tog　　山斜坡 antəgo　　瀑布 mukuŋ

七　与亲属关系相关的名词

父亲 amin　　母亲 ənin　　爷爷 jəjə

奶奶 tete　　婶母 naini　　姑父 gujə

姨妈 nawtʃo　　哥哥 aha　　姐姐 əkin

嫂子 bərgən　　舅父 nagtʃo　　姐夫 auʃe

连襟 baʤa　　丈夫 ədi　　妻子 aʃe

儿子 utə　　儿媳 kukin　　女婿 kurəkən

孙子 omole　　姐妹 əkunur　　妯娌 wajali

姑表亲 taarali　　娘家 naaʤil　　亲家 huadale

亲家父 hoda　　亲家母 hodogo　　外甥 ʤə

八　与生产生活相关的名词

服装 tərgəs　　上衣 kantas　　坎肩 dəkəle

狍皮衣 ʤuras　　雨伞 saran　　袖子 hantʃi

扣子 tortʃi　　裤子 ərki　　裤裆 ala

帽檐 dəlbi　　头巾 uuŋku　　腰带 tulge

鞋 sebi　　高跟鞋 wanta　　棉布 bəəsə

手帕 huŋku　　被子 wanlə　　棉絮 kuguŋ

褥子 dəgəʤə　　枕头 dərbə　　扇子 dərkir

扫帚 əsur　　耳环 gargə　　戒指 gurtʃirgə

手镯 bare　　镜子 buluku　　刷子 haʃenku

面 gollə　　饭 ʤəəttə　　米汤 sunsu

奶嘴 orʤi	奶皮 urum	汤 ʃilə
油 imugs	酱油 tʃinʤaŋ	糖 satan
蜂蜜 dəuntə	鸡蛋 omogtə	饼 əwən
酒 arki	茶 tʃe	房子 ʤuu
菜园 iwa	房间 gialaŋ	墙 dusə
玻璃 guu	柱子 tolguur	门 urki
合叶 həigəs	房脊 orona	瓦 waar
炕 huallən	烟筒 holli	窗户 tʃuŋho
窝 həur	桌子 ʃirəb	板凳 bandaŋ
雪橇 paar	锅台 huarken	桥 hoorgo
锥子 ʃolgon	斧子 sukə	钉子 tikəs

九　与方位有关的名词

上 diilə	下 ərgilə	左 solge
右 tullə	中 dolin	旁边 olon
左边 dooʃiki	右边 tulləʃiki	里面 doola
外面 tullə	附近 dakuŋ	底 ərə
顶 oroon	前 ʤullə	后 amila
上面 ugilə	往前 ʤulləʃiki	往后 amilaʃiki
南 ʤullə	北 amila	往上 ugiʃiki

除了上述列举的方位名词外，杜拉尔鄂温克语中还有一些与方位有关的名词。例如：东 ʃiwun juutʃə，南方 ʤullə bog，西 ʃiwun tigədər，北方 amila bog，正中 tob dolin 等。

十　与时间有关的名词

（一）表示具体秒数的名词

一秒 əmun mio	二秒 ʤuur mio	三秒 jalən mio
四秒 digin mio	五秒 toron mio	六秒 nugun mio
七秒 nadan mio	八秒 ʤakun mio	九秒 jəgin mio

十秒 ʤaan mio   十一秒 ʤaan əmun mio   十五秒 ʤaan toron mio
二十秒 orin mio   三十秒 gotin mio   四十秒 dəki mio
五十秒 toojin mio   六十秒 nugurjin mio   一百秒 namaaʤ mio

（二）表示具体点钟的名词

一点 əmun ərin   二点 ʤuur ərin   三点 jalən ərin
四点 digin ərin   五点 toron ərin   六点 nugun ərin
七点 nadan ərin   八点 ʤakun ərin   九点 jəgin ərin
十点 ʤaan ərin   十一点 ʤaan əmun ərin   十二点 ʤaan ʤur ərin

（三）表示正月的名词

初一 ʃinəŋ əmun   初二 ʃinəŋ ʤuur   初三 ʃinəŋ jalən
初四 ʃinəŋ digin   初五 ʃinəŋ toron   初六 ʃinəŋ nugun
初七 ʃinəŋ nadan   初八 ʃinəŋ ʤakun   初九 ʃinəŋ jəgin
初十 ʃinəŋ ʤaan   正月十五 ʃinəŋ ʤaan toron

（四）表示月份的名词

正月 ane biaga   二月 ʤuur biaga   三月 jalən biaga
四月 digin biaga   五月 toron biaga   六月 nugun biaga
七月 nadan biaga   八月 ʤakun biaga   九月 jəgin biaga
十月 ʤaan biaga   十一月 ʤaan əmun biaga 十二月 ʤaan ʤuur biaga

除了上述例词外，杜拉尔鄂温克语中还有一些其他表示月份的说法。例如：本月 ər biaga，来月 diakəŋ biaga，双月 dakkur biaga，月初 biaga əkin，月中 biaga dolin 等。

（五）表示年份的名词

一年 əmun ane   二年 ʤuur ane   三年 jalən ane
四年 digin ane   五年 toron ane   六年 nugun ane
七年 nadan ane   八年 ʤakun ane   九年 jəgin ane
十年 ʤaan ane   十一年 ʤaan əmun ane   十二年 ʤaan ʤuur ane

十五年 ʤaan toron ane　二十年 orin ane　　　三十年 gotin ane

四十年 dəki ane　　　一百年 namaaʤ ane　　　一千年 meŋgaŋ ane

除了上述列举的年份名词外，杜拉尔鄂温克语中还有一些表示年份的说法。例如：今年 ər anəgəŋ，明年 dekəŋma anəgəŋ，去年 teaŋga，来年 deki anəgəŋ 等。

（六）表示十二生肖属相年份的名词

鼠年 atʃitʃaŋ hoŋ　　　牛年 ukur hoŋ　　　虎年 tasəg hoŋ

兔年 tuksəki hoŋ　　　龙年 muduru hoŋ　　　蛇年 holeŋ hoŋ

马年 morin hoŋ　　　羊年 honin hoŋ　　　猴年 monio hoŋ

鸡年 hahara hoŋ　　　狗年 iŋkiŋ hoŋ　　　猪年 olgeŋ hoŋ

通过上述六类表示时间的名词可以看出杜拉尔鄂温克语时间名词的基本特征。

第一，表示秒、时、月和年的时间名词，基数词放在前面，秒、时、月和年放在后面。田野调查资料显示，现代杜拉尔鄂温克语基本词汇中没有表示分钟的时间名词，通常直接用数字来表示。

第二，表示正月的时间名词，将初"ʃinəŋ"放在前面，基数词放在后面。

第三，表示十二生肖属相年份的时间名词，将十二生肖放在前面，年"hoŋ"放在后面。

第四，表示星期一到星期六的时间名词，将星期 ʃiŋtʃi 放在前面，基数词放在后面。例如：星期一 ʃiŋtʃi əmun，星期二 ʃiŋtʃi ʤuur，星期三 ʃiŋtʃi jalən，星期四 ʃiŋtʃi digin，星期五 ʃiŋtʃi toron，星期六 ʃiŋtʃi nugun，星期天 ʃiŋtʃi inig。

第五，除了上述提到的六种时间名词外，杜拉尔鄂温克语中还有一些表示时间的名词。例如：今天 ər inig，明天 timatʃin，昨天 tiinug，前天 tiiniolə，白天 inig，晚上 oreho，每天 iniginig，午前 inig ʤuulə，中午 inig dolin，整夜 əmən dolob，黄昏 loŋguri，除夕 ʃinəŋ，半夜 doləbən dolin，春 nəlki，夏 ʤogo，秋 bol，冬 tug，半小时 dolin ərin，等等。

第二节　动词

杜拉尔鄂温克语的动词在日常会话中同样有着十分高的使用率，使用时通常放在句子的末尾，在句子中充当谓语成分，杜拉尔鄂温克语的动词系统包括助动词、基本动词、形动词和副动词等。

一　基本动词

呼吸 ərgə-	吮吸 im-	咬 amga-
嚼 nana-	啃 kəəŋirə-	吃 ʤib-
含 ʃimi-	喝 imə-	吞 nimgi-
咽 niŋgə-	卡住 haha-	噎住 himgiŋ-
喂 ʤibkə-	饿 ʤəmu-	渴 aŋka-
吹 uugu-	喊 honetʃa-	说 ugtʃə-
聊天 koorə-	耳语 ʃuka-	啰唆 jaŋʃi-
瞎说 baltʃi-	读 tuurə-	问 angu-
嘲笑 basu-	舔 ilkə-	吐痰 tomi-
哭 soŋo-	叫 əər-	喊 kooni-
告诉 solba-	听 dooldi-	看 itʃi-
看守 sahi-	学 tati-	写 oo-
认识 taag-	忍耐 təsə-	歇 amra-
要 ga-	摸 təmilə-	推 ana-
拉 taa-	压 tir-	挠 maaʤi-
捂 butə-	拿 ga-	夹 habtʃi-
拧 ʃir-	拔 taa-	捏 tirʤi-
摘花 təwə-	抠 hoŋki-	放下 nəə-
放走 tii-	松开 sualla-	吃草 oŋho-
找 gələ-	捡 taa-	拾 tuŋkə-
舀 tʃoko-	倒掉 uŋku-	遗失 əməŋ-
扛 miidə-	抬 uur-	提 əlgu-

抱 kumli-　　　　　背 ʤiʤa-　　　　　穿 teti-

戴 aawala-　　　　脱 bəri-　　　　　盖 nəmbə-

装入 təwu-　　　　靠 naatʃa-　　　　靠近 dakkel-

站立 ilə-　　　　　起来 juu-　　　　　坐 təgə-

跪 ənte-　　　　　盘膝 ʤeebila-　　　爬 milku-

爬山 taahala-　　　蹲 tʃontʃirə-　　　掉 tiki-

躺下 kuləə-　　　　扭 morki-　　　　回头 ortʃi-

俯身 məhu-　　　　弯腰 muki-　　　　翻 hurbu-

翻转 kurbu-　　　　翻跟头 toŋkol-　　推翻 tiku-

超越 dawa-　　　　返回 mutʃu-　　　　绕弯子 tʃəkər-

卷 ukur-　　　　　掘 ukukə-　　　　滚 tʃuŋgur-

踩 əki-　　　　　　踢 pəʃiglə-　　　　跳 toksanan-

蹦跳 ətiki-　　　　心跳 gurgul-　　　跳舞 əkilə-

唱歌 ʤaanda-　　　走 ulə-　　　　　步行 jooholo-

散步 uləgtʃirə-　　串门 ajiltʃila-　　踏 əkilə-

弯腰走 tʃomtʃi-　　离开 ujiltʃi-　　　离婚 ujiltʃi-

摆脱 aputʃa-　　　解开 bəri-　　　　越过 dulə-

过河 dulə-　　　　横跨 alakki-　　　移 gulgu-

退出 metʃi-　　　　跟 aaji-　　　　　追 asa-

追寻 nəkəllə-　　　让 anabu-　　　　允许 ooʃi-

佩戴 tulə-　　　　带路 əlbu-　　　　经过 dulə-

路过 daari-　　　　来 əmə-　　　　　进 iinə-

去 gənnə-　　　　出去 juu-　　　　　上 tahla-

登上 tahalarəŋ-　　下 əwə-　　　　　下雨 odon-

下雪 iman-　　　　天晴 gaal-　　　　天阴 tuktʃilə-

过 dulə-　　　　　跑 tutuli-　　　　奔跑 tutulərəŋ-

飞 dəgli-　　　　　出发 gurgul-　　　到 iʃi-

二　形动词

杜拉尔鄂温克语的形动词是指有形容词性质和特征的动词，修饰后面词或词组，是在基本动词词根或词干后面接缀特定语法词缀而构成，在句中使用时，放在名词后，后面必须有被修饰的名词。

1. 现在时形动词：现在说着的 ugtʃəjir 、现在学着的 tatijir。

2. 现在将来时形动词：现在或将来学的 tatir 、现在或将来说的 ugtʃər。

3. 过去时形动词：去过的 gənnətʃə 、吃过的 ʤibtʃə 、来过的 əmətʃə。

从上述例子中可以看出，现在时形动词是在动词词根或词干后接缀语法词缀 -jir 构成的；现在将来时形动词是在动词词根或词干后接缀形态变化语法词缀 -r 构成的；过去时形动词是在动词词根或词干后接缀形态变化语法词缀 -tʃə 构成的，以阳性元音为主构成的过去式形动词要在动词词根或词干后接缀形态变化语法词缀 -tʃa。

三 副动词

杜拉尔鄂温克语的副动词一般是指在句中为主要动词提供辅助性修饰和限定作用的动词。

1. 联合副动词：跑着 tutulim、跳着 toksananm、说着 uɣtʃəm

2. 完成副动词：说完 ugtʃəbtʃi、唱完 ʤaandabtʃi、跑完 tutulibtʃi

3. 延续副动词：在喝 iməməl、在说 ugtʃəməl、在唱 ʤaandamal

4. 让步副动词：让买 gadənrkin、让来 iinərkin、让走 ulərkin

5. 紧随副动词：一说就 ugtʃəmimki、一来就 iinəmimki、一走就 uləmimki

6. 条件副动词：走了后 ulətʃələ、喝了后 imətʃələ、唱了后 ʤaandatʃala

7. 界限副动词：喝完为止 imətə、去了为止 gənnətə、走了为止 ulətə

8. 立刻副动词：走了就立刻 uləkul、来了就立刻 iinəkul、跑了就立刻 tutulikul

9. 趁机副动词：趁说话 ugtʃərdun、趁学习 tatirdun、趁遇见 bahaldirdun

10. 目的副动词：为唱而 ʤaandanam、为学而 tatinam、为遇见 bahaldinam

11. 渐进副动词：喝着渐渐 imətʃəər、唱着渐渐 ʤaandatʃaar、跑着渐渐 tutulitʃəər

12. 因果副动词：因为走而 uləktʃəər、因为唱而 ʤaandaktʃaar、因为来而 iinəktʃəə

四　助动词

杜拉尔鄂温克语的助动词是指在句中帮助基本动词完成某一动作行为的动词。杜拉尔鄂温克语的助动词主要包括否定助动词、肯定助动词、判断助动词、允许助动词、能愿助动词、疑问助动词和禁止助动词 7 种。

1. 否定助动词：不 əsən、没 aatʃin
2. 肯定助动词：行 oodon
3. 判断助动词：那样 tanatʃin、那样 tanawun
4. 允许助动词：对 ʤukarin、əmi
5. 能愿助动词：是 taawuran、taalarən
6. 疑问助动词：什么 johon
7. 禁止助动词：别 əʤi

杜拉尔鄂温克语的动词语法形态变化现象包括体形态变化现象、态形态变化现象、式形态变化现象和时形态变化现象等。这些动词的语法形态变化现象的使用原理是在动词词根或词干后接缀固定的形态变化语法词缀，来表示各自的语法意义。前文中提到的形动词、助动词和副动词也都以在动词词根或词干后接缀形态变化语法词缀来表示不同的语法范畴。

第三节　形容词

杜拉尔鄂温克语的形容词数量较多，在日常口语中也有较高的使用率。杜拉尔鄂温克语的形容词主要包括描述人或事物性质、特征的形容词，还有与颜色相关的形容词。

一　描述人或事物性质的形容词

聪明的 sərtə	伶俐的 ʤiliŋi	笨的 duŋgu
笨重的 əbir	痴呆的 mənən	糊涂的 ʤəki
愚蠢的 dulba	傻的 ʃogol	迟钝的 udan
老实的 nomokin	温和的 ʤəwləkən	温顺的 dəjikkun
幸福的 ʤijaʃin	小气的 narin	狡猾的 ʤiliŋi

可恶的 əsuhuŋ　　　　细心的 narin　　　　轻快的 tʃitʃin
勤劳的 gərbətʃin　　　懒惰的 baaŋgi　　　臭的 waatʃi
苦的 gotʃide　　　　　香的 antaŋtʃi　　　酸的 dʑisun
甜的 dasun　　　　　辣的 gotʃidi　　　　咸的 daatʃun
涩的 həluŋ　　　　　腥的 neltʃuŋ　　　　稠的 tiim
稀的 ʃiŋgəŋ　　　　　淡的 əbir　　　　　腻的 solon
热的 ukudi　　　　　冷的 baktadi　　　　单薄的 nigəhən
贫穷的 hallig　　　　空闲的 tʃulətʃi　　　忙的 baagilran

二　描述人或事物特征的形容词

胖的 burgu　　　　　瘦的 dʑota　　　　　高的 gogdo
矮的 laha　　　　　凹的 huaŋgira　　　凸的 tutigər
窄的 dabtʃi　　　　　长的 gonim　　　　短的 gonim
硬的 hatan　　　　　软的 dəjə　　　　　粗的 bargon
细的 narin　　　　　细长的 narihan　　　细小的 niʃukukuŋ
直的 tondo　　　　　弯的 mortʃihe　　　大的 udu
小的 niʃukun　　　　多的 baran　　　　少的 homdo
矮小的 laha　　　　许多的 diargoŋ　　　瘦的 dʑota
厚的 derem　　　　　薄的 nimnikun　　　圆的 baŋgil
方的 durbəldʑin　　　扁的 habtigi　　　平的 nəigəŋ
正的 tondo　　　　　偏的 olloʃiki　　　歪的 mortʃige
横的 hundul　　　　竖的 tʃotʃor　　　　顺的 jolgon
斜的 həltəhu　　　　陡的 tʃardam　　　锋利的 kortʃin

三　描述颜色特征的形容词

红的 walirin　　　　白的 giltirin　　　黑的 hoŋnirin
黄的 ʃaŋirin　　　　蓝的 ʃilan　　　　绿的 kuku
粉色的 kuagə　　　　紫的 hələg　　　　灰的 hojʃe
暗色的 aktadi　　　　浅色的 əbirkən　　　亮色的 nəərin

除了描述人或事物的性质、特征、颜色相关的形容词外，杜拉尔鄂温克语中也有在动词或名词词根或词干后接缀形态变化语法词缀构成的形容词。例如：gərbbi"名字" + -tʃi →gərbbitʃi"有名的"，ənuku"病" + -tʃi → ənukutʃi"有病的"，kugoŋ"棉花" + -tʃi →kugoŋtʃi"棉的"，anta"味道" + -tʃi → antaŋtʃi"香的"，ulli"肉" + -tʃi →ullitʃi"有肉的"，hoda"价格" +-tʃi → hodatʃi"贵的"，ʃil"汤" + -tʃi → ʃiltʃi"有汤的"，tʃulə"休息" +-tʃi → tʃulətʃi"空闲的"等。除此以外，杜拉尔鄂温克语的形容词词根或词干后也可以接缀格、级、复数、人称领属的形态变化语法词缀，例如：aja"好的" +-mun →ajamun"我们的好"等。

第四节 数词

根据田野调查资料的整理结果，杜拉尔鄂温克语的数词主要包括基数词、序数词、统计数词、概数词、限定数词、倍数词和集合数词7种类型。其中有部分类型的数词是在基数词的基础上派生出来的。这些数词的构成方式是在基数词词根或词干后接缀形态变化语法词缀。

一 基数词

杜拉尔鄂温克语的基数词包括单纯基数词和复合基数词两种。单纯基数词一般是指十以内，九至九十以及亿、万、千和百等基数词。复合基数词是由两个单纯基数词组成构成的。例如：

一 əmun	二 dʒuur	三 jalən
四 digin	五 toron	六 nugun
七 nadan	八 dʒakun	九 jəgin
十 dʒaan	十一 dʒaan əmun	十二 dʒaan dʒur
十五 dʒaan toron	二十 orin	三十 gotin
四十 dəki	五十 toojin	六十 nugurjin
七十 nadarjin	八十 dʒokorjin	九十 jirən
百 namaadʒ	千 meŋgaŋ	万 tumun

muji ʤuudula ʤokorjin honin、**jirən** morin、**ʤaan əmun** təmə biʃin.
我们的 家里 八十 羊 九十 马 十一 骆驼 有
我们家有八十只羊，九十匹马和十一只骆驼。

ukudə bərərə əəm **əmun** inig **jalən** ərin ʤibtən, **əmun** ərind ʤuur ʤibtən.
发烧 退 药 一 天 三 次 吃 一 次 两片 吃
退烧药一天吃三次，每次吃两片。

ənuku itʃir bog gənnərdi dooʃiki **ʤuur namaaʤ** alkukə.
病 看 地方 去 往里 二 百 走
去医院的请往里走两百米。

jalən tumun nugun meŋgaŋ ʤakun namaaʤ orin toron.
三 万 六 千 八 百 二十 五
三万六千八百二十五。

二 序数词

杜拉尔鄂温克语中，序数词在人们日常口语对话中使用率较高。例如：

第一 əmuki	第二 ʤuurki	第三 jaləki
第四 digiki	第五 toroki	第六 nuguki
第八 ʤakuki	第九 jəgiki	第十 ʤaaki
第二十 oriki	第三十 gotiki	第九十 jirəki

əmuki bi, **ʤuurki** ʃi, **jaləki** nooni.
第一 我 第二 你 第三 他
我是第一名，你是第二名，他是第三名。

从上述例词中不难看出，杜拉尔鄂温克语的序数词是在基数词词根或词干后接缀语法词缀 -ki。当基数词词尾以辅音 n 或 ŋ 结尾时，词尾的辅音产生脱落现象。

三 统计数词

一次 əmun tan	两次 ʤuur tan	三次 jalən tan
一回 əmun ərin	两回 ʤuur ərin	三回 jalən ərin

nooni ʃujtandu **jalən tan** gənnətʃə.
他　　学校　　三　　次　　去了
他去了学校三次。

nooniji urkəkəŋ nəkuŋʃi bəʤiŋd **ʤuur ərin** gənnətʃə.
他的　　弟　弟　　　北京　　两　回　　去过
他弟弟去过北京两回。

杜拉尔鄂温克语的统计数词中，表示"……次"是以基数词与"次"tan 组合的形式构成的；表示"……次"是以基数词与"回"ərin 组合的形式构成的。

四 概数词

杜拉尔鄂温克语的概数词一般用基数词与 adi "几个"组合的形式构成。例如：二十几个 orin adi、三十几个 gotin adi、四十几个 dəki adi 等。如果表示个位和十位的概数词，则直接以从小到大用相邻的两个基数词来表示，例如：两三个 ʤuur jalən、七八个 nadan ʤakun、二三十个 orin gotin 等。如表示一百以上的概数词，则直接以从小到大用相邻的两个基数词和 namaaʤ "百"来表示。例如：三四百个 jalən digin namaaʤ、七八百个 nadan ʤakun namaaʤ。例如：

nooniji **ʤuudula** **gotin adi** ajilʧinəmətʃə.
他的　　家里　　三十几个　　客人 来了
他们家来了三十多个客人。

muji aasənnər bogdula **orin gotin adi** gialaŋ biʃin.
我们的　宾馆里　　二十 三十 几个 房间　有

我们宾馆有二三十个房间。

除了用 基数词 与 adi 组合的形式表示概数词外，杜拉尔鄂温克语中还可以用 barganŋ "大概" 来表示。但在现代杜拉尔鄂温克语口语中，年轻人很少用 barganŋ 来表示概数词。

五　倍数词

一倍 əmun ob　　　　二倍 ʤuur ob　　　　三倍 jalən ob
四倍 digin ob　　　　五倍 toron ob　　　　六倍 nugun ob
七倍 nadan ob　　　　八倍 ʤakun ob　　　　九倍 jəgin ob

bi *ʤuur ob* satan nəətʃə.
我　二　倍　糖　　放
我加了两倍的糖。

杜拉尔鄂温克语表示倍数的数词，是由基数词和 ob "倍" 组合构成。

六　集合数词

杜拉尔鄂温克语中，集合数词使用率也较高。集合数词主要是由 əmundi "一起" 与基数词组合构成。例如：

六个一起 əmundi nugun　　　　　　八个一起 əmundi ʤakun
六十个一起 əmundi nugurjin　　　　八十个一起 əmundi ʤokorjin

talur loop əmundi nugun ugirəŋ, su *əmundi ʤakun* tatirən.
他们　一直　一起　　六个　玩　　你们　一起　　八个　　学习
他们六个一直在一起玩，你们八个一直在一起学习。

七　限定数词

杜拉尔鄂温克语的限定数词是在基数词后面接缀固定词缀 -li 。例如：

只有一个 əmunli　　　　只有两个 ʤuurli

bi *əmunli* urkəkəŋ nəkuŋʃi biʃin.

我 只有一个 弟弟 有

我只有一个弟弟。

ʤuudmu jəjə tete *ʤuurli* biʃin.

家里 爷爷 奶奶 只两个 有

家里只有爷爷和奶奶两个人。

除了上述七种类型的数词外，杜拉尔鄂温克语基本词汇中也有一些使用率较高的量词。例如：asug 把（一把）、ob 份（一份）、obo 堆（一堆）、hartʃin 边（一边）、ʤuuru 双（一双）、doɭətʃa 滴（一滴）、diilə 层（一层）、gialaŋ 间（一间）、giŋ 斤、togor 米、sun 寸、togor 拃、kiat 斗、bogo 晌等。

综上所述，现代杜拉尔鄂温克语的数词主要包括基数词、序数词、统计数词、概数词、限定数词、倍数词和集合数词 7 种。使用率最高的是基数词，基数词是其他 6 种数词必不可少的基础，其他 6 种数词都是在基数词的基础上以组合形式或是接缀固定语法词缀的形式发展而来的。序数词是在基数词词根或词干后接缀语法词缀 -ki。当基数词词尾以辅音 n 或 ŋ 结尾时，词尾的辅音要产生脱落现象。序数词在杜拉尔鄂温克语中使用率也相当高。统计数词是以基数词与"次"tan、"回"ərin 组合构成的，在杜拉尔鄂温克语中也有一定的使用率。概数词一般是基数词与 adi "几个"组合而成。倍数词是基数词和 ob "倍"组合而成。集合数词使用率也较高，是由 əmundi "一起"与基数词的组合构成。限定数词则是在基数词后面接缀固定词缀 -li。杜拉尔鄂温克语的数词在人们日常会话中发挥着极为重要的作用，使得人们表述数字概念时更加清晰和完整。

第五节 副词

杜拉尔鄂温克语的副词主要有程度副词、时间副词、语气副词、行为副词和范围副词等。

一　程度副词

最 əkəŋ	最最 əkəŋəkəŋ	更 əli
愈 nəŋ	相当 ani	真 ʤiŋki
都 bolgu	全都 bolohu	只 hosən
光 daŋ	就 uthe	稍微 omohon
很 mandi	特别 ontohuli	差一点 gəlgəl

上述例举的程度副词中，最 əkəŋ、最最 əkəŋəkəŋ、很 mandi 都是表示人或事物性质程度的副词。根据田野调查中搜集整理的资料来看，这三种程度副词，按照表示程度从高到低的顺序排序依次为：最最 əkəŋəkəŋ、最 əkəŋ、很 mandi。例如：

əkəŋəkəŋ dejalə adi ərind ʤuuji burgirən?
最最　　　晚　几　点　房　退
最最晚可以几点钟退房？

ər aasənnər bog bəj sogoldi *mandi* aji.
这　宾馆　人　服务　非常　好
这家宾馆的服务员服务非常好。

ər ʤəəttə ʤittər bogji solgetni ʤibtər *əkəŋ* antantʃi.
这　吃饭　吃　地方的　菜　吃　最　好吃
这家饭馆的菜最好吃。

程度副词相当 ani、真、确实 ʤiŋki、特别 ontohuli 是程度上略低于上述最 əkəŋ、最最 əkəŋəkəŋ、很 mandi 的程度副词，这三种程度副词，按照表示程度从高到低的顺序排序依次为：特别 ontohuli、相当 ani、真 ʤiŋki。例如：

nooni nawtʃoni ʤəəttə ələr *ontohuli* ajawurəŋ.
他的　姨　饭　做　特别　喜欢
他姨妈特别喜欢做饭。

bi ʤoonordu *ani* ajihon.

我　　觉得　　相当　好看

我觉得相当好看。

ʃinu taagərdə *ʤiŋki* agdəʃim.

你　　认识　　确实　　高兴

认识你确实很高兴。

除了上述比较的两组程度副词外，杜拉尔鄂温克语的其他程度副词在句子中也有较高的使用率。例如：

bi dale kətʃid ajawudi hudə *əli* ajawumə.

我　海边　　喜欢　草原　更　　喜欢

比起海边我更喜欢草原。

ələji niʃukul *bolgu* ʃirbunə tatiʤirən.

这里的 孩子　都　　努力　　学习

这里的孩子们学习都十分努力。

bi temur ʤəətti *bolohu* ʤibmmanʧu.

我 早晨　饭　全都　　吃完了

我把早饭全都吃完了。

ələji maimai bogdu *hosən* walirin arki biʃin.

这里的　商店　　只有　　红　酒　有

这里的商店只有红酒。

ʃi *omohon* alaʧikə.

你 稍微　　　等

请稍等。

bi *gəlgəl* tiktʃə.

我 差点　跌倒

我差点就跌倒了。

二 时间副词

杜拉尔鄂温克语中时间副词主要有 təlintə 刚刚、təlin 刚才、əʃitələ 马上、əsə 尚未、diger 快速、nərgiŋ 立即、digerdiger 赶快、əmənəmə 有时、əməndən 已经、amilak 以后、həʤəni 早就、dakki 最近、ərdəhəŋ 早点、kiurd 瞬间、gənthəŋ 忽然、amilaki 以后、əmənəmən 有时……时间副词在杜拉尔鄂温克语中数量较多，在句中也常常被使用。例如：

nooni **təlintə** niʃukurji iraatʃa.
她　　刚刚　　孩子　　送
她刚刚去送孩子了。

niʃuku aba　ənuku　iʃir bog **təlin**　gənnətʃa.
叔　叔　病　看　地方 刚才　去了
叔叔刚才去医院了。

上述例句中的程度副词 təlintə "刚刚"、təlin "刚才"都是修饰不久前发生的动作行为，两者在语义上较相近，但在语法功能上仍有一些差别。təlintə "刚刚"修饰的时间比 təlin "刚才"更短。

dəgəlir tərgənd **əʃitələ** dəglime.
飞　　机　　马上　　飞
飞机马上就要起飞了。

dəgəlir tərgənd **əʃitələ** dəglime，bi **nərgiŋ** dəgəlir tərgənd juutʃa.
飞　　机　　马上　飞　我 立刻　飞　机　登
飞机马上起飞了，我立刻登机了。

从上述例子中可以看出，时间副词 ʃitələ "马上"修饰的时间比 nərgiŋ "立即"稍长。

ədu　əmun　udu odon **kiurd** odontʃa.
这里　一　大　雨　瞬间　下了

这里瞬间就下了一场大雨。

əlur irkin ʤuu *gənthəŋ* gatʃa.
他们 新 房子 忽然 买了
他们忽然买了一栋新房子。

上述例子中时间副词 kiurd "瞬间"修饰的是立刻、马上发生的动作行为，而 gənthəŋ "忽然"所修饰和限定的是偶然发生的动作行为。

məməwə ukuŋ omogtə *həʤəni* gatʃa.
妈妈 牛奶 鸡蛋 早就 买了
妈妈早就买好了牛奶和鸡蛋。

ʤukurəŋ，bi *əməndən* ʤibmmantʃu.
是的 我 已经 吃了
是的，我已经吃过了。

miji unaaʤi nəkunme ʤogo tətir tərgəs *ərdəhəŋ* gadənənʤirə.
我的 妹 妹 夏 穿 衣服 早点 买
我妹妹预先买夏天穿的衣服。

上述例子中，时间副词 əməndən "已经"、həʤəni "早就"、ərdəhəŋ "早点"，在句中修饰和限定早先已经发生或预先发生的动作行为。

ʃi *amilaki* əmədəji.
你 以后 来
你以后再来。

上述例句中，时间副词 amilaki "以后"修饰以后要发生的动作行为。

əlur gərbədi tərgəŋ *əmənəmən* ilbərən.
他们 上班 车 有时 开
他们有时候开车去上班。

上述例句中，程度副词 əmənəmən "有时"修饰常发生的动作行为。

三 语气副词

杜拉尔鄂温克语的语气副词在句中使用率较高，常用的语气副词主要有 naaŋ "还"、uthe "就"、ajihoŋ "好好"、itukət "必须"、əmundə "一旦" 等。在句子中体现说话人主观情感色彩。例如：

bu hali *itukət* oome.
我们 姓 必须 写
我们必须写姓。

mind jəjə tete *naaŋ* biʃin.
我 爷爷 奶奶 还 有
我还有爷爷和奶奶。

ʃi *ajihoŋ* gərbəkə.
你 好好 工作
你好好工作。

tulləʃiki uləki *uthe* itʃinarən.
往右 走 就 看见
往右走就看见了。

əmundə ukulʤirəŋ, barantʃi ujitʃə muu iməkə *ajihoŋ* amrakə.
一旦 发烧 多 开 水 喝 好好 休息
一旦发烧就多喝开水好好休息。

四 行为副词

杜拉尔鄂温克语的行为副词主要有 udan "缓慢"、huŋgəŋ "轻轻"、mənərəəŋ "呆呆" 等。行为副词在句中主要修饰动作行为发生的形式。行为副词在杜拉尔鄂温克语中使用率较高。例如：

bi *udan* ʤibtʃəʃi mandi ajawumu.
我 慢慢 吃饭 非常 喜欢

我喜欢慢慢地吃饭。

urkəkən nəkun johonkə ətʃə gadə ***mənətəŋ*** itʃirən.
弟　　弟　　什么　　不　买　　呆呆　　看
弟弟什么也不买，就呆呆地看。

unaadʒi nəkun ***huŋgəŋ*** əkilərən.
妹　　妹　　轻快地　　跳舞
妹妹轻快地跳着舞。

上述例句中，行为副词 udan "缓慢"、huŋgəŋ "轻轻"、在句中常常修饰或限制动作行为的缓慢或轻快等实际情况。行为副词 mənərəəŋ "呆呆地"，在句中常用在动词前，修饰或限制呆板缓慢的动作行为。

五　范围副词

杜拉尔鄂温克语的范围副词与其他类型的副词相比种类较多，在句中主要修饰和限制动作行为发生的范围。范围副词主要有 əmund "一起"、bargaŋ "大概"、bolgo "全"、gub "都"、toomanna "其他""另外"、daŋ "光"、əmhil "一概"、bolgu "一切"等。

bu məmə abadʒi ***əmund*** biʃimu.
我　妈妈　爸爸和　一起　　住
我和爸妈一起住。

tullə ədidʒinrə, ***bargaŋ*** jamannə.
外面　刮风　　大概　　下雪
外面刮风了，大概要下雪了。

bi ukudə bərərə əəm tooltan əəm ***bolgo*** dʒibtʃə.
我　退　烧　药　感冒　药　全　　吃了
退烧药和感冒药我全都吃了。

əlur *gub* gərbə oodina ʤuudu biʤirən.

他们 都 工作 退 家 在

他们都退休在家了。

toomanna gənumanna barantʃi ujitʃə muu iməkə ajihoŋ amrakə.

另外 回去 多 开水 喝 好好 休息

另外回去多喝水，好好好休息。

niʃukun unaaʤi nəkuŋ əmun tʃomo ukuŋ *daŋ* imətʃə.

小 妹妹 一 杯 牛奶 光 喝了

小妹妹光喝了一杯奶。

bu *əmhil* alkurəŋ gərbəʃimu.

我们 一概 步行 上班

我们一概步行去上班。

pusul doola *bolgu* biʃin.

商场 里面 一切 有

商场里面什么都有。

综上所述，杜拉尔鄂温克语的副词主要有程度副词、时间副词、语气副词、行为副词和范围副词等。这些副词在杜拉尔鄂温克语中都有着较高的使用率。杜拉尔鄂温克语的副词在句子中主要作状语来修饰或限制句中的动词或形容词，没有具体的词义，并且结构复杂，在句子中使用时必须严格按照其使用原理。从这5种类型的副词数量上来看，数量最多的是程度副词和时间副词，其次是范围副词，语气副词和行为状态副词数量相对前几种来说较少。从这五种类型的副词使用率上来看，使用率最高的也是程度副词和时间副词，其次是语气副词。行为状态副词和范围副词在杜拉尔鄂温克语中使用率较低。从这5种类型的副词所修饰和限定的内容上来看，程度副词主要是修饰和限制句中人或事物动作行为性质的程度；时间副词主要是修饰和限制特定时间人或事物的动作行为；语气副词强调说话人主观情感色彩；行为副词在句中主要修饰动作行为发生的形式；范围副词在句中主要修饰和限制动作行为发生的范围。总体说来，杜拉尔鄂温克语的副词结构系统复杂，在句子中使用时必须严格按照其使用原理来正确使用。

第六节 连词

杜拉尔鄂温克语的日常用语中，连词是词与词之间、句子与句子之间、短语与短语之间产生语法关系必不可少的桥梁。从连词的使用意义上来看，杜拉尔鄂温克语的连词主要有联合连词、假设连词、条件连词、模糊连词、选择连词、转折连词和递进连词 7 种类型。

一 联合连词

根据田野调查搜集整理的资料，杜拉尔鄂温克语的联合连词只有 ʃiʤi 一个，语法意义相当于汉语中的"和"。在句中使用时，通常连接两个实词。例如：

akinmi əmun urkəkən uttʃi ʃiʤi əmun unaaʤitʃi.
哥哥　　一　　男　孩　和　　一　　女孩
哥哥有一个男孩和一个女孩。

məməwə ukuŋ ʃiʤi omogtə gatʃa.
妈妈　　牛奶　和　鸡蛋　买了
妈妈买了牛奶和鸡蛋。

虽然杜拉尔鄂温克语中有联合连词 ʃiʤi，但在田野调查中，一般只有 60 岁以上的老人才使用，一般年轻人在日常会话中大都直接省略，不使用联合连词。联合连词 ʃiʤi 在现代杜拉尔鄂温克语中使用率很低。

二 假设连词

杜拉尔鄂温克语的假设连词主要有 ajaki、ookki 两种。ajaki 的语法意义相当于汉语中的"如果"，ookki 的语法意义相当于汉语中的"若是"。二者在句中都表示事物和事物间，或动作行为与动作行为之间的某种假设关系。

例如：

ugilə ***ajaki*** tugsə ootʃa timatʃin tugsənə inig.
上面　如果　云　有了　明天　　阴　　天
如果天上有云了，明天会是阴天。

nooni ***ookki*** aatʃin bi nooni solbana ʃind denhua mondadu.
他　　若是　不在 我 他　　转告　你　电话　　打
他若是不在，我转告他给你回电话。

三　条件连词

杜拉尔鄂温克语的条件连词有 ooddi……taadi 和 tootʃʃi 两种。其语法意义相当于汉语的"因为"和"所以"。条件连词 ooddi 和 taadi 一般在句中前后一起出现，连接句中动作行为发生的原因和导致的结果。例如：

bu ***ooddi*** məəndi ʤuu aatʃinmu ***taadi*** məmə abaʤi əmund biʃimu.
我们 因为　自己　房子　没有　　所以　妈妈　爸爸和　一起　　住
因为我们没有自己的房子，所以和爸妈一起住。

bi tullə ugir ulər mandi ajawumə ***tootʃʃi*** diargoŋ gərbbitʃi bog itʃəmu.
我 旅　游　　非常　喜欢　所以　很多　有名　地方 看过
我很喜欢旅游，所以看过很多名胜古迹。

四　模糊连词

杜拉尔鄂温克语的模糊连词用 kiurd……kiurd 来表示，其语法意义相当于汉语中的"一会……一会"。模糊连词属于复合结构的连词，在现代杜拉尔鄂温克语中有很高的使用率。例如：

nooni ***kiurd*** ənətʃin ***kiurd*** tanatʃin.
他　　一会　这样　一会　那样
他一会这样，一会那样。

tullə *kiurd* ədidʒinrə *kiurd* jamannə.

外面　一会　刮风　一会　下雪

外面一会刮风一会下雪。

五　选择连词

杜拉尔鄂温克语的选择连词主要有 əʃiki 和 əmuŋki 两种。它们的语法意义相当于汉语中的"或者"和"要么"。例如：

nooni inigdi lantʃuul ugirəŋ, *əʃiki* dʒutʃuul ugirəŋ.

他　每天　篮球　玩　或者　足球　玩

他每天都打篮球或者踢足球。

unaadʒi nəkun ʃiŋtʃi inig madaŋ denjiŋ itʃirəŋ, *əmuŋki* nioroga niororən.

妹　妹　星　期日　每　电影　看　要么　画　画

妹妹每周日要么看电影要么画画。

əʃiki 和 əmuŋki 两个选择连词除了可以像上述例句中以单一形式使用外，也可以在前后两个分句中重复使用。其语法意义相当于汉语的"或者……或者"和"要么……要么"。例如：

bi *əʃiki* ʃaŋhaid gənnəmənʃinm, *əʃiki* bəjdʒiŋd gənnəmənʃinm.

我 或者　上海　去　或者　北京　去

我或者去上海，或者去北京。

talur temurdə *əmuŋki* ukuŋ tʃe imərəŋ, *əmuŋki* kafəj imərəŋ.

他们　早晨　要么　奶　茶　喝　要么　咖啡　喝

他们早晨要么喝奶茶，要么喝咖啡。

六　转折连词

杜拉尔鄂温克语的转折连词一般用 taadi 来表示，其语法意义相当于汉语的"但是"。一般在句中使用时连接前后动作行为，起到转折的作用。转折连词 taadi 在句首或句中都可以使用。例如：

taadi barandi paas ditie təgənə uluʤirən.
但是　多　公交车　地铁　坐　　走
但是，大多数时间坐公交车或者坐地铁。

amila bogi tugu mandi inigdi, *taadi* ʤullə bogji tugu mandi namugdi.
北　方的冬天　非常　冷　但是　南方的　冬天　很　温暖
北方的冬天很冷，但是南方的冬天却很暖和。

七　递进连词

杜拉尔鄂温克语的递进连词主要有 əli、nəŋ、haaʃ 三种。əli 和 nəŋ 这两个递进连词充当的语法意义相当于汉语中的"越……越"和"愈……愈"。通常在前后句中以重复的形式出现，不单独使用。递进连词 haaʃ 的语法意义相当于汉语中的"而且"。杜拉尔鄂温克语的递进连词在句中主要起到递进的作用。例如：

əli homdo ʤəəttə ʤibtərdiki *əli* ʤota.
越　少　饭　吃　越　瘦
吃的饭越少会越瘦。

nooni niahəŋ uug bitig *haaʃ* jiŋju uug bitig tatigaʤirən.
她　汉　语　课　而且　英　语　课　教
她不仅教汉语课，而且教英语课。

综上所述，杜拉尔鄂温克语的连词根据语法意义来分，主要有联合连词、假设连词、条件连词、模糊连词、选择连词、转折连词和递进连词 7 种类型。从使用情况来看，联合连词在现代杜拉尔鄂温克语中使用率较低，常常被省略；假设连词在句中使用率相对较高，通常表示事物和事物间，或动作行为与动作行为之间的某种假设关系；条件连词在句中也有一定的使用率，一般连接句中动作行为发生的原因和导致的结果；转折连词一般在句中连接前后动作行为，起到转折的作用，相对来说使用率较高；递进连词在句中主要起到递进的作用，在杜拉尔鄂温克语中也有一定的使用率。根据田野调查搜集整理的资料来看，现代杜拉尔鄂温克语口语中，人们在句中习惯省略连词，只有个别连词有一定的使用率，连词的数量和种类出现不断递减的现象。

第七节　语气词

杜拉尔鄂温克语的语气词是表达语气的虚词，通常表现说话人对人或事物的疑问、肯定、否定、惊叹、招呼或应许等语气。表示询问、应许等的语气词大多数用在句子的末尾，表示肯定、否定或招呼等方面的语气词大多数用在句首位置。从语气词在句中的语法意义来看，杜拉尔鄂温克语的语气词主要有肯定语气词、否定语气词、询问语气词、招呼语气词、惊叹语气词和给予语气词等。

一　肯定语气词

杜拉尔鄂温克语的肯定语气词一般用 ʤukərəŋ 来表示。其语法意义相当于汉语的"是""正确"。肯定语气词 ʤukərəŋ 在句中使用时，通常在句首位置。表示说话人对人或事物的肯定语气。例如：

ʤukərəŋ，miji　təgən hudəd　biʤirən.
是的　　　我的　家乡　草原　　在
是的，我的家乡在草原。

ʤukrəŋ ，ərte əmun mandi gərbbitʃi dolin ʃujtan.
是的　　这是 一　　很　　有名　　中　学
是的，这是一所很有名气的中学。

二　否定语气词

杜拉尔鄂温克语的否定语气词只有 əntu 一种。其语法意义相当于汉语的"不""不是"。使用时一般用在句首位置的情况较多。表达说话人对人或事物的否定语气。例如：

əntu，nooni niʃukun ʃujtanji səb.
不是　　她　小　学校的 老师

不是，她是一名小学教师。

否定语气词 əntu 也有用在句尾的现象，例如：

bi bəjʤiŋi bəj **əntu**.
我 北京的 人 不是
我不是北京人。

否定语气词 əntu 除了可以用在句首和句尾位置外，还可以单独使用，以短句的形式来表示否定。例如：

ʃiji təgənʃi ur bogd biʃin jə？
你的 家乡 山 区 在 吗
你的家乡是在山区吗？

əntu！
不是
不是！

三 询问语气词

杜拉尔鄂温克语询问语气词只有 jə 一种，其在句中的语法意义相当于汉语的"吗""吧"。一般询问语气词 jə 只用在句尾位置，在杜拉尔鄂温克语中有相当高的使用率。例如：

nooniji abani ərdəmtʃi bəj **jə**？
他的 爸爸 科学 家 吗
他爸爸是科学家吗？

ʃi temur ʤəətti johoŋ ʤibtʃə **jə**？
你 早晨 饭 什么 吃了 呀
你早饭吃了什么呀？

四 招呼语气词

杜拉尔鄂温克语的招呼语气词只有 *wəj* 一种。其语法意义相当于汉语的"喂"。一般只用在句首位置，表示招呼的语气。例如：

wəj，ʃi aji ʃi jə？
喂　你　好　吗
喂！你好吗？

wəj，mijid × × gələn buukə.
喂　给我 × × 找　请
喂？请帮我找下 ××。

五 给予语气词

杜拉尔鄂温克语的给予语气词只有 *ma* 一种。其语法意义相当于汉语的"给"。一般也只使用于句首位置。例如：

ma，ərte ʃiji dəgəlir tərgəni pioʃi.
给　这　你的　飞　机　票
给，这是你的飞机票。

ma，ʃi tiwənbioji oonned habtʃi.
给　你　体温计　腋下　夹
给，把体温计夹在腋下。

杜拉尔鄂温克语的语气词主要有肯定语气词、否定语气词、询问语气词、招呼语气词、给予语气词五种。这五种语气词在人们日常会话交流中有着较高的使用率，表达不同语气时。其中肯定语气词、否定语气词、招呼语气词和给予语气词在句首使用的情况较多，询问语气词一般出现在句尾位置。杜拉尔鄂温克语的语气词为人们表达不同语气和不同语义发挥着较为重要的作用。

第八节　助词

杜拉尔鄂温克语中助词的种类和数量极少。杜拉尔鄂温克语的助词一般黏着在名词类词、动词和词组后，有一定的语法意义或表示某种语气的作用。助词一般在句首或句中使用，也有个别使用在句尾的现象。根据田野调查搜集整理的资料来看，杜拉尔鄂温克语的助词从语法意义的角度，可以分为肯定助词和限定助词两种。

一　肯定助词

杜拉尔鄂温克语的肯定助词主要有 bikki、bitʃə、ʃi 三种。这三种肯定助词的语法意义相当于汉语的"是"。一般使用在名词、形容词、代词、形动词或词组后，对其前面的词或词组起到判断和肯定的作用。肯定助词 bitʃə 和 ʃi 在句尾使用的情况较多。肯定助词 bikki 一般只用在句中位置。例如：

ʃiji gəərbi **ʃi** məəji ajmən　uug　　jə？
你的 名字 是 自己　民族　语言　　吗
你名字是你自己民族的语言吗？

ʃi iləji bəj **ʃi**？
你 哪里 人 是
你是哪里人？

nooni **bikki** əmun　denno tatigardʒir bagʃi.
她　　是　　一　计算机　教　　老师
她是一名教计算机的老师。

talur diargoŋ gərbbitʃi bogd gəntʃə **bitʃə**.
他们 很多　　有名的　 地方 去过　 是
他们去过很多名胜古迹。

二　限定助词

杜拉尔鄂温克语的限定助词只有 hosən 一种。其在句中的语法意义相当于汉语的"只"。一般使用在名词、形容词、代词、形动词或词组后，对其前面的词或词组起到限定的作用。限定助词 hosən 一般出现在句首或句中，几乎没有在句尾使用的情况。例如：

bi əmun əbirkən naŋda sebi gamənʃim，pusuldoola *hosən* hoŋdirin ʤutʃi biʃin.
我　一　浅色　皮鞋　想买　　商场里　只有　黑　色　有
我想买一双浅色皮鞋，商场里只有黑色的。

taluri ʤuuni temur *hosən* ʃiŋgən ʤəəttə imərəŋ，oonikə əʃin ʤibtən.
他们的　家　早晨　只　稀　粥　喝　什么　不　吃
他们家早上只喝稀粥，其他什么都不吃。

总之，现代杜拉尔鄂温克语中助词的使用率很低，人们在日常口语会话中也不常使用助词。助词的语法意义和语法作用在杜拉尔鄂温克语中不断减弱。

第九节　拟声拟态词

杜拉尔鄂温克语的拟声拟态词通常是以词的形式模拟自然界中动物、植物或自然现象的声音、动作行为特征。杜拉尔鄂温克语中拟声拟态词数量相当多，其表现形式一般是以同一个词重叠的形式来表现。杜拉尔鄂温克语的拟声拟态词分为拟声词和拟态词两种。

一　拟声词

杜拉尔鄂温克语的拟声词主要是以词的形式模拟人、动物、植物或自然现象的声音特征。下面分别从模拟人的声音特征、模拟动物的声音特征、模拟植物的声音特征和模拟自然现象的声音特征几个方面来举例说明。

（一）模拟人声音特征的拟声词

顾名思义，模拟人的声音特征的拟声词，就是以词的形式模拟人说话的声音或是人的身体发出的声音。例如：

unaaʤi nəkunbə **waar waar** soŋoʤirən.
妹　　妹　　　哇　哇　　在哭
妹妹在哇哇地哭。

urkəkən nəkun **hur hur** aasəʤirən.
弟　　弟　　呼　呼　　在睡
弟弟在呼呼地睡觉。

tari sagde bəj **nuŋ nuŋ** jenʃiʤirən.
那个 老　人 嘟嘟 囔囔　唠叨着
那个老人在嘟嘟囔囔地唠叨着。

naini **əŋəŋ ɦeɦe** dunburəʤirən.
姑姑 嗯嗯 喃喃　　嘟囔着
姑姑在嗯嗯喃喃地嘟囔着。

除了上述例子中出现的拟声词外，杜拉尔鄂温克语中还有许多模拟人说话的声音或是人的身体发出的声音，例如：

hor hor　　　模拟人肚子咕噜咕噜的声音
gar gar　　　模拟人哇啦哇啦大声说话的声音
polo polo　　模拟人叽里呱啦不停说话时的声音

（二）模拟动物声音特征的拟声词

杜拉尔鄂温克语中模拟动物声音特征的拟声词种类很丰富。在句中加入模拟动物声音的拟声词时，可以更加形象和生动地表现出句子的感情色彩。例如：

honin ur dilə *mee mee* meraʤirən.
羊　　山　上　咩　咩　　叫着
羊在山上咩咩地叫着。

ukur həur doola *moo moo* mooroʤirən.
牛　　圈　里　哞　哞　　叫着
牛在圈里哞哞地叫着。

除了上述例子中，杜拉尔鄂温克语中模拟动物声音特征的拟声词还有许多，例如：

goo goo	模拟鸡咕咕叫的声音
gaa gaa	模拟乌鸦嘎嘎叫的声音
gəkku gəkku	模拟布谷鸟咕咕叫的声音
waŋ waŋ	模拟狗从远处汪汪叫的声音
waw waw	模拟狗从近处汪汪叫的声音

（三）模拟植物和自然界发出声音特征的拟声词

模拟植物和自然界发出声音特征的拟声词，主要有模拟下雨、刮风、打雷、下雪等自然现象以及人们生活中的各种工具发出的声音。例如：

ədu tiiniol3ni *piaar piaar* nirgitʃa, əmun udu odontʃa.
这里　昨天　　噼里　啪啦　打雷了　一　大　下雨
昨天这里噼里啪啦地打雷，下了一场大雨。

tullə *ʃaar ʃaar* ədiʤinrə, əru ookki jamannə.
外面　呼　呼　刮风　　这样　也许　下雪
外面在呼呼地刮着风，也许要下雪了。

除了上述例子中的拟声词，杜拉尔鄂温克语中还有许多模拟下雨、刮风等自然现象发出的声音特征的拟声词，例如：

| pol pol | 模拟水烧开时发出的声音 |

sur sur	模拟落叶被风吹时发出的声音
ʃor ʃor	模拟雨哗哗下时发出的声音
pitpat pitpat	模拟雨滴滴答答下时发出的声音
huur huur	模拟风呼呼吹时发出的声音
sər sər	模拟风力较小时发出的声音

二 拟态词

杜拉尔鄂温克语的拟态词在句中使用率较高，根据语法意义可以分为模仿人的动作行为、状态、神态的拟态词和模仿动物的动作行为、状态、神态的拟态词两种。

（一）模仿人的动作行为、状态、神态的拟态词

nooni aməgədʒi ***obbur obbur*** koorədʒirəŋ.
他　　嘴用　　一撇　一撇　　　聊天
他嘴一撇一撇地在聊天。

tari sagde bəj ***meedeg meedeg*** ulədʒirəŋ.
那个 老 人　　一瘸　　一瘸　　　走着
那个老人一瘸一瘸地走着。

əkə jasəldʒi ***boltur boltur*** waalendʒirəŋ.
姐姐 眼睛　　一瞪　一瞪　　　吵架
姐姐眼睛一瞪一瞪在吵架。

除了上述例句中的拟态词外，杜拉尔鄂温克语中模仿人的动作行为、状态、神态的拟态词还有很多，例如：

giləŋ giləŋ	模仿人偷偷摸摸的动作
lajbar lajbar	模仿人脏兮兮的样子
əbbur əbbur	模仿老人慢吞吞的动作
ardʒig ardʒig	模仿人张牙舞爪的神态
ərbəgər ərbəgər	模仿头发乱糟糟的状态

（二）模仿动物等动作行为、状态、神态的拟态词

杜拉尔鄂温克语中模仿动物的动作行为、状态、神态的拟态词数量较多，在句中使用率较其他拟态词更高。例如：

gilaŋ gilaŋ	模仿事物一闪一闪的样子
ardʒigar ardʒigar	模仿事物尖尖的形状
taŋga taŋga	模仿动物摔跤的动作

oʃitto ugilə *gilaŋ gilaŋ* ilaantdʒirəŋ.
星星 天上 一闪 一闪 在发光
星星在天天一闪一闪地发着光。

总而言之，上述列举的杜拉尔鄂温克语的拟声词和拟态词，只占杜拉尔鄂温克语拟声拟态词中的一小部分。杜拉尔鄂温克语的拟声拟态词数量之多，种类之丰富，在文中无法逐个阐述。之所以杜拉尔鄂温克语有种类繁多的拟声拟态词，主要与杜拉尔鄂温克乡的原生态环境和动植物的多样性有着密切的关系。杜拉尔鄂温克人在早期的会话中，根据人或事物的声音、动作行为等特征，不断地创造和丰富着表述这些状态特征的词汇。在现代杜拉尔鄂温克语中拟声拟态词仍然有着较高的使用率，从而使人们相互间的交流更加生动和形象。

第三章　语法形态变化及其结构体系

　　杜拉尔鄂温克语的语法形态变化系统，以名词类词的语法形态变化现象和动词类词的语法形态变化现象为主构成。其中，名词类词包括名词、代词、数词、形容词以及部分副词，动词类词包括动词、助动词、形动词和副动词。从狭义的角度来划分，杜拉尔鄂温克语的基本词汇按照词的性质可以分为名词、动词、形容词、数词、连词、副词、语气词、助词、拟声拟态词、感叹词、代词等。名词类词的语法形态变化系统主要有复数形态系统、格形态变化系统、级形态变化系统、领属形态变化系统四种结构类型。动词类词的语法形态变化系统主要包括体形态变化系统、态形态变化系统、式形态变化系统、形动词形态变化系统、助动词形态变化系统和副动词形态变化系统 6 种结构类型。这些名词类词和动词类词的形态变化语法体系大部分是以词根或词干后接缀固定不变的形态变化语法词缀而成。没有接缀形态变化语法词缀的词根或词干一般不能在句中直接使用。词根或词干后只有接缀有形态变化语法词缀才能正确地表达完整和准确的语法意义。本章主要从名词类词的数形态变化、格形态变化、领属形态变化现象、级形态变化以及动词类词的态形态变化、体形态变化、式形态变化、形动词形态变化、副动词形态变化和助动词形态变化现象的角度，对杜拉尔鄂温克语语法形态变化及其结构体系展开全面的探讨。

第一节　数形态变化系统

　　杜拉尔鄂温克语中存在数形态变化现象。而且，数形态变化现象又分单数形态变化现象和复数形态变化现象两种。单数以名词类词词根或词干形式表现，不需要任何形式和内容的形态变化语法词缀。也就是说，杜拉尔鄂温克语的单数形态变化现象属于零形式。与此相反，复数以在名词类词词根或词干后接缀特定形态变化语法词缀之形式表示，也有用名词类词谐音形式或将数量词放在名词类词前表示复数的情况。由此可见，杜拉尔鄂温克语的复数形态变化系统结构十分复杂。

一　单数形态变化现象

杜拉尔鄂温克语的单数形态变化语法现象通常不接缀任何形式的形态变化语法词缀，而是以名词类词词根或词干形式表现。例如：

haʃenku	刷子	buluku	镜子	darkkur	簸箕
səltug	垫子	saran	雨伞	honin	羊

以上例举的词都是以名词类词词根或词干形式表现的单数形态变化类词。它们的语法内涵分别是"一个刷子"、"一个镜子"、"一个簸箕"、"一个垫子"、"一个雨伞"和"一只羊"。如果这些例词在句中出现时，没有接缀任何形态变化语法词缀，通常都是表示单数形态变化的语法范畴。例如：

ər ʃiji **saran**.

这 你的 雨伞

这是你的（一个）雨伞。

aha əwən ʤibtʃə.

哥哥 饼 吃了

哥哥（一个人）吃了饼。

honin ur dilə orookto ʤibʤirən.

羊 山 上 草 吃

羊（一只）正在山上吃草。

上述三个例句中，saran "雨伞"、aha "哥哥"、honin "羊"都是没有接缀任何形式的形态变化语法词缀，是以名词词根的形式来表示单数形态变化语法结构的名词。

如果需要强调名词类词的单数形式，通常可以用基数词 əmunkən "一" +

名词的形式来表示单数概念。例如：

aha **əmunkən** əwən ʥibtʃə.
哥哥　自己　饼　　吃了
哥哥自己吃了饼。

əmunkən honin ur dilə orookto ʥibʥirən.
一只　　　羊　山 上　草　　吃
一只羊正在山上吃草。

上述两个例子中，基数词 əmunkən 与名词搭配使用，可以表示"独自"或"一"的语法概念。基数词 əmunkən 用在名词前时，通常表示对所指的人或物不太熟悉。用在名词后时，通常表示熟悉所指的人或物。例如：əmunkən aha əwən ʥibtʃə 译为"一个哥哥吃了饼"，aha əmunkən əwən ʥibtʃə 则译为"哥哥独自吃了饼"。

二　复数形态变化现象

与单数形态变化语法结构相比，杜拉尔鄂温克语的复数形态变化现象十分复杂。复数形态变化现象的语法表现形式通常是在名词类词词根或词干后接缀复数形态变化语法词缀，也有用名词类词谐音形式或将数量词放在名词类词前表示复数的情况。复数形态变化现象中，有单一辅音因素构成的形态变化语法词缀，也有单一中性元音构成的形态变化语法词缀，另外还有辅音因素和中性元音组合而成的形态变化语法词缀。这些固定不变的形态变化语法词缀接缀于名词类词后，表示名词类词的复数形态变化。

（一）复数形态变化语法词缀 -s

形态变化语法词缀 -s 早期用来表示复数语法概念，能够直接接缀于任何名词类词词根或词干后面。不过，当名词是由鼻辅音 n 或 ŋ 结尾时，会出现鼻辅音脱落现象。当然，形态变化语法词缀 -s 接缀于除鼻辅音 n 或 ŋ 以外的其他辅音结尾的名词词根或词干后面时，需在 -s 前添加过渡音。在由元音结尾的名词类词后面接缀 -s 时，就不需要添加任何其他音，可直接接缀于名词类词词根或词干后面。例如：

inkin 狗 + -s = inki(n)s 许多狗

olorda 杨树 + -s = olordas 许多杨树

honi(n)-s ur dilə orookto ʤiʤʤirən.
羊　们山　上　草　　吃 它们
羊群正在山上吃草。

aha-s laoʤi tullə ʤəəttə ʤibrən.
哥哥们 经常 外面　饭　　吃
哥哥们经常在外面吃饭。

əki(n)-s əʃi ʃujtandu biʤirən.
姐姐 们 现在 学校　　在 她们
姐姐们现在在学校。

以上三个句子中，复数形态变化语法词缀 -s 分别接缀于名词 honin "羊"、aha "哥哥" 和 əkin "姐姐" 的后面，表示名词的复数形式 "羊群"、"哥哥们""姐姐们"。由于 honin "羊" 和 əkin "姐姐" 是以鼻辅音 n 结尾的名词，因此接缀复数形态变化语法词缀 -s 时，省略了鼻辅音 n。aha "哥哥" 是以元音结尾的名词，因此可以直接接缀语法词缀 -s。

（二）复数形态变化语法词缀 -r

复数形态变化语法词缀 -r 也是杜拉尔鄂温克语早期成分之一。根据调查资料，语法词缀 -r 通常接缀于表示亲属称谓或自然物及相关名称后面或部分代词后表示复数概念。不过与其他复数后缀相比，形态变化语法词缀 -r 的使用率较低，在现代杜拉尔鄂温克语中已经很少被使用。而且，语法词缀 -r 接缀于由鼻辅音结尾的名词类词后面时，鼻辅音 n 或 ŋ 要产生脱落现象。例如：

nəkun 弟弟 + -r = nəku(n)r 弟弟们

ʤolo 石头 + -r = ʤolor 许多石头

naini-r əʃi ʤuudu ʤəəttəwə   ooʤirən.
姑姑们 现在 家里   饭 把 做 正在她们
姑姑们现在正在家里做饭。

unaaʤi nəku(n)-r əʃi ʃujtandu tatiʤirən.
妹   妹   们 现在 学校   学习 正在她们
妹妹们现在正在学校学习。

ədu *ʤolo-r* biʤirən.
这里石头许多 有
这里有许多石头。

上述三个句子中，复数形态变化语法词缀 -r 分别接缀于名词 naini "姑姑"、unaaʤi nəkun "妹妹" 和 ʤolo "石头" 的后面，从而表示 naini-r "姑姑们"、unaaʤi nəku(n)-r "妹妹们" 和 ʤolo-r "石头" 这类复数形态变化语法概念。其中，unaaʤi nəkun "妹妹" 是以鼻辅音 n 结尾的名词，因此接缀语法词缀 -r 时，词尾的鼻辅音 n 产生脱落。

（三）复数形态变化语法词缀 -l

杜拉尔鄂温克语中复数形态变化语法词缀 -l 主要接缀于亲属称谓、职务名称或部分人称代词后。复数形态变化语法词缀 -l 接缀于由鼻辅音 n 或 ŋ 结尾的名词类词词根或词干时，鼻辅音 n 或 ŋ 同样要产生脱落现象。伴随语言的变迁和使用情况的变化，在现代杜拉尔鄂温克语中，复数形态变化语法词缀 -l 使用率也变得很低。

unaaʤi 姑娘 + -s = unaaʤil 姑娘们
niʃukur 孩子 + -s = niʃukur(u)l 孩子们

niʃukur(u)-l timatʃin ədu əməʤə.
孩子   们   明天 这里 来要他们
孩子们明天要来这里。

noji(n)-l albandu gərbədʒirən.

领导们　　机关在　工作正在他们

领导们正在机关工作。

səbə-l gub nooni əsen ajawu.

老师们都　　他　不　　喜欢

老师们都不喜欢他。

上述三个句子中，复数形态变化语法词缀 -l 分别接缀于 niʃukur "孩子"、nojin "领导"、səbə "老师" 的后面，表示 niʃukur(u)-l "孩子们"、noji(n)-l "领导们" 和 səbə-l "老师们" 等名词类词的复数语法概念。

（四）复数形态变化语法词缀 -sul

田野调查资料表明，杜拉尔鄂温克语中复数形态变化语法词缀 -sul 是现代杜拉尔鄂温克语使用率最高的复数形态变化语法词缀。复数形态变化语法词缀 -sul 通常可以接缀于任何名词类词词根或词干后表示名词类词的复数语法概念。例如：

unaadʒi 姑娘 + -sul = unaadʒisul 姑娘们

bəj 人 + -sul = bəjsul 许多人

aha-sul bəjni noonduki gogdo.

哥哥们　身体　　他　比　　高

哥哥们个子比他高。

muji ***gəərbi-sul*** doolamo hali aatʃin.

我们的 名字 们　里面我们　姓　没有

我们的名字里面没有姓。

miji dʒuujiwə urki dʒulilə tow tondo ***moodo-sul*** biʃin.

我的　家　　门　前　　直直的　树许多　有

我家门前有许多笔直的大树。

上述例句中，复数形态变化语法词缀 -sul 分别接缀于 aha "哥哥"、gəərbi "名字"、moodo "树" 的后面，从而表示 aha-sul "哥哥们"、gəərbi-sul "许多名字"、moodo-sul "许多树" 等名词类词的复数语法概念。

（五）复数形态变化语法词缀 -lur

田野调查资料表明，杜拉尔鄂温克语中复数，形态变化语法词缀 -lur 是早期复数形态变化语法词缀之一。在现代杜拉尔鄂温克语中，除了老年人还在使用外，年轻人几乎已经不再用语法词缀 -lur 表示复数语法概念。现代杜拉尔鄂温克语中的指示代词 talur "他们"、əlur "人们" 都是早期的复数形态变化语法词缀 -lur 在指示代词演化而来。例如：

talur gərbədi tərgəŋ ilbərəŋ jə？
他们　上班　车　开　吗
他们开车上班吗？

talur irkin ʤuu gatʃan.
他们　新　房子　买了
他们买了新房子。

上述两个例句中，接缀有复数形态变化语法词缀 -lur 的人称代词 talur 就是早期的复数形态变化语法词缀 -lur 在指示代词中保留并演化而来的，但在现代杜拉尔鄂温克语中，其与指示代词已融为一体而不再单独作为复数形态变化语法词缀来使用。

（六）复数形态变化语法词缀 -nur

复数形态变化语法词缀 -nur 也是早期的复数形态变化语法词缀之一。复数形态变化语法词缀 -nur 通常接缀于表示亲属称谓的名词类词后。根据田野调查资料，现代杜拉尔鄂温克语中复数形态变化语法词缀 -nur 通常接缀于表示兄弟姐妹的人称代词后。而且，语法词缀 -nur 接缀于鼻辅音结尾的名词类词后面时，鼻辅音 n 或 ŋ 要产生脱落现象。例如：

əki(n)-nur　əʃi honinbə ur diilədu adolaʤirən.

姐姐　们　现在羊 把 山 上 与　放牧 她们正在

姐姐们现在正在山上放羊。

məmə　*urkəkən nəku(n)-nurwə* ʃujtand iraatʃa.

妈妈　弟　　弟　们把　学校 送到了她

妈妈把弟弟们送到了学校。

aha-nur　əʃi ilə biʤirən？

哥哥们　现在 哪里 在他们

哥哥们现在在哪里？

上述三个例句中，复数形态变化语法词缀 -nur 分别接缀于人称代词 əkin "姐姐"、urkəkən nəkun "弟弟"、aha "哥哥" 的后面，从而表示 əkinur "姐姐们"、urkəkən nəkunur "弟弟们"、ahanur "哥哥们" 的复数语法概念。

除了在名词类词词根或词干后接缀上述六种复数形态变化语法词缀的形式表示名词类词的复数语法概念外，杜拉尔鄂温克语中还有在名词类词前使用具体的数词来表示复数语法概念的语法表现形式。一般在名词类词前使用具体的数词时，名词类词词根或词干后的复数形态变化语法词缀要省略。例如：

muji ʃujtandu *nugun meŋgay bəj* biʃin.

我们的 学校　六　　千　人　有

我们学校有六千人。

muji ʤuudumu *ʤuur honin* biʃin.

我们的 家 里　　二 羊　有

我们家里有两只羊。

综上所述，杜拉尔鄂温克语中有复数形态变化现象，并用特定的复数形态变化语法词缀来表示。根据以上的分析讨论，形态变化语法词缀 -s、-r、-l 是最早用来表示复数概念的词缀。复数形态变化语法词缀 -s 现在仍有一定使用率。复数形态变化语法词缀 -r 虽然在现代杜拉尔鄂温克语里仍被使用，但使用率也不断降低。复数形态变化语法词缀 -l 在现代杜拉尔鄂温克语内虽然被使用，但使用范围、使用条件和使用关系产生了很大变化，进而使用率在不断降低，适用面也在不断缩小；根据田野调查资料，复数形态变化语法词缀 -sul 是现代杜拉尔鄂温克语里使用率最高且使用面最广泛的复数形态变化语法词缀；复数形态变化语法词缀 -lur 现在除了个别老人之间相互交流时还会使用外，现代鄂温克语中几乎不再用语法词缀 -lur 接缀名词类词词根或词干的形式表示复数语法概念了；复数形态变化语法词缀 -nur 也是早期的复数形态变化语法词缀之一，现代杜拉尔鄂温克语中大多只接缀于表示兄弟姐妹的人称代词后，使用率变得很低，使用条件也变得十分有限。

另外，杜拉尔鄂温克语中，还有用重复单数形式的名词类词来表示复数语法概念的情况。例如：ʤiga ʤiga aatʃin "没有许多的钱"、gialaŋ gialaŋ patʃuhun "许多房间很乱"等。这些以重复单数形式的名词类词的形式来表示复数语法概念的情况，通常都表示说话人带有反感或不满的情绪。在现代杜拉尔鄂温克语中，以这种形式表示复数语法概念的情况逐渐在增多，尤其是在年轻人的日常交流对话中，省略名词类词词根或词干后接缀复数形态变化语法词缀，而以重复单数形式的名词类词来表示某种复数概念的现象十分普遍。复数形态变化语法词缀的使用率已在逐渐降低。

第二节　格形态变化系统

一　杜拉尔鄂温克语格形态变化现象的分类

杜拉尔鄂温克语格形态变化现象根据功能和意义的不同，分为主格、领格、确定宾格、造格、位格、从格、方向格、与格、比较格、有格、所有格、不定位格以及不定宾格 13 种。除了主格以零形式变化不接缀特定词缀外，其他 12 种格形态均以名词类词词根或词干后面接缀特定形态变化语法词缀词缀的形式来表示。其中部分形态变化语法词缀有元音和谐现象，因此需要遵循元音和谐规律。以下是杜拉尔鄂温克语的 13 种格形态变化语法词缀。

主格	零形式
领格	-ji、-i
确定宾格	-wa、-wə、-ba、-bə
造格	-ʤi
位格	-la、-lə、-du、-dula、-dulə
从格	-duki、-diki
方向格	-tki、-tuka、-tukə、-kaki、-kəki
与格	-du、-d
比较格	-diki、-duki、-ki
有格	-ʧi
所有格	-ten
不定位格	-li
不定宾格	-je

可以看出，以上格形态变化现象里，除了主格之外的 12 种格形态变化现象均有特定语法词缀。其中，有的语法词缀体现出元音和谐规律，有的却存在元音和谐现象；有的语法词缀有辅音音变现象，也有出现两个或两个以上语法词缀的情况。总的说来，杜拉尔鄂温克语的格形态变化现象及其表现形式都比较复杂。

二　杜拉尔鄂温克语格形态变化现象的具体分析

（一）主格

如上所说，杜拉尔鄂温克语的格形态变化系统中，主格是唯一没有接特定词缀，以单复数的词根或词干本身形式来表示的，因此通常称其为零形式变化语法词缀。主格通常表示动作或行为的主体或叙述对象，在句子中充当句子的主语。例如：

honin　ur　dilə　orookto　ʤibʤirən.
羊　　山　上　草　　吃
羊正在山上吃草。

miji **məmə** ʤuuduwi ʤəəttə ələʤirən.
我的　妈妈　　家里　　饭　　做

我的妈妈正在家里做饭。

nooni sujtanʤi ulikintʃə.
他　　　学校　　离开

他已经离开学校了。

上述例句中名词 honin "羊"、məmə "妈妈" 和单数第三人称代词 nooni "他" 是以名词类词的词干形式出现，不需后接特定形态变化语法词缀而以零形式表示主格语法概念的产物。

（二）领格

格形态变化系统中，人或事物间的领属关系是由领格形态变化语法词缀来表示，将特定语法词缀 -ji 或 -i 接缀于名词类词词根或词干后面。其语法内涵相当于汉语的 "的"。具体是将形态变化语法词缀 -ji 接缀于由元音结尾的名词类词词根或词干后面，-i 则接缀于由辅音结尾的名词类词词根或词干后面。例如：

mi-ji ʤuuwi imiŋlə biʤirən.
我 的　　家　　伊敏　　在

我的家在伊敏。

ələ-ji ʃanden ʤaan ərindu urkije najiran.
这里的　商店　　十　　点　　门　　开

这里的商店十点开门。

ʃaŋirin **ʤuu-ji** ollondu sujtaŋ.
黄色　房子的　　旁边　　学校

黄色房子的旁边是学校。

ər untəwə **honin-i** nandaʤi ootʃa.
这 鞋　 用　　 羊　　 皮　　做

这双鞋是用羊皮做成的。

上述例句中，特定形态变化语法词缀 -ji 接缀于由元音结尾的人称代词 mi "我"、名词 ʤuu "房子"、方位词 ələ "这里" 等名词类词词根或词干后面，而形态变化语法词缀 -i 接缀于由鼻辅音 n 结尾的名词 honin "羊" 的后面，进而完整地表达了领格形态变化现象的语法概念。

（三）确定宾格

调查资料表明，杜拉尔鄂温克语确定宾格形态变化现象的表现形式是在名词类词后面接缀 -wa、-wə 和 -ba、-bə 两套语法词缀，并且，主要表示与动作行为明确相关的人或事物，或指动作行为的支配对象时，其表示的语法概念相当于汉语的 "把"。在这里有必要提出的是，这两套形态变化语法词缀存在元音和谐现象和词缀首辅音出现语音交替。根据元音和谐规律，将语法词缀 -wa 和 -ba 接缀于由阳性短元音 a 和阳性长元音 aa 为主构成的名词类词词根或词干后面；将语法词缀 -wə 和 -bə 接缀于由阴性短元音 ə 和阴性长元音 əə 为主构成的名词类词词根或词干后面。另外，根据词首语音交替中出现的辅音音素的相关使用原理，把语法词缀 -ba 和 -bə 接缀于由鼻辅音 ŋ、m、n 结尾的名词类词词根或词干后，把语法词缀 -wa 与 -wə 接缀于非鼻辅音及由元音结尾的名词类词词根或词干后面。例如：

haʃhan-ba　moodu　ujikə.
小狗　　　　把　树　　拴
把小狗拴到树上吧。

ər　oktʃon　**geran-ba**　ilganam　juugukə.
这　鱼　　刺儿把　　挑　　出来
请你把这里的鱼刺挑出来吧。

ʃi　ər　**ur-wə**　juukə.
你　这　山把　爬
请你攀登这座山。

nooni məmə honini ***nanda-wa*** gatʃa.
他的　妈妈　羊的　皮　把　买了
他妈妈买了羊皮。

上述例句中，确定宾格形态变化语法词缀 -ba 接缀于由鼻辅音 n 结尾的名词 haʃhan "小狗"、geran "刺儿"后，形态变化语法词缀 -wə 接缀于由非鼻辅音结尾的名词 ur "山"及由元音结尾的名词 nanda "皮"后面，进而表示动作行为直接的支配对象。

（四）造格

杜拉尔鄂温克语格形态变化现象中有造格现象，造格也称工具格。我们的研究表明，造格的语法概念要用形态变化语法词缀 -dʒi 来表示。另外，形态变化语法词缀 -dʒi 所表示的是人或他物间产生的使用关系时，可以与汉语的 "使用"或 "让"相提并论。由于造格形态变化语法词缀没有元音和谐现象和辅音交替内容，使用时不受这两个方面的制约和限制，使用起来比较自由。例如：

bi ***dʒiʃintʃə-dʒi*** sujtandu əmətʃ.
我　自行车用　学校　来
我是骑自行车来上学的。

məmə ***hanta-dʒi*** se ələdʒirən.
妈妈　大米用　奶茶　正在做
妈妈正在用大米做奶茶。

ər untəwə honini ***nanda-dʒi*** ootʃa.
这　鞋用　羊　皮　做
这双鞋是用羊皮做成的。

上述三个例句内造格形态变化语法词缀分别接缀于名词 dʒiʃintʃə "自行车"、hanta "大米"、nanda "皮"后面，表示 "我"与 "自行车"、"妈妈"与 "大米"、"这"与 "皮"之间的使用关系。

（五）位格

杜拉尔鄂温克语位格形态变化现象相对复杂，要用 -la、-lə 与 -du 及 -dula、-dulə 三套形态变化语法词缀来表现。这些形态变化语法词缀接缀于名词类词词根或词干后，主要表示行为动作发生的场所和地点。位格表示的语法概念为"在"或"里"。我们的研究表明：（1）形态变化语法词缀 -la、-lə 是较早表示位格语法概念的词缀，也是使用方面较为广泛的语法形式，特别是在老年人中，使用较为普遍。（2）形态变化语法词缀 -dula、-dulə 是早期的位格形态变化语法词缀 -la、-lə 以及 -du 相结合的产物。（3）形态变化语法词缀 -du 虽有一定使用率，但与其他两种位格形态变化语法词缀相比，使用率要低。-la、-lə 与 -dula、-dulə 有元音和谐现象，所以使用时要遵循元音和谐规律，将形态变化语法词缀 -la 和 -dula 接缀于由阳性元音为主的名词类词词根或词干的后面，将形态变化语法词缀 -lə 和 -dulə 接缀于由阴性元音和中性元音为主的名词类词词根或词干后。例如：

məmə **ʤuu-dulə** biʃin.
妈妈　屋子　里　有
妈妈在屋子里。

ələ-dulə mandi　baran　honin　biʃin.
这里　　很　　多　　羊　　有
这里有许多的羊。

ʃiji　bitik　**ʃirə-dulə** biʃin.
你的　书　　桌子　　有
你的书在桌子上面。

以上例句中，位格形态变化语法词缀 -du 接缀于名词 ʤuu "屋子"、ʃirə "桌子" 及方位词 ələ "这里" 后面，十分明确地指出了动作行为发生的场所与地点。另外，杜拉尔鄂温克语的位格形态语法词缀常接缀于方位词或指示代词词根或词干后，从而以位格形态变化的形式表示动作行为发生的具体场所或位置。例如：在指示代词词根 ə- "这"、

ta-"那"及方位词词干 ugi-"上"、ərgi- "下"等后面接缀位格形态变化语法词缀 -lə 或 -la，从而构成指示代词 ələ"这里"、tala"那里"及方位词 ugilə"上"、ərgilə"下"。

（六）从格

杜拉尔鄂温克语中，表示行为动作从某时、某处起始时，往往要使用形态变化语法词缀 -duki 或 -diki 。也就是说，这两个形态变化语法词缀接缀于名词类词词根或词干后，要表示"从"的语法概念。其中 -duki 是早期成分，有很高使用率。我们认为，形态变化语法词缀 -diki 本来是表示比格语法意义的，后来被借入从格领域。从格的形态变化语法词缀不受元音和谐规律的限制，可以使用于任何名词类词词根或词干后。例如：

honin   **ur-duki**   əwənətʃə.
羊   山上   从   下来了
羊从山上下来了。

nooni   miji   amila **bəj-duki**   tuuləm   ulətʃə.
他   我   后面   身边   过去   走了
他从我后面跑过去了。

ahawə   **tari-diki**   tiktʃə.
哥哥   那   摔下来了
哥哥从那摔下来了。

显而易见，上面的例句中，从格形态变化语法词缀 -duki 与 -diki 分别接缀于名词 ur"山"、bəj "身边"以及指示代词 tari"那"后面，从而表示动作行为的起始地点和经过之处，阐述了从格形态变化语法词缀所包含的语法意义。

（七）方向格

杜拉尔鄂温克语有方向格。方向格是格形态变化现象中用来表示动作行为运行、发展方向的语法手段。方向格形态变化语法词缀的构成情况比较复杂，

它是由 -tki 与 -tuka、-tukə 及 -kaki、-kəki 等形态变化语法词缀组合而成。这些形态变化语法词缀接缀于名词类词后面，表示相当于汉语的"朝""向"等。其中，-tuka、-tukə 可能属于较早的语法表现形式，使用率也最高；-tki 可能是 -tuka 与 -tukə 的元音 u 消失后新形成的；-kaki、-kəki 也似乎是后来出现的方向格形态变化语法词缀，并有一定使用率。由于方向格形态变化语法词缀中存在元音和谐现象，所以，根据元音和谐规律，-tuka 和 -kaki 接缀于由阳性元音为主的名词类词后面，-tukə 与 -kəki 接缀于由阴性元音和中性元音为主构成的名词类词后面。例如：

nəhun ***aha-tki*** alagadʒiran.
弟弟　哥哥 朝　　走去
弟弟朝哥哥的方向走去。

nooni ***tərgən-tukə*** əmərən.
他　　车子 朝　　来
他朝车子的方向来。

baran honin ***bira-kaki*** ulirən.
多　 羊　 河　 向　 走
许多的羊走向河水。

（八）与格

杜拉尔鄂温克语与格形态变化语法词缀是 -du 与 -d。接缀于名词类词后面的 -du 与 -d 主要表示动作行为的对象，意思为"给予""给"。其中，-du 可能是早期形式，而 -d 是 -du 脱落元音 u 后的新形式。-d 一般都使用于由元音结尾的名词类词后面，形态变化语法词缀 -du 在使用方面没有什么限制条件。例如：

ər dʒakwa ***aha-du*** buutʃe.
这　东西　哥哥　 给了
这东西给哥哥了。

noonba ***suʃtan-du*** buutʃe.
他 把 学校 给

把他送到学校了。

可以看出，上面两个句子里，名词 aha "哥哥" 和 suʃtan "学校" 后面都接缀了与格形态变化语法词缀 -du，从而表示了动词 buutʃe "给" 的对象及与格语法概念。

（九）比较格

比较格也称比格，形态变化语法词缀 -diki、-duki、-ki 接缀于名词类词词根或词干后面，表示人或事物间的比较关系，或对比性质的语法意义，即"比"的意思。比较格的形态变化语法词缀不仅常用于名词词根或词干后，还被用于数词、方位词、形容词词根或词干后。比较格形态变化语法词缀 -diki 可能是最早的形式，后来从格的形态变化语法词缀 -duki 也被用于表达比较格的语法概念。我们认为，这种现象或许是杜拉尔鄂温克语使用人数越来越少，语言处于严重严重濒危的情况下，语法的使用不太严谨所导致。形态变化语法词缀 -ki 是 -diki 的 -di 的省略或丢失形式，使用率并不高。例如：

walirin tərgətʃi ʃaŋirin ***tərgətʃi-diki*** aji.
红色 衣服 黄色 衣服 比 好

红衣服比黄色衣服好看。

ahawa bəjni ***noon-duki*** gogdo.
哥哥 身体 他 比 高

哥哥个子比他高。

əri tərgən tari ***tərgən-ki*** bəki.
这 车 那 车 结实

这个车比那个车结实。

这三个例句里，比较格形态变化语法词缀 -diki、-duki、-ki 分别接缀于名词 tərgətʃi "衣服"、代词 nooni "他"、名词 tərgən "车" 后面，表示两种事物间存在的"比较"关系。

（十）有格

杜拉尔鄂温克语格形态变化系统中，表示存在某人或某事物时用有格这一形态变化语法词缀。研究表明，有格形态变化语法词缀只有 -tʃi 。由于该词缀没有元音和谐现象，所以可以接缀于任何名词类词词根或词干后面，类似汉语的"有"。例如：

kərdʒə　doolo　əmən　***dʒəərən-tʃi***　biʃin.
院子　　里　　一　　黄羊　　　有

院子里有一只黄羊。

上述例句中，有格形态变化语法词缀 -tʃi 接缀于名词 dʒəərən "黄羊"后面，表示有格形态变化语法概念。

（十一）所有格

杜拉尔鄂温克语有所有格现象，并用形态变化语法词缀 -ten 来表示。接缀于名词类词词根或词干后的 -ten，主要表示人或事物实施某些行为动作的所有关系，可用汉语的"全部""都""连同"等来解释。例如：

nooni　tərgətʃi　***ərkə-ten***　bolgo　laibur　ootʃa.
他　　衣服　　裤子　　都　　脏　　成

他把衣服连同裤子都弄脏了。

məmə　***əkin-ten***　naadʒil taitedu　gənətʃə.
妈妈　姐姐　　姥姥　　　　去

妈妈和姐姐都去姥姥家了。

əri　***tari-ten***　gatʃa.
这　那　　要了

他连同这个和那个都要了。

所有格形态变化语法词缀 -ten 是在上述三个句子中，接缀于名

词 ərkə "裤子"、əkin "姐姐" 及代词 tari "那" 后面, 表示所有格形态变化现象的语法意义。

(十二) 不定位格

形态变化语法词缀 -li 接缀于名词类词词根或词干后, 用来表示不定位格的语法概念。也就是说, 当人或事物处于不确切的位置时, 就用不定位格这一形态变化语法词缀来表示不确定的位置。该词缀表现出的语法概念相当于汉语的 "好像……在某处" "似乎……在某地"。例如:

niʃuku abami **ur-li** biʃin.
叔　　叔我　山上　　在
叔叔好像在山上。

miyi bitkə **sujtandu-li** biʃin.
我的　书　　学校　　　　在
我的书似乎在学校里。

毫无疑问, 这两句中, 形态变化语法词缀 -li 接缀于名词 ur "山" 与 sujtan "学校" 后面, 表示了 niʃuku aba "叔叔"、bitkə "书" 所处的不是很确定或不确切的场所、地点。

(十三) 不定宾格

杜拉尔鄂温克语的格形态变化语法范畴中, 不定宾格是相对确定宾格形态变化现象而言的语法概念。当行为动作所支配的对象并非明确对象而是泛指对象时, 使用不定宾格形态变化语法词缀来表示。不定宾格要用形态变化语法词缀 -je 来表现。接缀于名词类词词根或词干后的语法词缀 -je, 在句中表示的语法意义相当于汉语的 "把……什么的"。例如:

ʃi **morin-je** ʤawaka.
你　马　　　　抓
你就去把马什么的抓来吧。

很显然，该例句中接缀于名词 morin"马"后面的不定宾格形态变化语法词缀，表现出"马"等不确定或不确切的宾格语法概念。

综上所述，杜拉尔鄂温克语格形态变化现象中，除主格之外的 12 种格形态变化均用约定俗成的语法词缀来表现。其中，像确定宾格、位格和方向格等形态变化语法词缀有元音和谐现象。有元音和谐现象的语法词缀必须严格遵照其使用原理和规则，分别接缀于以阳性短元音 a 和阳性长元音 aa 为主构成的名词类词词根或词干后，以及以阴性短元音 ə 和阴性长元音 əə 为主构成的名词类词词根或词干后面。其他，如造格、从格、所有格、有格、比较格、不定位格、不定宾格等形态变化语法词缀均没有元音和谐现象，所以那些词缀都不受元音和谐规律的限制，可以接缀于任何的名词类词后。从辅音交替现象方面来看，领格语法词缀 -ji 接缀于由元音结尾的名词类词词根或词干后，-i 接缀于由辅音结尾的名词类词词根或词干后。同样，确定宾格形态变化语法词缀 -ba 和 -bə 接缀于结尾是鼻辅音 ŋ、m、n 的名词类词词根或词干后，语法词缀 -wa、-wə 接缀于结尾是非鼻辅音的其他辅音以及元音的名词类词词根或词干后。而且，与格形态变化现象中，由元音结尾的名词类词后常常使用与格形态变化语法词缀 d，辅音后常用 -du。杜拉尔鄂温克语格形态变化现象中，还有像比格和从格的形态变化语法词缀相互借用的情况。不论怎么说，杜拉尔鄂温克语的格形态变化系统是一个相当复杂而各自有特定语法概念及严格的使用规则的语法系统，名词类词和动词如何相互搭配使用、如何表达正确的语法意义等跟格形态变化现象及其语法词缀均有十分密切的内在联系。

第三节　领属形态变化系统

杜拉尔鄂温克语的名词类词语法体系中，人称代词在名词类词词根或词干后，以黏着性语法词缀的表现形式表示人或事物之间的不同领属关系。这种在名词类词词根或词干后面出现的人称代词的形态变化被称为人称领属形态变化现象。根据名词类词的数形态分类以及人称形态分类，杜拉尔鄂温克语的人称领属形态变化系统可以分为：单数第一人称领属、单数第二人称领属、单数第三人称领属、复数第一人称领属、复数第二人称领属、复数第三人称领属 6 种语法形态变化类型。

名词类词词根或词干后接缀人称领属形态变化语法词缀分类

数形态分类	领属形态分类	词缀
单数形态变化现象	第一人称	-mi
	第二人称	-ʃi
	第三人称	-nin、-ji
复数形态变化现象	第一人称	-mun、-mo
	第二人称	-sun、-so
	第三人称	-nin、-jin

　　杜拉尔鄂温克语的人称领属形态变化现象，按照数形态分类中的单数形态变化现象和复数形态变化现象，以及领属形态分类中的第一人称、第二人称、第三人称，分别在名词类词词根或词干后接缀不同的人称形态变化语法词缀来表示人或事物的不同人称领属关系。通常人称形态变化语法词缀可以接缀于名词、数词、代词及形容词的词根或词干后。

一　单数第一人称领属

　　杜拉尔鄂温克语的单数第一人称形态变化语法词缀 -mi 接缀于名词类词词根或词干后，表示"我"与某人或某物的不同人称领属关系。例如：

niʃuku aba-*mi*　我的叔叔

hadam aba-*mi*　我的公公

niʃukun utə-*mi*　我的小儿子

unaadʒi nəkun-mi　ər ənəgəŋ orin toron baatʃi.
妹　　　妹我　今　年　二十五　岁
我的妹妹今年二十五岁了。

aba-mi　nugun ərind inig orehoji dʒəəttə dʒibrən.
爸爸我　六　点　天　晚上的　饭　吃
我的爸爸每天六点吃晚饭。

nagʧo-mi noonidu ʥaha buume.

舅舅　我　　他　东西　给

我的舅舅要把东西给他。

上述例句中，单数第一人称形态变化语法词缀 -mi 分别接缀于人称代词 unaaʥi nəkun "妹妹"、aba "爸爸"、nagʧo "舅舅" 的后面，完整地表示了单数第一人称领属形态变化现象的语法意义。除了接缀于人称代词后以外，语法词缀 -mi 也可以接缀于方位词、名词、形容词等名词类词词根或词干后。例如：

səb 老师 +mi→səb-mi 我的老师

dooʃiki 左 +mi→dooʃiki-mi 我的左边

narin 细心 +mi→narin-mi 我的细心

meŋgaŋ 千 +mi→meŋgaŋ-mi 我的千

二 单数第二人称领属

杜拉尔鄂温克语的单数第二人称形态变化语法词缀用 -ʃi 表示，接缀于名词类词词根或词干后，表示"你"与某人或某物的不同人称领属关系。同单数第一人称形态变化语法词缀一样，第二人称形态变化语法词缀 -ʃi 一般也接缀于代词、名词、数词、方位词的词根或词干后。例如：

jəjə 爷爷 + ʃi→jəjə-ʃi 你的爷爷

əmund tatil 同学 + ʃi→əmund tatil-ʃi 你的同学

ʥullə 前面 + ʃi→ʥullə-ʃi 你的前面

tumun 万 + ʃi→tumun-ʃi 你的一万

naaʥil taite-ʃi jəəki baatʃi ʃi？

外祖母　你　　　多少 岁 是

你的外祖母多大年纪了？

ʃujtan-ʃi ilə biʃin？

学校　你 哪 有

你的学校在哪里？

dʒullə-ʃi dʒəətti dʒibtər bog.

前方　你　吃　饭　地方

你的前方就是饭馆。

上述例句中，单数第二人称形态变化语法词缀 -ʃi 分别接缀于名词 naadʒil taite "外祖母"、名词 ʃujtan "学校"、方位词 dʒullə "前面" 的后面，阐述了单数第二人称领属形态变化现象的语法意义。

三　单数第三人称领属

杜拉尔鄂温克语的单数第三人称形态变化语法词缀用 -nin 和 -ji 表示，接缀于名词类词词根或词干后，表示 "他" 或 "她" 与某人或某物的不同人称领属关系。根据田野调查资料，形态变化语法词缀 -nin 是早期杜拉尔鄂温克语的复数第二人称形态变化语法词缀，现代杜拉尔鄂温克语中，形态变化语法词缀 -ji 的使用率更高。例如：

taite 祖母 + nin→taite-nin 他的祖母

ahunur 兄弟 + nin→ahunur-nin 他的兄弟

hantʃin 脸蛋 + ji→hantʃin-ji 他的脸蛋

duruni 相貌 + ji→duruni-ji 他的相貌

nooni-ji təgər ***bog-nin*** orin əmun oogto B təgər.

他　的　坐　地方他　二十五　排　B　座

他的座位在二十五排 B 座位。

məməmi ***solget-nin*** oorni mandi aji.

妈妈　菜　她　做　特别　好

妈妈做饭特别好吃。

nooni ***dʒuu-ji*** ajilə bogd bidʒirən.

他的　家他　农村　在

他的家在农村。

以上例句中，单数第三人称形态变化语法词缀 -nin 和 -ji 分别接缀于人称代词 nooni "他"、名词 bog "地方"、名词 solget "菜"、名词 ʤuu "家"的后面，清楚地表示了单数第三人称领属形态变化现象的语法意义。除了接缀于人称代词和名词后，语法词缀 -nin 和 -ji 也可以接缀于方位词、数词、形容词等名词类词词根或词干后。例如：

ugilə 上面 + nin→ugilə-nin 他的上面

bargəŋ 百 + nin→bargəŋ-nin 他的一百

baaŋgi 懒惰 + ji→baaŋgi-ji 他的懒惰

narin 小气 + ji→narin-ji 他的小气

四　复数第一人称领属

杜拉尔鄂温克语的复数第一人称形态变化语法词缀用 -mun 和 -mo 表示，接缀于名词类词词根或词干后，表示"我们"与某人或某物的不同人称领属关系。根据田野调查资料，形态变化语法词缀 -mun 是早期杜拉尔鄂温克语的复数第一人称形态变化语法词缀，现代杜拉尔鄂温克语中，形态变化语法词缀 -mo 的使用率更高。例如：

nojin 领导 + mo→nojin-mo 我们的领导

gutʃə 朋友 + mo→gutʃə-mo 我们的朋友

omole 孙子 + mo→omole-mo 我们的孙子

ərgə 生命 + mo→ərgə-mo 我们的生命

muji gərbəʤir ***bog-mun*** mandi aji.
我们的 工作　地方我们　非常　好
我们的工作环境非常好。

muji　***ələ-mun*** solgetji hodadi mandi oodan.
我们的 这里我们 蔬菜的　价格　非常　可以
我们这里的蔬菜价格很便宜。

muji   gəərbi   *doola-mo*   hali   aatʃin.
我们的 名字 里面 我们   姓   没有
我们的名字里面没有姓。

以上例句中，复数第一人称形态变化语法词缀 -mun 和 -mo 接缀于名词 bog "地方"、solget "菜"，方位词 ələ "这里"、doola "里面" 的后面，表示复数第一人称领属形态变化现象的语法意义。除了接缀于名词后，语法词缀 -mun 和 -mo 也可以接缀于代词、数词、形容词等名词类词词根或词干后。例如：

amila 后面 + mo→amila-mo 我们的后面
dəwə 草率 + mo→dəwə-mo 我们的草率
dulba 愚蠢 + mo→dulba-mo 我们的愚蠢

五　复数第二人称领属

杜拉尔鄂温克语的复数第二人称形态变化语法词缀有 -sun 和 -so，接缀于名词类词词根或词干后，表示 "你们" 与某人或某物间不同人称领属关系。根据田野调查资料，形态变化语法词缀 -sun 是早期杜拉尔鄂温克语的复数第二人称形态变化语法词缀，现代杜拉尔鄂温克语中形态变化语法词缀 -so 的使用率更高。例如：

ʤuu 家 + so→ʤuu-so 你们的家
tərgəs 服装 + so→tərgəs-so 你们的服装
aŋgal 人口 + so→aŋgal-so 你们的人口
gərbə 职务 + so→gərbə-so 你们的职务

suji   *gəərbi-sun*   ʃi   məəji   ajmən   uug   jə？
你们的 名字 你们 是 自己   民族   语言   吗
你们的名字都是自己本民族语言取的吗？

suji   gərbəʤir   *bog-so*   oodən   jə？
你们 工作 地方你们 可以 吗

你们的工作环境好吗？

suji *tatala-so* namugdi jə？

你们 那里 你们 暖和 吗

你们那里暖和吗？

以上例句中，复数第二人称形态变化语法词缀 -sun 和 -so 接缀于名词 gəərbi "名字"、名词 bog "地方"、方位词 tatala "那里" 的后面，表示复数第二人称领属形态变化现象的语法意义。除了接缀于名词和方位词后，语法词缀 -sun 和 -so 也可以接缀于代词、数词、形容词等名词类词词根或词干后。例如：

hatan 坚决 + so→hatan -so 你们的坚决
hallig 困难 + so→hallig -so 你们的困难

六 复数第三人称领属

杜拉尔鄂温克语的复数第三人称形态变化语法词缀用 -nin 和 -jin 表示，接缀于名词类词词根或词干后，表示 "他们" 或 "她们" 与某人或某物的不同人称领属关系。根据田野调查资料，形态变化语法词缀 -nin 是早期杜拉尔鄂温克语的复数第二人称形态变化语法词缀，现代杜拉尔鄂温克语中形态变化语法词缀 -jin 的使用率更高。例如：

əkunur 姐妹 + nin→ugilə-nin 他们的姐妹
honin 羊 + nin→bargəŋ-nin 他们的羊
tatala 那里 + jin→tatala-jin 他们的那里
alban 单位 +jin→alban-jin 他们的单位

talurji *tatala-jin* walirin lartʃi mandi nandahan.

他们的 那里 他们 红 叶子 非常 美

他们那里的红叶非常美。

əlurji irkin *ʤuu-nin* hotondu biʃin.

他们的 新 房子 他们 城市 在

他们的新房子在市里。

əlurji **niʃuhur-jin** əmun too tatigardʒir bagʃi.
他们的 孩子 他们 一 数 教 老师
他们的孩子是一名数学老师。

上述例句中,复数第三人称形态变化语法词缀 -nin 和 -jin 分别接缀于方位词 tatala "那里"、名词 dʒuu "家"、名词 niʃuhur "孩子" 的后面,表示复数第三人称领属形态变化现象的语法意义。除了接缀于名词和方位词后,语法词缀 -nin 和 -jin 也可以接缀于代词、数词、形容词等名词类词词根或词干后。例如:

aji 好 + nin→aji-nin 他们的好

dʒijaʃin 幸福 + jin→dʒijaʃin-jin 他们的幸福

narin 细心 + jin→narin-jin 他们的细心

综上所述,单数第一人称领属、单数第二人称领属、单数第三人称领属、复数第一人称领属、复数第二人称领属、复数第三人称领属这六种语法形态变化结构,均有严格的语法词缀规律,而且在表现过程中,一般在句首都会有表示第一人称、第二人称及第三人称的人称代词出现。例如:bi "我"、ʃi "你"、nooni "他"、bu "我们"、su "你们"、talur "他们"。田野调查搜集整理的资料表明,杜拉尔鄂温克人中,一般六十岁以上的老人在母语交流中大都使用领属形态变化语法词缀,但年轻人尤其是母语掌握情况不太好的年轻人常常直接省略领属形态变化语法词缀。总而言之,现代杜拉尔鄂温克语的领属形态变化现象是杜拉尔鄂温克语名词类词形态变化语法现象中一个非常重要的组成部分。

第四节 级形态变化系统

杜拉尔鄂温克语级形态变化现象根据表示不同等级的形态变化语法词缀的具体使用情况,分为一般级、次低级、低级、最高级、次高级、高级和最高级七种。其中,除一般级用形容词自身词干形式表示外,其他六种级形态变化现象均由约定俗成的形态变化语法词缀或语法形式表示。以下是杜拉尔鄂温克语级形态变化的表现形式及语法词缀。

一般级	零形式
次低级	-hantʃila、-hantʃilə
低级	-tʃila、-tʃilə
最低级	-han
次高级	重复词首音节
高级	amashan
最高级	mandi

可以看出，杜拉尔鄂温克语的7种级形态变化现象中，除了一般级以形容词自身词干形式表示，不接形态变化语法词缀，其他6种均有特定的形态变化语法词缀或表现形式，来表示级形态变化现象的语法概念。其中，有的形态变化语法词缀有元音和谐现象，因此使用时需要严格按照元音和谐规律。

一　一般级

杜拉尔鄂温克语级形态变化现象中，一般级不接缀任何形态变化语法词缀，也没有特定的语法表现形式，以形容词词干形式表示，因此被称为零形式。表示事物最基础和最有标志性的性质、形态、功能和特征时，常用一般级。例如：

丑陋的 ərukəjə	讨厌的 golomo	可怜的 gudʒəmn
奇怪的 gaihamo	闷的 butu	可爱的 gudʒəje

məməwa anekə bəjd əmu tʃaatʃugu *ukudi* ukkuŋ uŋkuŋmətʃə.
妈妈　　客　人　一　碗　　热　奶茶　　倒
妈妈给客人倒了一碗热奶茶。

məmə noonid əmu *ʃaɲirin* tərgəsə unitʃimtʃə.
妈妈　他给　一件　黄色　衣服　　买

妈妈给他买了一件黄色的衣服。

从例子中可以看出，形容词"热的"ukudi 和"黄色的"ʃaŋirin 分别接缀于名词"奶茶"ukkuŋ 和"衣服"tərgəsə 后面，以形容词词干的形式表示事物最基本的特征和性质。调查资料显示，杜拉尔鄂温克语中，一般级形态变化现象中，形容词使用率相当高。

二 次低级

级形态变化现象中，形态变化语法词缀 -hantʃila 和 -hantʃilə 接缀于形容词后，表示事物在性质、功能、状态、特征等方面比一般级略低一级。次低级形态变化现象表现出的语法概念，相当于汉语中的"略"。由于形态变化语法词缀 -hantʃila 和 -hantʃilə 有元音和谐现象，因此使用时要严格按照元音和谐规律。形态变化语法词缀 -hantʃila 接缀于以阳性元音为主构成的形容词后面，-hantʃilə 接缀于以阴性元音或中性元音为主构成的形容词后面。例如：

laha 矮小的 +- hantʃilə = lahahantʃilə 略矮小的
baran 多的 +- hantʃilə = baranhantʃilə 略多的
dəjə 软的 +- hantʃilə =dəjəhantʃilə 略软的
əmgə 宽的 +- hantʃilə =əmgəhantʃilə 略宽的

əri **laha-hantʃila** miji morin.
这个 矮小 略 我 马
这匹略矮小的马是我的。

məməni noonid əmu **dəjəkkun-hantʃilə** tans unitʃimtʃə.
妈妈 他 一个 软 略 毯子 买
妈妈给他买了一个略软的毯子。

tari **aji-hantʃila** juunite ʃiji jə?
哪个 好 略 房子 你的 吗
那个略好的房子是你家吗？

tari *əmgə-hantʃilə* orite nəkuni.

略宽的那个床是弟弟的。

上述例句中，形态变化语法词缀 -hantʃila 和 -hantʃilə 接缀于形容词"矮小的" laha、"软的" dəjəkkun、"宽的" əmgə 和"好的"后面，表示次低级形态变化。

三　低级

低级形态变化现象的形态变化语法词缀是 -tʃila 和 -tʃilə，接缀于形容词词根或词干后，表示事物在性质、功能、状态、特征等方面比次低级略低一级的语法概念，其语法意义相当于汉语的"略微"。形态变化语法词缀 -tʃila 和 -tʃilə 有元音和谐现象，因此按照元音和谐规律，-tʃila 接缀于阳性元音为主的形容词后面，-tʃilə 接缀于阴性元音或中性元音为主的形容词后面。例如：

laibar 脏的 + tʃila = laibartʃila 略微脏的
udu 大的 + tʃila = udutʃila 略微大的
əbir 笨重的 + tʃilə = əbirtʃilə 略微笨重的
hələg 紫色的 + tʃilə = hələgtʃilə 略微紫的

məməni noonid gamtʃə ərkini *udutʃila*.
妈妈　他　买　裤子　大　略
妈妈给他买的裤子略微有点大。

tari *hələg-tʃilə* tərəste miji.
那件 紫色 略微　衣服 我的
略微紫的那件衣服是我的。

aba mid əmu *udu-tʃila* bitigni təkku unitʃimtʃə.
爸爸 我 一个 大 略微　　书包　买
爸爸给我买了一个略微大的书包。

nooni ərkini titunə *laibar-tʃila* ootʃa.
他的　裤子　穿　　脏　略微

他的裤子穿得略微脏。

从例子中可以看出，形态变化语法词缀 -ʧila 和 -ʧilə 按照元音和谐规律，接缀于形容词"脏的"laibar、"大的"udu 和"紫色的"hələg 后面，表示事物在性质、功能、状态、特征等方面比次低级略低一级。调查资料表明，杜拉尔鄂温克语中，低级形态变化现象使用频率较高。

四 最低级

最低级形态变化现象的语法概念表现形式是将形态变化语法词缀 -han 接缀于形容词后，表示事物在性质、功能、状态、特征等方面比低级再略低一级的语法概念，相当于汉语中的"略微……一点"。例如"略微脏的"是低级形态变化现象语法概念，"略微脏一点"就是最低级形态变化现象语法概念。

laibar 脏的 + han = laibarhan 略微脏一点的
udu 大的 + han = uduhan 略微大一点的
əbir 笨重的 + han = əbirhan 略微笨重一点的
hələg 紫色的 + han = hələghan 略微紫一点的

ahaji　bəjni miʤi ***goodo-han***.
哥哥的　身子　我　高略微一点
哥哥的个子比我略微高一点。

miji　ʃujtan ***gore-han***.
我的　学校　远 略微
我的学校略微远一点。

五 次高级

次高级是与次低级相对的形态变化现象，表示事物在性质、功能、状态、特征等方面比次低级略高一级的语法概念。与其他级形态变化现象不同的是，次高级形态变化通常不接缀任何形态变化语法词缀，而是以重复形容词词首音节的形式表示。据调查资料表明，与杜拉尔鄂温克语级形态变化现象中的其他语法范畴相比，次高级形态变化现象的使用原理比较复杂。第一，重复形容词词首音节由元音结尾时，形容词词首音节末尾接缀辅音 b、p、w；第二，重复形容词词首音节由 b、p、w 以外的辅音结尾时，形容词首音节末的辅音要替换成 b、p、w。

（一）重复辅音 b 的使用原理

当形容词词首音节由元音结尾，且第二音节是除 m、n、ŋ、w 以外的辅音开头，表示次高级形态变化现象时，需重复形容词词首音节末尾再接缀辅音 b。例如：

butu 闷的 → bubbutu 闷闷的

udan 慢的 → ubudan 慢慢的

当形容词词首音节是 m、n、ŋ、w 以外的辅音结尾时需省略该辅音，重复形容词词首音节再接缀辅音 b。当形容词词首音节由辅音 b 结尾时，需重复词首音节并接缀辅音 b。例如：

gogdo 高的 → gobgogdo 高高的

giltirin 白的 → gibgiltirin 白白的

əri inig təŋgər **bub butu** ooʤinrə.
今天　　天　　闷闷　　　的
今天的天气闷闷的。

aba minu iraadi tərgəni **udaw udan** iləbətʃə.
爸爸 我　送　车子　　慢慢　　的
爸爸送我时车开得慢慢的。

（二）重复辅音 w 的使用原理

当形容词词首音节由元音结尾，且第二音节由鼻辅音 n 或 ŋ 开头时，需重复形容词词首音节末尾要接缀辅音 w。例如：

gonim 长的 → gowgonim 长长的

mənəŋ 呆的 → məwmənəŋ 呆呆的

当形容词词首音节由鼻辅音 n 或 ŋ 结尾时，重复词首音节时需先省略鼻辅音再接缀辅音 w。当形容词词首音节由辅音 w 结尾时，需重复词首音节并接缀辅音 w。例如：

tondo 直的 → towtondo 直直的

hoŋnirin 黑的 → howhoŋnirin 黑黑的

miji ʥuujiwə urki ʥulilə əmu *tow tondo* moodo biʃin.
我的　　家　　门　　前　　一个　直直的　　树　　有
我家门前有一棵直直的大树。

əkinji nukətni *how hoŋnirin*.
姐姐的　头发　　　黑黑的
姐姐的头发黑黑的。

（三）重复辅音 m 的使用原理

当形容词词首音节由元音结尾，且第二音节由辅音 m 开头时，需重复词首音节并接缀辅音 m。当形容词词首音节由辅音 m 结尾时，重复词首音节时保留辅音 m。例如：

namugdi 暖的 → namnamugdi 暖暖的

nomokin 老实的 → nomnomokin 老老实实的

məmə mini iirki unitʃimtʃə kuwuŋtʃi tərtəni titirdə *nam namugdi.*
妈妈　我的　新　　买　　棉花　衣服　穿　　暖暖的
妈妈新给我买的棉衣穿起来暖暖的。

nooni əmu *nom nomokin* niʃuhur.
他　　一个　老老实实　　　孩子
他是个老老实实的孩子。

六 高级

与其他级形态变化现象不同的是，高级形态变化现象的表现形式是将程度副词 amashan 用于形容词之前。该形态变化现象没有元音和谐现象，因此在形容词前使用，表示事物在性质、功能、状态、特征等方面比次高级略高一级的语法概念。在汉语中可以用"很"来表示高级形态变化现象的语法含义。例如：

baran 多的 → baranamashan 很多的
buku 结实的 → bukuamashan 很结实的
ukudi 热的 → ukudiamashan 很热的
dasun 甜的 → dasunamashan 很甜的

aba irkən ootʃa honin horigaŋ *buku amashan*.
爸爸 新 搭 羊 圈 结实 很
爸爸新搭的羊圈很结实。

əri ənəŋgən udu honinsuluna *baran amashan* niʃukuŋ honin baalitʃa.
这 年 大羊 多 很 小 羊 生
今年大羊又生了很多的小羊羔。

七 最高级

最高级形态变化现象的表现形式和高级形态变化现象一样，是将程度副词 mandi 用于形容词之前，其表现的语法概念类似汉语的"最"。例如：

aja 好的 → mandiaja 最好的
golomo 讨厌的 → mandigolomo 最讨厌的
burgu 胖的 → mandiburgu 最胖的
gudʒəje 可爱的 → mandigudʒəje 最可爱的

muji dʒuudulamu əkən bəjda *mandi gudʒəjete* miji urkəkəŋ nəkuŋ.
我的 家 里 人 最 可爱 我的 弟 弟

我们家最可爱的就属弟弟了。

urkəkəŋ nəkuŋmute banʤidula *mandi burgu* niʃuhur.
弟　　　弟　　　班级里　　　最　　胖　　孩子
弟弟是班里最胖的孩子。

综上所述，杜拉尔鄂温克语级形态变化现象共有一般级、次低级、低级、最低级、次高级、高级和最高级 7 种。除了一般级形态变化现象以形容词词干形式表示，其他 6 种均有约定俗成的形态变化语法词缀或表现形式。其中，次低级、低级、最低级通过在形容词后面接缀特定的形态变化语法词缀示，次高级以重复词首音节的形式表示，高级和最高级是将程度副词使用于形容词前面。除此以外，在次低级和低级形态变化现象中，形态变化语法词缀均有元音和谐现象，使用时要严格按照元音和谐规律，接缀于以阳性短元音 a 和阳性长元音 aa 为主构成的名词类词词根或词干后，以及以阴性短元音 ə 和阴性长元音 əə 为主构成的名词类词词根或词干后面。最低级、高级和最高级形态变化没有元音和谐现象，使用时不受元音和谐规律的限制，可以接缀于任何形容词后或置于形容词前面。与其他级形态变化现象相比，杜拉尔鄂温克语中次高级形态变化现象最为复杂，要根据词首音节末的音变条件和规律来具体分析和使用。

第五节　态形态变化系统

杜拉尔鄂温克语的态形态变化现象是一套表示主客体间不同属性、关系的状态或动作行为的语法形态变化系统。与杜拉尔鄂温克语的其他形态变化语法现象一样，杜拉尔鄂温克语的态形态变化现象也是以特定的语法词缀接缀于动词词根或词干后的形式表示的。态形态变化语法词缀的作用主要表示状态、动作和行为与主客体的不同关系。在句中，主、谓、宾语之间的不同语法关系都是由态形态变化语法词缀来决定的。从语法含义的角度来看，杜拉尔鄂温克语的态形态变化系统可以分为主动态、被动态、使动态和互动态四种结构类型。

动词词根或词干后接缀态形态变化语法词缀分类

主动态	零形态
被动态	-wu
使动态	-ha、-hə
互动态	-ldi

从表格中可以看出，杜拉尔鄂温克语的态形态变化语法词缀中，除了主动态没有特定的形态变化语法词缀外，被动态、使动态和互动态都有固定不变的形态变化语法词缀。虽然这些语法词缀可以接缀于动词词根或词干后，但是在句中使用时，还需在语法词缀后再使用其他形态变化现象的语法词缀，不能出现以态形态变化语法词缀结尾的动词。比如"他在说"，在杜拉尔鄂温克语的形态变化语法现象中则属于主动态形态变化现象。正确的表达方式应该是 nooni ugtʃə-ʤirəŋ，而不能说成 nooni ugtʃə-。例句中 nooni 是第三人称代词"他"，ugtʃə- 是动词词根"说"，-ʤirəŋ 是陈述式现在时单数第三人称单数的形态变化语法词缀。如果直接用动词词根 ugtʃə- 结尾，就不能完整、正确地表达句意，也不能表示出主动态形态变化现象的语法意义。

一 主动态形态变化现象

杜拉尔鄂温克语的主动态形态变化现象中，主动态主要表示句子中谓语动词表示的动作行为的主体和施事者。使用时不在动词词根和词干后接缀任何形式的形态变化语法词缀，而是以动词原形来表示，也就是说以动词词根或词干的本身形式来表示。因此也可以以零形态的方式来表示主动态形态变化的语法概念。如前文所说，主动态形态变化现象中，不能出现以态形态变化语法词缀结尾的动词，因此主动态形态变化在句中使用时，还需在语法词缀后再使用陈述式、命令式等其他形态变化现象的语法词缀。例如：

nooni ʃujtandu niahəŋ uug bitig *tatiga-ʤirən*.
他　　学校在　汉　语课　教　在
他在学校教汉语课。

bi inig amila əmun ərin dolind *gərbə-ʤime*.
我 午 后 一 点 半 上班
我下午一点半上班。

bi məəji ajmən uugʤi gəərbi *gərbulə-tʃo*.
我 自己的 民族 语言 名字 起名
我的名字是用自己民族语起的。

上述例子中，人称代词 nooni"他"、bi"我"、bi"我"属于动词 tatiga-"教"、gərbə-"上班"、gərbulə-"起名"的主体，动词 tatiga-"教"、gərbə-"上班"、gərbulə-"起名"是主体施事者 nooni"他"、bi"我"、bi"我"的动作和行为。形态变化语法词缀 -ʤirən 接缀于主动态形态变化现象的动词词根 tatiga- 后，表示陈述式现在时单数第三人称形态变化语法现象；形态变化语法词缀 -ʤime 接缀于主动态形态变化现象的动词词根 gərbə- 后，表示陈述式现在时单数第一人称形态变化语法现象；形态变化语法词缀 -tʃo 接缀于主动态形态变化现象的动词词根 gərbulə- 后，表示陈述式过去时单数第一人称形态变化语法现象。

二 被动态形态变化现象

杜拉尔鄂温克语的被动态形态变化语法词缀用 -wu 来表示，接缀于被动态形态变化语法现象中的动词词根或词干后，表示句中主语被动地接受某个动作行为，在句中常充当补语成分。而且动作行为的施事者通常接缀格形态变化现象中的与格语法词缀。被动接受动作行为的客体通常用主格形态变化语法结构表示。例如：

tete miji niʃuku abadu *əər-wu-tʃə*.
奶奶 我的 叔 叔与 叫走 被 了
奶奶被叔叔叫走了。

urkəkən nəkun nooniji səb du *nandə-wu-tʃə*.
弟 弟 他的 老师 与 赶走 被 了
弟弟被他的老师赶走了。

bi miji məmədu *kəənnə-wu-tʃo*.

我 我的 妈妈与 表扬 被 了

我被妈妈表扬了。

上述例句中，被动态形态变化语法词缀 -wu 接缀于动词词根 əər-"叫"、nandə-"赶走"、kəənnə-"表扬"后，同时分别接缀了陈述式过去时单数第三人称形态变化语法词缀 -tʃə、陈述式过去时单数第三人称形态变化语法词缀 -tʃə、陈述式过去时单数第一人称形态变化语法词缀 -tʃo。动作行为的主体 niʃuku aba"叔叔"、səb"老师"、məmə"妈妈"后都接缀了与格形态变化语法词缀 -du，完整地表达了被动态形态变化语法现象的语法意义。

三　使动态形态变化现象

杜拉尔鄂温克语的使动态形态变化语法词缀有 -ha 和 -hə 两种，接缀于使动态形态变化语法现象中的动词词根或词干后，表示某人或某物指使他人或他物实施某个动作或行为，而且指使动作行为发生的主体一般都是格形态变化现象中句子的主语。被指使实施动作行为的客体一般以名词类词后接缀宾格形态变化语法词缀的形式表示。使动态形态变化语法词缀 -ha 和 -hə 有元音和谐现象，因此使用时要严格按照元音和谐原理，接缀于以阳性元音、阴性元音和中性元音为主体的动词词根或词干后。例如：

bi məməwə irkin tərgəs *ulli-hə-tʃo*.

我 妈妈把 新 衣服 缝制 让了

我让妈妈缝制了新衣服。

nooni ʃebibə denno bajtala *tati-ha-tʃa*.

他 学生把 电脑 使用 学 使了

他使学生学会了操作电脑。

talur ahawa ʃujtandu *gənnə-hə-rə*.

他们 哥哥把 学校与 去 让他

他们让哥哥去学校。

上述三个例句中，使动态形态变化语法词缀 -ha 和 -hə 分别接缀于动词 ulli-"缝制"、tati-"学"、gənnə"去"的词根或词干后，而且使动态形态变化语法词缀 -ha 和 -hə 后，又分别接缀了陈述式过去时单数第一人称形态变化语法词缀 -tʃo、陈述式过去时单数第三人称形态变化语法词缀 -tʃa、陈述式现在将来时复数第三人称形态变化语法词缀 -rə，并且在 məmə"妈妈"、ʃebi"学生"、aha"哥哥"后接缀了宾格形态变化语法词缀 -wə、-bə 和 -wa，清楚地表示了 ullihətʃo"我让缝制"、tatihatʃa"他让学会"、gənnəhərə"他们让去"的使动态形态变化现象的语法内涵。

四 互动态形态变化现象

杜拉尔鄂温克语的互动态形态变化语法词缀是 -ldi，接缀于互动态形态变化语法现象中的动词词根或词干后，表示某人或某物与他人或他物互动产生的动作或行为。互动态形态变化现象中，动作或行为的主体通常是格形态变化现象中主格的主语，动作行为的客体通常是格形态变化现象中的造格中的补语。例如：

bi unaadʒi nəkundʒi ʃujtandu *gənnə-ldi-me*.
我　妹　　妹　　　学校　去　互我
我和妹妹一起去学校。

məmə bəjdʒiŋdu gənnətʃə talurdʒi *baha-ldi-tʃa*.
妈妈　北京　　去完　他们　与　碰见　互了
妈妈到了北京后和他们见面了。

bi noonidʒi denjiŋ *itʃi-ldi-tʃo*.
我　他与　电影　看　互了
我和他一起看了电影。

上述三个例句中，互动态形态变化语法词缀 -ldi 接缀于动词词根 gənnə-"去"、baha-"碰见"、itʃi-"看"的后面，互动态形态变化语法词缀 -ldi 后又接缀了陈述式现在将来时单数第一人称形态变化语法词缀 -me、陈述式过去时单数第三人称形态变化语法词缀 -tʃa、陈述式过去时单数第一人称形态变化现象语法词缀 -ʧo，同时在 unaaʤi nəkun "妹妹"、talur "他们"、nooni "他" 的后面接缀了造格形态变化语法词缀 -ʤi，从而完整地表达了动作行为的主客体 "我和妹妹""妈妈和他们""我和他" 之间 gənnə-ldi-me "一起去""互相碰面""一起看" 的动作行为。

综上所述，杜拉尔鄂温克语的态形态变化系统有主动态形态变化现象、被动态形态变化现象、使动态形态变化现象和互动态形态变化现象四种结构类型，该语法系统属于动词形态变化结构系统中较为复杂的语法范畴，且在现代杜拉尔鄂温克语中有很高的使用率。除了主动态不接缀形态变化语法词缀以零形态表示外，其他三种态形态变化现象均有固定不变的形态变化语法词缀，接缀于动词词根或词干后。从使用频率上来看，这四种类型在现代杜拉尔鄂温克语中使用率较高的是主动态和互动态形态变化现象，被动态和互动态也有一定的使用率。从使用原理上来看，第一，使动态形态变化语法结构，严格按照元音和谐规律，将语法词缀 -ha 和 -hə 接缀于以阳性元音、阴性元音和中性元音为主的动词词根或词干后。其他三种态形态变化现象没有元音和谐现象，都可以直接接缀于任意动词词根或词干后。第二，态形态变化现象的语法词缀虽然可以接缀于动词词根或词干后，但是在句中使用时，还需在语法词缀后再接缀其他形态变化现象的语法词缀，不能出现以态形态变化语法词缀结尾的动词。

第六节　体形态变化系统

杜拉尔鄂温克语的体形态变化系统也和其他形态变化系统一样，用固定不变的形态变化语法词缀接缀于动词词根或词干后面，表示特定的时间范围内发生的不同动作行为的不同性质、表现形式、频率、内容和数量等。根据体形态变化现象的形态变化语法词缀表示的语法意义，可以将杜拉尔鄂温克语的体形态变化系统分为执行体、完成体、进行体、一次体、多次体、持续体、立刻体、中断体、愿望体和假定体 10 种类型。这 10 种类型的体形态变化系统均有固定不变的形态变化语法词缀。根据田野调查搜集整理的资料，体形态变化语法词缀在句中动词词根或词干后使用时，通常需在形态变化语法词缀后使用助动词用来清楚地表达体形态变化现象的语法意义。此外，同杜拉尔鄂温克语的态形态变化语法现象一样，体形态变化系统中的形态变化语法词缀不能直接出现在句尾，必须在其后使用式形态变化语法现象中的形态变化语法词缀。

体形态变化现象分类及形态变化语法词缀

	体形态变化现象分类	体形态变化语法词缀
1	执行体形态变化现象	-na、-nə
2	完成体形态变化现象	-manʤi、-mənʤi
3	进行体形态变化现象	-ʤi
4	一次体形态变化现象	-tʃal、-tʃəl
5	多次体形态变化现象	-mal、-məl
6	持续体形态变化现象	-ʤe
7	立刻体形态变化现象	-manna、-mənnə
8	中断体形态变化现象	-mbir
9	愿望体形态变化现象	-mdam、-mdəm
10	假定体形态变化现象	-rki

体形态变化语法词缀中，执行体形态变化语法词缀 -na 和 -nə，完成体形态变化语法词缀 -manʤi 和 -mənʤi，一次体形态变化语法词缀 -tʃal 和 -tʃəl，多次体形态变化语法词缀 -mal 和 -məl，瞬时体形态变化语法词缀 -manna 和 -mənnə，愿望体形态变化语法词缀 -mdam 和 -mdəm 都有元音和谐现象，在使用时需要遵循元音和谐规律。例如：执行体形态变化语法词缀 -na 和 -nə，语法词缀 -na 需接缀于以阳性元音为主的动词词根或词干后，语法词缀 -nə 需要接缀于以阴性元音和中性元音为主的动词词根或词干后。完成体形态变化语法词缀 -manʤi 和 -mənʤi，语法词缀 -manʤi 需接缀于以阳性元音为主的动词词根或词干后，语法词缀 -mənʤi 需接缀于以阴性元音和中性元音为主的动词词根或词干后；一次体形态变化语法词缀 -tʃal 和 -tʃəl，语法词缀 -tʃal 需接缀于以阳性元音为主的动词词根或词干后，语法词缀 -tʃəl 需接缀于以阴性元音和中性元音为主的动词词根或词干后。瞬时体形态变化语法词缀 -manna 和 -mənnə，语法词缀 -manna 需接缀于以阳性元音为主的动词词根或词干后，语法词缀 -mənnə 需接缀于以阴性元音和中性元音为主的动词词根或词干后。愿望体形态变化语法词缀 -mdam 和 -mdəm 也同上述几个

体形态变化语法词缀一样，语法词缀 -mdam 需接缀于以阳性元音为主的动词词根或词干后，语法词缀 -mdəm 接缀于以阴性元音和中性元音为主的动词词根或词干后。进行体形态变化语法词缀 -ʤi、持续体形态变化语法词缀 -ʤe、中断体形态变化语法词缀 -mbir 和假定体形态变化语法词缀 -rki 没有元音和谐现象，因此使用时可以直接接缀于体形态变化现象中的动词词根或词干后。

一　执行体形态变化现象

杜拉尔鄂温克语的执行体形态变化现象，通常表示实施动作行为是由于某种想法或出于某种目的。执行体形态变化语法词缀用 -na 和 -nə 两种表示。这两种语法词缀使用时需要严格按照元音和谐规律，形态变化语法词缀 -na 需接缀于以阳性元音为主的动词词根或词干后，形态变化语法词缀 -nə 需要接缀于以阴性元音和中性元音为主的动词词根或词干后。执行体形态变化现象中的语法词缀不能直接出现在句子的结尾，还需在其后接缀其他形态变化语法词缀。例如：

miji jəjəwə inigdi birkaŋ kətʃidu **ulə-nə-rə**.
我的　爷爷　每天　河　边　散步　去他
我爷爷每天都去河边散步。

urkəkən nəkun ʃiŋʧi inig jiŋju **tati-na-ra**.
弟　　弟　　星期日　英语　学　去他
弟弟星期日去学英语。

timatʃin bi hailardu denjiŋ **iʧi-nə-ʤəw**.
明天　　我　海拉尔　电影　看　去　要
明天我要去海拉尔看电影。

上述三个例句中，执行体形态变化语法词缀 -na 和 -nə 分别接缀于执行体形态变化现象中的动词词根 ulə-"去"、tati-"学"、ʧi-"看"的后面，执行体形态变化语法词缀 -na 和 -nə 后又分别接缀了陈述式现在将来时单数第三人称形态变化语法词缀 -rə、陈述式将来时单数第三人称形态变化语法词缀 -ra、陈述式将来时单数第一人称形态变化语法词缀 -ʤəw，清楚地表示了执行体形态变化现象中动作行为的主体 jəjə "爷爷"、urkəkən nəkun "弟弟"、bi "我"，为了 ulə-nə-rə "去散步"、tati-na-ra "去学"、itʃi-nə-ʤəw "去看" 而发生的动作行为。

二 完成体形态变化现象

杜拉尔鄂温克语的完成体形态变化现象的语法表现形式，一般用形态变化语法词缀 -manʤi 和 -mənʤi 表示。语法词缀 -manʤi 和 -mənʤi 接缀于动词词根或词干后，表示动作行为已经完成的语法内涵。语法词缀 -manʤi 和 -mənʤi 有元音和谐现象，使用需严格按照元音和谐规律，分别接缀于以阳性元音、阴性元音和中性元音为主的动词词根或词干后。例如：

bi ʤuudu **gənu-mənʤi** oreho ʤəəttəji ʤibtʃo.
我 家与 回 完 晚 饭 吃了我
我回家后吃了晚饭。

nooni ʤəətti ʤibtər bogdu **gənnə-mənʤi** arki imərtʃə.
他 饭 吃 地方与 去 完 酒 喝了
他去饭馆吃完饭后喝了酒。

nooni sarpaʤi solget **habtʃi-manʤi** ʤibtʃə.
他 筷子用 菜 夹完 吃了
他用筷子夹完菜吃了。

上述例句中，完成体形态变化语法词缀 -manʤi 和 -mənʤi 分别接缀于动词词根 gənu- "回"、gənnə- "去"、habtʃi- "夹" 的后面，表示动作行为的主体 bi "我"、nooni "他"、nooni "他"，完成了 gənu-mənʤi "回完"、gənnə-mənʤi "去完"、abtʃi-manʤi "夹完" 的动作行为。

三 进行体形态变化现象

杜拉尔鄂温克语进行体形态变化语法现象的形态变化语法词缀是 -ʤi，接缀于动词词根或词干后，表示动作行为是发生在某个时间内的进行体形态变化的语法含义。形态变化语法词缀 -ʤi 没有元音和谐现象，因此可以直接接缀于动词词根或词干后。例如：

nəhun   ahatki   **ulə-ʤi-rən**.
弟弟   哥哥 朝   走去正在他
弟弟正在朝哥哥的方向走去。

tari **ʤaanda-ʤi-ran** bəj miji əkin.
那   唱歌 正在   人 我的 姐姐
那个正在唱歌的人是我的姐姐。

aba   **ʤuudu əməgi-ʤi-rən**.
爸爸   家 与   回来 正在 他
爸爸正在回家的路上。

上述三个例句中，进行体形态变化语法现象的语法词缀 -ʤi 接缀于动词词根 ulə-"走"、ʤaanda-"唱"、əməgi-"回来"后，表示动作行为的主体 nəhun"弟弟"、əkin"姐姐"、aba"爸爸"正在进行的 ulə-ʤi-rən"正在走"、ʤaanda-ʤi-ran"正在唱"、əməgi-ʤi-rən"正在回"等动作行为，从而清楚地表示了进行体形态变化语法结构的语法内涵。

四　一次体形态变化现象

杜拉尔鄂温克语的一次体形态变化语法词缀 -tʃal 和 -tʃəl 接缀于动词词根或词干后，表示动作行为只发生了一次。一次体形态变化语法词缀 -tʃal 和 -tʃəl 有元音和谐现象，因此使用时需按照元音和谐规律，分别接缀于以阳性元音、阴性元音和中性元音为主的动词词根或词干后。例如：

nooni **itʃi-tʃəl** pantʃitʃa.
他   看一就 生气了
他一看就生气了。

bi **dooldi-tʃəl** saatʃo.
我 听一就 知道了
我一听就明白了。

nooni arkiwa **imə-tʃəl** soktotʃə.

他　　酒　把　喝一就　醉了

他一喝就醉了。

上述三个例句中，杜拉尔鄂温克语的一次体形态变化语法词缀 -tʃal 和 -tʃəl 接缀于动词词根 itʃi-"看"、dooldi-"听"、imə-"喝"的后面，表示动作行为的主体 nooni "他"、bi "我"、nooni "他" 只进行了一次动作行为 itʃi-tʃəl "一看"、dooldi-tʃəl "一听"、imə-tʃəl "一喝"，完整地表示了一次体形态变化现象的语法内涵。

五　多次体形态变化现象

杜拉尔鄂温克语的多次体形态变化语法词缀用 -mal 和 -məl 表示，接缀于多次体形态变化语法现象中的动词词根或词干后，表示动作行为在某时发生过多次。形态变化语法词缀 -mal 和 -məl 有元音和谐现象，因此使用时必须按照元音和谐规律来正确使用。例如：

bi tʃaŋtʃənd **gənnə-məl** bisə.

我　长城与　　去　多次　有

我去过长城很多次。

talur muji ʤuudu **əmə-məl** bisə.

他们 我们的　家　　来　多次　有

他们来过我们家很多次。

əri lurgilwa unaaʤi nəkun **əkilə- məl** bisə.

这个 舞蹈把　　妹　　妹　　跳　多次　有

妹妹跳过很多次这个舞蹈。

上述三个例句中，杜拉尔鄂温克语的多次体形态变化语法词缀 -məl 接缀于以阴性元音为主构成的动词词根 gənnə-"去"、əmə-"来"、əkilə-"跳"的后面，表示动作行为的主体 bi "我"、talur "他们"、unaaʤi nəkun "妹妹" gənnə-məl "去过很多次"、əmə-məl "来过很多次"、əkilə-məl "跳过很多次"的动作行为，表现了多次体形态变化现象的语法意义。

六　持续体形态变化现象

形态变化语法词缀 -ʤe 是杜拉尔鄂温克语持续体形态变化现象的语法词缀，接缀于动词词根或词干后，表示动作行为持续发生。形态变化语法词缀 -ʤe 没有元音和谐现象，因此可以直接在动词词根或词干后使用。例如：

bi niʃukundiki nioroga ***nioro-ʤe*** bisə.
我 从小时候　画　画一直　有

我从小就一直画画。

məmə tiinugdiki ***pantʃi-ʤe*** bisə.
妈妈　从昨天　生气 一直　有

妈妈从昨天开始就一直生气。

niʃuku aba inig amiladiki denʃi ***itʃi-ʤe*** bisə.
叔　叔 午　后 从 电视 看 一直　有

叔叔从下午就一直看电视来着。

上述三个例句中，持续体形态变化语法词缀 -ʤe 接缀于持续体形态变化现象中的动词词根 nioro-"画"、pantʃi-"生气"、itʃi-"看"的后面，表示动作行为的主体 bi "我"、məmə "妈妈"、niʃuku aba"叔叔"，一直持续进行的行为动作 nioro-ʤe"一直画"、pantʃi-ʤe"一直生气"、itʃi-ʤe"一直看"并且，在持续体形态变化语法词缀 -ʤe 的后面，通常使用助动词 biʃin。

七　立刻体形态变化现象

杜拉尔鄂温克语的立刻体形态变化语法词缀一般用 -manna 和 -mənnə 表示，接缀于立刻体形态变化现象中的动词词根或词干后，表示立刻完成某个动作行为的语法含义。立刻体形态变化语法词缀 -manna 和 -mənnə 有元音和谐现象，使用时应按照元音和谐规律，接缀于以阳性元音、阴性元音和中性元音为主的动词词根或词干后。例如：

ʤuurki walirin dənʤə *bahaldi-manna* dooʃiki uləkə.
第二个 红绿 灯 遇到 立刻 往左 拐

一旦遇到第二个红绿灯，就往左拐。

dooʃiki *ulə-mənnə* deki tulləʃiki jalən namaaʤ togor ulərəŋ.
往左 走 立刻 再 往右 三 百 米 走

立刻往左拐，再往右走三百米。

toomanna *gənu-mənnə* barantʃi ujitʃə muu iməkə.
另外 回去 立刻 多 热 水 喝

另外，立刻回去多喝热水。

上述三个例句中，立刻体形态变化语法词缀 -manna 和 -mənnə 分别接缀于立刻体形态变化现象的动词词根 bahaldi-"遇到"、ulə-"走"、gənu-"回去"的后面，表示立刻完成的动作行为 bahaldi-manna"遇到立刻"、ulə-mənnə"立刻走"、gənu-mənnə"立刻回去"。其中语法词缀 -manna 根据元音和谐规律，接缀于以阳性元音为主的动词词根 bahaldi-"遇到"后面；语法词缀 -manna 根据元音和谐规律接缀于以阴性元音为主的动词词根 ulə-"走"、gənu-"回去"的后面，从而完整地表示了立刻体形态变化现象的语法意义。

八 中断体形态变化现象

根据田野调查搜集整理的资料，杜拉尔鄂温克语的中断体形态变化现象通常表示中断了某个动作行为的语法内涵。中断体形态变化的形态变化语法词缀通常用 -mbir 表示，语法词缀 -mbir 没有元音和谐现象，因此在动词词根或词干后可以直接接缀。例如：

nooni *tati-mbir* teteji ʤuudu gənnətʃə.
她 学 中断 奶奶的 家与 去了

她中断学习去奶奶家了。

məmə soləgektə **oo-mbir** pusuldu gənnətʃə.
妈妈 菜　 做停止 市场 与 去了
妈妈中断做饭去市场了。

aha **gərbə-mbir** əʃi janʤuʃəŋ tatiʤine.
哥哥 工作 中断 现在 研究生 读在
哥哥中断工作了，现在在读研究生。

上述三个例句中，中断体形态变化语法词缀 -mbir 接缀于中断体形态变化现象的动词词根 tati-"学"、oo-"做"、gərbə-"工作"，表示动作行为的主体 nooni "她"、məmə "妈妈"、aha "哥哥" tati-mbir "中断学"、oo-mbir "中断做"、gərbə-mbir "中断工作" 等动作行为。其中，中断体形态变化语法词缀接缀于动词词根或词干后，后面的词既可以用助动词也可以用名词类词或其他动词。

九 愿望体形态变化现象

形态变化语法词缀 -mdam 和 -mdəm 是杜拉尔鄂温克语中用来表示愿望体形态现象的语法手段，接缀于动词词根或词干后，表示动作行为中蕴含着愿望或希望等。形态变化语法词缀 -mdam 和 -mdəm 有元音和谐现象，因此使用时也必须按照元音和谐规律，接缀于以阳性元音、阴性元音和中性元音为主的动词词根或词干后。例如：

bi əmun udu ʃujtandu **gənnə-mdəm** aji bisə.
我 一 大 学 与 去 希望 好 是
我希望去上大学。

timatʃin ʃiguŋ **juu-mdam** aji bisə.
明天　 太阳 出来 希望 好 是
希望明天出太阳。

bi tulə guruŋdu **ajilʧila-mdam** aji bisə.
我 外　国　与 旅游 希望　好 是

我希望去国外旅游。

上述三个例句中，形态变化语法词缀 -mdam 和 -mdəm 分别接缀于愿望体形态变化语法现象中的动词词根 gənnə-"去"、juu-"出来"、ajiltʃila-"旅游"的后面，表示蕴含希望的 gənnə-mdəm "希望去"、juu-mdam "希望出"、ajiltʃila-mdam "希望旅游"等动作行为。田野调查搜集整理的资料表明，杜拉尔鄂温克语的愿望体形态变化现象中，一般在动词后使用形容词，除此以外，在动词后使用助动词的现象也不少。

十 假定体形态变化现象

杜拉尔鄂温克语假定体形态变化现象一般用形态变化语法词缀 -rki 表示，接缀于假定体形态变化现象的动词词根或词干后，表示动作行为是假装实施的语法含义。形态变化语法词缀 -rki 没有元音和谐现象，因此可以直接接缀于动词词根或词干后。例如：

urkəkən nəkunwə gudug *ənu-rki-ʤirən*.
弟　　弟　　　肚子　疼　假装　他
弟弟假装肚子疼。

miji unaaʤi nəkunwə *soŋo-rki-ʤirən*.
我的　妹　妹　　　哭　假装　她
我妹妹在装哭。

nooni bitigbə *oo-rki-tʃə* tomanna denʃi itʃidʒe bisə.
他　　作业把　写假装他　　然后　　电视　看一直　有
他假装写完了作业，然后一直看电视来着。

上述三个例句中，杜拉尔鄂温克语假定体形态变化语法词缀 -rki 接缀于动词词根 ənu-"疼"、soŋo-"哭"、oo-"写"的后面，语法词缀 -rki 后又接缀了陈述式现在时单数第三人称形态变化语法词缀 -ʤirən、陈述式现在时单数第三人称形态变化语法词缀 -ʤirən、陈述式过去时单数第三人称形态变化语法词缀 -tʃə，表示动作行为的主体 urkəkən nəkun "弟弟"、

unaadʑi nəkun"妹妹"、nooni"他"完成了 ənu-rki-dʑirən"假装在疼"、soŋo-rki-dʑirən"假装在哭"、oo-rki-tʃə"假装写了"等动作行为，表示了假定体形态变化现象的语法含义。

综上所述，杜拉尔鄂温克语的体形态变化结构系统中，共有执行体、完成体、进行体、一次体、多次体、持续体、立刻体、中断体、愿望体和假定体10种类型，而且这10种体形态变化现象都有固定不变的形态变化语法词缀。杜拉尔鄂温克语的体形态变化结构系统有如下特点．

第一，执行体、完成体、一次体、多次体、立刻体、愿望体形态变化现象的语法词缀有元音和谐现象，这些词缀必须严格按照元音和谐规律，分别接缀于以阳性短元音 a 和阳性长元音 aa 为主构成的动词词根或词干后，或以阴性短元音 ə 和阴性长元音 əə 及中性元音为主构成的动词词根或词干后。另外，进行体、持续体、中断体和假定体没有元音和谐现象，因此不受元音和谐规律的限制，可以直接接缀于动词词根或词干后。

第二，执行体、进行体、假定体形态变化现象中，动词词根或词干接缀体形态变化语法词缀后，常搭配陈述式形态变化语法词缀。其中进行体形态变化现象常接缀陈述式过去时形态变化语法词缀；假定体形态变化现象接缀陈述式过去时形态变化语法词缀和陈述式将来时形态变化语法词缀的现象较多。

第三，完成体、一次体和立刻体形态变化现象中，动词词根或词干接缀体形态变化语法词缀后，再接缀名词类词或其他动词的现象较多。

第四 多次体、持续体、中断体和愿望体形态变化现象中，动词词根或词干接缀体形态变化语法词缀后，再接缀助动词的现象较多，尤其是肯定助动词，出现率较高。这样才能清楚、完整地表示杜拉尔鄂温克语体形态变化现象的语法内涵。

杜拉尔鄂温克语的体形态变化语法系统种类繁多且使用规律复杂，名词类词和动词的正确搭配与杜拉尔鄂温克语的体形态变化系统及其语法词缀有密切的内在联系。

第七节 陈述式形态变化系统

杜拉尔鄂温克语的语法结构系统中，变化形式最多、使用规律最复杂且使用率最高的形态变化现象是式形态变化系统。依据田野调查搜集整理的资料，从式形态变化现象的语法含义和语法功能角度来看，杜拉尔鄂温克语的式形态变化系统可以分为陈述式形态变化系统、祈求式形态变化系统、命令式形态变化系统、假定式形态变化系统 4 种结构类型。这 4 种结构类型的式形态变化，也同杜拉尔鄂温克语的其他语法结构系统一样，不仅有固定不变的式形态变化语法词缀和动词搭配，还要按照人称及单复数形式，以不同的语法手段表示式形态变化现象的语法内涵。

杜拉尔鄂温克语的式形态变化系统中，结构最复杂、形式最多样的是陈述式形态变化现象，且在杜拉尔鄂温克语中使用率极高。陈述式形态变化现象根据语法功能的不同及语法关系的不同，可以分为陈述式现在时形态变化现象、陈述式现在将来时形态变化现象、陈述式将来时形态变化现象和陈述式过去时形态变化现象 4 种结构类型。这 4 种陈述式形态变化语法现象还根据动作行为施事者的不同人称以及人称的单复数形式具体划分为：第一，陈述式现在时单数第一人称形态变化现象、陈述式现在时单数第二人称形态变化现象、陈述式现在时单数第三人称形态变化现象、陈述式现在时复数第一人称形态变化现象、陈述式现在时复数第二人称形态变化现象、陈述式现在时复数第三人称形态变化现象；第二，陈述式现在将来时单数第一人称形态变化现象、陈述式现在将来时单数第二人称形态变化现象、陈述式现在将来时单数第三人称形态变化现象、陈述式现在将来时复数第一人称形态变化现象、陈述式现在将来时复数第二人称形态变化现象、陈述式现在将来时复数第三人称形态变化现象；第三，陈述式将来时单数第一人称形态变化现象、陈述式将来时单数第二人称形态变化现象、陈述式将来时单数第三人称形态变化现象、陈述式将来时复数第一人称形态变化现象、陈述式将来时复数第二人称形态变化现象、陈述式将来时复数第三人称形态变化现象；第四，陈述式过去时单数第一人称形态变化现象、陈述式过去时单数第二人称形态变化现象、陈述式过去时单数第三人称形态变化现象、陈述式过去时复数第一人称形态变化现象、陈述式过去时复数第二人称形态变化现象、陈述式过去时复数第三人称形态变化现象。

一　陈述式现在时形态变化现象

陈述式现在时语法词缀分类

陈述式形态分类			语法词缀
陈 述 式 现 在 时	单 数 式	第一人称	-ʤime
		第二人称	-ʤine
		第三人称	-ʤiran、-ʤirən
	复 数 式	第一人称	-ʤimo
		第二人称	-ʤiso
		第三人称	-ʤiran、-ʤirən

　　杜拉尔鄂温克语的陈述式现在时刑态变化现象通常表示行为动作正在发生或正在进行中。根据动作行为施事者的不同以及施事者单复数的不同，分为单数第一人称语法词缀 -ʤime、单数第二人称语法词缀 -ʤine、单数第三人称语法词缀 -ʤiran 和 -ʤirən，复数第一人称语法词缀 -ʤimo、复数第二人称语法词缀 -ʤiso、复数第三人称语法词缀 -ʤiran 和 -ʤirən。在这六种不同类型的形态变化语法词缀中，单数第三人称语法词缀 -ʤiran 和 -ʤirən 和复数第三人称语法词缀 -ʤiran 和 -ʤirən 在语法结构上完全相同，在句中是表示单数还是复数语法概念需要结合句中动作行为的施事者的单复数情况来具体区分。另外，单数第三人称语法词缀 -ʤiran 和 -ʤirən 和复数第三人称语法词缀 -ʤiran 和 -ʤirən 有元音和谐现象，因此在句中使用时，要严格按照杜拉尔鄂温克语的元音和谐规律分别接缀于以阳性元音、阴性元音和中性元音为主构成的动词词根或词干后。单数第一人称语法词缀、单数第二人称语法词缀、复数第一人称语法词缀和复数第二人称语法词缀没有元音和谐现象，可以接缀于任何动词词根或词干后。

（一）陈述式现在时单数第一人称形态变化语法结构

　　陈述式现在时单数第一人称语法词缀用 -ʤime 表示，在句中使用时接缀于动词词根或词干后，表示"我正在……"的语法概念。语法词缀 -ʤime 没有元音和谐现象，因此可以直接接缀于动词词根或词干后。例如：

bi əʃi bəjʤiŋi udu ʃujtandu ***tati-ʤime***.

我 现在 北京的 大 学校 与 念书我正在

我现在正在北京的大学里念书。

bi əʃi ʤuudu ʤəəttə ***ʤib-ʤime***.

我 现在 家与 饭 吃 我正在

我正在家里吃饭。

bi əʃi honinbə ur diilədu ***adola-ʤime***.

我 现在 羊 把 山 上与 放牧 我正在

我现在正在山上放羊。

上述三个例句中，陈述式现在时单数第一人称形态变化语法词缀 -ʤime 分别接缀于动词词根 tati-"念书"、ʤib-"吃"、adola-"放牧"的后面，表示句中动作行为的施事者 bi"我"正在进行 tatiʤime"正在念书"、ʤibʤime"正在吃饭"、adolaʤime"正在放牧"等动作行为，从而表示陈述式现在时单数第一人称形态变化现象的语法内涵。

（二）陈述式现在时单数第二人称形态变化语法结构

陈述式现在时单数第二人称形态变化语法词缀用 -ʤine 表示，在句中接缀于动词词根或词干后，表示动作行为的施事者是以单数第二人称为主体，正在进行某种动作行为，相当于汉语"你正在……"。语法词缀 -ʤine 没有元音和谐现象，因此可以直接接缀于动词词根或词干后。例如：

ʃi əʃi joohoŋ ***oo-ʤine***？

你 现在 什么 做你正在

你现在正在做什么？

ʃi əʃi ilə ***gərbə-ʤine***？

你 现在 哪里 工作 你正在

你现在正在哪里工作？

ʃi əʃi awu dienhuadʒi *monda-dʒine* ？

你现在　谁　电话　打　你正在

你现在正在和谁打电话呢？

上述三个例句中，陈述式现在时单数第二人称形态变化语法词缀 -dʒine 接缀于动词词根 oo-"做"、gərbə-"工作"、monda-"打"的后面，表示动作行为的施事者 ʃi"你"oo-dʒine"正在做"、gərbə-dʒine"正在工作"、monda-dʒine"正在打"等动作行为，从而体现了陈述式现在时单数第二人称形态变化现象的语法意义。

（三）陈述式现在时单数第三人称形态变化语法结构

陈述式现在时单数第三人称形态变化语法词缀用 -dʒiran 和 -dʒirən 表示，接缀于动词词根或词干后，表示动作行为的施事者是以单数第三人称为主体，正在进行某种动作行为，其语法意义相当于汉语的"他 / 她 / 它正在……"。语法词缀 -dʒiran 和 -dʒirən 有元音和谐现象，使用时要按照元音和谐规律，接缀于阳性元音、阴性元音和中性元音为主的动词词根或词干后。例如：

nooni əʃi gutʃəwə *babula-dʒiran*.

他　现在　同学把　拳打　他正在

他现在正在用拳打他的同学。

nooni əʃi unaadʒi nəkundʒi dʒuudu *jansla-dʒiran.*

她　现在　妹　妹和　　家　打扮　她正在

她和妹妹在家里正打扮着。

nooni dʒuuji *ərgin-dʒirən*.

他　房间　打扫　他正在

他正在打扫房间。

上述三个例句中，陈述式现在时单数第三人称形态变化语法词缀 -dʒiran 和 -dʒirən 分别接缀于以阳性元音为主的动词词根 babula-"拳打"、jansla-"打扮"的后面,以阴性元音为主的动词词根 ərgin-"打扫"的后面,表示动作行为的施事者 nooni "他" babula-ʤiran "正在拳打"、jansla-ʤiran "正在打扮"、ərgin-ʤirən "正在打扫" 等动作行为,从而表示了陈述式现在时单数第三人称形态变化的语法内涵。

(四)陈述式现在时复数第一人称形态变化语法结构

陈述式现在时复数第一人称形态变化现象的语法词缀是 -ʤimo,接缀于动词词根或词干后,表示动作行为的施事者是以复数第一人称为主体,正在进行某种动作行为,其语法意义相当于汉语的"我们正在……"。语法词缀 -ʤimo 没有元音和谐现象,因此可以直接接缀于动词词根或词干后。例如:

bu ur dolindu **bəjtʃi-ʤimo**.
我们山 中 在 打猎 我们正在
我们正在山里打猎。

bu morinbə hudədu **ogorəŋ-ʤimo**.
我们 马 把 草原在 骑马 我们正在
我们正在草原上骑马。

bu niʃukurbə **ondo-ʤimo**.
我们 孩子把 哄睡 我们正在
我们正在哄孩子睡觉。

上述三个例句中,陈述式现在时复数第一人称形态变化语法词缀 -ʤimo 接缀于动词词根 bəjtʃi-"打猎"、ogorəŋ-"骑马"、ondo-"哄睡"的后面,表示动作行为的施事者 bu"我们"正在进行 bəjtʃi-ʤimo "我们正在打猎"、ogorəŋ-ʤimo "我们正在骑马"、ondo-ʤimo "我们正在哄睡"等动作行为。

(五)陈述式现在时复数第二人称形态变化语法结构

陈述式现在时复数第二人称形态变化现象的语法词缀是 -ʤiso,接缀于动词词根或词干后，表示动作行为的施事者是以复数第二人称为主体，正在进行某种动作行为，其语法意义相当于汉语的"你们正在……"。语法词缀 -ʥiso 没有元音和谐现象，因此可以直接接缀于动词词根或词干后。例如：

su　əʃi　joohoŋ　**oo-ʥiso**？
你们 现在 什么　 做 你们正在
你们现在正在做什么？

su　əʃi　ilə　**aaŋa-ʥiso**？
你们 现在 哪里 住 你们正在
你们现在正住在哪里呢？

su　əʃi　awu　**koorə-ʥiso**？
你们 现在 谁　 聊天 你们正在
你们现在正在和谁聊天呢？

上述三个例句中，陈述式现在时复数第二人称形态变化语法词缀 -ʥiso 接缀于动词词根 oo-"做"、aaŋa-"住"、koorə-"聊天"的后面，表示动作行为的施事者 su"你们"正在进行 oo-ʥiso"你们正在做"、aaŋa-ʥiso"你们正在住"、 koorə-ʥiso"你们正在聊天"等动作行为，从而表现了陈述式现在时复数第二人称形态变化现象的语法内涵。

（六）陈述式现在时复数第三人称形态变化语法结构

陈述式现在时复数第三人称形态变化现象的语法词缀是 -ʥiran 和 -ʥirən，接缀于动词词根或词干后，表示动作行为的施事者是以复数第三人称为主体，正在进行某种动作行为，其语法意义相当于汉语的"他们 / 她们 / 它们正在……"。语法词缀 -ʥiran 和 -ʥirən 有元音和谐现象，使用时要按照元音和谐规律的使用原理，分别接缀于以阳性元音、阴性元音和中性元音为主的动词词根或词干后。复数第三人称语法词缀和单数第三人称语法词缀的完全相同。句中词缀表示单数还是复数，要根据动作行为的施事者是单数人称还是复数人称而定。例如：

talur daledu *əlbəʃi-dʑirən*.
他们 海在 游泳 他们正在
他们正在大海里游泳。

talur honinbə hudədu *adola-dʑiran*.
他们 羊 把 草原在 放牧 他们正在
他们正在草原上放羊。

talur birkaŋ kətʃidu oktʃonbə *əmhəŋdə-dʑirən*.
他们 河 边在 鱼 把 钓 他们正在
他们正在河边钓鱼。

上述三个例句中，陈述式现在时复数第一人称形态变化语法词缀 -dʑiran 和 -dʑirən 分别接缀于动词词根 əlbəʃi-"游泳"、adola-"放牧"、əmhəŋdə-"钓"的后面，表示动作行为的施事者 talur "他们"进行 əlbəʃi-dʑirən "他们正在游泳"、adola-dʑiran "他们正在放牧"、əmhəŋdə-dʑirən "他们正在钓鱼"等动作行为。

二 陈述式现在将来时形态变化现象

陈述式现在将来时语法词缀分类

陈述式形态分类			语法词缀
陈述式现在将来时	单数式	第一人称	-me
		第二人称	-ne
		第三人称	-ran、-rən、-ra、-rə
	复数式	第一人称	-mo
		第二人称	-so
		第三人称	-ran、-rən、-ra、-rə

根据田野调查搜集整理的资料，杜拉尔鄂温克语陈述式现在将来时形态变化现象通常表示句中的行为动作正在发生或将来会发生的语法概念。根据动

作行为施事者人称及单复数，分为单数第一人称语法词缀 -me、单数第二人称语法词缀 -ne、单数第三人称语法词缀 -ran 和 -rən 和复数第一人称语法词缀 -mo、复数第二人称语法词缀 -so、复数第三人称语法词缀 -ran 和 -rən。这六种不同类型的形态变化语法词缀中，单数第三人称语法词缀 -ran 和 -rən 和复数第三人称语法词缀 -ran 和 -rən 在语法结构上完全相同，需要结合句中动作行为的施事者的单复数情况来具体区分是表示单数还是复数语法概念。另外，单数第三人称语法词缀 -ran 和 -rən 和复数第三人称语法词缀 -ran 和 -rən 有元音和谐现象，因此在句中使用时，要严格按照杜拉尔鄂温克语的元音和谐规律分别接缀于以阳性元音、阴性元音和中性元音为主构成的动词词根或词干后。单数第一人称语法词缀、单数第二人称语法词缀、复数第一人称语法词缀和复数第二人称语法词缀没有元音和谐现象，可以直接接缀于动词词根或词干后。

（一）陈述式现在将来时单数第一人称形态变化语法结构

陈述式现在将来时单数第一人称形态变化现象的语法词缀是 -me，接缀于动词词根或词干后，表示动作行为的施事者是以单数第一人称为主体，正在发生或将来要发生某种动作行为，其语法意义相当于汉语的"我正在或将来……"。语法词缀 -me 没有元音和谐现象，因此可以直接接缀于动词词根或词干后。例如：

bi əʃi bəjʤiŋji udu ʃujtandu bitig *tati-me*.
我 现在 北京的 大 学校与 书 学 我
我现在正在北京的大学念书。

bi dekəŋma anəgəŋ bəjʤiŋji udu ʃujtandu bitig *tati-me*.
我 明 年 北京的 大 学校与 书 学 我
我明年将要去北京的大学念书。

bi bəjʤiŋji udu ʃujtandu bitig *tati-me*.
我 北京的 大 学校与 书 学 我
我现在或将来要去北京的大学念书。

上述三个例句中，形态变化语法词缀 -me 接缀于第一句的动词词根 tati-"学"的后面，句中又出现了表示时间的时间名词 əʃi"现在"，因此结合句中时间名词可以判定形态变化语法词缀 -me 在该句中表示动作行为的主体 bi"我"，正在进行 tati-me"现在在念"的动作行为。第二句中，形态变化语法词缀 -me 接缀于动词词根 tati-"学"的后面，句中又出现了表示时间的时间名词 dekəŋma anəgəŋ"明年"，因此结合句中时间名词可以判定形态变化语法词缀 -me 在该句中表示动作行为的主体 bi"我"，将要进行 tati-me"将要念"的动作行为。第三句里，形态变化语法词缀 -me 接缀于动词词根 tati-"学"的后面。由于句中没有具体的时间名词，语法词缀 -me 在该句中表示动作行为的主体 bi"我"现在或将来进行 tati-me"现在或将来念"的动作行为。上述例句均完整地表示了现在将来时单数第一人称形态变化的语法概念。

（二）陈述式现在将来时单数第二人称形态变化语法结构

陈述式现在将来时单数第二人称形态变化现象的语法词缀是 -ne，接缀于动词词根或词干后，表示动作行为的施事者是以单数第二人称为主体，正在发生或将来要发生的某种动作行为，其语法意义相当于汉语的"你正在或将来……"。语法词缀 -ne 没有元音和谐现象，因此可以直接接缀于动词词根或词干后。例如：

ʃi   əʃi   ilə   *aaŋa-ne* ?
你们 现在 哪里 住   你
你现在住在哪里呢？

ʃi   timatʃin ilə   *aaŋa-ne* ?
你   明天   哪里 住   你
你明天将住在哪里呢？

ʃi   ilə   *aaŋa-ne* ?
你 哪里 住   你
你现在或将来住哪里？

上述三个例句中，形态变化语法词缀 -ne 接缀于第一句的动词词根 aaŋa-"住"的后面，句中又出现了表示时间的时间名词 əʃi"现在"，因此结合句中时间名词可以判定形态变化语法词缀 -ne 在该句中表示动作行为的主体 ʃi"你"正在进行 aaŋa-ne"现在在住"的动作行为。第二句中，形态变化语法词缀 -ne 接缀于动词词根 aaŋa-"住"的后面，句中又出现了表示时间的时间名词 timatʃin"明天"，因此结合句中时间名词可以判定形态变化语法词缀 -ne 在该句中表示动作行为的主体 ʃi"你"将要进行 aaŋa-ne"将要住"的动作行为。第三句里，形态变化语法词缀 -ne 接缀于动词词根 aaŋa-"住"的后面，句中没有具体的时间名词，因此语法词缀 -ne 在该句中表示动作行为的主体 ʃi"你"。现在或将来进行 aaŋa-ne"现在或将来住"的动作行为。上述例句均完整地表示了现在将来时单数第二人称形态变化的语法概念。

（三）陈述式现在将来时单数第三人称形态变化语法结构

陈述式现在将来时单数第三人称形态变化现象中，形态变化语法词缀有 -ran、-rən、-ra、-rə，接缀于动词词根或词干后，表示动作行为的施事者是以单数第三人称为主体，正在发生或将来要发生的某种动作行为，其语法意义相当于汉语的"他正在"或"他将来……"。田野调查搜集整理的资料表明，-ran 和 -rən 是早期杜拉尔鄂温克语表示陈述式现在将来时单数第三人称形态变化的语法词缀，大部分老人仍使用形态变化语法词缀 -ran 和 -rən，年轻人使用 -ra 和 -rə 的情况较多。例如：

nooni əʃi paasʤi ʃujtandu *gənnə-rə*.
他　　现在　公交车　学校与　去　他
他现在正在坐公交车去学校。

nooni timatʃin paasʤi ʃujtandu *gənnə-rə*.
他　　明天　　公交车　学校与　去　他
他明天将坐公交车去学校。

nooni　paasʤi ʃujtandu *gənnə-rə*.
他　　公交车　学校与　去　他

他现在或将来坐公交车去学校。

nooni ʤuudu kodirwə **malta-ra**.
他　　家在 井　把　 挖他
他现在或将来在家挖井。

上述四个例句中，形态变化语法词缀 -rə 接缀于第一句的动词词根 gənnə-"去"的后面，句中又出现了表示时间的时间名词 əʃi"现在"，因此结合句中时间名词可以判定形态变化语法词缀 -rə 在该句中表示动作行为的主体 nooni"他"，现在正在进行 gənnə-rə"正在去"的动作行为。第二句中，形态变化语法词缀 -rə 接缀于动词词根 gənnə-"去"的后面，句中又出现了表示时间的时间名词 timatʃin"明天"，因此结合句中时间名词可以判定形态变化语法词缀 -rə 在该句中表示动作行为的主体 nooni"他"进行 gənnə-rə"将要去"的动作行为。第三句里，形态变化语法词缀 -rə 接缀于动词词根 gənnə-"去"的后面，句中没有具体的时间名词，因此语法词缀 -rə 在该句中表示动作行为的主体 nooni"他"现在或将来进行 gənnə-rə"现在或将来去"的动作行为。第四个例句中，形态变化语法词缀 -ra 接缀于动词词根 malta-"挖"的后面，句中没有具体的时间名词，因此语法词缀 -ra 在该句中表示动作行为的主体 nooni"他"现在或将来进行 malta-ra"现在或将来挖"的动作行为。另外，根据元音和谐规律，词缀 -ra 接缀于以阳性元音为主的动词词根 malta-"挖"之后；词缀 -rə 接缀于以阴性元音为主的动词词根 gənnə-"去"之后，都完整地表示了现在将来时单数第三人称形态变化的语法概念。

（四）陈述式现在将来时复数第一人称形态变化语法结构

陈述式现在将来时复数第一人称形态变化现象的语法词缀是 -mo，接缀于动词词根或词干后，表示动作行为的施事者是以复数第一人称为主体，正在发生或将来要发生的某种动作行为，其语法意义相当于汉语的"我们正在"或"我们将来……"。语法词缀 -mo 没有元音和谐现象，因此可以直接接缀于动词词根或词干后。例如：

bu　honinbə　hudədu　***adola-mo***.
我们 羊　把　草原在　放牧 我们
我们现在或将来在草原上放羊。

bu　urkəkən　nəkunbə　ʃujtandu　***iraa-mo***.
我们　弟　弟　把　学校　送 我们
我们现在或将来把弟弟送到学校。

bu　hualəgbə　***ʥawa-mo***.
我们 小偷把　擒拿 我们
我们现在或将来擒拿小偷。

上述三个例句中，形态变化语法词缀 -mo 接缀于第一句的动词词根 adola-"放牧"的后面，表示动作行为的主体 bu"我们"，现在或将来进行 adolamo"现在或将来放牧"的动作行为。第二句中，形态变化语法词缀 -mo 接缀于动词词根 iraa-"送"的后面，表示动作行为的主体 bu"我们"，现在或将要进行 iraamo"现在或将来送"的动作行为。第三句里，形态变化语法词缀 -mo 接缀于动词词根 ʥawa-"擒拿"的后面，表示动作行为的主体 bu"我们"，现在或将来进行 ʥawamo"现在或将来擒拿"这一动作行为，从而完整地表示了现在将来时复数第一人称形态变化的语法概念。

（五）陈述式现在将来时复数第二人称形态变化语法结构

陈述式现在将来时复数第二人称形态变化现象的语法词缀是 -so，接缀于动词词根或词干后，表示动作行为的施事者是以复数第二人称为主体，正在发生或将来要发生的某种动作行为，其语法意义相当于汉语的"你们正在或你们将来……"。语法词缀 -so 没有元音和谐现象，因此可以接缀于任何动词词根或词干后。例如：

su　ʥuudu　ilga　***tari-so***.
你们 家在　花　种 你们
你们现在或将来在家种花。

su   ilə   ***ajiltʃila-so*** ?

你们 哪里 串门 你们

你们现在或将来去哪里串门？

su   joohoŋ   ***gadən-so*** ?

你们 什么 买 你们

你们现在或将来买什么？

上述三个例句中，形态变化语法词缀 -so 接缀于第一句的动词词根 tari- "种" 的后面，表示动作行为的主体 su "你们"，现在或将来进行 tariso "现在或将来种" 这一动作行为。第二句中，形态变化语法词缀 -so 接缀于动词词根 ajiltʃila- "串门" 的后面，表示动作行为的主体 su "你们"，现在或将要进行 ajiltʃilaso "现在或将来串门" 这一动作行为。第三句里，形态变化语法词缀 -so 接缀于动词词根 gadən- "买" 的后面，表示动作行为的主体 su "你们"，现在或将来进行 gadənso "现在或将来买" 这一动作行为。

（六）陈述式现在将来时复数第三人称形态变化语法结构

陈述式现在将来时复数第三人称形态变化现象中，形态变化语法词缀有 -ran、-rən、-ra、-rə，接缀于动词词根或词干后，表示动作行为的施事者是以复数第三人称为主体，正在发生或将要发生的某种动作行为，其语法意义相当于汉语的"他们/她们/它们正在"或"他们将来……"。田野调查搜集整理的资料表明，-ran 和 -rən 是早期杜拉尔鄂温克语表示陈述式现在将来时复数第三人称形态变化的语法词缀，一般老人仍使用形态变化语法词缀 -ran 和 -rən，年轻人常使用形态变化语法词缀 -ra 和 -rə。例如：

talur   ʤuuji   həŋʤəwə   ***həmʤələ-rə***.

他们 家的 尺寸 把 测量 他们

他们现在或将来测量家的尺寸。

talur   məmə   abaʤi   əmund   ***təgə-rə***.

他们 妈妈 爸爸和 一起 住 他们

他们现在或将来和爸妈一起住。

talur irkin ʤuu **gadən-ra**.

他们 新的 房子 买 他们

他们现在或将来买新房子。

上述三个例句中，形态变化语法词缀 -rə 接缀于第一句的动词词根 həmʤələ-"测量"的后面，表示动作行为的主体 talur"他们"，现在或将来进行 həmʤələrə"现在或将来测量"这一动作行为。第二句中，形态变化语法词缀 -rə 接缀于动词词根 təgə-"住"的后面，表示动作行为的主体 talur"他们"，现在或将要进行 təgərə"现在或将要住"这一动作行为。第三句里，形态变化语法词缀 -ra 接缀于动词词根 gadən-"买"的后面，表示动作行为的主体 talur"他们"，现在或将来进行 gadənra"现在或将来买"这一动作行为。另外，根据元音和谐规律，语法词缀 -ra 接缀于以阳性元音为主的动词词根 gadən-"买"的后面；语法词缀 -rə 接缀于以阴性元音为主的动词词根 həmʤələ-"测量"、təgə-"住"的后面。

三 陈述式将来时形态变化现象

陈述式将来时语法词缀分类

陈述式形态分类			语法词缀
陈述式将来时	单数式	第一人称	-ʤaw、-ʤəw
		第二人称	-ʤane、-ʤəne
		第三人称	-ʤa、-ʤə
	复数式	第一人称	-ʤamo、-ʤəmo
		第二人称	-ʤaso、-ʤəso
		第三人称	-ʤa、-ʤə
		第二人称	-tʃaso、-tʃəso
		第三人称	-tʃan、-tʃən

田野调查搜集整理的资料表明，杜拉尔鄂温克语的陈述式将来时形态变化

现象，通常表示句中的行为动作将来要发生的语法含义。根据动作行为施事者人称及单复数的不同，分为单数第一人称语法词缀 -ʤaw 和 -ʤəw、单数第二人称语法词缀 -ʤane 和 -ʤəne、单数第三人称语法词缀 -ʤa 和 -ʤə；复数第一人称语法词缀 -ʤamo 和 -ʤəmo、复数第二人称语法词缀 -ʤaso 和 -ʤəso、复数第三人称语法词缀 -ʤa 和 -ʤə。这六种语法功能和语法意义不同的形态变化语法词缀中，单数第三人称语法词缀 -ʤa 和 -ʤə 和复数第三人称语法词缀 -ʤan 和 -ʤə 在语法结构上完全相同。在句中分辨是表示单数还是复数语法概念时，需要结合句中动作行为施事者的单复数情况来具体区分。另外，这六种类型的陈述式将来时形态变化语法词缀均有元音和谐现象，因此在句中使用时，要严格按照杜拉尔鄂温克语的元音和谐规律分别接缀于以阳性元音、阴性元音和中性元音为主构成的动词词根或词干后。

（一）陈述式将来时单数第一人称形态变化语法结构

陈述式将来时单数第一人称形态变化语法词缀 -ʤaw 和 -ʤəw 接缀于动词词根或词干后，表示动作行为的施事者以单数形式的第一人称为主体，将来要实施某个动作行为的语法概念。其语法含义相当于汉语中的"我将来要……"。语法词缀 -ʤaw 和 -ʤəw 有元音和谐现象，因此使用时要按照元音和谐规律。语法词缀 -ʤaw 接缀于以阳性元音为主的动词词根或词干后，语法词缀 -ʤəw 接缀于以阴性元音和中性元音为主的动词词根或词干后。例如：

bi timatʃin deki noonidu denhua *monda-ʤaw*.
我 明天 再 他 给 电话 打 将来我
我明天将给他打电话。

bi timatʃin ʤuuwə *ərgin-ʤəw*.
我 明天 房间把 打扫 将来我
我明天将再打扫房间。

bi məmə abaʤi dekəŋma anəgəŋ amila bogji hudəd *gən-ʤəw*.
我 妈妈 爸爸和 明 年 北 方的 草原 去 将来我

我明天将要和爸妈去北方的草原。

上述三个例句中，语法词缀 -ʤaw 根据元音和谐规律，接缀于以阳性元音为主的动词词根 monda-"打"的后面，表示动作行为的主体 bi"我"将来要进行 monda-ʤaw"将来我打"这一动作行为；语法词缀 -ʤəw 根据元音和谐规律，接缀于以阴性元音为主的动词词根 ərgin-"打扫"、gən-"去"的后面，表示动作行为的主体 bi"我"将来要进行 ərgin-ʤəw"将来我打扫"、ərgin-ʤəw"将来我去"等动作行为，从而表示了将来时单数第一人称形态变化现象的语法含义。

（二）陈述式将来时单数第二人称形态变化语法结构

陈述式将来时单数第二人称形态变化语法词缀 -ʤane 和 -ʤəne 接缀于动词词根或词干后，表示动作行为的施事者以单数形式的第二人称为主体，将来要实施某个动作行为的语法概念。其语法含义相当于汉语中的"你将来要……"。语法词缀 -ʤane 和 -ʤəne 有元音和谐现象，因此使用时要按照元音和谐规律。语法词缀 -ʤane 接缀于以阳性元音为主的动词词根或词干后，语法词缀 -ʤəne 接缀于以阴性元音和中性元音为主的动词词根或词干后。例如：

ʃi　adi　niʃuhur　*ga-ʤane* ？
你　几个　孩子　要　将来你
你将来打算生几个孩子？

ʃi　johon　*gərbə-ʤəne*　ʤoonʃim ？
你　什么　工作　将来你　打算
你将来打算做什么工作？

ʃi　niʃuhurbə　iri　dolin　ʃujtandu　*iraa-ʤane* ？
你　孩子　把　哪个　高　中　送　将来你
你将来打算把孩子送到哪个高中？

上述三个例句中，形态变化语法词缀 -ʤane 接缀于第一句的动词词根 ga-"买"的后面，表示动作行为的主体 ʃi"你"，将来要进行 ga-ʤane"将来买"的动作行为。第二句中，形态变化语法词缀 -ʤəne 接缀于动词词根 gərbə-"工作"的后面，表示动作行为的主体 ʃi"你"将来要进行 gərbə-ʤəne"将来工作"这一动作行为。第三句里，形态变化语法词缀 -ʤane 接缀于动词词根 iraa-"送"的后面，表示动作行为的主体 ʃi"你"将来要进行 iraa-ʤane"将来送"这一动作行为。另外，根据元音和谐规律，语法词缀 -ʤane 接缀于以阳性元音为主的动词词根 ga-"买"、iraa-"送"的后面；语法词缀 -ʤəne 接缀于以阴性元音为主的动词词根 gərbə-"工作"的后面，均完整地表示了将来时单数第二人称形态变化现象的语法概念。

（三）陈述式将来时单数第三人称形态变化语法结构

陈述式将来时单数第三人称形态变化语法词缀 -ʤa 和 -ʤə 接缀于动词词根或词干后，表示动作行为的施事者以单数形式的第三人称为主体，将来要实施某个动作行为的语法概念。其语法含义相当于汉语中的"他将来要……"。语法词缀 -ʤa 和 -ʤə 有元音和谐现象，因此使用时要按照元音和谐规律。语法词缀 -ʤa 接缀于以阳性元音为主的动词词根或词干后，语法词缀 -ʤə 接缀于以阴性元音和中性元音为主的动词词根或词干后。例如：

urkəkən nəkun hailarji dolin ʃujtandu *gənnə-ʤə*.
弟   弟   海拉尔的   高   中   去 将要他
弟弟将来要去海拉尔的高中。

tetewə ʤuudu ilga *tari-ʤa*.
奶奶   家 在   花   种 将要她
奶奶将来要在家种花。

miji aba əri bogwə dekəŋma anəgəŋ *nair-ʤa*.
我的 爸爸 这 地 把   明   年   开垦 将要他
我的爸爸明年将要开垦这块地。

上述三个例句中，形态变化语法词缀 -ʤə 接缀于第一句的动词词根 gənnə-"去"的后面，表示动作行为的主体 urkəkən nəkun "弟弟"，将来要进行 gənnəʤə "将来去"的动作行为。第二句中，形态变化语法词缀 -ʤa 接缀于动词词根 tari-"种"的后面，表示动作行为的主体 tete "奶奶"，将来要进行 tariʤa "将来种"这一动作行为。第三句里，形态变化语法词缀 -ʤa 接缀于动词词根 nair-"开垦"的后面，表示动作行为的主体 aba "爸爸"，将来要进行 nair-ʤa "将来开垦"的动作行为。另外，根据元音和谐规律，形态变化语法词缀 -ʤa 接缀于以阳性元音为主的动词词根 tari-"种"、nair-"开垦"的后面；语法词缀 -ʤə 接缀于以阴性元音为主的动词词根 gənnə-"去"的后面。

（四）陈述式将来时复数第一人称形态变化语法结构

陈述式将来时复数第一人称形态变化语法词缀 -ʤamo 和 -ʤəmo 接缀于动词词根或词干后，表示动作行为的施事者以复数形式的第一人称为主体，将来要实施某个动作行为的语法概念。其语法含义相当于汉语中的"我们将来要……"。语法词缀 -ʤamo 和 -ʤəmo 有元音和谐现象，因此使用时要按照元音和谐规律。语法词缀 -ʤamo 接缀于以阳性元音为主的动词词根或词干后，语法词缀 -ʤəmo 接缀于以阴性元音和中性元音为主的动词词根或词干后。例如：

bu amilak gub *sagde-ʤamo*.
我们 以后 都 变老 将要我们
我们以后都将会变老。

bu deki anəgəŋ ʤuuwə *ʤoha-ʤamo*.
我们 来 年 房子把 修理 将要我们
我们来年将要修理房子。

bu bəjʤiŋi guŋsidu *gərbə-ʤəmo*.
我们 北京的 公司 工作 将要我们
我们将来要去北京的公司工作。

上述三个例句中，形态变化语法词缀 -ʤamo 接缀于第一句的动词词根 sagde-"变老"的后面，表示动作行为的主体 bu"我们"，将来要进行 sagdeʤamo"将来变老"这一动作行为。第二句中，形态变化语法词缀 -ʤamo 接缀于动词词根 ʤoha-"修理"的后面，表示动作行为的主体 bu"我们"，将来要进行 ʤohaʤamo"将来修理"的动作行为。第三句里，形态变化语法词缀 -ʤəmo 接缀于动词词根 gərbə-"工作"的后面，表示动作行为的主体 bu"我们"，将来要进行 gərbə-ʤəmo"将来工作"的动作行为。另外，根据元音和谐规律，形态变化语法词缀 -ʤamo 接缀于以阳性元音为主的动词词根 sagde-"变老"、ʤoha-"修理"的后面；语法词缀 -ʤəmo 接缀于以阴性元音为主的动词词根 gərbə-"工作"的后面，从而表示将来时复数第一人称形态变化现象的语法概念。

（五）陈述式将来时复数第二人称形态变化语法结构

陈述式将来时复数第二人称形态变化语法词缀 -ʤaso 和 -ʤəso 接缀于动词词根或词干后，表示动作行为的施事者以复数形式的第二人称为主体，将来要实施某个动作行为的语法概念。其语法含义相当于汉语中的"你们将来要……"。形态变化语法词缀 -ʤaso 和 -ʤəso 有元音和谐现象，因此使用时要按照元音和谐规律。语法词缀 -ʤaso 接缀于以阳性元音为主的动词词根或词干后，语法词缀 -ʤəso 接缀于以阴性元音和中性元音为主的动词词根或词干后。例如：

su illimatʃa ʤigaji ooni ərindu ***gaʤir-ʤaso***？
你们 借完　　钱　　什么 时候　收回 将要你们
你们什么时候将要收回借出的钱？

su ʤuuji ***damtula-ʤaso*** jə？
你们 房子 抵押 将要你们 吗
你们将来要抵押房子吗？

su ʤigawa ***ore-ʤəso***？
你们 钱　 攒钱 将要你们
你们将来要攒钱吗？

上述三个例句中，形态变化语法词缀 -ʤaso 接缀于第一句的动词词根 gaʤir-"收回"的后面，表示动作行为的主体 su"你们"，将来要进行 gaʤirʤaso"将来收回"的动作行为。第二句中，形态变化语法词缀 -ʤaso 接缀于动词词根 damtula-"抵押"的后面，表示动作行为的主体 su"你们"，将来要进行 damtulaʤaso"将来抵押"的动作行为。第三句里，形态变化语法词缀 -ʤaso 接缀于动词词根 ore-"攒钱"的后面，表示动作行为的主体 su"你们"，将来要进行 ore-ʤəso"将来攒钱"这一动作行为。另外，根据元音和谐规律，形态变化语法词缀 -ʤaso 接缀于以阳性元音为主的动词词根 gaʤir-"收回"、damtula-"抵押"的后面；语法词缀 -ʤəso 接缀于以阴性元音为主的动词词根 ore-"攒钱"的后面。

（六）陈述式将来时复数第三人称形态变化语法结构

陈述式将来时复数第二人称形态变化语法词缀 -ʤa 和 -ʤə 接缀于动词词根或词干后，表示动作行为的施事者以复数形式的第三人称为主体，将来要实施某个动作行为的语法概念。其语法含义相当于汉语中的"他们/她们/它们将来要……"。形态变化语法词缀 -ʤa 和 -ʤə 有元音和谐现象，因此使用时要按照元音和谐规律，将语法词缀 -ʤa 接缀于以阳性元音为主的动词词根或词干后，语法词缀 -ʤə 接缀于以阴性元音和中性元音为主的动词词根或词干后。例如：

talur timatʃin ʤuur honinbə **waa-ʤa**.
他们　明天　　二　　羊　　杀 将要他们
他们明天将要杀两只羊。

talur urkəkən nəkunbə ajiʤi dolin ʃujtandu **haala-ʤa**.
他们　弟　　弟　　把　好的　高　　中　　换 将要他们
他们给弟弟将要换一个好的高中。

talur tulə guruŋdu lantʃuulʤi **məlʤi-ʤə**.
他们　外　国　　　篮球　　　比赛 将要他们

他们去外国将要进行篮球比赛。

上述三个例句中，形态变化语法词缀 -ʤa 接缀于第一句的动词词根 waa-"杀"的后面，表示动作行为的主体 talur"他们"，将来要进行 waa-ʤa"将来杀"的动作行为。第二句中，形态变化语法词缀 -ʤa 接缀于动词词根 haala-"换"的后面，表示动作行为的主体 talur"他们"，将来要进行 haala-ʤa"将来换"的动作行为。第三句里，形态变化语法词缀 -ʤə 接缀于动词词根 məlʤi-"比赛"的后面，表示动作行为的主体 talur"他们"，将来要进行 məlʤi-ʤə"将来比赛"这一动作行为。另外，根据元音和谐规律，形态变化语法词缀 -ʤa 接缀于以阳性元音为主的动词词根 waa-"杀"、haala-"换"的后面，；语法词缀 -ʤə 接缀于以阴性元音为主的动词词根 məlʤi-"比赛"的后面。

四　陈述式过去时形态变化现象

陈述式形态变化语法词缀分类

陈述式形态分类			语法词缀
陈述式过去时	单数式	第一人称	-ʧo
		第二人称	-ʧaʃi、-ʧəʃi
		第三人称	-ʧa、-ʧə
	复数式	第一人称	-ʧamo、-ʧəmo
		第二人称	-ʧaso、-ʧəso
		第三人称	-ʧan、-ʧən

田野调查搜集整理的资料表明，杜拉尔鄂温克语的陈述式过去时形态变化现象通常表示句中的行为动作过去曾发生。根据动作行为施事者人称及单复数的不同，陈述式过去时形态变化语法词缀分为单数第一人称语法词缀 -ʧo、单数第二人称语法词缀 -ʧaʃi 和 -ʧəʃi、单数第三人称语法语法词缀 -ʧa 和 -ʧə；复数第一人称语法词缀 -ʧamo 和 -ʧəmo、复数第二人称语法词缀 -ʧso 和 -ʧəso、复数第三人称语法词缀 -ʧan 和 -ʧən。这六种类型的陈述式过去时形态变化语法词缀中，单数第二人称语法词缀 -ʧaʃi 和 -ʧəʃi、单数第三人称

语法语法词缀 -ʧa 和 -ʧə；复数第一人称语法词缀 -ʧamo 和 -ʧəmo、复数第二人称语法词缀 -ʧso 和 -ʧəso、复数第三人称语法词缀 -ʧan 和 -ʧən 有元音和谐现象，因此在句中使用时，要严格按照杜拉尔鄂温克语的元音和谐规律分别接缀于以阳性元音、阴性元音和中性元音为主构成的动词词根或词干后。单数第一人称语法词缀 -ʧo 没有元音和谐现象，使用时可以直接接缀于任何动词词根或词干后。

（一）陈述式过去时单数第一人称形态变化语法结构

杜拉尔鄂温克语陈述式过去时形态变化现象的语法表现形式是把过去时单数第一人称形态变化语法词缀 -ʧo 接缀于动词词根或词干后，表示动作行为的施事者以单数形式的第一人称为主体，过去已经完成了某个动作行为的语法概念。其语法含义相当于汉语中的"我……了"。单数第一人称语法词缀 -ʧo 没有元音和谐现象，使用时可以直接接缀于任何动词词根或词干后。例如：

bi tiiniolə ədu əmun irkin ogor tərgən **əməŋ-ʧo**.
我 前天 这里 一 新 自行车 丢了我
我昨天在这里丢了一辆新自行车。

bi teaŋga toron giŋ dilə **nəm-ʧo**.
我 去年 五 斤 增加 了我
我去年胖了五斤。

bi orkuwə **ʧaholo-ʧo**.
我 绳子把 弄断 了我
我把绳子弄断了。

上述三个例句中，形态变化语法词缀 -ʧo 接缀于第一句的动词词根 əməŋ-"丢"的后面，表示动作行为的主体 bi"我"，过去已经完成 əməŋ-ʧo"丢了"的动作行为。第二句中，形态变化语法词缀 -ʧo 接缀于动词词根 nəm-"增加"的后面，表示动作行为的主体 bi"我"，过去已经完成 nəm-ʧo"增加了"的动作行为。第三句里，形态变化语法词缀 -ʧo 接缀于动词词根 ʧaholo-"弄断"的后面，表示动作行为的 bi"我"，过去已经完

成 ʧaholo-ʧo "弄断了" 这一动作行为。这三个例句都表示了过去时单数第一人称形态变化现象的语法概念。

（二）陈述式过去时单数第二人称形态变化语法结构

陈述式将来时复数第二人称形态变化语法词缀 -ʧaʃi 和 -ʧəʃi 接缀于动词词根或词干后，表示动作行为的施事者以单数形式的第二人称为主体，过去已经完成了某个动作行为的语法概念。其语法含义相当于汉语中的 "你……了"。形态变化语法词缀 -ʧaʃi 和 -ʧəʃi 有元音和谐现象，因此使用时要按照元音和谐规律，将语法词缀 -ʧaʃi 接缀于以阳性元音为主的动词词根或词干后，语法词缀 -ʧəʃi 接缀于以阴性元音和中性元音为主的动词词根或词干后。例如：

ʃi inig dolini ʤəəttə **ʤib-ʧəʃi**？
你 中 午 的 饭 什么 吃了你
你中午吃什么饭了？

ʃi tiinug məmə abaʤi ilə **gənnə-ʧəʃi**？
你 昨天 妈妈 爸爸 哪里 去了你
你昨天和爸爸妈妈去哪儿了？

ʃi ooni ərindu talurʤi **bahaldi-ʧaʃi**？
你 什么 时候 他们 遇见 了你
你什么时候遇见了他们？

上述三个例句中，形态变化语法词缀 -ʧəʃi 接缀于第一句的动词词根 ʤib- "吃" 的后面，表示动作行为的主体 ʃi "你"，已经完成了 ʤibʧəʃi "吃了" 的动作行为。第二句中，形态变化语法词缀 -ʧəʃi 接缀于动词词根 gənnə- "去" 的后面，表示动作行为的主体 ʃi "你"，已经完成了 gənnəʧəʃi "去了" 的动作行为。第三句里，形态变化语法词缀 -ʧaʃi 接缀于动词词根 bahaldi- "遇见" 的后面，表示动作行为的主体 ʃi "你"，已经完成了 bahaldiʧaʃi "遇见了" 这一动作行为。另外，根据元音和谐规律，形态变化语法词缀 -ʧaʃi 接缀于以阳性元音为主的动词词根 bahaldi- "遇见" 的后面；语法词缀 -ʧəʃi 接缀于以阴性元音为主的动词词根 ʤib- "吃"、

gənnə-"去"的后面。上述三个例句都表示了过去时单数第二人称形态变化现象的语法概念。

（三）陈述式过去时单数第三人称形态变化语法结构

陈述式过去时单数第三人称形态变化语法词缀 -tʃa 和 -tʃə 接缀于动词词根或词干后，表示动作行为的施事者以单数形式的第三人称为主体，过去已经完成了某个动作行为的语法概念。其语法含义相当于汉语中的"他/她/它……了"。形态变化语法词缀 -tʃa 和 -tʃə 有元音和谐现象，因此使用时要按照元音和谐规律，将语法词缀 -tʃa 接缀于以阳性元音为主的动词词根或词干后，语法词缀 -tʃə 接缀于以阴性元音和中性元音为主的动词词根或词干后。例如：

nooni tiinug mijidu əmun irkin gutʃə *taaldha-tʃa*.
他 昨天 我 一 新 朋友 介绍 了他
他昨天给我介绍了一个新朋友。

əkinmi səl tərgənbə *saata-tʃa*.
姐姐 火 车 把 耽误了她
姐姐昨天误了火车。

ahami tiinug hudəd *gənnə-tʃə*.
哥哥 昨天 草地 去 了他
哥哥昨天去草地了。

上述三个例句中，形态变化语法词缀 -tʃa 接缀于第一句的动词词根 taaldha-"介绍"的后面，表示动作行为的主体 nooni "他"，已经完成了 taaldhatʃa "介绍了"这一动作行为。第二句中，形态变化语法词缀 -tʃa 接缀于动词词根 saata-"耽误"的后面，表示动作行为的主体 əkin "姐姐"，已经完成了 saatatʃa "耽误了"的动作行为。第三句里，形态变化语法词缀 -tʃə 接缀于动词词根 gənnə-"去"的后面，表示动作行为的主体 aha "哥哥"，已经完成了 gənnətʃə "去了"这一动作行为。另外，根据元音和谐规律，形态变化语法词缀 -tʃa 接缀于以阳性元音为主的动词词根 taaldha-"介绍"、

saata-tʃa "耽误了" 的后面；语法词缀 -tʃə 接缀于以阴性元音为主的动词词根 gənnə- "去" 的后面。上述三个例句都表示了过去时单数第三人称形态变化现象的语法概念。

（四）陈述式过去时复数第一人称形态变化语法结构

陈述式过去时复数第一人称形态变化语法词缀 -tʃamo 和 -tʃəmo 接缀于动词词根或词干后，表示动作行为的施事者以复数形式的第一人称为主体，过去已经完成了某个动作行为的语法概念。其语法含义相当于汉语中的"我们……了"。形态变化语法词缀 -tʃamo 和 -tʃəmo 有元音和谐现象，因此使用时要按照元音和谐规律，将语法词缀 -tʃamo 接缀于以阳性元音为主的动词词根或词干后，语法词缀 -tʃəmo 接缀于以阴性元音和中性元音为主的动词词根或词干后。例如：

bu baraŋʤi əmund ʤəətti ʤibtər bogdu **gənnə-tʃəmo**.
我们 大家 一起 饭 吃 地方 去 了我们
我们大家一起去了饭馆。

bu baraŋʤi tari udu kuku ʤolowə **ana-tʃamo**.
我们 大家 那个 大 青 石 把 推 了我们
我们大家一起推走了那个大青石。

bu diargoŋ gərbbitʃi ur **tahla-tʃamo**.
我们 许多 有名的 山 爬 了我们
我们爬了很多有名的山。

上述三个例句中，形态变化语法词缀 -tʃəmo 接缀于第一句的动词词根 gənnə- "去" 的后面，表示动作行为的主体 bu "我们"，已经完成了 gənnətʃəmo "去了" 的动作行为。第二句中，形态变化语法词缀 -tʃamo 接缀于动词词根 ana- "推" 的后面，表示动作行为的主体 bu "我们"，已经完成了 anatʃamo "推了" 的动作行为。第三句里，形态变化语法词缀 -tʃamo 接缀于动词词根 tahla- "爬" 的后面，表示动作行为的主体 bu "我们"，已经完成了 tahlatʃamo "爬了" 这一动作行为。另外，根据元音和谐规律，形态变化

语法词缀 -tʃamo 接缀于以阳性元音为主的动词词根 ana-"推"、tahla-"爬"的后面；语法词缀 -tʃəmo 接缀于以阴性元音为主的动词词根 gənnə-"去"的后面。上述三个例句都表示了过去时复数第一人称形态变化现象的语法概念。

（五）陈述式过去时复数第二人称形态变化语法结构

陈述式过去时复数第二人称形态变化语法词缀 -tʃaso 和 -tʃəso 接缀于动词词根或词干后，表示动作行为的施事者以复数形式的第二人称为主体，过去已经完成了某个动作行为的语法概念。其语法含义相当于汉语中的"你们……了"。形态变化语法词缀 -tʃaso 和 -tʃəso 有元音和谐现象，因此使用时要按照元音和谐规律，将语法词缀 -tʃaso 接缀于以阳性元音为主的动词词根或词干后，语法词缀 -tʃəso 接缀于以阴性元音和中性元音为主的动词词根或词干后。例如：

su ʤəətti *ʤib-tʃəso* jə?
你们 饭 吃 了你们 吗
你们吃饭了吗？

su *gərbə-tʃəso* jə?
你们 上班 了你们 吗
你们上班了吗？

su *ujumu-tʃəso* jə?
你们 结婚 了你们 吗
你们结婚了吗？

上述三个例句中，形态变化语法词缀 -tʃəso 接缀于第一句的动词词根 ʤib-"吃"的后面，明确陈述了句子的主体 su"你们"已经完成了 ʤibtʃəso"介绍了"这一动作行为。第二句中，形态变化语法词缀 -tʃəso 接缀于动词词根 gərbə-"上班"的后面，陈述了同样是作为主体的 su"你们"已经完成了 gərbətʃəso"上班了"的动作行为。第三句里，形态变化语法词缀 -tʃəso 接缀于动词词根 ujumu-"结婚"的后面，陈述了句子的主体 su"你们"已经完成了 ujumutʃəso"结婚了"的动作行为。

（六）陈述式过去时复数第三人称形态变化语法结构

陈述式过去时复数第三人称形态变化语法词缀 -tʃan 和 -tʃən 接缀于动词词根或词干后，表示动作行为的施事者以复数形式的第三人称为主体过去已经完成了某个动作行为的语法概念。其语法含义相当于汉语中的"他们……了"。形态变化语法词缀 -tʃan 和 -tʃən 有元音和谐现象，因此使用时要按照元音和谐规律，将语法词缀 -tʃan 接缀于以阳性元音为主的动词词根或词干后，语法词缀 -tʃən 接缀于以阴性元音和中性元音为主的动词词根或词干后。例如：

talur　irkin　ʤuu　**ga-tʃan**.
他们　　新　　房子　买了他们
他们买了新房子。

talur　temur　ʃiŋgən　ʤəəttə　**imə-tʃən**.
他们　早晨　　稀　　粥　　喝了他们
他们早晨喝了稀粥。

talur　gərbədi　tərgəŋ　**ilbə-tʃən**.
他们　上班　　　车　开了他们
他们开了车去上班。

上述三个例句中，形态变化语法词缀 -tʃan 接缀于第一句的动词词根 ga-"买"的后面，明确陈述了句子的主体 talur"他们"，已经完成了 gatʃan"买了"这一动作行为。第二句中，形态变化语法词缀 -tʃəso 接缀于动词词根 imə-"喝"的后面，陈述了同样是作为主体的 talur"他们"，已经完成了 imətʃən"喝了"的动作行为。第三句里，形态变化语法词缀 -tʃəso 接缀于动词词根 ilbə-"开"的后面，陈述了句子的主体 talur"他们"，已经完成了 ilbətʃən"开了"的动作行为。另外，根据元音和谐规律，形态变化语法词缀 -tʃan 接缀于以阳性元音为主的动词词根 ga-"买"的后面；语法词 -tʃən 接缀于以阴性元音为主的动词词根 imətʃən"喝了"、ilbətʃən"开了"的后面。上述三个例句都表示了过去时复数第三人称形态变化现象的语法概念。

综上所述，首先，根据不同的时间概念杜拉尔鄂温克语的陈述式形态变化语法结构可以分为现在时、现在将来时、将来时和过去时四种形态变化语法结构。其次，根据形态变化语法词缀表示数形态变化的不同，分为单数和复数两种结构类型。最后，根据动作行为施事者人称概念的不同，分为单数第一人称、单数第二人称、单数第三人称、复数第一人称、复数第二人称和复数第三人称形态变化语法词缀。根据田野调查搜集整理的资料，杜拉尔鄂温克语的陈述式形态变化系统是杜拉尔鄂温克语语法结构中使用率最高、变化形式最为复杂且使用原理最多的形态变化语法结构。无论是在早期还是在现代杜拉尔鄂温克语中，陈述式形态变化系统一直有着很高的使用率。之所以称其形态变化形式最为复杂，是由于陈述式形态变化系统中不仅要根据不同的时间，还要根据人称概念的单复数的不同从而区分具体使用哪一种形态变化语法词缀。可见陈述式形态变化系统的语法结构体系全面且完整，语法规则条理清晰且层次分明。

之所以称其使用原理最多，是由于杜拉尔鄂温克语的陈述式形态变化系统中，现在时单数第三人称、现在时复数第三人称、现在将来时单数第三人称、现在将来时复数第三人称、将来时单数第一人称、将来时单数第二人称、将来时单数第三人称、将来时复数第一人称、将来时复数第二人称、将来时复数第三人称、过去时单数第二人称、过去时单数第三人称、过去时复数第一人称、过去时复数第二人称、过去时复数第三人称形态变化语法词缀都有元音和谐现象，在具体使用时都要严格按照杜拉尔鄂温克语的元音和谐规律。现在时单数第一人称、现在时单数第二人称、现在时复数第一人称、现在时复数第二人称、现在将来时单数第一人称、现在将来时单数第二人称、现在将来时复数第一人称、现在将来时复数第二人称以及过去时单数第一人称形态变化语法词缀，没有元音和谐现象，可以直接接缀于动词词根或词干后。

除此以外，现在时单数第三人称和现在时复数第三人称、现在将来时单数第三人称和现在将来时复数第三人称、将来时单数第三人称和将来时复数第三人称这四组形态变化语法词缀的结构形式完全相同，要根据句子的主体是单数还是复数人称概念来区分应该使用单数还是复数第三人称形态变化语法词缀。

第八节　祈求式形态变化系统

杜拉尔鄂温克语的祈求式形态变化系统中，形态变化语法词缀根据表示数形态变化的不同，分为单数和复数两种结构类型。另外，根据动作行为施事者人称概念的不同，分为单数第一人称、单数第二人称、单数第三人称、复数第一人称、复数第二人称和复数第三人称六种类型的形态变化语法词缀。祈求式形态变化语法词缀接缀于动词词根或词干后，表示句中的动作行为包含愿望、渴望、期盼、祈求等语法内涵。以下是杜拉尔鄂温克语的祈求式形态变化语法词缀。

杜拉尔鄂温克语祈求式形态变化语法词缀

祈求式形态分类		祈求式形态变化语法词缀
单数	第一人称	-kte
	第二人称	-ka、-kə
	第三人称	-jin
复数	第一人称	-gare、-gəre
	第二人称	-kolu
	第三人称	-jin

杜拉尔鄂温克语的祈求式形态变化语法词缀中，单数第二人称、复数第一人称形态变化语法词缀有元音和谐现象，使用时需将单数第二人称形态变化语法词缀 -ka、复数第一人称形态变化语法词缀 -gare 接缀于以阳性元音为主的动词词根或词干后，将单数第二人称形态变化语法词缀 -kə、复数第一人称形态变化语法词缀 -gəre 接缀于以阴性元音和以中性元音为主的动词词根或词干后。

一　祈求式单数第一人称形态变化语法结构

杜拉尔鄂温克语的祈求式单数第一人称形态变化语法词缀 -kte，接缀于动词词根或词干后，表示动作行为的施事者是以单数第一人称"我"为主体，实施含有愿望、渴望、期盼、祈求等语法内涵的动作行为。形态变化语法词缀 -kte 没有元音和谐现象，可以接缀于任何动词词根或词干后。例如：

bi əmun taŋgar ukuri ullitʃi gurul ʤəəttə **ʤib-kte**.
我 一 碗 牛 肉 面 饭 吃 吧我
请让我吃一碗牛肉面吧。

bi əmun too **ga-kte**.
我 一 号 要 吧我
请给我挂一个号吧。

bi udu pusul **gənnə-kte**.
我 大 市场 去 吧我
我想去大市场。

上述三个例句中，形态变化语法词缀 -kte 接缀于第一句的动词词根 ʤib-"吃"的后面，明确表示了句子的主体 bi "我"进行的 ʤibkte "请求吃"这一动作行为中包含祈求的语法内涵。第二句中，形态变化语法词缀 -kte 接缀于动词词根 ga-"买"的后面，表示了同样是作为主体的 bi "我"进行的 gakte "请求挂号"的动作行为中包含祈求的语法内涵。第三句里，形态变化语法词缀 -kte 接缀于动词词根 gənnə-"去"的后面，表示句子的主体 bi "我"进行的 gənnəkte "想去"的动作行为中包含愿望的语法内涵。上述三个例句都表示了祈求式单数第一人称形态变化现象的语法概念。

二　祈求式单数第二人称形态变化语法结构

杜拉尔鄂温克语的祈求式单数第二人称形态变化现象中，语法词缀用 -ka 和 -kə 表示，接缀于动词词根或词干后，表示动作行为的施事者是以单数第二人称"你"为主体，进行含有愿望、渴望、期盼、祈求等语法内涵的动作行为。形态变化语法词缀 -ka 和 -kə 有元音和谐现象，使用时需按照元音和谐规律，将形态变化语法词缀 -ka 接缀于以阳性元音为主的动词词根或词干后，将形态变化语法词缀 -kə 接缀于以阴性元音和中性元音为主的动词词根或词干后。例如：

> ʃi ər ʤahawə əmund **təwu-kə**.
> 你 这 货物把 一起 打包 吧你
> 请你把这些货物一起打包吧。

> ʃi ələ **alaatʃi-ka**.
> 你 这 排队 吧你
> 请你在这排队吧。

> ʃi ʃənfənʤəŋbə mijidu **buu-kə**.
> 你 身份证把 我 给 吧我
> 请你把身份证给我吧。

上述三个例句中，形态变化语法词缀 -kə 接缀于第一句的动词词根 təwu-"打包"的后面，明确表示了句子的主体 ʃi"你"进行的 təwukə"请打包"这一动作行为中包含祈求的语法内涵。第二句中，形态变化语法词缀 -ka 接缀于动词词根 alaatʃi-"排队"的后面，表示了同样是作为主体的 ʃi"你"进行的 alaatʃika"请排队"的动作行为中包含祈求的语法内涵。第三句里，形态变化语法词缀 -kə 接缀于动词词根 buu-"给"的后面，表示了句子的主体 ʃi"你"进行的 buukə"请给"的动作行为中包含祈求的语法内涵。以上都表示了祈求式单数第二人称形态变化现象的语法概念。根据元音和谐规律，形态变化语法词缀 -ka 接缀于 alaatʃi-"排队"的后面，形态变化语法词缀 -kə 接缀于 təwu-"打包"、buu-"给"的后面。

三 祈求式单数第三人称形态变化语法结构

杜拉尔鄂温克语的祈求式单数第三人称形态变化现象中，语法词缀用 -jin 表示，接缀于动词词根或词干后，表示动作行为的施事者是以单数第三人称"他／她／它"为主体，进行含有愿望、渴望、期盼、祈求等语法内涵的动作行为。形态变化语法词缀 -jin 没有元音和谐现象，可以接缀于任何动词词根或词干后。例如：

nooni amila bogi hudəd ***gənnə-jin***.

他 北 方的 草原 去 吧他

他想去北方的草原。

nooni ʥəətti ʥibtər bogdu ʥəəttə ***ʥib-jin***.

他 饭 吃 地方 饭 吃 吧他

他希望去饭馆吃饭。

nooni ʥuuji ***gənu-jin***.

他 家自己的 回去 吧他

请让他回自己的家吧。

上述三个例句中，形态变化语法词缀 -jin 接缀于第一句的动词词根 gənnə-"去"的后面，明确表示了句子的主体 nooni"他"，进行的 gənnəjin"请去"这一动作行为中包含祈求的语法内涵。第二句中，形态变化语法词缀 -jin 接缀于动词词根 ʥib-"吃"的后面，表示了同样是作为主体的 nooni"他"进行的 ʥibjin"希望吃"的动作行为中包含希望的语法内涵。第三句里，形态变化语法词缀 -jin 接缀于动词词根 gənu-"回去"的后面，表示了句子的主体 nooni"他"进行的 gənujin"请回"的动作行为中包含祈求的语法内涵。以上都表示了祈求式单数第三人称形态变化现象的语法概念。

四　祈求式复数第一人称形态变化语法结构

杜拉尔鄂温克语的祈求式复数第一人称形态变化现象中，语法词缀用 -gare 和 -gəre 表示，接缀于动词词根或词干后，表示动作行为的施事者是以复数第一人称"我们"为主体，进行含有愿望、渴望、期盼、祈求等语法内涵的动作行为。形态变化语法词缀 -gare 和 -gəre 有元音和谐现象，使用时需按照元音和谐规律，使用时需将形态变化语法词缀 -gare 接缀于以阳性元音为主的动词词根或词干后，将形态变化语法词缀 -gəre 接缀于以阴性元音和中性元音为主的动词词根或词干后。例如：

bu   temurni ʤakun dolin ərind gərbə **gənnə-gəre**.
我们 早晨   八   半   时间   工作   去 吧我们
我们早晨八点半去上班吧。

bu   ʃujtandu lanʧuul **ugi-gəre**.
我们 学校   篮球   玩 吧我们
我们去学校打篮球吧。

bu   oreho kanz ʤəəttə kulkuʧə solget **ʤib-gəre**.
我们 晚上   米   饭   炒   菜   吃 吧我们
我们晚上吃米饭炒菜吧。

上述三个例句中，形态变化语法词缀 -gəre 接缀于第一句的动词词根 gənnə-"去"的后面，明确表示了句子的主体 bu"我们"进行的 gənnə-gəre"希望去"这一动作行为中包含希望的语法内涵。第二句中，形态变化语法词缀 -gəre 接缀于动词词根 ugi-"玩"的后面，表示了同样是作为主体的 bu"我们"，进行的 ugi-gəre"希望玩"的动作行为中包含希望的语法内涵。第三句里，形态变化语法词缀 gəre 接缀于动词词根 ʤib-"吃"的后面，表示了句子的主体 bu"我们"进行的 ʤib-gəre"希望吃"的动作行为中包含祈求的语法内涵。以上都表示了祈求式复数第一人称形态变化现象的语法概念。另外，根据元音和谐规律，形态变化语法词缀 -gəre 接缀于以阴性元音和中性元音为主构成的动词词根 gənnə-"去"、ugi-"玩"、ʤib-"吃"的后面。

五　祈求式复数第二人称形态变化语法结构

祈求式复数第二人称形态变化现象中，形态变化语法词缀 -kolu 接缀于动词词根或词干后，表示动作行为的施事者是以复数第二人称"你们"为主体，进行含有愿望、渴望、期盼、祈求等语法内涵的动作行为。形态变化语法词缀 -kolu 没有元音和谐现象，可以接缀于任何动词词根或词干后。例如：

su   timaʧin tari honinbə **uni-kolu**.
你们 明天   那个 羊把   卖 吧你们

请你们明天把那只羊卖了吧。

su　amilaki deki　***əmə-kolu***.
你们　以后　再　来 吧你们。
请你们以后再来吧。

su　　bajta angur bogdu ***angu-kolu***.
你们 事情　问　地方　问 吧你们
请你们去问询处咨询。

上述三个例句中，形态变化语法词缀 -kolu 分别接缀于动词词根 uni-"卖"、əmə-"来"、angu-"问"的后面，明确表示了句子的主体 su"你们"进行的 unikolu"请卖"、əməkolu"请来"、angukolu"请问"这些动作行为中包含希望和祈求的语法内涵，从而都表示了祈求式复数第二人称形态变化现象的语法概念。

六　祈求式复数第三人称形态变化语法结构

祈求式复数第三人称形态变化现象中，形态变化语法词缀 -jin 接缀于动词词根或词干后，表示动作行为的施事者是以复数第三人称"他们/她们/她们"为主体，进行含有愿望、渴望、期盼、祈求等语法内涵的动作行为。形态变化语法词缀 -jin 没有元音和谐现象，可以接缀于任意动词词根或词干后。祈求式复数第三人称形态变化语法词缀 -jin 与单数第三人称形态变化语法词缀 -jin 的语法表现手段完全相同，在句中出现时需要根据动作行为的施事者的单复数情况来区分语法词缀是单数还是复数概念。例如：

talur antʃiendaiji ajihoŋ　***uji-jin***.
他们　安全带　好好　系 吧他们
请他们系好安全带。

talur　miji orwə miji aasənd ʤuu　***iraa-jin***.
他们 我的 行李 我的 房　间　送 吧他们
请让他们把我的行李送到我的房间吧。

talur dəgəʤə dansi haala **buu-jin.**
他们　床　　单　换　给 吧他们
请让他们给换床单吧。

上述三个例句中，形态变化语法词缀 -jin 接缀于第一句的动词词根 uji-"系"的后面，明确表示了句子的主体 talur "他们"，进行的 ujijin "请系"这一动作行为中，包含希望的语法内涵。第二句中，形态变化语法词缀 -jin 接缀于动词词根 iraa-"送"的后面，表示同样是作为主体的 talur "他们"进行的 iraajin "请送"的动作行为中包含祈求的语法内涵。第三句里，形态变化语法词缀 -jin 接缀于动词词根 buu-"给"的后面，表示了句子的主体 talur "他们"进行的 buujin "请换"的动作行为中包含祈求的语法内涵。三个例句都表示了祈求式复数第三人称形态变化现象的语法概念。

综上所述，杜拉尔鄂温克语的祈求式形态变化系统在杜拉尔鄂温克语中有一定的使用率，其中，根据表示数形态变化的不同和动作行为施事者人称概念的不同，形态变化语法词缀分为祈求式单数第一人称形态变化语法词缀 -kte、祈求式单数第二人称形态变化语法词缀 -ka 和 -kə、祈求式单数第三人称形态变化语法词缀 -jin、祈求式复数第一人称形态变化语法词缀 -gare 和 -gəre、祈求式复数第二人称形态变化语法词缀 -kolu、祈求式复数第三人称形态变化语法词缀 -jin。语法词缀接缀于动词词根或词干后，表示句中的动作行为包含愿望、渴望、期盼、祈求等语法内涵。祈求式单数第二人称形态变化语法词缀 -ka 和 -kə、祈求式复数第一人称形态变化语法词缀 -gare 和 -gəre 有元音和谐现象，使用时需将单数第二人称形态变化语法词缀 -ka、复数第一人称形态变化语法词缀 -gare 接缀于以阳性元音为主的动词词根或词干后；将单数第二人称形态变化语法词缀 -kə、复数第一人称形态变化语法词缀 -gəre 接缀于以阴性元音和以中性元音为主的动词词根或词干后。祈求式复数第三人称形态变化语法词缀 -jin 与单数第三人称形态变化语法词缀 -jin 的语法表现手段完全相同，在句中出现时需要根据动作行为的施事者的单复数情况来区分语法词缀是单数还是复数。

第九节 命令式形态变化系统

杜拉尔鄂温克语的命令式形态变化现象的语法表现形式，通常是将命令式形态变化语法词缀接缀于动词词根或词干后，表示动作行为是以命令的口气实施。同陈述式形态变化系统和祈求式形态变化系统中的语法词缀一样，首先，命令式形态变化系统中的形态变化语法词缀也是根据数形态变化的不同，分为单数和复数两种结构类型；其次，根据动作行为施事者人称概念的不同，分为单数第一人称、单数第二人称、单数第三人称、复数第一人称、复数第二人称和复数第三人称形态变化语法词缀六种类型。命令式形态变化语法词缀都没有元音和谐现象，因此可以直接接缀于动词词根或词干后。以下是杜拉尔鄂温克语的命令式形态变化语法词缀。

杜拉尔鄂温克语命令式形态变化语法词缀

命令式形态分类		命令式形态变化语法词缀
单数	第一人称	-m
	第二人称	-k
	第三人称	-jin
复数	第一人称	-mo
	第二人称	-kul
	第三人称	-jin

一 命令式单数第一人称形态变化语法结构

田野调查搜集整理的资料表明，命令式单数第一人称形态变化现象的语法表现形式是将形态变化语法词缀 -m 接缀于动词词根或词干后，表示动作行为的主体"我"要求自己或命令别人去实施某个动作行为。例如：

bi tari ʃaɲiriŋ tərgəs *teti-m*!
我 那个 黄色 衣服 穿 吧我
让我穿那个黄色的衣服吧！

bi əri irkin tibolwə unaadʒi nəkundu **buu-m**!
我 这个 新 包把 妹 妹 给 吧我
我把这个新书包给妹妹吧！

bi əri laibar ərkiwə **ʃilki-m**!
我 这 脏的 裤子把 洗 吧我
我洗这条脏裤子吧！

上述三个例句中，形态变化语法词缀 -m 接缀于第一句的动词词根 teti-"穿"的后面，明确表示了句子的主体 bi"我"要求实施 tetim"穿"这一动作行为，含有命令的语气。第二句中，形态变化语法词缀 -m 接缀于动词词根 buu-"给"的后面，表示同样作为主体的 bi"我"，要求实施 buum"给"这一动作行为。第三句里，形态变化语法词缀 -m 接缀于动词词根 ʃilki-"洗"的后面，表示了句子的主体 bi"我"要求进行的 ʃilkim"洗"这一动作行为中包含要求的语气。三句例句都表示了命令式单数第一人称形态变化现象的语法概念。

二 命令式单数第二人称形态变化语法结构

命令式单数第二人称形态变化语法词缀一般用 -k 表示，接缀于动词词根或词干后，表示说话人要求或命令"你"去实施某个动作行为的语法概念。例如：

ʃi ər iniŋ məəji gərbəwə ajihoŋ **oo-k**!
你 今天 自己的 工作 好好 做 吧你
你今天要好好做自己的工作！

ʃi ər iniŋ itukət miji dʒigami **buu-k**!
你 今天 必须 我的 钱我的 给 吧你
你今天必须把我的钱给我！

ʃi timatʃin itukət ʃujtandu **əmə-k**!
你 明天 必须 学校 来 吧你

你明天必须来学校！

上述三个例句中，形态变化语法词缀 -k 接缀于第一句的动词词根 oo-"做"的后面，明确表示了句子的主体 ʃi"你"被说话人命令实施 ook"做"这一动作行为，含有命令的语气。第二句中，形态变化语法词缀 -k 接缀于动词词根 buu-"给"的后面，表示同样作为主体的 ʃi"你"，被说话人命令实施 buuk"给"这一动作行为。第三句里，形态变化语法词缀 -k 接缀于动词词根 əmə-"来"的后面，表示句子的主体 ʃi"你"被说话人命令进行的 əmək"来"这一动作行为中包含命令的语气。以上都表示了命令式单数第二人称形态变化现象的语法概念。

三　命令式单数第三人称形态变化语法结构

命令式单数第三人称形态变化语法词缀一般用 -jin 表示，接缀于动词词根或词干后，表示说话人要求或命令"他 / 她 / 它"去实施某个动作行为的语法概念。例如：

nooni timatʃin itukət ʤuudu **əmə-jin**!
他　　明天　　必须　家　　回　吧他
他明天必须回家！

nooni məəji ajmən uugwə ajihoŋ **tati-jin**!
他　　自己　民族　语言　好好　学　吧他
让他好好学自己的民族语！

nooni ʤakun dolin ərind **gərbə-jin**!
他　　八　　半　　点　上班　吧他
让他八点半上班！

上述三个例句中，形态变化语法词缀 -jin 接缀于第一句的动词词根 əmə-"回"的后面，明确表示了说话人命令句子的主体 nooni"你"实施 əməjin"回"这一动作行为，含有命令的语气。第二句中，形态变化语法词缀 -jin 接缀于动词词根 tati-"学"的后面，表示了说话人命令句子的主体的 nooni "他" 实施 tatijin "学" 这一动作行为。第三句里，形态变化语法词缀 -jin 接缀于动词词根 gərbə- "上班" 的后面，同样表示说话人命令句子的主体 nooni "他" 实施 gərbəjin "来" 这一动作行为。上述三个例句都完整地表示了命令式单数第三人称形态变化现象的语法概念。

四　命令式复数第一人称形态变化语法结构

命令式复数第一人称形态变化现象中，形态变化词缀通常用 -mo 来表示，接缀于动词词根或词干后，表示动作行为的主体 "我们" 要求自己或命令别人去实施某个动作行为。例如：

bu　haskanba moodu　*uji-mo*!
我们 小狗把　　树　　拴 吧我们
我们把小狗拴到树上吧！

bu　　tari urwə　　*taahala-mo*!
我们 那个山把　　攀登 吧我们
我们攀上那座山吧！

bu　　əri ʤahawa ahadu　*buu-mo*!
我们 这个 东西把　哥哥　给 吧我们
我们把这个东西给哥哥吧！

上述三个例句中，形态变化语法词缀 -mo 接缀于第一句的动词词根 uji- "拴" 的后面，明确表示了句子的主体 bu "我们" 要求自己实施 ujimo "拴" 这一动作行为，含有要求的语气。第二句中，形态变化语法词缀 -mo 接缀于动词词根 taahala- "攀登" 的后面，表示句子的主体 bu "我们" 要求自己实施 taahalamo "攀登" 这一动作行为。第三句里，形态变化语法词缀 -mo 接缀于动词词根 buu- "给" 的后面，同样表示句子的主体 bu "我们" 要求实施 buumo "给" 这一动作行为。上述三个例句都完整地表示了命令式复数第一人称形态变化现象的语法概念。

五 命令式复数第二人称形态变化语法结构

命令式复数第二人称形态变化现象的语法表现形式，是将形态变化语法词缀 -kul 接缀于动词词根或词干后，表示说话人命令动作行为的主体"你们"去实施某个动作行为的语法概念。例如：

su   jaagawa *təŋki-kul*!
你们 木炭把   点火 吧你们
你们把木炭点起来吧！

su   tərgəsʤi ərkiten bolgo *ʃilki-kul*!
你们 衣服   裤子   都   洗 吧你们
你们把衣服和裤子都洗了吧！

su   əri tariten bolgo *əlbu-kul*!
你们 这个 那个   都   拿走 吧你们
你们把这个连同那个都拿走吧！

上述三个例句中，形态变化语法词缀 -kul 接缀于第一句的动词词根 təŋki-"点"的后面，明确表示了说话人命令句子的主体 su"你们"，实施 təŋkikul"点"这一动作行为，含有命令的语气。第二句中，形态变化语法词缀 -kul 接缀于动词词根 ʃilki-"洗"的后面，表示句子的主体 su"你们"被说话人命令实施 ʃilkikul"洗"这一动作行为。第三句里，形态变化语法词缀 -kul 接缀于动词词根 əlbu-"拿走"的后面，同样表示句子的主体 su"你们"被说话人命令实施 əlbukul"拿走"这一动作行为。上述三个例句都完整地表示了命令式复数第二人称形态变化现象的语法概念。

六 命令式复数第三人称形态变化语法结构

命令式复数第三人称形态变化语法词缀同命令式单数第三人称形态变化语法词缀的语法结构相同，都用形态变化语法词缀 -jin 表示。区分句中词缀表示的是单数还是复数第三人称形态变化语法词缀，需要根据句子主体是单数第三人称代词还是复数第三人称代词而定。复数第三人称语法词缀 -jin 接缀于动词词根或词干后，表示说话人要求或命令"他们 / 她们 / 它们"去实施某个动作行为的语法概念。例如：

talur morinje ʤawa-jin!
他们   马   抓 吧他们
让他们把马抓来吧！

talur   məəji təgər bogd ajihoŋ   təgə-jin!
他们   自己的   坐   地方   好好   坐 吧他们
让他们在自己的座位上坐好！

talur ʤuuduwi ʤəəttə   ələr-jin!
他们   家里   饭   做 吧他们
让他们在家里做饭吧！

上述三个例句中，形态变化语法词缀 -jin 接缀于第一句的动词词根 ʤawa-"抓"的后面，明确表示了说话人命令句子的主体 talur"他们"实施 ʤawajin"抓"这一动作行为，含有命令的语气。第二句中，形态变化语法词缀 -jin 接缀于动词词根 təgə-"坐"的后面，表示句子的主体 talur"他们"被说话人命令实施 təgəjin"坐"这一动作行为。第三句里，形态变化语法词缀 -jin 接缀于动词词根 ələr-"做"的后面，同样表示句子的主体 talur"他们"被说话人命令实施 ələrjin"做"这一动作行为。上述三个例句都完整地表示了命令式复数第三人称形态变化现象的语法概念。

综上所述，杜拉尔鄂温克语的命令式形态变化系统中，根据数形态变化的不同和人称代词的不同，形态变化语法词缀分为单数第一人称形态变化语法词缀 -m、单数第二人称形态变化语法词缀 -k、单数第三人称形态变化语法词缀 -jin、复数第一人称形态变化语法词缀 -mo、复数第二人称形态变化语法词缀 -kul、复数第三人称形态变化语法词缀 -jin 六种。单数第一人称形态变化语法词缀 -m 接缀于动词词根或词干后，表示动作行为的主体"我"要求自己或命令别人去实施某个动作行为；单数第二人称形态变化语法词缀 -k 接缀于动词词根或词干后，表示说话人要求或命令"你"去实施某个动作行为的语法概念；单数第三人称形态变化语法词缀 -jin 接缀接缀于动词词根或词干后，表示说话人要求或命令"他／她／它"去实施某个动作行为的语法概念；
复数第一人称形态变化语法词缀 -mo 接缀于动词词根或词干后，表示动作行
为的主体"我们"要求自己或命令别人去实施某个动作行为；复数第二人称形
态变化语法词缀 -kul 接缀于动词词根或词干后，表示说话人命令动作行为的
主体"你们"去实施某个动作行为的语法概念；复数第三人称形态变化语法词
缀 -jin 接缀于动词词根或词干后，表示说话人要求或命令"他们／她们／它
们"去实施某个动作行为的语法概念。

　　与杜拉尔鄂温克语的其他动词类词形态变化系统相比，命令式形态变化
系统有如下特点。第一，命令式复数第三人称形态变化语法词缀同命令式单数
第三人称形态变化语法词缀的语法结构相同，都用形态变化语法词缀 -jin 表
示。区分句中词缀表示的是单数还是复数第三人称形态变化语法词缀，需要根
据句子主体是单数第三人称代词还是复数第三人称代词而定。这种用同一种形
态变化语法词缀表示不同形态变化现象的情况在杜拉尔鄂温克语中较为少见。
第二，命令式形态变化语法词缀中，除了单数第三人称和复数第三人称形态变
化语法词缀外，其他形态变化语法词缀均由一个辅音因素构成。与其他动词类
词形态变化系统中形态变化语法词缀由多个元音因素和辅音因素组合而成的形
式相比，命令式形态变化语法词缀属于特殊且少见的词缀结构。根据田野调查
掌握的情况来看，命令式形态变化语法词缀在现代杜拉尔鄂温克语中使用率较
低，除了个别 60 岁以上的老人还常常在日常口语中使用外，大多数年轻人常
常省略使用或用其他形态变化语法词缀代替命令式形态变化语法词缀。

第十节　假定式形态变化系统

　　杜拉尔鄂温克语的假定式形态变化语法范畴的表现形式是将假定式形
态变化语法词缀接缀于动词词根或词干后，表示假定某一动作行为发生的
语法内涵。同陈述式、祈求式和命令式形态变化系统中的语法词缀一样，
假定式形态变化系统中的形态变化语法词缀也是根据表示的数形态变化的
不同，分为单数和复数两种结构类型；根据动作行为施事者人称概念的不
同，分为单数第一人称、单数第二人称、单数第三人称、复数第一人称、
复数第二人称和复数第三人称形态变化语法词缀 6 种结构类型。假定式形

态变化语法词缀没有元音和谐现象，因此可以直接接缀于动词词根或词干后使用。以下是杜拉尔鄂温克语的假定式形态变化语法词缀。

杜拉尔鄂温克语假定式形态变化语法词缀

假定式形态分类		假定式形态词缀
单数	第一人称	-rkiwi
	第二人称	-rkiʃi
	第三人称	-rkin
复数	第一人称	-rkimo
	第二人称	-rkiso
	第三人称	-rkin

从上述表格中可以看出，假定式形态变化语法词缀是语法词缀 -rki 后接缀人称领属形态词缀而成的。田野调查搜集整理的资料表明，在句中动词词根或词干后接缀假定式形态变化语法词缀，需置于助动词、动词或名词类词等词的前面，不能出现在句尾的位置。假定式形态变化语法词缀中，单数第三人称形态变化语法词缀与复数第三人称形态变化语法词缀在语法结构上完全相同，在使用时需根据句中动作行为的主体是单数人称代词还是复数人称代词来判断句中出现的语法词缀是单数还是复数第三人称形态变化语法词缀。

一 假定式单数第一人称形态变化语法结构

假定式单数第一人称形态变化现象中，形态变化语法词缀用 -rkiwi 表示，接缀于动词词根或词干后，表示假定句子的主体"我"实施某种动作行为。例如：

bi tulə guruŋji udu ʃujtandu *tati-rkiwi* jəəki aji bisə!
我　外　国的　大　学　　学习的话 多么 好　是
假如我能去国外的大学学习该多么好呀！

bi timatʃin ʃujtandu əʃin *gənnə-rkiwi* ittu?
我　明天　　学校　　不　去　的话　怎么样

假如我明天不去学校的话会怎么样?

bi tari ʃaŋiriŋ tərgəs ***teti-rkiwi*** ittu?
我 那 黄色 衣服 穿的话 怎么样
假如我穿那件黄色的衣服的话怎么样?

上述三个例句中, 形态变化语法词缀 -rkiwi 接缀于第一句的动词词根 tati-"学"的后面, 明确表示句子的主体 bi"我", 假定自己实施 tatirkiwi"学"这一动作行为。第二句中, 形态变化语法词缀 -rkiwi 接缀于动词词根 gənnə-"去"的后面, 表示句子的主体 bi"我", 假定自己实施 gənnərkiwi"去"这一动作行为。第三句里, 形态变化语法词缀 -rkiwi 接缀于动词词根 teti-"穿"的后面, 同样表示句子的主体 bi"我", 假定自己实施 tetirkiwi"穿"这一动作行为。上述三个例句都表示了句子的主体"我"假定自己实施某种动作行为, 表达了假定式单数第一人称形态变化现象的语法概念。

二 假定式单数第二人称形态变化语法结构

假定式单数第二人称形态变化系统中, 表示假定句子的主体"你"实施某种动作行为的语法概念时, 通常用形态变化语法词缀 -rkiʃi 接缀于动词词根或词干后构成。例如:

ʃi ʤuudu ***əmə-rkiʃi*** bi gənume.
你 家 来的话 我 回去
假如你来家里的话我就回去。

ʃi ər udu ogtoli tob ***ulə-rkiʃi*** itʃi-ne.
你 这 大 路 一直 走的话 看见
假如你顺着这条大道一直走就能看见。

ʃi əʃi ədu ***əmə-rkiʃi*** aji bisə!
你 现在 这里 来的话 好 是
假如你现在能来这里就好了!

上述三个例句中，形态变化语法词缀 -rkiʃi 接缀于第一句的动词词根 əmə-"来"的后面，明确表示了说话人假定句子的主体 ʃi"你"实施 əmərkiʃi"来"这一动作行为。第二句中，形态变化语法词缀 -rkiʃi 接缀于动词词根 ulə-"走"的后面，表示说话人假定句子的主体 ʃi"你"实施 ulərkiʃi"走"这一动作行为。第三句里，形态变化语法词缀 -rkiʃi 接缀于动词词根 əmə-"来"的后面，同样表示说话人假定句子的主体 ʃi"你"实施 əmərkiʃi"来"这一动作行为。上述三个例句都表示了说话人假定句子的主体"你"实施某种动作行为，表达了假定式单数第二人称形态变化现象的语法概念。

三 假定式单数第三人称形态变化语法结构

假定式单数第三人称形态变化系统中，表示假定句子的主体"他 / 她 / 它"实施某种动作行为的语法概念时，通常将形态变化语法词缀 -rkin 接缀于动词词根或词干后构成。例如：

urkəkən nəkunmi timatʃin ʤuudu **əməgi-rkin** jəəki aji bisə!
弟　　弟我　明天　　家　　回的话　多么　好　是
假如我弟弟明天回家该多好！

məməmi əʃi ʤuuduwi ʤəəttə **ələr-rkin** jəəki aji bisə!
妈妈我　现在　　家　　饭　做的话　多么　好　是
假如妈妈现在正在家做饭该多好呀！

əkinmi ʤuuwə əmun **ərgin-rkin** aji bisə!
姐姐我　房间把　一下　打扫的话　好　是
假如姐姐要是把房间打扫一下就好了！

上述三个例句中，形态变化语法词缀 -rkin 接缀于第一句的动词词根 əməgi-"回来"的后面，明确表示说话人假定句子的主体 urkəkən nəkun"弟弟"实施 əməgi-rkin"回来"这一动作行为。第二句中，形态变化语法词缀 -rkin 接缀于动词词根 ələr-"做"的后面，表示说话人假定句子的主体 məmə"妈妈"实施 ələr-rkin"做"这一动作行为。第三句里，形态变化语法词缀 -rkin 接缀于动词词根 ərgin-"打扫"的后面，同样表示说话人假定句子的主体 əkin"姐姐"实施 ərgin-rkin"打扫"这一动作行为。上述三个例句都表示了说话人假定句子的主体"他 / 她 / 它"实施某种动作行为，表达了假定式单数第三人称形态变化现象的语法概念。

四　假定式复数第一人称形态变化语法结构

假定式复数第一人称形态变化现象的表现形式是将形态变化语法词缀 -rkimo 接缀于动词词根或词干后，表示句子的主体"我们"假定自己实施某种动作行为的语法概念。例如：

bu　əmund bəjʤiŋdu ***gənnə-rkimo*** jəəki aji bisə!
我们　一起　北京　去的话　多么　好　是
假如我们能一起去北京的话就好了！

bu　əʃi honinbə ur diilədu ***adola-rkimo*** oodən jə？
我们 现在 羊把　山　上　放牧的话　可以　吗
假如我们现在去山上放羊的话可以吗？

bu　əʃi behal ʤiga ***bi-rkimo*** tari luus gaʤimo.
我们 现在 很多 钱 有的话 那 楼房 买
假如我们现在有很多钱的话就买那个楼房。

上述三个例句中，形态变化语法词缀 -rkimo 接缀于第一句的动词词根 gənnə-"去"的后面，明确表示了句子的主体 bu"我们"假定自己实施 gənnərkimo"去"这一动作行为。第二句中，形态变化语法词缀 -rkimo 接缀于动词词根 adola-"放牧"的后面，表示句子的主体 bu"我们"假定自己实施 adolarkimo"放牧"这一动作行为，第三句里，形态变化语法词缀 -rkimo 接缀于动词词根 bi-"有"的后面，同样表示句子的主体 bu"我们"假定自己实施 birkimo"有"这一动作行为。上述三个例句都表示了动作行为的施事者"我们"假定自己实施某种动作行为，表达了假定式复数第一人称形态变化现象的语法概念。

五 假定式复数第二人称形态变化语法结构

假定式复数第二人称形态变化现象的表现形式，是将形态变化语法词缀 -rkiso 接缀于动词词根或词干后，表示假定句子的主体"你们"实施某种动作行为的语法概念。例如：

su baraŋʤi amilak deki ədu **əmə-rkiso** jəəki aji bisə!
你们 大家 以后 再 这里 来 的话 多么 好 是
你们大家以后要是能再来这里的话该多好！

su ʃujtandu ajihoŋ **tati-rkiso** talur mandi agdaran.
你们 学校 好好 学习 的话 他们 非常 高兴
你们在学校好好学习的话他们会非常高兴。

su irkin ʤuu **ga-rkiso** bi naaŋ təgəme.
你们 新 房子 买的话 我 也 住
假如你们买新房子的话我也去住。

上述三个例句中，形态变化语法词缀 -rkiso 接缀于第一句的动词词根 əmə-"来"的后面，明确表示说话人假定句子的主体 su"你们"实施 əmərkiso"去"这一动作行为。第二句中，形态变化语法词缀 -rkiso 接缀于动词词根 tati-"学习"的后面，表示说话人假定句子的主体 su"你们"实施 tatirkiso"学习"这一动作行为。第三句里，形态变化语法词缀 -rkiso 接缀于动词词根 ga-"买"的后面，同样表示说话人假定句子的主体 su"你们"，实施 garkiso"买"这一动作行为。上述三个例句都表示说话人假定句子的主体"你们"实施某种动作行为，表达了假定式复数第二人称形态变化现象的语法概念。

六 假定式复数第三人称形态变化语法结构

假定式复数第三人称形态变化现象的形态变化语法词缀是 -rkin，接缀于动词词根或词干后，表示说话人假定句子的主体"他们"实施某种动作行为。单数第三人称形态变化语法词缀与复数第三人称形态变化语法词缀在语法结构上完全相同，需根据句中动作行为的主体是单数人称代词还是复数人称代词来判断句中出现的语法词缀是单数还是复数第三人称形态变化语法词缀。例如：

talur ***əmə-rkin*** bi əʃin gənnəme.
他们　来的话　我　不　去
他们来的话我就不去。

talur timatʃin hudədu tərgəŋʤi ***gənnə-rkin*** bi naaŋ gənnəme.
他们　明天　草原　车用　去的话　我　也　去
他们明天开车去草原的话我也去。

talur ajihoŋ ***ərgəŋ-rkin*** bi naaŋ agdame.
他们　好好　生活的话　我　也　高兴
假如他们过的好我也就高兴。

上述三个例句中，形态变化语法词缀 -rkin 接缀于第一句的动词词根 əmə- "来" 的后面，明确表示说话人假定句子的主体 talur "他们" 实施 əmə-rkin "去" 这一动作行为。第二句中，形态变化语法词缀 -rkin 接缀于动词词根 gənnə- "去" 的后面，表示说话人假定句子的主体 talur "他们" 实施 gənnə-rkin "去" 这一动作行为。第三句里，形态变化语法词缀 -rkin 接缀于动词词根 ərgəŋ- "生活" 的后面，同样表示说话人假定句子的主体 talur "他们" 实施 ərgəŋ-rkin "生活" 这一动作行为。上述三个例句都表示说话人假定句子的主体 "他们" 实施某种动作行为，表达了假定式复数第三人称形态变化现象的语法概念。

总之，假定式形态变化系统在现代杜拉尔鄂温克语中仍有着较高的使用率，也是一个结构体系完整，有严格使用规则的语法范畴。假定式形态变化现象的形态变化语法词缀，首先根据表示数形态变化的不同，分为单数和复数两种结构类型；其次，根据动作行为施事者人称概念的不同，分为单数第一人称、单数第二人称、单数第三人称、复数第一人称、复数第二人称、复数第三人称形态变化语法词缀 6 种类型。假定式形态变化语法词缀都没有元音和谐现象，因此可以直接接缀于动词词根或词干后使用。在句中动词词根或词干后接缀假定式形态变化语法词缀，通常用于助动词、动词或名词类词等词的前面，不能出现在句尾。假定式形态变化语法词缀中，单数第三人称形态变化语法词缀与复数第三人称形态变化语法词缀在语法结构上完全相同，在使用时需根据句中动作行为的主体是单数人称代词还是复数人称代词，来判断句中出现的语法词缀是单数还是复数第三人称形态变化语法词缀。

第十一节　形动词形态变化系统

杜拉尔鄂温克语的形动词是指有形容词性质和特征的动词，在句中主要起到修饰后面词或词组的语法功能。形动词的语法表现形式是在基本动词词根或词干后面接缀特定语法词缀。与名词类词或动词类词相比，形动词有其自身独特之处。第一，由于形动词有形容词和名词两种形态变化结构，因此形动词可以用在名词类词前，起到修饰名词类词的作用；第二，在句中形动词不仅可以作宾语，还可以作定语；第三，与名词类词的语法功能一样，形动词可以和动词产生语法关系；第四，形动词既可以和动词类词的语法功能相同，表示人或者物的动作行为，还兼具名词类词的语法功能，可以表示人或物的性质状态等。杜拉尔鄂温克语的形动词形态变化系统中，也有固定不变的形态变化词缀。这些语法词缀接缀于名词类词前或动词词根、词干后，进而表示形动词形态变化的语法概念。形动词形态变化现象中，名词类词前或动词词根或词干后接缀形态变化语法词缀后构成的形动词，可以表述不同时间发生的人或物的动作行为，或不同时间内人或物的性质状态等语法内涵。

杜拉尔鄂温克语形动词形态变化语法词缀

形动词形态分类	形动词形态词缀
现在时形动词	-jir
现在将来时形动词	-r
过去时形动词	-tʃa、-tʃə

一　现在时形动词形态变化语法结构

现在时形动词形态变化现象中，形态变化语法词缀用 -jir 来表示。-jir

接缀于动词词根或词干后，表示形动词所指的现在正在进行中的动作行为。其充当的语法意义相当于汉语中的"……的"。例如：

ur dilə orookto **ʤib-jir** honin suji jə？
山　上　草　吃着的　羊　你们的　吗
正在山上吃着草的羊是你们的吗？

ʤullə **ulə-jir** bəj ʃiji məmə jə？
前面　走着的　人　你的　妈妈　吗
前面正在走着的人是你的妈妈吗？

unaaʤi nəkunmi **ʤaanda-jir** ʤandadu nəktəʤirən.
妹　　妹我　唱着的　　歌　与　笑
妹妹听了我正在唱的歌笑了。

第一个例句中，接缀了现在时形动词形态变化语法词缀 -jir 的形动词 ʤibjir"吃着的"，在句中作定语，限定和说明了句中名词 honin"羊"的性质特征；例句二中，接缀现在时形动词形态变化语法词缀 -jir 的形动词 uləjir"走着的"，限定和说明了句中名词 bəj"人"的性质特征；第三句中，接缀现在时形动词形态变化语法词缀 -jir 的形动词 ʤaanda-jir，限定和说明了句中名词 ʤanda"歌"的性质特征。

二　现在将来时形动词形态变化语法结构

现在将来时形动词形态变化现象的语法词缀用 -r 表示。根据田野调查资料， 在动词词根或词干后接缀语法词缀 -r 构成的形动词，一般在句中出现在名词类词前，表示形动词所指的现在或将来进行的动作行为。例如：

əri bitig urkəkən nəkunmi **itʃi-r** bitig.
这　书　弟　　弟我　看的　书
这本书是弟弟现在或将来看的书。

tekən gərbə muji **oo-r** gərbə.
那些　工作　我们的　做的　工作

那些工作是我们现在或将来做的工作。

tari ʤuu nooniji *təgə-r* ʤuu.
那个 房子 他的　　住的 房子
那个房子是他现在或将来住的房子。

第一个例句中，接缀了现在将来时形动词形态变化语法词缀 -r 的形动词 itʃi-r "看的"，被其前面的名词类词 urkəkən nəkunmi "弟弟的"修饰和支配的同时，限制和说明了句中的名词 bitig "书"；例句二中，接缀了现在将来时形动词形态变化语法词缀 -r 的形动词 oo-r "做的"，被其前面的名词类词 muji "我们的"修饰和支配的同时，限制和说明了句中的名词 gərbə "工作"；第三句中，接缀了现在将来时形动词形态变化语法词缀 -r 的形动词 itʃi-r "看的"，被其前面的名词类词 nooniji "他的"修饰和支配的同时，限制和说明了句中的名词 ʤuu "家"，上述例句均完整地表达了现在将来时形动词形态变化的语法内涵。

三　过去时形动词形态变化语法结构

-tʃa 和 -tʃə 是过去时形动词形态变化现象的语法表现手段，接缀有形态变化语法词缀的形动词，通常表示形动词所指的过去进行的动作行为。形态变化语法词缀 -tʃa 和 -tʃə 有元音和谐现象，使用时必须严格按照元音和谐规律，将形态变化语法词缀 -tʃa 接缀于阳性元音 a 或 aa 为主的动词词根或词干后，将形态变化语法词缀 -tʃə 接缀于阴性元音 ə、əə 或中性元音为主的动词词根或词干后。例如：

ʃi *bajtala-tʃa* uuŋkuwə ʃilkik.
你 使用 了的　毛巾 把 洗吧
你把用过的毛巾洗了吧。

bi *əru-tʃə* ʤirtər ʤahawa ʤoldom.
我 坏了的　食 物 把　 扔吧
我把坏了的食物扔了吧。

su *tati-tʃa* ʤandawa mijidu ʤaandakul.
你们 学了的 歌 把我 给 唱吧
你们把学了的歌唱给我吧。

上述三个例句中，第一句中，过去时形动词形态变化语法 -tʃa 接缀于动词 bajtala-"使用"的后面，构成形动词 bajtalatʃa"使用了的"，修饰和限制了其后接缀有宾格形态变化语法词缀的名词类词 uuŋkuwə"把毛巾"；例句二中，过去时形动词形态变化语法词缀 -tʃə 接缀于动词 əru-"坏"的后面，构成形动词 ərutʃə"坏了的"，修饰和限制了其后接缀有宾格形态变化语法词缀的名词类词 ʤahawa"把食物"；第三句中，过去时形动词形态变化语法 -tʃa 接缀于动词 tati-"学"的后面，构成形动词 tatitʃa"学了的"，修饰和限制了其后接缀有主格和与格形态变化语法词缀的名词类词 mijidu"给我"。而且，根据元音和谐规律，将形态变化语法词缀 -tʃa 接缀于阳性元音 a 为主的动词 bajtala-"使用"、tati-"学"的后面；将形态变化语法词缀 -tʃə 接缀于阴性元音 ə 为主的动词 əru-"坏"的后面，从而都表示了"用过的毛巾""坏了的食物""学了的歌"等过去时形动词形态变化语法内涵。

除此以外，田野调查资料表明，杜拉尔鄂温克语中还有以重复使用形动词的形式表示形动词形态变化现象的情况，以此形式强调人或事物的动作行为。例如：

maimai bogdu tərgəs baran ookki *gada-jir gada-jir* tərgəswəmi əʃin saara.
商 店里 衣服 多 的话 买的 买的 衣服把自己 不 知道
商店里衣服太多的话不知道该买哪个了。

bitig hallig ookki *oo-jir oo-jir* bitigbəmi əʃin ətəme.
作业 难的 的话 写的 写的 作业把自己 不 会我
作业难的话写着写着就不会了。

ʃi *ajawu-jir ajawu-jir* bəjʤimi ulərəŋ.
你 喜欢的 喜欢的 人和自己 来往
你应该和喜欢你的人来往。

上述三个例句中，第一句中，重复使用的形动词 gadajir gadajir "买的" 在充当句子的定语的同时，修饰限制了其后的名词类词，强调了 "买的" 这一动作行为；第二句中，重复使用的形动词 oojir oojir "写的" 充当句子的定语的同时，修饰限制了其后的名词类词，强调了 "写的" 这一动作行为；例句三中，重复使用的形动词 ajawujir ajawujir "喜欢的"，修饰限定了其后的名词类词 bəj "人" 的同时，表示了对 "喜欢的" 强调语气。

除此以外，杜拉尔鄂温克语的过去时形动词形态变化语法词缀 -tʃa 和 -tʃə，与陈述式过去时单数第三人称形态变化语法词缀 -tʃa 和 -tʃə 的表现形式完全相同，但是它们的语法功能却完全不同。首先，接缀语法词缀的过去时形动词在句中一般只用在句中位置，不用于句尾，而陈述式过去时单数第三人称形态变化语法词缀一般都出现在句尾位置；其次，接缀语法词缀的过去时形动词在句中可以作宾语或定语，而陈述式过去时单数第三人称形态变化语法词缀不能充当句子的宾语或定语；最后接缀语法词缀的过去时形动词可以接缀名词类词的形态变化语法词缀，而陈述式过去时单数第三人称形态变化语法词缀不能接缀名词类词的形态变化语法词缀。因此这两种类型的形态变化语法词缀不能混淆二者的语法内涵，在句中出现或使用时应根据其在句中表示的语法功能区别使用。

综上所述，杜拉尔鄂温克语的形动词形态变化语法词缀，根据表述时间的不同，分为现在时形动词形态变化语法词缀、现在将来时形态变化语法词缀和过去时形动词形态变化语法词缀 3 种类型。在现代杜拉尔鄂温克语口语中这三种类型的形态变化语法词缀都有一定的使用率。形动词后不仅可以接缀现在时、现在将来时和过去时三种形态变化语法词缀，还可以接缀名词类词的复数、格等形态变化语法词缀。例如：koorəjirsul "聊天的人们"，是在形动词 koorəjir "聊天的" 后面接缀复数形态变化语法词缀 sul "们"，从而表达了形动词形态变化的语法意义。另外，过去时形动词形态变化语法词缀有元音和谐现象，在使用时需要严格按照元音和谐规律，分别接缀于阳性元音、阴性元音和中性元音为主的动词词根或词干后使用；现在时形动词形态变化语法词缀和现在将来时形态变化语法词缀没有元音和谐现象，因此使用时可以接缀于任意动词词根或词干后使用。

第十二节　副动词形态变化系统

杜拉尔鄂温克语中有副动词形态变化现象，杜拉尔鄂温克语的副动词一般是指在句中为主要动词提供辅助性修饰和限定作用的动词。在句中使用时，一般用在句中主要动词前，而且常以连用的形式出现。主要起到修饰或限定句中动作行为的辅助性作用。根据田野调查资料，杜拉尔鄂温克语的副动词有联合副动词、完成副动词、延续副动词、让步副动词、紧随副动词、条件副动词、界限副动词、立刻副动词、趁机副动词、目的副动词、渐进副动词、因果副动词 12 种类型。分别表示修饰和限制动作行为的特征、状态、关系、性质、目的、条件等。其语法表现形式也是在动词词根或词干后接缀固定不变的形态变化语法词缀。杜拉尔鄂温克语的副动词形态变化语法词缀如下表所示。

杜拉尔鄂温克语副动词形态变化语法词缀

	副动词形态分类	副动词形态变化语法词缀
1	联合副动词	-m
2	完成副动词	-btʃi
3	延续副动词	-mal、-məl、-mil
4	让步副动词	-rkin
5	紧随副动词	-mimki
6	条件副动词	-tʃala、-tʃələ
7	界限副动词	-tal、-təl
8	立刻副动词	-kul
9	趁机副动词	-rdun
10	目的副动词	-nam、-nəm、-rkum
11	渐进副动词	-tʃaar、-tʃəər、-meeli
12	因果副动词	-ktʃaar、-ktʃəər

上述 12 种类型的副动词形态变化语法词缀中，延续副动词、条件副动词、界限副动词、目的副动词、渐进副动词和因果副动词都有元音和谐现象，因此使用时必须严格按照元音和谐规律，分别接缀于以阳性元音、阴性元音和中性

元音为主的动词词根或词干后。联合副动词、完成副动词、让步副动词、紧随副动词、立刻副动词和趁机副动词没有元音和谐现象，因此可以接缀于任意动词词根或词干后使用。

一　联合副动词形态变化语法结构

联合副动词形态变化系统中，形态变化语法词缀用 -m 表示。接缀有形态变化语法词缀 -m 的联合副动词，用于句中主要动词前，表示句中联合副动词与主要动词间联合性质的关系。例如：

nooni ***soŋo-m*** uləʧə.
他　　哭着　走了
他哭着走了。

bi ʃujtandu ***ulə-m*** gənnəʧo.
我　学校　　走着　去了
我走着去学校了。

abami urdu ukur tərgənbə ***taa-m*** gənnəʧə.
爸爸我 山上 牛　车　把　　拉着　去了
爸爸拉着牛车去山上了。

以上例举的三个句子中，第一句中接缀了联合副动词形态变化语法词缀 -m 的联合副动词 soŋom "哭着"，用于句中主要动词 uləʧə "走了"的前面，表示了联合副动词 soŋom "哭着"与 uləʧə "走了"相联合产生的 soŋom uləʧə "哭着走了"这一动作行为；例句二中，接缀了联合副动词形态变化语法词缀 -m 的联合副动词 uləm "走着"，位于句中主要动词 gənnəʧo "去了"的前面，与主要动词联合表示了 uləm gənnəʧo "走着去了"这一联合形式的语法关系；第三句中，接缀了联合副动词形态变化语法词缀 -m 的联合副动词 taam "拉着"，与句中主要动词 gənnəʧə "去了"相联合，表示了联合副动词与主要动词间的 taam gənnəʧə "拉着去了"的联合式语法关系。

二　完成副动词形态变化语法结构

根据田野调查资料，完成副动词形态变化现象的形态变化语法词缀用 -btʃi 表示。这一形态变化现象的语法表现形式，是将形态变化语法词缀接缀于完成副动词词根或词干后，表示对已经完成的动作行为做出进一步的补充或增加辅助性内容的语法意义。例如：

nooni denʃi ***itʃi-btʃi*** toŋkotʃitʃə.
他　　电视　看着　　打瞌睡了
他看着电视就打瞌睡了。

məmə urkəkən nəkunbə ***pantʃi-btʃi*** mondatʃa.
妈妈　弟　　弟　　生气着　　打了
妈妈生着气打了弟弟。

bi ***butu-btʃi*** ulətʃo.
我 赌气着　走了
我赌气走了。

以上例句中，第一句里，接缀了形态变化语法词缀 -btʃi 的完成副动词 itʃibtʃi "看着"，用于句中主要动词 toŋkotʃitʃə "打瞌睡了" 的前面，表示完成副动词对已经完成的动作行为作出的进一步补充，从而表示了 itʃibtʃi toŋkotʃitʃə "看着打瞌睡了" 这一完成副动词形态变化现象的语法内涵；例句二中，接缀了形态变化语法词缀 -btʃi 的完成副动词 pantʃibtʃi "生气着"，用于句中主要动词 mondatʃa "打了" 的前面，进一步表示了对主要动词表述的已完成的动作行为增加的辅助性内容；第三句中，接缀了形态变化语法词缀 -btʃi 的完成副动词 butu-btʃi "赌气着"，用于句中主要动词 ulətʃo "走了" 的前面，表示了完成副动词对已经完成的动作行为作出的进一步补充，从而完成了完成副动词形态变化现象的语法内涵。

三　延续副动词形态变化语法结构

延续副动词形态变化语法现象的形态变化现象有 -mal、-məl、-mil 三种形态变化语法词缀。这三种形态变化语法词缀接缀于延续副动词词根或词干后，表示与句中主要动词所阐述的动作行为密切相关的，带有延续意义的辅助性动作行为。形态变化语法词缀 -mal、-məl、-mil 有元音和谐现象，因此使用时需要按照杜拉尔鄂温克语的元音和谐规律，将形态变化语法词缀 -mal 接缀于以阳性元音 a 和 aa 为主的延续副动词词根或词干后；将形态变化语法词缀 -məl 接缀于以阴性元音 ə 和 əə 和中性元音为主的延续副动词词根或词干后；将形态变化语法词缀 -mil 接缀于以中性元音 i、ii、o、oo、u、uu、e、ee 为主的延续副动词词根或词干后。例如：

unaaʤi   nəkunmi   ʃuʤiwə ***kuləə-məl*** ugiʤirən.
妹   妹我   手机把   躺着   玩
我妹妹一直躺着玩手机。

bi ʃujtandu ***tutuli-mil*** gənnəʤime.
我 学校去   跑着去   我
我一直跑着去学校。

tete   ilgawa ***təgə-məl*** tariʤiran.
奶奶   花把   坐着 种   她
奶奶一直坐着种花。

上述例句中，第一句里接缀了形态变化语法词缀 -məl 的延续副动词 kuləəməl "躺着"，用于句中主要动词 ugiʤirən "玩" 的前面，从而表示了延续副动词对句中主要动词所述的 ugiʤirən "玩" 这一动作行为，起到了带有延续意义的辅助性语法功能，完成了延续副动词形态变化现象的语法内涵；第二句中接缀了形态变化语法词缀 -mil 的延续副动词 tutulimil "跑着" 这一辅助性动作行为，用于句中主要动词 gənnəʤime "去" 的前面，从而表示了 tutulimil "跑着" 是对 gənnəʤime "去" 这一动作行为起到进一步延续的语法作用；例句三中，接缀了形态变化语法词缀 -məl 的延续副动词 təgəməl "坐着"，用于句中主要动词 tariʤiran "种" 的前面，从而表示了延续副动词对句中主要动词所述的 tariʤiran "种" 这一动作行为，起到了带有延续意义的辅助性语法功能，完成了延续副动词形态变化现象的语法内涵。

另外根据元音和谐规律，形态变化语法词缀 -məl 分别接缀于以阴性元音 ə 为主的延续副动词词根 kuləə- 和 təgə- 后，形态变化语法词缀 -mil 接缀于以中性元音 i 为主的延续副动词词根 tutuli- 后，从而完整地表达了杜拉尔鄂温克语元音和谐的语法内涵。

四 让步副动词形态变化语法结构

形态变化语法词缀 -rkin 是让步副动词形态变化现象的语法表现手段。接缀有形态变化语法词缀 -rkin 的让步副动词，用于句中主要动词前，表示带有让步性质的辅助性动作行为。例如：

əkinmi irkin tərgəswə mijidu *teti-rkin* agdame.
姐姐我 新的 衣服把 我给 穿 让 高兴
姐姐把新衣服让给我穿我就高兴。

urkəkən nəkundu udu ʤuuwə *buu-rkin* agdaran.
弟 弟给 大的 房间把 给让 高兴
把大的房间给弟弟他也高兴。

əri baran ʤəəttəwə *ʤib-rkin* ʤibme.
这 多 饭把 吃让 吃我
让我把这么多饭吃了我也吃。

上述三个例句中，第一句中接缀了形态变化语法词缀 -rkin 的让步副动词 tetirkin "让穿"，用于句中主要动词 agdame "高兴"的前面，表示了让步副动词 tetirkin "让穿"为句中主要动词 agdame "高兴"提供了让步这一动作行为；第二句中接缀了形态变化语法词缀 -rkin 的让步副动词 buurkin "让给"，用于句中主要动词 agdame "高兴"的前面，表示了副动词 buurkin "让给"为句中主要动词 agdame "高兴"提供了让步这一动作行为；第三个例句中，接缀了形态变化语法词缀 -rkin 的让步副动词 ʤibrkin "让吃"，用于句中主要动词 ʤibme "吃"的前面，表示了让步副动词 ʤibrkin "让吃"为句中主要动词 ʤibme "吃"提供了让步这一动作行为。上述例句都完整地表示了让步副动词形态变化现象的语法意义。

五　紧随副动词形态变化语法结构

紧随副动词形态变化现象的形态变化语法词缀用 -mimki 表示。接缀形态变化语法词缀 -mimki 的紧随副动词，用于句中主要动词前，表示与句中主要动词有紧随关系的某种动作行为。例如：

məmə　tərgəswə **ʃilki-mimki** juutʃə.
妈妈　　衣服　　把洗完　　出去了
妈妈洗完衣服就出去了。

talur pidʒuwə **naji-mimki** imətʃən.
他们 啤酒把　 打开完　　喝了
他们把啤酒打开就喝了。

bi məməji　uug **dooldi-mimki** soŋotʃo.
我 妈妈的　话　 听完　　　哭了
我听完妈妈的话就哭了。

上述三个例句中，第一句中接缀了形态变化语法词缀 -mimki 的紧随副动词 ʃilkimimki "洗完"，用于句中主要动词 juutʃə "出去" 的前面，表示了紧随副动词 ʃilkimimki "洗完" 是与句中主要动词 juutʃə "出去了" 有紧随关系的一动作行为；第二句中接缀了形态变化语法词缀 -mimki 的紧随副动词 najimimki "开完"，用于句中主要动词 imətʃən "喝了" 的前面，表示了紧随副动词 najimimki "开完" 是与句中主要动词 imətʃən "喝了" 有紧随关系的一动作行为；第三句中接缀了形态变化语法词缀 -mimki 的紧随副动词 dooldimimki "听完"，用于句中主要动词 juutʃə "出去" 的前面，表示了紧随副动词 ʃilkimimki "洗完" 是与句中主要动词 soŋotʃo "哭了" 有紧随关系的一动作行为。上述例句都完整地表示了紧随副动词形态变化现象的语法意义。

六　条件副动词形态变化语法结构

条件副动词形态变化语法现象的表现形式，是将条件副动词形态变化语法

词缀 -tʃala 和 -tʃələ 接缀于动词词根或词干后形成条件副动词。一般用于句中主要动词前，表示条件副动词为句中主要动词所指的动作行为提供条件概念的辅助性动作行为。形态变化语法词缀 -tʃala 和 -tʃələ 有元音和谐现象，因此在使用时需按照元音和谐规律，分别接缀于以阳性元音和阴性元音、中性元音为主构成的动词词根或词干后。例如：

nooni **solba-tʃala** bi təlihən saatʃo.
他　　告诉了后　我　才　　知道
他告诉了我以后我才知道。

nooni　bitigbə **oo-tʃələ** denʃi itʃirən.
他　　作业把　写了后　电视　看他
他写完作业后才能看电视。

talur　dolini ʤəəttə **ʤib-tʃələ** albandu gənnərən.
他们　中午的　饭　　吃了后　　机关　去 他们
他们吃完午饭后才去机关。

以上例举的句子中，例句一中，接缀了条件副动词形态变化语法词缀 -tʃala 的条件副动词 solbatʃala “告诉了后”，为句中的主要动词所指的动作行为 saatʃo “我才知道了”，提供了条件概念的辅助性动作行为；例句二中，接缀了形态变化语法词缀 -tʃələ 的条件副动词 ootʃələ “写完了后”，为句中的主要动词所指的动作行为 itʃirən “他才看”，提供了条件概念的辅助性动作行为；例句三中，接缀了条件副动词形态变化语法词缀 -tʃələ 的条件副动词 ʤibtʃələ “吃了后”，为句中的主要动词所指的动作行为 gənnərən “他们才去”提供了条件概念的辅助性动作行为。另外，根据元音和谐规律，形态变化语法词缀 -tʃala 接缀于以阳性元音 a 为主的动词词根 solba-“告诉”后，形态变化语法词缀 -tʃələ 接缀于以中性元音 ə 和 i 为主的动词词根 oo-“写”、ʤib-“吃”后，都严格地按照元音和谐规律表示了元音和谐现象的语法概念。

七　界限副动词形态变化语法结构

界限副动词形态变化现象中，形态变化语法词缀用 -tal 和 -təl 来表示。

接缀有形态变化语法词缀的界限副动词用在句中主要动词前，从而表示为句中主要动词所指的动作行为提供了某种富有界限含义的辅助性动作行为。形态变化语法词缀 -tal 和 -təl 有元音和谐现象，因此在使用时需按照元音和谐规律，分别接缀于以阳性元音和阴性元音、中性元音为主构成的动词词根或词干后。例如：

bi ʤaan ʤuur ərind ***alatʃi-tal*** inig dolinji ʤəəttə ʤitbtʃo.
我　十　二　点　等为止　中　午的　饭　吃了
我一直等到十二点才吃了午饭。

əmunkie ʤidajtʃudu gənnə ʤigaji ***buur-təl*** arən gorim denhua monda buturəŋ.
一层　接待处　去　押金　交为止　才　长途　电话　打　成
到一楼接待处交完押金才可以打长途。

məmə inig amila nugun ərind ***iʃi-təl*** əməgiʤə.
妈妈　午　后　六　点　到为止　回来她
妈妈直到下午六点才回来。

以上例举的句子中，例句一中接缀了形态变化语法词缀 -tal 的界限副动词 alatʃital "等到为止"，为句中主要动词 ʤitbtʃo "我吃了" 所指的动作行为提供了某种富有界限含义的辅助性动作行为；例句二中接缀了形态变化语法词缀 -təl 的界限副动词 buurtəl "交为止"，为句中主要动词 monda "打" 所指的动作行为提供了某种富有界限含义的辅助性动作行为；例句三中接缀了形态变化语法词缀 -təl 的界限副动词 iʃitəl "到……为止"，为句中主要动词 əməgiʤə "她回来" 所指的动作行为提供了某种富有界限含义的辅助性动作行为，从而都完整地表示了界限副动词形态变化现象的语法内涵。另外，根据元音和谐规律，形态变化语法词缀 -tal 接缀于以阳性元音 a 为主的动词词根 alatʃi- "等" 后，形态变化语法词缀 -təl 接缀于以中性元音 u 和 i 为主的动词词根 buur- "给" 和 iʃi- "到" 后，都严格地按照元音和谐规律表示了元音和谐现象的语法概念。

八 立刻副动词形态变化语法结构

杜拉尔鄂温克语种有立刻副动词形态变化现象，其语法表现形式是将形态变化语法词缀 -kul 接缀于立刻副动词词根或词干后，用在句中主要动词前，表示为句中主要动词所指的动作行为立刻产生提供辅助性动作行为。例如：

urkəkən nəkunmi bitig *itʃi-kul* toŋkotʃirən.
弟 弟我 书 看到立刻 瞌睡 他
弟弟一看书就打瞌睡。

bi kugoŋ *dooldi-kul* lurgil əkiləme.
我 音乐 听到立刻 舞 跳舞
我一听音乐就跳舞。

nooni *pantʃi-kul* soŋorən.
他 生气立刻 哭
他一生气就开始哭。

上述三个例句中，接缀有形态变化语法词缀 -kul 的立刻副动词 itʃikul "看到立刻"、dooldi-kul "听到立刻"、pantʃikul "生气立刻"，都分别为各自句中的主要动词 toŋkotʃirən "他瞌睡"、əkiləme "我跳舞"、soŋorən "他哭"所指的动作行为提供辅助性动作行为。

九 趁机副动词形态变化语法结构

趁机副动词形态变化语法现象的语法表现形式，是将形态变化语法词缀 -rdun 接缀于趁机副动词词根或词干后，用于句中主要动词前，从而表示对主要动词所指的动作行为提供某种含有趁机语法意义的辅助性动作行为。例如：

əkin bi *juu-rdun* miji irkin tərgəswə tetitʃə.
姐姐 我 出去趁机 我的 新 衣服把 穿了她
姐姐趁我出去就把我的新衣服穿走了。

nooni bi *amra-rdun* ʤuuwə ərginʧo.
他　我　休息趁机　家把　打扫了
他趁我休息就把家打扫了。

nooni bu ʤəəttəwə *ʤib-rdun* tullə juuʧə.
他　我们 饭把　吃 趁机 外面 出去了他
他趁我们吃饭就去外面了。

上述三个例句中，接缀了形态变化语法词缀 -rdun 的趁机副动词 juurdun "趁出去"、amrardun "趁休息"、ʤibrdun "趁吃"，为句中主要动词所指的动作行为 tetitʃə "她穿了"、ərginʧo "他打扫了"、juuʧə "他出去了" 提供了含有表示趁机语法意义的辅助性动作行为。

十　目的副动词形态变化语法结构

目的副动词形态变化现象中，形态变化语法词缀有 -nam、-nəm 和 -rkum 三种。接缀有形态变化语法词缀的目的副动词用在句中主要动词前，从而表示句中主要动词所指的动作行为的目的。形态变化语法词缀 -nam 和 -nəm 有元音和谐现象，因此在使用时需按照元音和谐规律，分别接缀于以阳性元音和阴性元音、中性元音为主构成的动词词根或词干后。例如：

nooni ʃujtandu *tati-nam* əmərən.
他　学校　学习去　来他
他到学校来学习。

məmə pusuldu ʤahawə *gada-nam* gənnəʧə.
妈妈　市场　东西把　买去　去了她
妈妈去市场买菜了。

honin ur dilə *oŋho-nəm* gənnəʧən.
羊群　山　上　吃草去　去了它们
羊群去山上吃草了。

上述例举的句子中，第一句里接缀有形态变化语法词缀 -nam 的目的副动词 tatinam "去学习" 阐述了句中主要动词所指的动作行为 əmərən "他来" 的目的；第二句中接缀有形态变化语法词缀 -nam 的目的副动词 gadanam "去买" 阐述了句中主要动词所指的动作行为 gənnətʃə "她去" 的目的；第三个句子中，接缀有形态变化语法词缀 -nəm 的目的副动词 oŋho-nəm "去吃草" 阐述了，句中主要动词所指的动作行为 gənnətʃən "它们去了" 的目的。另外，形态变化语法词缀 -nam 接缀于以阳性元音 a 为主的动词词根 tati- "学" 后，形态变化语法词缀 -nəm 接缀于以中性元音 o 为主的 oŋho- "吃" 后，都严格地按照元音和谐规律表示了元音和谐现象的语法概念。除了 -nam 和 -nəm 外，杜拉尔鄂温克语中也有在目的副动词后接缀形态变化语法词 -rkum 的情况。

十一 渐进副动词形态变化语法结构

渐进副动词形态变化现象的形态变化语法词缀有 -tʃaar、-tʃəər 和 -meeli 三种。接缀有形态变化语法词缀的渐进副动词，用在句中主要动词前，表示与句中主要动词所指的动作行为关系密切，并且有渐进语法意义的辅助性动作行为。形态变化语法词缀有 -tʃaar、-tʃəər 有元音和谐现象，使用时需要严格按照元音和谐规律，分别接缀于以阳性元音、阴性元音和中性元音为主构成的动词词根或词干后。例如：

bi denʃi *itʃi-tʃəər* aasətʃo.
我 电视 看 渐渐 睡了我
我看着电视渐渐地入睡了。

nooni məməji uugdʒi *dooldi-tʃəər* guurutʃə.
他 妈妈的 话 听 渐渐 明白了我
他听着妈妈的话渐渐地明白了。

nooni orkuwə *taa-tʃaar* tuktʃitʃə.
他 绳子 把 拉 渐渐 跌倒了他
他拉着绳子渐渐地跌倒了。

上述三个例句中，第一句里接缀有形态变化语法词缀 -tʃəər 的渐进副动词 itʃitʃəər "看渐渐地"，用在句中主要动词前，表示了与句中主要动词所指的动作行为 aasətʃo "我睡了" 有渐进语法意义的辅助性动作行为；第二句里接缀有形态变化语法词缀 -tʃəər 的渐进副动词 doolditʃəər "听渐渐地"，用在句中主要动词前，表示了与句中主要动词所指的动作行为 guurutʃə "他明白了" 有渐进语法意义的辅助性动作行为；第三句里用在句中主要动词前，接缀有形态变化语法词缀 -tʃaar 的渐进副动词 taatʃaar "拉渐渐地"，表示了与句中主要动词所指的动作行为 tuktʃitʃə "他跌倒了" 有渐进语法意义的辅助性动作行为。另外，根据元音和谐规律，形态变化语法词缀 -tʃaar 接缀于以阳性元音 a 为主的动词词根 taa- "拉" 后，形态变化语法词缀 -tʃəər 接缀于以中性元音 i 为主的动词词根 itʃi- "看" 和 dooldi- "听" 后，都严格地按照元音和谐规律表示了元音和谐现象的语法概念。根据田野调查资料表明，杜拉尔鄂温克语的渐进副动词的形态变化语法词缀除了上述两种外，还可以用形态变化语法词缀 -meeli 表示。例如：

bi denʃi *itʃi-meeli* aasətʃo.
我 电视 看渐渐 睡了我
我看着电视渐渐地入睡了。

十二 因果副动词形态变化语法结构

因果副动词形态变化现象的形态变化语法词缀有 -ktʃaar 和 -ktʃəər 两种。接缀有形态变化语法词缀的因果副动词，用在句中主要动词前，表示与句中主要动词所指的动作行为关系密切，并且有因果意义的辅助性动作行为。形态变化语法词缀 -ktʃaar 和 -ktʃəər 有元音和谐现象，使用时需要严格按照元音和谐规律，分别接缀于以阳性元音、阴性元音和中性元音为主构成的动词词根或词干后。例如：

bi tulkunkuwə *əməŋ-ktʃəər* gələdʒime.
我 钥匙把 丢了着 找我
因为我把钥匙丢了所以正在找。

nooni əmund tatil bəjʤi *waalan-ktʃaar* soŋotʃə.

他　　一起　学习　人　　　吵架 着　　哭了他

他和同学吵着吵着就哭了。

əkinmi *ʃirbunə-ktʃəər* ətətʃə.

姐姐我　　努力 着　　成了她

姐姐努力着努力着就成功了。

以上例举的三个句子中，第一句里接缀有形态变化语法词缀 -ktʃəər 的因果副动词 əməŋktʃəər "因为丢了"，表示与句中主要动词所指的动作行为 gələʤime "我正在找"之间存在因果意义的语法关系；第二句里接缀有形态变化语法词缀 -ktʃaar 的因果副动词 waalanktʃaar "吵着吵着"，表示与句中主要动词所指的动作行为 soŋotʃə "他哭了"之间存在因果意义的语义结构；第三句里接缀有形态变化语法词缀 -ktʃəər 的因果副动词 ʃirbunəktʃəər "努力着努力着"，是与句中主要动词所指的动作行为 ətətʃə "她成功了"之间存在因果意义的辅助性动作行为。而且，形态变化语法词缀 -ktʃaar 接缀于以阳性元音 a 为主的动词词根 waalan- "吵架"后，形态变化语法词缀 -ktʃəər 分别接缀于以阴性元音 ə 为主的动词词根 əmən- "丢"和 ʃirbunə- "努力"后，都严格地按照元音和谐规律表示了元音和谐现象的语法概念。

综上所述，杜拉尔鄂温克语的副动词形态变化系统中，存在联合副动词、完成副动词、延续副动词、让步副动词、紧随副动词、条件副动词、界限副动词、立刻副动词、趁机副动词、目的副动词、渐进副动词、因果副动词 12 种结构类型。这 12 种结构类型的副动词均有固定不变的形态变化语法词缀。其中，联合副动词形态变化语法词缀是由单一辅音因素构成；完成副动词、让步副动词、紧随副动词、立刻副动词、趁机副动词形态变化语法词缀没有元音和谐现象，使用时可以接缀任意动词词根或词干使用；条件副动词、界限副动词、目的副动词、渐进副动词和因果副动词形态变化语法词缀是以短元音 a 和 ə 的和谐现象为中心构成，因此使用时需要按照杜拉尔鄂温克的元音和谐规律，分别接缀于以短元音 a 和 ə 或以中性元音为核心构成的动词词根或词干后使用；另外，延续副动词形态变化语法词缀是以短元音 a、ə、i 的和谐现象为中心构成，使用时需接缀以 a、ə、i 为主构成的动词词根或词干后使用。

除此以外，这些副动词形态变化现象所表示的语法意义分别如下，第一，接缀有形态变化语法词缀的联合副动词用于句中主要动词前，表示句中联合副动词与主要动词间联合性质的关系；第二，接缀有形态变化语法词缀的完成副动词表示对已经完成的动作行为做出进一步的补充或增加辅助性内容的语法意义；第三，接缀有形态变化语法词缀的延续副动词表示与句中主要动词所阐述的动作行为密切相关的，带有延续意义的辅助性动作行为；第四，接缀有形态变化语法词缀的让步副动词表示带有让步性质的辅助性动作行为；第五，接缀有形态变化语法词缀的紧随副动词表示与句中主要动词有紧随关系的某种动作行为；第六，接缀有形态变化语法词缀的条件副动词表示条件副动词为句中主要动词所指的动作行为提供条件概念的辅助性动作行为；第七，接缀有形态变化语法词缀的界限副动词表示为句中主要动词所指的动作行为提供了某种富有界限含义的辅助性动作行为；第八，接缀有形态变化语法词缀的立刻副动词表示为句中主要动词所指的动作行为立刻产生提供辅助性动作行为；第九，接缀有形态变化语法词缀的趁机副动词表示对主要动词所指的动作行为提供某种含有趁机语法意义的辅助性动作行为；第十，接缀有形态变化语法词缀的目的副动词表示句中主要动词所指的动作行为的目的；第十一，接缀有形态变化语法词缀的渐进副动词表示与句中主要动词所指的动作行为关系密切，并且有渐进语法意义的辅助性动作行为；第十二，接缀有形态变化语法词缀的因果副动词表示与句中主要动词所指的动作行为关系密切，并且有因果意义的辅助性动作行为。

第十三节　助动词形态变化系统

杜拉尔鄂温克语的助动词是指在句中帮助基本动词完成某一动作行为的动词。杜拉尔鄂温克语的助动词主要包括否定助动词、肯定助动词、判断助动词、应许助动词、能愿助动词、疑问助动词、禁止助动词七种类型。

	助动词形态分类	助动词语法表现形式
1	否定助动词	aaʧin、asən
2	肯定助动词	oodən

续表

	助动词形态分类	助动词语法表现形式
3	判断助动词	tanatʃin、tanawun
4	应许助动词	ʤukrəŋ、əmi
5	能愿助动词	taawuran、taalarən
6	疑问助动词	johon
7	禁止助动词	əʤi

根据田野调查搜集整理的资料表明，杜拉尔鄂温克语的助动词一般出现在句子的最末端，通常用于句尾主要动词后的情况较多，也有个别出现在句尾动词或名词类词前的情况，但其表示的语法意义都是帮助完成句中主要动词所指的动作行为。

一 否定助动词形态变化语法结构

否定助动词的形态变化现象，其语法表现是由 aatʃin 和 asən 两个否定助动词构成。否定助动词 aatʃin 一般出现在句子的最末端，而否定助动词 asən 一般用于句尾主要动词前，或用于句尾名词类词前。这两种否定助动词在句中出现时，通常表示对句中主要动词所指的动作行为予以否定的语法内涵，相当于汉语"没有""不"等。例如：

nooniji ʤuuʤu əʃi ʤibʤirən ʤaha ***aatʃin***.
他 的 家里 现在 吃他 东西 没有
他家里现在什么吃的东西都没有。

talur niahan uug ***asən*** guururə.
他们 汉语 不 知道
他们不懂汉语。

nooni əri bajtawə ***asən*** saara.
他 这 事情 不 知道
他不知道这件事。

上述三个例句中，第一句里否定助动词 aatʃin 出现在了句子的最末端，用于名词类词 ʤaha"东西"的前面，表示对句中主要动词 ʤibʤirən"吃"所指的动作行为予以否定的语法意义；例句二中否定助动词 asən 用于名词类词 uug"语"和接缀有陈述式现在将来时单数第三人称形态变化语法词缀的动词 guururə"知道"之间，从而表现了对句中主要动词 guururə"知道"所指的动作行为予以否定的语法作用；第三句中否定助动词 asən 用于名词类词 bajta"事情"和接缀有陈述式现在将来时单数第三人称形态变化语法词缀的动词 saara"知道"之间，表现出对主要动词所指的动作行为增加了否定意义。现代杜拉尔鄂温克语口语中，这两种否定助动词使用率较高。

二　肯定助动词形态变化语法结构

据田野调查，现代杜拉尔鄂温克语中肯定助动词只有 oodən。肯定助动词 oodən 通常用于句子的最末端，句尾动词前。表示对句中主要动词所指的动作行为给予肯定的语法作用。其表示的语法内涵相当于汉语的"好""是"和"可以"等。例如：

əkinmi nioroga niororə ***oodən***.
姐姐我　　画　　画她　好
我姐姐画画得好。

məməmi solgetnin oorə ***oodən***.
妈妈我　　菜她　做她　可以
妈妈饭做得可以。

以上两个例句中，肯定助动词 oodən 分别使用于接缀有陈述式现在将来时单数第三人称形态变化语法词缀的动词 niororə"画"和 oorə"做"的后面，并位于句子的最末端，从而表示了对句中主要动词所指的动作行为给予肯定的语法意义。杜拉尔鄂温克语口语中，肯定助动词 oodən 也有较高的使用率。

三　判断助动词形态变化语法结构

判断助动词形态变化现象中，判断助动词一般用 tanatʃin 和 tanawun 表示。判断助动词一般使用在句尾主要动词前，表示对句中主要动词所指的动作行为作出判断的语法意义。其表示的语法内涵相当于汉语的"是"。例如：

nooni əri bajtawə ***tanatʃin*** əgdutʃə .
他　　这　事情把　　是　　　砸了
他这件事是搞砸了。

bi miji məmədu ***tanawun*** kəənnəwutʃo.
我　我的　妈妈　　　是　　　表扬 被 了
我是被妈妈那样表扬了。

məmə tiinug ***tanatʃin*** pantʃidʒe bisə.
妈妈　昨天　　是　　　生气　　是
妈妈是昨天生气了。

上述三个例句中，第一句里判断助动词 tanatʃin 用于接缀有陈述式过去时单数第三人称形态变化语法词缀的主要动词词根 əgdu "砸"的前面，表示了判断助动词对句中主要动词所指的动作行为 əgdutʃə "搞砸了"做出了判断的语法意义；第二句判断助动词 tanawun 用于接缀有被动态和陈述式过去时单数第一人称形态变化语法词缀的动词词根 kəənnə- "表扬"的前面，同样表示判断助动词 tanawun 对句中主动动词所指的动作行为 kəənnəwutʃo "我被表扬了"做出了判断；第三句判断助动词 tanatʃin 用于接缀有持续体形态变化语法词缀的动词词根 pantʃi- 前，表示了对句中主要动词所指的动作行为 pantʃidʒe "一直生气"做出了判断。

四　应许助动词形态变化语法结构

杜拉尔鄂温克语的应许助动词一般用 dʒukrəŋ 和 əmi 来表示。应许助动词 dʒukrəŋ 一般用于句子的最末端，əmi 用于句尾名词类词前，从而表示对句中主要动词所指的动作行为表示允许的语法内涵。相当于汉语的"对""正确""行"。例如：

bi tari ʃaŋiriŋ tərgəs tetirkiwi *ʤukrəŋ*.
我 那 黄色的 衣服 穿的话 行
我穿那件黄色的衣服行。

bu temurni ʤakun dolin ərind gərbə gənnəgəre *ʤukrəŋ*.
我们 早晨 八 半 时间 工作 去吧我们 行
我们早晨八点半去上班合适。

əkinmi gadatʃa irkin ʤuu *əmi* udu.
姐姐我 买了她 新 房子 正确 大
姐姐新买的房子真大。

上述三个例句中，第一句里判断助动词 ʤukrəŋ 出现在接缀有假定式单数第一人称形态变化语法词缀的动词 tetirkiwi"穿"的后面，表示了说话人同意主要动词所指的"穿的话"这一动作行为；第二句里判断助动词 ʤukrəŋ 出现在接缀有祈求式复数第一人称形态变化语法词缀的动词 gənnəgəre"去"的后面，表示说话人同意主要动词所指的"穿的话"这一动作行为；第三句中判断助动词 əmi 出现在名词类词 udu"大的"前面，表示了说话人同意句中主要动词所指的"新买的房子大"这一动作行为。

五 能愿助动词形态变化语法结构

杜拉尔鄂温克语中的能愿助动词一般用 taawuran 和 taalarən 来表示。能愿助动词 taawuran 和 taalaran 通常用于句子的最末端，从而表示对句中主要动词所指的动作行为附加能愿的语法内涵。相当于汉语的"能""愿意""希望"等。杜拉尔鄂温克语中能愿助动词前一般情况下使用形动词，更准确地说是接缀有格形态变化语法词缀的形动词，那么使用于形动词后面的能愿助动词 taawuran 和 taalaran 给作为句子主要动词的形动词所表达的动作行为增加能、愿意、能够能辅助性概念，协助完成句子中主要动词所指的动作行为。例如：

mijidu əkinni irkin ʤuudu təgər *taalaran*.
我　　姐姐的　新　　房子　居住　　愿意
我愿意住姐姐的新房子。

aha　 tari morinbə ʤawadu *taalaran*.
哥哥 那 马把　　抓　　能
我哥哥能抓那匹马。

talur　　dular birkaŋdu əlbətʃirən *taawuran*.
他们　杜拉尔　河　　游泳　　喜欢
他们喜欢在杜拉尔河里游泳。

morintʃal　dular birkaŋwa ədəldərbə *taawuran*.
马群　　杜拉尔　河　　　横渡　　能够
马群能够横渡杜拉尔河。

以上例举的句子中，前两个例子中能愿助动词 taalaran 分别出现在动词 təgər "住" 和接缀有与格形态变化语法词缀的动词 ʤawa "抓" 的后面，给句中主要动词所指的 "住" 和 "抓" 的动作行为增加了能愿的语法内涵；后两句中能愿助动词 taawuran 出现在接缀有陈述式现在将来时复数第三人称形态变化语法词缀的动词 əlbətʃirən "游泳"、接缀有宾格形态变化语法词缀的动词 ədəldərbə "游泳" 的后面，从而表示了 "喜欢游泳" "能够横渡" 的能愿助动词形态变化语法内涵。

六　疑问助动词形态变化语法结构

杜拉尔鄂温克语中的疑问助动词只有 johon 。疑问助动词 johon 同其他助动词的使用位置不同，通常只用于句尾主要动词前。表示对句中主要动词所指的动作行为持有疑问的语法内涵。例如：

ʃi　ʃujtandu *johon* tatitʃa ?
你　学校　　什么　学了你
你在学校学什么了？

su   tataladu *johon*   itʃitʃəmo？
你们 那里   什么   看见了你们
你们在那里看见什么了？

nooni əʃi ʥuudu *johon* ooʥirən？
他   现在 家   什么   做他
他现在在家做什么呢？

上述三个例句中，疑问助动词 johon 分别使用于接缀有陈述式过去时单数第二人称形态变化语法词缀的动词 tatitʃa "你学了"、陈述式过去时复数第一人称形态变化语法词缀的动词 itʃitʃəmo "你们看见了"、陈述式现在时单数第三人称形态变化语法词缀的动词 ooʥirən "他做" 的前面，都表示了疑问助动词 johon 对句中主要动词所指的动作行为持有疑问的语法内涵。

七　禁止助动词形态变化语法结构

杜拉尔鄂温克语的禁止助动词只有 əʥi 一个。同疑问助动词一样，禁止助动词 əʥi 也通常用于句尾主要动词前，表示对句中主要动词所指的动作行为附加禁止的语法意义。其表示的语法内涵相当于汉语的 "别"。例如：

ʃi tanatʃin tərgəswə *əʥi* tetirən.
你 那样   衣服   别   穿
你别穿那样的衣服。

su   untu bəjji ʥuudu *əʥi* dajʃerən.
你们 别 人的 家里 别   捣乱
你们在别人家里别捣乱。

bu oontoki baran ʥibtər ʥahawə *əʥi* gadamo.
我们 那么 多   吃的 东西   别   买
我们别买那么多吃的东西。

以上三个句子中，禁止助动词 əʥi 分别使用于接缀有陈述式现在将来时单数第二人称形态变化语法词缀的动词 tetirən "穿"、接缀有陈述式现在将来时复数第二人称形态变化语法词缀的动词 dajʃerən "捣乱"、接缀有陈述式现在将来时复数第一人称形态变化语法词缀的动词 gadamo "买" 的前面，都表示了禁止助动词 ədʑi 对句中主要动词所指的动作行为附加禁止的语法意义。

综上所述，杜拉尔鄂温克语的助动词共有否定助动词、肯定助动词、判断助动词、应许助动词、能愿助动词、疑问助动词、禁止助动词 7 种。杜拉尔鄂温克语的助动词在现代杜拉尔鄂温克语口语中，仍然有着很高的使用率。其中，否定助动词、肯定助动词、疑问助动词和禁止助动词这四种助动词使用率最高；其次是判断助动词和应许助动词也有一定的使用率；相比来说使用率较低的是能愿助动词。从使用位置方面来看，通常用于句子最末端的有否定助动词 aatʃin、肯定助动词 oodən、应许助动词 ʥukrəŋ、能愿助动词 taawuran 和 taalarən；一般用于句尾主要动词前有否定助动词 asən、判断助动词一般用 tanatʃin 和 tanawun、疑问助动词 johon 和禁止助动词 ədʑi；应许助动词 əmi 一般用于句尾名词类词前。杜拉尔鄂温克语的七种助动词都在句中发挥着不可被替代的重要语法作用，因此必须正确区分这些助动词的语法功能和语法内涵。

第四章　句子结构体系

本章主要从语法学的角度，结合实例，对杜拉尔鄂温克语的句子结构体系展开分析和讨论，主要分析和探讨杜拉尔鄂温克语的句子成分及其结构特征、句子词组及其结构特征。根据田野调查资料，杜拉尔鄂温克语的句子成分主要有主语、谓语、宾语、状语、定语、补语及独立语；句子中的词组按照其语法功能和结构特征可分为修饰式词组、并列式词组、支配式词组、表述式词组、补充式词组、否定式词组、限定式词组和判断式词组8种结构类型。

第一节　句子成分及其结构特征

杜拉尔鄂温克语的句子成分主要有主语、谓语、宾语、状语、补语、定语及插入语7种成分。这7种成分中，从其在句中所发挥的语法作用角度来说核心成分主要是主语和谓语。这两种成分是构成一个句子的主要因素，尤其是谓语成分是组成句子不可或缺的重要因素。杜拉尔鄂温克语的个别句子有省略主语成分的情况，但几乎没有谓语成分被省略的现象。宾语、状语、定语、补语及插入语句子成分在句子中通常起到修饰主语和谓语的作用。

一　主语

杜拉尔鄂温克语的句子结构体系中，主语通常是句子所陈述的性质状态的对象或动作行为的施事者。在句中通常回答"什么""谁"等问题。杜拉尔鄂温克语句子的主语通常是由名词、数词、代词、形容词或形动词等名词类词充当。

（一）名词作主语

根据田野调查资料表明，杜拉尔鄂温克语的句子结构体系中，名词充当句子主语的现象最多，而且接缀有格形态变化语法词缀的名词充当句子主语的情况较为常见。例如：

honin ur dilə orookto ʥibʥirən.
羊　　山　上　　草　　　吃
羊正在山上吃草。

niʃukul məəndi mənled ugginərəŋ.
学生们　　自己　　比赛　　　参加
学生们自愿参加各种体育比赛。

ələ-dulə mandi baran honin biʃin.
这里　　　很　多　　羊　　有
这里有许多的羊。

上述三个例句中，以主格形式出现的名词 honin "羊"、niʃukul "学生"和接缀有位格形态变化语法词缀的方位词 ələdulə 是执行句中动作行为的主体，在句中都充当了主语成分。

（二）数词作主语

杜拉尔鄂温克语的句子中有数词充当句中主语的现象，但这种情况较为少见。数词在句中充当主语时，通常以主格零形式出现。例如：

ʥakun bikki nooniji baatʃi.
八　　　是　他的　岁数
八是他的岁数。

tekən bəjji ***əmunji*** ʥuuduki ulətʃə.
那些人的　一　　家　从　走了他
那些人中的一个从家里走了。

ʤuurli   iʃi   bəʤiɲji udu ʃujtandu   tatiʤirən.
只有两个 现在 北京的   大 学校 与 念书他们正在
只有两个现在正在北京的大学里念书。

上述三个例句中，以主格零形式出现的数词 ʤakun "八"、接缀有单数第三人称领属形态变化语法词缀的数词 əmunji "一"、限定数词 ʤuurli "只有两个"在句子中都充当了句子的主语成分。数词是主格零形式充当句子主语时，常和肯定助词 bikki 搭配使用。

（三）代词作主语

杜拉尔鄂温克语中指示代词、人称代词、疑问代词和反身代词都可以在句子中充当主语成分，而且不仅可以以主格零形式出现的代词作句子主语，还有接缀其他格形态变化语法词缀的代词作句子主语的情况。例如：

əri miji irkin ʤuu.
这 我的 新 房子
这是我的新房子。

talur gərbədi tərgən ilbərən jə？
他们 上班 车 开 吗
他们开车上班吗？

awu əmətʃə？
谁 来了
谁来了？

məəndi irkin ʤuu nuulgitʃə.
自己 新 房子 搬迁了他
自己搬进了新房子。

上述四个例句中，以主格形式出现的指示代词 əri "这"、人称代词 talur "他们"、疑问代词 awu "谁"和反身代词 məəndi "自己"都充当了句子的主语成分。

（四）形容词作主语

杜拉尔鄂温克语的形容词在句中作主语时，通常以主格形式出现，而且常搭配肯定助词 bikki 一起使用。例如：

ʃaɲiriŋ bikki muji ʤuu.
黄色的　是　我们的 房子
黄色的是我们的房子。

aji bikki oodən.
好　就　可以
好就行。

waatʃi bikki ʤoldojin.
臭的　就　扔了吧
臭的就扔了吧。

上述三个例句中，形容词 ʃaɲiriŋ "黄色的"、aji "好的"、waatʃi "臭的" 都以主格形式充当了句子的主语。

（五）形动词作主语

杜拉尔鄂温克语的形动词充当句子主语成分时，同形容词一样常和肯定助词 bikki 一起搭配使用。例如：

əʃi ʤullə *ugtʃəjir* bikki miji əkin.
现在 前面　说着的　是　我的 姐姐
现在前面说话的是我的姐姐。

əʃi amila *uləjir* bikki nooniji səbə.
现在 后面 走着的　是　他的 老师
现在后面正走着的是他的老师。

ur dilə ***tutulijir*** bikki talurji morin.
山 上 跑着的 是 他们的 马
山上跑着的是他们的马。

上述三个例句，助动词 ugtʃəjir "说着的"、uləjir "走着的"、tutulijir "跑着的"在句中都以主格形式充当了主语成分。

二 谓语

杜拉尔鄂温克语的谓语一般出现在句尾位置，表示句中主语所陈述的动作行为或性质、状态等。谓语通常回答"是什么""干什么"等问题。根据田野调查，杜拉尔鄂温克语句中的谓语成分通常由动词类词充当的情况较多，尤其是接缀有式形态变化语法词缀的一般动词作句子谓语最为常见，助动词充当句子谓语成分的情况也有不少。除此以外，名词类词也常在句中以主格形式充当谓语成分。

（一）动词式形态变化现象作谓语

根据田野调查，杜拉尔鄂温克语中接缀有陈述式形态变化语法词缀、命令式形态变化语法词缀和祈求式形态变化语法词缀一般动词作句子谓语成分的情况较为常见。例如：

nooni məmə honini nandawa ***gatʃa***.
他的 妈妈 羊的 皮把 买了
他妈妈买了羊皮。

bi əʃi honinbə ur diilədu ***adolaʤime***.
我 现在 羊把 山 上与 放牧 我正在
我现在正在山上放羊。

bi əri laibar ərkiwə ***ʃilkim***。
我 这 脏的 裤子把 洗 吧我
我洗这条脏裤子吧。

talur morinje *ʤawajin*!
他们　　马　　抓 吧他们
让他们把马抓来吧！

bi əmun too *gakte*.
我　一　　号　要 吧我
请给我挂一个号吧。

bi udu pusul *gənnəkte*.
我　大　　市场　去　吧我
我想去大市场。

以上几个例句中，第一句和第二句里接缀有陈述式过去时单数第三人称、单数第一人称形态变化语法词缀的动词 gatʃa "买"、adolaʤime "放牧" 都充当了句子的谓语成分；第三句和第四句中接缀有命令式单数第一人称、命令式复数第三人称形态变化语法词缀的动词 ʃilkim "洗"、ʤawajin "抓"，都是句中主语 bi "我" 和 talur "他们" 所陈述的动作行为，充当了句子的谓语成分；第五句和第六句中接缀有祈求式单数第一人称形态变化语法词缀的动词同样充当了句子的谓语成分。

（二）助动词作谓语

杜拉尔鄂温克语中助动词在句中充当谓语成分的情况也较为常见。通常助动词作句子谓语时用在句尾位置。例如：

su　　gərbəʤir bogso *oodən*.
你们　工作的　　地方　　可以
你们的工作环境还可以。

bi tari ʃaŋiriŋ tərgəs tetirkiwi *ʤukrəŋ*.
我 那 黄色的 衣服　穿的话　　行
我穿那件黄色的衣服行。

əkinmi nioroga niororə *oodən*.

姐姐我　画　　画她　好

我姐姐画画得好。

上述例句中，出现在句尾位置的助动词 oodən "可以"、ʤukrəŋ "行" 都在句中充当了谓语成分，表示了句子的主语 su "你们"、bi "我" 和 əkinmi "我姐姐" 所陈述的动作行为。

（三）名词类词作谓语

除了动词类词可以充当句子的谓语成分外，名词类词中的形容词、名词、代词、数词、副词等也都可以作句子的谓语。例如：

talurji　ʤuu *udu*.

他们的　房间　大

他们的房间大。

nooni əmun *ʃiinʃin*.

他　　一　　医生

他是医生。

ʃi　*awu*?

你　谁

你是谁?

jalən nadan bikki *orin əmun*.

三　　七　　是　二十　一

三七二十一。

əkinmi nioroga niororə bikki *mandi*.

姐姐我　画　　画她　是　非常

我姐姐非常爱画画。

上述例句中，形容词 udu "大"、名词 ʃiinʃin "医生"、代词 awu "谁"、数词 orin əmun "二十一"、副词 mandi "非常" 都在句中充当了谓语成分，表示了句中主语 talur "他们"、nooni "他"、ʃi "你"、jalən nadan "三和七"、əkin "姐姐" 所陈述的动作行为或性质、状态。

综上所述，杜拉尔鄂温克语句子中的谓语成分，不仅可以由接缀有式形态变化现象语法词缀的一般动词和助动词充当，还可以由名词、形容词、代词、副词和数词等名词类词充当。根据田野调查，杜拉尔鄂温克语中动词类词充当句子谓语成分的现象明显多于名词类词。名词类词作句子谓语成分的现象在现代杜拉尔鄂温克语口语中较为少见。

三　宾语

杜拉尔鄂温克语中句子的宾语主要用在谓语前，受句中谓语的支配，表示句中主要动词所指的动作行为涉及的对象。通常回答 "是什么" "怎么样" 等问题。杜拉尔鄂温克语中由名词类词作句子宾语的实例较多，其中名词、数词、形容词、形动词等名词类词都可以作句子的宾语。这些名词类词作句子的宾语时通常接缀确定宾格形态变化语法词缀 -wa、-wə、-ba、-bə 和不定宾格形态变化语法词缀 -li 一起使用。例如：

ər　oktʃon *geranba* ilganam juugukə.
这　鱼　刺儿把　挑　出来
请你把这里的鱼刺挑出来吧。

ʃi　ər　*urwə*　juukə.
你　这　山把　爬
请你攀登这座山。

əkinmi *ʤuur* balditʃa.
姐姐我　两个　生了
姐姐生了双胞胎。

nooni　ʤaan　bitigdiki *əmun* ʃilitʃə.
他　　十本　书从　一　　挑了他
他从十本书里挑了一本。

ʃi **hoŋnirinwə** mijid buukə.
你 黑色的 把 我 给吧我
请你把黑色的给我吧。

bi **ʃaŋiriŋ** mandi ajawumu.
我 黄色的 非常 喜欢
我非常喜欢黄色的那一个。

bi nooniji **ʤibʃirwə** gam.
我 他的 吃着的把 要我
我要吃他正吃的那个。

上述例句中，接缀有确定宾格形态变化语法词缀的名词 geranba "刺"、urwə "山"，数词 ʤuur "两"、əmun "一"，接缀有确定宾格形态变化语法词缀 hoŋnirinwə "黑色的"、ʃaŋiriŋ "黄色的"，接缀有确定宾格形态变化语法词缀的形动词 ʤib-jirwə "吃着的"都在句中充当了句子的宾语成分，分别表示了句中动作行为涉及的对象。

四　状语

杜拉尔鄂温克语中，句子的状语表示动作行为的状态、时间、程度和处所等，通常用于句中谓语的前面。杜拉尔鄂温克语中副词和副动词作句子状语的现象较为常见。

（一）副词作状语

杜拉尔鄂温克语中副词可以充当句子的状语成分。其中程度副词、范围副词、时间副词、行为副词作句子状语的实例较多。例如：

bi **gəlgəl** tiktʃə.
我 差点 跌倒
我差点就跌倒了。

nooni *təlintə* niʃukurji iraatʃa.

她　　刚刚　　孩子　　送

她刚刚去送孩子了。

dəgəlir tərgənd *əʃitələ* dəglime.

飞　　机　　马上　　飞

飞机马上就要起飞了。

əlur irkin ʤuu *gənthəŋ* gatʃa.

他们　新　房子　忽然　　买了

他们忽然买了一栋新房子。

unaaʤi nəkun *huŋgəy* əkilərəŋ.

妹　　妹　轻快地　跳舞

妹妹轻快地跳着舞。

pusul doola *bolgu* biʃin.

商场　里面　一切　有

商场里面什么都有。

上述例句中，程度副词 gəlgəl "差点"、时间副词 təlintə "刚刚"、əʃitʃə "马上"、gənthəŋ "忽然"、行为副词 huŋgəŋ "轻快地"、范围副词 bolgu 都充当了句子的状语成分，表示了谓语陈述的动作行为的状态、时间、程度和处所等。

（二）副动词作状语

杜拉尔鄂温克语中副动词充当句子的状语成分时，也用于句中谓语的前面，一般由立刻副动词、紧随副动词、目的副动词、因果副动词和条件副动词充当句子状语的情况较多。例如：

talur piʤuwə *najimimki* imətʃən.

他们　啤酒把　打开完　喝了

他们把啤酒打开就喝了。

honin ur dilə **oŋhonəm** gənnətʃən.
羊群　山　上　吃草去　去了它们
羊群去山上吃草了。

nooni **solbatʃala** bi təlihəŋ saatʃo.
他　　告诉了后　我　才　知道
他告诉了我以后我才知道。

nooni əmund tatil bəjʤi **waalanktʃaar** soŋotʃə.
他　　一起　学习　人　　吵架　着　哭了他
他和同学吵着吵着就哭了。

上述例举的句子中，紧随副动词 najimimki "打开完"、目的副动词 oŋhonəm "去吃草"、条件副动词 solbatʃala "告诉了后"、因果副动词 waalanktʃaar "吵架着" 都在句子中修饰和限制了句中谓语陈述的动作行为，充当了句子的状语成分。

五　补语

杜拉尔鄂温克语的补语在句中一般出现在谓语前的位置，主要对谓语所陈述的时间地点、性质特征、方法、方向起到补充说明的作用。通常回答"多少""怎么样""多久"等问题。补语通常由接缀有格形态变化语法词缀的名词、形容词、代词、形动词、数词等名词类词充当。例如：

nooni tərgəswə **əkinʤi** ʃilkitʃamo.
我　　衣服把　姐姐跟　　洗了
我和姐姐俩把衣服洗了。

nooni tərgətʃiʃi **ərkəten** bolgo laibur ootʃə.
他　　衣服把自己　裤子同　都　脏　弄了他
他把衣服连同裤子都弄脏了。

ahawa bəjni **nooni-duki** gogdo.
哥哥　身体　他比　　高

哥哥身子比他高。

əri　tərgən　***tari-ki***　bəki.
这　　车　　那比　　结实
这个车比那个车结实。

talur　***goreduki***　əmətʃə.
他们　　远从　　　来
他们是从远处来的。

səbə　nooniji　uug　***ugtʃəjirdu***　əmətʃə.
老师　他的　　话　　说着的时　　来了
他正说话的时候老师就来了。

bu　toowə　***əmunkəndiki***　toogəre.
我们　数把　　一　从　　　数吧我们
我们从一开始数数吧。

上述例举的句子中，接缀有造格形态变化语法词缀的名词 əkindʒi "姐姐"、所有格形态变化语法词缀的名词 ərkəten "连同裤子"、比格形态变化语法词缀的人称代词 nooniji "比他"、从格形态变化语法词缀的代词 tariki "从那"、从格形态变化语法词缀的形容词 goreduki "从远处"、与格形态变化语法词缀的形动词 ugtʃəjirdu "说着的时候"、从格形态变化语法词缀的人称代词 əmunkəndiki "从一"，在句中都充当了补语，从而对句中谓语所陈述的时间地点、性质特征、方法、方向起到补充说明的作用。

六　定语

根据田野调查资料，形动词和接缀有领格形态变化语法词缀的名词类词通常在杜拉尔鄂温克语中作定语成分，在句中主要表示人或事物间的领属关系。对句中主语和宾语的时间、数量、性质或领属等方面起到修饰和限制的作用。例如：

əkinji nukətni   howhoŋnirin.
姐姐的 头发   黑黑的
姐姐的头发黑黑的。

ʃujtani   ʃebi ər inig amraʤiran.
学校的   学生 今 天   放假他们
学校的学生今天放假。

taluri   irkin   ʤuunin   hotondu biʃin.
他们的   新   房子 他们 城市   在
他们的新房子在市里。

miji   ʤuujiwə urki ʤililə   tow tondo moodosul biʃin.
我的   家   门   前   直直的 树   许多   有
我家门前有许多笔直的大树。

bi *ajihon*   tərgəswə unaaʤi nəkundu buutʃo.
我 好看的   衣服 把   妹   妹给   给了我
我把好看的衣服给了妹妹。

nooni *ʃilan*   tibol ʤuulətʃə.
他   蓝色的 包   换了他
他换了一个蓝色的书包。

上述四个句子中，前四个例句中接缀有领格形态变化语法词缀 -ji 和 -i 的名词 əkini "姐姐的"、ʃujtani "学校的"，人称代词 taluri "他们的"、miji "我的"，以及后两个例句中以主格形式出现的形容词 ajihon "好看的" 和 ʃilan "蓝色的"，各自在句中都充当了定语的成分，阐明了句中人或物间的领属关系。

除了名词、代词和形容词可以充当句中定语成分外，杜拉尔鄂温克语中的形动词和数词也可以在句子中作定语。而且也通常以接缀领格形态变化语法词缀的形式出现。例如：

nooni　mijiwə　***ugtʃəjir***　uug　naaŋ　ugtʃətʃə.
他　　我的把　说着的　话　　还　　说了他
他把我正说的话又重复说了一遍。

ʃi　mijidu　***ʤuuri***　əmunbə　kərtʃik.
你　我与　二的　　一把　切吧你
请你给我切二分之一吧。

以上两个例句中，接缀有形动式现在时形态变化语法词缀的形动词 ugtʃəjir "正说着的" 和接缀有领格形态变化语法词缀的数词 ʤuuri "二的"，都在句中充当了定语成分，从而表示了句中主要表示人或事物间的领属关系。

七　插入语

杜拉尔鄂温克语的插入语也叫独立语，属于句中独立的部分，在句中与其他成分之间没有连接作用，在句中出现时主要对句意起到补充、强调、推测、概括等语法作用。在句中出现时，前后常用逗号隔开表示停顿。杜拉尔鄂温克语中，插入语通常由词组、词或分句充当。例如：

ər　ʤəəttə　ʤibtər　bogji　solgetni　ʤibtər　əkəŋ　antantʃi，***məmə***，nooni　mijidu　ugtʃətʃə.
这 吃饭　吃 地方的 菜　 吃　最　好吃　妈妈　他 我的与 说了他
妈妈，他和我说这家饭馆的菜最好吃。

ədu　təgəʤirən　bəj，***aba　məmə　bi***，bolguʤi　toron　bəj.
这里 坐着的　　人 爸爸 妈妈 我　一共　　五　人
这里在座的人，算上爸爸妈妈和我，一共有五个人。

bi　saaʤime，timatʃin　bi　noonidu　solbanaʤaw.
我　知道了　明天　我　他 与　告诉我
我知道了，我明天告诉他。

以上三个例句中，名词 məmə "妈妈"、词组 aba məmə bi "爸爸妈妈和我"、分句 bi saaʤime "我知道了"，都在句中充当了插入语成分。

综上所述，杜拉尔鄂温克语的句子成分主要有主语、谓语、宾语、状语、定语、补语及插入语 7 种。主语通常是句子所陈述的性质状态的对象或动作行为的施事者。名词、数词、代词、形容词或形动词等名词类都可以充当句子的主语。谓语表示句中主语所陈述的动作行为或性质、状态等。接缀有式形态变化语法词缀的一般动词、助动词和副动词和主格形式的名词类词都可以充当句子的谓语成分。宾语表示句中主要动词所指的动作行为涉及的对象。接缀宾格形态变化语法词缀的名词、数词、形容词、形动词等名词类词常作句子的宾语。状语表示动作行为的状态、时间、程度和处所等，副词和副动词作句子状语的现象较为常见。补语在主要对谓语所陈述的时间地点、性质特征、方法、方向起到补充说明的作用。常由接缀有格形态变化语法词缀的名词、形容词、代词、形动词、数词等名词类词充当；定语主要表示人或事物间的领属关系。形动词和接缀有领格形态变化语法词缀的名词类词通常在杜拉尔鄂温克语中作定语成分；插入语在句中主要对句意起到补充、强调、推测、概括等语法作用，通常由词组、词或分句充当。从出现率上来看，杜拉尔鄂温克语中主语和谓语在句中的出现率最高，这两种句子成分可以说是组合成句必不可少的核心因素。其次是宾语、状语、定语和补语也都有较高的出现率。相比来说现代杜拉尔鄂温克语中插入语的出现率最低。

第二节　句子词组及其结构特征

杜拉尔鄂温克语的句子中，词组结构通常是由两个或两个以上的词组合而成。根据其结构特征和语法功能可分为修饰式词组、并列式词组、支配式词组、表述式词组、补充式词组、否定式词组、限定式词组和判断式词组 8 种类型。

一　修饰式词组结构

杜拉尔鄂温克语中修饰式词组通常是修饰语和被修饰语组合的形式构成的。修饰语通常位于被修饰语前面的位置，从而表示被修饰语的程度、性质、特征或行为等。名词、代词、形动词、形容词等均可以作句子的修饰语，被修饰语一般由动词、形容词或名词充当的情况较多。

（一）名词作被修饰语

修饰式词组中，代词、名词、形容词、形动词都可以作修饰语，来修饰由名词充当的被修饰语。修饰语是名词时，通常接缀领格形态变化语法词缀。例如：

miji təgən hudəd biʤirən.
我的　家乡　草原　　在
我的家乡在草原。

ahaji utə ər ənəgəŋ ʤaan baatʃi.
哥哥的　儿子　今　年　　两　　岁
哥哥的儿子今年两岁。

nooni əmun *aji gərbə* gələtʃə.
他　　一　好　工作　找了他
他找了一份好工作。

ʤullə *uləjir bəj* ʃiji məmə jə?
前面　走着的　人　你的　妈妈　吗
前面正在走着的人是你的妈妈吗？

上述例句中，修饰语和被修饰语分别是代词 mi "我的" 与名词 təgən "家乡"、名词 aha "哥哥" 与名词 utə "儿子"、形容词 aji "好的" 与名词 gərbə "工作"、形动词 uləjir "走着的" 与名词 bəj "人"。这些修饰语和被修饰语组合而成了修饰式词组结构。

（二）动词作被修饰语

修饰式词组中，当被修饰语是动词时，代词、形容词、动词都可以作修饰语。当修饰语是形容词时，其词根或词干后常接缀造格形态变化语法词缀。例如：

aba minu iraadi tərgəni *udandʑi iləbərə*.

爸爸 我 送 车子 慢慢的 开他

爸爸送我时车总是开得慢。

əri *ʃiji nioroʧəji* nioroga jə ?

这 你的 画了的你 图画 吗

这是你画的图画吗？

su *tatiʧa dʑaandakul*.

你们 学过的 唱吧

你们把学过的歌唱一下吧。

上述例句中，修饰语和被修饰语分别是接缀有造格形态变化语法词缀的形容词 udandʑi "慢的" 与动词 iləbərə "开"、接缀有领格形态变化语法词缀的代词 ʃiji "你的" 与动词 nioroʧəji "画"、接缀有陈述式过去时复数第一人称形态变化语法词缀的动词 tatiʧa "学过的" 与动词 dʑaandakul，从而构成了修饰式词组结构。

二 并列式词组结构

杜拉尔鄂温克语的并列式词组结构，一般都是词性相同的实词组合而成，表示两个词之间语义结构或表述形式是平等并列的关系。其中，名词与名词、形容词与形容词、数词与数词、代词与代词、动词与动词组合而成的并列式词组较为常见。例如：

honin morin ur dilə orookto dʑibdʑirən.

羊 马 山 上 草 吃

羊和马正在山上吃草。

uligtər moo dilə *walirin dasun* uligtə bidʑirən.

山丁子 树 上 红色的 甜的 山丁子 有

山丁子树上有红色甜甜的山丁子。

ur　dilə　**orin gotin**　honin　bidʒirən.
山　　上　　二十　三十　羊　　　有
山上有二三十只羊。

bi　nooni　əmund　ʃujtan　gənnətʃəmo.
我　他　　一起　　学校　去了　我们
我和他一起去了学校。

nooni　hualəgbə　itʃitʃə　**nəələrən olorən.**
他　　　小偷把　看见了　害怕他　惊吓他
他看见小偷后感到害怕和惊吓。

以上列举的实例，分别是名词与名词 honin morin "羊和马"、形容词和形容词 walirin dasun "红和甜"、数词和数词 orin gotin "二十和三十"、代词和代词 bi nooni "我和他"、动词和动词 nəələrən olorən "害怕和惊吓"平等并列关系的并列式组合结构。

三　支配式词组结构

杜拉尔鄂温克语的支配式词组一般是支配语在后，被支配语在前的组合结构。支配语通常由动词、形动词、形容词、名词、副动词等充当，被支配语由名词、形容词、数词、代词、副词等充当。例如：

nooni　tiinug　**ʃujtandu gənnətʃə.**
他　　　昨天　　学校　　去了他
他昨天去了学校。

bi　**ʃujtan gənnəmdu**　tiktʃo.
我　学校　去着　　跌倒了我
我去学校的时候跌倒了。

ur　dilə　**orookto dʒibjir**　honin　suji　jə？
山　上　　草　吃着的　　羊　　你们的　吗
正在山上吃着草的羊是你们的吗？

ʃiji *tərgəs laibar* ooki ʃilkik.
你的 衣服 脏的 话 洗吧你
你的衣服脏的话洗吧。

ahawa bəjni ***nooniduki gogdo***.
哥哥 身子 他比 高
哥哥身子比他高。

əmuki ***ʤuurkiduki aji***.
第一 第二比 好
第一名比第二名好。

上述例举的句子是由名词与动词 ʃujtandu gənnətʃə "学校" "去了"、名词与副动词 ʃujtan gənnəmdu "学校" "去着"、名词与形动词 orookto ʤibjir "草" "吃着"、名词与形容词 tərgəs laibar "衣服" "脏的"、代词与形容词 nooniduki gogdo "他" "高"、数词与数词 əmuki ʤuurkiduki "第一" "第二" 组合而成的支配式词组结构。

四 表述式词组结构

杜拉尔鄂温克语的表述式词组，一般是由表述语在后，被表述语在前的形式组合而成。名词、形动词、动词、副动词都可以充当表述语，被表述语通常是由形容词、名词和代词充当。例如：

unaaʤi nəkunji ʤaandaran ʤanda mandi aji.
妹 妹 唱的 她 歌 非常 好
妹妹歌唱得非常好。

nooni ugtʃətʃə uug bi əsən itgime.
他 说完的 话 我 不 相信
他说的话我不相信。

上述两个例句分别是名词与动词 unaaʤi nəkunji ʤaandaran "妹妹" "唱"、代词与动词 nooni ugtʃətʃə "他" "说" 组合而成的表述式词组结构。

五　补充式词组结构

杜拉尔鄂温克语的补充式词组结构通常补充语在前，被补充语在后。表示补充语对被补充语所表示的状态、时间、性质、行为等作出补充说明的语法内涵。补充语一般由形容词、动词、形动词或数词充当，数词、名词、形容词和代词一般作被补充语的情况较多。例如：

əttu ugtʃərən bi guurutʃo.
这么　说的话　我　明白了
这么说的话我明白了。

bi məməji ugg *dooldiʧo　juutʃo*.
我　妈妈的　话　听完我　出去了我
我听完妈妈的话出去了。

aba minu iraadi tərgəni *udandʒi iləbərə*.
爸爸 我　送　车子　慢慢的　开他
爸爸送我时车总是开得慢。

nooni ʃilitʃə　tərgəs mandi ajihon.
他　挑选了他 衣服　很　好看
他挑选的衣服很好看。

məmə aba dʒuur miji dʒuudu əmətʃən.
妈妈　爸爸　俩　我的　家　来了他们
爸爸妈妈俩来我家了。

以上几个实例，分别是代词与动词 əttu ugtʃərən "这么" "说"、动词与动词 dooldiʧo juutʃo "听" "出去"，形容词与动词 udandʒi iləbərə "慢慢地" "开"，代词与形动词 nooni ʃilitʃə "他" "挑选"，名词与数词 məmə aba dʒuur "妈妈爸爸" "俩" 组合而成的补充式词组结构。

六 否定式词组结构

根据田野调查，否定式词组结构通常是以否定语和被否定语组合而成。其中否定语由否定助动词 əsən 和 aatʃin 充当，被否定语由形动词和动词充当的现象较为常见。通常由 əsən 充当否定语时，否定语在前，被否定语在后，aatʃin 充当否定语时，否定语在后，被否定语在前。例如：

nooni ər inig albandu *əsən gənnədʒirən*.
他　今天　机关　　不　　去他

bi tanatʃin ajihon *tərgəs aatʃin*.
我　那样　　好看的　衣服　　没有
我没有那么好看的衣服。

bi aatʃindu unaadʒi nəkunmi piŋgowə gub dʒibtʃə.
我　不在　　　妹　　妹我　苹果把　都　吃完了她

miji ʃujtan ədudiki *dagakkun aatʃin*.
我的　学校　这里　　近　　　　不
我的学校离这里不近。

ədudiki ajihon bog *deki aatʃin*.
这里比　好的　地方　再　没有
再也没有比这里好的地方了。

以上例举的实例，分别是否定助动词与动词 əsən gənnədʒirən "不""去"、名词与否定助动词 tərgəs aatʃin "衣服""没有"、代词与否定助动词 bi aatʃindu "我""不在"、形容词与否定助动 dagakkun aatʃin "近""不"、副词与否定助动词 deki aatʃin "再""没有"组合而成的否定式词组结构。

七 限定式词组结构

限定式词组结构一般是限定语在前，被限定语在后的形式组合而成。代词和名词充当限定语，数词、名词、动词和形容词作被限定语的情况较多。

例如：

honin **ur dilə** orookto ʥibʥirən.
羊　　山　上　　草　　吃他们
羊正在山上吃草。

nooniji tatala baran ʥiga aatʃin.
他　　的　那里　许多　钱　　没有
他那里没有太多钱。

honinji əmun əməɡʃə.
羊　　的　一　　丢了
羊群中的一只丢了。

talurji ʥuur udu ʃujtandu juutʃən.
他们的　俩　大　　学　　进了他们
他们中的俩考上了大学。

nooni ahaʥi **ʥuudu juunətʃən**.
他　　哥哥和　家　从　出来了他们
他和哥哥从家里出来了。

上述例句分别是名词与名词 ur dilə "山""上"，代词与代词 nooniji tatala "他""那里"，名词与数词 honinji əmun "羊""一"，代词与数词 talurji ʥuur "他们""俩"，名词与动词 ʥuudu juunətʃən "家""出来"组合而成的限定式词组结构。

八　判断式词组结构

杜拉尔鄂温克语的判断式词组结构常常是以判断语在前，被判断语在后的形式出现。判断语由动词词根 oo- 和 bi- 构成的助动词充当，被判断语由数词、名词、形容词、动词、副词等充当的情况较多。例如：

nooni gatʃadu *gatʃada ootʃə*.

他　　乡里　乡长　成了他

他在乡里成了乡长。

talurji tulkunku tiinug *ədu bitʃə*.

他们的　钥匙　　昨天　这里　在

他们的钥匙昨天在这里。

bəjʤiŋji awur nool *ajihon bitʃə*.

北京的　空气　以前　好的　是

北京的空气过去是好的。

miji ʤuudu bəj *digin biʤirən*.

我的　家里　人　四　有

我家里有四口人。

上述例句分别是名词与判断助动词 gatʃada ootʃə "乡长" "成"，代词与判断助动词 ədu bitʃə "这里" "在"，形容词与判断助动词 ajihon bitʃə "好的" "是"，数词与判断式助动词 digin biʤirən "四" "有"，组合而成的判断式词组结构。

综上所述，杜拉尔鄂温克语的词组结构的组合形式和结构原理都较为复杂，对该语言词组结构的分析和研究，区分使用不同结构类型的词组结构，对理清句意和掌握该语言的语法结构都有十分重要的意义。这 8 种类型的词组结构中，修饰式词组常常修饰语在前，被修饰语在后，名词、代词、形动词、形容词作修饰语，被修饰语一般由动词、形容词或名词充当的情况较多；并列式词组中名词与名词、形容词与形容词、数词与数词、代词与代词、动词与动词组合而成的并列式词组较为常见；支配式词组通常支配语在后，被支配语在前。支配语通常是动词、形动词、形容词、名词、副动词，被支配语由名词、形容词、数词、代词、副词等充当；表述式词组一般是表述语在后，被表述语在前。名词、形动词、动词、副动词充当表述语，被表述语通常是由形容词、名词和代词充当；补充式词组结构通常补充语在前，被补充语在后。补充语一般由形容词、动词、形动词或数词充当，数词、名词、形容词和代词一般作被补充语的情况较多；否定式词组结构中否定语由否定助动词 əsən 和 aatʃin 充当，被否定语由形动词和动词充当的现象较为常见。通常，由 əsən 充当否定语时，否定语在前，被否定语在后，aatʃin 充当否定语时，否定语在后，被否定语在前；限定式词组中是限定语在前，被限定语在后。代词和名词充当限定语，数词、名词、动词和形容词作被限定语的情况较多；判断式词组结构判断语在前，被判断语在后；判断语由动词词根 oo- 和 bi- 构成的助动词充当，被判断语由数词、名词、形容词、动词、副词等充当的情况较多。

结　论

本书为国家社科基金重大委托项目"鄂温克族濒危语言文化抢救性研究"子课题，充分利用名词形态论和动词形态论的研究方法，对杜拉尔鄂温克语的语音系统、词的音节、元音和谐规律、词汇分类、名词类词和动词类词的语法形态变化系统、句子结构体系等方面进行了全面的分析和研究，在此基础上科学论证了该语的语音系统中存在元音系统、辅音系统和元音和谐规律，词的分类中存在名词、动词、形容词、数词、副词、连词、语气词、助词和拟声拟态词，名词类词的语法形态变化系统中存在复数形态变化系统、格形态变化系统、领属形态变化系统、级形态变化系统，动词类词的语法形态变化系统中存在态形态变化系统、体形态变化系统、陈述式形态变化系统、祈求式形态变化系统、命令式形态变化系统、假定式形态变化系统、形动词形态变化系统、助动词形态变化系统以及助动词形态变化系统，句子结构体系中句子成分主要有主语、谓语、宾语、状语、定语、补语及独立语，句子词组中存在修饰式词组、并列式词组、支配式词组、表述式词组、补充式词组、否定式词组、限定式词组和判断式词组。

第一，杜拉尔鄂温克语的语音系统中存在 a、ə、i、e、o、u 6 个短元音，aa、əə、ii、ee、oo、uu 6 个长元音，b、p、m、w、d、t、n、l、r、s、ʤ、ʧ、ʃ、j、g、k、ŋ、h 18 个辅音。词的音节可以分为单音节词和多音节词两种类型。其中，单音节词分为单一元音因素构成的单音节词、单一元音因素和单一辅音因素构成的单音节词、单一元音因素和两个辅音因素构成的单音节词、单一元音因素和三个辅音因素构成的单音节词四种类型；多音节词分为双音节词、三音节词、四音节词 3 种类型。元音和谐现象分为阳性元音、阴性元音、中性元音、单一元音音位的元音和谐现象。

第二，杜拉尔鄂温克语的基本词汇可以分为名词类词和动词类词两大类，其中名词类词包括名词、代词、数词、形容词以及部分副词；动词类词包括动词、助动词、形动词和副动词。名词主要包括表示人体结构、植物、动物、自然物、自然现象、亲属关系、人的性质、时间、方位、场所、生产生活、政治经济相关的名词；动词系统包括助动词、基本动词、形动词和副动词等；形容词主要包括描述人或事物性质、特征的形容词，还有与颜色相关的形容词；数词主要包括基数词、序数词、统计数词、概数词、限定数词、倍数词和集合数词 7 种类型；副词主要有程度副词、时间副词、语气副词、行为副词和范围副词等；连词主要有联合连词、假设连词、条件连词、模糊连词、促使连词、选择连词、转折连词和递进连词 8 种类型；语气词主要有肯定语气词、否定语气词、询问语气词、招呼语气词、给予语气词 5 种；助词分为肯定助词、限定助词两种；拟声词分为模拟人声音特征的拟声词、模拟动物声音特征的拟声词、模拟植物和自然界发出声音特征的拟声词；拟态词可以分为模仿人的动作行为、状态、神态和模仿动物的动作行为、状态、神态的拟态词两种类型。

第三，数形态变化系统中分为单数形态变化现象和复数形态变化现象两种。单数形态变化语法现象中，通常不接缀任何形式的形态变化语法词缀，而是以名词类词词根或词干形式表现。复数形态变化现象的语法表现形式，通常是在名词类词词根或词干后接缀复数形态变化语法词缀的形式构成，也有用名词类词谐音形式或将数量词放在名词类词前表示复数的情况。复数形态变化语法词缀分为 -s、-r、-l、-sul、-lur、-nur。其中，形态变化语法词缀 -s、-r、-l 是最早用来表示复数概念的词缀；形态变化语法词缀 -sul 是现代杜拉尔鄂温克语里使用率最高且使用面最广的复数形态变化语法词缀；形态变化语法词缀 -lur 早期使用较多，现在除了老年人外几乎已经无人使用；形态变化语法词缀 -nur 在现代杜拉尔鄂温克语中接缀于表示兄弟姐妹的人称代词后。

第四，格形态变化系统中，分为主格、领格、确定宾格、造格、位格、从格、方向格、与格、比较格、有格、所有格、不定位格以及不定宾格 13 种结构类型。其中除了主格以零形式变化不接特定词缀外，其他 12 种格形态均以名词类词词根或词干后面接缀特定词缀的形式来表示。这 12 种格形态变化语法词缀分别是：领格形态变化语法词缀 -ji 和 -i、确定宾格形态变化语法词缀 -wa、-wə、-ba、-bə，造格形态变化语法词缀 -ʤi，位格形态变化语法词缀 -la、-lə、-du、-dula、-dulə，从格形态变化语法词缀 -duki 和 -diki，方向格形态变化语法词缀 -tki、-tuka、-tukə、-kaki、-kəki，与格形态变化语法词缀 -du 和 -d，比较格形态变化语法词缀 -diki、-duki、-ki，有格形态变化语法词缀 -ʧi，所有格形态变化语法词缀 -ten，不定位格形态变化语法词缀 -li，不定宾格形态变化语法词缀 -je。确定宾格、位格和方向格等形态变化语法词缀有元音和谐现象，使用时必须按照元音和谐规律来接缀使用。主格通常表示动作或行为的主体或叙述对象，领格表示人或事物间的领属关系，确定宾格主要表示与动作行为明确相关的人或事物，或指动作行为的支配对象，造格表示的是人或他物间产生的使用关系，位格表示行为动作发生的场所和地点，从格表示行为动作从某时、某处起始，方向格表示动作行为运行、发展方向，比较格或事物间产生的比较，或对比性质的语法意义，有格表示存在某人或某事物，所有格表示人或事物实施某些行为动作的所有关系，不定位格表示不确定的位置、场所和地点，不定宾格表示行为动作所支配的对象并非明确对象而是泛指对象。

第五，杜拉尔鄂温克语的人称领属形态变化系统可以分为，单数第一人称领属、单数第二人称领属、单数第三人称领属、复数第一人称领属、复数第二人称领属、复数第三人称领属六种形态变化现象。单数第一人称领属表示"我"与某人或某物的不同人称领属关系，形态变化语法词缀是 -mi；单数第二人称领属表示"你"与某人或某物的不同人称领属关系，形态变化语法词缀是 -ʃi；单数第三人称领属表示"他"或"她"与某人或某物间的不同人称领属关系，形态变化语法词缀是 -nin 和 -ji；复数第一人称领属表示"我们"与某人或某物间的不同人称领属关系，形态变化语法词缀是 -mun 和 -mo；复数第二人称领属表示"你们"与某人或某物间的不同人称领属关系，形态变化语法词缀是 -sun 和 -so；复数第三人称领属表示"他们"或"她们"与某人或某物间的不同人称领属关系形态变化语法词缀是 -nin 和 -jin。

第六，级形态变化系统分为一般级、次低级、低级、最低级、次高级、高级和最高级七种结构类型。除一般级用形容词自身词干形式表示外，其他六种级形态变化现象均由约定俗成的形态变化语法词缀或语法形式表示。一般级表示事物最基础和最有标志性的性质、形态、功能和特征；次低级表示事物性质、功能、状态、特征等方面比一般级略低一级，形态变化语法词缀是 -hantʃila 和 -hantʃilə；低级表示事物性质、功能、状态、特征等方面比次低级略低一级，形态变化语法词缀是 -tʃila 和 -tʃilə；最低级表示事物性质、功能、状态、特征等方面比低级再略低一级，形态变化语法词缀是 -han；次高级表示事物性质、功能、状态、特征等方面比次低级略高一级，不接缀任何形态变化语法词缀，而是以重复形容词词首音节的形式表示；高级表示事物性质、功能、状态、特征等方面比次高级略高一级，也没有形态变化语法词缀，其表现形式是将程度副词 amashan 用于形容词之前；最高级同样没有形态变化语法词缀，其表现形式是将程度副词 mandi 用于形容词之前。另外，次低级和低级形态变化语法词缀有元音和谐现象，必须按照元音和谐规律来使用。

第七，态形态变化现象，是一套表示主客体间产生的不同属性、关系的状态或动作行为的语法形态变化系统。分为主动态、被动态、使动态和互动态 4 种结构类型。主动态形态变化现象主要表示句子中谓语动词表示的动作行为的主体和施事者。不接缀任何形态变化语法词缀以零形态来表示；被动态形态变化现象表示句中的主语被动的接受某个动作行为，形态变化语法词缀用 -wu 来表示；使动态形态变化现象表示某人或某物指使他人或他物实施某个动作或行为，形态变化语法词缀有 -ha 和 -hə 两种；互动态形态变化语法现象表示某人或某物与他人或他物之间互动产生的动作或行为，形态变化语法词缀用 -ldi 表示。态形态变化现象中，主动态和互动态形态变化现象的出现率最高，被动态和使动态也有一定的使用率。

第八，体形态变化系统表示特定的时间范围内发生不同动作、行为的不同性质、表现形式、频率、内容和数量等。体形态变化系统分为执行体、完成体、进行体、一次体，多次体、持续体、立刻体、中断体、愿望体和假定体十种类型。执行体形态变化现象表示实施动作行为是由于某种想法或某种目的。形态变化语法词缀用 -na 和 -nə 两种表示。完成体形态变化现象表示动作行为已经完成的语法内涵，形态变化语法词缀用 -mandʒi 和 -məndʒi 表示。进行体形态变化现象表示动作行为是发生在某个时间内的进行体形态变化的语法含义，形态变化语法词缀是 -ʤi；一次体形态变化现象表示动作行为只发生了一次，形态变化语法词缀 -tʃal 和 -tʃəl 表示。多次体形态变化现象表示动作行为在某时发生过多次，形态变化语法词缀用 -mal 和 -məl 表示。持续体表示动作行为一直在持续发生，形态变化语法词缀是 -ʤe。立刻体形态变化现象表示立刻完成某个动作行为，形态变化语法词缀一般用 -manna 和 -mənnə 表示。中断体通常表示中断了某个动作行为的语法内涵，形态变化语法词缀通常用 -mbir 表示。愿望体形态变化现象表示动作行为中蕴含着愿望或希望等，形态变化语法词缀用 -mdam 和 -mdəm 表示。假定体形态变化现象表示动作行为是假装实施的语法含义，形态变化语法词缀是 -rki。另外，执行体、完成体、一次体、多次体、立刻体、愿望体形态变化现象的语法词缀有元音和谐现象，使用时必须严格按照元音和谐规律接缀。

第九，陈述式形态变化系统中，分为陈述式现在时、现在将来时、将来时和过去时形态变化现象。其中，陈述式现在时形态变化系统中，陈述式现在时单数第一人称形态变化语法结构，表示"我正在……"的语法概念。形态变化语法词缀用 -ʤime 表示。陈述式现在时单数第二人称形态变化语法结构，表示的语法内涵相当于"你正在……"。形态变化语法词缀是 -ʤine。陈述式现在时单数第三人称形态变化语法结构，表示动作行为的施事者是以单数第三人称为主体，正在进行某种动作行为，其语法意义相当于汉语的"他 / 她 / 它正在……"。语法词缀是 -ʤiran 和 -ʤirən。陈述式现在时复数第一人称形态变化语法结构，表示动作行为的施事者是以复数第一人称为主体，正在进行某种动作行为，其语法意义相当于汉语的"我们正在……"，形态变化语法词缀是 -ʤimo。陈述式现在时复数第二人称形态变化语法结构，表示动作行为的施事者是以复数第二人称为主体，正在进行某种动作行为，其语法意义相当于汉语的"你们正在……"，形态变化语法词缀是 -ʤiso。陈述式现在时复数第三人称形态变化语法结构，表示动作行为的施事者是以复数第三人称为主体，正在进行某种动作行为，其语法意义相当于汉语的"他们 / 她们 / 它们正在……"，形态变化语法词缀是 -ʤiran 和 -ʤirən。

陈述式现在将来时形态变化系统中，陈述式现在将来时单数第一人称形态变化现象表示动作行为的施事者是以单数第一人称为主体，正在发生或将来要发生的某种动作行为，其语法意义相当于汉语的"我正在或将来……"，其形态变化语法词缀是 -me；陈述式现在将来时单数第二人称形态变化现象表示动作行为的施事者是以单数第二人称为主体，正在发生或将来要发生的某种动作行为，其语法意义相当于汉语的"你正在或将将来……"，其形态变化语法词缀是 -ne；陈述式现在将来时单数第三人称形态变化现象表示动作行为的施事者是以单数第三人称为主体，正在发生或将来要发生的某种动作行为，其语法意义相当于汉语的"他正在或他将来……"，形态变化语法词缀有 -ran、-rən、-ra、-rə；陈述式现在将来时复数第一人称形态变化现象表示动作行为的施事者是以复数第一人称为主体，正在发生或将来要发生的某种动作行为，其语法意义相当于汉语的"我们正在或我们将来……"，形态变化语法词缀是 -mo；陈述式现在将来时复数第二人称形态变化现象表示动作行为的施事者是以复数第二人称为主体，正在发生或将来要发生的某种动作行为，其语法意义相当于汉语的"你们正在或你们将来……"，其形态变化语法词缀是 -so；陈述式现在将来时复数第三人称形态变化现象表示动作行为的施事者是以复数第三人称为主体，正在发生或将来要发生的某种动作行为，其语法意义相当于汉语的"他们正在或他们将来……"，形态变化语法词缀有 -ran、-rən、-ra、-rə。

陈述式将来时形态变化系统中，陈述式将来时单数第一人称形态变化语法结构表示动作行为的施事者以单数形式的第一人称为主体，将来要实施某个动作行为的语法概念。其语法含义相当于汉语中的"我将来要……"，形态变化语法词缀为 -dʒaw 和 -dʒəw。陈述式将来时单数第二人称形态变化语法结构，表示动作行为的施事者以单数形式的第二人称为主体，将来要实施某个动作行为的语法概念。其语法含义相当于汉语中的"你将来要……"。形态变化语法词缀是 -dʒane 和 -dʒəne。陈述式将来时单数第三人称形态变化语法结构，表示动作行为的施事者以单数形式的第三人称为主体，将来要实施某个动作行为的语法概念。其语法含义相当于汉语中的"他将来要……"。形态变化语法词缀是 -dʒa 和 -dʒə。陈述式将来时复数第一人称形态变化语法结构，表示动作行为的施事者以复数形式的第一人称为主体，将来要实施某个动作行为的语法概念。其语法含义相当于汉语中的"我们将来要……"，形态变化语法词缀是 -ʤamo 和 -ʤəmo。陈述式将来时复数第二人称形态变化语法结构，表示动作行为的施事者以复数形式的第二人称为主体，将来要实施某个动作行为的语法概念。其语法含义相当于汉语中的"你们将来要……"，形态变化语法词缀是 -ʤaso 和 -ʤəso。陈述式将来时复数第三人称形态变化语法结构，表示动作行为的施事者以复数形式的第三人称为主体，将来要实施某个动作行为的语法概念。其语法含义相当于汉语中的"他们／她们／它们将来要……"，形态变化语法词缀是 -ʤa 和 -ʤə。

陈述式过去时形态变化系统中，陈述式过去时单数第一人称形态变化语法结构，表示动作行为的施事者以单数形式的第一人称为主体，过去已经完成了某个动作行为的语法概念。其语法含义相当于汉语中的"我……了"，形态变化语法词缀是 -ʧo；陈述式过去时单数第二人称形态变化语法结构，表示动作行为的施事者以单数形式的第二人称为主体，过去已经完成了某个动作行为的语法概念。其语法含义相当于汉语中的"你……了"，形态变化语法词缀 -ʧaʃi 和 -ʧəʃi 表示；陈述式过去时单数第三人称形态变化语法结构，表示动作行为的施事者以单数形式的第三人称为主体，过去已经完成了某个动作行为的语法概念。其语法含义相当于汉语中的"他／她／它……了"，形态变化语法词缀是 -ʧa 和 -ʧə；陈述式过去时复数第一人称形态变化语法结构，表示动作行为的施事者以复数形式的第一人称为主体，过去已经完成了某个动作行为的语法概念。其语法含义相当于汉语中的"我们……了"，形态变化语法词缀 -ʧamo 和 -ʧəmo 表示；陈述式过去时复数第二人称形态变化语法结构，表示动作行为的施事者以复数形式的第二人称为主体，过去已经完成了某个动作行为的语法概念。其语法含义相当于汉语中的"你们……了"，形态变化语法词缀 -ʧaso 和 -ʧəso 表示；陈述式过去时复数第三人称形态变化语法结构，表示动作行为的施事者以复数形式的第三人称为主体，过去已经完成了某个动作行为的语法概念。其语法含义相当于汉语中的"他们……了"，形态变化语法词缀是 -ʧan 和 -ʧən。

第十，祈求式形态变化系统中，分为单数第一人称、单数第二人称、单数第三人称、复数第一人称、复数第二人称、复数第三人称 6 种结构类型。其中，单数第一人称形态变化语法结构，表示动作行为的施事者是以单数第一人称"我"为主体，实施含有愿望、渴望、期盼、祈求等语法内涵的动作行为，形态变化语法词缀是 -kte；单数第二人称形态变化语法结构，表示动作行为的施事者是以单数第二人称"你"为主体，进行含有愿望、渴望、期盼、祈求等语法内涵的动作行为，形态变化语法词缀是 -ka 和 -kə；单数第三人称形态变化语法结构，表示动作行为的施事者是以单数第三人称"他 / 她 / 它"为主体，进行含有愿望、渴望、期盼、祈求等语法内涵的动作行为。形态变化语法词缀是 -jin；复数第一人称形态变化语法结构，示动作行为的施事者是以复数第一人称"我们"为主体，进行含有愿望、渴望、期盼、祈求等语法内涵的动作行为，形态变化语法词缀 -gare 和 -gərе。复数第二人称形态变化语法结构，表示动作行为的施事者是以复数第二人称"你们"为主体，进行含有愿望、渴望、期盼、祈求等语法内涵的动作行为，形态变化语法词缀是 -kolu；复数第三人称形态变化语法结构，表示动作行为的施事者是以复数第三人称"他们 / 她们 / 她们"为主体，进行含有愿望、渴望、期盼、祈求等语法内涵的动作行为，形态变化语法词缀是 -jin。

第十一，命令式形态变化系统中，共有单数第一人称、单数第二人称、单数第三人称、复数第一人称、复数第二人称和复数第三人称 6 种形态变化现象。单数第一人称形态变化语法结构，表示动作行为的主体"我"要求自己或命令别人去实施某个动作行为，形态变化语法词缀是 -m；单数第二人称形态变化语法结构，表示说话人要求或命令"你"去实施某个动作行为的语法概念，形态变化语法词缀是 -k；单数第三人称形态变化语法结构，表示说话人要求或命令"他 / 她 / 它"去实施某个动作行为的语法概念，形态变化语法词缀一般用 -jin 表示；复数第一人称形态变化语法结构，表示动作行为的主体"我们"要求自己或命令别人去实施某个动作行为，形态变化词缀通常用 -mo 来表示；复数第二人称形态变化语法结构，表示说话人命令动作行为的主体"你们"去实施某个动作行为的语法概念，形态变化语法词缀是 -kul；复数第三人称形态变化语法结构，表示说话人要求或命令"他们 / 她们 / 它们"去实施某个动作行为的语法概念，形态变化

语法词缀是 -jin。

第十二，假定式形态变化现象表示假定某一动作行为发生的语法内涵。分为单数第一人称、单数第二人称、单数第三人称、复数第一人称、复数第二人称和复数第三人称 6 种类型。其中，单数第一人称形态变化语法结构，表示假定句子的主体"我"实施某种动作行为，形态变化语法词缀用 -rkiwi 表示；单数第二人称形态变化语法结构，表示假定句子的主体"你"实施某种动作行为的的语法概念，形态变化语法词缀是 -rkiʃi；单数第三人称形态变化语法结构，表示假定句子的主体"他 / 她 / 它"实施某种动作行为的语法概念时，形态变化语法词缀是 -rkin；复数第一人称形态变化语法结构，表示句子的主体"我们"假定自己实施某种动作行为的语法概念，形态变化语法词缀是 -rkimo；复数第二人称形态变化语法结构，表示假定句子的主体"你们"实施某种动作行为的语法概念，形态变化语法词缀是 -rkiso；复数第三人称形态变化语法结构，表示说话人假定句子的主体"他们"实施某种动作行为，形态变化语法词缀是 -rkin。

第十三，形动词形态变化系统中，现在时形动词形态变化语法结构，表示形动词所指的现在正在进行中的动作行为。形态变化语法词缀是 -jir；现在将来时形动词形态变化语法结构，表示形动词所指的现在或将来进行的动作行为，形态变化现象语法词缀是 -r；过去时形动词形态变化语法结构，表示形动词所指的过去进行的动作行为，形态变化语法词缀是 -tʃa 和 -tʃə。

第十四，副动词形态变化系统中，有联合副动词、完成副动词、延续副动词、让步副动词、紧随副动词、条件副动词、界限副动词、立刻副动词、趁机副动词、目的副动词、渐进副动词、因果副动词 12 种形态变化现象。分别表示修饰和限制动作行为的特征、状态、关系、性质、目的、条件等方面。这 12 种形态变化现象的语法词缀分别是：联合副动词形态变化语法词缀 -m、完成副动词形态变化语法词缀 -btʃi、延续副动词形态变化语法词缀 -mal、-məl、-mil、让步副动词形态变化语法词缀 -rkin、紧随副动词形态变化语法词缀 -mimki、条件副动词形态变化语法词缀 -tʃala 和 -tʃələ、界限副动词形态变化语法词缀 -tal 和 -təl、立刻副动词形态变化语法词缀 -kul、趁机副动词形态变化语法词缀 -rdun、目的副动词形态变

化语法词缀 -nam、-nəm、-rkum、渐进副动词形态变化语法词缀 -tʃaar、
-tʃəər、-meeli、因果副动词形态变化语法词缀 -ktʃaar 和 -ktʃəər。

　　第十五，助动词形态变化系统中，包括否定助动词、肯定助动词、判
断助动词、应许助动词、能愿助动词、疑问助动词、禁止助动词 7 种结构
类型。其中，否定助动词 aatʃin、asən 表示对句中主要动词所指的动作行
为予以否定的语法内涵；肯定助动词 oodən 表示对句中主要动词所指的
动作行为给予肯定的语法作用；判断助动词 tanatʃin 和 tanawun 表示对句
中主要动词所指的动作行为作出判断的语法意义；应许助动词 ʤukrəŋ 和
əmi 表示对句中主要动词所指的动作行为表示允许的语法内涵；能愿助动
词 taawuran 和 taalarən 表示对句中主要动词所指的动作行为附加能愿的
语法内涵；疑问助动词 johon 表示对句中主要动词所指的动作行为持有疑
问的语法内涵；禁止助动词 əʤi 表示对句中主要动词所指的动作行为附加
禁止的语法意义。

　　第十六，杜拉尔鄂温克语的句子成分主要有主语、谓语、宾语、状语、
定语、补语及插入语 7 种成分。其中，主语通常是由名词、数词、代词、
形容词或形动词等名词类词充当；谓语通常由接缀有式形态变化语法词缀
的一般动词、助动词和主格形式的名词类词充当；宾语主要由名词、数词、
形容词、形动词等名词类词充当；状语通常由副词和副动词充当；补语通
常由接缀有格形态变化语法词缀的名词、形容词、代词、形动词、数词等
名词类词充当；定语通常由形动词和接缀有领格形态变化语法词缀的名词
类词充当；插入语通常由词组、词或分句充当。

　　词组结构通常是由两个或两个以上的词组合而成。根据其结构特征和
语法功能可分为修饰式词组、并列式词组、支配式词组、表述式词组、补
充式词组、否定式词组、限定式词组和判断式词组 8 种类型。修饰式词组
结构表示被修饰语的程度、性质、特征或行为等；并列式词组结构表示两
个词之间语义结构或表述形式是平等并列的关系；支配式词组结构表示支
配语对被支配的动作、行为、性质等进行支配；表述式词组结构通常中，
名词、形动词、动词、副动词都可以充当表述语，被表述语通常是由形容
词、名词和代词充当；补充式词组结构，表示补充语对被补充语所表示的
状态、时间、性质、行为等作出补充说明的语法内涵；否定式词组结构，

否定语由否定助动词 əsən 和 aatʃin 充当，被否定语由形动词和动词充当的现象较为常见；限定式词组结构中，代词和名词充当限定语，数词、名词、动词和形容词作被限定语的情况较多；判断式词组结构中，判断语由动词词根 oo- 和 bi- 构成的助动词充当，被判断语由数词、名词、形容词、动词、副词等充当的情况较多。

总而言之，严重濒危杜拉尔鄂温克语的研究工作无论是从语音、词汇还是语法方面来说，都存在较大困难。在田野调查的过程中，母语掌握情况良好的老人也十分有限，由于年岁已高，很难长时间配合发音工作。也有部分人尚不理解在汉语作为主流语言的社会中，记录和保存杜拉尔鄂温克语的重要性。调查研究该语言过程中的种种困难更反映出对严重濒危杜拉尔鄂温克语的抢救和保护工作的迫切性和重要性。

由于目前国内外关于杜拉尔鄂温克语方面的研究还处于空白，因此本书作为专门研究杜拉尔鄂温克语语音、词汇、语法和句子结构等方面的成果，对填补相关领域的学术空白，抢救和保护严重濒危杜拉尔鄂温克语的古老全貌，进一步进行系统的研究乃至保护少数民族的非物质文化遗产方面都起到积极作用。

参考文献

1. 朝克、胡增益:《鄂温克语简志》,民族出版社,1986。

2. 朝克:《鄂温克语》,《中国少数民族语言》,四川民族出版社,1987。

3. 朝克、耐登:《索伦语民间故事选》(蒙文版),内蒙古文化出版社,1988。

4. 朝克:《鄂温克语基础语汇》(日文版),日本东京外国语大学,1991。

5. 朝克、津曲敏郎:《索伦语基本列文集》(日文版),日本北海道大学,1991。

6. 朝克:《鄂温克语词汇英文索引》(英文版),日本北海道大学,1993。

7. 朝克:《鄂温克语三方言基础语比较》(日文版),日本小樽商科大学,1995。

8. 朝克:《鄂温克语研究》,民族出版社,1995。

9. 朝克:《中国满通古斯诸语基础语比较》(日文版),日本小樽商科大学,1997。

10. 朝克:《满通古斯诸语比较研究》,民族出版社,1997。

11. 朝克:《满通古斯语及其文化》(日文版),日本东北大学,2002。

12. 朝克、力提甫:《阿尔泰语言学导论》,民族出版社,2002。

13. 朝克、汪丽珍:《鄂温克族宗教信仰与文化》,中央民族大学出版社,2002。

14. 朝克:《形态语音论与名词形态论》(日文版),东京外国语大学出版社,2003。

15. 朝克、中岛干起:《基础鄂温克语》(日文版),日本大学书林出版社,2005。

16. 朝克:《鄂温克语参考语法》,中国社会科学出版社,2009。

17. 朝克:《满通古斯语族语言词源研究》,中国社会科学出版社,2014。

18. 朝克:《满通古斯语族语言词汇比较》,中国社会科学出版社,2014。

19. 朝克:《满通古斯语族语言研究史论》,中国社会科学出版社,2014。

20. 贺兴格、其达拉图:《鄂温克语词汇》(蒙语版),民族出版社,1983。

21. 国家民委民族问题丛书内蒙古编写组:《鄂温克族社会历史调查》,内蒙古人民出版社,1986。

22. 乌热尔图:《述说鄂温克》,远方出版社,1995。

23. 杜道尔吉:《鄂温克语汉语词典》,内蒙古文化出版社,1998。

24. 涂吉昌、涂芊玫:《鄂温克语汉语对照词汇》,黑龙江省鄂温克研究会及黑龙江省民族研究所出版,1999。

25. 杜福成、杜宏宝:《阿荣旗鄂温克语词汇》,内蒙古阿荣旗鄂温克族研究会,2007。

26. 戴庆夏、罗仁地等:《到田野去——语言学田野调查的方法与实践》,民族出版社,2008。

27. 吴守贵:《鄂温克族社会历史》,民族出版社,2008。

28. 朝克:《索伦鄂温克语调查资料》(6册),中国社会科学院民族所北方室收藏,1982~2006年。

29. 朝克:《杜拉尔鄂温克语调查资料》,中国社会科学院民族所北方室收藏,1995~2007年。

30. 朝克:《论鄂温克族婚礼语言特征》(蒙语版),《内蒙古妇女》1984年第1期。

31. 朝克:《鄂温克语构词方式》(蒙语版),《民族语文》1984年第2期。

32. 朝克:《论鄂温克语的动词》(蒙语版),《内蒙古师范大学学报》1985年第4期。

33. 朝克:《关于鄂温克语的代词特征》,《满语研究》1986年第1期。

34. 朝克:《鄂温克语的后置词》,《民族语文》1986年第6期。

35. 朝克:《鄂温克语词汇特征》(蒙语版),《蒙古语言文学》1986年第6期。

36. 朝克:《论鄂温克一词》(蒙语版),《蒙古语文》1987年第4期。

37. 朝克:《论鄂温克语连词》,《满语研究》1988年第2期。

38. 朝克:《鄂温克语和满语语音对应规律》,《民族语文》1988年第4期。

39. 朝克:《论鄂温克语句子结构》,《满语研究》1989年第2期。

40. 朝克:《论鄂温克语词组结构》,《满语研究》1991年第1期。

41. 朝克:《论日本阿依努语和鄂温克语共有动词》,《民族语文》1992年第1期。

42. 朝克:《关于鄂温克语助词》,《中央民族学院学报》1992年第4期。

43. 朝克:《关于鄂温克语助词结构》,《中央民族大学学报》1993年第4期。

44. 朝克:《与人称相关的鄂温克语动词》(蒙语版),《蒙古语言文学》1994年第4期。

45. 朝克:《鄂温克语使用概述》,《中国语言文字使用概述》,中国藏学出版社,1994。

46. 朝克:《关于鄂温克语驯鹿词汇》,《百科知识》1995年第8期。

47. 朝克:《鄂温克语是我们宝贵的财富》,《述说鄂温克》,内蒙古文化出版社,1995年。

48. 杜道尔吉:《鄂温克姓氏及其记写法》,《鄂温克研究》1995年第2期。

49. 萨红梅:《补救鄂温克语民族语言失传势在必行》,《鄂温克研究》1995年第2期。

50. 朝克:《关于鄂温克族的族称》,《满语研究》1996年第1期。

51. 朝克:《关于鄂温克语及鄂温克语研究》,《鄂温克研究》1997年第1期。

52. 朝克:《关于鄂温克语通古斯方言》(日文版),《人文研究》总第93辑,1997。

53. 朝克:《鄂温克语话语材料》,《民族语文》1998 年第 4 期。

54. 朝克:《鄂温克人的姓名特点及其记写法》,《蒙古语文》1998 年第 7 期。

55. 汪丽珍:《鄂温克族谚语》,《满语研究》1998 年第 1 期。

56. 吉特格勒图:《鄂温克语言词汇结构》,《蒙古语文》1998 年第 12 期。

57. 叶喜德瓦:《阿亚(鄂温克语 aya)的内涵及其作用》,《鄂温克研究》1999 年第 1 期。

58. 卡丽娜:《论鄂温克人名与社会关系》,《满语研究》2000 年第 2 期。

59. 朝克:《论日本语和鄂温克语共有动词》,《鄂温克研究》2000 年第 1 期。

60. 朝克:《关于鄂温克语使用现状分析》,《世界各地语言文字使用现状分析》,香港城市大学出版社,2001。

61. 黄行:《鄂温克语形态类型的对比分析》,《满语研究》2001 年第 1 期。

62. 朝克:《文化变迁与鄂温克人名的关系》(日文版),《东北亚诸民族的文化动态》,2002。

63. 朝克:《论鄂温克族民间故事中的人名》,《满语研究》2002 年第 2 期。

64. 杨虎嫩:《鄂温克语的未来》,严明译,《满语研究》2002 年第 2 期。

65. 赵阿平:《〈鄂温克语形态语音论及名词形态论〉评述》,《满语研究》2003 年第 1 期。

66. 希德夫:《达斡尔语与鄂温克语语音比较》,《满语研究》2004 年第 2 期。

后　记

随着该项研究的不断深度推进和接近完成，满载收获的国家社科基金重大委托项目的子课题《杜拉尔鄂温克语研究》的田野调研与科研工作也即将结束。在经过近三年的田野调查，不断搜集整理严重濒危杜拉尔鄂温克语的第一手语音、词汇、语法资料，并对搜集整理的第一手语言资料进行分析和研究，终于完成了《杜拉尔鄂温克语研究》，此时此刻，百感交集。

首先，感谢课题负责人朝克研究员。感谢他在研究方面给予的耐心指导和无微不至的帮助。从专业课的学习、该项研究课题选择，到初期写作和后期多次修改，整个过程他都倾注了大量的心血。逐字逐句把关，提出许多中肯的指导意见。正是在他科学严谨的悉心指导下，本项研究课题才得以顺利完成。不仅是学术方面，在日常生活中遇到难题和挫折，他也给予我许多的帮助和建议。再次向朝克研究员表示深深的敬意和感谢。

还要感谢课题组相关成员以及民族文学所和民族学与人类学所领导和专家学者，感谢他们对我科研的关心和指导、支持与帮助。还有在田野调查中帮助过我的杜拉尔民族乡的乡领导和发音合作人，感谢他们对严重濒危语言的记录和保存工作给予的支持与合作。

最后感谢我的家人和朋友们。在田野调研和研究过程中，不免有遇到难题灰心丧气的时候，感谢你们总是不断地鼓励和支持着我。

另外，由于杜拉尔鄂温克语已进入严重濒危状态，相关的语音、词汇和语法形态变化现象的结构体系，远比研究成果中所涉及的内容和形式更为复杂。由于客观条件和自身理论知识、研究视野和实际研究水平有限，本研究还存在很多的不足，希望学术同人们提出宝贵的意见，为今后更进一步系统地展开杜拉尔鄂温克语研究发挥积极作用。

图书在版编目(CIP)数据

杜拉尔鄂温克语研究 / 娜佳著. -- 北京：社会科
学文献出版社，2017.11
（鄂温克族濒危语言文化抢救性研究）
ISBN 978 - 7 - 5201 - 1596 - 4

Ⅰ.①杜…　Ⅱ.①娜…　Ⅲ.①鄂温克语（中国少数民
族语）- 研究　Ⅳ.①H223

中国版本图书馆 CIP 数据核字（2017）第 250214 号

中国社会科学院创新工程成果
国家社科基金重大委托项目

鄂温克族濒危语言文化抢救性研究（四卷本）
杜拉尔鄂温克语研究

著　　者 / 娜　佳

出 版 人 / 谢寿光
项目统筹 / 宋月华　袁卫华
责任编辑 / 卫　羚

出　　版 / 社会科学文献出版社 · 人文分社（010）59367215
　　　　　　地址：北京市北三环中路甲 29 号院华龙大厦　邮编：100029
　　　　　　网址：www.ssap.com.cn
发　　行 / 市场营销中心（010）59367081　59367018
印　　装 / 三河市东方印刷有限公司

规　　格 / 开　本：787mm × 1092mm　1/16
　　　　　　印　张：14.25　字　数：225 千字
版　　次 / 2017 年 11 月第 1 版　2017 年 11 月第 1 次印刷
书　　号 / ISBN 978 - 7 - 5201 - 1596 - 4
定　　价 / 780.00 元（全四册）

中国社会科学院创新工程成果
国家社科基金重大委托项目

朝克　主编

鄂温克族濒危语言文化抢救性研究（四卷本）

鄂温克族三大方言词汇比较

朝克 著

社会科学文献出版社
SOCIAL SCIENCES ACADEMIC PRESS (CHINA)

目　录

前　言

　　鄂温克族的自称是 əwənkə "鄂温克"，该族称来自动词词根 əwə-，意思为 "下来" "下" "降落"。那么，在动词词根 əwə- 后面接缀由动词派生名词的构词词缀 -nkə "者" 或 "物"，就会派生出表示 "下来者" "下来的人" 之意的名词。这就是说，名词 əwənkə "鄂温克" 的直接意思是 "下来者"，实际表现出的词义应该是 "从高山密林中走下来的人"。鄂温克人使用的语言，就叫鄂温克语。鄂温克语主要分索伦 (sulung)、通古斯 (tungus)、雅库特 (yakut) 三种方言。其中，索伦方言区的鄂温克族人口最多，约有 2900 人。他们主要生活在内蒙古自治区呼伦贝尔市鄂温克族自治旗、鄂伦春族自治旗、莫力达瓦达斡尔族自治旗、阿荣旗、扎兰屯市等地区的辽阔草原和广袤林区，主要从事农业、牧业、林业生产。另外，在黑龙江省的嫩江、讷河、齐齐哈尔等地也有部分索伦鄂温克族，他们主要从事农业生产。索伦鄂温克族的 "索伦" 一词源于清朝早期，也就是清朝政府从东北开始打天下时，由东北原住民鄂温克、鄂伦春、达斡尔等组成的骑兵军团十分勇敢善战，为清朝统一东北各部及打入中原发挥了不可忽视的重要作用，由此清朝政府就将这一勇敢善战的骑兵军团命名为 "索伦" 或 "索伦部"。事实上，这里说的就是 "索伦军团"。包括满语在内的满通古斯语族语言里 "索伦" 一词表示 "柱子" "顶梁柱" "天柱" 等意思。毫无疑问，这就是当时清朝政府将以鄂温克族为中心的呼伦贝尔山林草原的原住民骑兵军团，称为 "索伦" 及 "索伦部" 的重要内涵和意义。由此可见，他们在统一东北各部落各民族的战场上，乃至在中原地区的战争和保卫国家疆土安全的重大战役中，所发挥的不可替代的军事战略作用。后来，为了进一步强化和壮大索伦部骑兵军团，以及进一步加强他们的战斗力，清朝政府将巴尔虎蒙古人和厄鲁特蒙古人、吸纳到索伦部。这使索伦部骑兵军团内除了鄂温克族鄂伦春族、达斡尔族人，还有巴尔虎蒙古人和厄鲁特蒙古人。换言之，在当时，所有这些东北少数民族及蒙古族部落都叫索伦部的索伦人。从这个意义上讲，清朝政府或者说在清代说的索伦人是指以鄂温克族为主的鄂伦春人、达斡尔人、巴尔虎蒙古人和厄鲁特蒙古人等呼伦贝尔地区的原住民。不过，随着清朝政府的逐渐衰亡和退出历史舞台，像鄂伦春人、达斡尔人、巴尔虎蒙古人和厄鲁特蒙古人等都先后从索伦部中退了出来，也都自然而然地废弃了清朝时期索伦部"索伦人"的叫法，恢复了各自的民族称谓和部族叫法。结果，"索伦"这一称谓留在了索伦部的主体鄂温克人头上。从清朝末期到民国时期一直到解放初期，人们习惯于将鄂温克人称为"索伦"或"索伦人"。新中国成立后，索伦鄂温克族生活的地方也叫"索伦旗"。1957年索伦鄂温克人头上"索伦"这一帽子才被拿下，他们原来的"鄂温克族"这一民族称呼也得以恢复。1958年8月1日在原索伦旗行政管辖区域内正式成立了鄂温克族自治旗，也就是把原来的"索伦旗"改为"鄂温克族自治旗"。这就是鄂温克族"索伦人""索伦族""索伦鄂温克人""索伦鄂温克族"等称谓的来龙去脉。尽管如此，至今人们还习惯于早期说法，把清朝时期索伦部的鄂温克人叫作"索伦鄂温克族"或"索伦鄂温克人"，也习惯于将他们使用的母语叫作"索伦鄂温克语"。这从而成为索伦鄂温克族与其他两个鄂温克族进行区别的重要手段和依据。该书也遵从这一说法，将鄂温克语方言分为索伦 (sulung)、通古斯 (tungus)、雅库特 (yakut) 三个部分。

通古斯鄂温克语也叫鄂温克语通古斯方言，历史上也有过叫通古斯语的情况。有关通古斯鄂温克的"通古斯"一词，在相关史料或在学术界有许多种说法及解释。其中，占主导地位或者说有代表性的说法，应该是通古斯源于西伯利亚的通古斯河，该河流也叫通古斯克河，由于被称作通古斯的鄂温克人早期就生活在通古斯河两岸，由此就叫他们通古斯人，也就是通古斯鄂温克人，意思是说"生活在通古斯河畔的人们"。在包括鄂温克语在内的阿尔泰语系语言里 tungu、tungus、tungulug 等说法都表示"清澈的""透明的"等意义。由此可见，通古斯河是指"清澈的河"或"清澈的河流"之意。那么，很显然，通古斯鄂温克人是说"清澈河流岸边的鄂温克人"。毫无疑问，通古斯鄂温克语是指"清澈河流岸边的鄂温克人使用的语言"。其实，北方少数民族以河流为界划分民族、族群、方言区的现象比较普遍。比如说，辉鄂温克、伊敏鄂温克、阿荣鄂温克、杜拉尔鄂温克人等分别是指以"辉河""伊敏河""阿荣河""杜拉尔河"等为界，生活在这些河流两岸的鄂温克族不同部落、不同方言区的人们。所的通古斯鄂温克族，主要居住在内蒙古自治区呼伦贝尔市陈巴尔虎旗鄂温克苏木，以及鄂温克族自治旗悉尼河苏木等地，总人口为 2000 多人。由于他们现在主要生活在莫日格勒河岸边，所以也叫他们莫日格勒鄂温克族或莫日格勒鄂温克人。

雅库特 (yakut) 鄂温克语是鄂温克族三大方言的组成部分。雅库特鄂温克的"雅库特"一词来自俄罗斯远东地区的"雅库特河"，在突厥语里"宝石"就叫 yakut"雅库特"。被称为"雅库特"的河流盛产宝石，所以善于发现宝石和擅长搞宝石买卖的突厥人，就把该河流称为"雅库特河"或"雅库茨克河"，同时，将生活在该河岸边的原住民鄂温克族称为"雅库特鄂温克人"，意思是说"生活在盛产宝石河岸边的鄂温克人"。后来，这部分鄂温克人迁移到了我国内蒙古自治区呼伦贝尔根河市敖鲁古雅河一带的兴安岭森林地带，并以在山林中自然牧养驯鹿为生。由于他们现在生活在敖鲁古雅河两岸，人们也称他们为敖鲁古雅鄂温克人或鄂温克族。换言之，这说的就是生活在敖鲁古雅两岸的鄂温克人。

综上所述，鄂温克语三大方言，在过去就叫索伦语、通古斯语、雅库特语。现在也有人使用这种说法，但并不普通。反过来，更多的人使用辉河鄂温克语、莫日格勒鄂温克语、敖鲁古雅鄂温克语的说法，把它们简称为鄂温克语辉方言、莫方言、敖方言等。如上所述，辉方言区的鄂温克族占绝对多数，约占鄂温克族总人口的 92%，他们中使用母语者占 61%；莫方言的鄂温克人占鄂温克族总人口的 7%，其中使用母语者占 47%；敖方言的鄂温克族只占本民族人口的 1%，会母语者只有几个人，还不是掌握得很全面和完整。从这一情况看，鄂温克语辉方言已成濒危语言，而莫方言和敖方言已经成为严重濒危语言。这些事实充分说明，鄂温克语的抢救保护工作已到刻不容缓的地步，再不抓紧时间搜集整理将会全面失去这一人类的宝贵文化遗产。这也是我们实施该项重大项目的目的所在。

　　鄂温克语三大方言的差别比较大，而且主要体现在语音方面，另外在词汇及语法方面也有一定差异。在我们看来，语音和词汇方面出现的差异，主要跟不同生活环境和受不同程度的外来语言影响有关。比如：（1）索伦鄂温克语使用者，也就是鄂温克语辉方言的使用者，一般都生活在农区和牧区，受汉语和达斡尔语及蒙古语影响比较大，在他们的口语里借入了一定数量的有关农业和畜牧业生产生活方面的新术语，结果也相对影响了该方言的语音和语法。（2）通古斯鄂温克语也就是鄂温克语莫方言，该方言早期受俄语影响比较大，后来又长期受布里亚特蒙古语和巴尔虎蒙古语的直接影响。鄂温克语莫方言的使用者在共同从事温寒带牧区畜牧业生产活动的历史岁月里，从蒙古语方言土语借用不少畜牧业方面的生产生活用词，甚至借用了一些语法成分。另外，在他们的词汇中，也有一些早期俄语借词。（3）雅库特鄂温克语，就是我们前文所说的鄂温克语敖方言。该方言一直到新中国成立初期受俄语影响比较大，年纪大的人在早年受过俄式教育，家庭中也有人和俄罗斯人建立婚姻关系。所以，他们的口语受俄语影响比较大，俄语借词也比较多，进而也影响了他们的口语语音及语法关系。此外，从自然条件、生存环境、社会结构、生产关系等方面来分析，鄂温克语辉方言有关温寒带地区农业生产、草原牧场、动植物、自然现象等方面的词汇十分丰富，莫方言中有关温寒带畜牧业生产生活方面的词汇及话语非常丰富，敖方言内有关山林驯鹿业生产生活及兴安岭动植物词汇特别丰富。所有这些充分证明，语言是特定自然环境、社会环境的产物，有什么样的自然环境、社会环境，就会有适应这些环境的语言及语言交流、语言表现形式。

一　鄂温克语三大方言语音关系

鄂温克语三大方言的语音系统及其结构各有特点，而且表现得比较突出，甚至直接影响着不同方言区的人用彼此熟悉的口语进行交流。下面，根据我们掌握的方言资料和分析结果，全面展示鄂温克语三大方言里各自表现出的语音系统及其结构特征。在以下的讨论中，我们用大写的拼音字母符号HOYI、MRGL、OLGY分别替代鄂温克语辉方言、莫方言、敖方言。例如：

HOYI ⇨ 辉河方言 ⇨ 辉方言 ⇨ 历史上的"索伦语"或"鄂温克语索伦方言"；

MRGL ⇨ 莫方言 ⇨ 莫日格勒方言 ⇨ 历史上的"通古斯语"或"鄂温克语通古斯方言"；

OLGY ⇨ 敖方言 ⇨ 敖鲁古雅方言 ⇨ 历史上的"雅库特语"或"鄂温克语雅库特方言"。

有关鄂温克语三大方言语音关系的分析中，本书分别对三大方言元音范畴内的短元音、长元音、复合元音、短元音和长元音区别关系、短元音和长元音的语义区别特征、元音间的区别性特征、元音和谐现象及其规律等展开全面系统讨论。

1. 三大方言元音系统及结构特征

1.1 短元音

HOYI：a、ə、i、e、o、u、ө、ʉ

MRGL：a、ə、i、e、o、u

OLGY：a、ə、i、e、o、u

1.2 短元音的发音特点

（1）a [a] ⇨展唇后高短元音⇨三大方言均使用

（2）ə [ə] ⇨展唇央中短元音⇨三大方言均使用

（3）e [e] ⇨展唇前次高短元音⇨三大方言均使用

（4）i [i] ⇨展唇前高短元音⇨三大方言均使用

（5）o [o] ⇨圆唇后次高短元音⇨三大方言均使用

（6）u [u] ⇨圆唇后高短元音⇨三大方言均使用

（7）ө [ө] ⇨圆唇后次高短元音⇨辉方言中使用

（8）ʉ [ʉ] ⇨圆唇后次高短元音⇨辉方言中使用

1.3 长元音

HOYI：aa、əə、ii、ee、oo、uu、өө、ʉʉ

MRGL：aa、əə、ii、ee、oo、uu

OLGY：aa、əə、ii、ee、oo、uu

1.4 长元音的发音特点

　　鄂温克语三大方言里出现的长元音的发音时间要比短元音的发音时间长一倍甚至一倍以上。而且，每个长元音的发音方法和发音部位都与相关短元音的发音方法和发音部位大同小异。所以，以往的研究一般以相关短元音的发音方法和发音部位分析长元音的发音方法和部位。因此，可以用如下形式对长元音进行进一步描写：

（1）aa ⇨ a [a] ⇨ 展唇后高短元音 ⇨ 三大方言均使用

（2）ɔɔ ⇨ ɔ [ə] ⇨ 展唇央中短元音 ⇨ 三大方言均使用

（3）ee ⇨ e [e] ⇨ 展唇前次高短元音 ⇨ 三大方言均使用

（4）ii ⇨ i [i] ⇨ 展唇前高短元音 ⇨ 三大方言均使用

（5）oo ⇨ o [o] ⇨ 圆唇后次高短元音 ⇨ 三大方言均使用

（6）uu ⇨ u [u] ⇨ 圆唇后高短元音 ⇨ 三大方言均使用

（7）ɵɵ ⇨ ɵ [θ] ⇨ 圆唇后次高短元音 ⇨ 辉方言中使用

（8）ʉʉ ⇨ ʉ [ʉ] ⇨ 圆唇后次高短元音 ⇨ 辉方言中使用

1.5 复合元音

HOYI：au、iu、ua

MRGL：au、ai、ua、ia、ou

OLGY：ia、iə、ie、io、iu、au、ua

1.6 短元音和长元音区别关系

鄂温克语三大方言的基本词汇里，利用短元音和长元音区分词义的现象确实不少。如果我们不准确掌握短元音及长元音的区别性发音特征，就会给语言交流带来许多麻烦，甚至会造成语言交流障碍。所以，对那些发音时长短元音不分的现象，老人们或本民族语说得好的人经常会给予提示和纠正。当然，年轻人用母语进行交流时，经常会出现长短元音混用导致的语义不清楚的问题。因此，我们不能忽略或轻视鄂温克语方言土语内出现的长短元音的区别及发音特征。

下面以鄂温克语辉方言为例，阐述鄂温克语方言中出现的长元音和短元音的区别词义的功能及作用。

1.6.1 短元音 a 和长元音 aa 词义区别关系及关系实例

ahiŋ 兄 ⇦⇨ aahiŋ 肝

ʃiwar 泥土 ⇦⇨ ʃiwaar 木楔子

tala 那里 ⇦⇨ taala 靓丽

agga 方法 ⇦⇨ aagga 枯草根 ⇦⇨ aggaa 锚

1.6.2 短元音 ə 和长元音 əə 词义区别关系及实例

əhiŋ 姐姐 ⟷ əəhiŋ 肺

əkkərəŋ 卷 ⟷ əəkkərəŋ 开始

gələrəŋ 赶车 ⟷ gələərəŋ 寻找

ələrəŋ 吃饱 ⟷ ələərəŋ 煮 ⟷ əələrəŋ 耍赖

1.6.3 短元音 i 和长元音 ii 词义区别关系及实例

hir 污垢 ⟷ hiir 瞬间

im 家禽标记 ⟷ iim 入

niŋirəŋ 吞咽 ⟷ niŋiirəŋ 骂

ʃikkaŋ 懒惰的 ⟷ ʃiikkaŋ 小鸟

1.6.4 短元音 e 和长元音 ee 词义区别关系及实例

pelaraŋ 溢出 ⟷ peelaraŋ 瞎吹、瞎掰

melaraŋ 轻轻涂抹 ⟷ meelaraŋ 羊叫

eda 为何 ⟷ eeda 啊呀

əre 藤草 ⟷ əree 啊哟

1.6.5 短元音 o 和长元音 oo 词义区别关系及实例

totʃʃi 口子 ⟷ tootʃʃi 然后

mogoroŋ 受难 ⟷ mogooroŋ 刁难

oroŋ 地域 ⟷ ooroŋ 做 ⟷ orooŋ 驯鹿

boro 灰色 ⟷ boroo 逆向 ⟷ booro 公骆驼

1.6.6 短元音 u 和长元音 uu 词义区别关系及实例

ugga 套子 ⟷ uugga 初乳

taŋgur 碗 ⟷ taŋguur 仰倒

sugga 初春的嫩草 ⟷ suugga 暴风雪

tuna 怪鱼 ⟷ tuuna 铅

1.6.7 短元音 ɵ 和长元音 ɵɵ 词义区别关系及实例

hɵggə 陷阱 ⟷ hɵɵggə 桥

bɵggəŋ 季节 ⟷ bɵɵggəŋ 懦弱

ɵgələrəŋ 发牢骚 ⟷ ɵɵgələrəŋ 急喘气

mɵrərəŋ 老鼠啃硬东西 ⟷ mɵɵrərəŋ 牛叫

1.6.8　短元音 ʉ 和长元音 ʉʉ 词义区别关系及实例

ʤiwʉʃirʉŋ 交流 ⟷ ʤiwʉʉʃirʉŋ 讨厌

ʉge 贫困 ⟷ ʉʉge 鸟巢

sʉŋkʉ 一扎 ⟷ sʉʉŋkʉ 笸子

ʤʉrʉ 拧劲的 ⟷ ʤʉʉrʉ 双胞胎

我们在前面也提到过，鄂温克语里的长元音在第一音节和第二音节以内发挥着极其重要的作用。不过，在第三音节内，也有使用长元音的现象。尽管如此，在具体语言交流中，位于第三音节或第三音节以下的音节里使用的长元音常常被发作半长元音，甚至接近于短元音音长的实例有不少。从这个意义上来讲，在鄂温克语三大方言多音节词的第三音节以后的音节里，长元音同短元音的区别特征比较模糊，从而区别词义的功能也在逐渐退化。比如说，在《鄂温克语简志》中见到的 sulʤigeen "外角牛"、dagalaan "旁边"、hʉʤihəənəŋ "使发展" 等词里出现的长元音 ee、aa、əə 等即使发为短元音 e、a、ə 等，也不会对这些词的词义产生实际影响。事实上，现在绝大多数鄂温克人习惯于把它们发作短元音，也就是说，将刚才的三个单词发为 sulʤigen、dagalan、hʉʤihənəŋ，第三音节里出现的长元音均读为短元音。此外，鄂温克语里表示远处的某一方向或位置时，就会出现把方位名词的词尾元音发为长元音的现象，并以此来说明距离或位置的远近。例如：

amila 后面 ⟷ amilaa 较远的后方

ʤʉlilə 前面 ⟷ ʤʉliləə 较远的前方

鄂温克人充分利用方位名词词尾元音的长短，来分辨或判断语言交流时出现的某一位置或地点的远近。甚至，用比长元音更长的长音形式，来表示更远的空间距离或地理位置。这其中，有时还包含一定感情色彩。比如说，人们在语言交流中用不同音长表示不同距离、不同地理位置的同时，还要表达不同心理结构、不同话语态度、不同思想感情等。我们掌握的调研资料充分表明，在鄂温克语三大方言里，均有用长音来表示很远距离或地理位置的现象，并在他们的语言交流中始终保持着这一表述形式和特征。这也自然成为鄂温克语的元音系统中不可缺少的区别长短元音的实例之一。

1.7　元音区别特征

鄂温克语三大方言里，确有一些区别关系比较模糊的元音，但我们不能由此而将它们混为一谈。其实，鄂温克语不同方言内的这些短元音或长元音都有严格的区别和特定音位。与此相关的一些学术问题，比如在发音方法和发音部位等方面存在的异同现象等，上面已经都做过具体分析，在这里就不重复了。而且，在此方面最具代表性、最能够说明问题、区别特征最为明显的是辉方言。所以，下面我们以辉方言为例，讨论那些容易被混淆的长元音和短元音，以此来说明不同元音间存在的不可忽视的区别词义功能和作用。

鄂温克语元音系统里易混淆的元音有如下几组：

（1）i、ii ≠ e、ee

（2）e、ee ≠ ə、əə

（3）ə、əə ≠ θ、θθ

（4）θ、θθ ≠ o、oo

（5）o、oo ≠ u、uu

（6）u、uu ≠ ʉ、ʉʉ

（7）ʉ、ʉʉ ≠ θ、θθ

（8）a≠i≠e≠ə≠o≠u≠θ≠ʉ 或 aa≠ii≠ee≠əə≠oo≠uu≠θθ≠ʉʉ

鄂温克语元音系统里的这些短元音和长元音之间，不同程度地存在易被混淆的实际问题，一些元音的区别关系确实比较复杂。但是，所有这些，对于熟悉母语的鄂温克人来讲，无论在具体的发音方法和发音部位上，还是在实际语言交流中，均有十分明显的区别特征。如果将这些元音混用，就会给人们的语义表达以及语言交流带来不便，造成不必要的麻烦。

1.7.1　i、ii 与 e、ee 词义区别关系及实例

ʃi 你 ⇔ ʃe 茶

ani 谁 ⇔ ane 年

aʃi 利益 ⇔ aʃe 妻子

pilteraŋ 溢出来 ⇔ pelteraŋ 发胖

diis 根 ⇦⇨ dees 盘子

ʃiirsə 炕席子 ⇦⇨ ʃeersə 羊毛虫

1.7.2　e、ee 与 ə、əə 词义区别关系及实例

əle 浮夸 ⇦⇨ ələ 这里

pel 一片 ⇦⇨ pəl 力气

gee 城市 ⇦⇨ gəə 哎哟

ʤee 间隙 ⇦⇨ ʤəə 可以

1.7.3　o、oo 与 ө、өө 词义区别关系及实例

homo 马粪蛋 ⇦⇨ hөmө 尺寸

sol 名誉 ⇦⇨ sөl 空间

hokko 全部 ⇦⇨ hөkkө 粗大的拉绳

too 数字 ⇦⇨ tөө 尺

boos 包子 ⇦⇨ bөөs 布

boon 冰雹 ⇦⇨ bөөn 一团

1.7.4　u、uu 与 ʉ、ʉʉ 词义区别关系及实例

bul 车辕 ⇦⇨ bʉl 差一点

suŋku 塔头草 ⇦⇨ sʉŋkʉ 虎口

hu 小酒壶 ⇦⇨ hʉ 利息

huugi 木削子 ⇦⇨ hʉʉgi 大风

suutʃʃi 强势 ⇦⇨ sʉʉʃʃi 血水

1.7.5　ə、əə 与 ө、өө 词义区别关系及实例

əŋgə 酸奶汁 ⇦⇨ өŋgө 颜色

əb 窍门 ⇦⇨ өb 财产

səl 铁 ⇦⇨ sөl 空间

bəən 鲟鱼 ⇦⇨ bөөn 一团

həəggə 浮气 ⇦⇨ hөөggө 桥

1.7.6　o、oo 与 u、uu 词义区别关系及实例

sol 松的 ⇦⇨ sul 名誉

ole 竞争力 ⇦⇨ ule 白脖子乌鸦

homo 马粪蛋 ⇦⇨ humu 洼地

oor 水蒸气 ⇔ uur 乳油

ootʃʃi 和 ⇔ uutʃʃi 整只羊肉、全羊肉

1.7.7 ʉ、ʉʉ 与 ө、өө 词义区别关系及实例

bʉl 差一点 ⇔ bөl 姨表

hʉkkʉ- 炒 ⇔ hөkkө- 绊马的长绳

ʉnʉʃi 昂贵的 ⇔ өnөʃi 那家伙

tʉʉggʉ 狼 ⇔ tөөggө 拃法

sʉʉŋ 长毛羊皮长袍 ⇔ sөөŋ 哑嗓子

1.7.8 a、i、e、ə、o、u、ө、ʉ 与 aa、ii、ee、əə、oo、uu、өө、ʉʉ 词义区别关系及实例

a ⇔ aa → ha 羊前腿 ⇔ bal 蜂蜜 ⇔ taar 表兄弟

i ⇔ ii → hi 气体 ⇔ bil 蝮蛇 ⇔ tiir 抢的

e ⇔ ee → he 喂 ⇔ bel 压扁 ⇔ teer 可怕的

ə ⇔ əə → hə 尺度 ⇔ bəl 吉祥 ⇔ təər 妨碍

o ⇔ oo → ho 都 ⇔ bol 秋天 ⇔ toor 那么

u ⇔ uu → hu 壶 ⇔ bul 车辕 ⇔ tuur 小乌鸦

ө ⇔ өө → hө 锅底黑灰 ⇔ bөl 姨表 ⇔ tөөr 迷惑

ʉ ⇔ ʉʉ → hʉ 利息 ⇔ bʉl 差一点 ⇔ tʉʉr 线头、结果

从以上列举的短元音和长元音的不同实例，以及容易被混淆的相近元音间极其微妙的使用关系，加上同等语音环境下长短元音表现出的严格意义上的区别词义等功能方面，我们完全可以清楚地了解到鄂温克语每一个元音的独立性、区别性、特殊性和严格性。所以，在接触鄂温克语元音音素时，一定要准确无误地把握发音方法和发音部位，了解其中存在的词义区别现象及特征。

1.8 元音的说明

鄂温克语三大方言的语音系统内，短元音使用率最高，可以用于词首、词中、词尾等不同部位。其次是长元音音素的使用率，但长元音在词首音节或单音节词、双音节词中使用得较多。复合元音在辉方言里使用率最低，而且基本上是用于借词或复合性质的名词术语。同时，在莫方言内复合元

音使用得也不是太多。相比之下，在敖方言里复合元音有一定出现率。总而言之，复合元音在鄂温克语三大方言中的使用率均不如短元音和长元音的使用率高。其中，使用率最高、使用范围最广的还是短元音。

1.9 元音和谐现象及其规律

元音和谐现象是鄂温克语元音系统中不可忽视的组成部分，主要在辉方言和莫方言中出现，特别是辉方言，有着十分严谨且严格的元音和谐现象和规律。相比之下，莫方言中表现不太突出。我们在对敖方言进行元音和谐方面的调研时，没有发现严格意义上的元音和谐现象，只有同一个音位的长短间产生和谐的一些实例。下面全面阐述鄂温克语辉方言和莫方言的元音和谐现象。

1.9.1 辉方言元音和谐现象及其规律

鄂温克语辉方言有着约定俗成且十分严谨的元音和谐现象及其规律，这也是该方言在元音使用方面的一个重要特征。同时，这种元音和谐在辉方言的词汇构成，以及语言交流中发挥着重要作用。辉方言元音和谐现象，除了在词干部分中出现之外，在词干后面接缀的若干词缀系统里也可以见到。也就是说，词根或词干里出现的元音和谐现象，可以一直延伸到后缀的一系列形态变化语法词缀及其构词词缀的语音结构里。根据我们掌握的第一手资料，辉方言的元音和谐现象及其规律可以分为阳性元音、阴性元音、中性元音三种结构类型。例如：

阳性元音：a、aa、oo、u、uu
阴性元音：ɔ、ɔɔ、θ、θθ、ʉ、ʉʉ
中性元音：i、ii、e、ee

1.9.2 阳性元音和谐现象

鄂温克语的阳性元音 a、aa、o、oo、u、uu 一般和阳性元音之间产生和谐关系。同时，也可以跟中性元音 i、ii、e、ee 产生和谐现象，但不能和阴性元音产生和谐关系。也就是说，阳性元音不能用于由阴性元音为主构成的单词。例如：

amaggu 以后　　　ʤahoŋ 八　　　goggattalawuraŋ 被长胡子

usunoŋ 累　　　saawuraŋ 被发现　　　oogoŋdowuron 被锯

除了以上看到的阳性元音之间产生和谐关系的例词之外，也有不少阳性元音和中性元音间产生和谐关系的词。例如：

ahiŋ 哥哥　　　　　meegaŋʃi 有胆量的　　soleʃiraŋ 发疯

iisaldawuraŋ 被看见　tewewuha(ŋ)naŋ 使被捡

1.9.3　阴性元音和谐现象

鄂温克语的阴性元音 ə、əə、ө、өө、ʉ、ʉʉ 一般和阴性元音之间产生和谐关系，也有和中性元音 i、ii、e、ee 用于同一个词的现象。但是，阴性元音不能和阳性元音产生和谐关系。例如：

ssʉʉŋkʉdərəŋ 使用筐子　ʉkkəhəŋ 男孩　həөrөwʉrəŋ 兴奋

ətəwʉrəŋ 被打败　　　　sʉgʉrləhəŋkə(ŋ)nəŋ 使弄出尖端

如上所说，阴性元音除同阴性元音之间发生和谐关系之外，还可以跟中性元音产生和谐关系，共同用于某一个具体的词。例如：

ʃiləsʉŋdərəŋ 吐痰　　　həwʃeldiwʉrəŋ 被商榷

iiwʉhəŋkөnəŋ 允许进来　əʃittedʉwi 现阶段

1.9.4　中性元音和谐现象

辉方言的中性元音有 i、ii、e、ee。这长短两对四个中性元音之间同样可以产生和谐关系。例如：

ʤeleʃi 狡猾的　　neeŋʧi 鼻子　　　　iildihe 肥胖的

digihe 第四位　　ʃeweldir 拥挤的　　ʃeenʧiŋ 爱管闲事者

说实话，在辉方言的基本词汇里，中性元音之间产生和谐关系而构成的词并不多。中性元音在绝大多数情况下就像在分析阳性元音和阴性元音的使用关系时所说，主要跟阳性元音和阴性元音产生和谐关系。

1.9.5　单个元音和谐现象

实际上，辉方言的元音系统里，每一个独立的元音音位都可以单独成为最小的元音和谐单位。这是因为，辉方言里，有不少由属于同一个音位的短元音和长元音和谐构成的词语。比如说，gələəhə(ŋ)nəŋ(gələə-həŋ-nəŋ)"使找"一词，就是由同样属于舌面展唇央中元音位置的短元音 ə 和长元音 əə 和谐构成的实例。其中，gələə-"找"是动词词干，-həŋ 是动词使动态的形态变化词缀，-nəŋ 是动词陈述式现在将来时形态变化语法词缀。在该词里，无论是词干，还是词干后面接缀的具有两个不同语法功能和内涵的形态变化语法词缀，都是以舌面展唇央中元音 ə、əə 为核心和谐构成的产物。而且，像这样的实例，在辉方言里确实有不少。以下举例说明辉方言里由单一元音音位和谐构成的词语系列。

（1）短元音 a 与长元音 aa 的和谐现象及实例

ssaahaŋkanaŋ 使知道　　aawa(ŋ)laha(ŋ)naŋ 让戴帽子

lattagaŋka 胶水　　nandahaŋkaŋsala 稍微好看一点

（2）短元音 ə 与长元音 əə 的和谐现象及实例

gələəhəŋkənərəŋ 使去找　　əəkkərəŋ 开始

ələəhə(ŋ)nəŋ 让煮　　əddəsələhəŋkəŋ 稍微早一点

（3）短元音 i 与长元音 ii 的和谐现象及实例

iigitti 蜜蜂　　iŋiiʃi 能说会道的

ninihi(n)ni 狗的　　iʃiggi 看法

（4）短元音 o 与长元音 oo 的和谐现象及实例

oroottosol 许多草　　dooso(ŋ)loho(ŋ)noŋ 让放盐

ooho(ŋ)ko(ŋ)noŋ 让做　　gooŋgolsolohoŋkoŋ 稍微美丽一点

（5）短元音 u 与长元音 uu 的和谐现象及实例

suuruldudu 给狗鱼　　ukkumul 搅拌的

unuhuŋsul 许多手指   luhuwuŋku 脱法

（6）短元音 ɵ 与长元音 ɵɵ 的和谐现象及实例

hɵɵsɵlɵhɵ(ŋ)nɵŋ 使起泡   ɵlɵɵhɵdɵrɵŋ 欺骗
ɵmɵtʃʃɵsɵl 许多的冰   gɵsɵlɵrɵŋ 拐骗孩子

（7）短元音 ʉ 与长元音 ʉʉ 的和谐现象及实例

hʉkkʉwʉŋkʉ 炒作法   gʉʉrʉ- 理解
ʉnʉgʉŋsʉldʉ 给许多乳牛   ʉʉttʉsʉl 许多虮子

（8）短元音 e 与长元音 ee 的和谐现象及实例

tewehe 爱捡破烂的   peleegeŋ 爱吹牛的
ʃewe 弟子、学生   ʤelesɛŋ 爱动脑子的人、狡猾的人

我们的分析还表明，辉方言里出现率最高的是第一种和第二种结构类型的元音和谐现象，其次是第三种、第四种、第六种类型的元音和谐现象，然后是属于第五种和第七种类型的元音和谐实例。相比之下，第八种类型的元音和谐现象出现率比较低。另外，辉方言的元音和谐现象，在词的第三音节以上的词干部分表现得十分清楚，虽然在词干后面的若干音节里，或者说在词根或词干后面接缀的若干词缀内也讲究严格意义上的元音和谐原理，但是，由于第三音节以下音节的元音在发音上逐渐趋于弱化，所以人们有时难以把握其元音和谐性质的语音结构特征。尽管如此，我们不能因为第三音节以下音节元音被弱化，就否定其实际存在的元音和谐规律。不管怎么说，在辉方言里，元音和谐现象是一套十分完美而严格的语音音素间和谐共存的结构系统。

这里有必要指出的是，在辉方言里由两个词以黏合形式合为一体的特殊词或借词中，能见到阳性元音与阴性元音共同出现在某一个单词中的现象。比如，阳性元音 o、oo 与阴性元音 ə 同时在动词 təttooroŋ "这样做"中出现。其实，这是一个由代词 əttʉ "这样"和动词 ooroŋ "做"以黏合形式构成的合二为一的单词实例。另外，辉方言的借词里，也有像

bajhө "百货"、pənlaŋ "芬兰" 等阳性元音和阴性元音同时出现于某一个词内的现象。

1.10　莫方言元音和谐现象及其规律

就像前面的交代，除了辉方言之外，鄂温克语莫方言中也有元音和谐现象，也可以分为由阳性元音、阴性元音、中性元音三种结构类型的元音和谐现象。其中，阳性元音的和谐现象由短元音 a 和长元音 aa 为核心构成。不过，在阳性元音的和谐实例中可以出现中性元音，它们可以同时存在于同一个词中；阴性元音的和谐由短元音 ə 和长元音 əə 为中心构成。当然，阴性元音同样能够与中性元音产生和谐关系。中性元音包括短元音 i、e、o、u 及长元音 ii、ee、oo、uu。中性元音除了在中性元音内部产生和谐关系之外，与阳性元音和阴性元音也可发生和谐关系。也就是说，同一个词内，中性元音能够与阳性元音或阴性元音相结合。从以上分析情况我们完全能够看出，该方言内阳性元音和阳性元音的和谐关系比与中性元音之间产生的和谐现象要简单一些。与此同时，它们从另一个角度也明确说明，莫方言元音和谐现象的不断弱化和退化。总之，莫方言由阳性元音、阴性元音、中性元音三种结构类型的元音和谐现象。但是，莫方言中，元音在不同性质的元音和谐现象中的使用情况和分类关系，同辉方言里出现的分类体系完全不同。例如：

阳性元音：a、aa
阴性元音：ə、əə
中性元音：i、ii、e、ee、o、oo、u、uu

1.10.1　阳性元音和谐现象及实例

ʤabaran 抓　awaran 擦　anaran 推　kadar 山
waaran 杀　naala 手

1.10.2　阳性元音与中性元音间的和谐现象及实例

gugda 高的　unaakan 马驹　aaʃinan 睡　taril 他们
unaaʤ 女儿　gorgagta 胡须　tsibgan 鸟　bera 河　　amilan 继父

1.10.3 阴性元音间的和谐现象及实例

nəərən 放　　əməgən 鞍子　　tsətsəg 花　　əmərme 来　　ələ 这里

1.10.4 阴性元音与中性元音间的和谐现象及实例

əmukəl 已经　　əkin 姐姐　　guskə 狼　　əʃikən 生的

buurən 给　　iimə 针　　əritogtsi 这就

1.10.5 中性元音间的和谐现象及实例

omogto 鸡蛋　　doolo 里面　　inni 舌头　　girki 朋友

ukur 牛　　iŋini 冷的　　dereme 厚的　　kilgu 磨刀石

dolindu 中间　　guskə 狼　　morin 马　　konnorin 黑的

ʃiŋarin 黄的

1.10.6 中性短元音与阳性元音和阴性元音间的和谐现象及实例

pantsimugdi 可气的　　boga 天　　tsokomukəgtə 蚊子 beega 月亮

təpuʃildirən 斗争　　ʃigun 太阳　　hujmukəgtə 苍蝇　　ooʃigta 星星

ʃiŋarintsala 略微黄的 jəgin 九　　hologna 老鼠　　tsibgan 鸟

kolikan 虫子　　guskə 狼　　bera 河　　ʥolo 石头

aawun 帽子　　ʥulilə 前面

1.11 敖方言没有元音和谐现象及其规律

依据我们现已掌握的实地调研资料，敖方言几乎没有元音和谐规律现象。正因为如此，在敖方言里，每一个元音音素不受元音和谐规律的影响和限制，完全可以自由用于每一个词。这也是敖方言区的鄂温克语与其他方言土语间存在的区别性特征之一。

2. 三大方言的辅音系统及结构特征

2.1 辅音音素

HOYI：b、p、m、w、d、t、n、l、r、s、ʥ、ʧ、ʃ、j、g、k、h、ŋ

MRGL：b、p、m、f、w、d、t、n、l、r、s、ʥ、ts、ʃ、j、g、k、h、ŋ

OLGY：b、p、m、f、w、d、t、n、l、r、s、ʣ、tʃ、ʃ、j、g、k、ŋ、h

从以上全面展示的鄂温克语辅音可以看出，除了辉方言中有 18 个辅音之外，莫方言和敖方言各自都有 19 个辅音。而且，莫方言和敖方言都有 f，莫方言里有 ʣ、ts 。这其中，b、m、d、t、n、l、s、ʣ、ts、g、k 有较高的使用率，其次是 h、w、r、ʃ，j、ŋ、p、f 的使用率比较低。而且，辅音 r 、ŋ 一般不出现在词首，辅音 p、ts 基本上不出现在词尾，辅音 f 几乎只出现在借词。

2.2 辅元音的发音特点

（1）b [b] ⇨双唇不送气清塞音⇨三大方言均使用

（2）p [bʻ] ⇨双唇送气清塞音⇨三大方言均使用

（3）m[m] ⇨双唇浊鼻音⇨三大方言均使用

（4）f [f] ⇨唇齿清擦音⇨莫方言和敖方言使用

（5）w[w] ⇨双唇浊擦音⇨三大方言均使用

（6）d [t] ⇨舌尖中不送气清塞音⇨三大方言均使用

（7）t [tʻ] ⇨舌尖中送气清塞音⇨三大方言均使用

（8）n [n] ⇨舌尖中浊鼻音⇨三大方言均使用

（9）l [l] ⇨舌尖中浊边音⇨三大方言均使用

（10）r [r] ⇨舌尖中浊颤音⇨三大方言均使用

（11）s [s] ⇨舌尖前清擦音⇨三大方言均使用

（12）ʣ [ts] ⇨舌尖前不送气清塞擦音⇨莫方言使用

（13）ts [tsʻ] ⇨舌尖前送气清塞擦音⇨莫方言使用

（14）ʤ [tʃ] ⇨舌叶不送气清塞擦音⇨辉方言与敖方言使用

（15）tʃ [tʃʻ] ⇨舌叶送气清塞擦音⇨辉方言与敖方言使用

（16）ʃ [ʃ] ⇨舌叶清塞擦音⇨三大方言均使用

（17）j [y] ⇨舌面中浊擦音⇨三大方言均使用

（18）g [k] ⇨舌面后不送气清塞音⇨三大方言均使用

（19）k [kʻ] ⇨舌面后送气清塞音⇨三大方言均使用

（20）h [x] ⇨舌根清擦音⇨莫方言与敖方言使用

（21）h [χ]　⇨小舌清塞音⇨三大方言均使用

（22）ŋ [ŋ]　⇨舌面后浊鼻音⇨三大方言均使用

从以上全面展示的鄂温克语辅音及其发音特点可以看出，除前面指出的特点之外，在辉方言和敖方言却有 ʤ、ʧ 两个辅音。在这里还有必要交代的是，像辅音 r 和 k 虽然在辉方言里词首不出现，但伴随借词的不断增多，却出现在个别借词词首被使用的现象。比如说，kaapen "卡片"、kəndəʤi "肯德基"、rənmimbi "人民币"、ranʧi "燃气"等。

2.3　复辅音现象

鄂温克语三大方言里均有复辅音，比较而言辉方言的复辅音最多，并有一定使用率。在莫方言和敖方言内有一定数量的复辅音。例如：

HOYI：nt、nd、rt、rd、lt、ld、ŋʤ、ŋʧ、ŋk、ŋg、jk、jg

MRGL：nt、nd、rt、rd、lt、ld

OLGY：nt、nd、lt、ld

这些复辅音一般都在词中或词尾使用，在词首一般不出现。同单辅音相比，复辅音的使用率比较高，使用范围也有一定局限性。不过，在汉语借词或俄语借词中有一定使用率。很有意思的是，伴随鄂温克语语音缩合现象的不断增多，复辅音的使用现象也有逐渐增多的趋势。

另外，我们的分析还表明，鄂温克语的复辅音，在其相互搭配或者说相互结合形式和内容方面都有一定内在规律。

（1）复辅音 ŋk、ŋg 是由舌面后音组合而成。

（2）复辅音 ŋʤ、ŋʧ 的组合形式虽然看似不协调，但在实际发音中由于相互影响而辅音 ŋ 会音变为舌面前鼻音 ȵ，同时辅音 ʤ 和 ʧ 也会产生舌面前塞擦音 ʥ 和 tɕ 音变。其结果，复辅音 ŋʤ、ŋʧ 在实际语音环境中就会音变成 ȵʥ、ȵtɕ 这两个复辅音。

（3）复辅音 nt、nd、lt、ld、rt、rd 都是由舌尖中音组合而成。而且，这套复辅音在鄂温克语复辅音系统中使用率最高。

（4）复辅音 jk、jg 在组合形式和内容上存在一些差异，但在实际发音中由于辅音间的相互影响，特别是其中的辅音 k 或 g 受到前置辅音 j 音的强有力的影响而变为舌面中辅音 c 或 ɟ。其结果，复辅音 jk、jg 在实际发音中就变成了 jc、jɟ 两个复辅音。

2.4　辅音重叠现象

辅音重叠现象是鄂温克语语音系统中的一大显著结构型特征。我们现已掌握的第一手资料表明，辅音重叠现象出现率最高的还是辉方言。莫方言和敖方言中也有辅音重叠现象，但出现率并不高，也没有那么广泛的使用面。例如：

HOYI：bb、pp、mm、dd、tt、nn、ll、rr、ss、gg、kk、hh、ŋŋ、ʤʤ、
　　　　ʧʧ、ʃʃ、jj、ww

MRGL：bb、dd、tt、nn、gg

OLGY：bb、pp、dd、tt、ll、gg、kk、

通过全面分析，我们发现除了单辅音音素之外，重叠辅音也有一定使用率，甚至超过复辅音的使用率。特别是，在辉方言中，重叠辅音有其相当高的使用率，有时一个词里就会出现三次。而且，辉方言中，每一个辅音音素都能够以重叠形式使用。有人将这些数量可观的重叠出现的辅音简称为"叠辅音"。当然，重叠辅音同复辅音一样，不仅不能够使用于词首，同时也不能够用于词尾，基本上出现在词中。下面我们以辉方言为例，具体阐述重叠辅音的使用情况。例如：

（1）bb ⇨ dəbbə 枕头　dabberaŋ 撇嘴

（2）pp ⇨ sappa 筷子　happis 胎盘

（3）mm ⇨ amma 嘴　immə 针

（4）dd ⇨ əddə 早晨　addaraŋ 高兴

（5）tt ⇨ iittə 牙齿　bolʧitta 肌肉

（6）nn ⇨ nannaʃiraŋ 嚼　nonno 咒语

（7）ll ⇨ naalla 手　ələlerəŋ 讥笑

（8）rr ⇨ məherreŋ 放屁　nerreŋ 酿酒

（9）ss ⇨ maŋgussal 恶魔们　əssəl 这些

（10）gg ⇨ əggigʉ 下方 oggiroŋ 回头

（11）kk ⇨ dakke 近的 mokkiroŋ 拧

（12）ŋŋ ⇨ əŋŋə 宽的 toŋŋe 五十

（13）hh ⇨ ʃihhəg 丝 əhhəg 娇气的

（14）ʥʥ ⇨ dəʥʥə 褥子 boroʥʥiŋ 朴实的

（15）ʧʧ ⇨ ʃiʧʧiraŋ 使劲塞 laʧʧi 树叶

（16）ʃʃ ⇨ əʃʃi 有把柄的 iʃʃi 哎哟

（17）jj ⇨ tajja 那个 əjjə 这个

（18）ww ⇨ sədəwwə 把题目

在上面列举的 bb、pp、mm、dd、tt、nn、ll、rr、ss、gg、kk、hh、ŋŋ、ʥʥ、ʧʧ、ʃʃ、jj、ww 18 个重叠辅音的实例中，送气重叠辅音 pp、tt、kk、ʧʧ 的出现率最高。其次是不送气叠辅音 bb、dd、gg、ʥʥ 等的使用率。处于第三位的是重叠辅音 mm、nn、ŋŋ、ll 的出现率。与此相反，重叠辅音 rr、ss、ʃʃ、ww、ʃʃ、hh 等的出现率比较低。其中，重叠辅音 rr、ss、ʃʃ、ww 多数出现在由辅音 r、s、ʃ、w 等结尾的词干后面，再接缀以辅音 r、s、ʃ、w 开头的语法形态变化词缀时出现的叠辅音现象。比如说，məhərrəŋ"放屁"中见到的重叠辅音 rr 就是在动词词干 məhər-"放屁"后面，接缀动词陈述式现在将来时形态变化词缀 -rəŋ 而形成的语音现象。又如，maŋgussal"恶魔们"的重叠辅音 ss 是在名词 maŋgus"恶魔"后面，接缀复数形态变化词缀 -sal 后构成的语音形式。与此相关，əʃʃi"有把柄的"和 sədəwwə"把题目"两词中看到的 ʃʃ 和 ww，也是在名词 əʃ"把柄"和 sədəw"题目"后面接缀有格形态变化词缀 -ʃi 和确定宾格形态变化词缀 -wə 而构成重叠辅音实例。

除了在上面提到的辉方言的重叠辅音现象之外，辉方言的有些词内重叠辅音会出现两次甚至是三次。比如说，dəggəəggə"展示形式"、ikkiggi"革新"、aʧʧaggа"借用手段"、səttəggə"褥子"、bottaddi"凉的"、təggəʧʧi"衣物"、attaddigga"黑暗法"等。不过，比较而言，一个词里重叠辅音出现两次的现象，要远远多于一个词内出现三次的实例。

另外，鄂温克语三大方言里出现的重叠辅音，多数来源于不同的两个辅音音素。也就是说，词中连续出现的两个不同辅音音素，在长期的使用过程中由于相互影响和作用，其中的强势辅音音素逐渐同化处于弱势状态的辅音音素。其结果，根本就不属于同一个音位点上辅音音素却演化为完全相同的产物，从而形成了我们今天所看到的重叠辅音。比如说，以辉方言为例：

（1）bb ＜ rb ⇨ dəbbə ＜ dərbə 枕头

（2）pp ＜ rp ⇨ sappa ＜ sarpa 筷子

（3）dd ＜ rd ⇨ əddə ＜ ərdə 早晨

（4）tt ＜ rt ⇨ səttə ＜ sərtə 灵敏的

（5）gg ＜ rg ⇨ əggigʉ ＜ ərgigʉ 下方

（6）kk ＜ rk ⇨ lakkiraŋ ＜ larkiraŋ 摔

（7）hh ＜ rh ⇨ ʃihhəg ＜ ʃirhəg 丝

（8）ʤʤ ＜ rʤ ⇨ dəʤʤə ＜ dərʤə 褥子

（9）tʃtʃ ＜ rtʃ ⇨ sʉtʃtʃi ＜ sʉrtʃi 威严的

（10）dd ＜ gd ⇨ addaraŋ ＜ agdaraŋ 高兴

（11）tt ＜ kt ⇨ ajitte ＜ ajikte 古代

（12）nn ＜ mn ⇨ nonnoʃiroŋ ＜ nomnoʃiroŋ 发牢骚

（13）ll ＜ gl ⇨ naalla ＜ naagla 手

（14）ʤʤ ＜ gʤ ⇨ dəʤʤiŋ ＜ dəgʤiŋ 爱兴奋的

（15）tʃtʃ ＜ ktʃ ⇨ atʃtʃathi ＜ agtʃathi 相反的

（16）mm ＜ ŋm ⇨ amma ＜ aŋma 嘴

（17）tt ＜ bt ⇨ hattagga ＜ habtarga 烟斗

（18）kk ＜ bk ⇨ əkkərəŋ ＜ əbkərəŋ 包

（19）tʃtʃ ＜ btʃ ⇨ latʃtʃi ＜ labtʃi 树叶

可以看出，上例中的重叠辅音都是逆同化的产物。换言之，这些实例内，后面的强势辅音音素同化了前面的弱势辅音音素。与此相反，鄂温克语里也有前面的强势辅音同化后面的弱势辅音的个别现象。例如：

（20）ŋŋ ＜ ŋg ⇨ səŋgə ＜ səŋŋə 清爽的

总之，重叠辅音里，因逆同化而产生的实例比较多，而顺同化形成的重叠辅音现象比较少。具体讲，辅音 r、g、b 位于辅音 b、p、d、t、g、 k、ʤ、ʧ、h 等的前面时，一般都会产生逆同化现象。

重叠辅音虽然在发音时会出现较长时间的阻碍气流现象，但不能把它看成严格意义上的长辅音。因为，我们划分音节时，所有的重叠辅音都被从中间分开，分别属于前后两个不同音节。例如，attaddigga "黑暗法" 一词的音节划分形式就是 at-tad-dig-ga。其中的重叠辅音 tt、dd、gg 均以 t-t、d-d、g-g 的形式分化为两个不同的音节。鄂温克语里出现的重叠辅音，绝不能发为单辅音，这样会引起词义结构上的错误或混乱。比如说，用辉方言为例进行解释的话，便会产生如下现象：

（1）bb⇐⇒b ⇨ dəbbə 枕头 ⇐⇒dəbə 山包

（2）mm⇐⇒m ⇨ ammanaŋ 咬 ⇐⇒amanaŋ 拉屎

（3）nn⇐⇒n ⇨ nonno 咒语 ⇐⇒nono 哥哥、男孩

（4）dd⇐⇒d ⇨ addaraŋ 高兴 ⇐⇒adaraŋ 扎刺

（5）rr⇐⇒r ⇨ məherrəŋ 放屁 ⇐⇒məherəŋ 消亡

（6）ss⇐⇒s ⇨ əssəl 这些 ⇐⇒əsəl 差一点

（7）hh⇐⇒h ⇨ əhhəɡ 娇惯的 ⇐⇒əhəɡ 非常

（8）ʧʧ⇐⇒ʧ ⇨ daaʧʧi 承担 ⇨ daaʧi 过去

（9）ʃʃ⇐⇒ʃ ⇨ əʃʃi 有把柄的 ⇐⇒ əʃi 现在

（10）gg⇐⇒g ⇨ gagga 手镯 ⇐⇒gaga 兄长

但是，伴随鄂温克语本身的不断发展和演变，作为极其特殊的语音现象，一些没有对立性词义概念的重叠辅音，在年轻人的口语里有时会发为单辅音。比如说，aalla "何时" 就被发成 aala，词中的重叠辅音 ll 被发为 l 音。尽管如此，由于没有与此相对存在的由单辅音 l 构成的 aala 一词，所以将 aalla "何时" 无论发作 aalla 还是 aala，在词义上似乎不造成什么麻烦或混乱。但是，将重叠辅音发为单辅音的实例不是太多。

二 鄂温克语三大方言词汇比较

1. 名词

天
HOYI：abagaŋ、bog
MRGL：naŋna、boga
OLGY：boga

太阳
HOYI：ʃigɥŋ
MRGL：ʃigun
OLGY：ʃigun

月亮
HOYI：beega
MRGL：beega
OLGY：beega、beeg

星星
HOYI：oʃitta
MRGL：ooʃigta
OLGY：ohikta

雷
HOYI：adde
MRGL：agdi
OLGY：agdi、roran

闪电
HOYI：gilowuŋ
MRGL：tale
OLGY：dʒuhəniwun

空气
HOYI：uural
MRGL：oor
OLGY：saldan

天气
HOYI：neraŋ
MRGL：boga
OLGY：nindilə

彩虹
HOYI：ʃeeraŋ
MRGL：soloŋgo
OLGY：ʃeeran

雪
HOYI：imandi
MRGL：imanda
OLGY：emanna18

云
HOYI：təʧʧi
MRGL：tugsu
OLGY：tuuhu

水
HOYI：muʉ
MRGL：muu
OLGY：muu

风
HOYI：ədiŋ
MRGL：ədin
OLGY：ədin

泉水
HOYI：bular
MRGL：bolag
OLGY：juugtə

雨
HOYI：uduŋ
MRGL：udun
OLGY：tigdi、odon

冰
HOYI：ɵməʧʧə
MRGL：umugsu
OLGY：umuhə

雨季
HOYI：udunagga
MRGL：uduni ərin
OLGY：tigdari

雾
HOYI：manaŋ、nəəkkəŋ
MRGL：manan
OLGY：tamnaha

旱季
HOYI：aagiŋ
MRGL：gan
OLGY：koran

霜
HOYI：saaŋuʧʧa
MRGL：kiro
OLGY：saaŋi、kiro

光
HOYI：ilaaŋ
MRGL：ila
OLGY：garpa~gilan

露
HOYI：ʃilitʃtʃi
MRGL：ʃiluksu
OLGY：ʃilaha

雹子
HOYI：boonno
MRGL：mundur
OLGY：boona

地（天地）
HOYI：bog
MRGL：turu
OLGY：tunnə、turun

河
HOYI：doo
MRGL：bera
OLGY：bera

海
HOYI：dale
MRGL：dalai
OLGY：muure

湖
HOYI：amadʑi
MRGL：noor
OLGY：dʑəmkə、noor

池塘
HOYI：əlgəəŋ
MRGL：karadʑ
OLGY：amutgan

岛
HOYI：argan、bagtʃa
MRGL：aral
OLGY：uslun

野外
HOYI：həwəər
MRGL：kəwer、hudə
OLGY：kəwər

井
HOYI：hodir
MRGL：kodog
OLGY：muuləki

沟
HOYI：hooggol
MRGL：kanawa
OLGY：dəwəgətʃən

山
HOYI：ʉr
MRGL：oroon
OLGY：urə

平原（坝子）
HOYI：tal
MRGL：tala
OLGY：dəlbuur、kəwər

山谷
HOYI：ʥigga
MRGL：hoŋkor
OLGY：təwəkə

土（干土）
HOYI：ʃirattaŋ
MRGL：tukal
OLGY：tukala

林子
HOYI：hoso
MRGL：kos
OLGY：səjji、ʃige

泥（稀泥）
HOYI：ʃewar
MRGL：ʃiwar
OLGY：ʃiwar、salʧin

森林
HOYI：ʃigə
MRGL：həgdəg ʃigə
OLGY：əgdən、ʃigekʧi

洞
HOYI：aŋgu
MRGL：duŋgu
OLGY：urŋal

田（水田）
HOYI：tarigaŋ
MRGL：tarigan
OLGY：tarigan、tarin

小山洞
HOYI：agoj
MRGL：ago
OLGY：urəŋaal

旱地
HOYI：taaʧʧi
MRGL：olgokoŋboga
OLGY：ʥabkaŋŋa

大山洞
HOYI：oji、aguŋ
MRGL：agun
OLGY：jaama

岸
HOYI：nəəhi
MRGL：nəəŋki
OLGY：nəəki、əmkəl

海岸
HOYI：aragaŋ
MRGL：argan
OLGY：argandʒi

波浪
HOYI：dalegeŋ
MRGL：dolgen
OLGY：uuga

窟窿
HOYI：saŋaal
MRGL：saŋaar
OLGY：jaama、saŋaal

金子
HOYI：altan
MRGL：altan
OLGY：soolota

银子
HOYI：mʉgʉŋ
MRGL：məgun
OLGY：məŋun

铜
HOYI：gooli
MRGL：goolin
OLGY：altan

铁
HOYI：kasu、səl
MRGL：səl、kadu
OLGY：səl

铁丝
HOYI：ʉrə
MRGL：urə səl
OLGY：urə

钢
HOYI：gaŋ
MRGL：bolod
OLGY：ʃitaal

锡
HOYI：toholoŋ、todʒ
MRGL：tsair
OLGY：togiban

石头
HOYI：dʒolo、dʒol
MRGL：dzolo、dzol
OLGY：dʒolo、dʒol

沙子
HOYI：iŋa
MRGL：iŋa、ələsun
OLGY：sərgə

煤
HOYI：jaaga
MRGL：nəərsun
OLGY：ella

味
HOYI：antan
MRGL：amtan、amta
OLGY：amtan

火
HOYI：tog
MRGL：tog
OLGY：togo

烟
HOYI：saŋaŋ
MRGL：sannan
OLGY：sanŋan

烟灰
HOYI：ʉləttəŋ
MRGL：uləbtən
OLGY：huləbtən

东
HOYI：ʤəəŋ
MRGL：ʤuun
OLGY：ʃiguŋ juukkiʃi

西
HOYI：baraŋ、baraŋgu
MRGL：barun
OLGY：aaltan

南
HOYI：ʤʉligʉ
MRGL：ʣullə
OLGY：obeda

北
HOYI：amigu
MRGL：amarla
OLGY：haaji

前面
HOYI：ʤʉlidə
MRGL：ʣulilə
OLGY：ʤulələ

后面
HOYI：amida
MRGL：amargida
OLGY：haagida

背后
HOYI：akkaŋ
MRGL：aru、arukan
OLGY：arkan

上面
HOYI：ʉgilə
MRGL：ugilə
OLGY：hujilə~horon

左
HOYI：ʤəgiŋ
MRGL：ʤəən
OLGY：ʤəgin

下面
HOYI：əggilə
MRGL：ərgilə
OLGY：hərgilə

右
HOYI：aaŋ
MRGL：barun
OLGY：anŋun

里面
HOYI：doolo
MRGL：doolo、dorgida
OLGY：doola

旁边
HOYI：dagadu
MRGL：oldondu
OLGY：keralin

外面
HOYI：tʉllə
MRGL：tulilə
OLGY：tulilə

周围
HOYI：dakke、əggil
MRGL：toorin
OLGY：ərali

中间
HOYI：dolindu
MRGL：dolindu
OLGY：dolinla

表面
HOYI：dərəldʉ
MRGL：dərəldu、ilə
OLGY：ojolin

底
HOYI：ər、əggidə
MRGL：hər、ojjo
OLGY：hərə

时候
HOYI：əriŋ
MRGL：ərin
OLGY：ookin、ərin

岁
HOYI：baa、baatʃtʃi
MRGL：nasu
OLGY：nasun、baa

今年
HOYI：əri ane
MRGL：əʃi annani
OLGY：əri anŋgani

去年
HOYI：tiŋaŋ
MRGL：tiŋarinna
OLGY：gewan anŋani

明年
HOYI：gʉʃeŋ
MRGL：əmər annani
OLGY：goʃiin

前年
HOYI：tiŋaŋ saaguʤiŋ ane
MRGL：ʤulugu annani23
OLGY：gewangan tʃagudu

后年
HOYI：amigu ane
MRGL：amargi annani
OLGY：amargu

春
HOYI：nələki
MRGL：nəlki
OLGY：nəlki

夏
HOYI：ʤog
MRGL：ʤuga
OLGY：ʤoga

秋
HOYI：bol
MRGL：bol
OLGY：bolo

冬
HOYI：tʉg
MRGL：tugə
OLGY：tugə

月（月份）
HOYI：beega
MRGL：beega
OLGY：beega

年
HOYI：ane
MRGL：annani
OLGY：anŋani

正月
HOYI：əmʉŋ bee
MRGL：əmuŋ beega
OLGY：janwaar

二月
HOYI：ʤʉʉr bee
MRGL：ʤuur beega
OLGY：fiwaral

三月
HOYI：ilaŋ bee
MRGL：ilan beega
OLGY：maarta

四月
HOYI：digiŋ bee
MRGL：digin beega
OLGY：apereel

五月
HOYI：toŋ bee
MRGL：ton beega
OLGY：maaje

六月
HOYI：niŋʉŋ bee
MRGL：nuŋu beega
OLGY：jijun

七月
HOYI：nadan bee
MRGL：nadan beega
OLGY：jijul、juuri

八月
HOYI：ʤahoŋ bee
MRGL：ʤabkon beega
OLGY：awugus

九月
HOYI：jəgiŋ bee
MRGL：jəgin beega
OLGY：sintʃaappa

十月
HOYI：ʤaaŋ bee
MRGL：ʤaan beega
OLGY：ogtʃaappa23

十一月
HOYI：unsuŋ bee
MRGL：ʤaan əmun beega
OLGY：najjaappa

十二月

HOYI：ʤurguŋ bee
MRGL：ʤaan ʤuur beega
OLGY：ʤəkaappa

上月

HOYI：noogu bee
MRGL：noogu beega
OLGY：uuwu beega

下月

HOYI：əmər bee
MRGL：əmər beega
OLGY：dahiŋ beega

单月

HOYI：soŋʧoho bee
MRGL：sompol beega
OLGY：əmuʧun beega

双月

HOYI：ʤuuru bee
MRGL：hos beega
OLGY：aktu beega

半月

HOYI：holtoh bee
MRGL：dolin beega
OLGY：dolin beega

月初

HOYI：bee əhi
MRGL：beega əəkkərəŋ
OLGY：beega ʃilulləŋ

月中

HOYI：beega doliŋ
MRGL：beega dolin
OLGY：beega dolin

月底

HOYI：bee iggi
MRGL：beega irgi
OLGY：beega irgə

周

HOYI：libe、garag
MRGL：garag
OLGY：niʤeeli

一周

HOYI：əmuŋ libe
MRGL：əmun garag
OLGY：əmun niʤeeli

星期一

HOYI：libe əmuŋ
MRGL：garag əmun
OLGY：baniʤelnik

星期二
HOYI：libe ʤʉʉr
MRGL：garag ʥuur
OLGY：futoornik

星期三
HOYI：libe ilaŋ
MRGL：garag ilan
OLGY：sereda

星期四
HOYI：libe digiŋ
MRGL：garag digin
OLGY：ʥedweeriki

星期五
HOYI：libe toŋ
MRGL：garag ton
OLGY：peedniʧʧa

星期六
HOYI：libe niŋʉŋ
MRGL：garag nuŋun
OLGY：suboot

星期日
HOYI：libe inig
MRGL：garag、garag inəŋi
OLGY：waskiriʃenije

天（日）
HOYI：inig
MRGL：inəŋi
OLGY：inəŋi

日子
HOYI：inig
MRGL：kudu、inəŋgi
OLGY：əringi、inəŋi

一号
HOYI：əmʉni inig
MRGL：əmuni inəŋgi
OLGY：əmuŋ noomir

二日
HOYI：ʤʉʉrni inig
MRGL：ʥuurini inəŋgi
OLGY：ʥuur noomir

三日
HOYI：ilani inig
MRGL：ilani inəŋgi
OLGY：elan noomir

三十号
HOYI：gotini inig
MRGL：gotini inəŋgi
OLGY：elan ʥaar noomir

每日
HOYI：inigital、inig taŋiŋ
MRGL：inəŋgi buri
OLGY：inəŋitikin

十二点钟
HOYI：ʥaaŋ ʥuur əriŋ
MRGL：ʣaan ʣuur tsag
OLGY：ʥaan ʥuur ureem

点钟
HOYI：sag、əriŋ
MRGL：tsag
OLGY：ureem

分钟
HOYI：minoot
MRGL：minoot
OLGY：minoot

一点钟
HOYI：əmʉŋ əriŋ
MRGL：əmun tsag
OLGY：əmun ureem

一分钟
HOYI：əmʉŋ minoot
MRGL：əmun minoot
OLGY：əmun minoot

两点钟
HOYI：ʥuur əriŋ
MRGL：ʣuurini tsag
OLGY：ʥuur ureem

五分钟
HOYI：toŋ minoot
MRGL：ton minoot
OLGY：toŋa minoot

八点钟
HOYI：ʥahoŋ əriŋ
MRGL：ʣabkon tsag
OLGY：ʥabkon ureem

十分钟
HOYI：ʥaaŋ minoot
MRGL：ʣaan minoot
OLGY：ʥaan minoot

十点钟
HOYI：ʥaaŋ əriŋ
MRGL：ʣaan tsag
OLGY：ʥaan ureem

三十分钟
HOYI：gotiŋ minoot
MRGL：gotin minoot
OLGY：elan ʥaar minoot

六十分钟

HOYI：niŋʉŋŋe minoot

MRGL：nuŋuŋni minoot

OLGY：niuŋuŋ ʤaar minoot

六十秒钟

HOYI：niŋʉŋŋe səkuntə

MRGL：nuŋuŋni səkuntə

OLGY：niuŋuŋ ʤaar səkuntə

秒钟

HOYI：səkʉntə

MRGL：səkuntə

OLGY：səkuntə

上午

HOYI：inig ʤʉlilə

MRGL：inəŋgi ʤuligud

OLGY：obed əwguli

一秒钟

HOYI：əmʉŋ səkʉntə

MRGL：əmun səkuntə

OLGY：əmun səkuntə

下午

HOYI：inig amila

MRGL：inəŋgi amigud

OLGY：obed ʧaawu

五秒钟

HOYI：toŋ səkʉntə

MRGL：ton səkuntə

OLGY：toŋa səkuntə

今天

HOYI：əri inig

MRGL：əʃi inəŋgi

OLGY：əhitkən

十秒钟

HOYI：ʤaaŋ səkʉntə

MRGL：ʤaan səkuntə

OLGY：ʤaan səkuntə

昨天

HOYI：tiinʉg

MRGL：tiinuw

OLGY：tiinuw、tiinu

三十秒钟

HOYI：gotiŋ səkʉntə

MRGL：gotin səkuntə

OLGY：elan ʤaar səkuntə

前天

HOYI：tiinʉg saaguʤiŋ

MRGL：ʤuligu inəʃi

OLGY：tiinu ʧaawu

明天

HOYI：timaaʃiŋ
MRGL：timatsin、teme
OLGY：temen

后天

HOYI：timaaniŋtʃi
MRGL：teme saaguʤin
OLGY：temen tʃaawu

初一

HOYI：ikkiŋ əməŋ
MRGL：irkəkin əmən
OLGY：umukuwəni

初二

HOYI：ikkiŋ ʤʉʉr
MRGL：irkəkin ʤuur
OLGY：oomogta ʤuur26

初三

HOYI：ikkiŋ ilaŋ
MRGL：irkəkin ilan
OLGY：oomogta ilan

初五

HOYI：ikkiŋ toŋ
MRGL：irkəkin ton
OLGY：oomogta tonga

初十

HOYI：ikkiŋ ʤaaŋ
MRGL：irkəkin ʤaan
OLGY：oomogta ʤaan

初十五

HOYI：ikkiŋ ʤaaŋ toŋ
MRGL：irkəkin ʤaan ton
OLGY：oomogta ʤaan tonga

十一日

HOYI：ʤaaŋ əmʉŋni inig
MRGL：ʤaan əmun inəɲi
OLGY：ʤaan əmuti

十五日

HOYI：ʤaaŋ toŋni inig
MRGL：ʤaan ton inəɲi
OLGY：ʤaan tongati

十六日

HOYI：ʤaaŋ niŋʉni
MRGL：ʤaan niɲʉn inəɲi
OLGY：ʤaan niŋuti

二十日

HOYI：oriŋni inig
MRGL：orinni inəɲi
OLGY：ʤuur ʤaanti

三十日
HOYI：gotiŋni inig
MRGL：gotinni inəɲi
OLGY：gotinti

哪天
HOYI：iri inig
MRGL：aali inəɲi
OLGY：oon inəɲi

白天
HOYI：inig
MRGL：inəŋgi
OLGY：inəɲi

什么时间
HOYI：iri əriŋ
MRGL：aali əriŋ
OLGY：oon inəɲi

早晨
HOYI：əddə
MRGL：inərən
OLGY：təəltən

何时
HOYI：ohidu
MRGL：aali
OLGY：oon

傍晚
HOYI：baada
MRGL：ʃigsə
OLGY：aahiltana

几点
HOYI：adi sag
MRGL：aali tsag
OLGY：oon ureem

中午
HOYI：inig doliŋ
MRGL：inəɲi dolin
OLGY：obeed

现在
HOYI：əʃi、əttotʃtʃi
MRGL：əʃi
OLGY：ərdət

夜里
MRGL：dolob、dolbo、dobbo
HOYI：dolbo、agtir
OLGY：dolbo

从前
HOYI：agitti
MRGL：agibti
OLGY：gorodu

今后
HOYI：amaggu
MRGL：əduk amaski
OLGY：əduk ʥuləʃigi

最后
HOYI：miiŋ amida
MRGL：ətərdu
OLGY：əterdu

过去
HOYI：daatʃi
MRGL：noogu
OLGY：turta

其次
HOYI：dahidu
MRGL：daki
OLGY：amarguni

以前
HOYI：noogu
MRGL：gorodu
OLGY：ʥuləbti

动物
HOYI：əggəwʉŋ
MRGL：bəjuktən
OLGY：bəju

以后
HOYI：amaggu
MRGL：amargu
OLGY：amargida

牛
HOYI：ʉhʉr
MRGL：hukur、ukur
OLGY：hukur

今后
HOYI：əduhit
MRGL：adukdiki
OLGY：əduklə

初生牛犊
HOYI：ənnəhəŋ
MRGL：əŋnəkən
OLGY：əŋnəkən

起初
HOYI：əəkkətʃtʃi
MRGL：əkindu
OLGY：ələkəsdu

一岁牛犊
HOYI：tushaŋ
MRGL：tokotsan
OLGY：tʃanaku

两岁牛犊
HOYI：biru
MRGL：boru
OLGY：biruktu

马
HOYI：moriŋ
MRGL：morin
OLGY：morin

三岁牛犊
HOYI：gunaŋ
MRGL：kaʃirak
OLGY：efkan

马驹
HOYI：noohoŋ
MRGL：nookon、unaga
OLGY：nogokon

野牛
HOYI：saralan
MRGL：sarlan
OLGY：sarlan

小马
HOYI：daaga
MRGL：daaga
OLGY：dahagan

犍牛
HOYI：əggəəl
MRGL：ərgəəl
OLGY：agta

两岁马
HOYI：sutʃuha
MRGL：sutsukan
OLGY：sutʃun

牤牛
HOYI：boh
MRGL：boka
OLGY：seru

三岁马
HOYI：attu
MRGL：artun
OLGY：artugan

乳牛
HOYI：~~unugun~~
MRGL：ungun、une
OLGY：hungun

四岁马
HOYI：seetta
MRGL：sewegan
OLGY：sewekta

生马
HOYI：əmnig
MRGL：əmnig
OLGY：əmnən

骡子
HOYI：leθsə
MRGL：lorin、los
OLGY：lorin

骏马
HOYI：hʉlʉg
MRGL：kulug
OLGY：kulugu

猪
HOYI：olgen
MRGL：olgen~tsuuskə
OLGY：tʃuuʃkə

赛马
HOYI：bajga
MRGL：bajagan
OLGY：bajagan

公猪
HOYI：bultuŋ
MRGL：bultun
OLGY：bultugan

母马
HOYI：gəə
MRGL：guu
OLGY：gu

母猪
HOYI：məgdʑi
MRGL：məgdʑi
OLGY：məgdʑi

种马
HOYI：adigga
MRGL：adʑirga
OLGY：adirgan

猪崽
HOYI：momo
MRGL：mikan
OLGY：mikagan

驴
HOYI：əldʑigə
MRGL：əldʑig
OLGY：mawli

羊
HOYI：huniŋ
MRGL：konin
OLGY：baran

公羊
HOYI：hos
MRGL：kosiŋga
OLGY：kosin

狗崽
HOYI：gɯlgɯ
MRGL：gulgu
OLGY：gulugu

山羊
HOYI：imagaŋ
MRGL：jamgan
OLGY：jamaan

小狗
HOYI：hashaŋ
MRGL：kasgan
OLGY：kasgan

羊羔
HOYI：həbbə
MRGL：kurbu、korikan
OLGY：barakkan

花斑狗
HOYI：alga
MRGL：alga
OLGY：alga

狗
HOYI：ninihin
MRGL：ninakin
OLGY：nanakin、ninakin

藏獒
HOYI：jolo
MRGL：jolga
OLGY：jologan

公狗
HOYI：mɯɯtə、atma
MRGL：atma
OLGY：atigan

四眼狗
HOYI：dɯbbə
MRGL：durbə
OLGY：durbə

母狗
HOYI：jaatu
MRGL：jaatu
OLGY：jatugan

哈巴狗
HOYI：baal
MRGL：bagal
OLGY：habagan

猫
HOYI：həhə
MRGL：kooʃika
OLGY：kooʃka

幼兽
HOYI：nela
MRGL：niitsi、bəjun
OLGY：əŋnəkən

山猫
HOYI：mala
MRGL：mala
OLGY：mala

老虎
HOYI：tasugh
MRGL：baras
OLGY：tʃiigir

兔
HOYI：tool31
MRGL：tooli
OLGY：dohaki

熊
HOYI：bujuŋə、ətirgəŋ
MRGL：amikaŋ
OLGY：ətərkən

龙
HOYI：mʉdʉri
MRGL：lo
OLGY：mudur、hiŋgitʃa

一岁熊
HOYI：ʉtʉhi
MRGL：utuki
OLGY：utukən

象
HOYI：ʤʤaaŋ
MRGL：ʤaaŋ
OLGY：istoon

两岁熊
HOYI：ʤʉkt
MRGL：ʤuktur
OLGY：ʤuktu

野兽
HOYI：aretaŋ
MRGL：aretan
OLGY：abduŋ

棕熊
HOYI：naʃi
MRGL：naʃi
OLGY：naʃi

母棕熊
HOYI：sat、udugu
MRGL：sati
OLGY：satgan

公棕熊
HOYI：sari
MRGL：sari
OLGY：sarigan

黑熊
HOYI：moʤiheŋ
MRGL：moʤigan
OLGY：moʤgan

豹
HOYI：midda
MRGL：mirda、mirigda
OLGY：leewu

驼鹿
HOYI：handahaŋ
MRGL：kandahan
OLGY：kandahan

马鹿
HOYI：ajan
MRGL：ajangda
OLGY：ajan

鹿
HOYI：humahaŋ
MRGL：kumakan
OLGY：kumkan

四不像（驯鹿）
HOYI：orooŋ、bog
MRGL：oroon
OLGY：oroon

狍子
HOYI：giisəŋ
MRGL：giutʃən
OLGY：giutʃən

黄羊
HOYI：ʤəgərəŋ
MRGL：ʤəərə
OLGY：ʤəgrən

獐子
HOYI：ʃirga
MRGL：ʃirga
OLGY：ʃirga

獾子
HOYI：əwəər
MRGL：əwəri
OLGY：əwər

野骆驼

HOYI：boor

MRGL：boor

OLGY：boor

野马

HOYI：tahin

MRGL：takin

OLGY：takin

野猪

HOYI：torohi、ajdaŋ

MRGL：kabaŋ

OLGY：kawan

母野猪

HOYI：sakda

MRGL：sakdagan

OLGY：sakdagan

公野猪

HOYI：ajdagaŋ

MRGL：ajdagan

OLGY：ajdagan

野猪崽

HOYI：miktʃa

MRGL：miktsan

OLGY：miktʃan

一岁野猪

HOYI：noha

MRGL：noka

OLGY：nokan

两岁野猪

HOYI：sorho

MRGL：tsorko

OLGY：tʃorko

大野猪

HOYI：ajtahuŋ

MRGL：ajtagan

OLGY：ajtagan

猴子

HOYI：mojo

MRGL：sarmagtsiŋ

OLGY：obleʃaŋ

狼

HOYI：tʉʉggʉ

MRGL：gʉskə

OLGY：gʉskə

狐狸

HOYI：solahi

MRGL：solaki

OLGY：solaki

白狐狸
HOYI：tʃindaha
MRGL：tsindakan
OLGY：tʃindaka

田鼠
HOYI：ʉggʉŋtʃi
MRGL：ubugu
OLGY：ubgun

沙狐
HOYI：hiras
MRGL：kiras
OLGY：kiras

灰鼠
HOYI：ʉlʉhi
MRGL：ulki
OLGY：ulki

水獭
HOYI：ʥʥʉhʉŋ
MRGL：haljun
OLGY：wəjlikan

松鼠
HOYI：əlʉhi
MRGL：əluki
OLGY：əluki

旱獭
HOYI：tarbahi
MRGL：tarbaha
OLGY：tarbagan

鼹鼠
HOYI：ohtono
MRGL：oktono
OLGY：momo

海獭
HOYI：haligu
MRGL：kaligu
OLGY：kaligun

鸡
HOYI：hahara
MRGL：kuuritʃ
OLGY：kuuriʃa

老鼠
HOYI：aʃitʃtʃaŋ
MRGL：hologna
OLGY：tʃiɲirikan

公鸡
HOYI：aminaŋ
MRGL：pikok
OLGY：pikok

母鸡
HOYI：əninəŋ hahara
MRGL：taka
OLGY：taka

鸟
HOYI：dəgi
MRGL：dəgi
OLGY：dəgi

小鸡
HOYI：tʃɥtʃɥ
MRGL：tsorho
OLGY：tʃutʃagan

小鸟
HOYI：ʃiikkaŋ
MRGL：tsiibkan
OLGY：tʃibkajan

鸭子
HOYI：niihi
MRGL：galu
OLGY：niihi

老鹰
HOYI：mɥri
MRGL：əle
OLGY：ʃigəʃjan

雁子
HOYI：nonnahi
MRGL：tarmi
OLGY：niuniaki

乌鸦
HOYI：ule
MRGL：oli、torlaki
OLGY：toraki

鸽子
HOYI：tɥɥttɥgə
MRGL：tagta
OLGY：tɥtɥki

喜鹊
HOYI：saadʑige
MRGL：sadʑagaj
OLGY：sadʑagan

野鸡
HOYI：hoggool
MRGL：gorgol
OLGY：gorgol

燕子
HOYI：gaarasaŋ
MRGL：karaatʃgoj
OLGY：karaaw

麻雀
HOYI：dargunda
MRGL：boldʑomor
OLGY：dargunda

孔雀
HOYI：sooldolde
MRGL：sooldolde
OLGY：todi

飞龙
HOYI：itu
MRGL：itu
OLGY：itu

蝙蝠
HOYI：lattuhe
MRGL：kutʃilən
OLGY：kutʃidu

鹦鹉
HOYI：todi
MRGL：todi
OLGY：todikan

蛙
HOYI：ərihi
MRGL：bildʑaki
OLGY：ərəki

啄木鸟
HOYI：tontohe
MRGL：tontoki
OLGY：tontoke

鱼
HOYI：oshoŋ
MRGL：oldo
OLGY：ollo

布谷鸟
HOYI：gəkkʉ
MRGL：gəbku
OLGY：gəbku

鲤鱼
HOYI：mɵrgɵ
MRGL：murgu
OLGY：murgu

鹌鹑
HOYI：bədənə
MRGL：bədnu
OLGY：bədnə

鲇鱼
HOYI：daahi
MRGL：daaki
OLGY：daaki

鲫鱼
HOYI：həltəhɯ
MRGL：həltək
OLGY：həltək

鲸鱼
HOYI：sargalʤi
MRGL：sargalʤi
OLGY：saragalʤi

狗鱼
HOYI：suuruldu
MRGL：suurulde
OLGY：surulde

鳗鱼
HOYI：howor
MRGL：howor
OLGY：gowolʤir

鳑鱼
HOYI：tahu
MRGL：taku
OLGY：takultu

鲨鱼
HOYI：dəpɯ
MRGL：dəpuku
OLGY：dəpuk

泥鳅鱼
HOYI：morgoŋ
MRGL：morgon
OLGY：morgon

螃蟹
HOYI：samura
MRGL：samur
OLGY：sarbur

黄鱼
HOYI：mɯrəs
MRGL：murus
OLGY：murəs

龟
HOYI：məgdəŋ
MRGL：məgədən
OLGY：məgdən

鳝鱼
HOYI：morolʤi
MRGL：morolʤi
OLGY：morgolʤi

贝
HOYI：əhɯ、hisohu
MRGL：kisok
OLGY：bəj

蛇
HOYI：holeŋ
MRGL：mogoj、kolin
OLGY：kolin

蜜蜂
HOYI：iggatta
MRGL：ʤugəj、turlaki
OLGY：ʤuugtə

蝴蝶
HOYI：dөөndөhə
MRGL：ərbəhəj
OLGY：larido

蜻蜓
HOYI：pөmpөlʤi、təməni
MRGL：təməgəlʤi
OLGY：lukido

蟋蟀
HOYI：ʃitʃtʃihuŋ
MRGL：ʃitʃtʃuŋ
OLGY：ʃigtʃuŋ

螳螂
HOYI：təməgəlʤi
MRGL：təmgəlʤi
OLGY：təmgəlʤi

蚱蜢
HOYI：taathuŋ、tʃaatʃtʃa
MRGL：tartʃi
OLGY：ʃibʃigu

蚂蚁
HOYI：iirittə
MRGL：ʃirgolʤi
OLGY：iirigtə

蜈蚣
HOYI：ʤigir、togor toŋkki
MRGL：ʤigiktə
OLGY：ʤigiktə

蜘蛛
HOYI：aatahe
MRGL：agalʤi
OLGY：aataki

黑蜘蛛
HOYI：basa
MRGL：basagta
OLGY：basake

臭虫
HOYI：suusʉŋ
MRGL：kolopi
OLGY：kolopi

跳蚤
HOYI：bolah、sor
MRGL：boloosok
OLGY：bolaki

虱子
HOYI：hʉŋkə
MRGL：kumkə
OLGY：kumkə

虮子
HOYI：ʉʉttʉ
MRGL：uugtu、ugutu
OLGY：kuugtu

苍蝇
HOYI：gilʉhəŋ
MRGL：ilasun、hujmukəgtə
OLGY：tilkan、dilkətʃən

蚊子
HOYI：tatʃtʃig
MRGL：ʦokomukəgtə、sokomokta
OLGY：tʃokimugto、humiktən

小咬
HOYI：ʃogʃol
MRGL：sogsol
OLGY：sogsolʤi

蚯蚓
HOYI：məəttə
MRGL：məəttə
OLGY：uurə

蚕
HOYI：iʃitʃtʃi
MRGL：iʃigtʃi
OLGY：iʃigtʃi

蝈蝈
HOYI：gʉrgʉr
MRGL：gurgur
OLGY：təətəge

蛾
HOYI：əəpəlʤi
MRGL：əəpəlʤi
OLGY：əəpəlʤi

蝎子
HOYI：isəl
MRGL：isəl
OLGY：isəl

蠓
HOYI：ojolʤi
MRGL：ojolʤi
OLGY：ojolʤi

蝗虫
HOYI：taaddahuŋ
MRGL：taaddakun
OLGY：taadkun

蛆
HOYI：uŋʉʉl
MRGL：uŋuli
OLGY：uŋuul

虫
HOYI：hulihaŋ
MRGL：kolikan、konin
OLGY：kolin

蛋
HOYI：umutta
MRGL：omogto
OLGY：omogta

翅膀
HOYI：dəddələ
MRGL：dəttəle
OLGY：dəgtilə

羽毛
HOYI：noŋgar
MRGL：noŋgar
OLGY：iŋaŋgar

兽毛
HOYI：iŋatta
MRGL：noosu
OLGY：iŋagta

脂肪
HOYI：imitʃtʃi
MRGL：imugsu
OLGY：imuhə

皮
HOYI：nanda
MRGL：nanda
OLGY：nanna

爪
HOYI：sabbatta
MRGL：sawur
OLGY：tʃowoki

蹄子
HOYI：taha、toro
MRGL：torooŋ
OLGY：urun

角
HOYI：iigə、iigi
MRGL：iijə
OLGY：iijə

尾巴
HOYI：iggi
MRGL：irgi
OLGY：irgə、irgi

木
HOYI：moo
MRGL：moo
OLGY：moo

巢
HOYI：ʉʉge
MRGL：uur
OLGY：ʧaapa

松树
HOYI：ʤadda moo
MRGL：ʤadda moo
OLGY：ʤagda

树林
HOYI：hoso、hos
MRGL：kos
OLGY：kos

杨树
HOYI：ula、ul
MRGL：ul
OLGY：ul

密林
HOYI：ʃige
MRGL：ʃoge
OLGY：ʃoge

杉树
HOYI：ulitta
MRGL：ulugta
OLGY：ulugta

灌木
HOYI：botoŋ
MRGL：boton
OLGY：boton

柳树
HOYI：boggoŋ
MRGL：borgasu
OLGY：ʃeegta

树
HOYI：moo
MRGL：moo
OLGY：iratta、moo

山楂树
HOYI：ʤisʉttə
MRGL：ʤisuktə
OLGY：ʤisuktu

椴树
HOYI：irəttə
MRGL：irəktə
OLGY：irəgəktə

榆树
HOYI：heelasuŋ
MRGL：kailasu
OLGY：kailasun

枫树
HOYI：holo
MRGL：kolarsu
OLGY：kolakta

红柳
HOYI：ulikta
MRGL：ulikta
OLGY：uligekta

竹子
HOYI：sʉs
MRGL：holoso
OLGY：ʤuuʤ

谷物
HOYI：narim
MRGL：narim
OLGY：owees

稻子
HOYI：hantu
MRGL：totorgo
OLGY：kugduur

小麦
HOYI：əris
MRGL：əris
OLGY：ʤijakta

麦子
HOYI：pulimpu、majis
MRGL：mais
OLGY：pulimpu

高粱
HOYI：sʉsʉ
MRGL：sus
OLGY：kələmi

玉米
HOYI：boolmeŋ
MRGL：kukuruʤ
OLGY：kukuruʃ

土豆
HOYI：haltuʃig
MRGL：kortoska
OLGY：kaltobka

芋头

HOYI：ʧoolo

MRGL：tsoolo、jaŋtsun

OLGY：look

花生

HOYI：hooʃoŋ

MRGL：bobi

OLGY：bobikta

棉花

HOYI：hөwөŋ

MRGL：kəwən

OLGY：kəwən

苎麻

HOYI：onotto

MRGL：onokto

OLGY：onokto

豆子

HOYI：botʃtʃo

MRGL：goroof

OLGY：gorokto

瓜

HOYI：həŋkə

MRGL：kəŋkə

OLGY：kəŋkə

南瓜

HOYI：wөөgө

MRGL：taŋgo

OLGY：taŋgo

黄瓜

HOYI：həŋkə

MRGL：ugurtsi

OLGY：ugurtʃi

茄子

HOYI：haʃi

MRGL：tsees

OLGY：ʧeeʤ

蔬菜

HOYI：nogo

MRGL：nogo

OLGY：akaska

白菜

HOYI：giltariŋ nogo

MRGL：salaad

OLGY：kapusta

葱

HOYI：suŋgiŋ

MRGL：luuka

OLGY：luuk

蒜
HOYI：soondo
MRGL：tsisnok
OLGY：tʃisnok

辣椒
HOYI：laadʒu
MRGL：beredʑ
OLGY：peres

韭菜
HOYI：haleer
MRGL：googod
OLGY：kaleer

萝卜
HOYI：loobo
MRGL：loobon
OLGY：loobon

芹菜
HOYI：tʃohor
MRGL：tsobikto
OLGY：tʃokor

果子
HOYI：omo
MRGL：ʃige
OLGY：janta

苹果
HOYI：piʃgɵ
MRGL：jaablok
OLGY：jaablok

水果
HOYI：dʑimis
MRGL：dʑimis
OLGY：suigə

桃子
HOYI：toor
MRGL：toor
OLGY：toodʑ

柿子
HOYI：sabdal
MRGL：sabdal
OLGY：ʃiidʑ

葡萄
HOYI：almar
MRGL：almar
OLGY：mutʃuktu

枣
HOYI：ʃawag
MRGL：tsawag
OLGY：tʃawag

杏子
HOYI：gɥjləsɥŋ
MRGL：guiləs
OLGY：guiləsu

石榴
HOYI：anakta、anar
MRGL：anakta
OLGY：anakta

酸梅
HOYI：ʥisɥr
MRGL：ʣisuktu
OLGY：ʥisuktu

山楂
HOYI：umpori
MRGL：umpor
OLGY：umpor

山丁子
HOYI：ʉlir
MRGL：uliktə
OLGY：uliktə

榛子
HOYI：ʃiʃitta
MRGL：ʃitsikta
OLGY：kiʃikta

臭李子
HOYI：iŋəttə
MRGL：iŋəktə
OLGY：iŋəktə

草
HOYI：orootto
MRGL：oroogto
OLGY：oroogto

枸杞子
HOYI：mesha
MRGL：miska
OLGY：miskakta

种子
HOYI：amira
MRGL：ʃimina
OLGY：ʃimina

沙果
HOYI：aagil
MRGL：aagikta
OLGY：aagikta

根
HOYI：niintə
MRGL：undus
OLGY：niintə

茎
HOYI：alir
MRGL：ʥilga
OLGY：sʉmʉ

梅花
HOYI：aril
MRGL：aril
OLGY：aril

叶子
HOYI：latʃtʃi、natʃtʃi
MRGL：nabtsi
OLGY：abdanna

菊花
HOYI：udwal
MRGL：udbal
OLGY：udbal

树枝
HOYI：gara
MRGL：gara
OLGY：gara

山丹花
HOYI：sarana
MRGL：sarna
OLGY：saran

树干
HOYI：gol、golom
MRGL：golomto
OLGY：golom

丁香花
HOYI：nimtə
MRGL：nimtə
OLGY：nimtə

芽（种子芽）
HOYI：nuja
MRGL：sojo
OLGY：nuja、iraktaggan

百合花
HOYI：awakta
MRGL：awakta
OLGY：awakta

花
HOYI：igga
MRGL：ilga、tsətsəg
OLGY：onio

迎春花
HOYI：hokdo
MRGL：kokdokto
OLGY：kokdon

桂花
HOYI：gabir
MRGL：gabir
OLGY：gabir

头
HOYI：dela
MRGL：deli
OLGY：dele

柳絮
HOYI：oŋgar
MRGL：oraŋgar
OLGY：oraŋgar

头发
HOYI：nuuttʉ
MRGL：nuurigtə
OLGY：niurigtə

麦穗
HOYI：sʉjhə
MRGL：suikən
OLGY：suikən

辫子
HOYI：iltʃawuŋ
MRGL：iltsabun
OLGY：iltʃaŋka

刺
HOYI：əwə
MRGL：uu
OLGY：əwu

脑
HOYI：iiggi
MRGL：irgə
OLGY：irgə

身体
HOYI：bəj、nan
MRGL：bəjə
OLGY：bəjə

额头
HOYI：maŋgil
MRGL：amkatsa、maŋgil
OLGY：omkoto

裸体
HOYI：ʤulahiŋ
MRGL：ʣulakin
OLGY：ʤulakin

脸
HOYI：dərəl
MRGL：dərəl
OLGY：dərə

面具
HOYI：dərəldaŋ
MRGL：dərəltə
OLGY：dərəmu

嘴唇
HOYI：omoŋ、uduru
MRGL：əmun
OLGY：həmun

眉毛
HOYI：samitta、sarmitta
MRGL：sarmikta
OLGY：saramikta

牙齿
HOYI：iittə
MRGL：iigtə
OLGY：igtə

眼睛
HOYI：iisal
MRGL：iisa
OLGY：eeha

舌头
HOYI：iŋi
MRGL：inni
OLGY：inni、iŋni

鼻子
HOYI：neeŋʧi
MRGL：onogto
OLGY：oŋogto

腭
HOYI：ʤəgi、taŋa
MRGL：ʤəgi
OLGY：ʤəgə

耳朵
HOYI：ʃeen
MRGL：ʃiin
OLGY：ʃeen

腮
HOYI：aŋʧiŋ
MRGL：antsan
OLGY：aŋʧan

嘴
HOYI：amma
MRGL：amŋa
OLGY：amuŋa、amŋa

胡子
HOYI：goggatta
MRGL：gorgakta
OLGY：gorgakta

脖子
HOYI：niham
MRGL：nikimna
OLGY：nikimna

喉咙
HOYI：hɵɵmɵ、bilga
MRGL：kumukku、bilga
OLGY：kawka

气管
HOYI：boholʤir、gol
MRGL：bokolʤir
OLGY：bokolʤi

肩膀
HOYI：miir
MRGL：miir
OLGY：miir

手
HOYI：naalla
MRGL：naalla
OLGY：ŋaalla

手掌
HOYI：aŋŋa、aggaŋ
MRGL：aliga
OLGY：hanŋan

拳头
HOYI：bagu、babo
MRGL：norga
OLGY：bagu、kolto

手指
HOYI：unuhuŋ
MRGL：unakan
OLGY：onekatʃan

指甲
HOYI：oʃitto
MRGL：oʃikta
OLGY：ohikta

拇指
HOYI：ərʉgʉŋ
MRGL：ərugun
OLGY：ərugun

食指
HOYI：ojo
MRGL：ojokon
OLGY：ojokon

中指
HOYI：aaduŋ
MRGL：aadun
OLGY：aadun

无名指
HOYI：sarabki
MRGL：ʦarabkin
OLGY：ʧarabki

手腕子
HOYI：bagu
MRGL：bagu
OLGY：naalla ʤalaŋ

小指
HOYI：ʧimirki
MRGL：ʦimirki
OLGY：ʧimirki

胳膊肘
HOYI：iʃihi
MRGL：tohoj
OLGY：imʧen~kari

指纹
HOYI：tamar、tamag
MRGL：tamagan
OLGY：tamagan

脊背
HOYI：arkaŋ
MRGL：arkan、sogdondo
OLGY：arkan、kəndəkə

虎口
HOYI：hoho、ono
MRGL：onogon
OLGY：ongon

乳房
HOYI：ʉhʉŋ、məmə
MRGL：ukun
OLGY：ukun

胳膊
HOYI：iisəŋ
MRGL：ʦarbo
OLGY：kari

乳头
HOYI：tomiŋ
MRGL：tomin
OLGY：tomin

胸脯
HOYI：həŋgər
MRGL：tiŋən
OLGY：tiŋən

肚子
HOYI：gʉdʉg
MRGL：gudig
OLGY：gudig、ur

肚脐
HOYI：soŋor、ʧʉŋʉr
MRGL：tsummur
OLGY：ʧuŋŋuru

脚
HOYI：bəldiir
MRGL：bəgdil
OLGY：bəgdir、hagdiki

腰
HOYI：daram
MRGL：daram、ootso
OLGY：daram

腿
HOYI：bolʧitta、ʃilbi
MRGL：ʃilbi
OLGY：ʃilbi

屁股
HOYI：aŋar
MRGL：aŋar
OLGY：mugamuk、aŋar

大腿
HOYI：og
MRGL：ogoni
OLGY：ogni

男性生殖器
HOYI：pə
MRGL：bəər
OLGY：atma

腋下
HOYI：ogono、so
MRGL：sog
OLGY：soho

女性生殖器
HOYI：moho
MRGL：mokor
OLGY：mokor

皮肤
HOYI：nanda
MRGL：nanda
OLGY：nanda、illə

子宫
HOYI：təbhi
MRGL：təbuki
OLGY：təbki

骨头
HOYI：giranda
MRGL：giramda
OLGY：giramna

肋条
HOYI：əəttə、əətle
MRGL：əbtəle、kəntirə
OLGY：əbtila

肠子
HOYI：ʃilatta
MRGL：ʃilakta
OLGY：ʃilokta

筋
HOYI：sumuɫ
MRGL：sumuktu、ʃirəktə
OLGY：sumu

心
HOYI：meegaŋ
MRGL：meewan
OLGY：meewan

筋肉
HOYI：bolʧitta
MRGL：bultsin
OLGY：bolʧig、sumu

肝脏
HOYI：aahiŋ
MRGL：haakin
OLGY：haakin

血
HOYI：səəʧʧi
MRGL：səəgsə
OLGY：səgsə、saha

肺
HOYI：əəttə
MRGL：əwtə、ooski
OLGY：əwtə

胃
HOYI：orihiŋ
MRGL：orikin、kotodu
OLGY：orkin、gudi

脾
HOYI：dəlihu
MRGL：dəliku
OLGY：dəlku

肾（腰子）
HOYI：bosotto
MRGL：bosokto
OLGY：bohokto

胆（苦胆）
HOYI：ʃiildə
MRGL：ʃildə
OLGY：ʃiligdə、ʤo

膀胱
HOYI：uʤikki
MRGL：uʥirkin
OLGY：uʥirki

手足汗
HOYI：ʃiwər
MRGL：ʃiwər
OLGY：ʃiwər

眼泪
HOYI：namatti
MRGL：namugta
OLGY：inamugta

鼻涕
HOYI：elatʃtʃi
MRGL：iliksa
OLGY：iliha

眼屎
HOYI：loogo
MRGL：loogo
OLGY：loogo、noogo

痰
HOYI：tomiŋ
MRGL：tomin
OLGY：tomin

污垢
HOYI：heetta、laŋgi
MRGL：kir、laŋgi
OLGY：niaŋra

口水
HOYI：ʃilisʉŋ
MRGL：ʥaliksa
OLGY：ʥaliha

泡沫
HOYI：hөөsөŋ
MRGL：kəəsun
OLGY：amutkan

奶
HOYI：ʉhʉŋ
MRGL：ukun
OLGY：ukumni

汗
HOYI：nəəʃiŋ
MRGL：nəəʃin
OLGY：niaahin

屎
HOYI：amuŋ
MRGL：amun
OLGY：aman

尿

HOYI：ʃihiŋ

MRGL：ʦikən

OLGY：ʧikən

脓

HOYI：naatʃʧi

MRGL：naakʧi、idəri

OLGY：nijaaha

病

HOYI：ənʉhʉ

MRGL：ənuku

OLGY：ənuku

疟疾

HOYI：ində、ʃilgiŋ

MRGL：tahul

OLGY：ində、amalta

痢疾

HOYI：ʃisag

MRGL：ʃisag、ʃilen

OLGY：ʃisag

瘟疫

HOYI：hirig

MRGL：kirig

OLGY：kirig

瘫痪

HOYI：tampa

MRGL：tampa

OLGY：tampa

残疾

HOYI：ʤəndər

MRGL：ʤəmdəg

OLGY：ʤəndəku

流行病

HOYI：ʤirag、tahul

MRGL：ʤirag、takul

OLGY：ʤirag、takul

麻疹

HOYI：mapa

MRGL：mapa

OLGY：mapa

伤寒

HOYI：ʧaŋka

MRGL：tsaŋka

OLGY：ʧaŋka

感冒病

HOYI：ʃahur

MRGL：ʃahurag

OLGY：ʃahura

疖子
HOYI：hətəs
MRGL：kətəs
OLGY：kətəsu

癣
HOYI：iildə
MRGL：iildə
OLGY：iildə

腘子
HOYI：iirittə
MRGL：iiriktə
OLGY：iiriktə

人
HOYI：bəj、nan
MRGL：bəj、na
OLGY：bəjə、na

鄂温克人
HOYI：əwəŋki
MRGL：əwəŋki
OLGY：əwəŋki

汉人
HOYI：nehaŋ
MRGL：kitat
OLGY：bogdo、nikan

日本
HOYI：japoŋ
MRGL：jopon
OLGY：ribən

英国
HOYI：aaŋgil
MRGL：aaŋgil
OLGY：iŋgil

蒙古
HOYI：moŋgol
MRGL：moŋgol
OLGY：moŋgol

男人
HOYI：nerog
MRGL：nerawi
OLGY：bəhərkən

女人
HOYI：aʃe
MRGL：aʃe
OLGY：ahatkan

老人
HOYI：sadde bəj
MRGL：sagde bəj
OLGY：sagdi bəjə

父母
HOYI：əniŋ amiŋ
MRGL：ənə ama
OLGY：əni ami

青年男子（未婚的）
HOYI：ʤalo
MRGL：omolgi
OLGY：omolgi

夫妻
HOYI：ojole
MRGL：aʃe nerawi
OLGY：ədinən

青年女子（未婚的）
HOYI：unaaʤ
MRGL：unaaʤ
OLGY：hunaatta

祖先
HOYI：mohoŋ
MRGL：utatsi
OLGY：təkən

儿童
HOYI：ʉrʉl
MRGL：huril
OLGY：huril、koŋakan

婴儿
HOYI：nekke ʉrʉl、hoŋahaŋ
MRGL：nere、koŋa
OLGY：koŋakan

朋友
HOYI：ahiŋ nəhʉŋ、anda
MRGL：girki
OLGY：girki、nakume

孕妇
HOYI：dakkur bəj
MRGL：dabkur bəj
OLGY：dawkur bəjə

敌人
HOYI：bata
MRGL：əru bəj
OLGY：tookun

大人
HOYI：əddʉg bəj
MRGL：əgdug bəj
OLGY：ətirkən

主人
HOYI：əʤiŋ
MRGL：əʤən
OLGY：əʤən

客人
HOYI：ajiltʃiŋ、anda
MRGL：ajltsin
OLGY：maata

聋子
HOYI：hoŋgo bəj、hoŋgo
MRGL：duləj
OLGY：kujki

小偷
HOYI：huluhu
MRGL：kulaka
OLGY：ʤoromin

哑巴
HOYI：həgge bəj、həgge
MRGL：kələgi
OLGY：tuuraŋa

妓女
HOYI：jaŋhaŋ
MRGL：jaŋkan
OLGY：jaŋkan

疯子
HOYI：soleʃi bəj
MRGL：sole
OLGY：sole

奴隶
HOYI：bool
MRGL：bool
OLGY：bogala

傻子
HOYI：tənəg bəj
MRGL：tənəg
OLGY：tənəg

麻子
HOYI：soohor
MRGL：sookor
OLGY：maas

跛子
HOYI：doholoŋ
MRGL：dokolon
OLGY：doklon

瞎子
HOYI：bali bəj、bali
MRGL：iisaŋa、sokor
OLGY：bali

木匠
HOYI：moʤaŋ
MRGL：darkan
OLGY：botneek

铁匠
HOYI：dakkaŋ
MRGL：uraŋ
OLGY：darkan

天王
HOYI：bogda
MRGL：bogda
OLGY：bogda

国王
HOYI：gʉrʉŋda
MRGL：gurunda
OLGY：gurunda

省长
HOYI：moʥida
MRGL：moʥida
OLGY：moʥida

盟长、州长
HOYI：ajmagda
MRGL：ajmagda
OLGY：ajmagda

市长
HOYI：hotoŋda
MRGL：kotonda
OLGY：kotonda

旗长、县长
HOYI：hoʃuda
MRGL：hoʃoda
OLGY：koʃoda

乡长
HOYI：somda
MRGL：somda
OLGY：somda

村长
HOYI：gatʃada
MRGL：gatsada
OLGY：gatʃada

主席
HOYI：ʥʉʃi
MRGL：ʥuʃi
OLGY：ʥuʃi

总理
HOYI：ʥʉŋli
MRGL：ʥuŋli
OLGY：ʥuŋli

部长
HOYI：buuʥaŋ
MRGL：buʥan
OLGY：buʥen

书记
HOYI：ʃʉʉʤi
MRGL：ʃuʤi
OLGY：bigin

官
HOYI：nojo
MRGL：nojon
OLGY：bəgin

党员
HOYI：daŋjeŋ
MRGL：namin gəʃigun
OLGY：daŋjen

职业
HOYI：gəbbə
MRGL：aʤil
OLGY：gərbə

团员
HOYI：tuanjen
MRGL：əbləltsi
OLGY：komsomol

商人
HOYI：memeʃeŋ
MRGL：majmatsin
OLGY：antaku

同志
HOYI：nʉhʉr
MRGL：kirki
OLGY：tawariʃ

兵
HOYI：səggi
MRGL：tsərig
OLGY：saldatta

干部
HOYI：kaatar
MRGL：kaatar
OLGY：katur

工人
HOYI：gəbbəʃeŋ
MRGL：aʤiltsin
OLGY：gərbətʃin

群众
HOYI：gəriŋ
MRGL：gərən
OLGY：gərən

农民
HOYI：tarigaʃeŋ
MRGL：taratsin
OLGY：taratʃin

牧民

HOYI：maltʃiŋ

MRGL：maltsin

OLGY：maltʃin

牧马人

HOYI：aduʃeŋ

MRGL：adutsin

OLGY：adutʃin

牛倌

HOYI：ʉhʉrʃeŋ

MRGL：ukurtsin

OLGY：ukurtʃin

牧羊人

HOYI：honiʃeŋ

MRGL：konitsin

OLGY：konitʃin

牧鹿人

HOYI：orooŋʃeŋ

MRGL：kumakatʃin

OLGY：kumakatʃin

医生

HOYI：doottor

MRGL：dooktor

OLGY：dooktor

萨满

HOYI：samaŋ

MRGL：saman

OLGY：saman

老师

HOYI：səwə

MRGL：bagʃi

OLGY：utʃitʃel

学生

HOYI：ʃewi

MRGL：sorogtsi

OLGY：utʃinik

代表

HOYI：tʉlgələktʃi

MRGL：tulgələktsi

OLGY：daibio

模范

HOYI：ʥiʃətʃi

MRGL：ʥiʃətsi

OLGY：məəfan

英雄

HOYI：baatar

MRGL：baatar

OLGY：batar、mərgən

民族

HOYI：ajmag

MRGL：undusutən

OLGY：mohon

祖父

HOYI：əhə、jəjə

MRGL：diidu、ətirkən

OLGY：həkə

祖母

HOYI：əwə、addi

MRGL：baabu、atirkan

OLGY：əwə

父亲

HOYI：amiŋ、aba

MRGL：amin、ama

OLGY：ami

母亲

HOYI：əniŋ、əmmə

MRGL：ənin、ənə

OLGY：əni

伯父

HOYI：amihaŋ

MRGL：amikan、abaga

OLGY：amka、həkka

伯母

HOYI：ənihəŋ

MRGL：ənikən、bərgən

OLGY：ənkə、əwə

叔父

HOYI：əshəŋ

MRGL：abaga

OLGY：ətʃgə、aki

叔母

HOYI：ʉgmə

MRGL：əməgə

OLGY：umə、əki

姑父

HOYI：gʉʉjə

MRGL：abaga aka

OLGY：gufu、aki

姑母

HOYI：gʉgʉ

MRGL：abaga əkə

OLGY：gugu、əki

舅父

HOYI：nagasu

MRGL：guʃin

OLGY：nasu、guhe

舅母
HOYI：nagatta
MRGL：guʃin bərgən
OLGY：nanu、əki

嫂子
HOYI：bəggən
MRGL：bərgən
OLGY：əkin

姨父
HOYI：amihaŋ
MRGL：kadam aka
OLGY：aki

姐姐
HOYI：əhiŋ
MRGL：əkə
OLGY：əkin

姨母
HOYI：ənihəŋ
MRGL：kadam bərgən
OLGY：əki

姐夫
HOYI：ooʃe
MRGL：kuraka
OLGY：nəkinaki

岳父
HOYI：hadam aba
MRGL：kadam ama
OLGY：kinne

弟弟
HOYI：nəhʉŋ
MRGL：nəkun
OLGY：nəkun

岳母
HOYI：hadam əniŋ
MRGL：kadam ənə
OLGY：əni

弟媳
HOYI：nəhʉŋ hʉhiŋ
MRGL：nəkun kuhin
OLGY：nəkun kuhin

哥哥
HOYI：ahiŋ
MRGL：aka
OLGY：akin

妹妹
HOYI：unaaʤ nəhʉŋ
MRGL：unaaʤ nəkun
OLGY：unaaʤʤi nəkun

妹夫

HOYI：nəhʉŋ hʉrəhəŋ

MRGL：nəkun hurəkən

OLGY：nəkun hurəkən

妻子

HOYI：gikki、aʃe

MRGL：atirkan、aʃe

OLGY：atirkan

男孩

HOYI：ʉt

MRGL：omolge

OLGY：omolge、hutə

结婚

HOYI：hoda

MRGL：turu

OLGY：ʃiwejiba

兄弟

HOYI：ahiŋ nəhʉŋ

MRGL：akin nəkun

OLGY：akin nəkun

儿子

HOYI：ʉt、ʉkkəhəŋ

MRGL：kuril、utə

OLGY：omolgi

姐妹

HOYI：əhiŋ nəhʉŋ

MRGL：əkin nəkun

OLGY：əkin nəkun

儿媳

HOYI：huhiŋ

MRGL：kʉkiŋ

OLGY：kʉkin

家眷

HOYI：ʤʉʉnel

MRGL：ʤuuggan

OLGY：urilən

女孩

HOYI：unaaʤ

MRGL：unaaʤ

OLGY：unaaʤi

丈夫

HOYI：əthəŋ

MRGL：ətirkən

OLGY：ətirkən、ədi

女婿

HOYI：hurəhəŋ

MRGL：kurəkən

OLGY：kutettə

孩子
HOYI：ʉrʉl
MRGL：huril
OLGY：huril

孙子
HOYI：omole
MRGL：minuʃik
OLGY：minuʃik

孙女
HOYI：omole unaadʑ
MRGL：minuʃik unaadʑ
OLGY：minuʃik unaadʑi

侄子
HOYI：nohoŋ
MRGL：atsi utə
OLGY：nokon

侄女
HOYI：nohoŋ unaadʑ
MRGL：atsi unaadʑ
OLGY：nokon unaadʑi

堂兄弟
HOYI：ʉjəli ahiŋ nəhʉŋ
MRGL：akin nəkun
OLGY：nəkʉnəl

亲戚
HOYI：baltʃa
MRGL：turusul
OLGY：haadi

岁数
HOYI：nasuŋ
MRGL：nasun
OLGY：anŋani~baara

数
HOYI：tooŋ
MRGL：taŋu~too
OLGY：taŋi

房屋
HOYI：dʑʉʉ
MRGL：dʑooko
OLGY：dʑuu

土房
HOYI：əəpəŋ
MRGL：əəpən
OLGY：tokala dʑuu

木屋
HOYI：mukulaŋ
MRGL：muklan
OLGY：muklan

游牧包
HOYI：ɵggɵ
MRGL：urgə
OLGY：ərgə

菜园
HOYI：nogoni hurigaŋ
MRGL：ogorod
OLGY：isargan

撮罗子
HOYI：ʃiraŋ ʤʉʉ
MRGL：ʃiran ʣooko
OLGY：ʃiran ʤuu

圈（牛羊圈）
HOYI：hurigaŋ
MRGL：koto
OLGY：kure

帐篷
HOYI：meehaŋ
MRGL：maihan
OLGY：ʤampan

厕所
HOYI：bəj ʤuhar bog
MRGL：ʣorlon
OLGY：amukiti

仓库
HOYI：haʃi
MRGL：san
OLGY：amkaar

场所
HOYI：bog
MRGL：boga
OLGY：meeste

粮仓
HOYI：saŋku
MRGL：irgigsə
OLGY：amkaar

家
HOYI：ʤʉʉ、ʉrirəŋ
MRGL：ʣooko、urilən
OLGY：ʤuu、urilən

草房
HOYI：dəl、orootto ʤʉʉ
MRGL：dəl
OLGY：dələktʃi

城
HOYI：gee、hoton
MRGL：hoto、goorotto
OLGY：goorat

寨子
HOYI：ʉrirəŋ
MRGL：ajaʃ
OLGY：urilən

黏土
HOYI：girin
MRGL：girin
OLGY：girin

庙
HOYI：sʉm
MRGL：sumu
OLGY：tʃəərkəw

石灰
HOYI：sohoj
MRGL：ʃihoj
OLGY：iswisik、obboha

尘土
HOYI：toorol
MRGL：toosun
OLGY：hurgən

墙壁
HOYI：dʉsə、həʤiŋ
MRGL：istino
OLGY：oldon

坟墓
HOYI：hooroŋ
MRGL：bolaʃi
OLGY：giramkin

砖
HOYI：tʉʉpi
MRGL：kirpiis
OLGY：kippitʃtʃə

丧事
HOYI：ʤasalagga、ʤasagga
MRGL：kobtubun
OLGY：kobtukin

瓦
HOYI：waar
MRGL：waar
OLGY：kiriis

土（黑土）
HOYI：tuhal
MRGL：tukal
OLGY：tokala

柱子
HOYI：soloŋ、togguur、tula
MRGL：istolbo
OLGY：sona

房脊
HOYI：niro
MRGL：maakka
OLGY：maarki

烟筒
HOYI：hula
MRGL：kulan
OLGY：kula

柁
HOYI：teebu
MRGL：teebu
OLGY：teebu

炕
HOYI：laha
MRGL：or
OLGY：ʃəla

屋顶
HOYI：ʤʉʉni orooŋ
MRGL：kiriis
OLGY：horon

床铺
HOYI：or
MRGL：or
OLGY：səktə

梯子
HOYI：hʉli
MRGL：kuli
OLGY：təktun、mosto

席子
HOYI：ʃiirsi
MRGL：ʃiirsi
OLGY：ʃiiʤə

门
HOYI：ʉkkʉ
MRGL：urku
OLGY：urkə

板子
HOYI：hattasuŋ
MRGL：doska
OLGY：kabtag

窗户
HOYI：soŋko
MRGL：urkəsək
OLGY：urkusuk

钉子
HOYI：tikkəsʉŋ
MRGL：kadasun
OLGY：togoho

玻璃
HOYI：gʉʉŋ
MRGL：ʃilə、istiblo
OLGY：ʧiglo

手镯
HOYI：bagga
MRGL：boga
OLGY：ŋaallabtun

伞
HOYI：saraŋ
MRGL：ʥoontig
OLGY：esan、kumalaŋka

戒指
HOYI：unuhuttuŋ
MRGL：onakakton
OLGY：onikabton

斗笠
HOYI：nəmʉŋkʉ
MRGL：tsob
OLGY：kumalaŋki

镜子
HOYI：bilʉhʉ
MRGL：ʥeerkəl
OLGY：ʃeekəl

毛巾
HOYI：ʉʉŋkʉ
MRGL：boltinsi
OLGY：awuktin

梳子
HOYI：iddoŋ
MRGL：igdibon
OLGY：igdiwon

首饰
HOYI：majamgaŋ、ərhə
MRGL：ʥəətkəl
OLGY：moŋʧoga

篦子
HOYI：sʉʉŋkʉ
MRGL：suuŋku
OLGY：suŋku

耳环
HOYI：gagga
MRGL：ʃirəəsəg
OLGY：ʃeekabtun

手表
HOYI：naalla sag
MRGL：naalla tsag
OLGY：naallabtun ʧaaʃi

钟表
HOYI：sag
MRGL：ʦag
OLGY：iʃitʃinoj tʃaaʃi

围脖
HOYI：nihamatʃtʃi
MRGL：huʣubtʃi
OLGY：nikimnabtʃi

布
HOYI：bөөsө、bөөs
MRGL：bәәsә
OLGY：onogto

衣服
HOYI：tәggәtʃtʃi、tәti
MRGL：tәtig
OLGY：tәtikә、polto

绸子
HOYI：tooggo
MRGL：toorga
OLGY：solko

上衣
HOYI：hantas
MRGL：kantasun、tәtig
OLGY：kantasu、tәtkә

针
HOYI：immә
MRGL：immә
OLGY：inmә、immә

领子
HOYI：ʤaha
MRGL：ʣaka
OLGY：sagga

线（缝衣用的）
HOYI：ʃirittә
MRGL：niikkә
OLGY：tomko

袖子
HOYI：ʉʉtʃtʃil
MRGL：uukʉs
OLGY：uuhә

帽子
HOYI：aawaŋ
MRGL：aawun
OLGY：aawun

扣子
HOYI：totʃtʃi
MRGL：tobtʃi
OLGY：tobtʃi

袍子
HOYI：sʉʉŋ
MRGL：dəəl
OLGY：suuŋʧi

皮裤
HOYI：nanda əkki
MRGL：alaksa
OLGY：hərki

棉长袍
HOYI：ʃiʥigaŋ
MRGL：ʃiʥigan
OLGY：ʃiʥigan

裙子
HOYI：hoʃigaŋ、bolaaʥi
MRGL：bolaaʥi、kormoj
OLGY：ʥuubka

单布长袍
HOYI：gagar
MRGL：samʧi
OLGY：ʧimʧi

腰带
HOYI：umul
MRGL：tələgi
OLGY：sobdobtun

马褂
HOYI：olbo
MRGL：olbo
OLGY：olbo

手套
HOYI：bəəle
MRGL：bəəle
OLGY：bəəle

坎肩
HOYI：hanʥal
MRGL：kanʥar
OLGY：miirkan

手闷子
HOYI：toro
MRGL：toro
OLGY：toro

裤子
HOYI：əkki
MRGL：ərki
OLGY：esdan

袜子
HOYI：waas
MRGL：tsolgi
OLGY：ʧolgo

鞋
HOYI：unta
MRGL：unta
OLGY：unta

布鞋
HOYI：sabi
MRGL：sabi
OLGY：sabu

靴子
HOYI：gulha
MRGL：baggiil
OLGY：sabaki

被子
HOYI：ulda
MRGL：ulda
OLGY：hullu

褥子
HOYI：tuhu
MRGL：səgtəg
OLGY：səgtəwun

毯子
HOYI：girdas
MRGL：girdas
OLGY：girdasun

枕头
HOYI：dəbbə
MRGL：patosog
OLGY：ʃiiru

蚊帐
HOYI：ʤampaŋ
MRGL：burgəbtʃi
OLGY：ʤamkan

袋子
HOYI：uluŋku、ʉʉde
MRGL：miʃook
OLGY：uluŋki

食物
HOYI：iggiʧʧi
MRGL：ʤəbtilə
OLGY：ʃilun

米
HOYI：ʤəəttə
MRGL：boda
OLGY：kaahe

面粉
HOYI：gurul
MRGL：talka
OLGY：bortok

面包
HOYI：hiləəb
MRGL：kiltirə
OLGY：kelebə

米饭
HOYI：ʥəəttə
MRGL：buda
OLGY：kaahe

粥
HOYI：soora
MRGL：sooralda
OLGY：japukahe

油
HOYI：imiʧʧi
MRGL：imugu
OLGY：imurən

盐
HOYI：doosun
MRGL：dabsu
OLGY：dosun、tuuruku

酱油
HOYI：ʧiŋʥaŋ
MRGL：tsiŋʣan
OLGY：ʥaŋju

醋
HOYI：ʧʉ
MRGL：su
OLGY：su

碱
HOYI：hoʥir
MRGL：koʣir
OLGY：koʥir

花椒
HOYI：hooʥo
MRGL：hooʣor
OLGY：huaʥo

蜂蜜
HOYI：bal
MRGL：balu
OLGY：balu

鸡蛋
HOYI：umutta
MRGL：omukta
OLGY：umakta

肉
HOYI：ʉldʉ
MRGL：uldə
OLGY：ullə

肉干
HOYI：ʃilatta
MRGL：ʃilagta
OLGY：ʃilugta

糖
HOYI：sataŋ
MRGL：kampetag
OLGY：kampekka

菜
HOYI：nogo
MRGL：sogga
OLGY：isare

点心
HOYI：bireeŋki、ɵwɵɵŋ
MRGL：pirijalnik
OLGY：bireenik

汤
HOYI：ʃilə
MRGL：ʃilu
OLGY：ʃillə

饼
HOYI：hagrimal
MRGL：kagrimal
OLGY：kagrimal

酒
HOYI：akki
MRGL：araki
OLGY：arki

饽饽
HOYI：ɵwɵɵŋ
MRGL：boobo
OLGY：bireenik

面条
HOYI：gorol hɵɵmo
MRGL：tonoglo
OLGY：galooska

点心
HOYI：bireeŋki~əwəəŋ
MRGL：pirijalnik
OLGY：bireenik

茶
HOYI：see
MRGL：ʦe
OLGY：ʧe

饮料
HOYI：imoŋko
MRGL：imar jəəmə
OLGY：saaharʧi muu

开水
HOYI：ʉjisɵ mʉʉ
MRGL：ʃilə
OLGY：ʃilə

刀
HOYI：ʉshəŋ
MRGL：utsi
OLGY：koto

牛奶
HOYI：ʉhʉŋ
MRGL：ukun
OLGY：ukun

剪子
HOYI：heeʃi
MRGL：kajtsi
OLGY：kibti

斧头
HOYI：sʉhʉ
MRGL：sukə
OLGY：sukə

锥子
HOYI：ʃiloŋ
MRGL：ʃiwug
OLGY：ʃilgon

小斧头
HOYI：sʉhʉŋkə
MRGL：sukətʃən
OLGY：sukətʃən

钻子
HOYI：ərʉn
MRGL：əruguŋ
OLGY：ərun

锤子
HOYI：sʉhʉndʉ、maŋtʃu
MRGL：aloka
OLGY：halkaʃan

钳子
HOYI：əjəggə
MRGL：əjuggu
OLGY：əjuggu

铁榔头
HOYI：alha
MRGL：aloka
OLGY：lantu

铁锉
HOYI：iggə
MRGL：irugu
OLGY：irugu

木锉
HOYI：ʉrʉŋ
MRGL：urugu
OLGY：urugu

刨子
HOYI：tujgaŋ
MRGL：tujban
OLGY：tujga

锯
HOYI：oogoŋ、hirə
MRGL：hoogon、kirə、
　　　　nodʑokko
OLGY：hoogun

镰刀
HOYI：haduŋ
MRGL：litəbkə
OLGY：itobko

锄头
HOYI：ʉlʉŋkʉ
MRGL：loomo
OLGY：loomo

锹
HOYI：hʉldʉʉr
MRGL：kurdʑi
OLGY：kuldur、əhikə

犁
HOYI：aŋdʑisuŋ
MRGL：andʑis
OLGY：lipam

机器
HOYI：maʃiŋ
MRGL：maʃin
OLGY：maʃin

车
HOYI：təggəŋ
MRGL：tərgən、maʃin
OLGY：maʃin

汽车
HOYI：sisə
MRGL：samahatka
OLGY：maʃin

公交车
HOYI：paas
MRGL：paas
OLGY：paas

拖拉机
HOYI：taragtar
MRGL：taraktar
OLGY：taraktar

火车
HOYI：səl təggəŋ
MRGL：gal tərgən、poojis
OLGY：boojis

雪橇
HOYI：ʃirga
MRGL：ʃirga
OLGY：ʃirga

飞机
HOYI：pəjtəŋ
MRGL：iroblan
OLGY：iroblan

大雪橇
HOYI：paar
MRGL：paar
OLGY：paar

木船
HOYI：soŋ
MRGL：solog
OLGY：solor

狗雪橇
HOYI：ʃiggool
MRGL：ʃirgool
OLGY：ʃiggool

船
HOYI：ʤewe、porohor
MRGL：lotga
OLGY：lotga

滑雪板
HOYI：səkʉ
MRGL：səki
OLGY：səki

桦皮船
HOYI：moŋko、ojhu
MRGL：wəihu
OLGY：wəihu

滑雪杖
HOYI：malhu
MRGL：malkun
OLGY：malkur

独木船
HOYI：moŋgo
MRGL：moŋgotgo
OLGY：moŋgotgo

溜冰鞋
HOYI：səki
MRGL：səki
OLGY：bildun、səki

马车
HOYI：moriŋ təggəŋ
MRGL：morin tərgən
OLGY：morin tərəgən

标记
HOYI：əʤibʉŋ
MRGL：təmdəg
OLGY：ilken

牛车
HOYI：ʉhʉr təggəŋ
MRGL：ukur tərgən
OLGY：ukur tərəgən

形状
HOYI：dʉrʉŋ
MRGL：durun
OLGY：giramnan

路
HOYI：təggʉ
MRGL：hokto
OLGY：hokto

绳子
HOYI：ukkuŋ、ʉʃi
MRGL：irəgtə
OLGY：ʉjirobka

铁路
HOYI：səl təggu
MRGL：səl hokto
OLGY：sələmə hokto

粗绳子
HOYI：taattuŋ
MRGL：bogoli
OLGY：birobko

公路
HOYI：ʤuhasa təggu
MRGL：ʤasamal təggu
OLGY：ulugʃə

火药
HOYI：dari
MRGL：dari、poorok
OLGY：poorok

桥
HOYI：høøggə
MRGL：mosti
OLGY：tindilan

炮
HOYI：ʉhʉr miisaŋ
MRGL：ukur po
OLGY：buuʃkə

枪
HOYI：miisaŋ
MRGL：miitsan
OLGY：miitsan

子弹
HOYI：mooleŋ
MRGL：puuli
OLGY：buulə

弓
HOYI：bər
MRGL：godol
OLGY：bərkən

箭
HOYI：nor
MRGL：godoli
OLGY：luki

棍子
HOYI：dagasuŋ
MRGL：gadasu、moo
OLGY：golgotʃon

套子
HOYI：hugga
MRGL：uriga
OLGY：horka

冰穿子
HOYI：saleer
MRGL：tsalir
OLGY：tʃaliir

笼子
HOYI：horil、horigol
MRGL：koril
OLGY：ʤuun

渔网
HOYI：alagaŋ、alaar
MRGL：alaga、neewet
OLGY：dala

渔猎
HOYI：butha
MRGL：butha
OLGY：butha

鱼钩
HOYI：əmhəŋ
MRGL：əmkən
OLGY：əməkən

冬猎
HOYI：bojha
MRGL：bojgan
OLGY：bojga

秋猎

HOYI：saha

MRGL：saha

OLGY：saha

鞭子（马鞭子）

HOYI：ʃisug

MRGL：tʃitʃug

OLGY：tʃitʃuga

鞍子

HOYI：əməgəl

MRGL：əməgəl

OLGY：əmgən

鞍毡垫

HOYI：tohom

MRGL：tokom

OLGY：tokom

鞍蹬子

HOYI：dʉrə

MRGL：durə

OLGY：durəŋkə

马嚼子

HOYI：hadal

MRGL：kadal

OLGY：amagabton

笼头

HOYI：lonto

MRGL：nokto

OLGY：uuhi

缰绳

HOYI：ʥolo

MRGL：ʥilo

OLGY：ʥilo

簸箕（簸米用）

HOYI：dakkul

MRGL：dabkul

OLGY：dabkul

磨石

HOYI：irgə

MRGL：hiibə

OLGY：niuliwun

石磨

HOYI：ʉrʉŋ

MRGL：in

OLGY：pitʃaat

箩筐

HOYI：səəltʃə

MRGL：koloosa

OLGY：koloos

扁担
HOYI：daŋʤi
MRGL：damʤi
OLGY：daŋʤi

锁
HOYI：joosug
MRGL：golʤiŋki
OLGY：katawun

钥匙
HOYI：anahu
MRGL：anoka
OLGY：anaku

扫帚
HOYI：əsʉr
MRGL：winik
OLGY：mitʃiwən

风车
HOYI：hʉgʉr
MRGL：kugur
OLGY：uuwən

锅（炒菜的）
HOYI：iihə
MRGL：iikə
OLGY：iikə、toʃo

大锅
HOYI：mala
MRGL：həgdəg iikə
OLGY：iikəkʉŋ

盖子
HOYI：hakkar
MRGL：libkir、ogtob
OLGY：kappag

桶
HOYI：hoŋge
MRGL：kotʃool
OLGY：mʉʉləŋki

树皮
HOYI：nooni halisuŋ
MRGL：koorki
OLGY：ugdaha~talu

桦树皮桶
HOYI：amas
MRGL：koŋge
OLGY：koŋge

铁桶
HOYI：soolog
MRGL：soolog
OLGY：soolog

小水桶
HOYI：howo
MRGL：kowo
OLGY：kowog

碗
HOYI：taŋgur
MRGL：tagʃi
OLGY：tasiki、ʧugʧuwur

壶
HOYI：tam、ʉrʉʉŋkʉ
MRGL：uruuŋku
OLGY：uruŋku

木碗
HOYI：ʧarami
MRGL：tsarami
OLGY：ʧarmi

盆子
HOYI：alan
MRGL：ala
OLGY：alan

瓷碗
HOYI：ʧaatʃug
MRGL：tsaatsug
OLGY：ʧaawun

脸盆
HOYI：tɵŋpɵŋ
MRGL：tumpun
OLGY：tigə、pəns

盘子
HOYI：pila
MRGL：biluud
OLGY：təlerkə

菜刀
HOYI：boodu
MRGL：bodu
OLGY：ʧajdo

木盘子
HOYI：tagar
MRGL：pilagan
OLGY：tawar

坛
HOYI：botoŋ
MRGL：waar
OLGY：ʧuŋ

瓶子
HOYI：botoŋ、gʉʉŋ
MRGL：butilkə
OLGY：bitilga

杯子

HOYI：somo

MRGL：ʦomo

OLGY：urumku

酒杯

HOYI：hundar

MRGL：kundag

OLGY：urumku

筷子

HOYI：sappa

MRGL：sabka

OLGY：kujʃa

匙子

HOYI：unuhaŋ

MRGL：looskə

OLGY：looʃka

柜子

HOYI：hoggo

MRGL：gurəskə

OLGY：gurəskə

桌子

HOYI：ʃirə

MRGL：ʃirə、istooli

OLGY：ʥiŋki、istool

椅子

HOYI：təgəŋkə

MRGL：təgəŋkə

OLGY：təgəŋkə

箱子

HOYI：addar

MRGL：abdar

OLGY：ʥeehek

盒子

HOYI：dəttəhi

MRGL：dəttəki

OLGY：dətəki

刷子

HOYI：hisag

MRGL：kisag

OLGY：kisag

肥皂

HOYI：iis

MRGL：muulə

OLGY：miila

电话

HOYI：denhua

MRGL：tiliton

OLGY：denhua

电脑
HOYI：denno
MRGL：dinno
OLGY：dinno

灯
HOYI：ila、dəŋʤəŋ
MRGL：den、lampa
OLGY：lampa

电灯
HOYI：dendəŋ
MRGL：tsahilgan dən
（liktiritʃig）
OLGY：lampa

蜡烛
HOYI：la
MRGL：ʃiwitʃig
OLGY：ʃiwitʃig

火柴
HOYI：sʉjdən、tog
MRGL：ispitsika
OLGY：ispiska

火石
HOYI：tʃargi
MRGL：tsargi
OLGY：tʃargi

柴
HOYI：ʤasa
MRGL：tuləʃi、tʃitʃola
OLGY：moo

肥料
HOYI：bordoir
MRGL：bordoor
OLGY：irgibun

粪（干牛粪）
HOYI：ootto
MRGL：oorit
OLGY：ətur

灰（草木灰）
HOYI：ʉləttəŋ
MRGL：uləbtəŋ
OLGY：huləbtəŋ

市场
HOYI：meme
MRGL：hudulda
OLGY：ʃitʃan

集市
HOYI：gee
MRGL：godomʤi ʉlitʃi
OLGY：uneekit

商店
HOYI：hotʃtʃo
MRGL：korʃo
OLGY：kədəʃə

工资
HOYI：saliŋ
MRGL：tsalin
OLGY：saalawanni

钱
HOYI：mʉgʉŋ、ʥiga
MRGL：məgun
OLGY：soolota

工分
HOYI：noorom
MRGL：noorom、tootsik
OLGY：tootʃik

价钱
HOYI：huda
MRGL：taman
OLGY：taman

纸
HOYI：saasuŋ
MRGL：tsaasun
OLGY：gumaji

价值
HOYI：ʉnʉ
MRGL：un
OLGY：taman

自来水笔
HOYI：gaŋbi
MRGL：gaŋbi
OLGY：gaŋbi

银行
HOYI：baaŋki
MRGL：baaŋki
OLGY：jiŋhan、baaŋki

铅笔
HOYI：haranda
MRGL：karandaʃ
OLGY：karandaʃ

利息
HOYI：madgan
MRGL：madgan
OLGY：liʃi

墨
HOYI：bəhə
MRGL：bəkə
OLGY：tʃornilə

墨水
HOYI：miisʉl
MRGL：tsorniil
OLGY：tʃornilə

画
HOYI：nerogaŋ
MRGL：ʤurug
OLGY：onio

文字
HOYI：həggəŋ
MRGL：bitsig
OLGY：dokiwon

信
HOYI：ʤaʃihaŋ
MRGL：ʤakidal
OLGY：dokewon

语言
HOYI：ʤiŋʤiwʉŋ
MRGL：ugə、inni amŋa
OLGY：tuurən

歌
HOYI：doo、ʤaandaŋ
MRGL：doon
OLGY：dohaagin

话
HOYI：ʤiŋʤigga、iŋi
MRGL：duʤibun
OLGY：tuurən

声音
HOYI：delagaŋ
MRGL：dilgan
OLGY：delgan

书
HOYI：bitig
MRGL：kiniska
OLGY：kiniʃika

响声
HOYI：anir、awen
MRGL：awen
OLGY：goolas

报纸
HOYI：soniŋ、ʃimə
MRGL：sonin
OLGY：gaseet

故事
HOYI：ʉnʉgʉl
MRGL：uligur
OLGY：nimŋakan

电影
HOYI：kino
MRGL：kino
OLGY：kino

球
HOYI：bʉmbʉg
MRGL：meetʃik
OLGY：maatʃok

旗子
HOYI：hiro、tug
MRGL：tug
OLGY：pilaka

笛子
HOYI：limbʉ
MRGL：ləmbə
OLGY：orewun

唢呐
HOYI：biləri
MRGL：biləri
OLGY：biləri

铃
HOYI：hoŋko
MRGL：koŋko
OLGY：tʃooraŋ

锣
HOYI：tʃaŋka、saŋka、saŋ
MRGL：tsan
OLGY：tʃan

鼓
HOYI：tʉŋkʉ、həŋgəggə
MRGL：kəŋgərgə
OLGY：bomba

钟
HOYI：ʉhʉr sag
MRGL：tsag
OLGY：ureem

药
HOYI：otto、əəŋ
MRGL：əm
OLGY：bəhə

治
HOYI：dasargan、aggararaŋ
MRGL：ʥukeran
OLGY：ajitran

力气
HOYI：hʉsʉŋ、təŋkə
MRGL：təŋkə、kutsin
OLGY：səne

胆量
HOYI：meegaŋ
MRGL：meewan
OLGY：meewan

影子
HOYI：anaŋ
MRGL：anan、suudər
OLGY：anian

事情
HOYI：bajta
MRGL：kərgə
OLGY：kərgə

颜色
HOYI：bodor、ɵŋgɵ、ʤʉsʉ
MRGL：uŋgu
OLGY：ʤusu、kirasika

姓
HOYI：hal
MRGL：kala
OLGY：amoko

毒
HOYI：hor
MRGL：kor
OLGY：koron

名字
HOYI：gəbbi
MRGL：gərbi
OLGY：gərbi

神
HOYI：bokkoŋ
MRGL：borkan
OLGY：borkan

物品
HOYI：jəəmə
MRGL：jəəmə
OLGY：saawus

祭
HOYI：tahiŋ
MRGL：takil、niomniak
OLGY：parasnig

梦
HOYI：tolkiŋ
MRGL：tolke
OLGY：tolki

鬼
HOYI：ʃikkul
MRGL：tʃitkur
OLGY：balbuka

住所
HOYI：təgəŋ
MRGL：ʤuukku、suutsa
OLGY：anŋatkit

政治
HOYI：gᵾrᵾŋni bajta
MRGL：olos tur
OLGY：turun

边境
HOYI：ʤakka、ʃili
MRGL：ʤabka、kili
OLGY：geraʧe

经济
HOYI：mᵾgᵾŋ saga、aʤahu
MRGL：aʤahui
OLGY：soolota

隔壁
HOYI：niməər、haʧʧe
MRGL：niməər
OLGY：nimaha

计划
HOYI：bodoŋgo
MRGL：bodolgo、tusub
OLGY：bodor

国家
HOYI：gᵾrᵾŋ
MRGL：gurun
OLGY：kaan

文化
HOYI：tatigal、sojol
MRGL：tatin
OLGY：tatin

世界
HOYI：jəttəŋʧi
MRGL：dəlkəj
OLGY：miira

教育
HOYI：tatigal
MRGL：tatigal
OLGY：tatigal

政府
HOYI：dasan、jamun
MRGL：ʤasag
OLGY：kantoora

学校
HOYI：tasug
MRGL：tatiku、iskol、
        surguli
OLGY：iskola

卫生
HOYI：aruuŋ、əm əmnəlgə
MRGL：əm əmnəlgə
OLGY：tʃiste

思想
HOYI：ojoŋgo、guniŋ
MRGL：ojoŋgo
OLGY：ojon

革命
HOYI：howirgaŋ
MRGL：hobishal
OLGY：həntəwən

意思
HOYI：ojo
MRGL：uulga
OLGY：dʑela

运动
HOYI：gʉggʉwʉŋ
MRGL：gurguwun
OLGY：gurgun

心情
HOYI：doolo、aga
MRGL：uruma
OLGY：urun

政策
HOYI：dasagga
MRGL：tur
OLGY：dasan

觉悟
HOYI：səggəggə、uhamsar
MRGL：ukamtsar
OLGY：sərgən

税
HOYI：gajli、ʃiipʉŋ
MRGL：gajli
OLGY：tamanin

态度
HOYI：baniŋ
MRGL：banin
OLGY：banin

任务
HOYI：tuʃal
MRGL：tuʃal、uurgə
OLGY：tusan

报告
HOYI：alan、ilitgəl
MRGL：ilitgəl
OLGY：alan

办法
HOYI：agga
MRGL：məkətsi
OLGY：ʤela

自由
HOYI：doroŋgir
MRGL：doroŋʤi
OLGY：ojoŋgon

生命
HOYI：əggə
MRGL：ərigə
OLGY：ərigən、ujə

战争
HOYI：apuŋ
MRGL：apugan
OLGY：apugan

人民
HOYI：iggəŋ、arad
MRGL：arad
OLGY：narood

火灾
HOYI：ʤəddə
MRGL：tog
OLGY：ʤəgdə

和平
HOYI：teewaŋ、əjə
MRGL：najramdal
OLGY：əjəmkur

错误
HOYI：boro
MRGL：boro
OLGY：əru

民主
HOYI：araʧʧil
MRGL：aradtsil
OLGY：irgəʧən

处罚
HOYI：tawuwuŋ
MRGL：jal
OLGY：tamalgi

平等
HOYI：təʧʧi
MRGL：təgtsi
OLGY：təgʧi

优点
HOYI：aja bog
MRGL：aja tala
OLGY：ajan

缺点
HOYI：əru bog、alda
MRGL：alda
OLGY：ərun

工业
HOYI：gəbbələŋ、guŋje
MRGL：uildbur
OLGY：fapirikki

整风
HOYI：təʧʧilaŋ
MRGL：təgtsilən
OLGY：təgtsilən

农业
HOYI：tarilaŋ
MRGL：tarialan
OLGY：nuŋŋə

经验
HOYI：haʃir、torʃilga
MRGL：torʃilga
OLGY：martis、maastʃiri

方向
HOYI：ʤʉw、ʃigə
MRGL：ʤug
OLGY：meestə

意见
HOYI：iʃiggi、sanal
MRGL：sanal
OLGY：ʤelaʃi

东边
HOYI：ʤəəŋgʉ
MRGL：ʤəəŋ
OLGY：əjəki

技术
HOYI：əddəm、mərəgtʃəl
MRGL：mərgʤəl
OLGY：marstʃir

西边
HOYI：baraŋgu
MRGL：baruuŋ
OLGY：soloki

工厂
HOYI：ʤawuud
MRGL：ʤabood
OLGY：sawood

南边
HOYI：ʤʉligʉ
MRGL：ʤulilə
OLGY：ʤulə

北边

HOYI：amigu

MRGL：amala

OLGY：amala

2. 代词

我

HOYI：bi

MRGL：bi

OLGY：bi

他

HOYI：tari、nugaŋ

MRGL：taril、nugan

OLGY：tara、nugan

我们

HOYI：bʉ

MRGL：bu

OLGY：bu

她

HOYI：tari、nugaŋ

MRGL：taril、nugan

OLGY：tara、nugan

咱们

HOYI：miti

MRGL：miti

OLGY：miti

他们

HOYI：talar、tatʃtʃil

MRGL：taril

OLGY：nuŋantil、tararil

你

HOYI：ʃi

MRGL：ʃi

OLGY：ʃi

她们

HOYI：talar、tatʃtʃil

MRGL：taril

OLGY：nuŋantil、tawaril

你们

HOYI：sʉ

MRGL：su

OLGY：su

自己

HOYI：məəni

MRGL：məəni

OLGY：məəŋi

别人

HOYI：ɵntɵ bəj

MRGL：əntu bəj

OLGY：həntu bəjə

我方

HOYI：mitigte

MRGL：uŋnə

OLGY：garki

这

HOYI：əri

MRGL：əri

OLGY：əri

这里

HOYI：ədʉ

MRGL：ədu

OLGY：ədu

那

HOYI：tari

MRGL：tari

OLGY：tari

那（远指）

HOYI：taari

MRGL：tarii

OLGY：taari

那里

HOYI：tadu

MRGL：tadu

OLGY：tadu

那里（远指）

HOYI：taaridu

MRGL：tari tala

OLGY：taadu

这些

HOYI：əril

MRGL：əril

OLGY：əril

那些

HOYI：taril

MRGL：taril

OLGY：taril

这么、这样

HOYI：ənnəgəŋ

MRGL：ərigətsin

OLGY：ərgətʃin

那么、那样

HOYI：tannagaŋ

MRGL：tarigatsin

OLGY：targatʃin

这边
HOYI：əggidə
MRGL：ərigilə
OLGY：ələ

怎么
HOYI：ittʉ
MRGL：ittu
OLGY：ooni

那边
HOYI：taggida
MRGL：tarigila
OLGY：təəla

怎样
HOYI：innəgəŋ
MRGL：irigətsin
OLGY：irgətʃin

那边（远指）
HOYI：taggiida
MRGL：tariigila
OLGY：tʃaagu

哪个
HOYI：iri
MRGL：iri、iima
OLGY：ooni

谁
HOYI：awu、nii
MRGL：ni
OLGY：ni

哪里
HOYI：ilə
MRGL：ilə
OLGY：idu

什么
HOYI：ohoŋ
MRGL：iima
OLGY：ekun

哪边
HOYI：iggidə
MRGL：ili
OLGY：ilə

为什么
HOYI：ima
MRGL：ida
OLGY：jeda

多少
HOYI：ohi
MRGL：oki、niitsi
OLGY：oki

几个

HOYI：adi

MRGL：adi

OLGY：adi

某

HOYI：aada

MRGL：əʃikkimi

OLGY：mooʃikto

都（大家都来）

HOYI：hokko

MRGL：wees

OLGY：wees

3. 数量词

一

HOYI：əmʉŋ

MRGL：əmun

OLGY：əmun

二

HOYI：ʤʉʉr

MRGL：ʤuur

OLGY：ʤuur

三

HOYI：ilaŋ

MRGL：ilan

OLGY：elan

四

HOYI：digiŋ

MRGL：digin

OLGY：digin

五

HOYI：toŋ

MRGL：toŋ

OLGY：toŋa

六

HOYI：niŋʉŋ

MRGL：nuŋuŋ

OLGY：niuŋun

七

HOYI：nadan

MRGL：nadan

OLGY：nadan

八

HOYI：ʤahoŋ

MRGL：ʤabkon

OLGY：ʤabkon

九
HOYI：jəgiŋ
MRGL：jəgin
OLGY：jəgin、əjin

十
HOYI：ʤaaŋ
MRGL：ʥaan
OLGY：ʤaan

十一
HOYI：ʤaaŋ əmʉŋ
MRGL：ʥaan əmun
OLGY：ʤaanduk əmun

十二
HOYI：ʤaaŋ ʤʉʉr
MRGL：ʥaan ʥuur
OLGY：ʤaanduk ʤuur

十三
HOYI：ʤaaŋ ilaŋ
MRGL：ʥaan ilan
OLGY：ʤaanduk elan

十四
HOYI：ʤaaŋ digiŋ
MRGL：ʥaan digin
OLGY：ʤaanduk digin

十五
HOYI：ʤaaŋ toŋ
MRGL：ʥaan ton
OLGY：ʤaanduk toŋa

十六
HOYI：ʤaaŋ niŋʉŋ
MRGL：ʥaan nuŋun
OLGY：ʤaanduk niuŋun

十七
HOYI：ʤaaŋ nadan
MRGL：ʥaan nadan
OLGY：ʤaanduk nadan

十八
HOYI：ʤaaŋ ʤahoŋ
MRGL：ʥaan ʥabkon
OLGY：ʤaanduk ʤabkon

十九
HOYI：ʤaaŋ jəgiŋ
MRGL：ʥaan jəgin
OLGY：ʤaanduk jəgin

二十
HOYI：oriŋ
MRGL：orin
OLGY：ʤuur ʤaar

二十一

HOYI：oriŋ əmʉŋ

MRGL：orin əmun

OLGY：orinduk əmun

三十

HOYI：gotiŋ

MRGL：gotin

OLGY：elan ʤaar

四十

HOYI：dəhi

MRGL：dutsin

OLGY：digin ʤaar

五十

HOYI：toŋŋe

MRGL：toŋnani

OLGY：toŋa ʤaar

六十

HOYI：niŋʉŋŋe

MRGL：nuŋuŋni

OLGY：niuŋun ʤaar

七十

HOYI：nadanŋe

MRGL：nadanni

OLGY：nadan ʤaar

八十

HOYI：ʤahoŋŋe

MRGL：ʤabkoŋni

OLGY：ʤabkon ʤaar

九十

HOYI：jərəəŋ

MRGL：jəginni

OLGY：jəgin ʤaar

百

HOYI：namaaʤ

MRGL：namaʤ

OLGY：niama

千

HOYI：meŋgaŋ

MRGL：miŋgan

OLGY：tiihigtʃa

万

HOYI：tʉmʉŋ

MRGL：tumən

OLGY：miliwən

亿

HOYI：doŋʃuur

MRGL：doŋtsuur

OLGY：boma

零
HOYI：mohol、təg
MRGL：təg
OLGY：təkən

第一
HOYI：əmʉhe
MRGL：əmuŋdugar
OLGY：peeriwi

第二
HOYI：ʤʉʉhe
MRGL：ʤuurdugar
OLGY：toreʧe

第三
HOYI：ilahe
MRGL：ilandugar
OLGY：terekʧe

第五
HOYI：toŋʃi
MRGL：toŋnidugar
OLGY：toŋŋetin

第八
HOYI：ʤahoŋʃi
MRGL：ʤabkongar
OLGY：ʤabkitiŋ

半（一半）
HOYI：doliŋ
MRGL：kaltag
OLGY：dolin、kaltag

各个
HOYI：əmʉŋtəl、sʉt
MRGL：əldən、wees
OLGY：seekəj

一些
HOYI：aada
MRGL：aada
OLGY：aada

回（几回、几次）
HOYI：madaŋ
MRGL：dugar
OLGY：adirakan

个（一个人）
HOYI：əmʉhəjə
MRGL：əmukən
OLGY：əmukən

两个人
HOYI：ʤʉʉri
MRGL：ʤuuri
OLGY：ʤuuri

三个人
HOYI：ilani
MRGL：ilani
OLGY：elani

寸
HOYI：suŋ
MRGL：tsun
OLGY：tʃun

个（一个碗）
HOYI：tagʃi
MRGL：tagʃi
OLGY：tagʃi

尺
HOYI：ʃi
MRGL：tsi
OLGY：tʃi

滴（一滴水）
HOYI：sorgi、dosol
MRGL：sorgi
OLGY：sorgi

亩
HOYI：mʉ
MRGL：mu
OLGY：mu

件（一件衣服）
HOYI：ʥaha
MRGL：ʥaka
OLGY：ʥaka

升
HOYI：ʃəŋ
MRGL：ʃin
OLGY：ʃin

双（一双鞋）
HOYI：ʥʉʉre
MRGL：ikiri
OLGY：ikiri

斗
HOYI：dʉ
MRGL：dəu
OLGY：du

独一
HOYI：goŋgo
MRGL：goŋgo
OLGY：goŋgo

两
HOYI：laŋ
MRGL：lan
OLGY：lan

斤
HOYI：giŋ

MRGL：ʥin

OLGY：ʥin

元
HOYI：daajeŋ

MRGL：tsəlkəwi

OLGY：urub

4. 形容词

大的
HOYI：boŋgoŋ

MRGL：əgdug

OLGY：həgdə

小的
HOYI：nisʉhʉŋ

MRGL：niitsi

OLGY：osa

高的
HOYI：goddo

MRGL：gugda

OLGY：gogdo

低的
HOYI：nəttə

MRGL：nəgtə

OLGY：nəgtəg

深的
HOYI：sonto

MRGL：sonta

OLGY：sonta

浅的
HOYI：albiŋ

MRGL：albin

OLGY：arbin

浓的
HOYI：ʉttə

MRGL：agtsi

OLGY：ʃilib

淡的
HOYI：sula

MRGL：sula

OLGY：muumə

尖的
HOYI：sʉgʉrləŋ

MRGL：ʃoroŋgo

OLGY：sulin

圆形的
HOYI：mohol
MRGL：mohor
OLGY：moholin

细碎的
HOYI：ʉrʉdəl
MRGL：butarke
OLGY：urtul

方的
HOYI：dəbbəldʑiŋ
MRGL：durbuldʑin、tukkur
OLGY：kiraŋdʑik

粗鲁的
HOYI：dəəpʉ
MRGL：buduulig
OLGY：butun

长的
HOYI：nonom
MRGL：nonim、onime
OLGY：ŋoniam、onim

厚的
HOYI：diram
MRGL：derem
OLGY：deram

短的
HOYI：ʉrʉŋkʉŋ
MRGL：urumkun
OLGY：uruŋkun

薄的
HOYI：nəmikʉŋ
MRGL：nəmi
OLGY：nəmkun

粗的
HOYI：baruguŋ
MRGL：bargun、dereme
OLGY：deram

宽的
HOYI：əŋŋə
MRGL：urgun
OLGY：əŋgə

细的
HOYI：narihuŋ、nəmmi
MRGL：narin、nəmikun
OLGY：narikun、nəmkʉŋ

窄的
HOYI：datʃʃi
MRGL：ʃilimkun
OLGY：ʃilimku

远的
HOYI：goro
MRGL：goro
OLGY：goro

近的
HOYI：daga
MRGL：daga
OLGY：daga

多的
HOYI：baraaŋ
MRGL：əgdi
OLGY：kətə

少的
HOYI：hondo
MRGL：asukun
OLGY：uwuku

直的
HOYI：ʃiiggəŋ
MRGL：təbʃi
OLGY：ŋuuŋna

弯的
HOYI：motʃʃehu
MRGL：moʃege
OLGY：mogtʃeku

横的
HOYI：sʉldʉ
MRGL：kunduluŋ
OLGY：əwənkəki

竖的
HOYI：goldo
MRGL：taʃu
OLGY：hərgiʃkəki

平的
HOYI：tətʃʃə
MRGL：təgʃi
OLGY：ʤabkona、dəgʃi

曲的
HOYI：mokke
MRGL：morkoldun
OLGY：ʃogtʃokin

陡的
HOYI：hadde
MRGL：kurute
OLGY：heeta

正的
HOYI：tətʃʃə
MRGL：təkʃi
OLGY：ŋuŋnə

歪的

HOYI：motʃʧehu

MRGL：mogʤihi

OLGY：oʤo

软的

HOYI：dəjə

MRGL：dujə

OLGY：dəji

轻的

HOYI：ənikkʉŋ

MRGL：ənin

OLGY：inimkun

弱的

HOYI：əbar

MRGL：həwər

OLGY：nialbur

重的

HOYI：ʉggʉddi

MRGL：uurku

OLGY：urgə

明亮的

HOYI：（ilaŋʃi）nəəriŋ

MRGL：nərin

OLGY：hemohi

强的

HOYI：mandi、hat

MRGL：kataŋga

OLGY：manni

阴的

HOYI：tuhsuhe、bʉhhʉg

MRGL：tugsutsi

OLGY：tuuhu

硬的

HOYI：hata

MRGL：kata

OLGY：katakin

红的

HOYI：uliriŋ

MRGL：ularin

OLGY：holarin

懦弱的

HOYI：moŋjir

MRGL：dujə

OLGY：həʧəʧə

黄的

HOYI：ʃiŋariŋ

MRGL：ʃiŋirin

OLGY：ʃiŋarin

蓝的
HOYI：ʃilaŋ、həhə
MRGL：kuku
OLGY：ʧiuririn

白的
HOYI：giltariŋ
MRGL：bagdirin
OLGY：bagdarin

黑的
HOYI：honnoriŋ
MRGL：konnorin
OLGY：konnorin

青的
HOYI：jaʧiŋ
MRGL：kuku
OLGY：ʧuuririn

绿的
HOYI：ʧʉʉtʉriŋ
MRGL：nogon
OLGY：ʧuurirən

黄的
HOYI：ʃeŋariŋ
MRGL：ʃiŋarin
OLGY：ʃiŋarin

花的
HOYI：iggaŋga
MRGL：ʦəʦəgən
OLGY：onjoʧi

稠的
HOYI：apuŋ、soorakta
MRGL：apugan
OLGY：apun

稀的
HOYI：ujan
MRGL：ujan、ʃigəŋ
OLGY：japu

满的
HOYI：ʥaluŋ
MRGL：ʥalun
OLGY：ʥalum

美丽的
HOYI：nandahaŋ
MRGL：gojo
OLGY：ajakakan

丑的
HOYI：boʥihi、ʉrʉhəjə
MRGL：ərukən
OLGY：ərukən

胖的
HOYI：burgu
MRGL：burgu
OLGY：burgu

肥的
HOYI：iildiʃi
MRGL：iilditsi
OLGY：iilditʃi

瘦的
HOYI：jaŋdaŋ
MRGL：toromke
OLGY：toron

很瘦的
HOYI：gaŋga
MRGL：gaŋgahu
OLGY：gaŋgar

干净的
HOYI：arukkuŋ
MRGL：arukan
OLGY：tʃiste

难看的
HOYI：ərʉhəjə
MRGL：əruməjə
OLGY：ərukəjə

害羞的
HOYI：alʤimuddi、ilintmʉ
MRGL：alʣike
OLGY：halʤike

可怜的
HOYI：gʉʤəje
MRGL：mulani
OLGY：guʤəji

正经的
HOYI：tondo
MRGL：bərəmi
OLGY：bərəm

温柔的
HOYI：dəjəkkʉŋ
MRGL：dujəkun
OLGY：dujukun

亲切的
HOYI：dakke
MRGL：dujə
OLGY：dagake

结实的
HOYI：adduŋ
MRGL：buku
OLGY：minni

可爱的
HOYI：gʉʥəmʉddi
MRGL：guʥəji
OLGY：ajakutʃun

讨厌的
HOYI：galmu、ʥiwʉʃi
MRGL：ʣəgutsi
OLGY：itʃimeki

脏的
HOYI：leebur
MRGL：buʥar
OLGY：niaŋra

老的
HOYI：sadde
MRGL：sagde、əgdi
OLGY：sagdi

年轻的
HOYI：ojoŋ
MRGL：ʥalu
OLGY：ədər

雄的
HOYI：ədi
MRGL：ədi
OLGY：ʃeru

雌的
HOYI：adi
MRGL：aʃe
OLGY：niami

好的
HOYI：aja
MRGL：aja
OLGY：aja

坏的
HOYI：ərʉ
MRGL：əru
OLGY：əru

快的
HOYI：tʉggʉŋ
MRGL：digar
OLGY：hiima

慢的
HOYI：naŋa
MRGL：aali
OLGY：arakun

干的
HOYI：olgohoŋ
MRGL：olgokon
OLGY：olgokon

湿的
HOYI：olokkoŋ
MRGL：olokun
OLGY：olabkun

锋利的
HOYI：səbbiŋ
MRGL：əməri
OLGY：əmər

钝的
HOYI：mumur
MRGL：moko
OLGY：hiiwan

圆的
HOYI：murliŋ
MRGL：bumburin
OLGY：tuŋuruk

四方的
HOYI：dəbbəldʒiŋ
MRGL：durbuldʑin
OLGY：mane、kiraŋdʑik

新的
HOYI：ikkiŋ
MRGL：irkəkin
OLGY：irkin、oomogta

旧的
HOYI：irəəttə
MRGL：agibti
OLGY：bələrgi

生的
HOYI：iʃihiŋ
MRGL：əʃikin
OLGY：əhikin

熟的
HOYI：irihiŋ
MRGL：irike
OLGY：irgi

麻利的
HOYI：səbbiŋ、tʉggʉŋ
MRGL：sərbin、kurtsa、
　　　　əməri
OLGY：sərbin、əmər

滑的
HOYI：baldiŋ
MRGL：məltsərin
OLGY：boltorin

早的
HOYI：əddə
MRGL：baldi
OLGY：ərdə

晚的
HOYI：delda
MRGL：oroj
OLGY：amanne

便宜的
HOYI：hinda
MRGL：kinda
OLGY：ʤiʃewle

困的
HOYI：aamamuddi
MRGL：aamatsike
OLGY：aamahi

难的
HOYI：bəkkə
MRGL：bərkə
OLGY：turutne

迟的
HOYI：dilda
MRGL：amandin
OLGY：amandin

容易的
HOYI：amal
MRGL：amurkaŋ
OLGY：pooltʃoʃi

假的
HOYI：ɵlɵɵhɵ
MRGL：uləku
OLGY：uləkə

普通的
HOYI：jəddindi
MRGL：məjin
OLGY：məjin

真的
HOYI：təʤi、ʉnənti
MRGL：təʣi、unəŋ
OLGY：təʤi

重要的
HOYI：ojoŋgo
MRGL：tsikula
OLGY：həgde

贵的
HOYI：hodaʃi
MRGL：tamatsi
OLGY：dorogoj

松的
HOYI：sola、sol
MRGL：sola
OLGY：tʃumku

紧的
HOYI：ʃiŋga
MRGL：tsiŋga
OLGY：abki

热的
HOYI：əhʉddi
MRGL：əku
OLGY：həku

冷的
HOYI：inigiddi
MRGL：iŋini
OLGY：iŋini

暖和
HOYI：namaddi
MRGL：nama
OLGY：niamahi

凉快的
HOYI：sərʉʉŋ
MRGL：səruun
OLGY：sərun

凉的
HOYI：bottaddi
MRGL：boktagdi
OLGY：bokti

酸的
HOYI：dasuŋ
MRGL：goti
OLGY：edarikin

臭的
HOYI：waaʃi
MRGL：uunutsi
OLGY：ŋoki

甜的
HOYI：antanʃi
MRGL：daldi
OLGY：saaharmuki

苦的
HOYI：goʃitta
MRGL：guti
OLGY：edarikin

辣的
HOYI：hʉkʉr、goʃi
MRGL：pəəritsi
OLGY：gotʃiki

咸的
HOYI：doosoŋmohe
MRGL：soodo
OLGY：edarikin

香的
HOYI：ʉʉŋʉrʉŋ
MRGL：aja uunubti
OLGY：aja amtabti

香甜的
HOYI：antanʃi
MRGL：dalde
OLGY：ajamohi

空的
HOYI：ottog
MRGL：kooson
OLGY：itʃidək

痒的
HOYI：utumhe
MRGL：utunake

OLGY：utunihi

痛的
HOYI：ənʉnər
MRGL：ənunər
OLGY：ənunər

聪明的
HOYI：səggə
MRGL：sərgəg
OLGY：uumne

愚蠢
HOYI：ʃogol
MRGL：tənəg
OLGY：moonoʃka

笨的
HOYI：ʤʉŋgʉ
MRGL：ʤuŋgu
OLGY：ʤuntur

勤
HOYI：aʤalʃiŋ
MRGL：aʤaltsi
OLGY：okkin

懒
HOYI：ʃilkaŋ、ʃakkaŋ
MRGL：baani
OLGY：ənəŋgə

高兴的
HOYI：addamu
MRGL：uruŋgi
OLGY：uruŋgi

穷
HOYI：jadar、aaʃiŋ
MRGL：jadar
OLGY：ʤogori

富的
HOYI：bajiŋ、jəəməʃi

MRGL：bajan

OLGY：bajan

有趣的
HOYI：mojoʃi、jəənʉʃi

MRGL：ʃogtsi

OLGY：iniəmuki

静的
HOYI：naŋa

MRGL：səlun

OLGY：ʧərurihi

明的
HOYI：nəəriŋ

MRGL：nəərin

OLGY：ŋəərin

乱的
HOYI：pashoŋ

MRGL：pasun

OLGY：pasukun

等同的
HOYI：təəre

MRGL：adali

OLGY：urəlde

忙的
HOYI：uutaahe

MRGL：jaaru

OLGY：uutaki

不同的
HOYI：taʃeeŋ

MRGL：əʃiŋ adali

OLGY：taʃen

喧闹的
HOYI：paggeŋ

MRGL：ʃagen

OLGY：uʧuniki

光荣
HOYI：ilagaŋga

MRGL：ilagana

OLGY：ilana

危险的
HOYI：nəŋəriddi

MRGL：nəəlmugdi

OLGY：nəəliki

伟大
HOYI：əddʉŋgə

MRGL：əgdəŋgə

OLGY：həgdəŋgə

能干的
HOYI：ətəŋgə
MRGL：naka
OLGY：giroji

勇敢的
HOYI：meegaŋʃi
MRGL：meewantsi
OLGY：meewantʃi

积极的
HOYI：idəbhiʃi
MRGL：idəbkiʃi
OLGY：ajabki

先进的
HOYI：ʥiʃeʃi
MRGL：turutsi
OLGY：ʥuləbkin

落后的
HOYI：mampa

MRGL：manun
OLGY：hontolduk

反动的
HOYI：tərsʉŋ
MRGL：moʥigut
OLGY：karhan

矮的
HOYI：lata
MRGL：lata
OLGY：lataŋgar

凹的
HOYI：hotgor
MRGL：kotgor
OLGY：kotgor

凸的
HOYI：gʉdgʉr
MRGL：gudgur
OLGY：gudgur

5. 动词

看
HOYI：iʃi-
MRGL：itsi-
OLGY：itʃə-

让看
HOYI：iʃiwʉhə-
MRGL：itsiwukə-
OLGY：itʃəwukə-

看见
HOYI：iʃim baha-
MRGL：itsim baka-
OLGY：itʃim baka-

喝
HOYI：imo-
MRGL：imi-
OLGY：im-

问候
HOYI：aja aŋu-
MRGL：aja mədə-
OLGY：aja haŋu-

醉
HOYI：sotto-
MRGL：sokto-
OLGY：sokto-

吵闹
HOYI：saagildi-
MRGL：ʃaageldi-
OLGY：kuhildi-

饱
HOYI：ələ-
MRGL：ugi-
OLGY：ajuwu-

闭（闭眼）
HOYI：nində-
MRGL：nimdi-
OLGY：bali-

饿
HOYI：ʤəmʉ-
MRGL：ʥəmu-
OLGY：ʤəmu-

听
HOYI：dooldi-
MRGL：dooldi-
OLGY：dooldi-

渴
HOYI：aŋka-
MRGL：umuli-
OLGY：ommo-

吃
HOYI：ʥib-
MRGL：ʥəb-
OLGY：ʃilu-

咬（人）
HOYI：hihi-
MRGL：kiki-
OLGY：kiki-

咬（动物）
HOYI：amma-
MRGL：amŋa-
OLGY：amuŋa-、amŋa-

嚼
HOYI：nannaʃi-
MRGL：ʃii-
OLGY：ʃee-

舔
HOYI：ilhə-
MRGL：ilə-、tsibo-
OLGY：sala-

含
HOYI：amma-、moho-
MRGL：moko-
OLGY：amga-

啃
HOYI：muldʑi-、həŋirə-
MRGL：kəmilə-
OLGY：kaŋi-

吞
HOYI：niŋʉ-
MRGL：nimŋə-
OLGY：nimu-

咽
HOYI：niŋi-
MRGL：
OLGY：

吐（吐口水）
HOYI：tomi-
MRGL：toma-
OLGY：tomi-

呕吐
HOYI：iʃiri-
MRGL：isəri-
OLGY：ihə-

吹（吹火）
HOYI：ʉʉgʉ-
MRGL：huubu-、ujlə-
OLGY：hʉʉwʉ-

说
HOYI：dʑiŋdʑi-
MRGL：dudʑi-
OLGY：tuurə-

交流
HOYI：dʑiŋdʑildi-
MRGL：dudʑildi-
OLGY：tʉʉrəmətʃi-

叫

HOYI：əəri-

MRGL：əəri-

OLGY：eeri-

读

HOYI：əəri-

MRGL：taŋi-

OLGY：taŋa-

喊

HOYI：wakkira-

MRGL：barkira-

OLGY：təbkə-

叫喊

HOYI：hoshi-、hooŋe-

MRGL：gogo-、kooŋia-

OLGY：gogo-、kooŋi-

闻（嗅）

HOYI：ʉʉŋʃi-

MRGL：unnut-

OLGY：amta-

吸

HOYI：əri-、ərgələ-

MRGL：əri-

OLGY：nobko-

打喷嚏

HOYI：itʃtʃini-

MRGL：najta-

OLGY：iʃinib-

咳嗽

HOYI：ʃiiŋki-

MRGL：ʃiimki-

OLGY：ʃiimkib-

打哈欠

HOYI：θwəʃi-

MRGL：əbsəj-

OLGY：ʤogonib-

打饱嗝

HOYI：həhərə-

MRGL：kəkər-

OLGY：kəkrə-

打嗝

HOYI：ʤokdo-

MRGL：ʤogni-

OLGY：ʤogonib-

决定

HOYI：totto-、ʃiidə-

MRGL：togto-

OLGY：gunət-

允许
HOYI：tooho-、ooʃi-
MRGL：ʥalitsi-
OLGY：mooʃi-

捉拿
HOYI：bohi-、ʥawa-
MRGL：ʥawa-
OLGY：ʥawa-

拒绝
HOYI：anabu-
MRGL：əʃiŋ ala-
OLGY：nina-

接触
HOYI：naakki-
MRGL：dawari-
OLGY：koŋkoldi-

赞成
HOYI：həənnə-、təʥiʃibʉ-
MRGL：kəənnə-
OLGY：mooʃi-

受、领、接
HOYI：ali-、tooggo-
MRGL：ali-、alim ga-
OLGY：alim ga-

化妆
HOYI：gooŋgolo-、janʥila-
MRGL：ʥasa-
OLGY：das-

抱
HOYI：hʉmʉli-
MRGL：kumli-
OLGY：kumli-、tʃakel-

拿（拿书）
HOYI：ga-
MRGL：tawa-
OLGY：təwələ-

缝
HOYI：ʉldi-
MRGL：uldi-
OLGY：ulli-

拿出
HOYI：jʉʉgʉ-
MRGL：juugu-
OLGY：juuwu-

缉
HOYI：ʃiʥi-
MRGL：ʃiʥi-
OLGY：ʃiʥi-

绷

HOYI：tokki-

MRGL：tobki-

OLGY：tobki-

搓（搓绳子）

HOYI：tomo-

MRGL：tomko-

OLGY：tomka-

织

HOYI：nəhə-、nəkə-

MRGL：nəkə-

OLGY：namki-

撕（撕纸）

HOYI：ura-

MRGL：uri-

OLGY：təkali-

担、扛

HOYI：miirlə-、damʤila-

MRGL：miirlə-

OLGY：ini-

拧（拧毛巾）

HOYI：ʃirə-

MRGL：ʃirə-

OLGY：ʃirə-

拍（拍桌子）

HOYI：aggada-

MRGL：algida-

OLGY：tabta-

拧（拧螺丝）

HOYI：mokki-

MRGL：moski-

OLGY：morki-

握（握刀把）

HOYI：naallada-、ʤawa-

MRGL：ʤawa-

OLGY：batika-、ʤawa-

拾（拾起）

HOYI：tewe-

MRGL：tuŋkə-、orob-

OLGY：tuŋkə-、ŋalik-

摘（摘果子）

HOYI：mʉli-

MRGL：tawu-

OLGY：muli-、ga-

提（用手提）

HOYI：naalla-

MRGL：naalla-

OLGY：ŋaallada-

扔（丢弃）
HOYI：nuuda-
MRGL：nooda-
OLGY：nooda-

丢
HOYI：əmmə-
MRGL：əmə-
OLGY：saamini-

撒
HOYI：sasu-
MRGL：tsatsu-
OLGY：uŋku-

掷（掷石头）
HOYI：ʤoldo-
MRGL：ʃidə-
OLGY：nooda-、ʤoldo-、
　　　　garanda-

伸（伸手）
HOYI：sooni-
MRGL：sonni-
OLGY：ʃirun-

拉（向前拉）
HOYI：taa-
MRGL：taa-
OLGY：taa-

推
HOYI：ana-
MRGL：ana-
OLGY：anna-

踢
HOYI：pəshələ-
MRGL：soŋi-
OLGY：sogin-

跪
HOYI：mikki-
MRGL：mirki-
OLGY：əngəb-

踩
HOYI：əhi-
MRGL：əkig-
OLGY：tuutʃə-

跳
HOYI：totʃtʃa-
MRGL：tsobkor-
OLGY：tuha-

站
HOYI：ili-
MRGL：ili-
OLGY：il-

上
HOYI：tʉttʉgə-
MRGL：tugti-
OLGY：tugti-

骑（骑马）
HOYI：ugu-
MRGL：ugu-
OLGY：ugu-

上升
HOYI：ʉgiʃihilə-
MRGL：juu-
OLGY：juu-

走
HOYI：aggaʃi-、ʉli-
MRGL：alku-、uli-
OLGY：girku-

下
HOYI：əwə-
MRGL：əwə-
OLGY：əwə-

踏
HOYI：əhilə-
MRGL：əki-
OLGY：həki-

落（往下落）
HOYI：tihi-
MRGL：boo-
OLGY：tig-

躺下
HOYI：hʉləə-
MRGL：kuləə-
OLGY：aahi-

跨（横跨）
HOYI：aktala-
MRGL：toksa-
OLGY：girab-

跑
HOYI：ʉttʉli-
MRGL：togsa-
OLGY：gugtʃə-

跨越
HOYI：dawa-
MRGL：dawa-
OLGY：dawa-

坐
HOYI：təgə-
MRGL：təgə-
OLGY：təgə-

趴

HOYI：hʉmmi-
MRGL：mitsi-
OLGY：tʉtʉhi-

背

HOYI：iiŋi-
MRGL：uuri-
OLGY：dəgdə-

背（背小孩）

HOYI：ʥiʥa-
MRGL：bəmbu-
OLGY：ini-

钻（钻进）

HOYI：hudri-、ʃiggu-
MRGL：kudri-
OLGY：ii-、gulduri-

倒下去

HOYI：tihi-
MRGL：tiki-
OLGY：tig-

爬（虫子爬）

HOYI：hʉli-
MRGL：kulgi-
OLGY：kuli-

爬（人爬）

HOYI：mikki-
MRGL：mirki-
OLGY：tutu-

靠（人靠在树上）

HOYI：nalu-、tʉʃi-
MRGL：dəli-
OLGY：ujo-

住（住在家里）

HOYI：təgə-、aaŋa-
MRGL：təgə-
OLGY：aaŋa-

休息

HOYI：amra-
MRGL：amra-
OLGY：dərəmki-

睡

HOYI：aaʃi-
MRGL：aaʃi-
OLGY：aama-

醒（睡醒）

HOYI：səri-
MRGL：səri-
OLGY：meel-

干、做
HOYI：oo-
MRGL：oo-
OLGY：oo-

上班、劳动
HOYI：gəbbələ-、oo-
MRGL：gərbə-
OLGY：gərbə-

修理
HOYI：ʤuha-、dasa-
MRGL：ʤasa-
OLGY：ʤuka-

系
HOYI：ʉji-
MRGL：ugi-
OLGY：ugi-

解开
HOYI：bəri-
MRGL：bəri-
OLGY：log-

连接
HOYI：ʃira-、ʉji-
MRGL：ʤalga-、uji-
OLGY：ʃiru-、uji-

弄断
HOYI：pʉʃit-
MRGL：tuʧibu-
OLGY：tuʧibu-

烧
HOYI：dalga-
MRGL：ʤəgdi-
OLGY：ʤəgdi-

燃烧
HOYI：lʉggi-
MRGL：lurgi-
OLGY：lurgi-

搬运
HOYI：ʤʉgʉ-
MRGL：ʤugu-
OLGY：ʤuwu-

搬（搬家）
HOYI：nʉʉlgi-
MRGL：nuu-、iro-
OLGY：nuulgə-

抬（两人抬）
HOYI：ʉggiri-
MRGL：uguri-
OLGY：ŋaalgat-

挑（肩上）
HOYI：daŋʤila-
MRGL：damna-
OLGY：danna-

发芽
HOYI：sojolo-
MRGL：sojolo-
OLGY：sojag-

犁（犁地）
HOYI：aŋʤisula-
MRGL：təkəli-
OLGY：təkəl-

生长
HOYI：uggu-、baldi-
MRGL：orgu-
OLGY：baldi-

挖（挖洞）
HOYI：ɬlə-、malta-
MRGL：ulə-
OLGY：ulə-

开花
HOYI：iggala-
MRGL：ilgala-
OLGY：oniorbu-

种植
HOYI：tari-
MRGL：tari-
OLGY：tari-

结果
HOYI：omolo-、iri-
MRGL：təgə-
OLGY：teewu-

栽培
HOYI：təgəwɬhə-
MRGL：ʣeela-
OLGY：təgəwubkə-

割（割稻）
HOYI：hadi-
MRGL：kadi-
OLGY：koʃi-

浇（浇菜）
HOYI：өŋkə-
MRGL：ɬŋkə-
OLGY：ola-

拔（拔草）
HOYI：sogo-、tawa-
MRGL：tawa-、ʣolgo-
OLGY：iskəlʤi-

春
HOYI：nʉhʉ-
MRGL：pitsala-
OLGY：nuku-、tʃabtʃa-

砍（砍树）
HOYI：satʃtʃi-
MRGL：sabtʃi-、aldi-
OLGY：tʃabtʃi-、togto-

晒（太阳晒）
HOYI：hagri-
MRGL：kagri-
OLGY：kaa-

劈开
HOYI：dəlki-
MRGL：dəlbərgə-
OLGY：sogtʃa-

干
HOYI：olgo-
MRGL：olgo-
OLGY：olgo-

劈（劈柴）
HOYI：dəlpəət-
MRGL：təkel-
OLGY：iwak-

干枯
HOYI：ʤottog-
MRGL：kagdi-
OLGY：kutʃu-

放牧
HOYI：adola-
MRGL：adola-、pasdi-
OLGY：onni-

枯萎
HOYI：hokkoro-、nahu-
MRGL：kobkoro-
OLGY：neenuŋ-

吃草
HOYI：oŋko-
MRGL：oŋko-
OLGY：oŋko-

烂（瓜果烂了）
HOYI：mʉnə-、ilʤig-
MRGL：munu-
OLGY：mumu-

牵（牵牛）
HOYI：hʉtlə-、əggə-
MRGL：əlgə-
OLGY：əlgə-

养
HOYI：iggi-
MRGL：irgi-
OLGY：irgi-

数（数东西）
HOYI：taŋi-
MRGL：taŋi-
OLGY：taŋa-

宰杀
HOYI：ʉgtʃi-
MRGL：ugutʃi-
OLGY：ugtʃi-

算（计算）
HOYI：bodo-
MRGL：bod-
OLGY：taŋʥi-

量、称
HOYI：həŋʥələ-、giŋlə-
MRGL：kəmʥi-、ʥinnə-
OLGY：meeri-、dəŋsələ-

称（称东西）
HOYI：giŋlə-
MRGL：ʥinnə-
OLGY：dəŋsələ-

钓
HOYI：əmhəŋdə-
MRGL：uudi-
OLGY：ollomot-

教
HOYI：ʃilba-
MRGL：tsirba-
OLGY：tʃilba-

买
HOYI：ʉniim ga-
MRGL：gada-
OLGY：gada-

教育
HOYI：tatiga-
MRGL：tatiga-、sorga-
OLGY：tatiga-

卖
HOYI：ʉnii-
MRGL：unii-
OLGY：unii-

学
HOYI：tati-
MRGL：tati-
OLGY：tati-

写
HOYI：ʤori-、ara-
MRGL：bitsi-
OLGY：dog-

改（改正）
HOYI：dasa-
MRGL：ʣasa-
OLGY：ʤuka-

迷（迷路）
HOYI：təəri-
MRGL：təəri-
OLGY：ukee-、maŋke-

贴（贴标语）
HOYI：lattaga-
MRGL：nama-
OLGY：nama-

怀疑
HOYI：təlilə-
MRGL：səʣiglə-
OLGY：təlilə-、əʤew təʤaʃi-

烹调
HOYI：hʉkkʉ-
MRGL：kurku-
OLGY：kurku-

擦
HOYI：awa-
MRGL：ati-
OLGY：awa-

煮
HOYI：ələə-
MRGL：ulə-
OLGY：ulə-、bilga-

搔
HOYI：oʃi-
MRGL：oʃi-
OLGY：ohi-

熟
HOYI：iri-
MRGL：iri-
OLGY：ir-

胀
HOYI：həwə-
MRGL：kəpə-
OLGY：maariwu-

扬（茶）
HOYI：samra-
MRGL：samar-
OLGY：samara-

蒸
HOYI：dʑinnʉ-
MRGL：dʑinnə-
OLGY：dʑənnə-

剔肉剥皮
HOYI：goo-、əbtʃi-
MRGL：goo-、mii-
OLGY：goo-、ʃilu-

烤
HOYI：ʃila-
MRGL：dʑəgdi-
OLGY：ʃilat-

剁（剁肉）
HOYI：dʑigi-
MRGL：dʑigi-
OLGY：togto-

烤（烤衣服）
HOYI：olgi-
MRGL：olgiraŋ
OLGY：dalgat-

扒羊皮
HOYI：iigi-
MRGL：iigi-
OLGY：hidʑdʑi-

烤（烤火）
HOYI：hagri-
MRGL：karira-、namili-
OLGY：dalgat-

剪
HOYI：heeʃila-
MRGL：kajtsila-
OLGY：kibtila-

杀
HOYI：waa-
MRGL：waa-
OLGY：waa-

刺
HOYI：akki-
MRGL：arki-
OLGY：ʃiib-

切（切菜）
HOYI：dʑigi-
MRGL：mii-、kərtsi-
OLGY：tʃiku-

扎（用扎枪）
HOYI：gidla-
MRGL：gidala-
OLGY：ʃiib-

弄碎
HOYI：pisla-
MRGL：nitsala-
OLGY：dʉgtʉ-

插
HOYI：ʃiʃi-、harku-
MRGL：karku-
OLGY：karku-、igəhi-

磨（磨刀）
HOYI：iigʉ-
MRGL：hiibə-
OLGY：ʤəju-

磨（磨米）
HOYI：ində-
MRGL：mələti-
OLGY：urku-

渡
HOYI：ədəl-
MRGL：ədəl-
OLGY：hədə-

穿（穿衣服）
HOYI：təti-
MRGL：təti-
OLGY：tət-

戴（戴帽子）
HOYI：aawala-
MRGL：aawula-
OLGY：aawula-

脱（脱衣服）
HOYI：luhu-
MRGL：bəri-
OLGY：log-

捲（捲衣服）
HOYI：ʉhʉ-
MRGL：ʃimolo-、səku-
OLGY：tibtə-

洗
HOYI：ʃikki-
MRGL：ʃilki-
OLGY：ʃilki-

漱
HOYI：bolok-
MRGL：bolok-
OLGY：bolok-

洗澡
HOYI：olbo-
MRGL：olbo-
OLGY：olbo-

剃（剃头）
HOYI：handa-
MRGL：handa-
OLGY：osʤi-

扫（扫地）
HOYI：əsʉ-
MRGL：ʃuurdə-、katsi-
OLGY：miʃi-

染（染衣服）
HOYI：bodo-
MRGL：bod-
OLGY：giraski-

扫除
HOYI：arukkuwa-
MRGL：katsibu-
OLGY：arabka-、ʃilku-

补（补衣服）
HOYI：saŋa-
MRGL：saŋa-
OLGY：uldu-

开（开门）
HOYI：naŋi-
MRGL：səku-
OLGY：nii-

梳（梳头）
HOYI：igda-
MRGL：igdi-
OLGY：igdi-

开（开灯）
HOYI：təŋki-
MRGL：təŋki-
OLGY：təŋki-、nol-

编（编辫子）
HOYI：nəhə-
MRGL：guru-
OLGY：ulga-

闭（闭灯）
HOYI：ʃiigʉ-
MRGL：ʃiigu-、tirə-
OLGY：sam-

铺（铺床）
HOYI：səttə-
MRGL：səktə-
OLGY：girki-

关（关门）
HOYI：tiri-
MRGL：tirə-
OLGY：tirə-、sam-

揭（揭开盖子）

HOYI：waha-、ga-

MRGL：waka-、ga-

OLGY：ga-

掩盖

HOYI：ahu-、dalu-

MRGL：dalu-、dʑiji-

OLGY：dahe-

放

HOYI：tii-

MRGL：tii-、tiwi-

OLGY：tii-

放（放置）

HOYI：nəə-

MRGL：nəə-

OLGY：nəə-

挂（挂在墙上）

HOYI：goholo-

MRGL：gokolo-

OLGY：gokolo-

结、栓

HOYI：ʉji-

MRGL：uju-

OLGY：uji-

卷

HOYI：ʉhʉ-

MRGL：əbkə-

OLGY：tʃakil-

解（解绳结）

HOYI：bəri-

MRGL：bəri-

OLGY：bəri-、lok-

脱开

HOYI：bultag-

MRGL：bultag-、tii-

OLGY：tiimut-

包（包糖）

HOYI：əkkə-

MRGL：əbkə-

OLGY：əbkə-、tʃaki-

捆

HOYI：ʉji-

MRGL：uju-

OLGY：hərkə-

勒紧

HOYI：ʃiŋgala-

MRGL：tsiŋgala-

OLGY：abki-

敲
HOYI：tonto-、tokʃi-
MRGL：tonto-、sukə-
OLGY：toŋko-

装（装进袋里）
HOYI：təwə-
MRGL：təwə-
OLGY：təwə-

塞入
HOYI：ʃitʃtʃi-
MRGL：ʃibtsi-
OLGY：ʃibtʃi-

塞住
HOYI：likki-
MRGL：libki-
OLGY：libki-

吊
HOYI：əlgʉ-
MRGL：əlgu-
OLGY：ələbgu-

埋怨
HOYI：gəgəni-
MRGL：gəmtsi-
OLGY：gəməni-

埋（埋物）
HOYI：bula-
MRGL：bula-
OLGY：umi-、imaa-

压碎
HOYI：nisag-
MRGL：nisag-、əbdu-
OLGY：pitʃara-

压（往下压）
HOYI：tiri-
MRGL：tiri-
OLGY：tiri-

起床
HOYI：jʉʉ-
MRGL：ili-
OLGY：təgə-

回头
HOYI：oggi-
MRGL：ərgi-
OLGY：orgi-

挑选
HOYI：ʃili-
MRGL：ʃili-
OLGY：ʃinma-

堆（堆积泥土）

HOYI：owolo-

MRGL：obolo-

OLGY：omju-

钉（钉钉子）

HOYI：tikkə-

MRGL：gada-

OLGY：togohoʤi-

顶

HOYI：tugga-

MRGL：tula-

OLGY：tulga-

顶替

HOYI：orlo-

MRGL：orlo-

OLGY：orlo-

要（我要这个）

HOYI：ga-

MRGL：ga-

OLGY：ga-

得（得到）

HOYI：baha-

MRGL：baka-

OLGY：baka-、bak-

收（收回来）

HOYI：gaʤiggi-、oroo-

MRGL：oro-、oroob-

OLGY：əmug-

遗失

HOYI：əmmə-

MRGL：əmə-

OLGY：sammiwu-

寻找

HOYI：gələə-

MRGL：gələgtə-

OLGY：gələgti-

使用

HOYI：bajtala-、tahura-

MRGL：bajtala-

OLGY：bajtala-、naada-

玩耍

HOYI：ʉgii-

MRGL：ugi-

OLGY：əwi-

赢

HOYI：gəbbə-

MRGL：dabdi-

OLGY：kaji-

输
HOYI：gəbbəwʉ-
MRGL：dabdu-
OLGY：kiju-

回答
HOYI：atʃʃabula-、harula-
MRGL：karula-
OLGY：tuurab-

求
HOYI：gələə-
MRGL：gələə-
OLGY：gələə-

劝说
HOYI：haʃege-
MRGL：kaʃigi-
OLGY：ʃika-

接受
HOYI：tooggo-、ali-
MRGL：ali-
OLGY：alim ga-

唱
HOYI：ʤaanda-
MRGL：dabla-
OLGY：haagi-、hagi-

模仿
HOYI：alama-
MRGL：ʤaragta-
OLGY：alma-、tat-

跳舞
HOYI：əhilə-
MRGL：buʤiglə-
OLGY：ike-

比较
HOYI：ʤʉʉrilə-、təərelə-
MRGL：adalika-
OLGY：ʉrəət-

旅游
HOYI：təhəri-、ʉgii-、ʉli-
MRGL：təkəri-、ugibu-
OLGY：əwib-

引用
HOYI：təʃilə-
MRGL：taa-
OLGY：taa-

过年
HOYI：anela-
MRGL：ʦagala-
OLGY：piraʃnik-

打猎
HOYI：bəjʉ-、awala-
MRGL：bəjub-
OLGY：bəju-、duktə-

瞎说
HOYI：baltʃi-
MRGL：baltsi-
OLGY：baltʃi-

包围
HOYI：bʉslə-
MRGL：buslə-
OLGY：koroljik-

赠送
HOYI：ʤawawuha-
MRGL：bələglə-
OLGY：iraa-

射
HOYI：gappa-
MRGL：həədə-
OLGY：garpa-

给
HOYI：bʉʉ-
MRGL：buu-
OLGY：buu-

中
HOYI：naat-
MRGL：naab-
OLGY：nabka-

借给
HOYI：atʃtʃimbu-
MRGL：agsambu-
OLGY：sajmimbu-

问
HOYI：aŋu-
MRGL：sura-
OLGY：haŋu-

借
HOYI：atʃtʃi-
MRGL：agsa-
OLGY：sajmi-

胡扯
HOYI：soltʃi-
MRGL：soltʃi-
OLGY：soltʃi-

还（还钱）
HOYI：tami-、bʉʉggi-
MRGL：motʃob-
OLGY：motʃom buu-

送
HOYI：ooʃi-、iraa-
MRGL：eʃewu-
OLGY：hədəwu-

命令
HOYI：ʃilbagga-
MRGL：ʃirbat-
OLGY：tədəwu-

禁止
HOYI：haadiʃ-、iliwu-
MRGL：kori-
OLGY：kaje-

道歉
HOYI：alabu-
MRGL：saambu-
OLGY：doromo-

代理
HOYI：orlo-
MRGL：orlo-
OLGY：gərbiwu-

嫁
HOYI：ʉjʉ-、nini-
MRGL：uju-
OLGY：huja-

娶
HOYI：ʉjʉmʉ-、ga-
MRGL：ujumu-
OLGY：hujabu-

告诉
HOYI：ʃilba-
MRGL：ʃilbat-
OLGY：tətəwkə-

帮助
HOYI：ajaʃila-
MRGL：tusala-
OLGY：bələt-

救（救人）
HOYI：awara-
MRGL：awara-
OLGY：awara-

医治
HOYI：dasa-、ʥuha-
MRGL：ʣasa-
OLGY：dasa-

留下
HOYI：ʉlə-、duta-
MRGL：uldu-
OLGY：duta-、naa-

够
HOYI：eʃe-
MRGL：etse-
OLGY：etʃe-

加
HOYI：aawi-
MRGL：nəmə-
OLGY：haawi-

需要
HOYI：hərətʃtʃə-
MRGL：kərəgtsə-
OLGY：kərəgtʃə-

减
HOYI：aala-
MRGL：koro-
OLGY：uuku-

愿意
HOYI：taal-、ajawu-
MRGL：dorolo-
OLGY：dumee-

排，摆
HOYI：miirlə-
MRGL：ʥərgətsə-
OLGY：miirlə-

发（发工资）
HOYI：tii-、buu-
MRGL：tii-
OLGY：tama-

欠
HOYI：tambu-
MRGL：uritu-
OLGY：kotoʃi-

分
HOYI：uusa-
MRGL：dilii-
OLGY：borildi-

赔偿
HOYI：tama-
MRGL：tama-
OLGY：tama-

分配
HOYI：tawa-
MRGL：kawa-
OLGY：borildi-

等候
HOYI：alaaʃi-
MRGL：alaatsi-
OLGY：alaaʃi-

遇见
HOYI：bahaldi-
MRGL：bakaldi-
OLGY：bakaldi-

骂
HOYI：niŋi-
MRGL：tuurə-
OLGY：ʤarag-

打
HOYI：monda-
MRGL：təpu-
OLGY：tanda-

打架
HOYI：dʉttʉldi-
MRGL：sukəsəldi-
OLGY：kuhildi-

打仗
HOYI：apuldi-
MRGL：təbuʃildi-
OLGY：kuhildi-

打（打人）
HOYI：ʤoggolo-
MRGL：dukə-
OLGY：dugtə-

汲
HOYI：taa-
MRGL：urku-
OLGY：soko-

逃
HOYI：sosa-
MRGL：tutuli-
OLGY：sutʃa-

追（追上）
HOYI：asa-
MRGL：ʤira-
OLGY：aka-

赶（驱赶）
HOYI：taʃi-
MRGL：taʃi-
OLGY：aaga-

抢
HOYI：tii-
MRGL：tii-
OLGY：tida-

剥
HOYI：ilaa-、hooli-
MRGL：kobko-
OLGY：ulga-

剥削
HOYI：gəʤʉ-、məlʤə-
MRGL：mulʥi-
OLGY：higʤi-、ʥibʤi-

偷
HOYI：huluhu-
MRGL：kolak-
OLGY：ʥormo-

骗
HOYI：ələəhəʃi-
MRGL：məkələ-
OLGY：uləkib-

痛苦、苦恼
HOYI：ʥogo-
MRGL：ʣobo-
OLGY：aba-

笑
HOYI：nəttə-
MRGL：inəgtə-
OLGY：iniə-

哭
HOYI：soŋo-
MRGL：soŋo-
OLGY：soŋo-、ʧəwni-

注意
HOYI：alabu-
MRGL：bodogo-、kitsə-
OLGY：sərəŋʧə-

记住
HOYI：həŋgərlə-、əʥi-
MRGL：tsəəʥilə-
OLGY：ənə omgo-、əʥi-

爱（爱小孩 ）
HOYI：gʉʤə-
MRGL：mola-
OLGY：koŋaka-

爱
HOYI：ajawu-、dorla-
MRGL：ajawu-
OLGY：ajawu-

祷告
HOYI：ʥalbira-
MRGL：ʣalbira-
OLGY：ajaŋkib-

拜神
HOYI：mʉggʉ-
MRGL：murgu-
OLGY：nəŋə-

喜欢

HOYI：əjəʃi-
MRGL：dʑaliʃi-
OLGY：ajawu-

嫌厌

HOYI：gala-、ikke-
MRGL：golo-
OLGY：kiriŋə-

腻、厌

HOYI：aha-
MRGL：nirgil-
OLGY：immə-

成功

HOYI：bʉt-
MRGL：butu-
OLGY：ətə-

发臭

HOYI：mʉnʉ-
MRGL：munu-
OLGY：munu-

为难

HOYI：mogo-
MRGL：dʑobo-
OLGY：turut-

操心

HOYI：dʐogohi-
MRGL：dʑudərə-
OLGY：ŋəəŋi-

放心

HOYI：amra-、tiimʉ-
MRGL：tiimu-
OLGY：təgəni-

相信

HOYI：tədʑigi-
MRGL：itəh-
OLGY：tədʑaʃi-

知道

HOYI：saa-
MRGL：saa-
OLGY：saa-

贪望

HOYI：əjəʃi-
MRGL：gorila-
OLGY：gaagala-

疼

HOYI：ənʉ-
MRGL：ənu-
OLGY：ənu-

懂

HOYI：gʉʉ-

MRGL：ojolgo-

OLGY：guu-

高兴

HOYI：adda-

MRGL：uruŋtsi-

OLGY：uruŋʥi-

猜

HOYI：taamarla-

MRGL：taamogla-

OLGY：taa-

吃惊

HOYI：olo-

MRGL：olo-

OLGY：olo-

记得

HOYI：səəʥi-

MRGL：tsəəʣilə-

OLGY：əʥi-

恨

HOYI：ʃiʃir-

MRGL：ʣano-

OLGY：teku-

忘记

HOYI：ommo-

MRGL：omŋo-

OLGY：omgo-、onŋo-

怕

HOYI：nəələ-

MRGL：nəələ-

OLGY：nəəli-

想（思考）

HOYI：ʥoo-、bod-

MRGL：ʥoo-

OLGY：ʥoo-

悲伤

HOYI：gasala-、booggo-

MRGL：gomda-

OLGY：aba-

生气

HOYI：paŋtʃi-

MRGL：tikoli-

OLGY：tikoli-

敢

HOYI：ətəggə-

MRGL：megtʃe-

OLGY：ətəggə-

会（会做）
HOYI：ətə-
MRGL：ətə-
OLGY：sata-

去
HOYI：nini-
MRGL：nəni-
OLGY：huru-

是
HOYI：tannagaŋ
MRGL：targatsin
OLGY：tike

回去
HOYI：nənʉ-
MRGL：motso-
OLGY：motʃo-

不是（这不是我的）
HOYI：ɵntə
MRGL：əʃiŋ targatsin
OLGY：ətʃə

到
HOYI：eʃe-
MRGL：eʃe-、etse-
OLGY：eʃe-

有
HOYI：biʃiŋ
MRGL：bitsin
OLGY：behen

过（过河）
HOYI：ədil-
MRGL：ədəl-
OLGY：ədəl-

没有（我没有书）
HOYI：aaʃiŋ
MRGL：aatsin
OLGY：aahin

经过
HOYI：nʉtʃʃi-
MRGL：nuktʃi-、ərku-
OLGY：nəni-、nuktʃi-

来
HOYI：əmə-
MRGL：əmə-
OLGY：əmə-

上（上山）
HOYI：tʉttʉgə-、jʉʉ-
MRGL：tutti- juu-
OLGY：tugtu-

下（下山）
HOYI：əwə-
MRGL：əwə-
OLGY：əwə-

搅混
HOYI：ukku-
MRGL：urku-、kukku-
OLGY：urku-

下降
HOYI：əggiʃihilə-
MRGL：ərgiʃikilə-
OLGY：əwəkki-

通过
HOYI：dɨləə-
MRGL：nugtsi-
OLGY：nugtʃi-

出（出去）
HOYI：jɨɨ-
MRGL：juu-
OLGY：juu-

停止
HOYI：ili-
MRGL：ili-、dɐogso-
OLGY：ilgima-

进（进来）
HOYI：ii-
MRGL：ii-
OLGY：ii-

让停
HOYI：udi-、iliwuha-
MRGL：iliwuka-
OLGY：ilgimaki-

集、合
HOYI：uruu-
MRGL：urub-
OLGY：umunubgi-

退
HOYI：mita-
MRGL：tsokori-
OLGY：dɐukdɐu-

躲进
HOYI：dihi-
MRGL：nuug-、kudəəl-
OLGY：diki-

退回
HOYI：musuha-
MRGL：mutsuka-
OLGY：mutʃuka-

转过去
HOYI：uggi-
MRGL：urgi-
OLGY：urgi-

垮台
HOYI：mʉhʉ-
MRGL：muku-
OLGY：muku-

在
HOYI：bi-
MRGL：bi-
OLGY：bi-

刮风
HOYI：ədi-
MRGL：ədi-
OLGY：ədi-

打闪
HOYI：talke-、gilita-
MRGL：gilta-
OLGY：giluta-

打雷
HOYI：addera-
MRGL：addira-
OLGY：agdi-

下雨
HOYI：udu-
MRGL：udu-
OLGY：tigdi-

流（流水）
HOYI：əjə-
MRGL：əjə-
OLGY：əjə-

溢
HOYI：bilte-、piʃiri-
MRGL：kali-
OLGY：ʉŋkʉlbʉ-

浮（浮在水面）
HOYI：dəddə-
MRGL：kəərə-
OLGY：dəgdə-

沉
HOYI：tiində-
MRGL：ʃiŋgə-
OLGY：tʃəpə-

淋湿
HOYI：dəttə-
MRGL：ulab-
OLGY：udib-

撕
HOYI：logga-
MRGL：təkəli-
OLGY：tikə-

缺（碗缺了一个）
HOYI：holtog-
MRGL：kəmtə-
OLGY：kogtʃowu-

撕破
HOYI：hogi-
MRGL：hogi-
OLGY：hogi-

滚（石头滚）
HOYI：umpuri-
MRGL：mokuri-、umpəri-
OLGY：hukəl-

撕开
HOYI：ura-
MRGL：ura-
OLGY：ura-

旋转
HOYI：əggildi-
MRGL：ərgildu-
OLGY：pəri-

撕碎
HOYI：səgi-
MRGL：səgi-
OLGY：səgi-

转
HOYI：səhəri-
MRGL：tsəkəri-
OLGY：tsəkəri-

裂开
HOYI：dəlpəkkə-
MRGL：dəlpərk-
OLGY：dəlpərk-

做梦
HOYI：tolkiʃi-
MRGL：tolketsi-
OLGY：tolkitsi-

倒塌
HOYI：nugga-、jəwəg-
MRGL：jəgurə-、nora-
OLGY：tigdə-

奋斗
HOYI：ʤukku-
MRGL：təmtsi-
OLGY：ʤurku-

捡
HOYI：tewe-
MRGL：tawu-
OLGY：ŋalihika-

浸（浸种子）
HOYI：dəttəgə-
MRGL：dərbi-
OLGY：umi-

掉（掉在地上）
HOYI：tihi-
MRGL：tiki-
OLGY：tigdə-

漏（水桶漏了）
HOYI：sadda-
MRGL：sabda-
OLGY：sabdag-

断（绳子断了）
HOYI：pʉʃig-
MRGL：ʦikarka-、ulturgə-
OLGY：pəhəg-

滴（水往下滴）
HOYI：soggi-
MRGL：sorgi-
OLGY：sorgi--

折
HOYI：hoŋʧot-
MRGL：koŋtsot-、hoolo-
OLGY：kokoli-

沸
HOYI：ʉji-
MRGL：huji-
OLGY：huju-

破（衣服破）
HOYI：lodagga-
MRGL：lodara-
OLGY：lodra-

变
HOYI：howilda-、øntəbʉ-
MRGL：kowira-
OLGY：həntəwə-

甩
HOYI：lakki-
MRGL：larki-
OLGY：laʃi-

变坏
HOYI：ərʉt-
MRGL：əbdu-
OLGY：əbdu-

代替
HOYI：ʤʉmʃildi-、orlo-
MRGL：orlo-

OLGY：ʤuuldi-

换
HOYI：ʤʉmʃi-
MRGL：səlgu-
OLGY：ʤuuldi-

继续
HOYI：uʤi-、ukkulʤilə-
MRGL：urkulʤilə-
OLGY：iʃuki-

集中
HOYI：urut-
MRGL：urub-
OLGY：umunubgi-

罢休
HOYI：udi-
MRGL：udi-
OLGY：udi-

进行
HOYI：ʉlihə-
MRGL：ulikə-
OLGY：girkukə-

生（生孩子）
HOYI：baldi-
MRGL：baldi-
OLGY：baldig-

长（长大）
HOYI：ʉsʉ-
MRGL：usu-
OLGY：həgdil-

成长
HOYI：əddʉg oo-
MRGL：əgdəg oo-
OLGY：ihəwu-

病（生病）
HOYI：ənʉhʉlə-
MRGL：ənukulə-
OLGY：ənukulə-

伤
HOYI：gəntə-、jart-
MRGL：gəmtə-
OLGY：jaraku-

发抖
HOYI：ʃikkiʃi-
MRGL：ʃilgi-
OLGY：ʃilgi-

肿
HOYI：həwə-
MRGL：kəpə-
OLGY：kəwə-、aguldʑi-

抽筋
HOYI：taamu-
MRGL：taamu-
OLGY：taamu-

水开
HOYI：ʉji-
MRGL：huju-
OLGY：huji-

冻
HOYI：gətti-
MRGL：gəkti-
OLGY：amulu-

融化
HOYI：ʉʉ-
MRGL：uun-
OLGY：tʃuumu-

死
HOYI：bʉ-
MRGL：bu-
OLGY：bu-

生、活
HOYI：iinig-
MRGL：iinig-
OLGY：ar-

飞
HOYI：dəgli-
MRGL：dəgli-
OLGY：dəgil-

摇
HOYI：haagi-
MRGL：kaagi-
OLGY：arbul-

摇晃
HOYI：həlbəldʑə-
MRGL：kəlbəldʑə-
OLGY：kəlbəl-

摇头
HOYI：lakki-
MRGL：sadʑi-
OLGY：larki-

游泳
HOYI：əbbəʃi-
MRGL：əlbətsi-
OLGY：əlbətʃi-

吠（狗吠）

HOYI：ətʃtʃʉ-

MRGL：gogo-

OLGY：gogo-

啼（公鸡啼）

HOYI：gugula-

MRGL：gugula-

OLGY：təbki-

羊叫

HOYI：meela-

MRGL：meela-

OLGY：meela-

牛叫

HOYI：meөrө-

MRGL：məəra-

OLGY：məəra-

马嘶

HOYI：iŋtʃagla-

MRGL：intsagla-

OLGY：iŋtʃagla-

跃进

HOYI：dəgidʑi-

MRGL：urukʃila-

OLGY：dʑulaʃikaki-

节约

HOYI：himtʃila-、mula-

MRGL：mola-

OLGY：nagal-

生产

HOYI：ujilət-

MRGL：ujiləbu-

OLGY：gərbə-

建设

HOYI：bajgul-

MRGL：baigul-

OLGY：ilbu-

盖（房子）

HOYI：təgəwʉ-、dʑawa-

MRGL：barilga-、dʑawa-

OLGY：dʑuuŋu-

装饰

HOYI：gooŋgolo-

MRGL：dʑasa-

OLGY：dərpuʃi-

发展

HOYI：hugdʑi-

MRGL：kukdʑi-

OLGY：dʑuləbtilə-

提高
HOYI：ᵾgiʃiləhə-、dəəʃiləhə-
MRGL：dəktsilə-
OLGY：hujiləʃiki-

干预
HOYI：dalʥila-
MRGL：dalʥila-
OLGY：dalʥila-

开始
HOYI：əəkkə-
MRGL：əəbkə-
OLGY：ʃilul-

合作
HOYI：haŋʥi-、hotʃtʃo-
MRGL：kamtura-
OLGY：omgondu-

强化
HOYI：bəhilə-
MRGL：bəkilə-
OLGY：bəkilə-

团结
HOYI：əjədə-、hamtara-
MRGL：nəjlə-
OLGY：gurubkə-

管理
HOYI：hadla-、hamira-、
　　　golli-
MRGL：kamira-
OLGY：kamir-

开会
HOYI：gisala-
MRGL：koroldo-
OLGY：saba-

照看
HOYI：haggalʥa-
MRGL：kargalʥa-
OLGY：kargalʥa-

讨论
HOYI：ʥiŋʥildi-
MRGL：gilmaʃi-
OLGY：əlguʥimatʃi-

伺候
HOYI：asra-
MRGL：asra-
OLGY：artʃala-

举起
HOYI：ᵾgiri-
MRGL：ugiri-
OLGY：tugtitʃi-

选举

HOYI：əlsə-、soŋgo-

MRGL：soŋgo-

OLGY：əlusə-

领导

HOYI：aaŋiha-

MRGL：əlgə-、aalik-

OLGY：badawumu-

动员

HOYI：gʉggʉbʉ-

MRGL：dajtsila-

OLGY：hawultʃa-

动

HOYI：gʉggʉl-

MRGL：gurgul-

OLGY：huruwu-

号召

HOYI：əlki-

MRGL：urila-

OLGY：nuŋniga-

宣传

HOYI：səlge-、uhula-

MRGL：ukula-

OLGY：turabu-

拥护

HOYI：haʃige-、hʉrelə-

MRGL：kurelə-

OLGY：borʃotʃi-

保护

HOYI：hoomotʃtʃilo-

MRGL：kamgala-

OLGY：karma-

表扬

HOYI：həənnə-

MRGL：magta-

OLGY：keenia-

解放

HOYI：sʉlələ-

MRGL：tsulələ-

OLGY：tsulələ-

胜利

HOYI：tərəə-、ətə-

MRGL：dabdi-

OLGY：tərəə-

失败

HOYI：tiriwʉ-、ətəwə-

MRGL：dabdiwu-

OLGY：dabdiwu-

弄错
HOYI：taʃera-
MRGL：buruda-
OLGY：ərubtik-

过错
HOYI：əndə-
MRGL：əndə-
OLGY：əndə-

弄弯
HOYI：mata-
MRGL：mata-
OLGY：mata-

弄坏
HOYI：əddə-
MRGL：əbdəb-
OLGY：hogtʃa-

过火
HOYI：hətrə-、dawa-
MRGL：dawa-
OLGY：kətrə-

急
HOYI：uuta-
MRGL：turgulə-
OLGY：himatŋənə-

消火
HOYI：ʃiigʉ-
MRGL：ʃiiwu-
OLGY：ʃiigu-

收拾
HOYI：eʃege-
MRGL：dekoli-
OLGY：tikul-

乘机
HOYI：dalimgi-
MRGL：dalimda-
OLGY：dalimgi-

翻身
HOYI：həbbə-
MRGL：kurbu-
OLGY：kurbu-

批评
HOYI：ʃiikkə-
MRGL：ʃigumʤilə-
OLGY：ləwəʤi-

检查
HOYI：beera-
MRGL：bajtsa-
OLGY：erokti-

反对
HOYI：atʃtʃala-
MRGL：əruŋgi-
OLGY：nili-

斗争
HOYI：buʉldi-
MRGL：təmtsə-
OLGY：kuhi-

平息
HOYI：nətʃihi-
MRGL：nətsiki-
OLGY：nətʃiki-

离别
HOYI：əjələ-
MRGL：kəjlə-、sala-
OLGY：uru-

消灭
HOYI：mʉkʉhə-
MRGL：sungə-
OLGY：mukuku-

侵略
HOYI：nəʃi-
MRGL：nətsi-
OLGY：ətəg-

涂、摸
HOYI：nama-
MRGL：tipa-
OLGY：lepa-

发光
HOYI：giluta-
MRGL：gilba-
OLGY：ʤəhəni-

累（疲乏）
HOYI：usu-
MRGL：ətsə-
OLGY：dərə-

恭喜
HOYI：ʉrʉbʉmbʉ-
MRGL：ajarlaʤi-
OLGY：uruŋʤi-

行、可以
HOYI：oodoŋ
MRGL：oodon
OLGY：oodon

对不起
HOYI：əŋŋəbuhə
MRGL：joso aldar
OLGY：baʤalesta

不（他不来）

HOYI：əʃiŋ

MRGL：ədʐen

OLGY：ədam

别（别去）

HOYI：ədʑi

MRGL：ədʐə

OLGY：əkəl

6. 副词及虚词类词

刚才

HOYI：təliŋ

MRGL：təliŋ

OLGY：ərdə

非常

HOYI：miiŋti

MRGL：miiŋ

OLGY：kamog

特别

HOYI：dʑoreeŋ

MRGL：dʐorin

OLGY：soome

很（很小）

HOYI：maŋdi

MRGL：niitsikukən

OLGY：amtakan

最（最大）

HOYI：miiŋ

MRGL：naka、kamug

OLGY：soome

一定

HOYI：dʑawal

MRGL：dʐabal

OLGY：oboʃaʃiŋ

立刻

HOYI：əttotʃtʃi

MRGL：əʃitti

OLGY：ərdəd

经常

HOYI：dattaŋ

MRGL：aaliwal

OLGY：dakuul

如果

HOYI：əʃikki

MRGL：hərbə

OLGY：mooʃit

而且
HOYI：tootʃtʃi
MRGL：toobtsi
OLGY：toomkin

于是
HOYI：tootoŋ
MRGL：taduki
OLGY：tadukin

所以
HOYI：ooʤihiŋ
MRGL：tooho、toobtsi
OLGY：tadukin

因为
HOYI：oodduwi
MRGL：tooho
OLGY：tariŋiʤin

可是
HOYI：toosohot
MRGL：toogsokot
OLGY：bikəna

为了
HOYI：ʤaariŋ
MRGL：ʣaarin
OLGY：ʤaarin

关于
HOYI：dalʤidu
MRGL：dalʤidu
OLGY：dalʤimdu

按照
HOYI：ʤawatʃtʃi
MRGL：guŋtsəʣini、
　　　　ootsoʣini
OLGY：ʤawam

及时
HOYI：əriŋdɯwi
MRGL：dare
OLGY：oohimdu

或者
HOYI：əʃikkiwil
MRGL：əʃikkiwi
OLGY：mooʃit

也（他也去）
HOYI：naaŋ
MRGL：dakin
OLGY：neen

再（明天再来）
HOYI：dahi、naa
MRGL：daki、naan
OLGY：dakin

一起
HOYI：əmʉndʉ
MRGL：əmundu
OLGY：əmundʉ

直接
HOYI：dərəldʉni
MRGL：dərəldu
OLGY：dərəmudu

周边
HOYI：əggiŋdu
MRGL：toorindu
OLGY：ərali

首先
HOYI：noogu
MRGL：noogu
OLGY：nonon

左右
HOYI：həmʉ、batʃtʃa
MRGL：ərkir
OLGY：mətər

以后
HOYI：amaggu
MRGL：oʤagu
OLGY：əjədilə

预先
HOYI：noogu
MRGL：noogu
OLGY：nooli

为止
HOYI：ʤakka
MRGL：ʤabka
OLGY：ʤabka

和
HOYI：ootʃtʃi
MRGL：ooktsi
OLGY：niun

等等
HOYI：ʤəggə~jəəhə
MRGL：ʤərgə
OLGY：somokot

光是
HOYI：səkkəəl、əmʉhəjə、
　　　əmʉhəjəl
MRGL：əmukəl
OLGY：toorika、əmukəl

慢慢（慢慢来）
HOYI：naŋa
MRGL：əlkəʤi
OLGY：argun

快快（快快走）

HOYI：amakkaŋ

MRGL：garmagar

OLGY：kimat[115]

三 三大方言词汇索引

1. 汉语词汇索引

2. 辉河鄂温克语基本词汇索引

3. 通古斯鄂温克语基本词汇索引

4. 敖鲁古雅鄂温克语词汇索引

参考文献

贺兴格、其达拉图:《鄂温克语词汇》(蒙),民族出版社,1983。

杜道尔吉:《鄂温克语汉语词典》,内蒙古文化出版社,1998。

杜道尔吉:《鄂蒙词典》,民族出版社,2014。

涂吉昌、涂芊玫:《鄂温克语汉语对照词汇》,黑龙江省鄂温克研究会及黑龙江省民族研究所,1999。

杜福成、杜宏宝:《阿荣鄂温克语词汇》,内蒙古阿荣旗鄂温克族研究会,2007。

朝克:《鄂温克语基础语汇集》(日),日本东京外国语大学,1991。

朝克:《鄂温克语三大方言基本词汇对照集》(日),日本小樽商科大学,1995。

朝克:《鄂温克语形态语音论及名词形态论》(日),东京外国语大学亚非所,2003。

朝克:《鄂温克语研究》,民族出版社,1995。

翁建敏、朝克:《敖鲁古雅鄂温克语研究》,社会科学文献出版社,2016。

朝克、斯仁巴图:《敖鲁古雅鄂温克语会话》,社会科学文献出版社,2016。

朝克:《鄂温克语教程》,社会科学文献出版社,2016。

朝克、卡丽娜:《鄂温克语谚语》,社会科学文献出版社,2016。

朝克、汪立珍:《鄂温克语民歌歌词》,社会科学文献出版社,2016。

朝克:《索伦鄂温克语基本词汇》,社会科学文献出版社,2016。

朝克、卡佳:《索伦鄂温克语会话》,社会科学文献出版社,2016。

多丽梅、朝克:《通古斯鄂温克语研究》，社会科学文献出版社，2016。

朝克、卡佳:《通古斯鄂温克语会话》，社会科学文献出版社，2016。

朝克:《满通古斯诸语比较研究》，民族出版社，1997。

朝克:《中国满通古斯诸语基础语汇集》（日），日本小樽商科大学，1997。

朝克:《通古斯诸民族及其语言》（日），日本东北大学，2001。

朝克:《满通古斯语族语言词源研究》，中国社科出版社，2014。

朝克:《满通古斯语族语言词汇比较》，中国社科出版社，2014。

朝克:《鄂温克语参考语法》，中国社科出版社，2009。

朝克:《鄂温克语366句会话句》，社会科学文献出版社，2014。

朝克、中岛干起:《鄂温克语会话练习册》（日），大学书林出版社，2004。

朝克、耐登、敖嫩:《鄂温克语民间故事》（蒙），内蒙古文化出版社，1988。

朝克、津曲敏郎、风间伸次郎:《索伦语基础列文集》（日），北海道大学，1991。

古香莲、斯仁巴图:《敖鲁古雅鄂温克语读本》，内蒙古文化出版社，2012。

斯仁巴图:《鄂温克语教程》，内蒙古文化出版社，2011。

波普（H.H.POPPE）:《索伦语调查资料》（俄），列宁格勒，1931。

后 记

经四年的努力，课题组成员本着对国家社科基金重大委托项目"鄂温克族濒危语言文化抢救性研究"子课题"鄂温克语三大方言词汇比较"高度负责的态度，几乎走遍了鄂温克族生活的各个地方，进行鄂温克语方言土语基本词汇方面的田野调研，搜集整理了不同地区、不同层面、不同文化背景、不同生产内容和活动中鄂温克族使用的不同词汇。特别是，辉河地区从事纯牧业生产的索伦鄂温人的方言、莫日格勒地区从事纯牧业生产活动的通古斯鄂温克人的方言、敖鲁古雅地区从事山林自然牧养驯鹿的雅库特鄂温克人的方言的基本词汇是我们课题组的重点调研对象。说实话，除了辉河地区的鄂温克语索伦方言之外，在农区从事农业生产的鄂温克人使用的索伦鄂温克方言土语几乎全范围地进入了严重濒危状态。另外，莫日格勒通古斯鄂温克语方言也已进入严重濒危状态，只有一些年老的鄂温克人或生活在远离城市的牧区鄂温克人还在使用母语，其他人几乎都转用蒙古语了。从这个意义上讲，通古斯鄂温克语受蒙古语影响非常大，在他们使用的口语里有数量可观的蒙古语借词。敖鲁古雅地区的雅库特鄂温克语方言的使用情况更是不容乐观，可以说该方言已到接近消亡的地步，只有山林里牧养驯鹿的鄂温克族老人会说些母语，算起来不到五人，其他人都改用了汉语。

鄂温克语三大方言的词汇搜集整理是一项十分艰苦的科研工作。好在课题组成员齐心协力、迎难而上、攻坚克难，终于将书稿撰写完成，并请有关专家进行了审读，在此基础上又做了进一步调研和修改。

本课题得到国家社科规划办及时的补充资助和大力的支持，同时也得到中国社会科学院科研局的领导和项目处同志们的大力支持和帮助，也得到民族地区地方干部、民族同胞、协助调研人员的无私援助和积极协助。在这里向他们一并表示诚挚的感谢！说实话，没有各有关部门的积极支持和协调，没有大家的帮助，我们很难按计划完成该项科研工作任务。为此再次表示最真诚的感谢。

每一项科研工作和任务都是为最理想、最完美的结局而努力，课题组成员也遵循了这样一种科研工作态度和精神。但是，我们想，本书肯定有不少被忽略之处，希望学界同人和民族同胞提出宝贵批评意见。

图书在版编目（CIP）数据

鄂温克族三大方言词汇比较／朝克著． -- 北京：
社会科学文献出版社，2017.11
（鄂温克族濒危语言文化抢救性研究）
ISBN 978 - 7 - 5201 - 1596 - 4

Ⅰ.①鄂… Ⅱ.①朝… Ⅲ.①鄂温克语（中国少数民
族语）- 方言 - 词汇 - 研究 Ⅳ.①H223.7

中国版本图书馆 CIP 数据核字（2017）第 250217 号

中国社会科学院创新工程成果
国家社科基金重大委托项目

鄂温克族濒危语言文化抢救性研究（四卷本）

鄂温克族三大方言词汇比较

著　　者／朝　克

出 版 人／谢寿光
项目统筹／宋月华　袁卫华
责任编辑／卫　羚

出　　版／社会科学文献出版社·人文分社（010）59367215
　　　　　地址：北京市北三环中路甲 29 号院华龙大厦　邮编：100029
　　　　　网址：www. ssap. com. cn
发　　行／市场营销中心（010）59367081　59367018
印　　装／三河市东方印刷有限公司

规　　格／开　本：787mm × 1092mm　1/16
　　　　　印　张：17.75　字　数：279 千字
版　　次／2017 年 11 月第 1 版　2017 年 11 月第 1 次印刷
书　　号／ISBN 978 - 7 - 5201 - 1596 - 4
定　　价／780.00 元（全四册）

本书如有印装质量问题，请与读者服务中心（010 - 59367028）联系

中国社会科学院创新工程成果
国家社科基金重大委托项目

朝克　主编

鄂温克族濒危语言文化抢救性研究（四卷本）

讷河鄂温克语基本词汇

朝克　卡佳　著

社会科学文献出版社

SOCIAL SCIENCES ACADEMIC PRESS (CHINA)

目　录

前 言

讷河市隶属于黑龙江省齐齐哈尔市。nehe "讷河"一词的说法源于 nemeri > nemere > nemer 讷谟尔河。讷谟尔河是黑龙江支流松花江上游嫩江中游东岸的一个较大支流。不过,在早期历史资料里,"讷谟尔河"的"讷谟尔"却有不同写法。比如,在《清会典》里是"纳默尔",《盛京通志》称"纳穆尔",《龙沙纪略》叫"讷木尔",《水道提纲》谓"讷莫里",等等。"讷谟尔"属通古斯语,有"东岸"或"东安坡"之意。那么,"讷谟尔河"的意思就是"东岸河"或"东安坡河"。"讷谟尔河"发源于小兴安岭西麓北安市双龙泉一带,从东南向西北穿过讷谟尔山坡口后转向南,流经北安市、五大连池市、克山县,于讷河市西南约 40 公里处注入嫩江。"讷谟尔河"上游是森林分布较广的山林著名景点区,中下游为河道密布、水源丰富而辽阔的农业区。"讷谟尔河"全长 569 公里,河流面积为 14061 平方公里,河口位于讷河市讷河镇西南 39.6 公里处。很显然,"讷河"是"讷谟尔河"的简称,"讷河市"由此而得名。不过,"讷河市"的原名为"讷河县",历史上的"讷河县"是清朝皇后婉容祖居地,清康熙二十四年(1685)由齐齐哈尔城至黑龙江城,也就是今天的黑河市爱辉镇,并设立了"博尔多站"。清光绪三十二年(1906)以嫩江为界,分设东、西两路布特哈总管,东路是布特哈总管衙署驻博尔多站。清宣统二年(1910),裁撤东布特哈总管,改设讷河直隶厅,驻博尔多城,成为厅署驻地。在此基础上,于 1913 年设立了讷河县。1946 年原中共嫩江省委及省政府移驻讷河县,1992 年 9 月 2 日撤销讷河县,设立讷河市,隶属于黑龙江省齐齐哈尔市。

从地理位置上讲,讷河市位于黑龙江省西北部,松嫩平原北端,大小兴安岭南缘,嫩江中游东岸,东经 124°18′50″至 125°59′30″,北纬 47°51′30″

至 48°56′16″，北靠嫩江县，东邻五大连池市、克山县，南接依安、富裕县，西与内蒙古自治区莫力达瓦达斡尔族自治旗以嫩江为界。东西长 122.4 公里，南北宽 108.8 公里，面积 66740 平方公里。东南距省会哈尔滨市 337 公里，西南距齐齐哈尔市 184 公里。

讷河市行政管辖范围包括 12 个镇、3 个乡和 1 个民族乡，171 个行政村。全市总人口 74 万人，包括汉、满、蒙古、回、朝鲜、鄂温克、达斡尔、鄂伦春、赫哲等 25 个民族。讷河市的一个鲜明特点是，十分重视教育，所以从讷河市走出来的学子比较多，影响力也比较大。2012 年统计数据显示，讷河市有高级中学 3 所，在校学生 7715 人；初级中学 24 所，在校学生 16666 人；小学 166 所，在校学生 31426 人；各类成人教育大中专在校生 3567 人。不过，讷河市没有鄂温克民族学校，也没有用鄂温克语授课的课程内容。因此，鄂温克族适龄儿童都上汉语授课学校，通过汉语文学习文化知识。鄂温克青少年无论在学校、家庭还是社会交际中都用汉语进行交流，家里个别老人说一些简单母语。就是老人们讲的简单不过的母语，孩子们也很难听懂或完整地听懂其话语内容。从这个意义上讲，讷河市的鄂温克族青少年几乎失去了使用母语的能力。所有这些充分说明，讷河市鄂温克语已经成为严重濒危语言。

讷河市目前有 1 个文化中心，16 个文化站，1 个广播电台及 1 个电视台，广播人口覆盖率及电视人口覆盖率达到 100%。所有广播、电视节目内容都用汉语播放。讷河市是各民族文化相互学习促进、相互融合发展的精神文化园地。但受外来文化的不断影响，鄂温克族传统文化基本上已融入其他文化之中。

讷河市的鄂温克族，叫索伦鄂温克，也就是农区索伦鄂温克。众所周知，民族称谓 əwənkə "鄂温克" 有 "从高山峻岭走下来的人们" 之意，该名称是在 əwə- "鄂沃" 这一表示 "下" "下来" 之意的动词词根后面接缀从动词派生名词的词缀 -nkə "恩克" 而构成。显而易见，动词词根 əwə- 接缀 -nkə 之后，就变成名词 əwə- ＋ -nkə ＝ əwənkə（鄂沃 ＋ 恩克 ＝ 鄂沃恩克 ＞ 鄂温克）"鄂温克"。该名词的直译应该是 "下来者"，意译应该为 "从高山峻岭走下来的人们"。这种解释也符合鄂温克族的历史。他们的先民早期生活在高山峻岭之中，后来才走入平原、草原，从而完成了从狩猎采集生活走向草原牧区的畜牧业生产社会，以及寒温带与温寒带地区的农业生产社会的历史进程。的确，在鄂温克语里，在动词词根后面接缀 -nka、-nkə、-nko、-nku 等从动词派生名词的词缀构成名词的现象有很多。例如：

lagta- 粘贴 ＋ -nka ＝ lagta-nka ＞ lagtanka 胶水

səgtə- 铺 ＋ -nkə ＝ səgtə-nkə ＞ səgtənkə 褥子

goldʒi- 锁 ＋ -nko ＝ goldʒi-nko ＞ goldʒinko 锁头

dʒugu- 运输 ＋ -nku ＝ dʒugu-nku ＞ dʒugunku 运输机

从以上例词我们完全可以清楚地了解到，鄂温克族的 əwənkə "鄂温克" 一词的产生原理及词义结构关系。鄂温克族是一个跨境民族，除了我国，俄罗斯远东及西伯利亚地区也有一定数量的鄂温克族。据不完全统计，国内外鄂温克族总人口有 17 余万人。其中，在我国境内生活的鄂温克族约有 32000 人，主要居住在内蒙古自治区的呼伦贝尔市鄂温克族自治旗、鄂伦春族自治旗、莫力达瓦达斡尔族自治旗、陈巴尔虎旗、阿荣旗、额尔古纳左旗（现名根河市）、扎兰屯市等地，另一部分居住在黑龙江省讷河市、嫩江县、瑷珲县和新疆维吾尔自治区的塔城及伊犁地区。

鄂温克语属于阿尔泰语系满通古斯语族北语支。鄂温克族在长期与其他民族共同生活和交往的过程中，其语言受到来自汉语、满语、达斡尔语、蒙古语等语言的不同程度的影响，进而借用不少其他民族语言词汇。早期从满语和蒙古语借入的词汇较多，后来又从汉语和达斡尔语借入了不少新词术语。鄂温克族人除了母语之外，基本上都能用汉语、蒙古语、鄂伦春语、达斡尔语进行交流。讷河市的鄂温克族基本都转用了汉语和达斡尔语。

课题组成员为抢救保护、搜集整理已严重濒危的讷河市的鄂温克语，多次进行实地调查，到他们生活的村村屯屯、家家户户搜集整理残存的鄂温克语基本词汇。尽管如此，我们还是没有达到立项时预计的词汇搜集整理的词条数目。幸运的是，课题负责人从 20 世纪 80 年代初就开始到讷河鄂温克族生活的村屯开展实地调研，从而搜集整理了一定数量的基本词汇，给该项课题的完成打下十分丰富而重要的资料基础；另外，1999 年由黑龙江省鄂温克族研究会及黑龙江省民族研究所内部印刷的《鄂温克语汉语对照词汇》也提供了不少词汇线索；加上课题组成员反复多次的补充调研，使该项成果才得以比较好地完成。"鄂温克族濒危语言文化抢救性研究"的子课题成果《讷河鄂温克语基本词汇》中的词汇，主要采用了国际音标宽式记音法，音位标记系统包括 a、ə、i、e、o、u 6 个元音音素，以及 b、p、m、f、w、d、t、n、l、r、s、g、k、h、ŋ、j、ʤ、ʧ、ʃ 19 个辅音音素。另外，该词汇集里，大概收入五千条讷河鄂温克语词条，其中也有一些来自汉语、蒙古语、满语或达斡尔语的特殊借词，甚至有个别来自俄语的借词等。

在这里还应该提到的是，《讷河鄂温克语基本词汇》主要由名词、方位词、代词、数量词及年月日词、形容词、动词、副词与虚词等内容组成。其中，名词部分有天文地理词、动物植物词、社会经济及交通运输词、房屋及生活用品和食物词、文教卫生及风俗习惯词、亲属称谓和社会关系词等分类。这些分类不仅考虑了词汇本身的结构类型，同时也考虑了使用方面的相关性，以及有关词汇量的多少。比如说，虚词类词十分少，就把它们都放在一起，没有进一步细化和分类。

一 名词

1. 天文地理词

序号	汉义	鄂温克语	鄂温克语其他说法
1	天	ba、bagə	abga
2	天文	bagəni gural	
3	天体	ugi bagə	
4	宇宙	nanna	
5	时间	ərən	
6	太阳	ʃiguŋ	diləʧa
7	太阳系	ʃiguŋ ʃiʤor	
8	光球	ilantpogliə	ilantamal
9	晕光圈	kurə	
10	月晕	biagən kurə	
11	日晕	ʃigun kurə	
12	烈日	mandi ʃigun	dalgi
13	阴面	ʃirmun bəi	daldi
14	月亮	biag	bia
15	月光	biagən ilan	bialan
16	圆月	bukul biag	
17	弯月	matuke biag	
18	月牙	koltge biag	
19	秋月	bolurən biag	
20	星	oʃagtə	oʃigtə
21	行星	ulurə oʃagtə	garpa

续表

序号	汉义	鄂温克语	鄂温克语其他说法
22	水星	mu oʃagtə	muʃagtə
23	金星	altə oʃagtə	gilkugtə
24	火星	tog oʃagtə	galbugtə
25	木星	mo oʃagtə	moʃagtə
26	土星	taklə oʃagtə	naʃagtə
27	天王星	bag ədʒin oʃagtə	daʃagtə
28	海王星	lamu ədʒin oʃagtə	lamugtə
29	冥王星	min waŋ oʃagtə	tomʃagtə
30	启明星	tʃolpun oʃagtə	tʃolpugtə
31	彗星 / 扫帚星	əsur oʃagtə	suugtə
32	南斗星	sabar oʃagtə	
33	流星	tikimsiri oʃagtə	giluʃagtə
34	陨星	tikijə oʃagtə	tiigtə
35	恒星	ənətgən biʃiri oʃagtə	tajagtə
36	北极星	amila madən oʃagtə	tʃaagtə
37	北斗星	nadən oʃagtə	nadəgtə
38	老人星	sagdingiə oʃagtə	sagdagtə
39	银河	dilbagən gual	muŋgu gual
40	星光	oʃagtəlan	tʃolon
41	暗晕	buruŋgə	
42	亮星	nəərin oʃagtə	gəgən
43	客星	annikiə oʃagtə	nagun
44	二十八星宿	orən dʒabkun oʃagtə	
45	星际	oʃagtə madən	gili
46	繁星	timə oʃagtə	
47	季节	ərənkə	ərən
48	时节	ərəgun	
49	时运	porgun	dʒija
50	时期	tʃəgi	

续表

序号	汉义	鄂温克语	鄂温克语其他说法
51	天亮时	ʃirilan	
52	天明时	nəərən	gəgə
53	天大亮时	tʃaarin	
54	大清早	uduɡ əritə	
55	早晨 / 早上	ərtə	
56	黎明	talə irən	gəigən、gilan
57	日出时	ʃigun jurən ərin	
58	旭日	maŋgan	
59	光环	kurən	
60	日全食	akuhu	
61	日偏食	koltəhu	
62	日冕	kurəhu	
63	月全食	dalhu	
64	月偏食	alhu	
65	满月	ʤalolu	
66	地球	bomborin	ərgil bag
67	极	moodəngir	madən moodən
68	地级	baggir	bagən madən
69	南极	namgir	ʤurilə madən
70	北极	amgir	amila madən
71	赤道	alan	ʃigun tob torikuri bag
72	经度	togən	tob ʃidəm
73	纬度	tugən	əwuŋki ʃidəm
74	热带	haagdin	əkudə bag
75	寒带	gəgdin	inigdə bagə
76	温带	naməgdin	naməgdi bagə
77	天边	gakkara	bagən ʤabka
78	天际	ʤaligən	ʤau ʤali
79	气象	sugdən aribən	sugdən

续表

序号	汉义	鄂温克语	鄂温克语其他说法
80	大气	udug sugdən	
81	气候	sugdən ərənni	
82	气象台	bagən aribən baijar bagə	
83	温度	namədu	namgdun kmʤəni
84	地温	bagən əkudu	bagən əku
85	冻土	gəgtiki taklə	
86	空气	aaran	atʃilo sugdən
87	天气	bagən sugdən	arbun
88	气温	sugdən əkun	
89	气压	butugən	
90	气流	sugun	sugdən əjəlgə
91	气团	sugkər	sugdən makəltən
92	寒潮	inigidi sugun	
93	阴天	burkur inigə	tugəs inigə
94	阴	tugəs	
95	晴	galən	
96	晴天	galətʃa inigə	
97	风	ədən	
98	浮尘	tuarilə	
99	风尘	burgin	ədən tuarilə
100	尘土飞扬	tuaril dəgdərən	
101	大风	uugun	udug ədən
102	旋风	origin	soge
103	飓风	suugin	mandi udug ədən
104	阵风	sugʤir	arji arji ədən
105	凉风	sərʤir	boktədi ədən
106	和风	dekun ədən	
107	劲风	mandi ədən	
108	冷风	inigidi ədən	

续表

序号	汉义	鄂温克语	鄂温克语其他说法
109	急风	turgun ədən	
110	黑风	bagdən	huŋre ədən
111	暖风	naməgdi ədən	
112	热风	kaagin	əkud ədən
113	晚风	naməgin	ore ədən
114	夜风	dolobən ədən	
115	晨风	əritən ədən	
116	春风	nəlkirin ədən	
117	夏风	dʒuagrin ədən	
118	秋风	bolrən ədən	
119	冬风	tugurən ədən	
120	顺风	ədən boro	
121	逆风	ədən abtʃan	
122	干风	kaagin	ologohun ədən
123	呼啸的大风	suugin	
124	过堂风	tʃorigin	tʃorigiələ ədən
125	西风	solgun	amigidʒ ədən
126	东风	hasgun	sigun juridiki ədən
127	南风	dʒurigun	dʒurilə ədən
128	北风	argun	
129	风向	ədəngi	
130	风速	ədənkə	
131	风级	ədən kəŋdʒə	
132	风力	ədənkur	ədən kujin
133	云	tugəs	
134	高云	namnar	ugil tugəs
135	低云	komnor	ərgilkən tugəs
136	卷云	hulir	hulirən tugəs
137	白云	səmərin	gieletrən tugəs

序号	汉义	鄂温克语	鄂温克语其他说法
138	乌云	komnor	hoəŋtən tugəs
139	满云	pikdir	nimdi tugəs
140	彩霞	ilgan	ʃigemʃir tugəs
141	红霞	walgan	walrən tugəs
142	雨	odun	
143	雨季	odurən	odunrakə ərən
144	雨量	odunkur	odun kəmʤə
145	雷雨	ardi odun	
146	打闪	taligən	
147	连雨	urkuldun	urkuleʤ odun
148	细雨	ʃigdər	narkun odun
149	毛毛雨	iŋagdun	laʃilar odun
150	淫雨	nukedun	
151	倾盆大雨	uŋkar	
152	雨水泡	nərbən	
153	大雨	udug odun	
154	中雨	ʤəkin odun	
155	小雨	niʃikun odun	
156	暴雨 / 急雨	suurug	turgun odun
157	梅雨	nərbən	
158	阵雨	surgil	arji artʃi odun
159	雨点	sabdən	təgdi
160	放晴雨停	galgan	
161	雨水	odunmu	
162	雪	jaməndə	
163	雪量	jaməndəkur	kərəm
164	大雪	labsa	udug jaməndə
165	小雪	sabsa	niʃikun iaməndə
166	雨夹雪	odun jaməndə	

序号	汉义	鄂温克语	鄂温克语其他说法
167	瑞雪	waləkir	
168	雪花	jaməndə iləga	
169	积雪	saagun	jaməndə orobata
170	初雪	naagun	
171	春雪	nəligun	nəlkirən jaməndə
172	冬雪	ʧagasun	tugurən jaməndə
173	露	ʃulugsi	
174	白露	gilugsi	bor ʃulugsi
175	冻露	ʧagun	gəgti ʃulugsi
176	霜冻	saŋgun	
177	白霜	gilugun	
178	挂霜	saŋguku	
179	树霜	saŋguha	
180	雾	manən	
181	雾气	manən sugdən	
182	雹	banə	bonə
183	雹雨	banə odun	
184	虹	ʃerun	
185	晕	kurələ	
186	彩虹	walbar	
187	气候	ərən sugdən	
188	大陆性气候	kud bagə sugdən	
189	海洋性气候	lamu sugdən	
190	四季	digin ərən	
191	春	nəlki	
192	春季	nəlkirən	
193	夏	ʥuag	
194	夏季	ʥuagrən	
195	秋	bolu	

序号	汉义	鄂温克语	鄂温克语其他说法
196	秋季	bolurən	
197	仲秋	bolugun	
198	冬	tugu	
199	冬季 / 冬天	tugurən	
200	腊八	la bia inigə	
201	伏	fu	
202	伏天	fu inigə	
203	头伏 / 初伏	ətən fu	
204	中伏 / 二伏	ʤoki fu	
205	末伏 / 三伏	jaləki fu	
206	九九	jəgin jəgin	
207	数九	jəgin	
208	气凉	səsun	
209	寒气	kuigə	inigdi sugdən
210	好天气	aji inigə	
211	海	lamu	
212	深水	suantə mu	
213	海湾	mərdən	lamu mərdən
214	海峡	alam	lamu kabtʃiri
215	海滩	ajan	
216	海岸	aragən	
217	海岸线	aragətʃi	aragən gonim
218	岛	aral	
219	小岛	baktʃa	baktʃan
220	海口	lamurga	lamu amgari
221	海水	lamu mu	
222	海底	lamuri	
223	海浪	laʃigan	
224	波浪	dolgin	

续表

序号	汉义	鄂温克语	鄂温克语其他说法
225	风浪	orgin	
226	海雾	lamu manən	
227	海潮	nalugən	
228	江潮	oren	
229	地震	dorgil	
230	地壳	bagəŋgi	
231	地核	bagədun	
232	洼地	kowəg	
233	火山	galbur	tog ur
234	火山口	togoŋgo	
235	火山顶	surigil	
236	光泽	tal	ilagan
237	金属	kasu	altən kiʤari
238	金	altə	altən
239	黄金	ʃaŋərən altə	
240	白金	geltərən altə	
241	银	muŋgu	
242	紫铜	gegən	
243	黄铜	gaulə	ʃaŋərən gegən
244	水银	mu muŋgu	muŋgu
245	铅	toʤi	tuna
246	铝	gila	tʃan
247	锡	toʤir	
248	水晶	ala	
249	水晶石	alamar	
250	矾	kuris	
251	红矾	walrən kuris	
252	白矾	geltərən kuris	
253	火山灰	tuaŋgə	ulugən

续表

序号	汉义	鄂温克语	鄂温克语其他说法
254	石	ʤolə	
255	卵石	iŋa ʤolə	
256	砂	ʃolugtan	
257	岩石	hadi ʤolə	
258	石灰	gelukʧə	geltərən ʤolə
259	花岗石	in ʤolə	ingə
260	碎石	urum ʤolə	
261	岩浆	hadira	
262	油田	imugsi	
263	石油	ʤolə imugsi	jaaga
264	煤	jaagan	
265	褐煤	həjaagan	
266	土	takul	
267	软土	ləwkən takul	
268	黏土	laktike takul	
269	沙土	ʃolugtan takul	
270	黄土	ʃaŋərən takul	
271	红土	walrən takul	
272	淤泥	ʃawər	ʃalʧir
273	地基	ornig	
274	地下水	arsi	bagən ərgil mu
275	泉流	bular	
276	井水	awodig mu	
277	盐水	dausun mu	
278	盐土	dausun takul	
279	碱土	ʤan takul	
280	碱池	ʤan amʤi	
281	地貌	bagən duri	
282	地 / 大地	bagə	na

续表

序号	汉义	鄂温克语	鄂温克语其他说法
283	江	nawun	
284	河	bera	
285	大河	udug bera	
286	湖	amʤi	
287	池	əlgən	
288	小河 / 溪	berakan	
289	江心	goləmən	
290	河套	dobag	
291	河汊	salag	
292	江沿	kətʃin	
293	岸 / 崖	nəəki	ərgə
294	缺口	sətki	
295	河湾	muridən	
296	悬崖	tʃarigal	
297	支流	saltari	
298	坝	dalən	
299	水潭 / 水坑	tʃoŋgirmu	
300	口子	amgari	
301	河口	berən amgari	
302	豁口	səktəg	
303	江水	nawumu	
304	河水	berəmu	
305	湖水	amʤimu	
306	深渊	tʃələgən	
307	瀑布	ʤad sogiʤor mu	
308	水源	mudərə	
309	河源	beridərə	
310	上游	dərəndə	
311	水流	əjəlgə	

序号	汉义	鄂温克语	鄂温克语其他说法
312	浅滩	harigi	
313	一片汪洋	lamur	
314	水光	isagan	
315	水灾	ujir	mudən
316	冷水	bagtid mu	
317	冰	əmugsi	
318	冰排	ʤuktʃi	
319	冻冰	gəgti əmugsi	
320	江冰	kajir	
321	薄冰	əbun	
322	山冈	kumə	
323	山	ur	
324	山脉	urgi oini	
325	山脚	ur daktʃin	
326	山湾	kotʃi	
327	拐弯处	morikelə	
328	山口	uri amgari	amgakta
329	山水	urgan	urmu
330	阳坡	nargun	
331	阴坡	dargun	bosikti
332	回音、山间回音	tʃoogər	waləgən
333	山洞	agun	kuwədi
334	山林地	urtʃeg	
335	山地／山区	urbag	
336	孤山	buwəgti	
337	峡地谷	kabtʃigan	
338	凸包	tʃorpon	
339	背阴地	nalər	
340	背阴的	ʃirimunni	

续表

序号	汉义	鄂温克语	鄂温克语其他说法
341	日照处	kakka	
342	阴影	anən	
343	高原	guagdə kum	
344	平原	tal	tal bagə
345	旷野	kubku	udug tal
346	野地 / 野外	kəər	kəər tal
347	沼泽地	nərbə	
348	塔头墩	botolə	
349	泥塘	ʃawərtu	
350	干地	hobgor	
351	潮地	ʃibtʃi bagə	
352	土堆	wobo	
353	地域	bagəmtu	
354	沙漠	maŋka	
355	沙丘	maŋkar	
356	龟裂 / 泥裂	jarka	
357	光	ilan	
358	强烈的光	gilugun	udug ilan
359	光照	ilagən	
360	光彩	gilbagan	
361	烈光	daligan	
362	亮光	nərəgən	ilagan
363	暗光	burigan	
364	红光	walgan	
365	橙色光	kansargan	
366	黄色光	ʃaŋəgan	
367	绿色光	tʃorəgan	tʃorəgən
368	蓝光	ʃilagan	
369	粉色光	jarigan	

序号	汉义	鄂温克语	鄂温克语其他说法
370	白色光	geltərgan	
371	锈	ʤəb	

2. 人与人体结构词

序号	汉义	鄂温克语	鄂温克语其他说法
372	人类	bəjtʃen	bəj ʤalən
373	人体	bəj	
374	古人	agirtən bəj	
375	人种	girəmda	
376	种族	angan	aimən
377	骨	girəmda	
378	骨骼	girəm	
379	骨膜	nəmun	
380	骨髓	omən	ʃimgə
381	软骨	məmtʃi	məərsun
382	头部骨骼	monʤi	
383	颅骨	gawan	
384	顶骨	gablan	
385	枕骨	niokul	
386	额骨	maŋgil	
387	蝶额缝	tumkutu	
388	额缝	maŋgiltu	
389	躯干骨	ərgətt	
390	椎骨	niorotu	
391	颈椎骨	kuʤugirtu	
392	胸椎骨	tigintu	
393	腰椎骨	darmətu	
394	骨盆	tʃoŋgərtu	

续表

序号	汉义	鄂温克语	鄂温克语其他说法
395	髋骨	sərigitu	
396	尾骨	irigintu	
397	胸骨	tigintu	
398	肋骨	əutləntu	
399	上肢骨	nalmotu	
400	肩胛骨	jəsikitu	
401	肩骨	miritu	
402	锁骨	əmkutu	
403	肱骨	haləntu	
404	腕骨	bagəldʒartu	
405	掌骨	algəntu	
406	指骨	wannəkəntu	
407	股骨	ogumtu	
408	髌骨	bolokitu	
409	胫骨	ʃirməntu	
410	排骨	əətəletu	
411	跗骨	urumtu	
412	跖骨	algəntu	
413	踝骨	aihuntu	
414	跟骨	niŋəntu	
415	关节	uji	
416	肉	uril	
417	肌肉	bolʧin	har uril
418	筋	sumul	
419	消化系统	ʃiŋəbtun	
420	口腔	amgan	
421	嘴	amga	
422	嘴唇	odoru	hollo
423	上唇	əmbur	

序号	汉义	鄂温克语	鄂温克语其他说法
424	下唇	ambur	
425	腭	taŋən	
426	硬腭	katəŋən	mandi taŋən
427	软腭	dəiŋən	dəikun taŋən
428	唾液	ʤelgisu	
429	舌	iŋin、inig	inigi
430	小舌	niʃikun iŋin	
431	舌面	iŋinta	
432	舌根	dalgən	
433	舌下腺	ʃilugsi	
434	牙	iktə	
435	乳牙	sojlən	əkun iktə
436	牙根	niŋkə	
437	牙龈	bəilə	
438	臼齿	ara iktə	
439	尽根齿	dolo iktiŋin	
440	犬齿	sarki iktiŋin	
441	门牙	ʤurəl iktiŋin	
442	食道	kuəmə	
443	胃	guʤə	
444	胃窦	gialasən	
445	胃黏膜	delkusi	
446	胃网膜	niolkusi	
447	肝胃韧带	amga	
448	肠子	ʃolgut	
449	小肠	narən ʃolgut	
450	大肠	bədun ʃolgut	
451	盲肠	bətu ʃolgut	
452	直肠	giltəmak	

序号	汉义	鄂温克语	鄂温克语其他说法
453	肛门	aŋgər	
454	肝脏	aakin	
455	胆	tʃirldə	
456	胆囊	tʃirldəkur	
457	胆管	gurəku	
458	胆汁	tʃirldə susi	
459	胰	amə	
460	脾	dəlkin	
461	腹腔	gudugukur	
462	呼吸系统	ərigəbtun	
463	鼻	niaŋsi	neeŋʤa
464	鼻孔	onogon	
465	鼻腔	niaŋkur	
466	鼻中隔	niaŋmatʃi	
467	气管	birgan	
468	咽门	kuəmgər	
469	咽喉	kuəm	koomo
470	声带	delgəmtʃi	
471	肺	əutə	
472	肺叶	əutəlbin	
473	支气管	ərgələn	
474	胸膜	gialgən	
475	泌尿系统	tʃikibtun	
476	肾	boʃigtə	
477	膀胱	kodsən	
478	尿道	tʃikimuŋku	tʃikiŋku
479	生殖系统	pusəribtun	
480	盆腔	sərgiŋkur	
481	精子	urəgan	

序号	汉义	鄂温克语	鄂温克语其他说法
482	输精管	urəgaŋku	
483	阴茎	pə	ʧiʧi
484	龟头	bombog	laŋtu
485	睾丸	bənlug	
486	阴囊	təguŋkur	
487	阴毛	sokir	
488	阴道	moho	mokor
489	子宫	kəbəl	utunʤu
490	胎盘	təbəkən	
491	卵巢	tirigʃit	
492	输卵管	tirigʃiŋku	
493	卵子	tirigʃi	
494	循环系统	gurəlʤəbtun	
495	血管系统	suadəlbtun	
496	胸腔	kəŋgər	
497	心 / 心脏	miagun	
498	心房	miaguŋku	
499	心血	miagun səgsə	
500	脉	suadəl	
501	血管 / 血脉	səgsə suadəl	
502	血 / 血液	səgsə	
503	动脉	gurə suadəl	
504	静脉	namag suadəl	
505	毛细血管	narən suadəl	
506	主动脉	gol suadəl	
507	经络	sodsə	
508	淋巴系统	liʤobtun	
509	淋巴	liʤo	
510	淋巴结	ijəli	

续表

序号	汉义	鄂温克语	鄂温克语其他说法
511	淋巴管	liʤoŋkur	
512	淋巴结	liʤoktu	
513	循环器官	gurəbtun	
514	感觉系统	saabtun	
515	视觉系统	iʃimubtun	
516	眼 / 目	jasəl	jaasal
517	眼眶	oroguktu	
518	眼珠	ankan	jasələ gulun
519	瞳孔	anikan	
520	眼白	giltər	
521	眼睑	kurimut	
522	睫毛	kurimus	
523	眼角	noŋko	
524	泪	narmigtə	
525	眼眉	sarmigtə	sarmin
526	胡子	sagəl	gorgokto
527	听觉系统	donlibtun	
528	耳	ʃianə	
529	外耳	labki	
530	中耳	libki	
531	耳郭	labtʃir	
532	耳屏	halig	
533	鼓膜	dolgir	hutagu
534	耳根	təgur	
535	耳垢	kolintʃi	
536	皮肤	nanda	
537	皮下组织	imugusun	
538	皱纹	pitrə	
539	毛发	nuntə	

序号	汉义	鄂温克语	鄂温克语其他说法
540	毛根	oʤo	
541	汗毛	noŋgar	
542	脑	ogə	nokol
543	大脑	ogəmba	udug ogu
544	小脑	ogəsun	
545	神经	sudug	
546	人体部位	bəjbtun	
547	头	dilə	həkə
548	顶部	orogin	
549	头顶	gablir	
550	额	maŋgil	maŋgil
551	枕骨	niokul	
552	枕下部	doku	
553	囟门	ʤolə	
554	头皮屑儿	alim	kapig
555	头发	nugtə	niurugtə
556	头旋	horgel	
557	鬓角	tʃokum	tʃoko
558	脸	nidam	
559	面	dərlə	dəlli
560	颊	aŋtʃin	katʃir
561	面容	durun	
562	腮	ʤəbʤi	ʤəgi
563	颌	ʤəgi	
564	颌勾	ʤəgələn	
565	人中	ərgəbtu	
566	躯干部位	golitu	
567	胸	tigin	
568	背	arkən	

续表

序号	汉义	鄂温克语	鄂温克语其他说法
569	椎	niro	
570	腰	darəm	
571	乳房	məmə	
572	腹	gudug	
573	腹侧	dəlbən	
574	肚脐	tʃuŋgur	
575	髋 / 臀	sərgi	
576	肩	miir	
577	肩胛	əwtə	
578	腋窝	oguni	
579	臂	bolkir	
580	肘	intʃən	
581	手	naalə	
582	手腕	bagəldʒar	
583	拳头	bagu	laŋtu
584	掌	algən	
585	手背	naalə arkən	
586	手心	gargən	
587	指	wanəkən	
588	拇指	ərigun	
589	食指	urilgun	
590	中指	dulgun	duləla wankən
591	无名指	anigun	gərbiatʃin wankən
592	小拇指	suitəgun	suitəg
593	指叉	salabar	
594	指甲	oʃoktə	
595	指纹	horgel	
596	下肢	ərimdʒi	
597	腿 / 脚	bəgdir	

序号	汉义	鄂温克语	鄂温克语其他说法
598	股肢	ogumʤi	
599	股	ogun	
600	膝	ənəgən	ənen
601	腘	tʃakə	
602	小腿 / 腿肚子	baltʃirti	
603	踝	aihun	
604	跗 / 足背	uram	
605	跖 / 足底	talgən	
606	跟 / 脚后跟	niintə	
607	脚尖	sugumtʃi	
608	腿根	wakə	
609	趾	wakəbtʃi	
610	趾甲	oʃoguktə	

3. 动物植物词

序号	汉义	鄂温克语	鄂温克语其他说法
611	动物	amitən	
612	哺乳动物	əkumtən	
613	野兽	gurəs	
614	驼峰	bukən	
615	虎	tasəg	
616	虎崽	bambor	tasəgtʃan
617	狮子	arsəlun	
618	豹	miarid	
619	熊	ətərkən	
620	母熊	əwərkən	
621	公熊	əkən	
622	狼	laŋdaktʃan	uə

序号	汉义	鄂温克语	鄂温克语其他说法
623	象	sagun	
624	骆驼	təmgən	
625	鹿	bogə	huha
626	梅花鹿	bog	
627	犴达罕	toki	
628	野牛	sarlar	bagən ukur
629	野驴	əigən	
630	狍子	iə	gijən
631	黄羊	ʤərən	
632	野猪	toriki	
633	公野猪	aidari	
634	貂	səgə	
635	獾	əwər	
636	水獭	ʤəhuhan	
637	狐狸	solki	
638	猞猁	tibʤək	
639	貉	əlbəg	
640	野猫	malk	
641	猴	monio	
642	兔子	taul	togtʃik
643	鼠	atʃigtʃan	
644	田鼠	momokur	
645	灰鼠	əlki	
646	飞鼠	təgligtʃan	
647	黄鼠狼	solgə	
648	艾虎	hurən	
649	豆鼠	ʤonbur	
650	松鼠	irəbti	
651	蝙蝠	lələr	lələi

序号	汉义	鄂温克语	鄂温克语其他说法
652	刺猬	dʒir	səɲi
653	鸟类	dəgiə	
654	飞禽	dəgil	
655	凤凰	fənhuan dəgi	
656	鸵鸟	tmgənd	
657	候鸟	ər	
658	鹫、雕	kuldag	salbari
659	长嘴鹫	suitgən	
660	鸨 / 老鸨	tuad	
661	雁	nənihi	
662	天鹅	ortʃə	orʃ
663	黑天鹅	honnortʃe	
664	白天鹅	saartʃe	
665	小天鹅	nilga	
666	丹顶鹤	tog	
667	鹤	togulo	
668	鹰	gikin	
669	雀鹰	kirigo	
670	老鹞	məŋg	
671	猫头鹰	umilə	
672	白鹭鸶	naʃikə	
673	喜鹊	sadʒg	
674	乌鸦	gaki	
675	野鸡	nikə	
676	鱼鹰	kin	
677	布谷鸟	gəku	
678	沙斑鸟	ito	
679	鸽子	tutg	
680	雉 / 雉鸡	horgol	

续表

序号	汉义	鄂温克语	鄂温克语其他说法
681	百灵	ujibkan	bnluri
682	云雀	aglu	
683	飞龙	imki	
684	雀	tʃikn	
685	麻雀	dargunda	
686	小麻雀	a	
687	啄木鸟	tontəki	
688	燕子	dʒldʒma	
689	海燕	suŋgar	dʒldʒma
690	土燕	garatʃ	
691	花燕	goʃimal	
692	鸟巢	əuri	u
693	鸟	dəgi	
694	雏鸟	kuukən	
695	雌鸟	midn dəgi	
696	雄鸟	amidan dəgi	
697	鱼	dʒagsi	ogtʃon
698	细鳞鱼	sogdʒin	
699	鳌花鱼	abgə	
700	草根鱼	amuri	
701	嘎鱼	ak	
702	胖头鱼	darbaldʒi	
703	穿丁鱼	buklntʃ	
704	大马哈鱼	taku	
705	狗鱼	tʃold	tʃold
706	鲶鱼	daki	
707	哲罗鱼	hodgu	
708	黑鱼	kuari	
709	牛尾鱼	ukuri	

序号	汉义	鄂温克语	鄂温克语其他说法
710	柳根子	nitʃa	
711	鲫鱼	kəltəg	
712	葫芦籽	kəlbə	
713	鲤拐子	mukutʃən	
714	鲤鱼	murig	
715	白鳔鱼	giltʃa	
716	小鱼	ʤrim	
717	老头鱼	mukə	
718	泥鳅	morgolʤi	
719	虾	gabkur	ʃiami
720	明虾	nərmi	
721	龙虾	luhakta	mudur
722	米虾	sərbə	
723	海米	ʤirgin	haimi
724	蟹	samur	paŋhai
725	河蟹	kabtʃuki	
726	海参	kiʤim	haiʃən
727	海螺	kiatra	
728	海鱼	imaha	
729	鲨鱼	dəpu	
730	蚌	takira	
731	鱼头	tula	
732	鱼目	bultu	
733	鱼鳃	səŋkəl	
734	鱼尾	səlur	
735	鱼鳞	ʤəhil	kaitʃi
736	鱼子	tirigsi	
737	鱼油	nomin	
738	鱼鳔	konpos	

序号	汉义	鄂温克语	鄂温克语其他说法
739	鱼刺	haks	ha
740	鱼翅	səlb	səl
741	甲鱼 / 鳖	kabil	
742	水龟	mk	
743	旱龟	k	
744	海龟	lag	
745	蟒蛇	ʤa	
746	蛇	hol	
747	蜥蜴	iilə	
748	蛙 / 蛤蟆	ərəki	
749	昆虫	holihan	
750	蚯蚓	mt	
751	蜢	digi	
752	蜘蛛	ataki	
753	蝎子	il	
754	蜈蚣	uugu	ugu
755	吸血虫	ʃikʃir	
756	蛔虫	galʤ	
757	虫子	holihan	
758	苍蝇	dilku	dilku
759	绿头蝇	kukdilku	
760	虱子	kuŋk	
761	虮子	kauri	
762	跳蚤	suari	
763	草爬子	dakrit	
764	蛆	uŋgul	
765	潮虫	drihan	
766	毛毛虫	ʤərmuk	
767	萤火虫	isahan	

序号	汉义	鄂温克语	鄂温克语其他说法
768	木蠹虫	olihan	
769	蚂蚱	tʃartʃa	
770	蟋蟀	tʃorikro	
771	蟑螂	alt holihan	
772	蚂蚁	suigalʤi	
773	白蚁	gilgalʤin	
774	蜻蜓	tmlʤinku	tmlʤi
775	蝈蝈儿	tʃoldi	
776	豆虫	bolihan	
777	臭虫	warlən holihan	
778	蝴蝶	blbti	
779	白蝴蝶	gilbti	
780	峰子	ʤuŋgut	
781	黄蜂 / 马蜂	ʤug	
782	蚊子	narmgt	
783	小咬儿	ərgit	
784	绿头牛虻	orgit	
785	蝗虫	ara	
786	飞蝗	d	
787	树木类	mob	
788	植物	orgo	
789	树 / 木	mo	
790	树苗	u	
791	枝	gara	
792	叶	labi	
793	树杈	asa	
794	树汁	uu	
795	柳絮	ŋə	
796	树林	hos	

续表

序号	汉义	鄂温克语	鄂温克语其他说法
797	密林	ʃige	
798	灌木	boton	
799	丛树	uə	
800	阔叶树	labtʃilan	
801	针叶树	irəs	
802	柳条	brgən	
803	红柳	odkun	
804	榆树	hailasən	hailas
805	山杏树	guiləs	guiləs mo
806	松树	irəbtə	
807	白松	girəbtə	
808	红松	urəbtə	
809	杨树	ulihat	u
810	山楂树	onuə	iuə
811	山丁树	ulutə mo	
812	稠李树	nit mo	
813	白桦	tʃalban	
814	黑桦	tbgir	
815	榛树	iitə mo	
816	果树	tubigi hailasən	
817	小枝杈	niʃikun gara	
818	梨树	alim mo	
819	白梨树	giəltrən alim mo	
820	苹果树	pin guo mo	
821	鸭梨树	iaia alim mo	
822	核桃树	ktu mo	
823	桃树	tubigi mo	
824	樱桃树	itau mo	
825	山丁树	wlugt mo	

序号	汉义	鄂温克语	鄂温克语其他说法
826	黑枣树	hoəŋrən sori mo	
827	红枣树	walrən sori mo	
828	枣树	sori mo	
829	稠李子树	it mo	
830	橘子树	ʤuisi mo	
831	菠萝树	buolo mo	
832	葡萄树	putau hailasən	
833	灯笼果树	əuluŋku mo	
834	山楂树	oənpuri mo	
835	刺梅果树	ʤam mo	
836	杏树	guilsən mo	
837	桑葚树	iaml mo	
838	树心儿	hailasən wtugai	
839	树根须	nitən sagl	
840	叶子	labtʃi	
841	枝杈	gara	
842	树皮	hailasən naŋd	
843	桦皮	tal	
844	树脂	hailasən imusi	
845	树胶	hailasən uŋk	
846	树墩	hailasən nit	
847	旱条子	harigna	
848	刺梅	hahutə	
849	干树根	goʤolə	
850	竹子	səs	
851	苋菜	balə orotə	
852	蒲棒草	godil	
853	嫩草	tʃunbə orotə	
854	麻秆	tʃusulə	

序号	汉义	鄂温克语	鄂温克语其他说法
855	药菜	əmən orotə	
856	蒿	ərəm	
857	草	orotə	orogo
858	车前草	sargilə	
859	芳香草	ʤarotə	
860	胡须草	sargotə	
861	苦菜	sargitə	
862	苦菜花	sar	
863	艾蒿	ʃagu	
864	万年蒿	ərigu	
865	黄艾	ʃaŋagu	
866	蓬蒿	kaŋklʤi	
867	蒿子	ərim	
868	柳蒿菜	kubul	
869	白蒿	gilərim	
870	白艾蒿	giləʃagu	
871	金丝草	ʃitə	
872	黄花	gilətʃi	
873	三棱草	gorbitə	
874	狼毒草	laŋatə	
875	野韭菜	kalr	
876	防风草	kaʃitə	
877	芦苇	olsun	kolsun
878	牛毛草	huarigalʤi	
879	野百合	walotʃi	walrən gilotʃi
880	猫眼草	kəsətə	
881	灰菜	kurrotə	
882	尖草 / 秋草	kiaə	kian
883	绿草 / 青草	tʃorətə	

序号	汉义	鄂温克语	鄂温克语其他说法
884	苫房草	lənbə	
885	山蔓根	magt	
886	蔓菁 / 小根菜	noəntʃi	
887	马蹄莲	morətə	
888	靰鞡草	aitə	ait
889	小黄芩	tʃəəstə	
890	马蔺	tʃiipi	
891	菱角草	iabgətə	
892	老苍子	dʑago	
893	火燎杆	halasu	
894	蘑菇	məəgə	məəg
895	珍蘑	urəmgə	
896	木耳	bakrit	kabir
897	猴头	monobkir	
898	花脸蘑	tʃormo	
899	灵芝	iimo	
900	白蘑	giltərən məəgə	
901	银耳	gilbaktə	
902	榛蘑	ʃiikə	
903	香菇	aŋu	
904	蘑菇圈	kurə	
905	花类	ilga	
906	芍药花	dʑaŋkaktə	
907	山丹花	sarna	
908	串儿红	birtin	
909	鸡冠花	dənlilga	
910	桂花	guilig	
911	黄花	gilotʃi	
912	荷花	muu	

序号	汉义	鄂温克语	鄂温克语其他说法
913	扫帚梅	əsu	
914	百合花	walgitʃi	
915	海棠花	haiu	
916	芍药	aluŋka	
917	野玫瑰	ʤamu	
918	灯笼花	dəŋlu ilga	
919	菊花	ʤuə	
920	指甲草花	kinaga	
921	铃铛花	kuaŋgarit	
922	梅花	guiləs	
923	茉莉花	məəli ilga	
924	米兰	milaga	
925	牡丹	mudan ilga	
926	向日葵	ʃiguə	
927	紫兰花	tʃikirmi	
928	山茶花	tʃlgə	
929	马兰花	tʃulu	tʃiipi ilga
930	土豆花	tulga	
931	爬山虎	takla	
932	牵牛花	labga	
933	花瓣	əltus	əltuu
934	花蕾	tonpolʤi	
935	花粉	u	
936	花蕊	miaə	
937	花梗	ilgami	
938	野花	ilga	
939	公园	alban iwa	iwa
940	园林	ii	iwa
941	植树机	origoi	

序号	汉义	鄂温克语	鄂温克语其他说法
942	电锯	talibgu	
943	刨花	boritlə	
944	原木	bukulu	
945	枯木	ʃirutʃə	
946	木排	sal	
947	原木排	sal	
948	放木排的人	sal	
949	领排人	salda	
950	成材	sabuu	
951	榆树材	hailau	
952	白桦木材	tʃalbau	
953	木料	mou	
954	人造板	bəi otʃo kabsun	
955	胶合板	lagtum otʃo kabsun	
956	野火/荒火	dʒəgd	
957	木炭	moiag	
958	稻子	handg	
959	水稻	mu handg	handg
960	旱稻	irik handg	
961	小麦	maisi	
962	大麦	murigul	
963	苞米/玉米	surdʒəgt	
964	苞米棒	surdʒəgtən koə	
965	高粱	gaulian	
966	高粱秆	gaulian musi	
967	稷子	moəŋgul dʒəgt	
968	糜子	pisig	
969	谷子	niram	
970	高粱	gaulian	

续表

序号	汉义	鄂温克语	鄂温克语其他说法
971	荞麦	nirig	
972	荞麦秸	nirg orogt	
973	荞麦皮	handl	
974	燕麦	hualimpə	
975	糠	kumurg	
976	稗子	ʃiglə	
977	豆	bortʃo	
978	扁豆	kua bortʃo	
979	长豆角	gonim bortʃo	
980	大豆 / 黄豆	ʃaŋrən bortʃo	
981	黑豆	hootʃo	
982	绿豆	orbotʃo	
983	红豆	walrən bortʃo	
984	土豆	tudu	
985	地瓜	digua	
986	向日葵	ʃigulg	
987	苏子	balə	
988	黑苏子	horəl	
989	芝麻	gilta	
990	麻子	malo	
991	大麻	onot	
992	小麻	doro	
993	亚麻	ama	
994	青麻	kimat	
995	棉	kubun	
996	茶	tʃ	
997	菜园	solgitən	
998	园子	iwa	
999	禾苗	kuikə	

序号	汉义	鄂温克语	鄂温克语其他说法
1000	芽儿	sojo	orgolə
1001	瓜蔓	dʒalakta	suadəl
1002	瓜子	rin	
1003	蔓	dʒala	
1004	茎	musi	
1005	根	nit	
1006	菜	solgit	
1007	青菜	tʃuak solgit	
1008	萝卜	lobu	
1009	大萝卜	dalobu	
1010	青萝卜	tʃorən lobu	
1011	红萝卜	walrən lobu	
1012	水萝卜	suilobu	uu lobu
1013	胡萝卜	kolobu	
1014	白菜	giltərən solgit	
1015	大头菜	makəltig	
1016	菠菜	bəəs	
1017	生菜	səlgit	
1018	芹菜	tʃilgit	
1019	野韭菜	guasa	
1020	韭菜花	sorsə	
1021	角瓜	tʃikolo	
1022	倭瓜	wəgə	
1023	大蒜	suanda	
1024	葱	əl	
1025	圆葱	makəl	ŋi
1026	茄子	tʃsə	
1027	辣椒	dʒo	
1028	大辣椒	tʃindʒo	

续表

序号	汉义	鄂温克语	鄂温克语其他说法
1029	烟 / 烟草	damgə	
1030	烟籽	damgəri	
1031	烟花	damgən kilari	
1032	烟叶	damgəbtʃi	
1033	头茬烟叶	bimgə	
1034	二茬烟叶	somgə	
1035	顶枝烟叶	orimgə	
1036	二茬腰枝烟叶	sodusi damgə	
1037	二茬脚枝烟叶	saliri damgə	
1038	三茬烟叶	hakri	
1039	底子烟叶	wal damgə	

4. 社会经济及交通运输词

序号	汉义	鄂温克语	鄂温克语其他说法
1040	国家	gurun	
1041	各国	əl gurun	
1042	大国	udug gurun	
1043	外国	turilə gurun	
1044	敌国	bata gurun	
1045	中国	doligu gurun	
1046	省	muadʒi	
1047	市	kuatə	
1048	盟	aimar	
1049	旗	koʃo	
1050	县	ʃen	
1051	镇	balgə	
1052	乡	somo	
1053	村	urilən	

序号	汉义	鄂温克语	
1054	屯	ailə	
1055	主权	ədʒingər	
1056	政权	dasəgən	
1057	人权	bəj salgən	
1058	地位	origan	
1059	纪律	pabən	
1060	方针	dʒugulki	
1061	原则	udʒan	
1062	策划	bodgun	
1063	理想	dʒeləgən	
1064	道德	tatʃin	
1065	文化	səgən	
1066	任务	alibtʃan	
1067	人民	irgən	
1068	权利	salgən	
1069	机关	jamən	
1070	行政机关	dasəgən jamən	
1071	人口	aŋgal	
1072	办公室	alban dʒu	
1073	工作	alban	
1074	领导者	aəŋkaŋtʃin	
1075	工作人员	alban bəj	
1076	干部	nojon	
1077	管理员	gollitʃin	
1078	办事员	oortʃin	
1079	职务	ərkə	
1080	会场	gisanba	
1081	会议	ogisan	
1082	集会	orubgən	

序号	汉义	鄂温克语	
1083	政治	dasətgən	
1084	经济	ʥigabtun	
1085	阶级	anagin	
1086	阶层	tərkin	
1087	党派	namakoʥi	
1088	民族	aimən	
1089	汉族	niahən aimən	
1090	少数民族	homdə aimən	
1091	蒙古族	moŋgul aimən	
1092	朝鲜族	gaulə aimən	
1093	满族	manʥi aimən	
1094	回族	huisə aimən	
1095	鄂温克族	əwəŋku aimən	
1096	鄂伦春族	oritʃen aimən	
1097	赫哲族	həʥə aimən	
1098	柯尔克孜族	kirgis aimən	
1099	达斡尔族	dagur aimən	
1100	锡伯族	ʃibə aimən	
1101	哈萨克族	hasak aimən	
1102	塔吉克族	taʥik aimən	
1103	军事	tʃuagji bait	
1104	军 / 军队	tʃuag	
1105	命令	həsə	
1106	领土	haramta	
1107	领空	dilba	
1108	领海	lamugan	
1109	边界	kuruktʃi	
1110	国境	guruktʃi	
1111	武器	auri	

续表

序号	汉义	鄂温克语	
1112	兵器 / 武器	dʒəbu	
1113	武装	dʒəbun	
1114	望远镜	tʃelin	
1115	枪	mitʃan	
1116	枪把	əʃinkə	
1117	标尺	waʃiki	
1118	枪筒	amgabtən	
1119	弹头	moglen	
1120	子弹	səmu	
1121	子弹带	onuli	
1122	教练	tiatəgaŋtʃi	
1123	功臣	guŋgətʃin	
1124	敌人	bata	
1125	禁令	pablan	
1126	规范 / 规则	pabun	
1127	规章制度	togtən	
1128	秩序 / 条理	dʒorim	
1129	自由	duarən	
1130	人身自由	bejdən	
1131	通知	saalgən	
1132	限制	kəmun	
1133	规定 / 决定	togtəbun	
1134	错误	taʃen	
1135	保证	amgal	
1136	好处	ajiʃi	
1137	利益	aʃir	
1138	公家	albanka	
1139	消息	aldur	
1140	公物	aləban dʒak	

续表

序号	汉义	鄂温克语
1141	赌徒	guaŋulʧin
1142	锁链	hoənlug
1143	偷盗	hualkə
1144	土匪	təərəm
1145	声响	anir
1146	现象	aribən
1147	方法 / 办法	arig
1148	期限	bilagun
1149	关系 / 关联	dalʤi
1150	能耐 / 力气	bənsən
1151	进展	ʤulʃikigən
1152	结果 / 结尾	madən
1153	证据	gərʧi
1154	证明人	gəriʧiʧin
1155	借口	kannəg
1156	监狱	lauʤu
1157	目的	ʤorən
1158	仇	kimən
1159	力量	kuʧin
1160	范围	kurə
1161	习惯	tatan
1162	规模	kəmʤə
1163	相貌 / 容貌	ʃariduri
1164	行为	jabdəwun
1165	财	ulin
1166	结余	uləbun
1167	预算	bodgən
1168	财政结余	ulin uləbun
1169	财政赤字	ulin abilbun

序号	汉义	鄂温克语	
1170	国库	gurun tʃegin	
1171	金库	altən tʃegin	
1172	出纳	ʥigatʃin	
1173	公债	alban uri	
1174	事业 / 业务	ujil	
1175	税收	gailə	
1176	农业税	tergan gailə	
1177	公粮	alban bialgə	
1178	现今 / 现在	əʃinədi	
1179	货币	ʥiga	
1180	纸币	tʃaasə ʥiga	
1181	硬币	katən ʥiga	
1182	银圆	dajan	
1183	银币	muŋgu ʥiga	
1184	元宝	janbo	
1185	人民币	irigən ʥiga	
1186	信用	itgəl	
1187	信贷	itgəl agtʃin	
1188	利息	madgən	
1189	会计	bodgətʃi	
1190	账户	ʥiga boigun	
1191	财产	ulin ʥiga	
1192	国家财产	guran ulin ʥiga	
1193	租子 / 租金	jolmagin	
1194	高利贷	karʃi	
1195	利益	aʃir	
1196	借贷	arʃima	
1197	工业	ujilbun	
1198	重工业	urgulbun	

序号	汉义	鄂温克语	
1199	轻工业	əjgulbun	
1200	冶金	səlgibgun	
1201	机械	maʃiŋkə	
1202	化学	hobkan	
1203	纺织	nəkəlbun	
1204	燃料	iməgsu	
1205	电力	daligan	
1206	电子	densə	
1207	水产	muturgun	
1208	工场 / 工厂	gərbəŋgar	
1209	发电厂	fadentʃan	
1210	机器制造厂	maʃinba	
1211	车间	gərbədʒu	
1212	工地	gərbənba	
1213	厂长	gərbənda	
1214	工资	tʃelin	
1215	工种	gərbən katʃin	
1216	煤炭	jaagə	
1217	炭化	jaagəltən	
1218	汽油	tʃiju	
1219	铁匠	darkən	
1220	石匠	dʒoltʃin	
1221	手工业	naalatgun	
1222	出产品	gərbən dʒakə	
1223	资本	kurəŋgə	
1224	储备材料	təgubən	
1225	成品	butəbun dʒak	
1226	零件	urtəl	
1227	铁链子	hollug	

序号	汉义	鄂温克语	
1228	劳动工具	gərbər ʤakə	
1229	工具	takurəŋkə	
1230	机器/机械	maʃin	
1231	农业	tergalbun	
1232	农时	tergarən	
1233	种植业	tergalbun	
1234	茬口	gaursə	
1235	耕地面积	tergamʤi	
1236	灌溉面积	muləmʤi	
1237	商品粮	unir bialgə	
1238	储备粮	təgur bialgə	
1239	杂粮	kar bialgə	
1240	粮	bialgə	
1241	土地	bagə	
1242	田地	terigan	
1243	园田地	iwa	
1244	垧	tʃimtʃin	
1245	荒地	haridənba	
1246	荒田	haridərgan	
1247	生荒地	əʃikin bagə	
1248	垄	tal	
1249	水分	ʃimgi	
1250	生长/长势	baldibun	
1251	捆	atgən	
1252	粮食垛	ʤetʃin	
1253	垛码子	ketgə	
1254	场院	itəgə	
1255	荒火	ʤəgdə	
1256	重活儿	urugid gərbə	

序号	汉义	鄂温克语	
1257	农闲	ʃolorən	
1258	农作物	terigan ʤaka	
1259	园艺作物	iwaril	
1260	菜园	solgi iwa	
1261	园子	iwa	
1262	温床	namgdi ajig	
1263	温室	ajigənʤu	
1264	窖	jəri	
1265	晒架	golbə	
1266	晒棚	dəlpun	
1267	土壤	taklə	
1268	土壤层	taklərtʃi	
1269	褐土	boril taklə	
1270	黑土	honrən taklə	
1271	棕壤	walrən taklə	
1272	沼泽土	ʤalgən ʃawər	
1273	青泥土	haunrən ʃawər	
1274	白沙土	giltərən ʃolugtan	
1275	风沙土	ədmun ʃolugtan	
1276	碱土	ʤokto	
1277	盐土	dausutu	
1278	肥料	kubkun	
1279	底肥	algən kubkun	
1280	种肥	uren kubkun	
1281	苗肥	hintən kubkun	
1282	草灰	oroktələn	
1283	草塘泥	amʤigʃar	
1284	垃圾	ʃurtul	
1285	污水	kaʃesun	

序号	汉义	鄂温克语	
1286	马粪	moroktə	
1287	牛粪	ooktə	
1288	水利	mudan	
1289	农田水利	tergan mudan	
1290	渠道	tʃoridug	
1291	抽水机	mutaaŋkə	
1292	水车	mu tərgən	
1293	水坝	dalgiŋkə	
1294	决口	sətrig	
1295	窟窿	saŋgal	
1296	种子	uri	
1297	原种子	dagurin	
1298	良种	ajuri	
1299	农药	tergan əm	
1300	杀虫剂	holihan əm	
1301	除草剂	worogt wari əm	
1302	六六六	liuliuliu	
1303	滴滴涕	diditi	
1304	敌百虫	dibaitʃun	
1305	旱季	irikrən	
1306	无霜期	tʃaudrə aatʃin ərin	
1307	土壤湿度	takləʃin	
1308	二十四节气	orən digin ərəgun	
1309	立春	nəlkir	
1310	雨水	oduman	
1311	惊蛰	idʒəlgən	
1312	春分	nəlkim	
1313	清明	hanʃi	
1314	谷雨	bialgəm	

序号	汉义	鄂温克语	
1315	立夏	ʤuagir	
1316	小满	niʃikun ʤalə	
1317	芒种	iriktʃi	
1318	夏至	ʤuagdən	
1319	大暑	uhumuk	
1320	立秋	bolurir	
1321	处暑	tʃusu	
1322	白露	ʃilugsəktʃi	
1323	霜降	saawumkə	
1324	立冬	tugurir	
1325	小雪	niʃikun jaməndə	
1326	大雪	udug jaməndə	
1327	冬至	tugudən	
1328	小寒	niʃikun inigdi	
1329	大寒	udug inigdi	
1330	农具	tergankur	
1331	拖拉机	tolaʤi	
1332	手扶拖拉机	ʃupu	
1333	除草机	tʃugilʤi	
1334	铲蹚机	tʃebtʃikʤi	
1335	联合收割机	lenhəʤi	
1336	播种机	terimʤi	
1337	脱粒机	surʤəgʤi	
1338	扬场机	herikimʤi	
1339	锄草机	tʃebtʃigʤi	
1340	粉碎机	bitʃirgamʤi	
1341	捆草机	atlamʤi	
1342	搂草机	maltəmʤi	
1343	犁杖	kulugu	

续表

序号	汉义	鄂温克语
1344	犁把	babur
1345	卡子	batgə
1346	犁具	kuluguŋkə
1347	牛秧子	bargəldʒi
1348	犁铧	andʒasən
1349	铧子尖	sugumtʃi
1350	撇绳	dəlburi
1351	犁爬里	kulugumpa
1352	牛鼻叉	sarigildur
1353	牛鼻钩子	gokorgo
1354	耙	maltug
1355	铁耙	səl maltug
1356	钉齿耙	igtə maltug
1357	圆盘耙	tʃikri maltug
1358	耕耙	paisə
1359	点葫芦	kotə
1360	嘴网斗	towəntə
1361	鞭杆	tʃitʃug əʃin
1362	鞭皮条	tʃitʃugu uʃi
1363	鞭梢儿	tʃitʃugu sugur
1364	锄头	tʃebtʃug
1365	刮锄板	halbiku
1366	扫帚	əsur
1367	镐	gautu
1368	锹	səəlun
1369	铁锹	sələ səəlun
1370	木锹	morən
1371	耙子	maltug
1372	木齿耙	malgu

续表

序号	汉义	鄂温克语	
1373	木叉	mo atʃi	
1374	叉子	atʃi	
1375	斧子	suku	
1376	镢头	dʒəktu	
1377	铡刀	dʒadu	
1378	梯子	kulmo	
1379	撅子	tʃokotʃi	
1380	钎子 / 橛子	ʃolun	
1381	镰刀	hadun	
1382	打场碌子	itəlgən bolə	
1383	石碌子	dʒolbolə	
1384	袋	kəudi	
1385	粮仓	bialgə tʃegin	
1386	铲刀	ʃandur	
1387	刀刃	dʒəji	
1388	筐子	tʃəltʃə	
1389	耳筐	səndʒitʃi tʃəltʃə	
1390	柳条筐	bargən tʃəltʃə	
1391	筐把	arilə	
1392	筐底	ərigən	
1393	筐边	kətʃilən	
1394	磨石	igu	
1395	粗磨石	ʃirugtu	
1396	细磨石	niolugtu	
1397	栏杆	kiatri	
1398	车	tərgən	
1399	敞车	haʃləg tərgən	
1400	篷车	mulgar tərgən	
1401	牛车	ukur tərgən	

续表

序号	汉义	鄂温克语	
1402	马车	morən tərgən	
1403	驴车	əigən tərgən	
1404	推车	anər tərgən	
1405	辕	aril	
1406	车辕	tərgən aril	
1407	厢板	haʃilgə	
1408	车厢板	tərgən haʃilgə	
1409	铺板	adari	
1410	轮子	kuris	
1411	车轮	tərgən kuris	
1412	毂	bolə	
1413	车辐条	kəigəsən	
1414	辕子架	ariltu	
1415	弹簧	fatiau	
1416	木楔子	ʃina	
1417	车铃	tərgən kuaŋgarit	
1418	脖套子	dabu	
1419	车鞍	tərgən əmgəl	
1420	鞍垫	toku	
1421	肚带	olbo	
1422	搭腰带	dajaw	
1423	系绳/拴绳	wəir	
1424	笼头	lontə	
1425	马嚼子	hadal	
1426	牵绳/缰绳	ʃorbul	
1427	大煞绳	kuriku	
1428	绳子	orkun	
1429	粗绳	badurkun	
1430	细花绳	narərkun	

续表

序号	汉义	鄂温克语	
1431	皮条	uʃiməl	
1432	麻绳	onogtokun	
1433	辘轳织绳机	tʃərigu	
1434	麻袋	mades	
1435	布袋	bəəgsəm	
1436	皮口袋	atʃim	
1437	雪橇	paari	
1438	扁担	damdʒi	
1439	柱子	tualgə	
1440	碾子	inə	
1441	碾磙子	inə bol	
1442	碾轴	inə təŋgəl	
1443	碾盘	inə taisə	
1444	碾台边	inəkur	
1445	碾磙架	inərəl	
1446	磨	inmə	
1447	扇车	santʃas	
1448	风扇	dalkur	
1449	扇车斗	santʃas kiasə	
1450	烘粮炕	əlgu	
1451	烘干	əlrən	
1452	箩	lasə	
1453	筛子	saidʒi	
1454	筐箩	polosə	
1455	斗	kiasə	
1456	丰收	harim annəgən	
1457	歉年	dadʒin annəgən	
1458	灾年	toomi annəgən	
1459	灾 / 灾害	dadʒigan	

续表

序号	汉义	鄂温克语	
1460	牧场	hoto	
1461	放牧场	hotor	
1462	甸子	kudə	
1463	草甸子	orogtələn	
1464	青草地	tʃuagan	
1465	畜牧	adolgən	
1466	牲畜	aʃisun	
1467	牲口	adgus	
1468	家畜	dʒuŋi aʃisun	
1469	大畜	udug aʃisun	
1470	马	morən	
1471	蒙古马	moŋgul morən	
1472	母马	gəəgə	
1473	种马	adrig	
1474	公马	agtə	
1475	烈性马	əler morən	
1476	惊马	suilar morən	
1477	牛	ukur	
1478	黄牛	ərgəl	
1479	水牛	mukur	
1480	牦牛	sarlan	
1481	耕牛	tergan ukur	
1482	种牛	bakə	
1483	犍牛	ərgəl	
1484	母牛	ungun	
1485	奶牛	sagulgun	
1486	骆驼	təmgən	
1487	母驼	gəəmgə	
1488	公驼	boor	

序号	汉义	鄂温克语	
1489	驼羔	taigən	
1490	骡子	luosə	
1491	驴骡	əigən luosə	
1492	马骡	morən luosə	
1493	驴子	əigən	
1494	母驴	gəəgən	
1495	种驴	adirgə əigən	
1496	绵羊	honin	
1497	羊羔	kurəb	
1498	卷毛羊	menləs	
1499	种绵羊	hotʃiha	
1500	山羊	jamgən	
1501	蹄子	toro	
1502	乳房	dəlin	
1503	尾巴	irig	
1504	马尾巴	kilgasən	
1505	羊尾	watʃi	
1506	胸腔	həŋgər	
1507	角	jənə	
1508	马鬃	dəribul	
1509	猪鬃	badə	
1510	驼峰	bukə	
1511	猪	toriki	
1512	公猪	taman	
1513	种猪	habə	
1514	母猪	məkdʒi	
1515	育肥猪	burugundʒi	
1516	猪崽 / 猪羔	dʒildʒig	
1517	狗	janəkin	

序号	汉义	鄂温克语	
1518	四眼狗	durbə	
1519	哈巴狗	baalə	
1520	猎犬	bəilə	
1521	公狗	muritʃen	
1522	母狗	ukutʃən	
1523	狗崽子	katʃikan	
1524	疯狗	galʤo janəkin	
1525	黑狗	honrən janəkin	
1526	花脖狗	ʤerik janəkin	
1527	黄狗	ʃaŋərən jannəkin	
1528	白狗	giltərən janəkin	
1529	花狗	tʃokur janəkin	
1530	猫	kəkə	
1531	小猫	miaktʃir	
1532	野猫	malkə	
1533	鸡	kakara	
1534	公鸡	aminan kakara	
1535	母鸡	əminən kakara	
1536	小鸡	tʃurtʃu	
1537	鸡雏	kuikən	
1538	鹅	galo	
1539	鸭子	niiki	
1540	鸭雏	kuikən	
1541	兔子	taulə	
1542	鸽	tuutge	
1543	翅膀	aʃiki	
1544	鸡冠	dənəl	
1545	鸡嘴	kontʃor	
1546	鸡蛋	omugtə	

序号	汉义	鄂温克语	
1547	鸡蛋清	haŋgul	
1548	鸡蛋黄	gunsumʤi	
1549	四岁马	danən morən	
1550	四岁骟马	dunən agtə	
1551	四岁公马	dunən adirgə	
1552	四岁母马	dunən gəəgə	
1553	三岁马	guanən morən	
1554	二岁马	tʃerpel	
1555	一岁马	nohon	
1556	五岁牛	taulun	
1557	四岁牛	danə	
1558	三岁牛	guanə	
1559	两岁牛	itən	
1560	小牛犊	togtʃan	
1561	马毛色	morən ʤusu	
1562	黄马	ʃaŋərən morən	
1563	花马	algə morən	
1564	黑马	kəjir morən	
1565	铁青马	booril morən	
1566	烧眼白马	tʃaŋkari morən	
1567	嘴有白点马	məŋkər morən	
1568	灰色的马	saaril morən	
1569	白马	giltərən morən	
1570	白肚花马	algəntə morən	
1571	海骝马	kalor morən	
1572	淡黄色马	koŋgor morən	
1573	枣红马	ʤəərid morən	
1574	黑牛	honərən ukur	
1575	黑白花牛	tʃokur ukur	

序号	汉义	鄂温克语	
1576	棕红牛	walrən ukur	
1577	饲料	irgitʃi	
1578	牧草	bordun	
1579	羊草/秧草	kianə	
1580	羊草小垛	bohəl	
1581	羊草大垛	obon	
1582	豆饼	dəubin	
1583	草料	kianə	
1584	食物	ʤəbkun	
1585	猪食	torkin ʤəbkun	
1586	木槽	moŋgo	
1587	猪槽	torkin moŋgo	
1588	猪窝	kəguru	
1589	絮窝草	səriʤi	
1590	牲畜圈	horigan	
1591	牲畜棚	lənpun	
1592	鸡窝	əuri	
1593	拴马桩	tualəg	
1594	牛棚	dələ	
1595	棚	pəns	
1596	牛鼻栓	sarigil	
1597	羊倌	honitʃin	
1598	牛倌	ukurtʃin	
1599	马倌	adotʃin	
1600	饲养员	ujurtʃin	
1601	羊群	honin surgu	
1602	牛群	ukur surgu	
1603	马群	adogun	
1604	牧羊	tʃiruga	

续表

序号	汉义	鄂温克语	
1605	壕沟	haarigol	
1606	骟（马牛猪）	agtran	
1607	膘	irilə	
1608	胖的	burgun	
1609	瘸／跛行	dohulon	
1610	品种	tʃiŋgalga	
1611	妊娠期	boribiʃir ərən	
1612	骟牲畜人	aktatʃin	
1613	未怀胎牲畜	sobe	
1614	怀胎的	surikin	
1615	马具	morəŋi ʤakə	
1616	马鞍	əmgəl	
1617	鞍座	əmgləŋi təglən	
1618	鞍轿	bulugu	
1619	前鞍轿	ʤurilə bulugu	
1620	后鞍轿	amila bulugu	
1621	鞍骨架	əmgəl gerim	
1622	蹬	durəŋi	
1623	蹬孔	durəŋi səənʤi	
1624	鞍鞴	kəbtirig	
1625	鞍褥	tokə	
1626	马鞍吊带	olbi	
1627	肚带	olmə	
1628	后鞧	kəutʃu	
1629	垫子	dəbəʃirəg	
1630	马鞭	tʃitʃug	
1631	藤鞭	tənsə	
1632	缰绳	dərbul	
1633	马笼头	lontə	

续表

序号	汉义	鄂温克语	
1634	笼头绳	ʃolbur	
1635	马嚼子	hadal	
1636	马绊	ʃidər	
1637	驮子	atʃa	
1638	裆裤	tʃindas	
1639	带鞘刀	kuartə	
1640	铃铛	kuaŋgarit	
1641	马套子	warəg	
1642	套马杆	warəgan	
1643	套马索	guruga	
1644	皮 / 革	nandə	
1645	牛皮	ukuri nandə	
1646	香牛皮	buriga	
1647	生皮	garsun	
1648	无毛皮	harimu	
1649	鞣制皮	monəgitʃan	
1650	熟皮	ilətʃən	
1651	短小的	tʃaktokun	
1652	羊毛	iaŋəktə	
1653	卷毛	mentas	
1654	刮皮工具	kisoŋku	
1655	刮皮刀	tʃirutʃig	
1656	熟皮木铡刀	tarikul	
1657	锯齿刀	kədrə	
1658	手巧	warən	
1659	手艺人	maʤitʃen	
1660	皮匠	nandəʤen	
1661	猎业	bəitʃigun	
1662	冬猎	koikan	

序号	汉义	鄂温克语	
1663	秋猎	surlan	
1664	围猎	sakalan	
1665	猎区	bəitʃirtu	
1666	猎人	bəitʃin	
1667	兽迹	waʤibun	
1668	野兽	gurəsun	
1669	野兽洞	jərig	
1670	猎鹰	kuriʃel gikin	
1671	猎网	kialgə	
1672	猎鹰架	tugsal	
1673	飞	dəglirən	
1674	鹰食	bəgəg	
1675	运气	majin	
1676	捕猎器具	bəiŋkə	
1677	猎刀	kuarit	
1678	皮斗 / 皮口袋	atʃigan	
1679	猎狗	anagən	
1680	猎枪	bəitʃir mitʃan	
1681	火药	wogtə	
1682	枪砂	sasər	
1683	弹头	mogulian	
1684	快枪	dergitʃan	
1685	双筒枪	ʤurgatʃan	
1686	架枪	kularga	
1687	枪支架	suʤanku	
1688	弓	bəri	
1689	箭	nori	
1690	弓背	bəri morin	
1691	弓弦	bəriʃin	

序号	汉义	鄂温克语	
1692	板	ərigtə	
1693	箭镞	tʃiridal	
1694	箭包头	jori	
1695	箭杆	norimus	
1696	箭羽	norida	
1697	笼子	horigu	
1698	沙鸡网	itolgə	
1699	捕鸟扒笼	patehorgu	
1700	捕雀笼	ʃerəŋgi	
1701	套索	warikəm	
1702	吊索	laʃinkur	
1703	铁丝套子	urənkur	
1704	夹子	kabtʃikur	
1705	木夹子	moktʃir	
1706	铁夹子	səltʃir	
1707	弓夹子	bəriktʃir	
1708	盘夹子	əkiriktʃir	
1709	狼夹子	laŋdaktʃir	
1710	捕猎产品	bəibtʃan	
1711	鹿茸	pəntu	
1712	鹿角	jəəntu	
1713	鹿鞭	baltug	
1714	鹿胎	torbus	
1715	鹿心血	golmisu	
1716	虎骨	tasigəmda	
1717	熊掌	galgantu	
1718	爪子	ətug	
1719	爪指甲	wosogtu	
1720	蹄子	toro	

序号	汉义	鄂温克语	
1721	熊胆	tʃirisu	
1722	象牙	saguktə	
1723	虎牙	tasəktə	
1724	兽腿皮	wosəl	
1725	皮子	nandə	
1726	兔	taulə	
1727	肉	uril	
1728	野猪肉	toriki uril	
1729	鹿哨	oren	
1730	水产	mudəlgun	
1731	渔船	dʒagsəji dʒebu	
1732	水产品	mudəni	
1733	鱼子 / 鱼卵	dʒirigsə	
1734	鱼	dʒagsə	
1735	海鱼	lamugsə	
1736	江鱼	olə	
1737	渔具	gərbəŋkə	
1738	网渔具	algədaŋka	
1739	钓渔具	əmkədəŋkə	
1740	渔夫	ogtʃotʃen	
1741	拖网船	algəi dʒebi	
1742	鱼网	algə	
1743	大网	udug algə	
1744	袋子网	kəudilgə	
1745	拖网	irulgə	
1746	拦江网	hauntʃargə	
1747	线网	ʃirilgə	
1748	丝挂子	laktəlgə	
1749	旋网	sarkir	

续表

序号	汉义	鄂温克语	
1750	坐网/回水网	daigalgə	
1751	小鱼网	nitʃa	
1752	搬网	ʃaun	
1753	鱼罩	darul	
1754	鱼叉	huarənki	
1755	网丝	algən ʃisun	
1756	网坠子	tʃəkul	
1757	网眼	algəi jasil	
1758	网绳	algəi orkun	
1759	网脚子	algəi dikin	
1760	网漂子	algəi kuartan	
1761	鱼亮子	hadi	
1762	搅捞子	worikul	
1763	冰眼	ʃi	
1764	冰镩子	muna	
1765	钓鱼竿	main	
1766	钓鱼线	ʃidʒigin	
1767	鱼钩	əmkən	
1768	鱼漂	kuartan	
1769	鱼食筒	maiŋkə	
1770	钩鱼饵	muortə	
1771	饵食	dʒagutʃi	
1772	鱼苗	kuikəbtʃin	
1773	养鱼池	dʒagsəmdʒi	
1774	鱼栅	hadikti	
1775	商业	unitʃilgun	
1776	买卖	maiman	
1777	国营商业	alban maiman	
1778	个体商业	bəin maiman	

续表

序号	汉义	鄂温克语	
1779	合作社	gərən maiman	
1780	合作商店	kokilan maiman	
1781	饮食业	ʤəbtər imor maiman	
1782	服务业	soholir turgun	
1783	商店	hortʃo	maiman
1784	商场	maimanba	ʃaŋʧan
1785	铺子	pusəl	puus
1786	购买力	unitʃilgə	
1787	行市	hanʃi	
1788	夜市	dolbən maiman	
1789	当铺	danpə	
1790	摊贩	dəlgun maiman	
1791	店员	maimantʃin	
1792	仓房 / 仓库	haʃiʤu	hauʤu
1793	商人	maiman bəi	
1794	价格 / 价钱	huda	
1795	商品	unir ʤakə	
1796	东西 / 货物	ʤakə	
1797	商标	təmgət	
1798	年货	ania ʤakə	
1799	股份	obə	
1800	进口	iinəbtun	
1801	出口	juugubtun	
1802	花费	takurbun	
1803	火车	toq tərgən	
1804	卡车	sudunka tərgən	maʃin
1805	大卡车	sudunda tərgən	
1806	汽车	sudun tərgən	tʃitʃə
1807	小轿车	nitʃukun tərgən	

续表

序号	汉义	鄂温克语	
1808	大客车	paasə	
1809	吉普车	ʥiputʃə	
1810	电车	dɛntʃə	
1811	机车	masin tərgən	
1812	轿车	ʥaus tərgən	
1813	拖车	irur tərgən	tuətʃə
1814	篷车	mular tərgən	mulgar tərgən
1815	夹苇车	kabtʃin tərgən	
1816	花轱轮车	kabtʃigun tərgən	
1817	胶轮车	ʥaupi tərgən	
1818	人力车	kusun tərgən	
1819	自行车	ogur tərgən	ʥiʃintʃə
1820	光滑路	gilur ogtə	
1821	雪橇	paari	
1822	半途	dolin ogtə	
1823	出租车	tʃuʥu tərgən	
1824	司机 / 驾驶员	əlgətʃin	səʥi
1825	轿夫	dannəgtʃin	
1826	车夫	tərgətʃin	
1827	马夫	morələtʃin	
1828	牌子	ʥoton	paisə
1829	火车站	tog tərgənba	huətʃəʥan
1830	车次	tərgən madən	
1831	驿站	giabən	
1832	车场	tərgən bagə	tʃəʥan
1833	路	ogtə	
1834	桥	kuərgu	kiau
1835	铁路 / 铁道	səl ogtə	
1836	公路	alban ogtə	

续表

序号	汉义	鄂温克语	
1837	大道 / 大路	udug ogtə	
1838	沙石路	dʒologtə	
1839	汽车道	tərgən ogtə	
1840	街 / 街道	gia	
1841	乡道	ailən ogtə	
1842	茅道	tʃopure	
1843	小道 / 窄道	narən ogtə	sokso
1844	直道 / 直路	tʃilogtə	tʃitʃor ogtə
1845	运输业	dʒugulgun	
1846	中心	golman	
1847	座位	təgəŋkə	təgər orə
1848	运输量	dʒugulən	
1849	重载	urigilən	
1850	包裹	ukulurgi	
1851	锁	goldʒuŋku	
1852	事故	satag	
1853	故障	satagən	
1854	岔道	atʃali ogtə	
1855	尘土	tauril	
1856	灰尘	uritəl	
1857	远道	goro ogtə	
1858	路费	pantʃin	ogtəi dʒiga
1859	交通	ogtəbun	
1860	航海线	lamugtə	
1861	船	dʒebi	
1862	轮船	udug dʒebi	luŋtʃuan
1863	对子船	təre dʒebi	
1864	小船	niʃukun dʒebi	
1865	独木舟	moŋgo dʒebi	

序号	汉义	鄂温克语	
1866	海港	dogan	
1867	港口	arəmʤi	
1868	渡口	ədəlgə	
1869	码头	dogun	
1870	险滩	əru hariʃiəl	
1871	飞机场	pəiʤitʃan	
1872	运输机	ʤakə ʤugur pəiʤi	
1873	客机	bəi təgər pəiʤi	

5. 房子及生活用具和食物词

序号	汉义	鄂温克语	鄂温克语其他说法
1874	建筑	ʤawargə	
1875	房子 / 房屋	ʤu	
1876	平房	wəpən	pinpan ʤu
1877	楼房	dabkər ʤu	ləusi ʤu
1878	住房	təgər ʤu	biʃiri ʤu
1879	宿舍	aŋər ʤu	
1880	正屋 / 里间	turil ʤu	
1881	厨房 / 外屋	gialku	
1882	书房	bitgən ʤu	
1883	碾子房	in ʤu	
1884	仓房	haʃi	hau ʤu
1885	粮库	bialgən tʃegin	
1886	一间房	əmun gialan ʤu	
1887	二间房	ʤuri gialan ʤu	
1888	六间房	nuŋguŋ gialan ʤu	
1889	大楼 / 大厦	gugdə ʤu	udug ləusə
1890	小楼	niʃikun ləusə	

续表

序号	汉义	鄂温克语	鄂温克语其他说法
1891	三层楼房	jalən tərikin ləusə	
1892	楼梯子	taaklaŋka	
1893	电梯	talibe taaklaŋka	denti
1894	砖房	əiʤi ʤu	ʤuanʤu
1895	草房	əlbə	orogt ʤu
1896	土房	takul ʤu	
1897	土坯房	takul əiʤi ʤu	tupi ʤu
1898	木板房	mokolon	kabsun ʤu
1899	甸子房	anəg	anəg ʤu
1900	猎房	ʃerən	
1901	渔房	waŋpan	waŋpan ʤu
1902	棚	lənpən	pəns
1903	碑	pailor	
1904	塔	sobirgan	
1905	古迹	nobti ʤawargə	
1906	房屋建筑	ʤu ʤawargə	
1907	建筑材料	ʤu ʤawar ʤakə	
1908	房屋结构	ʤawar ogin	
1909	房屋设置	ʤawargəlan	
1910	房址 / 地址	təgətʃən	
1911	地基 / 房基	təən	diis
1912	房墙	kəʤin	
1913	墙壁	dusə	
1914	间壁墙	gialan	
1915	白墙	giltarən dusə	
1916	柱子	tualəg	solon
1917	木板	kabsun	
1918	风箱	koruŋku	
1919	墨线	niasəgən	

序号	汉义	鄂温克语	鄂温克语其他说法
1920	尖	ʃori	
1921	木橛子	ʃolun	
1922	木料光面	tal	
1923	风挡板	taralgə	
1924	檩墙	niro tualəg	
1925	柁柱	taibalgə	
1926	柁	taiba	
1927	大柁	udug taiba	
1928	檩子	niro	
1929	脊檩	adrig niro	
1930	椽子	ʃariglə	
1931	房顶	ʤu oron	
1932	房盖	haiʤi	
1933	苫房草盖	haiʤir	
1934	芦苇房盖	səʤi	holsun haiʤi
1935	房檐	ʤu huarim	
1936	角／落	no	tʃoku
1937	棚／天棚	dəl	pəns
1938	泥棚	tilpaŋkar	ʃaurə pəŋ
1939	板棚	mopən	kabsun pəŋ
1940	间壁	gialagan	
1941	屋地	iril	dijins
1942	锅台	busug	hualki
1943	灶炕	gulʤar	ʤooho
1944	灶门	gulʤari amgar	
1945	风箱	kurəŋki	
1946	烟筒	horil	
1947	炕	hualə	hualən naŋgən
1948	炕头	hatʃug	

续表

序号	汉义	鄂温克语	鄂温克语其他说法
1949	南炕	ʤuril hualə	
1950	西炕	malda hualən	
1951	窄炕	narəmə	narən hualən
1952	炕沿	itə	
1953	门	urki	
1954	内门 / 里门	dolo urki	
1955	外屋门	turil urki	
1956	门板	urki kabsun	
1957	门框	durun	
1958	门槛	basrig	
1959	窗子	dula	tʃonko
1960	窗框	tʃoənnko duruŋ	
1961	西窗	malda dula	malda tʃonko
1962	玻璃窗	gu tʃonko	
1963	纸糊窗	tʃasən tʃonko	
1964	窗台	tigilən	
1965	窗格 / 窗棂	tuarilgə	
1966	窗缝	ədihə	ʤabkə
1967	厕所	tulə juur bagə	
1968	院子	kua	kərʤə
1969	大院	udug kua	
1970	无栏院	telmir	
1971	院墙	kərəm	kua kəʤin
1972	石墙	ʤol kəʤin	
1973	围墙	ukulʤin	
1974	柳编篱笆	kuʃikən	
1975	壕沟	haurgal	
1976	大门	haalgə	
1977	板门	kabsun urki	

序号	汉义	鄂温克语	鄂温克语其他说法
1978	园子门	iwa haalgə	
1979	井	hodig	
1980	摇把儿井	tʃərigu hodig	
1981	自来水	ʤilaisui	
1982	井台	hodigən	
1983	井口	hodigi amgar	
1984	井盖	daibər	
1985	室内井	ʤuji hodig	
1986	院内井	kuaji hodig	
1987	木料	mool	
1988	梁木	taiba mo	
1989	砖	əiʤi	
1990	瓦	wa	waar
1991	落铁	nimkən səl	
1992	石头	ʤolə	
1993	河流石	iŋgar	
1994	沙子	ʃolugtan	
1995	土	takul	
1996	黄土	ʃaŋərən takul	
1997	土坯	takul əiʤi	tupi
1998	草坯	kuris	
1999	水泥	jaŋhui	suini
2000	石灰	ʃihui	
2001	泥	ʃawər	
2002	洋角	səs	
2003	房盖苇	nəmərə	
2004	苫房草	lənbətu	
2005	铁丝	urə	
2006	插销	tʃuu	

续表

序号	汉义	鄂温克语	鄂温克语其他说法
2007	把手	tanəŋku	
2008	门钩	urikidgə	
2009	玻璃	ʧoŋkogu	
2010	水胶	uŋkə	
2011	颜料	bodori	
2012	建筑工具	ʤu ʤawar ʤakə	
2013	工具	takuriŋkə	
2014	木工	moloŋkə	
2015	墨斗	niasgən	
2016	手斧	naalə suku	
2017	木工斧	maʤlar suku	
2018	斧把	suku əʃin	
2019	斧刃	suku ʤəjin	
2020	锤子	topori	
2021	小锤子	toporhon	
2022	锛子	ugal	
2023	砧子	tuʃig	
2024	锯子	ogun	
2025	刨子	tuiban	
2026	凿子	ʧuuʧi	
2027	钻子	luŋguri	
2028	冲子	tuiburi	
2029	钳子	əilug	
2030	钢锉	irigi	
2031	木锉	hanʃi	
2032	粗磨石	sət	
2033	磨石	igu	
2034	细磨石	niolun igu	
2035	楔子	ʃina	

序号	汉义	鄂温克语	鄂温克语其他说法
2036	锹	sərilun	
2037	二齿钩子	ʤuurə jəəntʃi gəusə	ərgus
2038	泥叉子	ʃawərtʃar	
2039	泥抹子	ʃawərdaŋkə	niməs
2040	泥板子	ʃawər kabisə	
2041	坯模子	əiʤihə	
2042	铡刀	ʤadu	
2043	铡刀刃	ʤadu ʤəji	
2044	搅拌机	orikuŋkə	
2045	破碎机	kəmkətiŋkə	
2046	吊车	ugriŋkə	
2047	梯子	kulumo	takunkə
2048	夯	niduŋku	
2049	推车子	anər tərgən	
2050	工地	gərbər bagə	
2051	空地	ʃol bagə	
2052	木匠	maʤan	
2053	力工	kutʃiŋku	
2054	用品	takurkə	
2055	炊事用品	iikələrkə	
2056	器皿	tigi	
2057	玻璃器具	guŋ tigi	
2058	瓷器	tʃatʃug tigi	
2059	锅	iikə	
2060	铁锅	səl iikə	
2061	铜锅	gaul iikə	
2062	耳锅	sənʤitʃi iikə	
2063	吊锅	daritmal	
2064	炉钩子	biəltʃi goko	

续表

序号	汉义	鄂温克语	鄂温克语其他说法
2065	炉铲子	biəltʃi səllun	
2066	灶炕	guldʒar	
2067	灰耙	koturaŋku	
2068	篝火	durigen	
2069	火柴	tʃuidən	
2070	蒸笼	apuri	
2071	笊篱	dʒauli	
2072	锅铲子	kisur	
2073	锅刷帚	kaʃenku	
2074	饭勺	maso	
2075	瓢	kotə	
2076	水瓢	mokor	
2077	大马勺	morin maso	
2078	木铲	mosuri	
2079	水勺	moso	
2080	缸	dʒismal	
2081	大缸	udug dʒismal	
2082	小缸	niʃikun dʒismal	
2083	罐子	waar	
2084	坛子	awŋala	
2085	筒子	hoŋge	
2086	瓶子	lonkə	
2087	盆子	asə	pənsə、tənpun
2088	瓶塞子	ʃidəs	
2089	漏斗	tʃorgol	
2090	面板	ambas	
2091	擀面杖	biruŋku	
2092	铜盆	gaul pənsi	
2093	盘子	ila	

序号	汉义	鄂温克语	鄂温克语其他说法
2094	碟子	diasə	
2095	碗	tʃatʃug	
2096	大碗	kəlu	
2097	银碗	muŋgu tʃatʃug	
2098	饭碗	taŋgur	
2099	木碗	malur	
2100	匙	kujə	
2101	筷子	sarpə	
2102	刀子	wjikən	
2103	叉子	sərə	
2104	壶	ko	
2105	红铜酒壶	gegən ko	
2106	酒盅	duntʃi	angəl
2107	杯子	tʃomo	
2108	玻璃杯	gutʃomo	
2109	茶壶	tʃaku	
2110	银匙	muŋgu kujə	
2111	碗架柜	tartal	
2112	拈布 / 抹布	awaŋki	
2113	菜刀	boodo	
2114	刀	utʃikən	
2115	刀刃	dʒəji	
2116	刀把	əʃin	
2117	菜墩	saidunsə	
2118	模子	həb	
2119	桶	tulma	mulki
2120	水桶	muləŋkə	
2121	桶耳	səndʒi	
2122	桶底儿	ərin	

序号	汉义	鄂温克语	鄂温克语其他说法
2123	扁担	damʤi	
2124	扁担钩	dəgə	
2125	物品	jəəmə	ʤakə
2126	钟	ʤuŋgu	
2127	录音机	lujiŋʤi	
2128	收音机	ʃujiŋʤi	
2129	洗衣机	ʃijiʤi	
2130	电视	denʃi	
2131	桌子	ʃirə	
2132	炕	hualən	
2133	书架	bitig tartal	
2134	板凳	bandən	
2135	椅子	naʧilar bandən	
2136	沙发	ʃafa	
2137	柜子	horgo	
2138	立柜	ilir horgo	ligui
2139	木箱	piʤan	
2140	抽屉	tatuk	
2141	皮箱	aʧim	
2142	帘子	halburi	lens
2143	窗	ʧoŋko	
2144	门	urkə	
2145	床	ʧundun	
2146	炕席	dərsu	
2147	灯	dəmʤən	
2148	蜡烛	la	
2149	酥油灯	balimsə	
2150	电灯	dendən	
2151	灯笼	dəŋlu	

序号	汉义	鄂温克语	鄂温克语其他说法
2152	灯光	ilagan	
2153	伞	saruŋ	
2154	手电筒	dembal	
2155	梳妆台	kiaʤə	
2156	镜子	buluku	
2157	花	ilga	
2158	花盆	ilga pənsə	
2159	摇篮／摇车	əmkə	dardə
2160	桦皮撮子	tʃokotʃi	
2161	拐杖	baldar	tuʃinə
2162	扫帚	əsur	
2163	锁头	golʤiŋku	
2164	钥匙	tulukuŋku	
2165	筐子	tʃəltʃə	
2166	柳罐	kobon	
2167	粗绳	aruŋki	
2168	乱麻团	səəndul	
2169	燃料	jaləŋkə	
2170	火	toŋ	
2171	火镰	nəgu	
2172	火绒	hualə	
2173	火石	borʤol	
2174	打火机	tʃorgin	dahuəʤi
2175	木柴	tulʃi	
2176	干柴	ologokun tulʃi	
2177	炭	jagə	
2178	煤	jagə	məi
2179	黄草	kianə	
2180	火苗	iltʃi	

续表

序号	汉义	鄂温克语	鄂温克语其他说法
2181	灰	ulubtən	
2182	衣服	tərigsə	
2183	西装	ʃifu	
2184	裤子	əriki	
2185	布料	bəəgsə	
2186	料子	liosə	
2187	呢子	niisə	
2188	尼龙	nilun	
2189	斗篷	kuəməlku	
2190	皮衣	nandə tərigsə	
2191	大衣	kubtə	datʃan
2192	袄	olumdi	
2193	皮袍 / 皮大衣	suun	
2194	皮袄 / 皮装	nandə olumdi	
2195	皮裤	nandə əriki	
2196	坎肩	kələbtʃi	
2197	黑皮	kuribis	
2198	胎羊皮	səris	
2199	老羊皮	akri	
2200	棉衣	kubun tərigsə	
2201	棉长袍	kubtə	
2202	单衣	nimduri tərigsə	
2203	单袍	gagər	
2204	上衣	kantas	
2205	背心	bəiʃil	
2206	外衣	turil tərigsə	
2207	内衣	doolo tərigsə	
2208	衬衣	tʃimtʃi	
2209	衬裤	doolo əriki	tʃəŋku

序号	汉义	鄂温克语	鄂温克语其他说法
2210	裤衩	kutʃal	
2211	裙子	koʃiləŋku	tʃunsə
2212	褙子	honesən	
2213	衣兜	olunkə	
2214	衣衩	səlbə	
2215	衣襟	əəŋgə	
2216	扣子	tobtʃi	
2217	绦带	tausə	
2218	布纽	tondə	
2219	衣领	kuʤubutʃi	
2220	袖子	ugusul	
2221	肩部	miirin	
2222	腋部	wogun	
2223	衣面	talbur	
2224	衣里子	isuri	
2225	衣罩	buresən	
2226	对襟	tərə əəmgə	ʤuuruəəmgə
2227	裤腰	bigi	
2228	裤带	təlge	
2229	裤裆	salgə	aləmtʃi
2230	裤腿	ʃolug	ʃolugun
2231	裤脚口	ʃolugutʃi	
2232	折儿	homes	homesən
2233	头巾	uŋku	
2234	长头巾	əbkuŋkə	
2235	脖套	kuʤubtʃi	wəibəl
2236	围巾	uŋku	
2237	套袖	ustən	
2238	套裤	subi	

续表

序号	汉义	鄂温克语	鄂温克语其他说法
2239	腰带	omul	
2240	皮带	nandə omul	pidai
2241	裤腰带	təlgi	
2242	手套	bəli	
2243	手闷子	ajibəl	toro
2244	雨衣	odəmutʃi	
2245	风衣	ədəmutʃi	
2246	帽子	aagun	
2247	袜子	ʤogunə	waasə
2248	毡子	ʃirdəg	
2249	靴子	wantə	
2250	皮靴	nandə wantə	
2251	毛皮靴子	tʃidami	
2252	靰鞡鞋	waləgən	
2253	水靴	muwantə	suiʃes
2254	鞋	sabi	
2255	皮鞋	nandə sabi	piʃe
2256	拖鞋	piatkan sabi	tuəʃe
2257	鞋底	algən	
2258	靴筒	ture	
2259	跟	nintə	
2260	带 / 系带	uʃilən	
2261	鞋垫子	tokə	ʃedensə
2262	鞋里	sabi isur	
2263	行李	warə	
2264	被子	waril	
2265	裤子	dəbʤə	
2266	毛皮裤子	nandəbʤə	
2267	枕头	tiru	

续表

序号	汉义	鄂温克语	鄂温克语其他说法
2268	枕套	təbəkənkə	
2269	枕巾	tiru uŋku	ʤənʤin
2270	枕瓢	handəl	
2271	被褥单	buresən	
2272	毯子	tansə	
2273	线毯	ʃirigtə tansə	ʃentansə
2274	毛毯子	nuŋəgtə tansə	motansə
2275	包袱	wəkulu	waadən
2276	宽的	əmgə	
2277	窄的	narən	
2278	布纹	ʃidəm	
2279	缎子	torgo	
2280	绸子	dordon	tʃəwus
2281	帆布	suilongbu	pambu
2282	丝绵	miandus	
2283	线	ʃiriktə	
2284	筋线	sumul ʃiriktə	
2285	麻线	onogtə ʃiriktə	
2286	毛线	nuŋgər ʃirigtə	
2287	针	irim	
2288	针眼	irimsən	
2289	针线盒	matagan	
2290	顶针	wannə	
2291	装饰品	dasəm	ʤasamka
2292	发型	gəʤəgən	
2293	剃头刀	handaŋku	
2294	皂	iisə	
2295	香皂	dərəlji iisə	ʃaŋʤo
2296	肥皂	ʤakə ʃilkir iisə	pəiʤo

序号	汉义	鄂温克语	鄂温克语其他说法
2297	手巾	naalə uŋku	
2298	发钗	ʃoriku	
2299	发卡子	kabtʃiku	
2300	发网	kialə	
2301	梳子	igdun	sannə
2302	篦子	sunku	
2303	项链	kudʒurləg	
2304	镯子	bargən	
2305	手表	naalə ərəntʃi	
2306	戒指	guritʃurgə	
2307	耳环	gargə	
2308	银耳环	mungu gargə	
2309	熨斗	wəitə	
2310	眼镜	jasəl gun	
2311	刻刀	dolgə	
2312	颜色	dʒusə	
2313	袼褙	giwa	
2314	糨糊	hargultʃi	
2315	缝纫机	uldiŋkə	
2316	剪子	kaitʃi	
2317	扣子	tobtʃi	
2318	脏的	badʒir	laibur
2319	合适	dʒəkin	dʒokibun
2320	相同	təəre	
2321	针线活儿	urilribtun	
2322	锥子	ʃolugun	
2323	粮食	bialgə	
2324	米	bialgə	
2325	食物	dʒəbtəŋkə	

序号	汉义	鄂温克语	鄂温克语其他说法
2326	食品	ʤəbtər ʤakə	
2327	面粉	goli	
2328	白面	maisi goli	
2329	小米	niram	
2330	小米面	niram goli	
2331	玉米	suriʤəbtə	
2332	高粱米	gaulen	
2333	黄米	pisig bialgə	
2334	荞麦米	alim	
2335	荞麦糁子	niʤə	
2336	饭	ʤəbtə	
2337	米饭	bialgə ʤəbtə	
2338	稷子米	moŋul bialgə	
2339	大米	handə bialgə	
2340	大麦米	murugul bialgə	
2341	苞米馇子饭	suri ʤəbtə	
2342	干饭	ganpan ʤəbtə	
2343	米汤	sumusun	
2344	稠粥	amusun	
2345	稀饭	ʃingən ʤəbtə	
2346	炒面	agə	
2347	奶茶	əkun ʧe	
2348	初乳粥	walamsun	
2349	面条	laʃiktə	
2350	奶煮面片	togle	
2351	面片	peltan	
2352	锅烙	dalʤəktə	
2353	饺子	bianʃi	
2354	包子	bosi	

序号	汉义	鄂温克语	鄂温克语其他说法
2355	饼	ugən	
2356	糖饼	satəntʃi ugən	
2357	发糕	aptʃa ugən	fago
2358	馒头	mantu ugən	mantu
2359	面包	lebə	kilebə
2360	麻花	morkimal	mahul
2361	夹苏子并	baltʃigən	
2362	油炸饼	ʃirigtə	
2363	煎饼	kauʃol	
2364	锅巴	kabis	
2365	蔬菜	solgit	
2366	菜	solgit	
2367	豌豆菜	boritʃo saskən	
2368	肉汤	urilən ʃilə	
2369	咸菜	dausun solgit	
2370	白菜	giltirən solgit	
2371	西红柿	ʃisi	
2372	鸡蛋汤	kakara omugtə ʃilə	
2373	瓜汤	kəmkə ʃilə	
2374	菠菜	bosai	
2375	豆腐	dəufu	
2376	冻子	bulgi	
2377	鱼冻	dʒagsən bulgi	
2378	皮冻子	nandə bulgi	pidunsə
2379	排骨	habrig	
2380	土豆	tudu	
2381	茄子	tʃesə	
2382	蘑菇	muəgə	
2383	炒木耳	bakrit	

序号	汉义	鄂温克语	鄂温克语其他说法
2384	酸菜	ʤisun solgit	
2385	腌菜	tiritʃə solgit	
2386	辣椒	tʃinʤo	laʤo
2387	韭菜花	sorsə	
2388	干菜	olgitʃa solgit	
2389	蒜	suanda	
2390	野菜	bagən solgit	
2391	柳蒿菜	kunbil	
2392	油	imugsə	
2393	牛油	ukuri imugsə	
2394	黄油 / 奶油	ʃaŋrən imugsə	
2395	味	wa	amta
2396	醋	gaasu	
2397	酱油	tʃiŋʤan	
2398	盐	dausun	
2399	肉	uril	
2400	牛肉	ukur uril	
2401	犴达罕肉	toki uril	
2402	肉干	ʃiluk	
2403	肉汁	uril ʃilə	
2404	血肠	səgsən ʃolugtə	
2405	肥肉脂肪	burig imugsə	
2406	冻肉	gəgtike uril	
2407	肉渣	ʃimuri	
2408	奶食品	əkun tʃiga	
2409	奶 / 乳汁	əkun	
2410	初乳	wal əkun	
2411	鲜奶	irikin əkun	
2412	牛奶	ukur əkun	

序号	汉义	鄂温克语	鄂温克语其他说法
2413	奶皮	urum	
2414	稀奶油	əkun ugin	
2415	酸奶	tʃiga	
2416	特别	dʒəbə	
2417	黄油	ʃaŋrən imugsə	
2418	搅奶油	tʃiga bulrən	
2419	煮奶	əkun wjujən	
2420	糖	satən	
2421	白糖	giltirən satən	
2422	红糖	walrən satən	
2423	冰糖	əmugsə satən	
2424	块糖	gada satən	
2425	蜂蜜	bal	
2426	月饼	jəbin	
2427	糕点	gintʃi ugən	
2428	蛋糕	sanʃig	daŋgo
2429	饼干	biŋgan	
2430	西瓜	duangə	ʃigua
2431	瓜	kəmkə	
2432	香瓜	dagur kəmkə	
2433	甜瓜	dasun kəmkə	
2434	黄瓜	mo kəmkə	huaŋgua
2435	哈密瓜	hami kəmkə	
2436	番茄	ʃiisə	
2437	瓜子	kəmkəi uri	
2438	水果	mutubugi	
2439	枣	sori	
2440	红枣	walrən sori	
2441	梨	alim	

序号	汉义	鄂温克语	鄂温克语其他说法
2442	苹果	piŋguə	
2443	桃	tubigi	
2444	山楂	owənpur	
2445	山丁子	uluktə	
2446	白梨	giltirən alim	
2447	香蕉	ʃiaŋʤo	
2448	橘子	ʤuisə	
2449	菠萝	bəəluə	
2450	葡萄	putau	
2451	榛子	ʃiʃiktə	
2452	刺木果	hahukta	ʤam
2453	都柿	nəri	
2454	菱角	jabga	
2455	稠李子	iiŋiktə	
2456	灯笼果	əwluŋku	
2457	桑葚	niami	
2458	山杏	guilsən	
2459	酸木姜	katʃiktə	ʤsun kuri
2460	落花生	lokuʃan	
2461	核桃	kətau	
2462	果皮	tubigirki	
2463	葫芦	kolo	
2464	烟	damgə	
2465	黄烟	ʃaŋrən damgə	
2466	叶子烟	labtʃi damgə	
2467	烟卷	morke damgə	
2468	烤烟	olgitʃa damgə	
2469	烟袋	de	
2470	烟嘴	ʃomor	ʃime

续表

序号	汉义	鄂温克语	鄂温克语其他说法
2471	烟袋嘴	de ʃimor	
2472	烟嘴头	ʃomorton	
2473	烟袋杆	demus	
2474	烟袋锅	degə	
2475	烟口袋	kabtərgə	
2476	烟袋油子	delog	
2477	酒	arki	
2478	粮食酒	bialgə arki	
2479	葡萄酒	putau arki	
2480	红酒	walrən arki	
2481	奶酒	əkun arki	
2482	白酒	giltirən arki	
2483	瓶酒	lonkuʧi arki	
2484	啤酒	piʤu arki	piʤu
2485	散酒	sula arki	
2486	药酒	əmʧi ariki	
2487	茶	ʧe	
2488	茶叶	ʧe labʧi	
2489	砖茶	əiʤi ʧe	ʤuanʧa
2490	绿茶 / 清茶	ʧorənʧe	
2491	茉莉花茶	mliʧe	
2492	红茶	walrənʧe	
2493	茶水	ʧe mu	
2494	糖水	satənmu	
2495	奶茶	əkunʧe	
2496	开水	ujunmu	
2497	炊事	ikribtun	
2498	炊事员	ikriʧin	
2499	秤	gin	

序号	汉义	鄂温克语	鄂温克语其他说法
2500	秤杆	musən	
2501	秤星	ginʃogtə	
2502	钩	goko	
2503	擀面杖	biruŋku	
2504	沽水	kaʃimu	
2505	便饭	hosun ʤəbtə	
2506	早饭	əritən ʤəbtə	
2507	午饭	inigən ʤəgtə	
2508	晚饭	ore ʤəgtə	
2509	口福	pənʃin	
2510	营养	ʃim	
2511	滋味	amta	
2512	味道	wamta	
2513	沉淀物	timdə	

6. 文教卫生及风俗习惯词

序号	汉义	鄂温克语	鄂温克语其他说法
2514	教育学	tetgalən	
2515	教育制度	tetgamʤi	
2516	教育方针	tetgawun	
2517	学校	tatʃigu	
2518	教室	bitig tetri ʤu	
2519	校舍	tatʃiguji ʤu	
2520	校长	tatʃiguda	
2521	教授	tatguji saisa	ʤauʃu
2522	学者	bitgətʃin	
2523	教员 / 教师	səbə	
2524	学生	ʃebi	

续表

序号	汉义	鄂温克语	鄂温克语其他说法
2525	大学生	udug tatʃiguji ʃebi	
2526	同学	əmun tatʃiguji ʃebi	
2527	学友	tatʃiguʃi	
2528	学制	tatʃiguji pabən	
2529	大学／学院	udug tatʃigu	
2530	中学	doligu tatʃigu	
2531	小学	niʃikun tatʃigu	
2532	学年	tatʃigannə	
2533	学期	tatʃirgə	
2534	学时	tatʃir ərən	
2535	教学法	tatʃigarig	
2536	教书	tatʃigar bitig	
2537	书皮	aliku	
2538	笔帽	dobtun	
2539	墨	bək	
2540	本子／本	ʤulən	bənsə
2541	纸	tʃaasən	
2542	圆珠笔	maklə suguritʃi bi	jenʤubi
2543	毛笔	pii	mobi
2544	假	ʃol	
2545	假期	ʃol tʃigi	ʃoli ərin
2546	春假	nəlkiri ʃol	
2547	暑假	ʤuari ʃol	
2548	寒假	tuguri ʃol	
2549	通知书	sakanər bitig	tunʤiʃu
2550	加法	nəmərgə	
2551	减法	hailgarga	
2552	运动员	gulbutʃin	
2553	运动会	gulbulən	

序号	汉义	鄂温克语	鄂温克语其他说法
2554	跑道	tutulir ogtə	
2555	球	pogle	
2556	足球	pəʃiglər pogliə	
2557	篮球	lastʃu	
2558	曲棍	boiko	
2559	游泳池	əlbiʃimʤi	
2560	雪上运动	jamənabdun	
2561	滑雪板	tʃirilkabsun	tʃirilrikabsun
2562	冰上运动	əmugsəbdun	
2563	冰场	tʃirilkatu	
2564	冰鞋	tʃirilirtʃa	
2565	冰刀	tʃiriliŋka	
2566	摔跤运动	ʤauldibdun	
2567	摔跤比赛	ʤauldiwən	
2568	摔跤服	ʤodəg	
2569	摔跤手	buku	
2570	武术	baʃi	
2571	神箭手	garpətʃin	mərigən
2572	靶	aigə	nidu
2573	卫生	arunkul	
2574	体温	əkugdibun	
2575	医药	əm	
2576	医生	ənəku itʃitʃin	daifu
2577	病人	ənəkutʃin	
2578	拔罐	tansə	
2579	脉搏	suadal	main
2580	口疮	əgtə	
2581	雀斑	bədəri	
2582	痣	bəlgə	

序号	汉义	鄂温克语	鄂温克语其他说法
2583	烫伤	haljahu	halja jari
2584	病	ənəku	
2585	病情	ənəkun	
2586	疥癣	hamo	
2587	瘫痪病	kulmil	
2588	眼斜	kiələn	
2589	噩梦	tirugun	
2590	人参	orguda	
2591	鹿茸	pəntu	
2592	灵芝	sonon	linʤu
2593	麝香	nigtʃa	
2594	虎骨	girim	
2595	熊胆	tʃiril	
2596	习俗	itos	tatʃin
2597	习惯	tatʃigal	
2598	阳历年	irkin ania	
2599	节日 / 节	səbʤi	aji inigə、ʤeʤi
2600	纪念日	dorilar inigə	
2601	春节	ania	
2602	初一	irikin inigə	
2603	对联	duisə	
2604	除夕	butu ore	
2605	除夕宴	butuləgən	
2606	元旦	irikikin	
2607	炮仗 / 爆竹	poʤan	
2608	元宵节	katʃin	
2609	正月十六	koinig	
2610	八月十五	ʤabkun ʤan tuarən	
2611	婚事 / 喜事	urgun baitə	

序号	汉 义	鄂温克语	鄂温克语其他说法
2612	处女	unaadʑi təgədʑərin	
2613	媒人	dʑautʃin	
2614	对象 / 伴侣	girkin	
2615	定亲礼物	tʃantəg	
2616	订婚礼物	tore	
2617	定亲送的牛	ʃolburi	
2618	礼品	bələr	
2619	男亲家	huda	
2620	亲家母	hodagu	
2621	主婚男代表	udug huda	
2622	主婚女代表	udug hodagu	
2623	配婚男代表	dʑetʃi huda	
2624	配婚女代表	dʑetʃi hodagu	
2625	新娘 / 新媳妇	irikin kukin	
2626	定亲宴	tʃantəlgən	
2627	纪念品	dʑoonəbun	
2628	女婿	kurəkən	
2629	童养媳	irigiwul kukin	
2630	妇女	asal	aʃi
2631	夫妻	ədi aʃi	
2632	续妻	amigu aʃi	
2633	前妻	norigu aʃi	
2634	妾 / 姨太太	dʑalaʃi	
2635	娘家	nadʑil	
2636	鳏夫	godʑoli	godʑoŋgo
2637	寡	nagon	
2638	情妇 / 情夫	ajitug	
2639	婴儿	huŋakan	
2640	孩子	niʃikul	urul

续表

序号	汉义	鄂温克语	鄂温克语其他说法
2641	头生孩儿	auguntu	
2642	头生女孩	augunna	
2643	男孩儿	urukən	kəukə
2644	女孩儿	unadʒi	
2645	老儿子	nilkatu	
2646	老闺女	nilkanna	
2647	摇篮	əmkə	
2648	孤儿	aŋədʒin	wəntʃin
2649	孪生 / 双生	atku	təri
2650	私生子	nəgəltu	
2651	养子	irgitu	
2652	养女	irgina	
2653	祝词	irolgə	
2654	流浪儿	dʒolbitu	
2655	穷孩子	jadatu	
2656	宝宝	bobi	
2657	周岁	baarə	
2658	生日	baarə inigə	itʃigunig
2659	丧家	dʒobultʃi bogun	
2660	尸首	girimdə	
2661	寿衣	buʃiki	
2662	孝衣 / 孝服	ʃenəgi	
2663	孝带	dəribuk	
2664	棺材	baktʃi	absə
2665	牺牲品	huailgə	
2666	丧礼	goʃigun	
2667	宗教	barkən	
2668	信仰	ʃutun	
2669	迷信	ʃutugən	

序号	汉义	鄂温克语	鄂温克语其他说法
2670	虔意 / 虔诚	suʤir	
2671	佛	barkən	
2672	画像	niərgan	
2673	样子	durən	
2674	萨满	saman	
2675	女萨满	itagan	
2676	男巫	baktʃi	
2677	女巫	wotʃi	watgan
2678	喇嘛	lam	
2679	坟	həurən	bagən
2680	经	lom	
2681	算命先生	ʤijatʃin	
2682	庙宇	sum	miau
2683	香	kuʤi	wa
2684	姻缘	dobi	boi
2685	神药	arʃiam	
2686	幸运	ʤijatʃi	
2687	阴间	irimun	
2688	命运	ʤija	
2689	菩萨	pusa	
2690	天神	bogada	bogakan、əənduri
2691	土地爷	bagənduri	
2692	祖神	oʤor barkən	
2693	乌麦神	ome barkən	
2694	树神	mo barkən	
2695	火神	tog barkən	
2696	灶神	ikə barkən	
2697	门神	urki barkən	
2698	笊篱神	ʤaulə barkən	

序号	汉义	鄂温克语	鄂温克语其他说法
2699	屯神	ailə barkən	
2700	财神	ʤijaʧi barkən	
2701	神仙	ənduri	
2702	仙女	dagini	
2703	天堂	bogətan	
2704	龙王	mudurda	
2705	圣人	əndurda	
2706	雷神 / 雷公	ardida	
2707	阎王	irimuda	
2708	鬼	ʃurkul	
2709	诈尸鬼	boon	
2710	妖怪	ibag	
2711	小妖	jabgə	
2712	魔法	ibagəngə	
2713	九头大魔	mangit	
2714	神柱 / 幕门	solon	toro
2715	跳神会 / 祭神祇	torol	
2716	萨满神灵	səgun	
2717	灵魂	sumsə	
2718	鬼	ʃurkul	
2719	萨满神衣	ʃike	ʤawa
2720	神帽	ʤaraga	
2721	神鹰	muri	barkən gikin
2722	神衣铃	kuaŋgarit	
2723	神鼓	unturi	
2724	神鼓槌	kisuri	
2725	铜镜	tolgan	
2726	神镜	toltu	
2727	大铜镜	giŋgan	udug toltu

续表

序号	汉义	鄂温克语	鄂温克语其他说法
2728	护心镜	miagutu	
2729	护背镜	dagutu	
2730	小铜镜	nikutu	
2731	哈达	hadig	
2732	范围	təgərin	
2733	戒条	tʃəlrig	

7. 亲属称呼和社会关系词

序号	汉义	鄂温克语	鄂温克语其他说法
2734	血缘关系者	əntʃə	
2735	亲戚 / 亲属	balitʃa	
2736	原籍 / 故乡	təgən	datʃi bagə
2737	辈分	uji	
2738	世代	ʤalən	
2739	近亲	dagə baltʃa	
2740	远亲	gorə baltʃa	
2741	前辈	noribti uji	dilə uji
2742	前世	noribti ʤalən	dilə ʤalən
2743	后辈	amibti uji	
2744	后世	amibti ʤalən	
2745	后代	amigu uji	
2746	长辈	udug uji	udug ʤalən
2747	小辈	niʃikun uji	
2748	氏族 / 家族	mokun	hal
2749	姓氏	hal	
2750	家族长	mokunda	
2751	家	ʤu	
2752	婆家 / 岳父家	hadəm	

续表

序号	汉义	鄂温克语	鄂温克语其他说法
2753	娘家	naʤil	
2754	本家	daʤu	
2755	户	boigun	
2756	户主／家长	boigunda	
2757	人口	aŋgəl	
2758	家谱	giabə	
2759	宗族	giramdə	kontʃig
2760	祖宗	oʤor	
2761	爷爷／祖父	jəjə	
2762	奶奶／祖母	taiti	
2763	伯祖父	udug jəjə	
2764	伯祖母	udug taiti	
2765	叔祖父	niʃikun jəjə	
2766	叔祖母	niʃikun taiti	
2767	姑爷爷	gu jəjə	
2768	姑奶奶	gu taiti	
2769	外祖父	naʤil jəjə	
2770	外祖母	naʤil taiti	
2771	伯父／大爷	udama	
2772	伯母／大娘	udug əni	
2773	父亲	amin	
2774	母亲	əni	
2775	爹／爸爸	aba	
2776	娘／爸爸	məmə	
2777	继父	amigu aba	amila aba
2778	继母	amigu məmə	amila mm
2779	叔父	abəga	niʃikun aba
2780	婶娘	ugumə	
2781	大姑父	nainutʃa	

序号	汉义	鄂温克语	鄂温克语其他说法
2782	大姑	nainuguə	
2783	大舅父	amikan	
2784	大舅母	ənikən	
2785	姨夫	nagtʃo	
2786	姨母	nagta	
2787	舅父	naano	nagtʃo
2788	舅母	naaso	nagta
2789	表大爷	taarə amikan	
2790	表大娘	taarə ənikən	
2791	表大姑	taarə nainəguə	
2792	表大姑父	taarə nainətʃa	
2793	表姑	taarə naini	
2794	表姑父	taarə gujə	
2795	姨表大爷	tugə amikan	
2796	姨表大娘	tugə ənikən	
2797	姨表姑姑	tugə naini	
2798	姨表姑父	tugə gujə	
2799	公爹	hadəm amin	
2800	婆母	hadəm əni	
2801	岳父	hadəm amin	
2802	岳母	hadəm əni	
2803	干爹	tagditʃa aba	
2804	干妈	tagditʃa məmə	
2805	平辈 / 同辈	uiki	əmun uji
2806	丈夫	ədi	ətkən
2807	妻子	aʃi	girki
2808	兄弟	akinur	akin nəkun
2809	姐妹	əkinur	əkin nəkun
2810	同胞兄弟	balʃa akinur	

续表

序号	汉义	鄂温克语	鄂温克语其他说法
2811	同胞姐妹	baltʃa əkinur	
2812	叔伯亲	ujəli	
2813	叔伯兄弟	ujəli akinur	
2814	叔伯姐妹	ujəli əkinur	
2815	再从兄弟	ʤeʤalən ujəli akinur	
2816	再从姐妹	ʤeʤalən ujəli əkinur	
2817	远叔伯亲	kajali	
2818	从兄弟	kajali akinur	
2819	从姐妹	kajali əkinur	
2820	兄 / 哥哥	akin	aka
2821	嫂	bərgən	ugi
2822	姐姐 / 大姐	əkin	əkə
2823	姐夫	auʃe	osəha
2824	弟弟	nəkun	
2825	弟媳	nəkun kukin	
2826	妹妹	unaʤi nəkun	
2827	妹夫	nəkun kurəkən	
2828	亲兄 / 胞兄	baltʃa akin	
2829	亲嫂	baltʃa bərgən	
2830	亲姐 / 胞姐	baltʃa əkin	
2831	亲弟 / 胞弟	baltʃa nəkun	
2832	亲弟妹	baltʃa nəkun kukin	
2833	胞妹	baltʃa unaʤi nəkun	
2834	亲妹夫	baltʃa nəkun kurəkən	
2835	叔伯亲	ujəli	
2836	堂兄	ujəli aka	
2837	堂嫂	ujəli bərgən	
2838	堂姐	ujəli əkə	
2839	堂姐夫	ujəli auʃe	

序号	汉义	鄂温克语	鄂温克语其他说法
2840	堂弟	ujəli nəkun	
2841	堂弟妹	ujəli nəkun kukin	
2842	堂妹	ujəli unaʤi nəkun	
2843	堂妹夫	ujəli nəkun kurəkən	
2844	亲家父母	huda hodugu	
2845	男亲家	huda	
2846	女亲家	hodugu	
2847	亲家关系（男）	hudali	
2848	亲家关系（女）	hoduguli	
2849	妯娌	wojoli	
2850	大姑子	aʤi əkə	
2851	大姐夫	aʤi auʃe	
2852	大伯子	hɑdəm akin	
2853	妯娌	ojo	
2854	大嫂子	udu ojo	
2855	叔子 / 姑子	bənər	
2856	连襟	baʤi	
2857	连襟关系	baʤali	
2858	姑表亲	taarə	
2859	姑表关系	taarali	
2860	表兄弟	taarə akinur	
2861	表姐妹	taarə əkinur	
2862	表嫂	taarə bərgən	
2863	表姐夫	auʃe	
2864	表弟媳	taarə nəkun kukin	
2865	表妹夫	taarə nəkun kurəkən	
2866	两姨亲	tugə	
2867	两姨关系	tugəli	
2868	两姨姐妹	tugə əkinur	

序号	汉义	鄂温克语	鄂温克语其他说法
2869	两姨兄弟	tugə akinur	
2870	两姨嫂	tugə bərgən	
2871	两姨弟媳	tugə nəkun kukin	
2872	两姨姐夫	tugə auʃe	
2873	晚辈	amigu ʤalən	amila ʤalən
2874	下一辈	dekim ʤalən	
2875	儿女	uril ut	
2876	男孩	urkəkən	
2877	儿子	ut	
2878	儿媳	kukin	
2879	儿媳们	kukinnur	kukinur
2880	女孩 / 女儿	unaʤi	
2881	女婿	kurəkən	
2882	长子	udug ut	
2883	长女	udug unaʤi	
2884	次子	ʤetʃi ut	
2885	次女	ʤetʃi unaʤi	
2886	三子	jaləki ut	
2887	三女	jaləki unaʤi	
2888	侄儿	ʤui	
2889	侄媳	ʤui kukin	
2890	侄女	ʤui unaʤi	
2891	侄女婿	ʤui kurəkən	
2892	孙子	omule	
2893	孙媳	omule kukin	
2894	孙女	omule unaʤi	
2895	孙女婿	omule kurəkən	
2896	曾孙	domi	domol
2897	内侄	hadəm ʤui	

序号	汉义	鄂温克语	鄂温克语其他说法
2898	内侄女	hadəm unaʤi ʤui	
2899	外甥儿女	ʤə	
2900	外甥	ʤə ut	
2901	外甥女	ʤə unaʤi	
2902	表侄	taarə ʤui	
2903	表侄女	taarə ʤui unaʤi	
2904	表侄媳妇	taarə ʤui kukin	
2905	表侄女婿	taarə ʤui kurəkən	
2906	两姨外甥	tugə ʤə	
2907	两姨外甥媳	tugə ʤə kukin	
2908	两姨外甥女	tugə ʤə unaʤi	
2909	两姨外甥女婿	tugə ʤə kurəkən	
2910	侄（对大舅）	omle	
2911	侄媳	omle kukin	
2912	侄女（对大舅）	omle unaʤi	
2913	侄女婿	omle kurəkən	
2914	亲家侄	hadən ʤui	
2915	亲家侄媳	hadəm ʤui kukin	
2916	亲家孙	hadəm omule	
2917	亲家孙女	hadəm unaʤi omule	
2918	干儿子	tagdətʃa ut	
2919	干女儿	tagdətʃa unaʤi	
2920	社会关系	ʤalən dalʤi	
2921	人／人物	bəihari	
2922	人物	bəikən	
2923	人们	wolur	
2924	公共	alban	
2925	群众	walən gərən	gərən
2926	众人	walən bəi	

续表

序号	汉义	鄂温克语	鄂温克语其他说法
2927	民众	gərən irgən	
2928	上游人	diʃikitʃan	
2929	下游人	niʃikitʃan	
2930	邻居	orilo karitʃin	oldo karitʃin
2931	主人	ədʒin	
2932	别人	wəntə bəi	
2933	客人 / 外人	anike bəi	
2934	众友	walən guʃi	
2935	恩爱夫妻	dʒokildir ədi aʃi	
2936	情人 / 情妇	ajiwutʃin	
2937	帮助	ajihila-	
2938	熟人	tagdər bəi	
2939	彼此	bəi bəidi	
2940	继承者	ʃarir bəi	amigu bəi
2941	二流子	ərlis	
2942	英雄	batur	
2943	功劳	gungən	
2944	好汉	aji niara	
2945	好手	aji naalə	
2946	样子	durun	
2947	限度	kəmdʒə	
2948	权力	saligən	
2949	才艺	saisa	
2950	劲头	kujin	
2951	毒	korə	
2952	能力	bənsən	
2953	光面	talə	
2954	闲暇时间	solə	
2955	耐力	təsəl	

续表

序号	汉义	鄂温克语	鄂温克语其他说法
2956	利益	aiʃi	
2957	条件	turigun	
2958	仇	kimən	
2959	道理	udʒan	gian
2960	骨气	tʃiri	
2961	约定	boldʒo	
2962	本事	bənsən	
2963	声音	dialgən	
2964	意愿	duarə	
2965	客气	ərə	
2966	知觉	guril	
2967	毒害	kori	
2968	造诣	bol	
2969	力气	pələ	kutʃin
2970	限度	satal	
2971	错的	taʃen	boro
2972	技巧	sojid	
2973	威力	surə	
2974	教养	tatʃibun	
2975	耐性	təsəl	
2976	稳定	togtəbun	
2977	记忆 / 印象	ədʒibun	
2978	力量	kutʃin	
2979	止境	madən	kaoli
2980	技术	ərdəm	
2981	才艺	sailo	uarən
2982	灵感 / 灵气	ojin	
2983	傍晚	ʃigʃi	
2984	畜生 / 牲口	aʃisun	adugus

序号	汉义	鄂温克语	鄂温克语其他说法
2985	光膀子	ʤulaki	
2986	记忆	əʤibun	
2987	便宜	aiʃi	
2988	自然现象	bagən aribən	
2989	印	dorun	in
2990	记号	bəlgə	
2991	外号	nagun	
2992	信息	anira	
2993	限量	kəmʤə	damə
2994	样子	duri	janʤi
2995	能力	bənsən	ʃədal
2996	证件	təmgət burən	
2997	沉淀物	timdə	tuŋgə
2998	泔水	ʃibkər	
2999	大襟	haarim	
3000	说客	ugtʃin	
3001	哑巴	jaba	kəlgə

二 方位词

序号	汉义	鄂温克语	鄂温克语其他说法
3002	外面	turil	
3003	向外／往外	turilʃiki	
3004	反向的	abtʃaki	
3005	向上游／向北	diʃiki	
3006	从上边	diliki	
3007	往下／向下	ərigiʃiki	
3008	向下游	niʃiki	
3009	由下边	ərigilki	
3010	下面一点	ərigiʃikitʃil	
3011	往里一点	doʃikitʃil	
3012	往里／朝内	doʃiki	
3013	往里进	doʃiki inərən	
3014	内部	doloni	
3015	向南／往南	ʤuliʃiki	
3016	到处	tegin	
3017	在这边	ərildu	
3018	左	ʤəgin	
3019	右	annə	
3020	东	surildi	
3021	西	əʤələ	
3022	中间／之中	dondila	
3023	内在／之内	dolo	

序号	汉义	鄂温克语	鄂温克语其他说法
3024	低下	ərgilə	
3025	前 / 南 / 先	ʤurilə	
3026	对立面	abtʃadki	
3027	向下 / 往下边	ərigiʃiki	
3028	北边 / 后边	amila	
3029	旁边 / 跟前	dagatʃin	
3030	正中间	tobdula	
3031	近处 / 附近	dagaki	
3032	上行 / 逆行	niʃikilə-	
3033	近边	kaneri	
3034	远处	gorodula	
3035	倒立 / 倒悬	koənko ilrən	
3036	向北 / 向后	amiʃiki	
3037	侧面	oriloənbəi	
3038	源头	drənni	

三 代词

序号	汉义	鄂温克语	鄂温克语其他说法
3039	我	bi	
3040	我们	bu	munuŋ
3041	咱们	bati	miti
3042	你	ʃi	
3043	你们	su	
3044	他（她）	tari	no
3045	他们	tallun	
3046	这	əri	əriə
3047	那位（他）	tari	tariə
3048	自己	məndi	
3049	各自	məmədi	mənmədi
3050	这等 / 它们	əril	ərisul
3051	这么点儿	ərikəkəl	
3052	仅这么点儿	ərildi	əris
3053	那等 / 它们	taril	tarisul
3054	那么点儿	tarikəkəl	
3055	仅那么点儿	tarildi	
3056	这里	ələ	
3057	那里	tala	
3058	这么	əritu	
3059	那么	taritu	tomki
3060	这样	ənəgun	

续表

序号	汉义	鄂温克语	鄂温克语其他说法
3061	那样	tanəgun	
3062	这样的	ənəgukun	
3063	那样的	tanəgukun	
3064	这些	ədʒigil	
3065	那些	tadʒigil	
3066	往这儿	əʃiki	
3067	往那儿	taʃiki	
3068	往哪边	iʃiki	
3069	谁	awu	
3070	谁们	awusul	
3071	什么	ii	ikon
3072	什么的	iingi	
3073	为什么	jodo	
3074	怎么	idʒi	
3075	怎么的	iritun	
3076	怎样	inəgən	
3077	几个	adi	
3078	多少 / 多些	joki	
3079	究竟多少	jokitgan	
3080	第几	adiki	
3081	几次	aditan	
3082	何时	jokidu	
3083	哪个	irini	
3084	哪方面	irigidə	
3085	哪里	igidu	idu
3086	无论何时	jokidukod	
3087	大家 / 全体	gərəndʒi	
3088	都	sulungi	
3089	总共	jogidʒi	

序号	汉义	鄂温克语	鄂温克语其他说法
3090	所有	gubu	
3091	全体的	gubuʤi	jogiʤi
3092	全部 / 都是	bolug	bolgo
3093	所有的	gubur	
3094	总共 / 一共	jogi	
3095	集体	gərənul	
3096	独自	əmkəndi	
3097	大伙	barɑnʤi	
3098	凡 / 一切	ikdə	
3099	无论怎样的	iritukut	
3100	比什么都	idikigub	
3101	亲自	mənʤi	
3102	这才	ərimak	
3103	别的 / 其他	wəntə	

四 数量词及年月日词

序号	汉义	鄂温克语	鄂温克语其他说法
3104	数字	toon	
3105	一	əmun	
3106	二	ʤuurə	
3107	三	jalən	
3108	四	digin	
3109	五	tuarən	
3110	六	nuŋgun	
3111	七	nadən	
3112	八	ʤabkun	
3113	九	jəgin	
3114	十	ʤaanə	
3115	十一	ʤaanə əmun	
3116	十二	ʤaanə ʤuurə	
3117	十三	ʤaanə jalən	
3118	十四	ʤaanə digin	
3119	十五	ʤaanə tuarən	
3120	十六	ʤaanə nuŋgun	
3121	十七	ʤaanə nadən	
3122	十八	ʤaanə ʤabkun	
3123	十九	ʤaanə jəgin	
3124	二十	orən	
3125	二十一	orən əmun	

序号	汉义	鄂温克语	鄂温克语其他说法
3126	二十二	orən ʤuurə	
3127	二十三	orən jalən	
3128	二十四	orən digin	
3129	二十五	orən tuarən	
3130	二十六	orən nuŋgun	
3131	二十七	orən nadən	
3132	二十八	orən ʤabkun	
3133	二十九	orən jəgin	
3134	三十	gotin	
3135	三十一	gotin əmun	
3136	三十二	gotin ʤuurə	
3137	三十三	gotin jalən	
3138	三十四	gotin digin	
3139	三十五	gotin tuarən	
3140	三十六	gotin nuŋgun	
3141	三十七	gotin nadən	
3142	三十八	gotin ʤabkun	
3143	三十九	gotin jəgin	
3144	四十	dəki	
3145	四十一	dəki əmun	
3146	四十二	dəki ʤuurə	
3147	四十三	dəki jalən	
3148	四十四	dəki digin	
3149	四十五	dəki tuarən	
3150	四十六	dəki nuŋgun	
3151	四十七	dəki nadən	
3152	四十八	dəki ʤabkun	
3153	四十九	dəki jəgin	
3154	五十	tuarənrigi	tuarəngi

序号	汉义	鄂温克语	鄂温克语其他说法
3155	五十一	tuarənrigi əmun	tuarəngi əmun
3156	五十二	tuarənrigi ʤuurə	tuarəngi ʤuurə
3157	五十三	tuarənrigi jalən	tuarəngi jalən
3158	五十四	tuarənrigi digin	tuarəngi digin
3159	五十五	tuarənrigi tuarən	tuarəngi tuarən
3160	五十六	tuarənrigi nuŋgun	tuarəngi nuŋgun
3161	五十七	tuarənrigi nudən	tuarəngi nadən
3162	五十八	tuarənrigi ʤabkun	tuarəngi ʤabkun
3163	五十九	tuarənrigi jəgin	tuarəngi jəgin
3164	六十	naŋgunrigi	naŋgungi
3165	六十一	nuŋgunrigi əmun	nuŋgungi əmun
3166	六十二	nuŋgunrigi ʤuurə	nuŋgungi ʤuurə
3167	六十三	nuŋgunrigi jalən	nuŋgungi jalən
3168	六十四	nuŋgunrigi digin	nuŋgungi digin
3169	六十五	nuŋgunrigi tuarən	nuŋgungi tuarən
3170	六十六	nuŋgunrigi nuŋgun	nuŋgungi nuŋgun
3171	六十七	nuŋgunrigi nadən	nuŋgungi nadən
3172	六十八	nuŋgunrigi ʤabkun	nuŋgungi ʤabkun
3173	六十九	nuŋgunrigi jəgin	nuŋgungi jəgin
3174	七十	nadənrigi	nadəngi
3175	七十一	nadənrigi əmun	nadəngi əmun
3176	七十二	nadənrigi ʤuurə	nadəngi ʤuurə
3177	七十三	nadənrigi jalən	nadəngi jalən
3178	七十四	nadənrigi digin	nadəngi digin
3179	七十五	nadənrigi tuarən	nadəngi tuarən
3180	七十六	nadənrigi nuŋgun	nadəngi nuŋgun
3181	七十七	nadənrigi nadən	nadəngi nadən
3182	七十八	nadənrigi ʤabkun	nadəngi ʤabkun
3183	七十九	nadənrigi jəgin	nadəngi jəgin

续表

序号	汉义	鄂温克语	鄂温克语其他说法
3184	八十	ʤabkurigi	ʤabkugi
3185	八十一	ʤabkurigi əmun	ʤabkugi əmun
3186	八十二	ʤabkurigi ʤuurə	ʤabkugi ʤuriə
3187	八十三	ʤabkurigi jalən	ʤabkugi ialən
3188	八十四	ʤabkurigi digin	ʤabkugi digin
3189	八十五	ʤabkurigi tuarən	ʤabkugi tuarən
3190	八十六	ʤabkurigi nuŋgun	ʤabkugi nuŋguŋ
3191	八十七	ʤabkurigi nadən	ʤabkugi nadən
3192	八十八	ʤabkurigi ʤabkun	ʤabkugi ʤabkun
3193	八十九	ʤabkurigi jəgin	ʤabkugi jəgin
3194	九十	jəginrigi	jəgingi
3195	九十一	jəginrigi əmun	jəgingi əmun
3196	九十二	jəginrigi ʤuurə	jəgingi ʤuriə
3197	九十三	jəginrigi jalən	jəgingi ialən
3198	九十四	jəginrigi digin	jəgingi digin
3199	九十五	jəginrinigi tuarən	jəgingi tuarən
3200	九十六	jəginrinigi nuŋgun	jəgingi nuŋguŋ
3201	九十七	jəginrinigi nadən	jəgingi nadən
3202	九十八	jəginrinigi ʤabkun	jəgingi ʤabkun
3203	九十九	jəginrinigi jəgin	jəgingi iəgin
3204	一百	namaaʤ	
3205	二百	ʤuurə namaaʤ	
3206	千	miaŋgən	
3207	三千	jalən miaŋgən	
3208	万	tum	
3209	一万	əmun tum	
3210	十万	ʤaanə tum	
3211	百万	namaaʤ tum	
3212	千万	miaŋgən tum	

序号	汉义	鄂温克语	鄂温克语其他说法
3213	万万／亿	tumǝntum	
3214	十倍	ʤaanǝ tǝgri	
3215	单个	ǝmul	
3216	单单	ǝmulkǝn	
3217	第一	ǝmuki	
3218	第二	ʤuuriki	
3219	第三	jalǝki	
3220	第十	ʤaanǝki	
3221	第一百个	namaaʤki	
3222	捆（一捆）	kumil	
3223	庹	daari	
3224	拃	togori	
3225	步（一步）	alku	
3226	巴掌（一巴掌）	algǝǝn	
3227	斤	gin	
3228	两	lian	
3229	盅	tʃomo	
3230	尺	tʃi	
3231	双／对	tǝre	
3232	把（一把）	atug	
3233	捆（一捆）	atǝ	
3234	口（一口）	mohur	amga
3235	段	tʃǝr	
3236	回	ǝrgi	
3237	次	mɑdǝn	
3238	趟	tan	
3239	单	sotug	dan
3240	斗	kiasǝ	
3241	石（一石）	kul	

序号	汉义	鄂温克语	鄂温克语其他说法
3242	垧	tʃimatʃin	
3243	里	bagə	
3244	垄	talə	
3245	件	dʒagə	
3246	年	aniagən	ania
3247	年代	aniagən tʃəgi	
3248	世纪	galbə	
3249	光年	isan aniagən	garan
3250	百年	namadʒ aniagən	
3251	地支	dʒan dʒurijə dʒilə	ularin
3252	子	atʃiktʃan	atʃiktʃan aniagən
3253	丑	ukur	ukur aniagən
3254	寅	tasgə	tasgə aniagən
3255	卯	taolə	taolə aniagən
3256	辰	muduri	muduri aniagən
3257	巳	holen	holen aniagən
3258	午	morən	morən aniagən
3259	未	honin	honin aniagən
3260	申	monio	monio aniagən
3261	酉	kakra	kakra aniagən
3262	戌	jannəkin	jannəkin aniagən
3263	亥	torki	torki aniagən
3264	年份	aniagən	kowon
3265	年月 / 岁月	aniagən biagə	
3266	新年	irikin aniagən	ania
3267	今年 / 当年	əri aniagən	
3268	明年 / 来年	gianə aniagən	gotʃen、əməraniagən
3269	后年	tugen aniagən	
3270	大后年	tugen tʃawudə aniagən	

序号	汉义	鄂温克语	鄂温克语其他说法
3271	去年	tianəŋgə	tianə aniagən
3272	前年	tianəŋgə ʤurilə	tianə tianəŋgə
3273	大前年	tianəŋgə ʤuriləni	tianə tianə tianəŋgə
3274	每年 / 年年	aniagəntangi	aniatan
3275	闰年	annoji aniagən	əlkəraniagən
3276	丰年	əlbər aniagən	
3277	往年	noormiti aniagən	duləsəaniagən
3278	月	biagə	bia
3279	正月 / 一月	ania bia	
3280	一月 / 一个月	əmun biagə	
3281	二月	ʤuurə bia	ʤuuru biagə
3282	二月 / 两个月	ʤuurə biagə	
3283	三月	jalən bia	
3284	三月 / 三个月	jalən biagə	
3285	四月	dujin bia	
3286	四月 / 四个月	digin biagə	
3287	五月	sunʤa bia	tuarən biagə
3288	五月 / 五个月	tuarən biagə	
3289	六月	nuŋgun biə	
3290	六月 / 六个月	nuŋguŋ biagə	
3291	七月	nadən bia	
3292	七月 / 七个月	nadən biagə	
3293	八月	ʤabkun bia	
3294	八月 / 八个月	ʤabkun biagə	
3295	九月	wujin bia	
3296	九月 / 九个月	jəgin biagə	
3297	十月	ʤaanə bia	
3298	十月 / 十个月	ʤaanə biagə	
3299	十一月	onəʃin bia	ʤuan əmun bia

序号	汉义	鄂温克语	鄂温克语其他说法
3300	十一月 / 十一个月	ʤaanəm biagə	ʤuan əmun biagə
3301	十二月 / 腊月	ʤorigən bia	ʤuan ʤo bia
3302	十二月 / 十二个月	ʤaanəm ʤuurə biagə	ʤuan ʤo biagə
3303	大月 / 大尽	udug biagə	udug bia
3304	小月 / 小尽	niʃikun biagə	niʃikun bia
3305	旬	ʤannə inigə	
3306	旬日	ʤannə	
3307	上旬	ʤuril ʤannə	
3308	中旬	dolila ʤannə	
3309	下旬	amila ʤannə	
3310	期限 / 日期	kono	
3311	日 / 天 / 白天	inigə	
3312	上午	inig normə	inigə ʤurlə
3313	中午 / 晌午	inig dolin	
3314	下午 / 午后	inig amila	inigə amila
3315	半天	dolin inigə	koltokinigə
3316	天黑 / 天暗	bag aktir	pataktir
3317	日斜 / 过午	inigə dulən	
3318	夕阳	tikimsiri ʃigun	doon
3319	日落时	ʃiguŋ tikir ərən	tikərin
3320	日即落	ʃiguŋ tikmaki	tikəmrin
3321	黄昏 / 傍晚	ʃigsə	ʃiimkur
3322	天黑时	bag agtri ordini	pagdarin
3323	迟暮	burigian	
3324	晚上 / 夜晚	ore	
3325	夜 / 夜间	dolbə	
3326	前半夜	dolbən dolin normə	
3327	半夜	dolbən dolin	
3328	下半夜	dolbən dolin amila	

序号	汉义	鄂温克语	鄂温克语其他说法
3329	日夜	inigə dolbə	
3330	通宵	dolbəkub	
3331	不分昼夜	inigə dolbə aatʃin	
3332	早晚	irkul	ərit ore
3333	今天	ərini	əri inigə
3334	明天	tʃimajin	tʃimajin inigə
3335	后天	tʃaguldʒin	
3336	昨天	tinu	tinu inigə
3337	昨晚	tinu dolbə	tinugutʃtʃi
3338	前天	tinu dʒurilə	
3339	大前天	tinu dʒurilədi	
3340	大后天	tu tʃaguldʒin	
3341	日子 / 日	inigə	
3342	初一	irikin əmun	
3343	一日 / 一号	əmuki inigə	
3344	初二	irikin dʒo	
3345	二日 / 二号	dʒoriki inigə	
3346	初三	irikin jalən	
3347	三日 / 三号	jaləki inigə	
3348	初四	irikin digin	
3349	四日 / 四号	digiki inigə	
3350	初五	irikin tuarən	
3351	五日 / 五号	tuarəki inigə	
3352	初六	irikin nuŋguŋ	
3353	六日 / 六号	nuŋguki inigə	
3354	初七	irikin nadən	
3355	七日 / 七号	nadəki inigə	
3356	初八	irikin dʒabkun	
3357	八日 / 八号	dʒabkuki inigə	

序号	汉义	鄂温克语	鄂温克语其他说法
3358	初九	irikin jəgin	
3359	九日 / 九号	jəgiki inigə	
3360	初十	irikin ʤan	
3361	十日 / 十号	ʤaa inigə	
3362	十一日 / 十一号	ʤaa əmuki inigə	
3363	十二日 / 十二号	ʤaa ʤorik inigə	
3364	十三日 / 十三号	ʤaa jaləki inigə	
3365	十四日 / 十四号	ʤaa digiki inigə	
3366	十五日 / 十五号	ʤaa tuarəki inigə	
3367	十六日 / 十六号	ʤaa nuŋguki inigə	
3368	十七日 / 十七号	ʤaa nadəki inigə	
3369	十八日 / 十八号	ʤaa ʤabkuki inigə	
3370	十九日 / 十九号	ʤaa jəgiki inigə	
3371	二十日 / 二十号	orə ʤuuki inigə	
3372	二十一日 / 二十一号	orə əmuki inigə	
3373	二十二日 / 二十二号	orə ʤoriki inigə	
3374	二十三日 / 二十三号	orə jaləki inigə	
3375	二十四日 / 二十四号	orə digiki inigə	
3376	二十五日 / 二十五号	orə tuarəki inigə	
3377	二十六日 / 二十六号	orə nuŋguki inigə	
3378	二十七日 / 二十七号	orə nadəki inigə	
3379	二十八日 / 二十八号	orə ʤabkuki inigə	
3380	二十九日 / 二十九号	orə jəgiki inigə	
3381	三十日 / 三十号	gotin	gotini inigə
3382	三十一日 / 三十一号	goti əmuki inigə	

五 形容词

序号	汉义	鄂温克语	鄂温克语其他说法
3383	金黄的	altən ʃaŋarin	
3384	金色的	altəngar	
3385	褐色的	booril	
3386	翠绿的	tʃobtʃorin	
3387	花色的	tʃokurbin	
3388	明显的	datʃun	
3389	浅橙色的	nəərən	
3390	天蓝的 / 浅蓝的	nəərən ʃilan	
3391	正红的	puri walirin	
3392	素的	gulugun	
3393	漆黑的	patgari	
3394	橙黄的	kansari	
3395	粉红的	kaugu	
3396	黑的	hongorin	
3397	浅黑的	hoəngorilbin	
3398	深绿的	tʃobtʃorin	
3399	深黄的	ʃanʃangrin	
3400	紫的	həlgərin	
3401	混色的	orikumarin	
3402	灰的	hoiʃerin	
3403	红的 / 赤的	walirin	
3404	红润的	wawalirin	

序号	汉义	鄂温克语	鄂温克语其他说法
3405	微红的	walribin	
3406	蓝的	ʃilan	kiaulin
3407	蔚蓝的	bagən kiauliən	
3408	绿的	tʃorin	kuku
3409	微绿的	tʃorinlbin	
3410	古铜色的	gegin	
3411	红红的	purwalirin	
3412	白的	giltarin	
3413	白白的	gibgiltarin	
3414	黄的	ʃaŋarin	
3415	微黄色	ʃaŋarbin	
3416	严寒的	terinigdi	
3417	冰凉的	korigdi	
3418	凉快	sərunkun	
3419	冷	inigdi	
3420	天寒地冻	giramti	
3421	酷热的	haagin	
3422	闷热	buktʃun	
3423	温	bolun	
3424	安静	amltʃi	
3425	难办的	mandi	
3426	麻烦的	lantan	
3427	顺利	jolgun	
3428	顺便	joldun	
3429	富有的	bajin	
3430	荒	haridən	
3431	干燥	olgokun	
3432	手巧	warən	warəkən
3433	短小的	tʃaktokun	

续表

序号	汉义	鄂温克语	鄂温克语其他说法
3434	活的	iinkin	
3435	便宜的	kemdə	
3436	多的	diargun	
3437	少的	homdu	
3438	参差不齐	laŋʧihu	
3439	熟练的	jolugun	
3440	无止境的	madənkur	
3441	不通的	bətun	ləbki
3442	弯曲的	mərʤigur	
3443	跟前的	dake	
3444	平整的	nəʧir	
3445	宽广的	əlpur	
3446	稳当的	diridi	
3447	远些的	goroʧilə	
3448	斜的 / 歪的	morʧige	
3449	有病的	ənəkuʧi	
3450	不舒服的	amlaʧin	
3451	驼背的	buəgtə	
3452	重的	urigidi	
3453	轻的	kuŋgən	
3454	弱小的	əbʤən	
3455	爱哭的	soŋuke	
3456	淘气的	ʃialgən	
3457	倔强的 / 犟的	məlʤən	
3458	裸体的	ʤulakin	
3459	全身的	gulugun	
3460	不足的	abil	
3461	洁净的	arun	
3462	整洁的	ginigin	təkʧikun

序号	汉义	鄂温克语	鄂温克语其他说法
3463	衣衫褴褛的	ladar	ladmar
3464	饭硬的	boʃukun	
3465	冰凉的	gəgtid	
3466	清淡的	təbdun	
3467	香味的	amtantʃi	
3468	臊的	tʃireki	
3469	辣的	gasun	
3470	稍辣的	gasunlbin	
3471	酸的	ʤisun	
3472	生的（不熟的）	əʃikin	
3473	熟的	irikin	
3474	浑浊的	bugankar	
3475	形形色色的	əlkatʃin	
3476	有能耐的	bənsəntʃi	
3477	明白的	gətgun	
3478	美丽的	nandakən	
3479	憨厚的	ʃolukun	tondə
3480	轻浮的	kuŋkən	
3481	正经的	tob	
3482	老实的	tojəna	
3483	可靠的	itgəltʃi	
3484	不错的	odor	
3485	傻的	ʃogul	
3486	大老粗的	budulig	
3487	糊涂的	kodo	mənən
3488	极坏的	madən uru	
3489	狡诈的	kuimali	
3490	赖皮的	laimos	laidas
3491	坏的	uru	

序号	汉义	鄂温克语	鄂温克语其他说法
3492	下贱的	buja	
3493	讨厌的	galmo	
3494	放肆的	ʃalbar	
3495	顽皮的	əlinger	
3496	嘴甜的	dasungar	
3497	嘴硬的	amgar	
3498	舒服的	amir	
3499	平安的	abgar	
3500	有生命的	ərigəntʃi	
3501	宽的	əmgəni	
3502	害怕的	unətər	
3503	爱喝酒的	arikima	
3504	清洁的	aran	
3505	健全的	adgər	
3506	胆小的	nəələhi	nisikun miaguntʃi
3507	可怕的	nəələmuke	
3508	污秽的	badʒir	
3509	冒失的	balmə	
3510	傲气的	bardən	
3511	现成的	bikən	
3512	浅的	gugakən	
3513	灵活的	boʃokun	
3514	迟钝的	dulban	
3515	低的	nəgti	
3516	最末的	madən	
3517	粗大的	budungər	
3518	粗的	budun	
3519	暗淡的	agtir	
3520	整个的	birimtidi	

序号	汉义	鄂温克语	鄂温克语其他说法
3521	坚固的	buku	
3522	温的	bulukun	
3523	自私的	burənki	amingi
3524	隐讳的	ʤeritar	
3525	吝啬的	haʤir	
3526	好色的	jaŋkən	
3527	果断的	tʃakori	
3528	严格的	katən	
3529	干脆的	tʃari	
3530	饱满的	bakulək	
3531	语无伦次的	tʃoltʃir	
3532	狡猾的	ʤərilgə	
3533	好惊的	tʃotʃimki	
3534	急躁的	tʃotur	
3535	透孔的	tʃulpək	
3536	闲暇的	ʃolə	ʃol
3537	蹲坐的	tʃomtʃir	
3538	顺从的	aangan	
3539	饥荒的	dadrin	
3540	脏的	baʤir	
3541	轻浮的	dalgun	
3542	潮湿的	walbukun	
3543	漂浮的	dəgdər	
3544	高贵的	dəren	
3545	有基础的	diisitʃi	
3546	沉着的 / 稳重的	dirin	
3547	暴躁的	dogtʃin	
3548	不顺意的	duaranku	
3549	暗中的	dolidin	

序号	汉义	鄂温克语	鄂温克语其他说法
3550	没兴趣的	duaratʃin	
3551	醉的	sogtogu	
3552	满的	ʥalon	
3553	无能的	pəlatʃin	
3554	娇的	aŋgalʥir	
3555	霸道的	ətugun	
3556	有记忆力的	əʥʃigun	
3557	饱食的	əlkir	
3558	富裕的	əlpur	
3559	差点的 / 稍差的	ərlis	
3560	空旷的	kobku	
3561	肥大的	əlpur	
3562	温柔的	dəikukun	
3563	宽绰的	əŋgəlku	
3564	有区别的	məklən	
3565	蛮横的	əətus	
3566	巨大的	udugdug	
3567	谨慎的	əguləndi	
3568	娇弱的	əbʥən	
3569	下流的	baltʃuki	
3570	执拗的	gaaʥas	
3571	跃跃欲试的	gabsət	
3572	奇怪的	gaikmon	
3573	疯狂的	galʥo	
3574	短缺的	homdə	
3575	大手大脚的	əlpuri	
3576	漂亮的	nəlʥəkun	nandakən
3577	清的	nəərən	
3578	凉的	bagtud	

序号	汉义	鄂温克语	鄂温克语其他说法
3579	清醒的	gətgun	
3580	贪婪的	burənkin	
3581	厌恶的	galəmu	
3582	晴朗的	bagnəldʒəkun	
3583	光溜的	gilbur	
3584	整洁的	gintʃigin	
3585	肮脏的	atgai	
3586	悲哀的	goʃigun	
3587	俊俏的	nandakən	
3588	慢的	udan	
3589	深的	suangit	suantə
3590	肤浅的	gugakən	
3591	浅的	gugan	
3592	推脱责任的	ʃaltəg	
3593	善跑的	tutulki	
3594	可怜的	gudʒəjə	
3595	纯的	aimaki	
3596	整体的	əmundur	
3597	可惜的	hairakən	
3598	穷困的	karəlig	
3599	急的	hagi	
3600	热乎的	əku	
3601	热的／烫的	əkudi	
3602	亲热的	aihun	
3603	烦闷的	haŋkamo	akəmu
3604	旧的	irəbtə	
3605	黑暗的	agtir	
3606	对付的	kʊsəg	
3607	临时的	nədri	

续表

序号	汉义	鄂温克语	鄂温克语其他说法
3608	严格的	dʒabun	
3609	难的 / 贵的	mandibti	
3610	昂首得意的	taŋgihe	jagdil
3611	嘴馋的	gagun	
3612	和气的	hualesun	
3613	聋的	koŋo	
3614	贱舌的	koŋʃor	
3615	糊里糊涂的	kodobti	
3616	空的 / 虚的	hosun	aaʃin
3617	快的	degir	
3618	敏捷的	sanpəl	
3619	紧的	tʃin	tʃinga
3620	易伤感的	ʃəruku	
3621	混合的	orikumal	
3622	虚假的	gənən	ələku
3623	失望 / 灰心的	gumdur	
3624	言过其实的	hulgen	
3625	鲜红的	puriwair	
3626	有劲的 / 起劲的	kutʃitʃi	kutʃingir
3627	密密麻麻的	idʒir	
3628	温顺的	idʒəsgun	
3629	明显的	ilkən	
3630	小小的	niʃikukun	niniʃikun
3631	相当的	isor	
3632	不错的	isordi	
3633	奸诈的	dʒeləŋgə	
3634	次的 / 差劲的	dʒəkir	
3635	真正的 / 正式的	tədʒəgun	
3636	皱的	dʒukun	

序号	汉义	鄂温克语	鄂温克语其他说法
3637	娇嫩的	kauker	
3638	结巴的	kəlgin	
3639	迟疑的	kəŋgi	
3640	勤俭的	kitʃiban	
3641	容易的	kemdi	
3642	节约的/节省的	kibtʃar	
3643	松软的	ləwəkən	
3644	松散的	sualə	
3645	矗立的	tʃorilgi	
3646	健谈的	ugʃin	
3647	冷淡的	goriʃen	
3648	有长进的	urtʃiʃi	
3649	炒的	kuluku	
3650	重的	urgid	
3651	轻巧的	kuŋgən	
3652	轻快的	kuŋgəkən	
3653	勤快的	tʃitʃimki	
3654	发木的	mənəri	
3655	生硬的	kusugun	
3656	最末的	lakin	
3657	有把握的	labdunkun	
3658	麻烦的	lantan	
3659	复杂的	larigian	pasur
3660	沉重的	ləkərgi	
3661	玄乎的	ləwkər	
3662	不懂的	libargi	dəəpu
3663	晦气的	loŋgo	lompo
3664	发闷的	butubu-	
3665	憋气的	tʃəkəbtu	

序号	汉义	鄂温克语	鄂温克语其他说法
3666	埋头苦干的	lukuʃir	
3667	背风的	lumdi	borun
3668	弱智的	lumpan	
3669	烦琐的	larigian	
3670	无情的	makʧin	
3671	有本事的	bɔnsɔnʧi	
3672	好样的	maŋgə	kəʧu
3673	忘性大的	omuguke	
3674	愣的	pəkʃin	lɔntur
3675	偏强的 / 固执的	məlʤən	
3676	迟钝的	dulbin	agər
3677	愚昧的	ʃogul	monər
3678	英明的	mərgən	maŋgə
3679	空闲的	ʧolʧi	
3680	困难的	mogun	
3681	灵巧的	koribin	sərgi
3682	坏的 / 破的	əbdur	
3683	易坏的	əbduke	
3684	别扭的	morike	
3685	不足的	mugur	
3686	好看的	aihun	
3687	美的	nandakən	
3688	细细的	narəkən	nanarən
3689	细的	narən	
3690	现成的	bələn	
3691	私生的	nəglə	
3692	一样的 / 相同的	əmundal	
3693	平坦的	nəigər	
3694	薄的	nimdə	nimmə

序号	汉义	鄂温克语	鄂温克语其他说法
3695	滑溜的	niolunkun	
3696	重要的	ojogun	
3697	一窍不通的	pakdən	
3698	脆的	paripaki	
3699	可气的	ərəələr	
3700	动机的	patʃigur	
3701	鲁莽的	pətkəgi	
3702	结怨的	koromku	
3703	顽皮的	tʃelig	
3704	饭量少的	tʃelin	
3705	滑稽的	tʃəlmir	
3706	聪明的	sərit	
3707	可恨的	tʃitʃirmuti	
3708	好的	aji	ai
3709	手笨的	sarigil	
3710	闲不住的	amələtʃin	ʃianəgən
3711	心宽的	əŋgəlin	
3712	操心的	dʒogukanər	
3713	自由的	duarəndʒi	
3714	老的	sagdi	
3715	死板的	sədi	dʒiru
3716	空肚子的	səltəgən	
3717	无礼的	doratʃin	mudən
3718	无理的	gianaku	
3719	醒的	sərugun	
3720	阴凉的	sərukun	
3721	烦人的	akabur	
3722	瞎的	tʃokur	
3723	闲的／松的	sualə	

续表

序号	汉义	鄂温克语	鄂温克语其他说法
3724	难听的	budurgu	
3725	自在的	salban	
3726	利落的	ʃaatu	garki
3727	强词夺理的	ʃakʃin	
3728	慌的	ʃaləwki	
3729	懒惰的	ʤalko	ʃalkən
3730	借口的	kanəgən	
3731	糊涂的	ʃogul	kodo
3732	傻的 / 蠢的	kodo	mənən
3733	静悄悄的	ʃomuʃikun	naŋabkun
3734	油腻的	ʃonədər	
3735	敞开的	telmi	
3736	宠爱的	tantka	
3737	准确的	tobki	
3738	忠诚的 / 正直的	tondə	unəngi
3739	洪亮的	toʃilən	
3740	生的	əʃikin	
3741	急忙的	turigudun	
3742	急流的	turigunlgin	
3743	急行的	girkun	turigulən
3744	起初的	ətdi	
3745	上等的 / 优等的	uʤain	
3746	高的	guagdi	
3747	高兴的 / 恭喜的	urigun	
3748	爱哭的	soŋuhe	soŋurima
3749	近的	dabki	
3750	不清醒的 / 糊涂的	lunpan	
3751	爱睡的	aaməhe	
3752	巧的	warən	

序号	汉义	鄂温克语	鄂温克语其他说法
3753	软的	dəikun	
3754	软软的	dəikukun	
3755	勤劳的	gərbətʃin	
3756	狭窄的	kabtʃi	
3757	大的	udug	
3758	气不足的	akumu	
3759	顽强的	ʃiləmbuk	
3760	赖皮赖脸的	ʃiləm	
3761	爱笑的	jatrig	
3762	稀的	ʃiŋgən	
3763	新的	irikin	
3764	为难的	mandiʃir	
3765	羞愧的	aldʒike	
3766	干燥的	ʃiritən	
3767	粗糙的	ʃirun	
3768	步行的	jauhon	
3769	善走的	jauholor	
3770	顺当的	jolugun	
3771	完整的	jogdʒir	
3772	密实的	dʒabtur	
3773	年轻的	dʒalo	
3774	胆大的	miaguŋtʃi	
3775	有条理的	dʒəsatʃi	
3776	一般的	dʒugudi	
3777	厚的	derim	
3778	蓬乱的	ardʒar	sardʒar
3779	圆的	makul	
3780	疙疙瘩瘩的	ardʒarki	
3781	矮的	nəgti	

序号	汉义	鄂温克语	鄂温克语其他说法
3782	高的	ilrin	
3783	粗壮的	budugdun	
3784	驼背的	bugtər	
3785	通的	lupəki	
3786	重叠的	dabkur	
3787	重复的	diəkimna	
3788	手残的	gagtur	
3789	苗条的／细长的	narigʤian	
3790	晦气的	warpa	
3791	短的	urimukən	
3792	空心的	kundi	
3793	横的	əuŋki	
3794	破烂的	ladmaki	
3795	强壮的	ʤolbon	
3796	四处流浪的	ʤolbin	
3797	瘪嘴的	məiməgər	
3798	弯曲的	mugtʃak	
3799	崩刃的	baltər	
3800	溜尖的	oboli	
3801	长的	gonim	
3802	头发蓬乱的	səriʃir	
3803	整齐的	təgʃi	
3804	圆圆的	mamakəl	
3805	鼓的	turitʃin	
3806	稠的	timni	
3807	敏捷的	sanpəl	
3808	随心所欲的	ʤeləkale	
3809	无可奈何的	paatʃin	
3810	发呆的	lunpan	

序号	汉义	鄂温克语	鄂温克语其他说法
3811	心里明白的	gətugun	
3812	稳重的 / 踏实的	dirikəndi	
3813	懒的	dʑalko	
3814	仰面的	tangiʃi	
3815	愚蠢的	ʃogul	
3816	悄悄的	tʃəmurkən	
3817	晃头晃脑的	golkir	
3818	贪多的	burənki	
3819	习惯的	iton	
3820	轻快的	ʃuagir	
3821	香的	ʃonun	
3822	轻松的	səri	
3823	平安的	abgri	taibən
3824	整齐的	təgʃi	
3825	孤独的	untʃin	
3826	直立的	tʃitʃori	
3827	懒惰的	dʑalko	
3828	闭塞的	butke	
3829	小气的	hadʑir	
3830	牢固的 / 稳当的	labdun	
3831	忙碌的	pəntur	
3832	偏的	mutʃirig	
3833	通宵的	dolbokob	
3834	勤快的	tʃitʃin	
3835	多余的 / 剩余的	uluhi	
3836	相似的	dabke	
3837	淫荡的	bujatʃin	
3838	满的	dʑalon	
3839	阔气的	əlpuri	

序号	汉义	鄂温克语	鄂温克语其他说法
3840	坚固的	lap	
3841	同类的 / 一类的	əmundur	
3842	缺的	abilir	
3843	满的	dʒalum	
3844	单独的	əmukən	
3845	孤独的	əmkənʃirən	
3846	碎块的	koltug	
3847	平的	mialən	
3848	奇数的	sotuguli	
3849	多的	ulukin	uluku
3850	多余的	ulukil	
3851	多多的	ulukikil	
3852	众多的	gərənil	
3853	适当的	dʒəkin	
3854	双的 / 对的	təre	
3855	肯定的	togtorin	
3856	有用的	aiʃitʃi	
3857	宽面的	əmgəman	
3858	有事的	baitətʃi	
3859	幽默的	tʃokti	
3860	稳重的	diri	
3861	上进的	dʒuləʃiki	
3862	客气的	ərətʃi	
3863	苗条的	narigəldʒin	
3864	悲伤的	goʃikun	
3865	仁慈的	aihun	
3866	狠心的	haritʃi	
3867	嘴巧的	amgatʃi	
3868	有毒的	korətʃi	

序号	汉义	鄂温克语	鄂温克语其他说法
3869	鲜艳的	iliʧi	
3870	孝顺的	kiausən	
3871	啰唆的	larigian	
3872	体面的	dəriltʃi	
3873	有名的	gərbitʃi	
3874	开叉的	səlbə	
3875	巧妙的	soidər	
3876	慢的	wadər	
3877	省事的	aməl	
3878	没事的	baitaʧin	
3879	无关的	daldʒaʧin	
3880	无聊的	amtaʧin	
3881	身体小的	ikiʧin	
3882	简单的	kemdə	
3883	奇怪的	gailmo	
3884	清秀的	nəldʒəkun	
3885	可笑的	iinətmo	
3886	心宽的	əŋgəldə	
3887	近的	daga	
3888	远的	goro	
3889	光溜的	gelbur	
3890	马虎的	kogian	
3891	轻漂的	dəwəki	
3892	秘密的	dʒejimal	
3893	找刺的	dʒaumo	
3894	反过来的	ʧikrikən	
3895	稳当的	əŋgəlki	
3896	有度的	kəmdʒəʧi	
3897	敞开的	aŋgaha	

序号	汉 义	鄂温克语	鄂温克语其他说法
3898	湿透的	lalandi	
3899	静悄的	ʃomukun	
3900	当面的	dərlədən	
3901	刚硬的	toktok	
3902	相仿的	dagəki	
3903	强壮的	tʃinətʃin	
3904	相当的	anəgti	
3905	容易的	kimdikun	
3906	普遍的	biriti	
3907	原始的	noribti	
3908	少量的	amʃikal	
3909	褴褛的	ladmar	
3910	明亮的	nəbnəldʒəkun	
3911	隐约的	buringər	
3912	露底的	ənbrig	
3913	满的	dʒalon	
3914	阔气的	əlpuri	
3915	坚固的	lap	
3916	锋利的	degri	
3917	馋的	kobkə	
3918	多余的 / 剩余的	uluhi	

六 动词

序号	汉义	鄂温克语	鄂温克语其他说法
3919	闪烁	kormolʤi-	
3920	日西斜	kəlbi-	siguntaʃi-
3921	日落	tikti-	
3922	日将落	tikmə-	
3923	天亮 / 拂晓	nərəni-	sirila-
3924	天明	gəgəri-	
3925	天大亮	ilaga-	
3926	日出	ʃigunt-	ju-
3927	日食	ʤəbkurə-	
3928	月食	dalgiu-	
3929	复圆	makilt-	
3930	晴天	galə-	
3931	变天	ərum-	əbdu
3932	尘土飞扬	tuarilt-	tuaril dəgdə-
3933	起风	ədənt-	
3934	刮风	ədə-	
3935	起旋风	sogiət-	
3936	风停了	tomi-	
3937	顶风	abtʃatki-	
3938	起云	tugsinə-	
3939	布云	tugsiltə-	
3940	云散	patʃija-	

续表

序号	汉义	鄂温克语	鄂温克语其他说法
3941	晴天霹雳	dʒərdigu-	
3942	下雨	odu-	
3943	落雨点	sabdə-	
3944	刮雪	haki-	
3945	晴雪	kermə-	
3946	风雪交加	ʃogi-	
3947	打闪	tali-	
3948	刮风雪	hakilə-	
3949	下雪	jamə-	
3950	雪融化	wen-	
3951	下露水	ʃulugt-	
3952	下霜	gəgtimə-	
3953	下雾	manənt-	
3954	雾散	arilə-	
3955	雹打	banət-	
3956	出虹	ʃerant-	
3957	入伏	fut-	
3958	出伏	fuu ju-	
3959	入九	jəgin irə-	
3960	凝固	kori-	
3961	冻结	gəgti-	
3962	回暖	namətla-	
3963	变冷	inigədlə-	
3964	满月	biag dʒalo-	
3965	倾斜	kəlbi-	
3966	断层	tuʃig-	
3967	地裂	gabəb-	
3968	山崩	dəlpəg-	
3969	山塌	norgu-	

序号	汉义	鄂温克语	鄂温克语其他说法
3970	山裂	jatəg-	
3971	流	əjə-	
3972	河水变少	alibik-	
3973	起浪	dolgint-	
3974	水上浮动	mudəd-	
3975	漫溢水	pilig-	
3976	干涸	olug-	
3977	起漩涡	origil-	
3978	涨水	ujilu-	
3979	河出水槽	bolgo-	
3980	水往下降	ʃirim-	tane-
3981	冻 / 冻结	gəgti-	
3982	冰裂	muri-	ʤisug-
3983	滑冰	bildira-	tʃirildə-
3984	冰化	uunu-	
3985	地裂	məriʤi-	jarta
3986	光照	ilant-	
3987	闪耀	gilbalʤə-	iluuta-
3988	生锈	ʤəbrə-	ʤəbət-
3989	孵化	nəritʃə-	
3990	产蛋	omugtlə-	
3991	生根	niŋgirlə-	
3992	发芽	orgub-	
3993	变软 / 蔫	gonə-	
3994	变绿 / 发绿	kukurə-	
3995	绿化	kukurəkə-	
3996	开花	ilgala-	
3997	抽蕾	tonpolʤi-	
3998	结籽	urit-	

序号	汉义	鄂温克语	鄂温克语其他说法
3999	生虫子	holihat-	
4000	栽花	təbku-	
4001	浇水	mulə-	
4002	生根 / 张根	nintələ-	
4003	分叉	garala-	
4004	生芽	origu-	
4005	发芽	sojolə-	
4006	果树	tubigilə-	
4007	扦插	arikib-	
4008	压条	tirukə-	
4009	修剪	garala-	
4010	植种	origo-	
4011	浸种	kug-	dəbtu-
4012	育苗	aigla-	
4013	移苗 / 植栽	igu-	
4014	扎根	nintəb-	
4015	生长	isurən	
4016	催长	isukə-	
4017	谢花	kualtag-	
4018	成熟	irib-	
4019	摘菜	mari-	
4020	摘果	uli-	
4021	结果	tubigit-	
4022	起野火	ʤəgdəmu-	
4023	放野火	ʤəgdədə-	
4024	打野火	ʤəgdə manda-	
4025	打防火道	sari-	
4026	上山	urlə-	
4027	伐木	mo tiku-	

序号	汉义	鄂温克语	鄂温克语其他说法
4028	砍	ʧiəbʧi-	
4029	劈开	dəlki-	
4030	拉木材	jori-	
4031	放排	saalda-	
4032	木排搁浅	saallagi-	
4033	串烟叶	sərəg-	
4034	穿烟叶线	ʃirigtə-	
4035	消亡	madlə-	
4036	瓜分	ugʧa-	
4037	建设	ilumkə-	
4038	工作	gərbələ	
4039	办公 / 办事	baitə iʃike-	
4040	管理处	golli-	
4041	领导	aaŋka-	
4042	集会	horubt-	
4043	散会	paʧi-	
4044	下命令	həsit-	
4045	招兵	ʧuagga-	
4046	参军	ʧuagbu-	
4047	叛乱 / 暴乱	ubaʃi-	
4048	战乱	paʧigu-	
4049	驻军 / 驻防	gətəm-	
4050	训练	uribu-	
4051	集合	oribut-	
4052	点名	gərbitrə-	
4053	站排	miirlə-	paila
4054	打枪	miʧanda-	
4055	战争	apadi-	
4056	出征	apadina-	

续表

序号	汉义	鄂温克语	鄂温克语其他说法
4057	打仗 / 打架	dilmatʃi-	mondaldi
4058	抵抗	agtʃala-	
4059	进攻	dobtula-	
4060	包围	ukulə-	
4061	保卫	harimta-	
4062	防御	serktʃi-	
4063	袭击	gəntibu-	
4064	追击	asəmda-	
4065	埋伏	bugʃi-	
4066	射击	mitʃala-	
4067	炮击	gubu-	pauda-
4068	拼命	ərəgəmtʃi-	
4069	逼 / 拼	sakki-	
4070	杀	waa-	
4071	胜利	ətə-	
4072	立功	guŋgən ilu-	
4073	轻视	niʃikutʃi-	əbərʃi-
4074	撤退 / 败退	borolə-	
4075	被击中	garpu-	
4076	逃跑	susə-	tutuli-
4077	战败	ətəwu-	
4078	投降 / 归附	əwəmbu-	
4079	消灭	madəlga-	ʃiibkə
4080	震动	dorgil-	dorgi-
4081	禁制	pabla-	udi-
4082	没收	barigi-	gabki-
4083	找碴儿 / 借故	baitmu-	
4084	强奸	kutʃibu-	
4085	私通 / 通奸	girub-	

序号	汉义	鄂温克语	鄂温克语其他说法
4086	欺骗	ələgtʃi-	
4087	欺负	gudʒu-	
4088	诽谤	badʒla-	bogət-
4089	发配 / 流放	palbu-	
4090	动乱	patʃigura-	
4091	宽大处理	əŋgətʃi-	ootʃi-
4092	贪污	tamtʃi-	tanlə-
4093	错误	taʃera-	
4094	拯救	ajiʃibu-	alabu-
4095	承认	alit-	
4096	偿命	ərigəbu-	aŋgə-
4097	提供	kobu-	
4098	出事	baitə juu-	
4099	犯法	baitə taa-	
4100	掠夺	tubi-	guri-
4101	强夺	tii-	
4102	抢劫	dəgəm-	
4103	造谣	kiartʃi-	
4104	胁从	aŋgət-	
4105	侵犯	turimki-	haala-
4106	报复	harola-	
4107	报仇	kimlə-	
4108	袒护	kaʃe-	
4109	偷盗	hualək-	
4110	谋害 / 陷害	korlo-	
4111	放毒 / 投毒	korbu-	
4112	挑衅	dʒaumola-	
4113	赌博	ətəldi-	hoŋdʒildi-
4114	诈骗	gəmdukə-	

续表

序号	汉义	鄂温克语	鄂温克语其他说法
4115	围攻	kəudi-	hortʃi-
4116	出声响	anirt-	
4117	调查	baitʃa-	
4118	出头露面	gulgutʃi-	
4119	逮捕	dʒau-	
4120	审讯	bəid-	tʃauda-
4121	拒绝	tʃakat-	anak-
4122	成功	butgə-	ootʃi-
4123	服气 / 服从	toog-	dabu-
4124	捣乱	daiʃeha-	
4125	压 / 关押	tirigu-	
4126	过分 / 过头	nuke-	daw-
4127	好转 / 变好	ajitbu-	
4128	上诉	habʃe-	
4129	有进展	dʒulʃikilə-	
4130	折磨	suilə-	tamla-
4131	遇难	təisilə-	
4132	强迫 / 逼迫	əriglə-	albala-
4133	失策	alda-	gawu-
4134	上当	gəndu-	
4135	讲理	gianə-	
4136	辩护	kaʃeb-	
4137	卡住	kaka-	
4138	借口 / 借故	kannəgda-	
4139	辨明是非	gətkulə-	
4140	退缩	ʃirigi-	amiʃika-、mita-
4141	藏逃	hodiriran	
4142	躲避	dʒelta-	dikə-
4143	注意 / 提防	kitʃə-	

序号	汉义	鄂温克语	鄂温克语其他说法
4144	犹豫	kənəguldʒi-	kəlbəldʒi-
4145	从严处理	urgidki-	
4146	忍受	kiri-	daa-
4147	观察	tʃintʃilmə-	
4148	监视	baitʃab-	
4149	冒失	pəksə-	
4150	查封	pənpil-	akuŋtʃi-
4151	紧张	pənturʃi-	bəndə-
4152	试探	tʃənd-	
4153	做主	ədʒit-	
4154	搜查	səulə-	
4155	偷懒	dʒalkora-	
4156	成习惯	banig-	
4157	坚持	təs-	
4158	碰 / 撞	nab-	nagtə-
4159	稳定 / 平静	əsəbu-	
4160	经受不起	təəni-	
4161	认罪 / 认错	alibu-	
4162	借	jolma-	agtʃi-
4163	收税	gailla-	tʃubu-
4164	征税	gailda-	
4165	增长 / 涨	mad-	us-
4166	交换	dʒulritʃi-	
4167	储蓄	təgu-	oru-
4168	援助 / 帮助	ajiʃila-	
4169	熔炼	unəgi-	
4170	炼铁	səlnə-	
4171	打铁	səldə-	
4172	烧木炭	jaagətha-	

序号	汉义	鄂温克语	鄂温克语其他说法
4173	熔化	uunə-	
4174	焊	hanlə-	lagtuga
4175	闪光	isant-	
4176	生产	gərbələ-	
4177	材料储备	ʤakə təgub-	baʤaki-
4178	铸造	uŋkubə-	
4179	铸铁	səluŋku-	
4180	钻研	tʃolpoŋko-	
4181	按把儿	əʃilə-	
4182	穿透	tantəla-	
4183	劳动工具	gərbər ʤakə	
4184	耕作	teri-	
4185	换茬	gaursəda-	
4186	锄地 / 铲地	tʃebtʃihi-	
4187	蹚地	taŋnə-	
4188	增长 / 增产	nəmgu-	noŋu
4189	割地	had-	
4190	开头 / 起头	əurkə-	
4191	捆上	atla-	
4192	开垦	banaŋgi-	
4193	播种 / 种地	teri-	
4194	翻地	naŋgidə-	
4195	撒播	urimbu-	
4196	扶犁	kulugdə-	
4197	套犁	kuluglə-	kuolrən
4198	出犁	kulugt-	
4199	赶犁	kulugki-	
4200	挑担	damʤla-	
4201	打场	bialgəb-	

序号	汉义	鄂温克语	鄂温克语其他说法
4202	搂扒	maltə-	
4203	堆集	obolo-	
4204	扫秸	majala-	
4205	晒干	olgika-	
4206	用斗量	kiasəla-	
4207	弄满	dʒaloka-	dʒalo-
4208	分得 / 得到	ugutʃam bakə-	
4209	烧荒	sari-	dalgəb
4210	忙不过来	bəndildə-	
4211	合作	kokila-	
4212	单干	məngaŋnə-	
4213	将烟叶截成一条	darila-	
4214	蒸烟叶	apə-	
4215	叠烟	əbkələ-	
4216	沤	uʃe-	
4217	治理	dʒuha-	
4218	灌溉	mulə-	
4219	喷灌	putʃibu-	
4220	浇水	mubu-	mulə
4221	编筐	ujəji-	
4222	编筐边	iltʃaŋku-	
4223	编织	gurgu-	ltʃam-
4224	装袋	kəudilə-	
4225	搬运	dʒugu-	
4226	入仓	tʃegindilə-	
4227	赶车	ilbə-	
4228	打鞭子	tʃitʃugda-	
4229	套车	kuolə-	
4230	开车	əlgə-	

序号	汉义	鄂温克语	鄂温克语其他说法
4231	载满车	ʧilgətgə-	
4232	积肥	kubkun oru-	
4233	施肥	kubkundə-	
4234	涝	mudə-	
4235	排水	ʧibku-	
4236	决口	sətrig-	
4237	挡	hət-	
4238	堵	butu-	
4239	渗水	tantəri-	
4240	浸泡	dəbtəbu-	
4241	穿通	lupət-	
4242	漏	sabdə-	
4243	淌	ʧogri-	
4244	渗透	tantərig-	
4245	流出	əjənʧu-	
4246	育种	uribu-	
4247	留种子	urilkə-	
4248	检验	baiʧahu-	
4249	浸种	dəbtəkə-	
4250	筛选	saiʤla-	
4251	拌种	urirku-	
4252	立春	nəlkilə-	nəlki ii-
4253	赶犁	ilbə-	
4254	抽鞭子	ʧiʧugula-	
4255	系/拴	wəi-	
4256	打绳	ʧərigu-	
4257	捻绳	tonku-	
4258	搓线	baʤikku-	
4259	三股合拧	goribi-	

序号	汉义	鄂温克语	鄂温克语其他说法
4260	挑担	damʤila-	
4261	拉庄稼	ʤuguhi-	
4262	修理	ʤuha-	dasa
4263	砍辐条	kəigsələ-	
4264	锯开	oguŋda-	
4265	返回	morgi-	
4266	绕过	torima-	
4267	驮	ati-	atʃi-
4268	旱	irik	
4269	扇粮食	santʃasla-	
4270	干透	olgot-	
4271	筛	saiʤila-	
4272	遭灾/遇灾	daʤint-	
4273	天旱	irikb-	
4274	出现旱象	irikintʃi-	
4275	遭遇水灾	mudəwu-	
4276	饥荒	ominag-	
4277	育肥	burgukə-	
4278	繁殖	pusib-	
4279	发展	igdi-	mandə-
4280	套车	kuələ-	
4281	马受惊	suila-	
4282	马撒欢	muuŋgə-	
4283	马受驯	nomuktəka-	
4284	母鸡叫	gogola-	
4285	鸡啼	gokatʃi-	
4286	骑	ogu-	
4287	无鞍骑马	boldukla-	
4288	马跑	tutulik-	

序号	汉义	鄂温克语	鄂温克语其他说法
4289	马奔跑	ugutul-	kaulga
4290	马颠跑	katra-	
4291	马快颠	degrika-	tiinkə-
4292	马快走	buŋʃi-	
4293	马小步颠	ʤirola-	
4294	马急驰	hagika-	
4295	哆嗦	ʃirigtʃi-	
4296	饲养 / 管理	asra-	irgi-
4297	放牧	adola-	
4298	吃牧草	oŋku-	
4299	用钐刀打草	sandurda-	
4300	打羊草	kianəda-	
4301	羊草发霉	harila-	
4302	拌料	oriku-	
4303	捆羊草	kianə atla-	atlaran
4304	饮	im-	
4305	反刍	kəm-	
4306	肚子鼓起	tude-	
4307	肚子缩小	atʃibu-	
4308	喂料	borgo-	
4309	牧马	morən adolə-	
4310	赶牲畜	taʃimu-	taʃi-
4311	结群	mokəlit-	
4312	合群	ʤukildə-	
4313	骑马	morəla-	
4314	赶羊	iləb-	
4315	拦上	haadi-	
4316	圈上	horib-	
4317	自然放开	sualbu-	

序号	汉义	鄂温克语	鄂温克语其他说法
4318	拦截	hət-	
4319	套马	wargala-	
4320	上马嚼子	hadalla-	
4321	拴马	ujəb-	
4322	绑马	bokimni-	
4323	盖棚	ləmpundə-	
4324	上牛鼻圈	sargila-	
4325	牵	kutulə-	
4326	备鞍	əmgəllə-	
4327	上笼头	lontolo-	
4328	吊马／控马	sobe-	
4329	马嘶	jaŋʧigla-	
4330	牛犊奔跑	məŋgət-	
4331	松开	sullabka-	
4332	马失前蹄	tugʧib-	
4333	马卡前失	budri-	
4334	马尥蹶子	ʤikli-	bolgi
4335	马上蹿	gorido-	
4336	抚摸	təmilə-	
4337	揪住马鬃	dəlbuma-	
4338	马沙浴	kurib-	
4339	马膘肥	iildub-	
4340	长膘	irilət-	
4341	变胖	burgu-	
4342	掉膘	əʧimu-	
4343	变瘦	ʤuata-	
4344	绊马	ʃidərlə-	
4345	绊前腿	turitlə-	
4346	绊三条腿	goribilə-	

序号	汉义	鄂温克语	鄂温克语其他说法
4347	脱缰	gori-	
4348	牛狂奔	muŋgənə-	
4349	牛顶角	murgutʃi-	
4350	驴叫	əəŋgəri-	
4351	羊叫	miara-	merikra-
4352	剪羊毛	jaŋəgtə kaitʃila-	
4353	啃	kəŋgəri-	
4354	过冬	tuguldʒi-	
4355	过夏天	dʒuagʃi-	
4356	过春天	nəlkiʃi-	
4357	过秋	buluʃi-	
4358	猪拱地	təlku-	
4359	家畜繁殖	pusə-	
4360	受胎	suriki-	
4361	不孕	sobi-	
4362	产仔	barili-	
4363	生长	ərigəntʃilə-	
4364	发情	ugutlə-	
4365	生／产	barili-	baldi
4366	流产	aldab-	
4367	下崽	barili-	
4368	下奶	əkuŋʃi-	
4369	喂奶	əkunkə-	
4370	备上鞍	əmgəllə-	tokə-
4371	卸鞍	noku-	
4372	熟皮／鞣皮	ilətʃə-	mohəgiran
4373	揉／搓（皮张）	monəgi-	
4374	叠	əbok-	
4375	削皮条	dʒusə-	

序号	汉义	鄂温克语	鄂温克语其他说法
4376	擀毡	ʃigdəktə-	
4377	去打猎	bəitʃinə-	
4378	狩猎	bəitʃi-	anla
4379	跟踪	waʤima-	
4380	追踪	waʤiʃi-	
4381	追	nəkəldə-	
4382	跟踪	waʤmat-	aaŋi-
4383	堵截击	hətimda-	
4384	窥视／窥探	ʃigemu-	
4385	发现野兽	bakəmuʃi-	
4386	呼喊驱逐	goidla-	
4387	野兽吼叫	merkira-	
4388	狍鹿崽叫	gibtʃa-	
4389	猎灰鼠	əlkim-	
4390	下套索	warikti-	
4391	下夹子	kabətʃiti-	
4392	放鹰	gikinti-	
4393	杀	waa-	
4394	复活	ədgə-	
4395	打	manda-	
4396	摔死	ʃirdə-	
4397	融解／融化	wə-	
4398	剥／扒	haulə-	
4399	充血	kukurəbti-	
4400	猎获	mainla-	
4401	捕获	ʤaumba-	
4402	吹鹿哨	orenda-	
4403	合作／携手	kokila-	
4404	水产捕捞	bat-	

续表

序号	汉义	鄂温克语	鄂温克语其他说法
4405	拖网捕捞	algəda-	
4406	打网	algəda-	
4407	设袋网	kəudilgələ-	
4408	拉渔网	algəmta-	
4409	收网	algə taa-	
4410	捞	sabrida-	
4411	下网	algəbu-	
4412	撒网	algəla-	
4413	甩旋网	sarkirla-	
4414	挡鱼亮子	hadihu-	
4415	下搬网	ʃaundə-	
4416	叉鱼	huarənkila-	
4417	罩鱼	darila-	
4418	搅鱼	worikulda-	
4419	凿冰眼	ʃimanda-	
4420	穿鱼线	ʃuludʒu-	
4421	鱼漂抖动	gəguldʒə-	guruguldʒəri
4422	钓鱼	əmkədə-	əmkətʃi-
4423	打鱼	gəribtʃi-	
4424	经商	maimanla-	
4425	统购	əmundu untʃi-	
4426	预购	dutum unitʃi-	
4427	批发	makəldʒi uni-	
4428	交易	dʒullətʃi-	
4429	典当	danpəla-	
4430	赊销	darima-	
4431	卖 / 售	uni-	
4432	买 / 购买	unitʃi-	unim ga-
4433	要 / 买	ga-	unitʃi-

序号	汉义	鄂温克语	鄂温克语其他说法
4434	作价	hudala-	
4435	定价 / 还价	hudabu-	
4436	讨价 / 要价	hudamatʃi-	
4437	值钱	hudat-	
4438	涨价	hudag-	
4439	降价 / 跌价	huda əgu-	
4440	物价贵的	hudatʃi	katan
4441	嫌贵	hudaʃi-	
4442	商量	həbʃiə-	
4443	协商	həbʃiəldi-	
4444	算账	ʤan bod-	
4445	赚钱	ʤiga ʤənnə-	
4446	赚	ʤənnə-	bakə
4447	便宜的	kemdə	
4448	变便宜	kemdət-	
4449	记账	ʤanlə-	ʤan əʤi-
4450	经营	maiman orə-	
4451	淋湿	lama-	
4452	换 / 交换	ʤumtʃildi-	
4453	内销	doloi uni-	
4454	贪财	burəntʃi-	
4455	添加	nəmutʃi-	
4456	扣	kabire-	kogi
4457	亏本	bəliku-	
4458	花钱	takur-	
4459	欠债	urtə-	tannə
4460	欠账	ʤantu-	
4461	张罗	parʃel-	
4462	忙碌	bəndu-	

序号	汉义	鄂温克语	鄂温克语其他说法
4463	掸棉	səmʃi-	
4464	吊挂	loku-	
4465	晃荡	kəlbəlʤə-	
4466	架桥	kuərgudə-	
4467	伸长 / 延长	sonə-	
4468	越过	alori-	
4469	栽跟头	ətkulə-	
4470	沿道走	ʤauʃim-	
4471	直道 / 正道	tondolo-	
4472	陷入泥巴	ʃawərdə-	
4473	颠簸	dənsəlgə-	
4474	铺 / 垫铺	səgtə-	
4475	压路基	darisa-	dabtaʃi-
4476	运输	ʤugu-	
4477	出发 / 起程	gurgul-	
4478	到来	iʃina-	
4479	容纳	bagtəga-	
4480	挤 / 拥挤	tʃibtʃildi-	
4481	定日期	inigi tokto-	
4482	排筏运输	salʤi ʤugu-	
4483	超载	nukent-	dəwə-
4484	搬运	ʤugu-	
4485	拉脚	ʤadori-	
4486	包容	bagtaga-	
4487	送出	isu-	
4488	坏 / 破	əbdugu-	
4489	破坏	əbdə-	
4490	等待	alatʃi-	
4491	到达	iʃi-	

序号	汉义	鄂温克语	鄂温克语其他说法
4492	停车	ilib-	
4493	便车 / 顺路	daalə-	
4494	着慌 / 着忙	bəndə-	
4495	一个接一个	əmumub-	
4496	隔开	gialə-	
4497	打听	datʃila-	
4498	经过 / 路过	dulə-	
4499	绕过	oli-	
4500	飞扬	dəgdə-	
4501	阻碍 / 堵	saatga-	
4502	嫌远	goroʃe-	
4503	频频晃动	kəlbəlʤit-	
4504	水上运	muləgu-	
4505	海运	lamugu-	
4506	船运	ʤebigu-	
4507	涉水 / 蹚水	ula-	
4508	划船	səlibi-	
4509	拉拖	jori-	
4510	逆流而上	abtʃatkila-	
4511	顺流而下	jolkukila-	
4512	横过	kətukilə-	
4513	横渡	tʃaribki-	
4514	靠近	handə-	
4515	沉船	timdəb-	
4516	搁浅	lagi-	
4517	船倾斜	kəlbi-	
4518	停宿 / 隔宿	ini-	
4519	建设	ʤaub-	
4520	建屯	ailəb-	

续表

序号	汉义	鄂温克语	鄂温克语其他说法
4521	建房	ʥu ʥau-	
4522	上盖	haiʥila-	
4523	上房梁	taibala-	
4524	上檩木	nirolə-	
4525	钉椽木	ʃariglələ-	
4526	刨	tuibanda-	
4527	磨	igu-	
4528	挖草坯	kurisit-	
4529	垒墙	saga-	dusələ-
4530	出现窗缝	ədi-	
4531	糊窗缝	hada-	
4532	砌墙	kəʥinlə-	
4533	抹／抹墙	tilba-	saarina-
4534	和泥	saurida-	ʥuara-
4535	烧砖	əiʥi dalgə-	
4536	脱坯	əiʥidə-	
4537	窗缝进风	ədibu-	
4538	削（木）	ʧigal-	
4539	弄坏	əbdə-	
4540	起泡	ʧaugula-	
4541	起茧	əmtə-	
4542	教育	tetga-	
4543	入学	taʧigudu ii-	
4544	上学	taʧigudu uli-	
4545	放学	taʧigu tii-	
4546	放假	ʃol nə-	
4547	请假	ʃol gələ-	
4548	行礼	doril-	
4549	迟／迟到	derilət-	amindi

序号	汉义	鄂温克语	鄂温克语其他说法
4550	学习	tet-	
4551	读书 / 念书	bitig turə-	
4552	读书 / 看书	bitig itʃi-	
4553	写字	dʒori-	kərigən wo-
4554	心算	dʒeldibu-	
4555	口算	amgabu-	
4556	练习	uribu-	
4557	运动	gulbu-	
4558	比赛	məldʒəldi-	məldʒə-
4559	冠军 / 第一	turulə-	emunkilə-
4560	亚军 / 第二	dʒuurkilə-	
4561	第三	jaləkilə-	
4562	领先	udʒurilə-	
4563	争夺	timtʃəldi-	
4564	输 / 败	gawu-	aril-
4565	赢 / 胜	ətə-	
4566	跳	togsan-	
4567	长跑	gorə tutal-	
4568	打曲棍球	boikonda-	
4569	踢足球	pogliə pəʃiglə-	
4570	踢	pəʃiglə-	
4571	守	gətə-	
4572	游泳	əlbiʃi-	
4573	仰泳	taŋgisi əlbiʃi-	aŋgibʃi-
4574	踩水	əkihi-	
4575	潜泳	soŋgu-	
4576	水淹	abilugu-	
4577	滑雪	tʃirilka-	jamənabdu-
4578	速滑	girkubu-	

序号	汉义	鄂温克语	鄂温克语其他说法
4579	花样滑冰	gojibu-	tʃarmi-
4580	滑冰	tʃiril-	tʃirli-
4581	滑冰比赛	tʃirildi-	
4582	摔跤	ʤauldi-	
4583	摔跤施踢	teʃikila-	
4584	摔跤脚绊	taʃi-	
4585	摔跤施引子	sərigid-	
4586	摔跤过肩摔	miiridə-	
4587	摔跤过腰摔	darimda-	
4588	摔跤大背摔	arkənda-	
4589	摔跤抱腿	bəgdiklə-	
4590	摔跤用脚盘腿	gokolo-	
4591	摔跤黑道钩	dologok-	
4592	摔跤外挂腿	tuləʃikdə-	
4593	摔跤拿腿	bəgdidək-	
4594	摔跤用脚扣	tʃaktam-	
4595	摔跤用脚别	təlbuk-	
4596	摔跤缠钩	əriku-	
4597	进攻	dobtula-	
4598	防守	gət-	
4599	骑马	ogu-	
4600	失脚	taʃera-	
4601	耍武术	baʃigi-	
4602	射箭	garpə-	
4603	射靶	aigəda-	garpə-
4604	赛马	morən jol-	morən joruldi-
4605	拔河	orkun tamaltʃi-	
4606	医疗	dasi-	
4607	拯救	aitbu-	

序号	汉义	鄂温克语	鄂温克语其他说法
4608	漱口	amga bolku-	bolku-
4609	呼吸	ərigən-	
4610	伤口愈合	arula-	
4611	按摩	dʒaula-	imkibu
4612	止血	wodibu-	wodigi
4613	复诊	dekmukitʃi-	
4614	点滴	sabdəka-	
4615	上药	əmnə-	
4616	行医	ənəku dasə-	
4617	看病	ənəku itʃi-	
4618	隔开	uitʃig-	
4619	用拔罐	noundo-	
4620	消肿	timubu-	kukutʃəni taa-
4621	病愈	orə-	anabu-
4622	开刀 / 动手术	ʃuʃulə-	
4623	用针挑开	səriʃilə-	
4624	号脉	suadalla-	maila-
4625	拔牙	igtə taa-	
4626	扎伤	əgutʃəla-	
4627	窒息	butəbu-	
4628	复活	ərigkək-	
4629	哮喘	ərigəntʃi-	
4630	呕吐	iʃiri-	
4631	脱臼	bərit-	
4632	出血	səgsə ju-	
4633	瘀血	kukurə-	
4634	流	tʃoguri-	
4635	闪腰	darimgu-	
4636	痢疾	ʃelin-	

续表

序号	汉义	鄂温克语	鄂温克语其他说法
4637	闹痢疾	ʃiəlinʤə-	
4638	心口痛	harilawu-	harila-
4639	恶心	orikubu-	
4640	心慌	balgibu-	
4641	脸变黄	ʃaridabu-	
4642	患病	ənəkulə-	
4643	咳嗽	ʃimkən-	
4644	肿胀	kugubu-	
4645	气喘	ərigənʧig-	
4646	头痛	dilə ənu-	
4647	头晕	ʧikri-	
4648	感冒	ʧaŋkən-	
4649	嗓子痛	səəmu-	kuom ənu
4650	耳聋	koŋoro-	
4651	鼻疮	əgtəbu-	
4652	中毒	koriwu-	
4653	肚子痛	gudug ənu-	
4654	肚子胀	gudug kugu-	
4655	肚子绞痛	gudug moriki-	
4656	瘫痪病	kulmi-	
4657	昏倒	arunt-	
4658	病情反复	nərbug-	
4659	化脓	nasənt-	
4660	做噩梦	tirugu-	
4661	麻木	mənəri-	
4662	酸痛	ʃerikira-	
4663	抽筋	sumulta-	
4664	骨折	girimdə ʧakri-	
4665	痒	otu-	

序号	汉义	鄂温克语	鄂温克语其他说法
4666	打嗝	kəkrə-	
4667	怀孕	urigid-	
4668	出生	itʃigu-	baldibu
4669	早产	sobu-	abil itʃi-
4670	过年 / 过春节	ania-	
4671	贴对联	duisə laktə-	
4672	过除夕	butulə-	
4673	惦念	dʒeləbu-	
4674	回忆	doris-	
4675	拜年	aniala-	
4676	叩拜	murgu-	
4677	过元宵节	katʃila-	
4678	正月十六打花脸	koinigdəltʃi-	
4679	说媒	dʒautʃila-	
4680	找对象	girikiglə-	
4681	结亲	bartʃabu-	
4682	相思	dʒoonətʃi-	
4683	恋爱	ajiwu-	hanela-
4684	相爱	ajimaji-	
4685	订婚 / 订婚月	hadal togtu-	
4686	结合 / 相见	bakaldibu-	
4687	定亲 / 订婚	togtuma-	
4688	相识	tagdəltʃi-	
4689	互相走动	ulugətʃildi-	
4690	送定亲礼物	tʃantəgnə-	
4691	送订婚礼物	torebu-	
4692	商量	həbʃe-	
4693	通知婚期	tʃilbahu-	
4694	拿来 / 带来	əmu-	

续表

序号	汉义	鄂温克语	鄂温克语其他说法
4695	缺少	abil-	
4696	请客	soli-	
4697	嫁	uju-	
4698	娶妻	aʃi ga-	
4699	娶	ujunə-	
4700	迎接	agtʃan-	
4701	垫地布	dəbʤalə-	
4702	拜天地	murguhi-	
4703	办喜事	uriguʃi-	
4704	等待	alatʃi-	
4705	邀请	soli-	
4706	约定	bolʤobu-	
4707	招待	ʤəbkə-	soholə-
4708	摆席	ʤobha-	sarəntgə-
4709	宴请	sarila-	
4710	倒酒	təbukə-	arki uŋku-
4711	敬酒	ugribu-	ariki ʤau-
4712	请安	ajitga-	aji angu-
4713	敬礼 / 鞠躬	dorila-	josla
4714	祝福	irolbu-	
4715	敬烟	damgi təgu-	
4716	宴席散	patʃi-	
4717	送客人	əurkə-	
4718	问候	aji ɑŋu-	aji bak-
4719	改嫁	urgu-	
4720	回娘家	naʤilla-	
4721	离婚	suila-	əməgu-、həilə-
4722	休妻	burgi-	
4723	解除婚约	tʃakat-	hungu

序号	汉义	鄂温克语	鄂温克语其他说法
4724	寡妇	nagunt-	
4725	私结夫妻	lagtəltʃi-	nagultʃi
4726	养活	irgi-	
4727	满月	bia ʥalu-	
4728	肚脐脱落	tʃuuŋgutki-	
4729	把婴儿放摇篮里	əmkələ-	
4730	认生 / 怕生	wəntki-	
4731	喂奶	əkukə-	
4732	断奶	əkun odigi-	
4733	发胖	iiriwu-	iijiwu-
4734	哭闹	əliət-	naulə
4735	过生日	baarəla-	
4736	爬	milku-	
4737	坐	təg-	
4738	走	ulu-	
4739	说话	ugutʃə-	
4740	吱声	turə-	
4741	咽气 / 断气	nurʃi-	
4742	死亡	bu-	
4743	归天 / 成佛	barkənt-	
4744	上供	təbu-	
4745	守带	ʥobuktə-	
4746	入殓	baktʃila-	
4747	拿牺牲品	huailgəla-	
4748	哀悼	hamʥibu-	
4749	哭灵	dialgənə-	
4750	吊唁	goʃigunt-	
4751	供物 / 奠仪	təbuhək-	
4752	奠酒	arki kisal-	

序号	汉义	鄂温克语	鄂温克语其他说法
4753	遗体告别	əurkəmʃi-	
4754	出殡	girimdə juugu-	
4755	挖	konki-	
4756	埋	balə-	
4757	烧	dalgə-	
4758	脱	noku-	
4759	设灵位	atʃib-	
4760	叩头	murgu-	
4761	停灵	ʤuril-	
4762	迁移	nurgi-	
4763	守	gət-	
4764	修炼 / 修道	dasəbuʃi-	
4765	念经	lomləʃi-	
4766	烧香	kuʤidə-	
4767	供奉	ʃutə-	
4768	算卦	ʤijambu-	
4769	占卜	haŋgər-	
4770	打雷	ardila-	
4771	雷劈	gabtug-	
4772	上供	təbuk-	
4773	念叨	dumburi-	
4774	祈祷	suʤilgə-	
4775	跪	əŋəgtə-	
4776	梦	tolkiʃi-	
4777	萨满跳神	samanda-	
4778	祈神灵	səgunlə-	
4779	祷告 / 咒告	səgundiʃi-	
4780	招魂	əribu-	
4781	送神	əmnəkʃi-	

序号	汉义	鄂温克语	鄂温克语其他说法
4782	迷惑／蛊惑	holibu-	
4783	受难	kartʃibu-	
4784	分开	wəitʃig-	
4785	断开	tʃakatki-	
4786	祷告	ʤalbil-	
4787	献哈达	hadigbu-	
4788	眼跳	taamug-	
4789	咒骂	nəŋgi-	nəŋgirən
4790	忌讳／禁忌	tʃəl-	
4791	吃	ʤəbtə-	
4792	戒	odikta-	
4793	开灯	təŋki-	
4794	锁上	golʤi-	
4795	割草	hadi-	monda
4796	刮皮	harəm-	
4797	扎腰带	təlgilə-	
4798	戴帽子	aagula-	
4799	纳鞋	samʃi-	
4800	镶边	kətʃil-	
4801	上鞋底	walbi-	
4802	楦鞋	saŋgibu-	
4803	装饰／打扮	ʤasə-	ʤuhə
4804	装饰／打扮	ʤasə-	ʤuhə
4805	发辫	iltʃa-	gəʤəg iltʃa-
4806	梳盘龙髻	oromki-	
4807	戴耳环	gargə tulə-	
4808	拼凑	adasələ-	
4809	裁剪	miirki-	
4810	熨衣服	wəitədə-	

续表

序号	汉义	鄂温克语	鄂温克语其他说法
4811	开线	ədʒig-	
4812	撕破	ladra-	ladrig-
4813	补	nəmʃi-	
4814	缝补	saŋan-	
4815	缝	uldi-	
4816	纺线	əəri-	
4817	捻／搓	tonku-	
4818	贴裆褑	giwa laktə-	
4819	插钗儿	ʃorikula-	
4820	剪	kaitʃila-	
4821	粗缝／别住	kuʃilə-	haw
4822	扣扣子	tobtʃila-	
4823	打结	dʒangit-	
4824	钉扣子	tobtʃi tul-	
4825	绷开	dəlpərig-	
4826	合身	dʒukiwu-	
4827	穿	təti-	
4828	披	kuəmkulə-	
4829	拼接	adə-	
4830	相接	auldʒa-	
4831	减去／去掉	abtʃibu-	
4832	相比	adilʃi-	
4833	收拾	tiglə-	dʒuha-
4834	捞饭	dʒaurila-	
4835	焖饭	korəkə-	
4836	蒸饭	apə-	
4837	削面	dʒorigumlə-	kisumki
4838	包饺子	bainʃi dʒau-	
4839	烙饼	hagri-	

序号	汉义	鄂温克语	鄂温克语其他说法
4840	发面	kugəbu-	paalə
4841	和面	goli nohu-	
4842	炒菜	kulku-	
4843	切肉片	piala-	
4844	火烤肉	ʃaribu-	
4845	煎鱼	kagsəga-	
4846	油炸	olirka-	
4847	熬酸菜	ʤisulgə-	
4848	熬柳蒿菜	kunbillə-	
4849	腌菜	solgit tiri-	
4850	发酵	ʤisulgə-	
4851	扬奶子	samri-	
4852	挤奶	sagə-	
4853	酿酒 / 烧酒	ariki wo-	
4854	沏茶	tʃiilə-	
4855	借	agtʃi-	
4856	装烟	damgə təgu-	
4857	吸烟	damgə im-	
4858	抽烟	damgə taan-	
4859	称秤	giŋna-	
4860	下厨	ikritʃi-	
4861	准备	baʤa-	bəlkə
4862	做饭	ʤəbtə wo-	
4863	煮烂	ilkən-	
4864	擀面	biruŋkubə-	
4865	淘米	ʃilkibki-	
4866	点火	tənki-	
4867	烧火	jal-	
4868	压火	tirukən-	

序号	汉义	鄂温克语	鄂温克语其他说法
4869	劈柴	dəlki-	
4870	饥饿	omina-	dʒəmu
4871	咬	amgan-	
4872	吞 / 咽	nimgi-	
4873	嚼	neni-	
4874	胀 / 发胀	kuərə-	
4875	贪婪	burəngi-	kobdəgla
4876	装	təgu-	
4877	藏 / 躲藏	dʒaji-	hodiri-
4878	尝	amtan-	
4879	发臭	mun-	
4880	发馊	nəridʒu-	
4881	烧焦	kənsə-	
4882	成熟	iribut-	
4883	开家谱 / 续家谱	giabə naŋgi-	
4884	搞错	taʃera-	
4885	呼吸	ərgən-	
4886	长雀斑	bədrid-	
4887	冻麻	bəəri-	
4888	打瞌睡	toŋkutʃi-	
4889	眯一会儿	buroo-	
4890	生虱子	kuŋkəb-	kuŋkə balli-
4891	乏累	tʃaŋlə-	
4892	冷	bəgi-	
4893	做梦	tolkitʃi-	
4894	梦魇	tirigu-	
4895	颠脚	doholo-	
4896	苏醒	ədgə-	
4897	打呵欠	əbʃe-	

序号	汉义	鄂温克语	鄂温克语其他说法
4898	解手	turilə juu-	
4899	胳肢	gagtʃi-	
4900	倒牙	gaŋgi-	
4901	着凉	bagik-	
4902	失眠	amalda-	
4903	消瘦	kaja-	
4904	噎住	hag-	hahə-
4905	发热	əkun-	
4906	鼻子堵	butuk-	
4907	心堵	butubu-	
4908	呛鼻子	maŋekki-	
4909	打呼噜	korkira-	
4910	口渴	aŋka-	
4911	憋气	butur-	
4912	头胀	buduru-	
4913	目眩	ərəldʒə-	
4914	冷静思索	əŋgəhli-	əŋgəli dʒo-
4915	生耳垢	kolintʃət-	kolingo-
4916	放屁	mukər-	
4917	晕头转向	tʃikri-	səgrimu
4918	耳鸣	ʃuagi-	tʃorgi
4919	腹胀	kəwə-	
4920	流汗	nəəʃit-	nəəʃin tʃogri-
4921	出汗	nəəʃin-	
4922	消汗	bəru-	
4923	发汗	nəəʃin juu-	
4924	手脚轻微冻	isəlbu-	
4925	打嗝	kəkərə-	
4926	瞎说	tʃoltʃi-	

续表

序号	汉义	鄂温克语	鄂温克语其他说法
4927	说话磕巴	kəlgilʤi-	
4928	额头前倾	kəŋkit-	
4929	腿乏腿酸	ʃirikra-	
4930	刚会走路	uluki-	
4931	秃顶	gilənt-	
4932	发胖	burgu-	
4933	发木	mənrə-	
4934	灭亡	madəl-	
4935	打喷嚏	naitə-	
4936	耷拉眼皮	bərbi-	
4937	眼皮跳	taamultə-	
4938	入睡	aatʃin-	
4939	睡醒	səri-	
4940	发困欲睡	aamʃi-	
4941	流泪 / 淌泪	narmigtəla-	
4942	淌鼻涕	tʃogurib-	
4943	寂寞	janu-	ahəmu
4944	费心	ʤelə manə-	ʤogə-
4945	担心	ʤogəbu-	
4946	生气	pantʃi-	
4947	心里发慌	mənug-	apug
4948	着急 / 焦急	uuta-	
4949	随心所欲地	dorənʤi	
4950	放心	əŋgəllə-	tiimu-
4951	委屈	moribu-	gomdu
4952	留心 / 用心	ʤeləbu-	
4953	操心	ʤeləmu-	
4954	想 / 想念	ʤoon-	
4955	想起来 / 想到	ʤoom bak-	

序号	汉义	鄂温克语	鄂温克语其他说法
4956	好奇／稀罕	gaik-	
4957	爱／喜爱	ajigu-	ajimu-
4958	牵连	taamu-	
4959	看得起	toʃe-	
4960	心跳	tugʃi-	
4961	换牙	ʤuri-	
4962	换牙了	iktə ʤumtʃi-	
4963	掉牙	iktə tikə-	
4964	担忧／惦记	ʃiwə-	
4965	为难	mɑndiʧi-	
4966	不好意思	ʃəʤəri-	
4967	消化	ʃiŋə-	
4968	爱面子	jadə-	
4969	惭愧／羞怯	alʤi-	
4970	操心／操劳	ʤogʃə-	ʤogmo-
4971	坚持	təsə-	
4972	同情	guʤə-	
4973	耍心眼儿	ʤelət-	
4974	留意	ʤelətbu-	
4975	惦记／起意	ʤeləmu-	
4976	胆怯	adga-	
4977	在乎／理睬	aʤra-	
4978	害怕	nəələ-	
4979	吓唬	nəələkəʧi-	
4980	高兴	agdə-	
4981	考虑／算计	bod-	
4982	迟疑	kənnəgulʤi-	
4983	感兴趣	duriʧila-	
4984	小看／鄙视	əbərʧi-	uruʧi

序号	汉义	鄂温克语	鄂温克语其他说法
4985	喜欢、感兴趣	doriʃi-	taala
4986	喜爱 / 爱	dorila-	
4987	估计	bodʧi-	
4988	引起 / 挑起	udgə-	əwkə
4989	撒娇	aŋgalʤa-	
4990	失望	ərigi-	
4991	羡慕 / 眼馋	əjəʧi-	gaagla
4992	新奇	səwərgi-	
4993	奇怪	gaikə-	
4994	惊奇	ʧoʧʃi-	
4995	后悔 / 悔恨	gəŋgulə-	
4996	盼望 / 渴望	gəbkəʤə-	
4997	隐隐作痛	ginməʃi-	
4998	耀眼	ilgan-	
4999	嫌恶 / 鄙弃	galu-	
5000	灰心	amiʃikim-	
5001	仁爱 / 仁慈	guʤən-	
5002	懂 / 明白	guuru-	
5003	怜悯	guʤəmu-	
5004	尽力 / 勉强	kasəg-	
5005	眺望 / 希望	haranla-	
5006	甩几子	ləndol-	
5007	吹牛	kuorə-	
5008	悔 / 悔恨	korid-	
5009	失望 / 灰心	gotru-	ʤeləwu
5010	嫉妒	huaira-	ginu
5011	回避 / 推迟	ʤeeləha-	anabu
5012	排挤	gəʤri-	tulgi
5013	自觉 / 守本分	kəmʤəbu-	kəmʤəji saa-

序号	汉义	鄂温克语	鄂温克语其他说法
5014	迟疑／犹豫	kəŋguldʒi-	taamuldʒi
5015	拘谨	kəŋgəkərə-	
5016	注意／用功	kitʃə-	
5017	千方百计	irtukud	iitʃakat
5018	心静不安	dorgu-	
5019	忍耐	kiri-	təs
5020	招来晦气	loŋgor-	loŋte
5021	发蔫	gonə-	
5022	迷惑	lunpart-	
5023	知道	saa-	
5024	难为	mogo-	dʒog
5025	说教	ərat-	
5026	嫌恶	gai-	
5027	怀恨	tʃitʃir-	hod
5028	变老	sagdira-	
5029	小便	tʃikin-	
5030	醒／睡醒	səri-	
5031	消瘦	janda-	ʃareril-
5032	打寒战	ʃirigtʃi-	
5033	嘚瑟	dəsəl-	
5034	抽搐	taamu-	
5035	犹豫	taamuldi-	
5036	看	itʃi-	
5037	睡	aaʃin-	
5038	发笑	iinətriʃi-	iinətmu-
5039	笑	iinət-	
5040	手脚出汗	ʃəuri-	
5041	赶趟／来得及	dʒabdə-	
5042	说梦话	uibʃil-	

续表

序号	汉义	鄂温克语	鄂温克语其他说法
5043	叹气	sursə-	suusə alda-
5044	张口	aŋgi-	
5045	站／立	ili-	
5046	喊叫	labkara-	
5047	摇晃	kəlbəldʒə-	
5048	耻笑	basə-	
5049	夸夸其谈	bilad-	
5050	任意捉弄	bodle-	
5051	眼溜溜转	boltəgldʒi-	
5052	吊死	aʃitbu-	
5053	落下／下来	əgunə-	
5054	背脸	borotʃe-	
5055	背坐	boroʃikit-	
5056	起来	juu-	
5057	叫醒	səru-	
5058	叫起来	juugu-	
5059	弯腰	muki-	
5060	瞪眼	bulti-	
5061	摇晃脑袋	laʃik-	loŋkoldʒi
5062	捧起来	butulə-	
5063	扔	dʒoldo-	
5064	蹲	tʃomtʃi-	
5065	沉不住	tʃəkud-	
5066	遮挡	daligla-	dali-
5067	抢起	liʃila-	
5068	抢摔	lakki-	
5069	颤抖	ʃirigitʃi-	
5070	轻浮	dardaldʒa-	
5071	伸懒腰	soni-	

序号	汉义	鄂温克语	鄂温克语其他说法
5072	煽动	suʃingi-	
5073	举止轻浮	dəwək-	
5074	枕	tiru-	
5075	过火	dawa-	
5076	耍性子	aaʃila-	
5077	跺脚	tgʃirən	
5078	效法 / 模仿	alma-	
5079	嘟哝	bure-	bumbəri-
5080	出声	delgənla-	delgən juu-
5081	下去	əgu-	
5082	放	nəə-	
5083	下行	ərigiʃilə-	
5084	丢人	dəllə əmən-	dəllə manə-
5085	用完	manə-	
5086	耍赖	laimosda-	laida-
5087	放肆	əle-	durant
5088	说	ulugtʃən-	
5089	挂	loku-	
5090	挺胸	tiginnə-	
5091	寻找	gələ-	
5092	抬	ugri-	
5093	去找	gələnə-	
5094	抛弃	nuudabu-	
5095	搂怀里	əulə-	əurlə-
5096	不错的	gaibi	
5097	摆手	əlkə-	laʃi-
5098	动手	naaləda-	
5099	上去	juu-	
5100	背手	ʤaʤa-	naaləʤaʤa-

序号	汉义	鄂温克语	鄂温克语其他说法
5101	发苦、发辣	gasud-	
5102	揪头发	gədʒəgdə-	dʒolga
5103	点头	toŋkə-	dilə tiri-
5104	踉跄	gərildʒi-	gəlbəldʒi
5105	呻吟	niŋun-	
5106	踏 / 踩	əgtʃi-	əki-
5107	弯 / 蜷缩	mokuri-	mokor-
5108	嘟喃	dunduri-	noŋtʃi
5109	上窜	gogdon-	
5110	翻跟头	tonkol-	butri
5111	颠倒 / 倒置	guaʃikan-	
5112	跑	tutuli-	
5113	啃	hadʒi-	
5114	剃头	handa-	
5115	袖手	kantʃila-	
5116	揭开	haulə-	
5117	剥	kobkot-	
5118	痛苦	harid-	
5119	痛	ənun-	
5120	哭晕	haridʃik-	
5121	跳	togsan-	
5122	握	atugla-	
5123	乱说	əəntətʃə-	
5124	摇	laʃibu-	
5125	仰头	taki-	
5126	抱	kumli-	
5127	抓	dʒau-	
5128	用爪子抓	ətuglə-	
5129	皱眉	atiri-	

序号	汉义	鄂温克语	鄂温克语其他说法
5130	折叠	əbkə-	
5131	翻身	kuribi-	
5132	翻滚	kuribildʒi-	
5133	吹	ulən-	
5134	闻／嗅	wanə-	uunə
5135	憋劲	morikildi-	
5136	去	gənə-	
5137	来	əmə-	
5138	盘腿	dʒebla-	
5139	躲避	dʒelə-	
5140	打	manda-	
5141	揍	niʃi-	gugu
5142	伸展／伸直	dʒiin-	
5143	耍脾气	əlet-	
5144	背	dʒadʒa-	
5145	指	dʒori-	
5146	捅	dʒuridʒə-	
5147	躺	kulə-	
5148	斜视	kialbi-	kilbe
5149	搔	maadʒi-	
5150	挠	maltə-	
5151	说满语	mandʒida-	
5152	伸舌头	miəlaldʒ-	
5153	颠	miəltʃiəldʒə-	dərtgəldʒi
5154	拐弯	morigi-	morki
5155	哈腰／弯腰	muki-	buki
5156	咬	aman-	
5157	缩脖子／缩肩	ʃirigik-	
5158	倚／靠	matʃila-	naatʃi

序号	汉义	鄂温克语	鄂温克语其他说法
5159	发懒	ʤalkotʃi-	
5160	懒开口	kibwo-	
5161	抠	kiltigi-	
5162	掐	kimtʃi-	
5163	怒目而视	kiodo-	
5164	扭脖子	morkit-	
5165	伏	kumiʃikil-	
5166	碰	naabtu-	
5167	蒙头	kuənkul-	
5168	扯碎	ladtan-	
5169	坐	təgə-	
5170	拳打	lantula-	
5171	沉脸	ʃaribu-	
5172	闭眼	nimdə-	
5173	眨眼	korimgəlʤi-	
5174	瞪眼 / 瞠目	bulti-	gulbulʤi
5175	睁眼	jasəl naŋi-	
5176	吐唾沫	ʤeligsət-	togun-
5177	擤鼻涕	ilən-	
5178	碰撞	nabta-	
5179	注意	tʃintʃil-	
5180	直立 / 挺立	tʃitʃorki-	
5181	呼吸	ərgən-	
5182	感到痛快	sərirgi-	
5183	捋胡子	ʃirib-	
5184	夹	kabtʃi-	
5185	打嘴巴	sasəgla-	
5186	鼻子翘动	səribilgi-	
5187	蓬乱	sərise-	sərtʃiglə-

序号	汉义	鄂温克语	鄂温克语其他说法
5188	听	dooldi-	
5189	坐	təg-	
5190	挤	ʃakə-	
5191	拥挤	ʃakəldi-	
5192	变肃静	ʃomukut-	
5193	悄悄走	tʃəmurkə-	
5194	赌气	ʃəri-	
5195	使性	səəri-	
5196	撒娇	ərkələ-	
5197	变愚蠢	ʃogult-	
5198	抽泣	ʃokud-	
5199	噘嘴	ʃokdi-	
5200	轻快／轻佻	ʃuagirakan-	
5201	径直走	ʃoulə-	
5202	存放	nəəktə-	
5203	仰	taŋgi-	
5204	仰卧	tangiʃila-	
5205	欢跳	təgən-	
5206	摸	təmilə-	
5207	摸索	təmiləg-	
5208	抱	kumli-	
5209	拍打	təbʃil-	
5210	正视	itʃibki-	
5211	含嘴里	amgaku-	
5212	接近	dagat-	
5213	进入	iinə-	
5214	大声哭叫	wəŋgirə-	
5215	碰破	ʃolri-	
5216	咬牙	iktət-	

序号	汉义	鄂温克语	鄂温克语其他说法
5217	打口哨	ʃiikə-	
5218	吸 / 吮吸	ʃimə-	
5219	倾听 / 细听	ʃianəʃi-	ʃirgitʃ
5220	害羞	alʤi-	
5221	注视	kitʃəmtʃi-	
5222	注意	kitʃə-	
5223	坐炕沿上	itələ-	
5224	啰唆	lantariʃe-	nortʃi
5225	抿嘴一笑	inigtəmə-	
5226	腻味	ʤalkora-	
5227	过火	dauki-	
5228	咬	amga-	
5229	叮	kikibu-	
5230	生活	ərigirigi-	
5231	住 / 在	bi-	
5232	耍 / 耍性子	aaʃila-	
5233	纠缠	akəbu-	ʤaura
5234	腻烦	akə-	
5235	漱口	bolku-	
5236	拼命	ərigət-	
5237	休息	amra-	
5238	尝到甜头	amtabu-	
5239	拿去	əlbu-	
5240	拿来	əmu-	
5241	摆	bailə-	
5242	用 / 使用	baitəla-	
5243	弄脏	baltʃi-	
5244	揉搓	mamle-	
5245	沸 / 开	ujə-	

序号	汉义	鄂温克语	鄂温克语其他说法
5246	磨损	manəgu-	
5247	装下	bagtəga-	
5248	变富	bajiʤi-	
5249	系腰带	omulla-	
5250	自己做主	bəiji sali-	
5251	自立	bəiji dəgdə-	
5252	上色	bod-	
5253	逛荡／闲游	bomgori-	
5254	过火	nuke-	
5255	做成／完成	butgə-	
5256	拌	orku-	
5257	灌	ʤaa-	
5258	空闲	ʃolə	
5259	打听	datʃila-	suratʃila-
5260	盖	daibla-	
5261	煽火	dalki-	
5262	用簸箕簸	dalkurilə-	
5263	打扮／装饰	dasət-	
5264	亲昵	dəlpərig-	
5265	崩裂	tərə-	
5266	胜过／超过	suilə-	dəilə
5267	折磨	tamla-	mogoga-
5268	变潮湿	dəribu-	
5269	漂浮	dəgdi-	
5270	触电	taligu-	
5271	变一半	dolinda-	
5272	冻	gəgti-	
5273	点滴	doskun-	
5274	留下	uldə-	

序号	汉义	鄂温克语	鄂温克语其他说法
5275	拉下	dotə-	
5276	消遣	durəl-	
5277	比较	duibil-	
5278	比喻	duibilbu-	
5279	防线	əəri-	
5280	敞胸 / 敞怀	nətə-	
5281	分居 / 分出	əjiki-	
5282	分	ugtʃa-	
5283	收拾 / 打扫	ərigin-	
5284	小心 / 防备	əgu-	kitʃə
5285	回	bənu-	nənu-
5286	长久 / 久留	wadə-	
5287	替换 / 调换	kaala-	
5288	铲锅	kabisla-	kabtʃa
5289	抽缩	habʃi-	
5290	成块	hadilt-	makəlt-
5291	裂开	jatrig-	
5292	撕开	səttan-	
5293	收缩	hagiri-	abtʃibu
5294	烙晒	hagri-	
5295	烫热	əkulbi-	
5296	合并	auldʒaga-	
5297	拆开	ədʒi-	
5298	开线	ədʒirig-	
5299	扎 / 插 / 刺	aridi-	arki-
5300	刷（锅）	kaʃe-	
5301	催促	kaʃike-	hagila-
5302	返回 / 转变	ərgi-	
5303	割 / 裁剪	mii-	

序号	汉义	鄂温克语	鄂温克语其他说法
5304	掺和	holig-	orku-
5305	取暖	əkul-	
5306	掉碴	koltri-	
5307	喝一口	mohu-	
5308	折服	kobtər-	
5309	出褶	kopiri-	
5310	包／缠／绕／卷	ukuli-	
5311	圈起来	hori-	
5312	生蛆	uŋgult-	
5313	搅和／搅拌	orku-	
5314	找茬	habire-	
5315	围	ukul-	hori-
5316	枯萎	olgu-	
5317	烧	dalga-	
5318	掀开	waka-	
5319	腐烂	munə-	
5320	习惯	ito-	
5321	挪动	ʤeelga-	
5322	烤	hagri-	
5323	倾斜	kəlbi-	
5324	限量	kəmʤədə-	
5325	撕破	kandəbu-	
5326	镶边儿	kətʃilə-	
5327	切	kəbtʃi-	ʤigə
5328	孝顺	kiauʃin-	
5329	做／制造	oo-	
5330	精打细算／节约	kibtʃali-	
5331	等待	alatʃi-	
5332	摆阔气	əlpuritʃi-	

续表

序号	汉义	鄂温克语	鄂温克语其他说法
5333	抹黑灰	kuodə-	
5334	泡上	dəbtə-	
5335	沸出	kuorə-	
5336	倒扣碗	kumtər-	
5337	嫌重	urigitʃi-	
5338	倒出	uŋkubu-	
5339	够得着	amtʃi-	
5340	吊儿郎当	landaldʒi-	
5341	嫌麻烦	lantak-	
5342	落空	larinə-	obtug
5343	往后拖	amiʃik-	
5344	悠然自得	laʃilagu-	
5345	溜达	ulgiji-	
5346	戴帽子	aagunla-	
5347	用机器	maʃinda-	
5348	贪吃	mərilə-	
5349	溢出	belte-	
5350	卸骨头	wəilə-	
5351	学坏	uru tatʃi-	
5352	感到不舒服	dʒəkiʃe-	
5353	跟踪 / 追踪	wadʒila-	
5354	开 / 打开	naŋi-	
5355	储存 / 储藏	urubu-	
5356	增添	nəmə-	noŋi
5357	命名	gəribilə-	
5358	敞开	nət-	
5359	搬 / 迁移	nurgi-	
5360	洗	ʃilki-	
5361	捣碎	betʃila-	

序号	汉义	鄂温克语	鄂温克语其他说法
5362	揉（面）	nohu-	
5363	过油	woli-	
5364	挂	lohu-	
5365	设法 / 想法子	argala-	
5366	散	patʃi-	tʃitʃibu
5367	张罗	pariʃe-	
5368	淋透 / 湿透	lama-	
5369	泼	tʃitʃi-	
5370	剥皮	hauli-	
5371	去皮	tʃigal-	
5372	静下来	tʃukabu-	
5373	头晕	tʃikri-	
5374	烧火	jalə-	
5375	添柴	tulʃidə-	
5376	愤恨	tʃitʃir-	
5377	耽搁	saatga-	
5378	享乐	səbdʒil-	
5379	筛上	səilə-	
5380	抖搂	gubil-	
5381	乱翻	səm-	
5382	高兴	agdə-	
5383	舒服 / 舒畅	səribu-	
5384	乘凉	səruʃi-	
5385	裂口	sətrig-	
5386	拉后	amilat-	
5387	夹	kabtʃi-	
5388	好奇 / 稀罕	səwərgi-	
5389	醉	sogto-	
5390	淘气呢	ʃianəgəldʒi-	

序号	汉义	鄂温克语	鄂温克语其他说法
5391	擦	agu-	
5392	挽起 / 卷起	ʃamlə-	
5393	变红	wali-	
5394	继承 / 接班	ʃari-	ʤalga
5395	锥	ʃogunda-	
5396	串肉	ʃolu-	
5397	安定	togtobu-	
5398	弹（用指）	teʃikla-	
5399	遇到	təisəl-	
5400	遇见	bakəldi-	
5401	争取	təmtʃibu-	
5402	忍受 / 坚持	təsəmu-	təsə-
5403	沉淀	timdə-	
5404	懒得动	tirit-	
5405	发懒	ʤalkomu-	
5406	搓绳	tonku-	
5407	见实效	bakabu-	
5408	停顿 / 不流利	tudə-	
5409	迷路 / 转向	tuəri-	tutiri
5410	用火烧	togda-	
5411	突起	kuənpi-	
5412	懂事	guurubə-	
5413	省悟 / 明白	guuru-	
5414	爱惜	mulan-	
5415	孤独 / 孤立	untʃi-	
5416	嫌少	homdəʃi-	
5417	做奶皮	urumdə-	
5418	散发味	wala-	wa taanta-
5419	发臭	wat-	

续表

序号	汉义	鄂温克语	鄂温克语其他说法
5420	闻味	wanə-	
5421	摆架子	jansəta-	
5422	绗	ʃirik-	
5423	干涸	olgub-	
5424	催促	ʃorigi-	ʃaka
5425	插缝	ʤabkəla-	
5426	社交活动	ulildi-	
5427	交给 / 交代	apu-	ʤakibu
5428	串门	ailtʃila-	
5429	援助 / 帮助	aiʃila-	
5430	许愿 / 发誓	amgari-	
5431	让步 / 谦让	anabu-	
5432	相会	bakəldimu-	
5433	借	atʃima-	
5434	请客	solibu-	soli-
5435	报恩	bailburgi-	atʃibu
5436	感谢	banəgila-	
5437	包涵	bagtaga-	təgubu
5438	容纳	ootʃibu-	
5439	抢先	timtʃəldik-	
5440	抑制	ʤaubki-	taa-
5441	溜须拍马	kaliba-	liuʃidə
5442	赞成 / 赞许	kəənnə-	
5443	责备 / 指责	wakla-	boruʃe
5444	拒绝	morki-	anaki
5445	吵架	tʃogiltʃi-	
5446	不合群	tʃolgurit-	
5447	滚 / 滚蛋	tʃuŋguri-	
5448	服从 / 服气	dabu-	aaŋib

续表

序号	汉义	鄂温克语	鄂温克语其他说法
5449	同意	dajal-	gada
5450	嫌弃	galumu-	
5451	率领 / 带领	aŋikan-	
5452	间歇	tʃəglə-	tʃəlgi-
5453	瞎凑	dulgunda-	
5454	管闲事	daldʒik-	
5455	训斥 / 批评	wakla-	takiga
5456	竞争	təmultʃi-	
5457	随便	duarəndʒimu-	
5458	留住	dotu-	
5459	放过	duləkən-	duləbu-
5460	见外	əntuk	ərələ-
5461	客气 / 拘束	ərələ-	
5462	抬举	ugurimu-	
5463	丢失	əmən-	
5464	抚育 / 抚养	irgi-	
5465	送行 / 送别	əurkə-	ootʃi
5466	相送	əurkəldi-	
5467	眼馋	əjətʃi-	əjətʃimu-
5468	请求 / 祈求	gələəhi-	
5469	行乞 / 要饭	goi-	goiri-
5470	喧哗	guarid-	ʃaagi
5471	拖延	amiʃikilaka-	anəbuʃi-
5472	交朋友	gutʃildi-	
5473	依靠	kaldi-	tuʃi
5474	倚	naatʃila-	naabki
5475	靠近	handə-	dabkiʃi
5476	挑剔	katʃila-	haadib
5477	恢复 / 回去	gənuk-	

序号	汉义	鄂温克语	鄂温克语其他说法
5478	唆使 / 挑拨	suʃiŋe-	haktʃe
5479	发黑、变黑	agtiri-	
5480	回答	harula-	gunbu
5481	报答	harola-	
5482	为难	kabtʃibu-	mogo
5483	难为情	ʃebgu-	mogot
5484	制止 / 劝架	udigi-	udiha-
5485	领头 / 带头	əkilə-	ʤulib
5486	针锋相对	aktʃanki-	
5487	疏远	goritʃi-	
5488	多嘴多舌	konʃorda-	
5489	插嘴	dalʤit-	
5490	造谣	kiauritʃ-	bokiʃi
5491	害羞	ilənt-	
5492	相信 / 信任	itgə-	toonʃi
5493	捎信	ʤeʃi-	ʤehibu
5494	指出	ʤorənmu-	tʃilba
5495	高谈阔论	kuərək-	
5496	争吵	ʃaagildi	tʃutʃarhi-
5497	商量 / 协商	həbʃe-	həbʃeldi-
5498	记仇	kimənt-	uʃig
5499	报仇	kimlə-	
5500	尊重	giŋgulə-	urgutʃi
5501	轻视	kuŋgətʃi-	əbərtʃi
5502	造麻烦	lantala-	lantaʃi-
5503	讨好 / 阿谀	kaliab-	goreʃi
5504	黏合 / 靠近	lagta-	
5505	乐和	agditʃi-	
5506	逞强	mandila-	mandik-

序号	汉义	鄂温克语	鄂温克语其他说法
5507	耍心眼	monioda-	ʤelək-
5508	欺负	guʤul-	guʤurlə-
5509	点头哈腰	əkulʤə-	gəkumki-
5510	起外号	nagubu-	
5511	追赶	nəkəldi-	nannaʧi
5512	指名	gərbitə-	
5513	留恋	niari-	tamu-
5514	恋恋不舍	niarelʧi-	niamurik-
5515	原谅	urʃe-	
5516	使眼色	jasəlbu-	
5517	接吻 / 亲嘴	nahən-	
5518	哄 / 哄骗	wondo-	pialə
5519	迎接	agʧan-	
5520	骗 / 欺骗	wolgəʧi-	ələkʧi
5521	闹腾	pəgsəʃi-	daiʃe
5522	饶舌	ʧolʧi-	
5523	耍嘴皮	ʧəlgidə-	ʧəlmidə
5524	耍笑	ʧəlmilʤi-	
5525	阻碍 / 阻拦	satga-	kaadi
5526	问	aŋu-	
5527	祝愿	irolmu-	
5528	离别	wəiʧimu-	
5529	揭短	səl-	girkuʧi
5530	交头接耳	ʃibkalʧi-	
5531	翻脸	kurbəlʤi-	
5532	给颜色看	duriʃik-	
5533	察言观色	iʧimki-	
5534	认识	tagdə-	
5535	赔偿	tam-	tambu-

序号	汉义	鄂温克语	鄂温克语其他说法
5536	打架	dilmatʃi-	dilmaldi-
5537	赠送	təwə-	
5538	定下来	togtə-	
5539	出台	juugu-	
5540	照射	toriku-	ilambu
5541	还给	buurgi-	
5542	送去	iraanbu-	
5543	钩心斗角	kitiltʃi-	
5544	说话算数	ugudi iʃe-	
5545	道歉	wakla-	
5546	在乎 / 理会	aʤra-	toomo
5547	缠住不放	ʃilməd-	ʤooroldi
5548	据为己有	ʃiŋgə-	
5549	训斥	daŋʃi-	wadkla-
5550	碰巧	ʤobki-	
5551	找碴	kalgi-	
5552	藏	ʤaji-	
5553	和睦相处	ʤukildi-	
5554	劳动	gərbə-	
5555	拼缀 / 拼接	adasila-	ʤalgi
5556	够得着	amtʃi-	
5557	来得及	ʤubdrən	iʃe-
5558	准备	baʤa-	
5559	封闭	akumu-	butul-
5560	粉碎	betʃit-	betʃla-
5561	可以 / 行	oodo-	
5562	拔掉	bolgota-	
5563	脱开	boltok-	
5564	搭起	ilibu-	

续表

序号	汉义	鄂温克语	鄂温克语其他说法
5565	扶起	tuʃibu-	
5566	办成 / 完成	butgə-	
5567	切断	tʃakmi-	tʃaklo-
5568	割断	had-	
5569	绝断 / 折断	tʃakat-	tʃaklə-
5570	紧一紧	tʃinga-	
5571	拆散 / 弄散	tʃotʃila-	salga
5572	打穿	tʃolpət-	
5573	绞动	morki-	
5574	凿榫眼	tʃuutʃilə-	
5575	炼铁	uunəgi-	
5576	锻铁	dabtə-	
5577	重复	daki-	
5578	崩掉	dəlpəg-	
5579	接住	dogdo-	ala
5580	开始	əkil-	əurkə
5581	欢送	əurikə-	juugu
5582	化开 / 融解	unəgi-	gəsə
5583	剔骨去肉	gətʃə-	gau
5584	堵	haada-	duulə
5585	破板	dəlki-	
5586	扫	əsu-	
5587	掏 / 抠	konki-	
5588	用大襟兜	haarimla-	
5589	需要	kəriglə-	baitəla
5590	压碎	kepətri-	pitʃla
5591	用铁锹铲	sərilundə-	
5592	努力	kutʃinlibi-	
5593	拉风箱	koruŋkuda-	

序号	汉义	鄂温克语	鄂温克语其他说法
5594	做苦工／扛活	kutʃiulə-	
5595	落在最后	lakiwu-	
5596	（猪狗）大口吃	labda-	
5597	搭棚	lənpunlə-	
5598	生烟油子	lot-	saŋəmu
5599	燃起来	təŋki-	
5600	比赛	məlʤə-	
5601	打赌	ətəldi-	duulə
5602	压塌／压倒	melʤebu-	
5603	生茧	məmət-	
5604	入门	mono-	iim
5605	拧	morki-	
5606	绞	moʃki-	
5607	扛／扛起	miiridə-	morki-
5608	镀（银）	bolgu-	
5609	偏离	mutʃirig-	
5610	擦光亮	nelə-	
5611	堆／堆起	obolo-	
5612	挖掘	konkitʃim-	
5613	挖	malta-	
5614	忙碌／奔忙	pəntuʃi-	
5615	喷	putʃi-	
5616	转动	tʃikəri-	
5617	塞	tʃibtʃi-	tʃikə
5618	刮	tʃii-	
5619	垒／砌	sagaa-	
5620	磨	sət-	məələ
5621	掘开／拔开	səttə-	
5622	砍	sukudə-	

续表

序号	汉义	鄂温克语	鄂温克语其他说法
5623	逞强	maŋgidak-	
5624	和泥	ʤuarə-	
5625	削尖	ʃorila-	tʃigal-
5626	钉橛子	ʃolunda-	
5627	穿通	lupət-	taubu
5628	打透	tantəla-	
5629	用风挡挡风	taralgəla-	
5630	用小锤子打	toporda-	
5631	驱赶	taʃi-	
5632	弄出尖	sugurlə-	
5633	顶得住	dəgdə-	
5634	选择/挑选	ilga-	
5635	接/连接	ʤalgə-	
5636	打烙印	dorunda-	
5637	落后/拉下	əməgu-	nuudagu
5638	支出/拿出	juugubu-	
5639	勒索	kakuri-	kaatʃa
5640	还/还债	buigi-	burgi
5641	分/分配	ugutʃa-	
5642	攒	ora-	
5643	剩	ulu-	
5644	够	iʃib-	
5645	有余	puəntʃi-	
5646	好转	ajib-	
5647	挥霍	saʃike-	suidə
5648	嫌多	ulukiʃi-	
5649	租用	turilə-	
5650	装下	bagtə-	
5651	冒浓烟	batag-	

序号	汉义	鄂温克语	鄂温克语其他说法
5652	脱落	boltərig-	kaulig
5653	脱白	bərit-	
5654	滚动	tʃuŋurig-	
5655	起白醭	tʃarit-	
5656	漏	sabdə-	
5657	淌	tʃoguri-	tʃoori
5658	流	əjə-	
5659	散装	tʃotʃirig-	
5660	渗出	tantərig-	
5661	修复 / 修理	dʒuha-	
5662	发潮	dəribu-	
5663	下沉	timdə-	
5664	滴答	sabdərə-	
5665	装满	dʒalonka-	
5666	塌陷 / 落陷	əmbərgi-	
5667	天翻地覆	gubad-	kurbuldi
5668	蔫巴	gonə-	
5669	回响	walgənt-	
5670	裂了	jatrag-	
5671	变化	hobil-	
5672	起皱纹	ətiri-	
5673	缺口	səbtəg-	
5674	倾斜	kəlbəri-	kaibi
5675	隆起	kənki-	
5676	变柔软	ləwəkənt-	
5677	弄弯	matu-	
5678	照射	toriku-	ilga
5679	倒塌	norigu-	jəwrə
5680	过分	nukeri-	dabu

序号	汉义	鄂温克语	鄂温克语其他说法
5681	鼓起	obi-	tugu
5682	发白／变白	tʃeebi-	
5683	晃悠	tʃekəlgid-	
5684	长胡须	sagəlt-	
5685	延长	sonə-	
5686	投影	torioku-	
5687	灭／熄灭	ʃiigu-	
5688	下滑	ʃolurigu-	bildəra
5689	沉淀物	timdə	
5690	尘土飞扬	tualəgla-	
5691	消化／消食	ʃiŋgə-	
5692	染墨	bəkdə-	
5693	做记号	bəlgədə-	
5694	对比	duibul-	adilka
5695	记	ədʒi-	
5696	奇怪	gaika-	
5697	惊怪	tʃotʃibu-	olə
5698	收集／搜集	oruu-	
5699	注视	kitʃomtʃi-	
5700	论述	ugtʃubu-	
5701	忘记	omugu-	
5702	阐明	gurukən-	ugtʃubu-
5703	练习	urib-	lenlə
5704	加害／陷害	korila-	
5705	偷窃	hualkə-	
5706	弄鬼	ʃurikuldə-	
5707	淫乱／淫秽	jankəndə-	
5708	撒癫	bələndə-	
5709	谄媚	kaliba-	

序号	汉义	鄂温克语	鄂温克语其他说法
5710	抄近	dutə-	
5711	挑拨	arikitʃi-	
5712	说俏皮话	piklət-	
5713	醉	sogto-	
5714	抖搂	səmsəl-	
5715	可以	oodə-	
5716	来回滚动	tʃuŋguri-	
5717	越过	aluri-	
5718	频频点头	gəkuldʒiməʃi-	
5719	刺 / 扎	arki-	
5720	掉块渣	koltəri-	
5721	一晃而过	tʃəlurdə-	
5722	踩碎	bətʃiki-	
5723	俯卧	kuənbiʃilə-	
5724	晃动	kolboldʒi-	
5725	相遇	auldʒə-	
5726	发软	ləmbəldʒi-	
5727	落空	larigən-	
5728	烂掉	munə-	
5729	收敛	barigi-	
5730	蠢蠢欲动	obuguldʒi-	
5731	破裂	jatrig-	
5732	等待	alatʃi-	
5733	过分 / 过头	nuke-	
5734	天黑	agtira-	
5735	有相识	tagdi-	
5736	疏远	goriʃi-	
5737	客气	ərələ-	
5738	凝固	kori-	

序号	汉义	鄂温克语	鄂温克语其他说法
5739	有相识	tagdi-	
5740	咬住	amgant-	
5741	想方设法	arigla-	
5742	强制	əriglə-	
5743	强行	əригləʃi-	
5744	犹豫不决	kəngulʤi-	
5745	成行成趟	ʤirigʤi-	
5746	挨饿	omina-	
5747	受冻	gəgti-	
5748	爬	milku-	
5749	挠	maaʤi-	
5750	烫	hal-	
5751	蹭破	ʃolrig-	
5752	掉落	tikim-	
5753	来回滚动	tʃunguri-	
5754	满溢	beltə-	
5755	烫	hal-	
5756	穿透 / 串通	lupət-	
5757	一瘸一拐走	dohulon-	
5758	嘟哝	dumbəri-	
5759	瞎动	tʃaripugulʤi-	
5760	有	biʃin	
5761	没有 / 无	atʃin	
5762	不是	wəntə	
5763	别 / 勿	əʤi	
5764	不是 / 否	untə	

七 副词与虚词

序号	汉义	鄂温克语	鄂温克语其他说法
5771	突然	gəntəgən	gaitəgən
5772	还是	haʃil	
5773	就是	utugai	uturi
5774	几乎	gəl	
5775	尽量	pələnʤi	
5776	透过	tantolo-	
5777	一定 / 必须	iritukət	ʤawal
5778	特意	ʤorən	
5779	特别	dabatʃin	
5780	确实	mətər	
5781	果真 / 果然	təʤi	
5782	相当	dawu	antihan
5783	偶尔	səwəkun	
5784	完全	ʃib	
5785	随便	duarənʤi	
5786	勉强 / 好容易	arankan	
5787	原来 / 本来	daatʃi	
5788	一贯	lupər	
5789	将来 / 以后	aimlaki	amila
5790	从来	ʤani	
5791	坚决 / 果断	tʃari	
5792	又 / 再 / 重新	dakin	

续表

序号	汉义	鄂温克语	鄂温克语其他说法
5793	再次	dakimki	
5794	一直	lupər	ʃigdu
5795	正好 / 正巧	ʤəkin	
5796	接着 / 随即	ʤalgəm	aŋəgtʃi
5797	仍然	mətər	
5798	勉强	ʤubtab	
5799	起初 / 首先	ərtədi	
5800	从此	əduki	
5801	任意	ʤeləgi	
5802	立刻	əʃibku	
5803	马上	əʃit	əʃiktə
5804	原来 / 本来	daatʃi	
5805	一贯	lupər	
5806	理应	gianədi	
5807	相同	əmun adil	
5808	一起	əmundu	
5809	当时 / 当初	lərigiandə	
5810	最后	madari	
5811	赶快	degri	gegri
5812	经常	nigənnə	dagtan
5813	迟 / 晚	deril	
5814	先 / 古	norim	
5815	刚才	əʃikut	
5816	刚刚	ʤubkut	təlintə
5817	全面	buriti	
5818	早就 / 老早	kəʤən	
5819	一会儿	kuiril	
5820	一半的	dolin	
5821	一多半的	dolin ulukə	

续表

序号	汉义	鄂温克语	鄂温克语其他说法
5822	虽然	iritu	
5823	直到 / 为止	iʃokini	
5824	但是	damu	
5825	到底	kəmudi	
5826	或者 / 否则	tuatʃin	
5827	却 / 而是	harin	
5828	于是	tooktʃi	
5829	那么	toobki	toomi
5830	然后	amilakin	
5831	因此	əduji	
5832	由于	ʤani	
5833	过分 / 太	dawhanan	
5834	再次 / 重复的	dakimki	
5835	非常	dabatʃin	
5836	还是 / 仍然	əkəldi	
5837	更加 / 越发	əli	
5838	像似	təəre	
5839	赶快	digar	
5840	就是	utgai	
5841	已经	əmərə	
5842	常常	kaltən	nigən
5843	永远	əmtəgmə	
5844	至多	ulukidi	
5845	将将（够）	ʤub	
5846	可能 / 也许	gonbo	
5847	早	unugu	ərtə
5848	还早	unugujə	
5849	恰如	jaɡ	
5850	差一点	gəl	gəltəl

续表

序号	汉义	鄂温克语	鄂温克语其他说法
5851	太大	abajin	
5852	最	madənti	
5853	更	əli	
5854	真正	təʤiŋgur	
5855	的确	təʤir	
5856	又	mətər	
5857	再	dakim	
5858	从前	noriduki	
5859	如果	iritugul	əʃibki
5860	仅仅 / 只	tanəgunlə	
5861	光是	hosunlə	
5862	于是	tooktʃi	
5863	而	hoitu	
5864	和 / 及	ooktʃi	oon
5865	虽然	iritu	
5866	整天	inigniku	
5867	通宵 / 整夜	doluboniku	
5868	这时 / 此时	ərirən	
5869	如今 / 现在	əʃi	
5870	迄今 / 至今	əriʤak	
5871	暂时 / 临时	əʃikut	nədi
5872	过去	norim	nogu
5873	永远 / 永恒	əntəgəm	
5874	日后 / 将来	amiʃiki	
5875	当时 / 当初	lərigiandə	
5876	这般	ərikəm	
5877	好在	aidi	
5878	很少的	homdogkun	
5879	挺（多）	antəg	

序号	汉义	鄂温克语	鄂温克语其他说法
5880	少量	amʃikal	
5881	凛冽（冷）	terter	
5882	白白地	baibaidi	
5883	整个地	bukulʤi	
5884	不明不白地	bure hare	
5885	果断地	tʃaktir	
5886	干净利落地	gebtʃeb	
5887	故意地	tʃokti	ʤorin
5888	非常快地	dabatʃin	degir
5889	勉勉强强地	ʤubtab	
5890	放肆地	duarənʤi	
5891	点头哈腰地	gəkur təkur	
5892	利利索索地	kamnim	
5893	整个地	bukulʤini	
5894	用力地	idəʤi	
5895	相反地	abtʃadiki	
5896	一口气	əmunerig	əmudu
5897	一下子	əmundəri	
5898	悄悄地	tʃəmur	
5899	偷偷地	tʃəkudi	
5900	好好地	aihun	
5901	说什么也	iktosokət	
5902	满满登登	ʤabʤalomdi	
5903	圆鼓鼓地	kanpir	
5904	老样地	durənʤi	
5905	果断地	tʃak	
5906	大块地	makəl	
5907	兴高采烈地	piardir	
5908	沉甸甸地	ləklək	

序号	汉义	鄂温克语	鄂温克语其他说法
5909	密密麻麻地	pikpik	
5910	密密地	ʃakʃakdi	
5911	紧紧地	kamkam	
5912	一阵阵地	tʃəgtʃəg	
5913	很少	homdogkun	
5914	朦朦胧胧	burbar	
5915	逼近 / 临近	dagətir	
5916	从容地 / 慢慢地	əŋgler	
5917	突然间	gəntəgəndi	
5918	突如其来	gəntəmtʃər	
5919	近些天	əridi	
5920	杳无音信	allur	
5921	残缺的	abil	
5922	一丁点儿	aməʃikal	
5923	渐渐地	əŋgəlkən	
5924	齐腰	omultʃar	
5925	普遍地	kəmidi	
5926	慢慢	əŋgəlir	naŋa
5927	比什么都	idikigub	
5928	亲自	mənʤi	
5929	这才	ərimak	
5930	是 / 对 / 真是	təʤi	
5931	反过来	ərgibtʃi	
5932	吗	jə	
5933	啊	a	
5934	啊呀	aja	
5935	哈哈	haha	
5936	唉	aji	
5937	哎呀	aiia	

序号	汉义	鄂温克语	鄂温克语其他说法
5938	唔	ee	
5939	啊唔	ajja	
5940	哎	ai	
5941	哼	hən	
5942	呸	pəi	
5943	可怕	nəəlmə	
5944	咦	ii	
5945	没什么	baiti atʃin	
5946	喂	wəi	
5947	嗯	əŋ	
5948	是	təʤi	mətər
5949	行	odon	
5950	还是	əklə	haʃi
5951	到底	madəndi	
5952	嘿	həi	
5953	嗨	hai	
5954	驾（赶车）	ʤia	
5955	恨哪	kordomo	
5956	活该	kətu	
5957	是 / 是的	ongi	

参考资料

杜道尔吉：《鄂温克语汉语词典》，内蒙古文化出版社，1998。

杜道尔吉：《鄂蒙词典》，民族出版社，2014。

贺兴格、其达拉图：《鄂温克语词汇》（蒙），民族出版社，1983。

涂吉昌、涂芊玫：《鄂温克语汉语对照词汇》，黑龙江省鄂温克研究会及黑龙江省民族研究所印刷出版，1999。

杜福成、杜宏宝：《阿荣鄂温克语词汇》，内蒙古阿荣旗鄂温克族研究会，2007。

朝克：《鄂温克语基础语汇集》（日），日本东京外国语大学，1991。

朝克：《鄂温克语三大方言基本词汇对照集》（日），日本小樽商科大学，1995。

朝克：《鄂温克语形态语音论及名词形态论》（日），东京外国语大学亚非所出版，2003。

朝克、斯仁巴图：《敖鲁古雅鄂温克语会话》，社会科学文献出版社，2016。

朝克：《鄂温克语教程》，社会科学文献出版社，2016。

朝克：《索伦鄂温克语基本词汇》，社会科学文献出版社，2016。

朝克、卡佳：《索伦鄂温克语会话》，社会科学文献出版社，2016。

多丽梅、朝克：《通古斯鄂温克语研究》，社会科学文献出版社，2016。

朝克、卡佳：《通古斯鄂温克语会话》，社会科学文献出版社，2016。

朝克：《满通古斯诸语比较研究》，民族出版社，1997。

朝克：《中国满通古斯诸语基础语汇集》（日），日本小樽商科大学，1997。

朝克:《通古斯诸民族及其语言》(日),日本东北大学,2001。

朝克:《满通古斯语族语言词源研究》,中国社会科学出版社,2014。

朝克:《满通古斯语族语言词汇比较》,中国社会科学出版社,2014。

朝克:《鄂温克语参考语法》,中国社会科学出版社,2009。

朝克:《鄂温克语 366 句会话句》,社会科学文献出版社,2014。

朝克、中岛干起:《鄂温克语会话练习册》(日),大学书林出版社,2004。

朝克、耐登、敖嫩:《鄂温克语民间故事》(蒙),内蒙古文化出版社,1988。

朝克、津曲敏郎、风间伸次郎:《索伦语基础列文集》(日),北海道大学,1991。

古香莲、斯仁巴图:《敖鲁古雅鄂温克语读本》,内蒙古文化出版社,2012。

斯仁巴图:《鄂温克语教程》,内蒙古文化出版社,2011。

波普(H.H.POPPE):《索伦语调查资料》(俄),列宁格勒,1931。

朝克:《黑龙江鄂温克语词汇调查资料之一》,1983~1985。

朝克:《黑龙江鄂温克语词汇调查资料之二》,1987。

朝克:《黑龙江鄂温克语词汇调查资料之三》,1988。

朝克:《黑龙江鄂温克语词汇调查资料之四》,1991。

朝克:《黑龙江鄂温克语词汇调查资料之五》,1993~1994。

朝克:《黑龙江鄂温克语词汇调查资料之六》,1997~1998。

朝克:《黑龙江鄂温克语词汇调查资料之七》,2001~2003。

朝克:《黑龙江鄂温克语词汇调查资料之八》,2006~2007。

后　记

　　经过课题组成员四年多时间的共同努力，《讷河鄂温克语基本词汇》终于完稿了。在这四年多时间里，课题组多次到黑龙江讷河市鄂温克族聚居的村落进行扎实有效、细致认真的调研，尽最大努力搜集整理了讷河市鄂温克人使用的母语词汇。

　　就如前言所说，讷河市的鄂温克语已经全面进入了严重濒危状态。当地鄂温克人在日常生活中都使用汉语，甚至家庭用语也都变成了汉语，只有一些年岁大的老人能够用母语进行简单交流。这些客观存在的情况，给课题组的基本词汇调查和搜集整理带来很多困难，有时走访多个鄂温克族家庭也搜集不到几个单词，许多单词都变得不系统不全面。

　　《讷河鄂温克语基本词汇》一书，不仅包括课题启动后深入讷河鄂温克族聚居地搜集、整理的基本词汇，还大量使用了课题负责人朝克研究员1983年以来多次到该地区实地田野调查所搜集到的第一手口语词汇资料。另外，本书也参考了涂吉昌、涂芊玫编著，黑龙江省鄂温克族研究会、黑龙江省民族研究所印制的《鄂温克语汉语对照词汇》中收入的一些词条。为此非常感谢涂吉昌、涂芊玫两位鄂温克族老人及黑龙江省鄂温克族研究会、黑龙江省民族研究所为鄂温克族农业地区濒危母语抢救保护所做的努力和工作，对他们的艰辛付出表示衷心感谢和崇高敬意。

　　在这里，应该真诚感谢国家社科基金规划办领导及专家委员会，他们及时审批通过了该项社科基金重大委托项目经费的补充申请，并很快把项目补充经费划拨给课题组，使我们能够按照原定计划顺利实施课题研究。在这里，还要感谢中国社会科学院科研局对于项目经费的科学有效的管理，感谢项目实施过程中地方各级领导及相关专家学者的支持和帮助，感谢协助调研和合作的鄂温克族同胞。正是因为他们的大力支持，我们课题的各项工作才得以顺利进行和完成。在此对他们一并表示深深的谢意！

尽管我们做了大量调查，也充分利用了现有的资料，但因诸多条件限制，还有许多有价值的词汇没有被搜集到词汇集里，这不能不说是该项成果的不足和遗憾。然而，由于讷河鄂温克语已属严重濒危语言，所剩口语词汇寥寥无几，在这种现实面前，能够完成这项科研工作，已属不易。我们深知，今后在这些方面要做的工作还有很多，我们会继续努力地去做。书中若有不妥之处，敬请各位专家学者及民族同胞提出宝贵意见。

图书在版编目（CIP）数据

讷河鄂温克语基本词汇／朝克，卡佳著. -- 北京：
社会科学文献出版社，2017.11
（鄂温克族濒危语言文化抢救性研究）
ISBN 978 - 7 - 5201 - 1596 - 4

Ⅰ.①讷…　Ⅱ.①朝…②卡…　Ⅲ.①鄂温克语（中国
少数民族语）- 词汇 - 研究　Ⅳ.①H223.3

中国版本图书馆 CIP 数据核字（2017）第 250215 号

中国社会科学院创新工程成果
国家社科基金重大委托项目

鄂温克族濒危语言文化抢救性研究（四卷本）
讷河鄂温克语基本词汇

著　　者／朝　克　卡　佳

出 版 人／谢寿光
项目统筹／宋月华　袁卫华
责任编辑／卫　羚

出　　版／社会科学文献出版社 · 人文分社（010）59367215
　　　　　地址：北京市北三环中路甲 29 号院华龙大厦　邮编：100029
　　　　　网址：www.ssap.com.cn
发　　行／市场营销中心（010）59367081　59367018
印　　装／三河市东方印刷有限公司

规　　格／开　本：787mm × 1092mm　1/16
　　　　　印　张：14　字　数：220 千字
版　　次／2017 年 11 月第 1 版　2017 年 11 月第 1 次印刷
书　　号／ISBN 978 - 7 - 5201 - 1596 - 4
定　　价／780.00 元（全四册）